Thomas Walter • Umgründungssteuerrecht 2024

Umgründungssteuerrecht 2024

Ein systematischer Grundriss

von

Thomas Walter

14., überarbeitete Auflage

Wien 2024

facultas

Zitiervorschlag: Walter, Umgründungssteuerrecht 2024 [Tz]

Bibliografische Information Der Deutschen Nationalbibliothek

Die Deutsche Nationalbibliothek verzeichnet diese Publikation in der Deutschen Nationalbibliografie; detaillierte bibliografische Daten sind im Internet über http://dnb.d-nb.de abrufbar.

14. Auflage 2024

facultas Universitätsverlag, 1050 Wien, Österreich

Satz: Facultas Verlags- und Buchhandels AG
Printed in Austria
ISBN 978-3-7089-2469-4

Vorwort

Die 14. Auflage berücksichtigt, insbesondere die seit Jänner 2021 Inkraft getretenen gesetzlichen Änderungen zum UmgrStG (*ÖkoStRefG 2022, AbgÄG 2022, AbgÄG 2023*) sowie den *UmgrStR-Wartungserlass 2022*. Die vorliegende Auflage beruht somit auf dem Rechts- und Literaturstand vom 1.1.2024.

Auch wenn das Erscheinen der 1. Auflage mittlerweile mehr als 20 Jahre zurück liegt, habe ich nicht auf die Unterstützung vergessen, die ich bei der Ausarbeitung der 1. Auflage erhalten habe. Herr WP/StB Dr. Jürgen *Reiner*, MAS nahm die Mühe auf sich, das Manuskript kritisch durchzusehen und ausführlich zu diskutieren. Bei Herrn Mag. Norbert *Haferl* darf ich mich ebenfalls für die Durchsicht und Diskussion des Manuskriptes bedanken. Schließlich danke ich Herrn Univ.-Prof. Dr. Werner *Doralt* für die Unterstützung und Förderung des gesamten Buchprojektes.

Neumarkt am Wallersee, im Jänner 2024 *Thomas Walter*

Kontakt:
Thomas Walter
c/o KPMG Salzburg
Klessheimer Allee 47
5020 Salzburg
Mail: twalter@kpmg.at

Inhaltsverzeichnis

(Alle Angaben beziehen sich auf die Textziffern)

1. Abschnitt
Einführung

Tz

A. Umgründungen und allgemeines Steuerrecht ... 1
- I. Begriff der Umgründung ... 1
- II. Formwechselnde Umgründung ... 2
- III. Übertragende Umgründung ... 5

B. Grundsätze des UmgrStG ... 12

2. Abschnitt
Verschmelzung

A. Verschmelzung auf einen Blick ... 21

B. Begriff der Verschmelzung ... 27
- I. Definition ... 27
- II. Konzernverschmelzung ... 31
- III. Konzentrationsverschmelzung ... 39
- IV. Gemischte Konzern- und Konzentrationsverschmelzung ... 41a

C. Ertragsteuerliche Folgen nach allgemeinem Steuerrecht ... 42

D. Anwendungsbereich des UmgrStG ... 45
- I. Gesellschaftsrechtliche Zulässigkeit ... 46
- II. Steuerhängigkeitserfordernis ... 49

E. Auswirkungen der Verschmelzung auf die übertragende Körperschaft .. 51
- I. Bilanzierung ... 51
  - 1. Unternehmensrecht ... 51
  - 2. Steuerrecht ... 55
- II. Ausnahme vom Buchwertansatz ... 59
- III. Rückwirkungsfiktion ... 67

F. Auswirkungen der Verschmelzung auf die übernehmende Körperschaft ... 74
- I. Rückwirkungsfiktion – Wertansätze – Buchgewinne und -verluste 74
  - 1. Unternehmensrecht ... 76
  - 2. Steuerrecht ... 86
    - a) Buchwertfortführung ... 86
    - b) Aufwertung ... 90a
- II. Internationale Schachtelbeteiligung ... 91
  - 1. Übergang einer internationalen Schachtelbeteiligung ... 92
  - 2. Entstehen einer internationalen Schachtelbeteiligung ... 95
  - 3. Erweiterung einer internationalen Schachtelbeteiligung ... 102

III. Verlustabzug ... 105
1. Allgemeines ... 105
2. Übergang des Verlustabzuges der übertragenden Körperschaft ... 109
a) Fortführung der Buchwerte ... 110
b) Zurechnung der Verluste zum übertragenen Vermögen ... 112
c) Vergleichbarkeit des übertragenen Vermögens ... 115
d) Beschränkung bei verbundenen Körperschaften ... 117
3. Verlustabzug der übernehmenden Körperschaft ... 124
4. Mantelkauf und Verlustabzug ... 126

G. Auswirkungen der Verschmelzung auf die Anteilseigner ... 133
I. Anteilstausch – Zuzahlungen ... 133
1. Allgemeines ... 133
2. Ausgabe neuer Anteile durch die übernehmende Körperschaft ... 135
a) Gesellschafter der übertragenden Gesellschaft ... 135
b) Gesellschafter der übernehmenden Gesellschaft (= Altgesellschafter) ... 138
3. Unterbleiben einer Kapitalerhöhung ... 139
a) Gleiche Beteiligungsverhältnisse ... 141
b) Verzicht auf die Gewährung neuer Anteile ... 142
4. Zuzahlungen ... 148
5. Abfindungen bei rechtsformübergreifenden und grenzüberschreitenden Verschmelzungen ... 149a
II. Internationale Schachtelbeteiligung ... 153
1. Wegfall einer internationalen Schachtelbeteiligung ... 153
2. Entstehen einer internationalen Schachtelbeteiligung ... 155

H. Sonstige Rechtsfolgen der Verschmelzung ... 156
I. Äquivalenzverletzung ... 156
II. Lohnsteuer ... 160
III. Umsatzsteuer ... 162
IV. Kommunalsteuer ... 164
V. Grunderwerbsteuer ... 167
VI. Einlagenstand nach § 4 Abs 12 EStG ... 170
1. Konzentrationsverschmelzung und Verschmelzung „side-stream“ ... 170
2. Verschmelzung „up-stream“ und „down-stream“ ... 172
3. Gemischte Konzern- und Konzentrationsverschmelzung ... 174
VII. Innenfinanzierung nach § 4 Abs 12 Z 4 EStG ... 176

3. Abschnitt
Umwandlung

A. Umwandlung auf einen Blick ... 188

B. Begriff der Umwandlung ... 193
I. Verschmelzende Umwandlung ... 195
II. Errichtende Umwandlung ... 200

C. Ertragsteuerliche Folgen nach allgemeinem Steuerrecht 205

D. Anwendungsbereich des UmgrStG 208

I. Gesellschaftsrechtliche Zulässigkeit 209

II. Betriebserfordernis 217

1. Errichtende Umwandlung 209a
2. Verschmelzende Umwandlung 217

III. Steuerhängigkeit der stillen Reserven (Wegzugsbesteuerung) 221

1. Steuerhängigkeit des übertragenen Vermögens 221
2. Besondere Steuerhängigkeit auf Gesellschafterebene 225a
   a) Auslandsumwandlung und Import-Umwandlung 225a
   b) Inlandsumwandlung 225e

IV. Nachfolgerechtsträger 226

E. Auswirkungen der Umwandlung auf die übertragende Kapitalgesellschaft 229

I. Unternehmensrecht 229

II. Steuerrecht 231

F. Auswirkungen der Umwandlung auf den Rechtsnachfolger 235

I. Rückwirkungsfiktion – Wertansätze – Buchgewinne und -verluste 235

1. Unternehmensrecht 236
   a) Verschmelzende Umwandlung 237
   b) Errichtende Umwandlung 240
2. Steuerrecht 244
   a) Buchwertfortführung 244
   b) Aufwertung 252a
   c) Behandlung von Grundstücken der umgewandelten Gesellschaft 252e

II. Wechsel der Gewinnermittlungsart 253

1. Wechsel der Gewinnermittlung von § 5 EStG auf § 4 Abs 1 EStG 254
2. Wechsel der Gewinnermittlung von § 5 EStG auf § 4 Abs 3 EStG 261

III. Zufluss- und Abflussfiktion 264

IV. Ausschüttungsfiktion 270

V. Wegfall der KESt-Befreiung nach § 94 Z 2 EStG und § 94 Z 5 EStG 280a

VI. Verlustabzug 281

1. Übergang des Verlustabzuges auf die Rechtsnachfolger 284
2. Eigener Verlustabzug einer Nachfolgekörperschaft 291

VII. Internationale Schachtelbeteiligung 294

G. Auswirkungen des Ausscheidens von Minderheitsgesellschaftern 297

H. Sonstige Rechtsfolgen der Umwandlung 301

I. Lohnsteuer – Abfertigungsrückstellungen – Pensionsrückstellungen 301

II. Umsatzsteuer 304

III. Kommunalsteuer 305

IV. Grunderwerbsteuer 308

V. Einlagenstand nach § 4 Abs 12 EStG 309a
VI. Innenfinanzierung nach § 4 Abs 12 Z 4 EStG 309b

4. Abschnitt
Einbringung

A. Einbringung auf einen Blick 311

B. Begriff der Einbringung 316

C. Ertragsteuerliche Folgen nach allgemeinem Steuerrecht 321

D. Anwendungsbereich des UmgrStG 324
I. Einbringungsvertrag 326
II. Einbringungsbilanz 328a
III. Einbringungsfähiges Vermögen 329
1. Betrieb – Teilbetrieb 330
2. Mitunternehmeranteil 337
3. Kapitalanteil 342
IV. Positiver Wert des Einbringungsvermögens 349
V. Tatsächliche Übertragung des Einbringungsvermögens 354
VI. Übernehmende Körperschaft 356
VII. Einbringender 358
VIII. Gegenleistung 360
1. Grundsatz 360
2. Unterbleiben der Gewährung neuer Anteile 362
3. Anteilsgewährung an den Einbringenden 363

E. Einbringungsstichtag 366
I. Begriff – Rückwirkungsfrist – Zuständige Behörde 366
II. Rechtsfolgen einer verspäteten Anmeldung bzw Meldung 369
1. Einbringung mit Firmenbuchzuständigkeit 370
2. Einbringung mit Finanzamtszuständigkeit 372
III. Zurechnung des Vermögens am Einbringungsstichtag 375

F. Auswirkungen der Einbringung auf den Einbringenden 379
I. Bilanzierung 379
1. Unternehmensrecht 379
2. Steuerrecht 381
II. Wechsel der Gewinnermittlungsart 389
1. Einbringung eines Betriebes 389
2. Einbringung eines Teilbetriebes 394
III. Bewertung des eingebrachten Vermögens 398
1. Überblick 398
2. Bewertung von Betriebsvermögen (§ 16 UmgrStG) 399
3. Bewertung von Kapitalanteilen des Privatvermögens (§ 17 UmgrStG) 409
IV. Rückwirkende Vermögensänderungen 410
1. Allgemeines 410

2. Mitunternehmer- und Kapitalanteile ... 412b
3. Bare Einlagen und bare Entnahmen ... 413
4. Unbare Entnahmen ... 417
5. Zurückbehalten von Anlagevermögen und Verbindlichkeiten ... 424
6. Verschieben von Aktiva und Passiva zwischen Teilbetrieben ... 427
7. Trennung des Gebäudes vom Grund und Boden mittels Baurechts ... 430a
8. Gewinnausschüttungen – Einlagen – Einlagenrückzahlungen ... 431

G. Bewertung der Gegenleistungsanteile an der übernehmenden Körperschaft ... 443
I. Gewährung neuer Anteile ... 443
1. Behandlung des Einbringenden ... 443
2. Behandlung der Altgesellschafter ... 447
II. Abfindung durch die Gesellschafter der übernehmenden Körperschaft ... 449
1. Behandlung des Einbringenden ... 449
2. Behandlung der abfindenden Gesellschafter ... 450
III. Unterbleiben der Anteilsgewährung ... 454
1. Grundsätze ... 455
a) Unternehmensrechtliche Bewertung ... 455
b) Steuerliche Bewertung ... 456
2. Konzerneinbringungen ... 459
a) Down-Stream-Einbringung ... 460
b) Up-Stream-Einbringung ... 461
c) Side-Stream-Einbringung ... 464
IV. Untergang einer Beteiligung iS des § 31 EStG ... 468
V. Besondere Steuerhängigkeit von Anteilen an der übernehmenden Körperschaft ... 472
VI. Einbringung von privaten nicht unter § 31 EStG fallenden Kapitalanteilen ... 477
VII. Internationale Schachtelbeteiligung ... 483
1. Entstehen einer internationalen Schachtelbeteiligung ... 483
2. Veränderung einer bestehenden internationalen Schachtelbeteiligung ... 486
3. Einbringung einer internationalen Schachtelbeteiligung ... 489
4. Untergang einer internationalen Schachtelbeteiligung ... 493
VIII. Wechsel der Gewinnermittlungsart bei der übernehmenden Körperschaft ... 496
IX. Bare Zuzahlungen ... 500

H. Auswirkungen der Einbringung auf die übernehmende Körperschaft ... 503
I. Rückwirkungsfiktion – Wertansätze – Buchgewinne und -verluste ... 503
1. Unternehmensrecht ... 506
2. Steuerrecht ... 511
a) Buchwertfortführung ... 511
b) Aufwertung ... 516a
II. Fiktive Gewinnausschüttung ... 516d

III. Rechtsbeziehungen zwischen Einbringendem und übernehmender Körperschaft ... 517
IV. Verlustabzug ... 521
1. Allgemeines ... 521
2. Verlustabzug des Einbringenden ... 524
3. Verlustabzug der übernehmenden Körperschaft ... 526
4. Mantelkauf und Verlustabzug ... 528
V. Internationale Schachtelbeteiligung ... 531

I. Sonstige Rechtsfolgen der Einbringung ... 534
I. Äquivalenzverletzung ... 534
II. Lohnsteuer ... 539
III. Umsatzsteuer ... 541
IV. Kommunalsteuer ... 543
V. Gebühren ... 544
VI. Grunderwerbsteuer ... 547
VII. Einlagenstand nach § 4 Abs 12 EStG ... 549a
1. Grundsätze ... 549a
2. Konzerneinbringungen ... 549f
a) Einbringung „down-stream“ ... 549f
b) Einbringung „up-stream“ ... 549g
c) Einbringung „side-stream“ ... 549k
VIII. Innenfinanzierung nach § 4 Abs 12 Z 4 EStG ... 549n
1. Allgemeines ... 549n
2. Einbringung up-stream und side-stream ... 549n

5. Abschnitt
Zusammenschluss

A. Zusammenschluss auf einen Blick ... 551

B. Begriff des Zusammenschlusses ... 556

C. Ertragsteuerliche Folgen nach allgemeinem Steuerrecht ... 560

D. Anwendungsbereich des UmgrStG ... 563
I. Zusammenschlussvertrag ... 565
II. Zusammenschlussbilanz ... 567a
III. Übertragung von zusammenschlussfähigem Vermögen ... 568
IV. Positiver Verkehrswert des Zusammenschlussvermögens ... 575
V. Tatsächliche Übertragung des Zusammenschlussvermögens ... 578
VI. Übernehmende Personengesellschaft ... 580
VII. Übertragender ... 582
VIII. Gewährung von Gesellschaftsrechten ... 583

E. Zusammenschlussstichtag ... 587
I. Begriff – Rückwirkungsfrist – Zuständige Behörde ... 587
II. Rechtsfolgen einer verspäteten Anmeldung bzw Meldung ... 592
1. Zusammenschluss mit Firmenbuchzuständigkeit ... 593

2. Zusammenschluss mit Finanzamtszuständigkeit 598
III. Zurechnung des Vermögens am Zusammenschlussstichtag 600

F. Auswirkungen des Zusammenschlusses auf den Übertragenden 603
I. Bilanzierung 603
1. Unternehmensrecht 603
2. Steuerrecht 605
II. Wechsel der Gewinnermittlungsart 610
1. Allgemeines 610
2. Wechsel der Gewinnermittlung von § 4 Abs 3 EStG auf § 4 Abs 1 EStG bzw § 5 EStG 614c
3. Wechsel der Gewinnermittlung von § 5 EStG bzw § 4 Abs 1 EStG auf § 4 Abs 3 EStG 614f
III. Bewertung von inländischem Zusammenschlussvermögen 619
1. Ansatz der Buchwerte 619
2. Aufwertungszwang 620
a) Steuerlastverschiebung 620
b) Wegzug 620a
IV. Bewertung von ausländischem Zusammenschlussvermögen 621
1. Ansatz der Buchwerte 621
2. Aufwertungsoption 622
V. Bewertung der Gegenleistung 625
1. Unternehmensrecht 625
2. Steuerrecht 626

G. Auswirkungen des Zusammenschlusses auf die übernehmende Personengesellschaft 627
I. Rückwirkungsfiktion – Wertansätze – Buchgewinne und -verluste 627
1. Unternehmensrecht 628
2. Steuerrecht 629
a) Buchwertfortführung 629
b) Aufwertung 632a
II. Internationale Schachtelbeteiligungen 633
1. Entstehen und Erweitern einer internationalen Schachtelbeteiligung 633
2. Untergang einer internationalen Schachtelbeteiligung 634b
III. Verlustabzug 635
IV. Wegfall der KESt-Befreiung nach § 94 Z 2 EStG und § 94 Z 5 EStG 635a

H. Vorsorgemaßnahmen zur Vermeidung von Steuerlastverschiebungen 636
I. Allgemeines 636
II. Verkehrswertzusammenschluss 641
1. Quotenverschiebung 643
2. Verkehrswertübernahme 646
III. Kapitalkontenzusammenschluss 650
1. Gewinnvorab 654
2. Liquidationsvorab 657
3. Kombination aus Gewinn- und Liquidationsvorab 659

4. Vorbehalt der stillen Reserven – „naked in/naked out“ – „Lockstep“ ... 660
5. Beispiel zum Kapitalkontenzusammenschluss ... 661
6. Zusammenschluss zu fixen Kapitalkonten ... 661a

I. Sonstige Rechtsfolgen des Zusammenschlusses ... 662
I. Äquivalenzverletzungen ... 662
II. Lohnsteuer ... 667
III. Umsatzsteuer ... 670
IV. Kommunalsteuer ... 672
V. Gebühren ... 673
VI. Grunderwerbsteuer ... 675

Exkurs: Folgen eines Zusammenschlusses nach Art IV UmgrStG oder einer Realteilung nach Art V UmgrStG bei fortgesetzter Einnahmen-Ausgaben-Rechnung (BMF, AÖF 174/1998) ... 675a

6. Abschnitt

Realteilung

A. Realteilung auf einen Blick ... 676

B. Begriff der Realteilung ... 681

C. Ertragsteuerliche Folgen nach allgemeinem Steuerrecht ... 687

D. Anwendungsbereich des UmgrStG ... 696
I. Teilungsvertrag ... 698
II. Teilungsbilanz ... 700a
III. Übertragung von realteilungsfähigem Vermögen ... 701
IV. Positiver Verkehrswert des übertragenen Vermögens ... 714
V. Tatsächliche Übertragung des Teilungsvermögens ... 722
VI. Nachfolgeunternehmer ... 726
VII. Gegenleistung – Ausgleichszahlungen ... 729

E. Teilungsstichtag ... 735
I. Begriff – Rückwirkungsfrist – Zuständige Behörde ... 735
II. Rechtsfolgen einer verspäteten Anmeldung bzw Meldung ... 739
1. Realteilung mit Firmenbuchzuständigkeit ... 740
2. Realteilung mit Finanzamtszuständigkeit ... 744
III. Zurechnung des Vermögens am Teilungsstichtag ... 746

F. Auswirkungen der Realteilung auf die teilende Mitunternehmerschaft .. 750
I. Bilanzierung ... 750
1. Unternehmensrecht ... 750
2. Steuerrecht ... 752
II. Bewertung von inländischem Teilungsvermögen ... 756
1. Ansatz der Buchwerte ... 756
2. Aufwertungszwang ... 757

a) Steuerlastverschiebung ... 757
b) Wegzug ... 758a
III. Bewertung von ausländischem Betriebsvermögen ... 759
1. Ansatz der Buchwerte ... 759
2. Aufwertungsoption ... 760
IV. Wechsel der Gewinnermittlungsart ... 763
1. Allgemeines ... 763
2. Wechsel der Gewinnermittlung von § 4 Abs 3 auf § 4 Abs 1 EStG bzw § 5 EStG ... 764
3. Wechsel der Gewinnermittlung von § 5 EStG bzw § 4 Abs 1 EStG auf § 4 Abs 3 EStG ... 765

G. Auswirkungen der Realteilung auf den Nachfolgeunternehmer ... 767
I. Rückwirkungsfiktion – Wertansätze – Buchgewinne und -verluste ... 767
1. Unternehmensrecht ... 768
2. Steuerrecht ... 769
a) Buchwertfortführung ... 769
b) Aufwertung ... 771a
II. Internationale Schachtelbeteiligungen ... 772
1. Entstehen und Erweitern einer internationalen Schachtelbeteiligung ... 772
2. Untergang einer internationalen Schachtelbeteiligung ... 774a
III. Verlustabzug ... 775

H. Vorsorgemaßnahmen zur Vermeidung von Steuerlastverschiebungen .. 776
I. Allgemeines ... 776
II. Ausgleichsposten ... 778
III. Sonderausgleichsposten ... 786a

I. Sonstige Rechtsfolgen der Realteilung ... 787
I. Äquivalenzverletzungen ... 787
II. Lohnsteuer ... 792
III. Umsatzsteuer ... 794
IV. Kommunalsteuer ... 795
V. Gebühren ... 796
VI. Grunderwerbsteuer ... 798

7. Abschnitt
Spaltung

A. Spaltung auf einen Blick ... 800

B. Begriff der Handelsspaltung ... 806
I. Allgemeines ... 806
II. Konzentrationsspaltung ... 813
III. Konzernspaltung ... 816
IV. Gläubigerschutz ... 826
1. Spaltung zur Neugründung ... 826
2. Spaltung zur Aufnahme ... 830

C. Auswirkungen der Spaltung nach allgemeinem Steuerrecht 833

D. Anwendungsbereich des UmgrStG 837

E. Auswirkungen der Spaltung auf die spaltende Körperschaft 847
I. Bilanzierung 847
1. Unternehmensrecht 847
2. Steuerrecht 851
II. Ausnahme vom Buchwertansatz 854
III. Rückwirkungsfiktion 857
IV. Buchgewinne und Buchverluste 864

F. Auswirkungen der Spaltung auf die Nachfolgekörperschaft 868
I. Rückwirkungsfiktion – Wertansätze – Buchgewinne und -verluste 868
1. Unternehmensrecht 870
2. Steuerrecht 880
II. Internationale Schachtelbeteiligungen 885
1. Entstehen oder Erweitern einer internationalen Schachtelbeteiligung 885
2. Untergang einer internationalen Schachtelbeteiligung 888
III. Rechtsverhältnisse zwischen spaltender und übernehmender Körperschaft 892
IV. Verlustabzug 894

G. Auswirkungen einer verhältniswahrenden Spaltung auf die Gesellschafter 896
I. Begriff der verhältniswahrenden Spaltung 896
II. Spaltung zur Neugründung 899
1. Aufspaltung 899
a) Anteilstausch 899
b) Anteilsbewertung 901
2. Abspaltung 905
a) Anteilstausch 905
b) Anteilsbewertung 906
III. Spaltung zur Aufnahme 909
1. Anteilstausch 909
2. Anteilsbewertung 911
IV. Internationale Schachtelbeteiligung 918

H. Auswirkungen einer nicht verhältniswahrenden Spaltung auf die Gesellschafter 919
I. Begriff der nicht verhältniswahrenden Spaltung 919
II. Anteilstausch 923
1. Allgemeines 923
2. Steuerneutralität des fiktiven Anteilstausches 927
3. Anteilsbewertung 931
4. Zuzahlungen 933
5. Sonstige Folgen des Anteilstausches 936

I. Sonstige Rechtsfolgen der Spaltung 937
I. Barabfindung 937
II. Lohnsteuer 940
III. Umsatzsteuer 942
IV. Kommunalsteuer 944
V. Grunderwerbsteuer 949
VI. Einlagenstand nach § 4 Abs 12 EStG 951a
1. Aufspaltung 951a
a) Grundsätze 951a
b) Konzernaufspaltung 951c
c) Gemischte Konzern- und Konzentrationsaufspaltung 951f
2. Abspaltung 951g
a) Grundsätze 951g
b) Konzernabspaltung 951j
c) Gemischte Konzern- und Konzentrationsabspaltung 951n
VII. Innenfinanzierung nach § 4 Abs 12 Z 4 EStG 952
1. Abspaltung 952
2. Aufspaltung 952a

8. Abschnitt
Steuerspaltung

A. Allgemeines 953

B. Anwendungsbereich der Steuerspaltung 956
I. Definition der Steuerspaltung 956
II. Spaltende und übernehmende Körperschaft 957
III. Spaltungsvertrag 960
IV. Vom UmgrStG erfasste Spaltungsvorgänge 963
1. Aufspaltung mit Einbringung (bis Stichtag 31.12.2004) 964
a) Einbringungsphase 965
b) Liquidationsphase 970
2. Aufspaltung ohne Einbringung 977
3. Abspaltung mit Anteilsdurchschleusung 982
4. Abspaltung auf eine Schwesterkörperschaft 988
V. Abspaltungsbedingte verbotene Einlagenrückgewähr 992

C. Ertragsteuerliche Folgen der Steuerspaltung nach allgemeinem Steuerrecht 994

D. Auswirkungen der Steuerspaltung auf die spaltende Körperschaft 998
I. Auswirkungen auf das auf- oder abgespaltene Vermögen 998
II. Auswirkungen auf das an die Gesellschafter übertragene Vermögen 999
1. Aufspaltung 1000
2. Abspaltung 1001

E. Auswirkungen der Steuerspaltung auf die übernehmende Körperschaft 1003

F. Auswirkungen der Steuerspaltung auf die Gesellschafter der spaltenden Körperschaft 1004
I. Verhältniswahrende Spaltung 1004
1. Steuerneutralität – Anteilsbewertung 1004
2. Internationale Schachtelbeteiligung 1009
3. Beteiligung iS des § 31 EStG 1010
II. Nicht verhältniswahrende Spaltung 1012
1. Allgemeines 1012
2. Steuerneutralität des fiktiven Anteilstausches 1017
3. Anteilsbewertung 1019
4. Ausgleichszahlungen 1021
5. Sonstige Folgen des Anteilstausches 1024

G. Sonstige Rechtsfolgen der Steuerspaltung 1025
I. Lohnsteuer 1025
II. Umsatzsteuer 1027
III. Kommunalsteuer 1028
IV. Gebühren 1029
V. Grunderwerbsteuer 1031

9. Abschnitt
Ergänzende Vorschriften

A. Mehrfachzüge 1035
I. Problemstellung 1035
II. Umgründungsplan 1037

B. Anzeige- und Evidenzpflicht 1042
I. Anzeigepflicht 1042
II. Evidenzpflicht 1044

10. Abschnitt
Umgründung und Gruppenbesteuerung

A. Grundsätze der Gruppenbesteuerung 1046
I. Allgemeines 1046
II. Gruppenträger 1047
III. Gruppenmitglieder 1050
IV. Finanzielle Verbindung 1052
1. Unmittelbare finanzielle Verbindung 1053
2. Mittelbare finanzielle Verbindungen 1055
3. Beteiligungsgemeinschaft 1062
V. Ergebniszurechnung 1064
VI. Verlustvorträge 1070
1. Verlustvorträge des Gruppenmitglieds 1070
2. Verlustvorträge des Gruppenträgers 1071

VII. Firmenwertabschreibung ... 1072
VIII. Sonstiges ... 1074

B. Umgründungen und Gruppenbesteuerung ... 1076
I. Allgemeines ... 1076
II. Entstehen bzw Erweitern einer Unternehmensgruppe ... 1078
III. Umgründungen innerhalb einer Unternehmensgruppe ... 1082
IV. Auflösung einer Unternehmensgruppe durch Umgründung ... 1085
V. Umgründung und Firmenwertabschreibung ... 1091
VI. Gruppenbesteuerung und Verlustabzug ... 1099

11. Abschnitt

Die Bilanzierung von Umgründungen nach dem UGB

A. Bilanzierung beim übernehmenden Rechtsträger ... 1105
I. Vermögens- und Erfolgszuordnung ... 1105
II. Größenmerkmale im Sinne des § 221 UGB im Zusammenhang mit Umgründungen ... 1116
III. Bewertung des übernommenen Vermögens ... 1122
IV. Ausweis und Behandlung von Buchgewinnen und Buchverlusten ... 1142
1. Allgemeines ... 1142
2. Bilanzierung von Buchverlusten bei Buchwertfortführung ... 1144
3. Bilanzierung von Buchgewinnen ... 1154

B. Bilanzierung beim übertragenden Rechtsträger ... 1163
I. Übertragender Rechtsträger geht durch die Umgründung unter ... 1164
II. Übertragender Rechtsträger bleibt nach der Umgründung bestehen ... 1169

C. Bilanzierung auf Gesellschafterebene ... 1172
I. Gesellschafter des übertragenden Rechtsträgers ... 1172
II. Gesellschafter des übernehmenden Rechtsträgers ... 1178

1. Abschnitt
Einführung

A. Umgründungen und allgemeines Steuerrecht

I. Begriff der Umgründung

Der Begriff „Umgründung“ bezeichnet Vorgänge, bei denen sich der Rechtsträger eines Unternehmens ändert, sein Vermögen jedoch unverändert fortbesteht. Für die steuerlichen Folgen solcher Umgründungen sind die formwechselnde Umgründung und die übertragende Umgründung zu unterscheiden. 1

II. Formwechselnde Umgründung

Bei einer formwechselnden Umgründung (auch formwechselnde „Umwandlung“) ändert sich lediglich die Rechtsform des Rechtsträgers eines Unternehmens. Die Identität des Rechtsträgers sowie die Zurechnung des Unternehmens zum Rechtsträger bleiben unverändert bestehen; eine Übertragung des Unternehmens erfolgt nicht. Eine solche formwechselnde Umgründung ist sowohl bei Personengesellschaften als auch bei Kapitalgesellschaften möglich: 2

- Umwandlung einer OG in eine KG bzw einer KG in eine OG
- Umwandlung einer AG in eine GmbH bzw einer GmbH in eine AG
- Zur „Umwandlung“ einer GesBR in eine OG oder KG siehe die Ausführungen zum Zusammenschluss (Tz 557 am Ende).

Da sich durch eine formwechselnde Umgründung von **Personengesellschaften** die Mitunternehmerstellung des Gesellschafters in Bezug auf seine Beteiligung am Vermögen der Gesellschaft einschließlich stiller Reserven und eines Firmenwertes nicht ändert, kommt es zu keiner ertragsteuerlichen Gewinnrealisierung. Mangels einer Vermögensübertragung erfolgt auch kein umsatzsteuerbarer Leistungsaustausch. Ebenso erfüllt die formwechselnde Umgründung auch nicht die Tatbestände des GebG oder des GrEStG. 3

Wechselt ein Personengesellschafter seine Stellung als Kommanditist in die eines Komplementärs oder umgekehrt, liegt eine bloß formwechselnde Umgründung vor, wenn die Beteiligung des Personengesellschafters am Vermögen der Gesellschaft unverändert bleibt. Der Wechsel erfolgt somit nach allgemeinem Steuerrecht neutral.

Die formwechselnde Umgründung einer **Kapitalgesellschaft** löst ebenfalls keine Steuern aus. Insbesondere unterliegen weder das Vermögen der Gesellschaft noch die von den Gesellschaftern gehaltenen Anteile der Gewinnrealisierung. 4

Wird die Stellung eines Kapitalgesellschafters (Aktionär, Gesellschafter einer GmbH) in die eines bloß schuldrechtlich Substanzbeteiligten (zB Inhaber eines Substanzgenussrechtes) oder umgekehrt umgewandelt, stellt dies für den Beteiligten grundsätzlich einen gewinnrealisierenden Vorgang dar (Einlagenrückzahlung nach § 4 Abs 12 EStG und nachfolgende Anschaffung, siehe dazu EStR RZ 6621 idF vor dem Wartungserlass 2015). Ist die Umwandlung der Beteiligung gesellschafts- und firmenbuchrechtlich zulässig und bleibt die Beteiligung am Vermögen weiterhin unverändert aufrecht, sollte die Umwandlung nach allgemeinem Steuerrecht steuerneutral erfolgen (so noch BMF, RdW 2001, 509 und EStR RZ 6621 idF vor dem Wartungserlass 2015).

III. Übertragende Umgründung

5 Bei einer übertragenden Umgründung wird auf gesellschaftsrechtlicher Grundlage Vermögen auf einen übernehmenden Rechtsträger übertragen, wobei der Übertragende am übertragenen Vermögen auch nach der Umgründung durch eine Beteiligung am übernehmenden Rechtsträger wirtschaftlich weiterhin beteiligt bleibt. Nach allgemeinem Steuerrecht hätte eine solche Vermögensübertragung insbesondere folgende Konsequenzen:

6 • Ertragsteuerlich führt die übertragende Umgründung zu einer **Gewinnrealisierung durch Tausch** (§ 6 Z 14 EStG, zB Übertragung eines Betriebes auf eine GmbH gegen Gewährung von Gesellschaftsanteilen) oder **Liquidation** (zB Umwandlung einer Kapitalgesellschaft auf ihren Hauptgesellschafter).

7 • Umsatzsteuerlich entsteht grundsätzlich ein **umsatzsteuerbarer Leistungsaustausch** (zB Geschäftsveräußerung im Ganzen gegen Gewährung von Gesellschaftsrechten an einer Kapitalgesellschaft) oder eine der Lieferung gleichgestellte **Entnahme** nach § 3 Abs 2 UStG (zB Übertragung des Betriebes der Muttergesellschaft auf die Tochtergesellschaft ohne die Gewährung einer Gegenleistung; siehe UStR 2000 RZ 361).

8 • Bei der Übertragung von Grundstücken fällt **Grunderwerbsteuer** und die **grundbücherliche Eintragungsgebühr** an.

10 • Bei einer umgründungsbedingten Forderungsabtretung oder Vertragsübernahme fallen die damit verbundenen **Rechtsgeschäftsgebühren** an.

11 Da der Übertragende durch die ihm als Gegenleistung gewährten Anteile am übernehmenden Rechtsträger für das übertragene Vermögen sein wirtschaftliches Engagement fortsetzt, erachtet der Gesetzgeber für übertragene „Unternehmenseinheiten“ die aus dem allgemeinen Steuerrecht resultierende Steuerbelastung als unangemessen und sieht im Anwendungsbereich des Umgründungssteuergesetzes umfassende Begünstigungen vor.

B. Grundsätze des UmgrStG

Das UmgrStG beruht insbesondere auf folgenden Grundsätzen: 12

- **Buchwertfortführung:** 13
  Der Übertragende hat das von ihm übertragene Vermögen mit seinem steuerlichen Buchwert (oder mit seinen Anschaffungskosten) zu bewerten. Dadurch unterbleibt beim Übertragenden die Realisierung der im Vermögen gelegenen stillen Reserven. Der Übernehmende hat die steuerlichen Buchwerte (oder Anschaffungskosten) und die damit verbundenen latenten Steuern zwingend fortzuführen (sog „Buchwertfortführung“, zur Export- und Import-Umgründung siehe unten Tz 18). Unabhängig von dieser steuerlich zwingenden Buchwertfortführung kann der Übernehmende unternehmensrechlich das übertragene Vermögen wahlweise mit seinem beizulegenden Wert ansetzen (§ 202 Abs 1 UGB) oder den Buchwert fortführen (§ 202 Abs 2 UGB). Aus einer unternehmensrechtlichen Aufwertung resultierende Mehraufwendungen (zB höhere Abschreibungen) stellen aufgrund der zwingenden steuerlichen Buchwertfortführung keine Betriebsausgabe dar und sind im Rahmen der steuerlichen Mehr-Weniger-Rechnung dem steuerpflichtigen Gewinn hinzu zu rechnen.
- **Steuerneutralität von Buchgewinnen und Buchverlusten:** 14
  Durch eine Umgründung entstehende Buchgewinne und -verluste sind grundsätzlich steuerneutral, dh nicht als Betriebseinnahme oder -ausgabe zu erfassen. Ausgenommen von diesem Grundsatz sind Unterschiedsbeträge, die sich aus der Vereinigung (Confusio) von Aktiva und Passiva ergeben (zB Confusio einer Verbindlichkeit mit der entsprechenden teilwertberichtigten Forderung).
- **Ertragsteuerliche Rückwirkungsfiktion:** 15
  Die im Zuge der Umgründung getätigte Vermögensübertragung kann mit ertragsteuerlicher Wirkung auf einen in der Vergangenheit liegenden Stichtag zurückbezogen werden. Der Stichtag darf dabei höchstens neun Monate vor der Anmeldung der Umgründung zur Eintragung in das Firmenbuch oder der Meldung der Umgründung beim Finanzamt liegen.
- **Objektbezogener Übergang des Verlustabzuges:** 16
  Der Verlustabzug geht insoweit auf den Übernehmer über, als auch das den Verlust verursachende Vermögen zu Buchwerten auf ihn übergeht.
- **Grundsatz der Maßgeblichkeit des Unternehmensrechts:** 17
  Ist für das Zustandekommen einer Umgründung die Eintragung der Umgründung in das Firmenbuch erforderlich, liegt auch steuerlich eine Vermögensübertragung nur dann vor, wenn die Umgründung unternehmensrechtlich zulässig ist und in das Firmenbuch eingetragen wird (zB Eintragung der Verschmelzung in das Firmenbuch, Eintragung der durch eine Einbringung sachgegründeten GmbH).

18 • **Grenzüberschreitende Umgründungen:**
Das UmgrStG erfasst nicht nur Umgründungen im Inland, sondern auch Umgründungen mit Auslandsbezug. Wird durch eine solche Umgründung das Besteuerungsrecht Österreichs eingeschränkt („Wegzug"), sind die stillen Reserven des wegziehenden Vermögens zu realisieren. Im Verhältnis zu EU/EWR-Staaten ist die aufgrund des Wegzuges festzusetzende Steuer auf Antrag in Raten zu entrichten („Ratenzahlungskonzept"). Tritt durch eine Umgründung Vermögen in das Besteuerungsrecht Österreichs ein („Zuzug"), wird das zuziehende Vermögen grundsätzlich mit dem gemeinen Wert angesetzt. Dadurch wirken sich Wertveränderungen des zuziehenden Vermögens nur insoweit in Österreich aus, als sie nach dem Zuzug entstehen.

19 • **Grundsatz der Angemessenheit der Gestaltung:**
Das UmgrStG ist nicht anzuwenden, wenn die Umgründung der missbräuchlichen Umgehung oder Minderung einer Abgabenpflicht dient (§ 44 UmgrStG iVm § 22 BAO). Eine missbräuchliche Umgründung liegt vor, wenn der mit ihr erzielte steuerliche Vorteil dem Ziel und Zweck des UmgrStG zuwiderläuft (siehe dazu ausführlich *Leitner*, Ein- und mehrstufige Umgründungen unter dem Gesichtspunkt der Missbrauchsverhinderung, in FS-Zöchling, 275 ff). Demnach stellt der bloße Wechsel zwischen den in der österreichischen Steuerrechtsordnung vorgesehenen Besteuerungsregimen der Einkommen- und Körperschaftsteuer auch dann keine missbräuchliche Gestaltung dar, wenn der Steuerpflichtige damit primär beabsichtigt, seine Abgabenbelastung zu reduzieren. Dies gilt grundsätzlich auch dann, wenn der umgründungsbedingte Wechsel des Besteuerungsregimes im Hinblick auf eine anschließende Veräußerung erfolgt (vgl ErläutRV zum UmgrStG, BlgNr 18. GP 41).

20 *Beispiel:*
Werden ein Betrieb, Teilbetrieb oder Mitunternehmeranteil vorbereitend in eine Körperschaft eingebracht und sodann die einbringungsgeborenen Anteile an der übernehmenden Körperschaft veräußert, liegt grundsätzlich kein Missbrauch iSd § 44 UmgrStG vor. Dies gilt auch, wenn eine Körperschaft vorbereitend verschmelzend oder errichtend umgewandelt wird und der (die) Rechtsnachfolger den umwandlungsbedingt übergehenden Betrieb veräußern oder aufgeben.

2. Abschnitt
Verschmelzung

A. Verschmelzung auf einen Blick

21 *Bei der Verschmelzung vereinigen sich zwei oder mehrere Gesellschaften mit eigener Rechtspersönlichkeit (zB GmbH, AG). Je nachdem, ob die übernehmende Gesellschaft bereits besteht oder im Zuge der Verschmelzung neu gegründet wird, liegt eine Verschmelzung zur Aufnahme oder eine Verschmelzung zur Neugründung vor. Durch die Verschmelzung geht die übertragende Gesellschaft unter.*

22 *Nach* ***allgemeinem Steuerrecht*** *führt die Verschmelzung sowohl auf der Ebene der übertragenden Körperschaft als auch auf der Ebene der an ihr beteiligt en Gesellschafter zur* ***Liquidationsbesteuerung****. Das allgemeine Steuerrecht wird durch die Anwendung des UmgrStG verdrängt.*

23 *Das* ***UmgrStG (Art I)*** *ist auf eine Verschmelzung anzuwenden, wenn die Verschmelzung gesellschaftsrechtlich zulässig ist und die im Vermögen der übertragenden Körperschaft enthaltenen stillen Reserven bei der übernehmenden Körperschaft weiter in Österreich steuerhängig bleiben.*

24 *Für die* ***übertragende Körperschaft*** *endet durch die Verschmelzung ihr letztes Wirtschaftsjahr. Für die Gewinnermittlung hat die übertragende Körperschaft eine Schlussbilanz zu erstellen. In der Schlussbilanz ist das Vermögen der Körperschaft grundsätzlich mit den steuerlichen Buchwerten anzusetzen* ***(Unterbleiben der Liquidationsbesteuerung)****.*

25 *Unabhängig von unternehmensrechtlichen Bewertungswahlrechten hat die* ***übernehmende Körperschaft*** *steuerlich das übernommene Vermögen mit den Werten der übertragenden Körperschaft anzusetzen* ***(Buchwertfortführung)****. Buchgewinne und -verluste wirken sich auf den steuerlichen Gewinn oder Verlust der übernehmenden Körperschaft nicht aus.*

26 *Bei einer Verschmelzung zwischen unverbundenen Gesellschaften käme es bei den* ***Gesellschaftern*** *der übertragenden Körperschaft idR zu einem steuerpflichtigen Tausch der Anteile an der übertragenden Körperschaft gegen die Anteile an der übernehmenden Körperschaft. Das UmgrStG stellt diesen Tausch steuerneutral.*

B. Begriff der Verschmelzung

I. Definition

27 Unter dem Begriff „Verschmelzung" wird die unter Ausschluss der Abwicklung erfolgende Vereinigung von Gesellschaften mit eigener Rechtspersönlichkeit im Wege der Gesamtrechtsnachfolge verstanden (vgl § 219 AktG, § 96 GmbHG).

28 Hierbei werden zwei **Verschmelzungstypen** unterschieden:

29 • **Verschmelzung zur Aufnahme:**
Bei der Verschmelzung zur Aufnahme wird das Vermögen einer Gesellschaft (= übertragende Gesellschaft) auf eine andere bereits bestehende Gesellschaft (= übernehmende Gesellschaft) übertragen. Die Gesellschafter der übertragenden Gesellschaft erhalten als Gegenleistung für die untergegangenen Anteile an der übertragenden Gesellschaft grundsätzlich Gesellschaftsanteile an der übernehmenden Gesellschaft. Die übertragende Gesellschaft geht mit der Eintragung der Verschmelzung in das Firmenbuch unter (§ 225a Abs 3 Z 2 AktG, § 96 Abs 2 GmbHG).

30 • **Verschmelzung zur Neugründung:**
Bei der Verschmelzung zur Neugründung wird das Vermögen zweier oder mehrerer Gesellschaften (= übertragender Gesellschaften) auf eine neu zu gründende Gesellschaft (= übernehmende Gesellschaft) übertragen. Die Gesellschafter der übertragenden Gesellschaften erhalten als Gegenleistung für die untergegangenen Anteile an den übertragenden Gesellschaften Gesellschaftsanteile an der übernehmenden Gesellschaft. Die übertragenden Gesellschaften gehen mit der Eintragung der Verschmelzung in das Firmenbuch unter (§ 225a Abs 3 Z 2 AktG, § 96 Abs 2 GmbHG).

II. Konzernverschmelzung

31 Häufig erfolgt die Verschmelzung von Gesellschaften, die durch eine Beteiligung miteinander verbunden sind (sog „Konzernverschmelzung"). Hierbei sind folgende Typen zu unterscheiden:

32 • **Verschmelzung „up-stream":**
Bei der Verschmelzung „up-stream" wird die Gesellschaft, an der die Beteiligung besteht (= „Tochtergesellschaft"), auf die beteiligungshaltende Gesellschaft (= „Muttergesellschaft") verschmolzen. Dabei hat eine Anteilsgewähr durch die Muttergesellschaft in dem Ausmaß zu unterbleiben, in dem die Muttergesellschaft an der Tochtergesellschaft beteiligt ist und/oder die Tochtergesellschaft eigene Anteile besitzt (§ 224 Abs 1 AktG).

Beispiel – Tochter-Mutter-Verschmelzung: 33

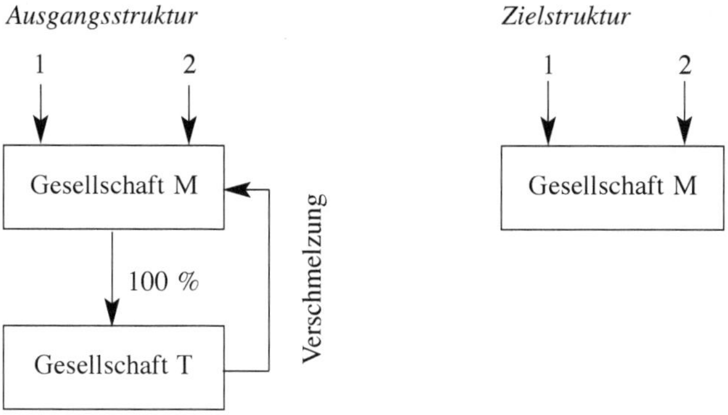

- **Verschmelzung „down-stream":** 34
  Bei der Verschmelzung „down-stream" wird die beteiligungshaltende Gesellschaft (= Muttergesellschaft) auf die Gesellschaft verschmolzen, an der die Beteiligung besteht (= Tochtergesellschaft). Da zum Vermögen der Muttergesellschaft auch die Beteiligung an der Tochtergesellschaft gehört, erwirbt die Tochtergesellschaft im Wege der Verschmelzung eigene Anteile. Diese eigenen Anteile darf die Tochtergesellschaft nicht behalten, sondern hat sie an die Gesellschafter der Muttergesellschaft auszukehren (§ 224 Abs 3 AktG). Soweit der Tochtergesellschaft sonstiges Vermögen der Muttergesellschaft verbleibt, kann die Tochtergesellschaft den Gesellschaftern der Muttergesellschaft zusätzlich zu den ausgekehrten Anteilen auch neue Anteile gewähren.

Beispiel – Mutter-Tochter-Verschmelzung: 35

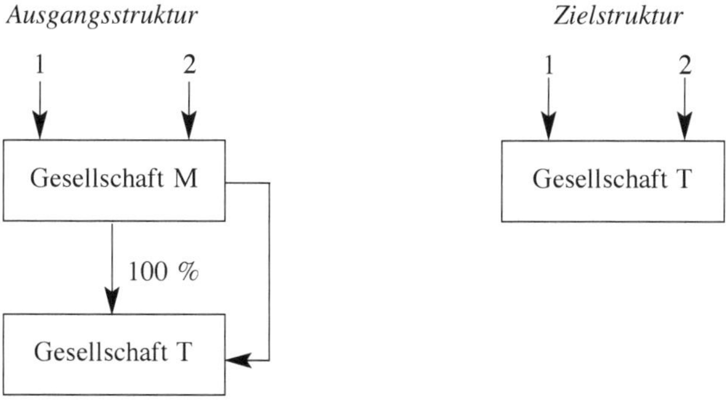

- **Verschmelzung „side-stream":** 36
  Eine Verschmelzung „side-stream" liegt beispielsweise vor, wenn eine Tochtergesellschaft auf eine andere Tochtergesellschaft verschmolzen wird. Die übernehmende Tochtergesellschaft darf hierbei von der Gewährung von

Gesellschaftsanteilen absehen, wenn die Gesellschafter an der übertragenden und an der übernehmenden Gesellschaft im selben Ausmaß (unmittelbar oder mittelbar) beteiligt sind und das Unterbleiben der Anteilsgewährung keine verbotene Einlagenrückgewähr iS der § 52 AktG oder § 82 GmbHG darstellt (§ 224 Abs 2 Z 1 AktG).

Die Muttergesellschaft M ist zu 100 % an den Tochtergesellschaften T_1 und T_2 beteiligt. T_1 ist weiters zu 100 % an der Enkelgesellschaft E beteiligt. In der Folge wird E auf T_2 verschmolzen. Durch die Verschmelzung erleidet T_1 zugunsten von T_2 eine Vermögenseinbuße. Da die Hinnahme der Vermögenseinbuße ausschließlich durch die Gesellschafterstellung der M begründet ist, führt die Verschmelzung zu einer unzulässigen Einlagenrückgewähr der T_1 an die M. Soll die Verschmelzung dennoch ohne Gewährung neuer Anteile erfolgen, muss die Entreicherung von T_1 entweder durch die Ausschüttung freier Rücklagen (sog „Sachausschüttung“), eine Kapitalherabsetzung oder einen Gesellschafterzuschuss der Muttergesellschaft ausgeglichen werden. Im Fall der Sachausschüttung unterliegt das ausgeschüttete Vermögen keiner Gewinnrealisierung und keiner Ausschüttungsbesteuerung (vgl UmgrStR RZ 1085).

III. Konzentrationsverschmelzung

39 Konzentrationsverschmelzung bezeichnet den Vorgang, bei dem Gesellschaften verschmolzen werden, die miteinander anteilsmäßig nicht verbunden sind. Bei einer Konzentrationsverschmelzung werden den Gesellschaftern der übertragenden Gesellschaft idR im Zuge einer Kapitalerhöhung neue Anteile an der übernehmenden Gesellschaft gewährt. Die Gesellschafter der übertragenden Gesellschaft können auch auf die Gewährung von Anteilen durch die übernehmende Gesellschaft verzichten (§ 224 Abs 2 Z 2 AktG), wenn sie von den Gesellschaftern der übernehmenden Gesellschaft mit Gesellschaftsanteilen abgefunden werden.

40 Erfolgt die Verschmelzung gegen Gewährung neuer Anteile aus einer **Kapitalerhöhung der übernehmenden Gesellschaft**, ermittelt sich der Kapitalerhöhungsbetrag wie folgt:

$$\text{Kapitalerhöhung} = \frac{\text{Nennkapital der übernehmenden Gesellschaft} \times \text{Verkehrswert der übertragenden Gesellschaft}}{\text{Verkehrswert der übernehmenden Gesellschaft (vor Verschmelzung)}}$$

Beispiel:
Die Gesellschaft A mit einem Verkehrswert von € 5 Mio wird auf die Gesellschaft B mit einem Verkehrswert von € 10 Mio und einem Nennkapital von € 60.000 verschmolzen. Die Gesellschaft B hat ihr Nennkapital zugunsten der Gesellschafter der Gesellschaft A um € 30.000 auf € 90.000 zu erhöhen. Damit sind die Gesellschafter der untergehenden Gesellschaft A an der übernehmenden Gesellschaft B zu einem

Drittel (1/3 von € 15 Mio = € 5 Mio) und die Gesellschafter der Gesellschaft B zu zwei Drittel (2/3 von € 15 Mio = € 10 Mio) an der Gesellschaft B beteiligt.
Erfolgt die Verschmelzung durch die **Abfindung** der Gesellschafter der übertragenden Gesellschaft **mit Anteilen der Gesellschafter der übernehmenden Gesellschafter („Altgesellschafter")**, ermittelt sich der Betrag des abzutretenden Nominalbetrages wie folgt:

Beispiel:

$$\text{Abzutretendes Nominale} = \frac{\text{Verkehrswert der übertragenden Gesellschaft}}{\text{Summe der Verkehrswerte der übertragenden und übernehmenden Gesellschaft}} \times \text{anteiliges Nennkapital des Altgesellschafters}$$

Die Gesellschaft A mit einem Verkehrswert von € 5 Mio wird auf die Gesellschaft B mit einem Verkehrswert von € 10 Mio und einem Nennkapital von € 60.000 verschmolzen. An der Gesellschaft A ist zu 100 % Herr A beteiligt; an der Gesellschaft B ist zu 100 % Herr B beteiligt. Herr B („Altgesellschafter") hat im Zuge der Verschmelzung an Herrn A einen Gesellschaftsanteil zu übertragen, auf den ein Nominale von € 20.000 entfällt. Damit ist Herr A an der übernehmenden Gesellschaft B zu einem Drittel (1/3 von € 15 Mio = € 5 Mio) und Herr B zu zwei Drittel (2/3 von € 15 Mio = € 10 Mio) an der Gesellschaft B beteiligt.

Beispiel – Konzentrationsverschmelzung durch Aufnahme: 40a

Ausgangsstruktur

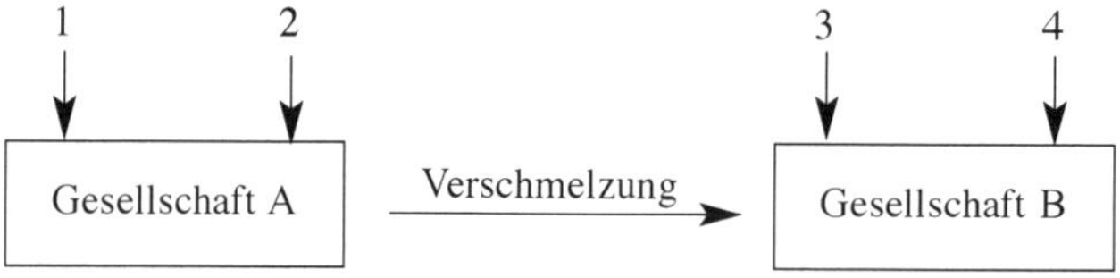

Zielstruktur

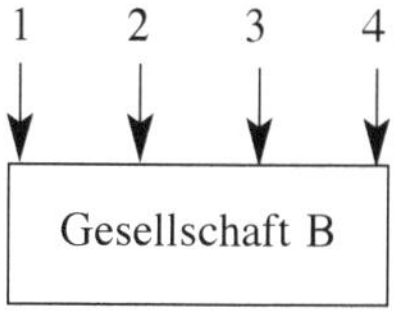

Anmerkung
Durch die Verschmelzung geht die übertragende Gesellschaft A unter. Die Gesellschafter 1 und 2 erhalten von der Gesellschaft B oder den Gesellschaftern 3 und 4 Anteile an der Gesellschaft B.

41 *Beispiel – Konzentrationsverschmelzung durch Neubildung:*

Ausgangsstruktur

Zielstruktur

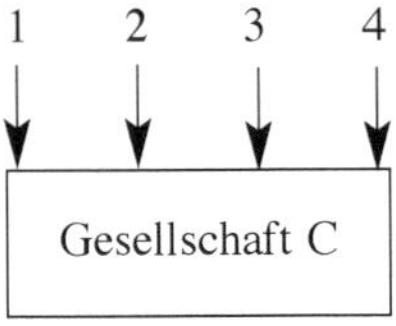

Anmerkung

Die übertragenden Gesellschaften A und B gehen durch die Verschmelzung unter. Die Gesellschafter erhalten Anteile an der neu gegründeten Gesellschaft C.

IV. Gemischte Konzern- und Konzentrationsverschmelzung

41a Eine gemischte Konzern- und Konzentrationsverschmelzung liegt vor, wenn die übertragende und die übernehmende Gesellschaft zwar beteiligungsmäßig miteinander verbunden sind, das Beteiligungsausmaß jedoch nicht 100 % beträgt.

41b Bei der gemischten Konzern- und Konzentrationsverschmelzung unterbleibt im Ausmaß der zwischen den verschmelzungsbeteiligten Gesellschaften bestehenden Beteiligung idR eine Anteilsgewährung durch die übernehmende Gesellschaft. Im darüber hinausgehenden Ausmaß werden den Gesellschaftern Anteile an der übernehmenden Gesellschaft gewährt.

Beispiel – Gemischte Verschmelzung „up-stream“: 41c

Ausgangsstruktur

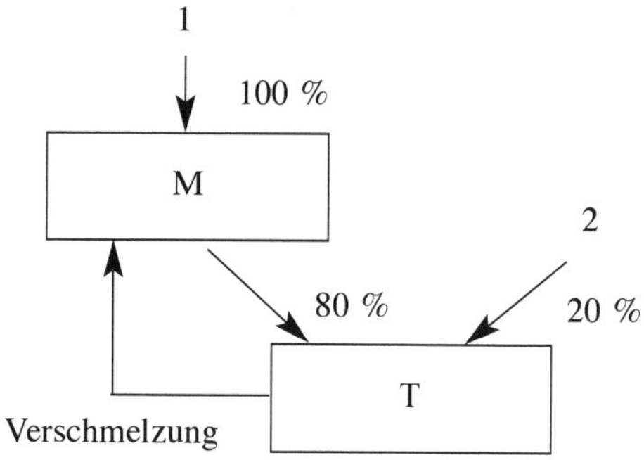

Annahme: Verkehrswert M = Verkehrswert T = 1.000

Zielstruktur

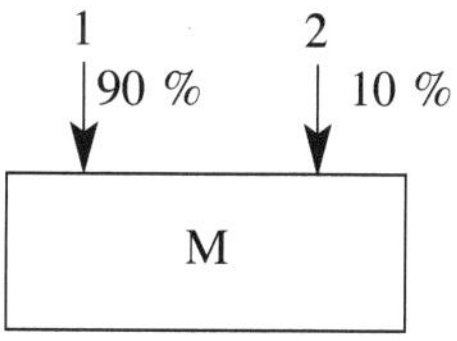

Anmerkung
Für das auf M übergehende Vermögen der T darf M im Ausmaß von 800 (= 80 % von 1.000) keine neuen Anteile ausgeben (§ 224 Abs 1 Z 1 AktG). Damit Gesellschafter 2 durch die Verschmelzung keine Vermögenseinbuße erleidet, ist ihm entweder durch M oder den Gesellschafter 1 eine 10%ige Beteiligung an M zu gewähren (20 % vom Verkehrswert T = 10 % vom Verkehrswert T + M = 200).

41d *Beispiel – Gemischte Verschmelzung „down-stream“:*

Ausgangsstruktur

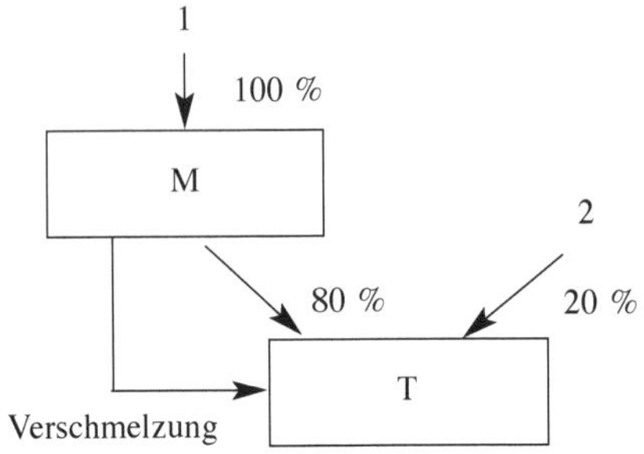

Annahme: Verkehrswert M = Verkehrswert T = 1.000

Zielstruktur

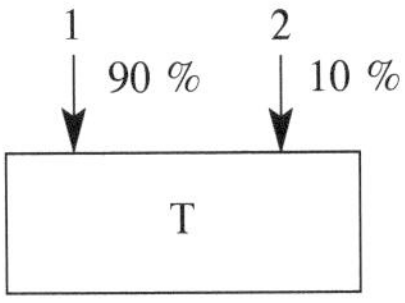

Anmerkung

Für das auf T übergehende Vermögen der M sind die auf T übergehenden Anteile an ihr selbst von 1.600 (= 80 % des Verkehrswertes M + T = 2.000) an den Gesellschafter 1 durchzuschleusen (§ 224 Abs 3 AktG). Weiters ist dem Gesellschafter 1 zur Vermeidung einer Vermögenseinbuße entweder durch T oder den Gesellschafter 2 eine zusätzliche Beteiligung von 10 % an T zu gewähren (10 % vom Verkehrswert T + M = 200).

V. Unterscheidung nach dem Auslandsbezug

41e Hinsichtlich des Bezuges der Verschmelzung zum Ausland können Inlandsverschmelzungen, Auslandsverschmelzungen und grenzüberschreitende Verschmelzungen unterschieden werden:

41f Bei einer **Inlandsverschmelzung** erfolgt die Verschmelzung von inländischen Gesellschaften nach inländischem Verschmelzungsrecht. Die Existenz ausländischer Gesellschafter oder ausländischem Vermögen ist für das Vorliegen einer Inlandsverschmelzung unbeachtlich.

41g Eine **Auslandsverschmelzung** ist eine Verschmelzung, an der ausschließlich ausländische Gesellschaften beteiligt sind. Ob an den verschmelzungsbeteiligten Gesellschaften in- oder ausländische Gesellschafter beteiligt sind oder in- bzw ausländisches Vermögen übertragen wird, ist für das Vorliegen einer Auslandsverschmelzung unerheblich.

Eine **grenzüberschreitende Verschmelzung** liegt bei der Verschmelzung von Gesellschaften vor, die nicht demselben Gesellschaftsrecht unterliegen. Grenzüberschreitende Verschmelzungen werden in Import-Verschmelzungen (Verschmelzung einer ausländischen Gesellschaft auf eine inländische Gesellschaft) und Export-Verschmelzungen (Verschmelzung einer inländischen Gesellschaft auf eine ausländische Gesellschaft) unterteilt. 41h

C. Ertragsteuerliche Folgen nach allgemeinem Steuerrecht

Unterliegt die Verschmelzung nicht dem UmgrStG, kommt das allgemeine Steuerrecht zur Anwendung (§ 20 Abs 1 KStG; zum Anwendungsbereich des UmgrStG siehe Tz 45 ff). Da die übertragende Körperschaft im Zuge der Verschmelzung ihr gesamtes Vermögen auf die übernehmende Körperschaft überträgt, wird die übertragende Körperschaft zum Verschmelzungsstichtag der Liquidationsbesteuerung unterworfen (§ 20 iVm § 19 KStG). 42

Der **Liquidationsgewinn** wird auf Ebene der **Körperschaft** aus der Gegenüberstellung des Abwicklungs-Anfangsvermögens mit dem Abwicklungs-Endvermögen ermittelt. Abwicklungs-Anfangsvermögen ist das (steuerliche) Betriebsvermögen laut Schlussbilanz. Das Abwicklungs-Endvermögen ergibt sich entweder aus dem Wert der für die Vermögensübertragung gewährten Gegenleistung oder bei Unterbleiben einer Gegenleistung aus dem Teilwert der übertragenen Wirtschaftsgüter. Da der Liquidationsgewinn zeitpunktbezogen zum Verschmelzungsstichtag ermittelt wird, entsteht kein Liquidationszeitraum. Die übernehmende Körperschaft setzt das erworbene Vermögen mit den Liquidationswerten an. 43

Auch bei den **Gesellschaftern** der übertragenden Körperschaft kommt es zur Liquidationsbesteuerung ihrer Anteile an der übertragenden Körperschaft und einem Tausch dieser Anteile gegen Anteile an der übernehmenden Körperschaft (UmgrStR RZ 402). 44

Bei einer natürlichen Person erfolgt die Besteuerung ihrer Anteile an der übertragenden Körperschaft sowohl im betrieblichen als auch im außerbetrieblichen Bereich mit dem besonderen Steuersatz von 27,5 % (§ 27a Abs 1 Z 2 iVm § 27 Abs 3 EStG). Der dabei der Besteuerung zugrunde gelegte Wert wird als Anschaffungskosten der neuen Anteile an der übernehmenden Körperschaft angesetzt.

D. Anwendungsbereich des UmgrStG

Eine Verschmelzung unterliegt dem UmgrStG, wenn sie gesellschaftsrechtlich zulässig ist und die Besteuerung des übertragenen Vermögens bei der übernehmenden Körperschaft nicht eingeschränkt ist (§ 1 Abs 1 und 2 UmgrStG). Sind 45 diese Voraussetzungen gegeben, unterliegt die Verschmelzung **zwingend** den Bestimmungen des UmgrStG; ein Anwendungswahlrecht besteht nicht (§ 1 Abs 3 UmgrStG).

I. Gesellschaftsrechtliche Zulässigkeit

46 Dem Art I UmgrStG unterliegen folgende Verschmelzungen (§ 1 Abs 1 UmgrStG):

- Verschmelzungen aufgrund gesellschaftsrechtlicher Vorschriften (Z 1),
- Verschmelzungen iS gesellschaftsrechtlicher Vorschriften aufgrund anderer Gesetze (Z 2),
- Vermögensübertragungen iS des § 236 AktG und des § 60 VAG (Z 3) und
- Verschmelzungen ausländischer Körperschaften im Ausland aufgrund vergleichbarer Vorschriften (Z 4).

47 Damit sind vom Anwendungsbereich des UmgrStG konkret **insbesondere folgende Verschmelzungen erfasst**:

- die Verschmelzung von Aktiengesellschaften (§§ 219 ff AktG),
- die Verschmelzung von Gesellschaften mit beschränkter Haftung (§§ 96 ff GmbHG),
- die rechtsformübergreifende Verschmelzung einer GmbH auf eine AG oder einer AG auf eine GmbH (§§ 234 ff AktG),

  Bei einer rechtsformübergreifenden Verschmelzung sind die Gesellschafter der übertragenden Gesellschaft nicht verpflichtet, an der übernehmenden Gesellschaft teilzunehmen. Erklärt der Gesellschafter der übertragenden Gesellschaft gegen den Verschmelzungsbeschluss Widerspruch zur Niederschrift, steht ihm das Recht auf angemessene Barabfindung gegen Hingabe seiner Anteile zu (siehe dazu § 234b Abs 3 AktG). Zu den steuerlichen Folgen siehe Tz 149a.

- die grenzüberschreitende Verschmelzung nach den Bestimmungen des EU-UmgrG,
- die Verschmelzung eines Versicherungsvereines auf Gegenseitigkeit auf eine AG (§ 60 VAG),
- die Verschmelzung von Genossenschaften gleicher Haftungsart (§ 1 GenVG),
- die Verschmelzung von Sparkassen (§ 25 SpG).

48 Das UmgrStG ist auf eine Verschmelzung nur dann anzuwenden, wenn diese gesellschaftsrechtlich zulässig ist. Die gesellschaftsrechtliche Zulässigkeit ist eine vom zuständigen Firmenbuchgericht zu entscheidende Vorfrage. Wird eine Verschmelzung in das Firmenbuch eingetragen, liegt für steuerliche Zwecke eine Verschmelzung solange vor, als sie nicht für nichtig erklärt wird („Maßgeblichkeit des Gesellschaftsrechts"; vgl UmgrStR RZ 48). Für die **gesellschaftsrechtliche Zulässigkeit** von Verschmelzungen sind insbesonde-

re die Vorschriften zum **Kapitalschutz** zu beachten (siehe dazu *Kalss*, Verschmelzung – Spaltung – Umwandlung², § 224 AktG Rz 40 ff bzw Rz 57 ff):

Positiver Verkehrswert: Ob für die Zulässigkeit einer Verschmelzung die übertragende und übernehmende Gesellschaft einen positiven Verkehrswert aufweisen müssen, ist strittig: 48a

Verschmelzung down-stream: Die Verschmelzung down-stream ist grundsätzlich nur dann zulässig, wenn der Verkehrswert der Muttergesellschaft positiv ist; dabei ist der Wert der Beteiligung an der Tochtergesellschaft außer Betracht zu lassen (OGH 11.11.1999, 6 Ob 4/99b). Andernfalls wäre mit der Verschmelzung eine verbotene Einlagenrückgewähr der Tochtergesellschaft an die Gesellschafter der Muttergesellschaft verbunden. Ist das der Tochtergesellschaft aus der Verschmelzung verbleibende Vermögen der Muttergesellschaft real überschuldet, ist die Verschmelzung dennoch zulässig, wenn die Tochtergesellschaft in zumindest gleichem Ausmaß über ausschüttbares Eigenkapital verfügt und dieses zum Schutz der Gläubiger in der Gesellschaft gebunden wird (vgl OLG Innsbruck 8.4.2013, 3 R 25/13w; siehe dazu auch die Ausführungen unten zur Verschmelzung „side-stream", die hier entsprechend gelten). 48b

Verschmelzung up-stream: Die Verschmelzung up-stream einer **real überschuldeten Tochtergesellschaft** stellt grundsätzlich keine verbotene Einlagenrückgewähr der übernehmenden Muttergesellschaft dar (vgl *Koppensteiner*, Wbl 1999, 333). Die Verschmelzung wird daher zulässig sein, wenn die übernehmende Muttergesellschaft nach der Verschmelzung weder zahlungsunfähig noch real überschuldet iSd §§ 66 und 67 IO ist (vgl *Kalss*, Verschmelzung – Spaltung – Umwandlung², § 224 AktG Rz 67; *Szep* in *Jabornegg/Strasser*, AktG II⁵, § 224 AktG Rz 10; idS auch OGH vom 25.11.2020, 6 Ob 203/20a, wonach der Nachweis einer fehlenden realen Überschuldung der übernehmenden Muttergesellschaft bereits dann erbracht ist, wenn die Überschuldung der übertragenden Tochtergesellschaft und der Buchwert der untergehenden Beteiligung an der Tochtergesellschaft in den freien Rücklagen oder einem Bilanzgewinn der Muttergesellschaft Deckung finden). Die Verschmelzung up-stream auf eine **Muttergesellschaft**, die unter Berücksichtigung der wegfallenden Beteiligung an der Tochtergesellschaft **real überschuldet** ist, wird nur dann zulässig sein, wenn das ausschüttbare Eigenkapital der Tochtergesellschaft die reale Überschuldung der Muttergesellschaft zumindest erreicht bzw sonstige Maßnahmen zum Gläubigerschutz erfolgen und so die Gesellschafter der Tochtergesellschaft durch die Verschmelzung nicht gefährdet sind (vgl *Kalss*, Verschmelzung – Spaltung – Umwandlung², § 224 AktG Rz 60 wonach der Gläubigerschutz gleich zu sehen ist wie im umgekehrten Fall der Verschmelzung up-stream). Auch in diesem Fall wird die Verschmelzung dennoch unzulässig sein, wenn die Muttergesellschaft die Anteile an der Tochtergesellschaft fremdfinanziert hat und die beiden Gesellschaften im Rahmen eines Gesamtplans verschmolzen werden (vgl OGH 20.3.2013, 6 Ob 48/12w und dazu *Karollus*, GES 2013, 283 nach dem eine solche Gestaltung gegen das Verbot der Einlagenrückgewähr verstoßen kann). 48c

Verschmelzung side-stream: Ist bei einer Verschmelzung side-stream eine Gesellschaft real überschuldet, wird die Verschmelzung grundsätzlich unzulässig sein, weil die andere Gesellschaft durch die Übernahme eines real überschuldeten Vermögens 48d zugunsten des gemeinsamen Gesellschafters Vermögen aufwendet. Eine solche verbotene Einlagenrückgewähr wird bei der Verschmelzung einer real überschuldeten übertragenden Gesellschaft jedoch dann nicht vorliegen, wenn folgende Voraussetzungen vorliegen (siehe dazu OLG Wien 15.11.2004, 28 R 111/04f):

- Die Gesellschafter der übernehmenden Gesellschaft beschließen, einen ausschüttbaren Bilanzgewinn der übernehmenden Gesellschaft in Höhe des negativen Verkehrswertes der übertragenden Gesellschaft nicht auszuschütten, sondern zur Abdeckung des übernommenen (real) überschuldeten Vermögens zu verwenden.
- Der übernehmenden Gesellschaft wird in Höhe des negativen Verkehrswertes der übertragenden Gesellschaft sonstiges Vermögen zugeführt (zB Gesellschafterzuschuss).
- Es bestehen nachweislich betriebswirtschaftliche Gründe, wonach die für sich real überschuldete übertragende Gesellschaft für die übernehmende Gesellschaft einen positiven Verkehrswert aufweist (zB Synergieeffekte bei der übernehmenden Gesellschaft).

Bei der Verschmelzung auf eine real überschuldete übernehmende Gesellschaft wird die Verschmelzung insbesondere dann zulässig sein, wenn das ausschüttbare Eigenkapital der übertragenden Gesellschaft die reale Überschuldung der übernehmenden Gesellschaft erreicht (OLG Wien 30.5.2007, 28 R 15/07t).

48e **Kapitalherabsetzender Effekt:** Besitzt die übertragende Gesellschaft ein höheres gebundenes Kapital (Nennkapital zuzüglich gebundener Rücklagen) als die übernehmende Gesellschaft, bewirkt die Verschmelzung einen „kapitalherabsetzenden Effekt“. Die Verschmelzung ist deshalb gesellschaftsrechtlich nur dann zulässig, wenn der kapitalherabsetzende Effekt durch „Begleitmaßnahmen“ vermieden wird (zB ordentliche Kapitalherabsetzung bei der übertragenden Gesellschaft, Einstellen einer entsprechenden gebundenen Rücklage bei der übernehmenden Körperschaft, Kapitalberichtigung bei der übernehmenden Körperschaft, Nachweis der Befriedigung oder Sicherstellung der Gläubiger; siehe dazu OGH 11.11.1999, 6 Ob 4/99b, ecolex 2000/50).

II. Steuerhängigkeitserfordernis

1. Allgemeines

49 Für die Anwendung des UmgrStG müssen neben der gesellschaftsrechtlichen Zulässigkeit die im übertragenen Vermögen enthaltenen stillen Reserven einschließlich eines allfälligen Firmenwertes bei der übernehmenden Körperschaft uneingeschränkt steuerhängig bleiben (§ 1 Abs 2 UmgrStG).
Andernfalls treten die Folgen der Liquidationsbesteuerung ein (siehe Tz 42 ff). Wird das Besteuerungsrecht Österreichs nur zum Teil eingeschränkt, unterliegt die Verschmelzung nur insoweit dem UmgrStG, als die Steuerhängigkeit gewährleistet ist („partielle Liquidationsbesteuerung“, UmgrStR RZ 26). Auf eine weitere Steuerhängigkeit der in den Anteilen der Gesellschafter an der

übertragenden Gesellschaft enthaltenen stillen Reserven kommt es für die Frage der Anwendbarkeit des Art I UmgrStG hingegen nicht an (siehe dazu auch Tz 133ff).

Beispiel: 50
Die unbeschränkt körperschaftsteuerpflichtige A-GmbH wird per 31.12.01 auf die nach § 1 Abs 3 Z 3 iVm § 5 KStG beschränkt körperschaftsteuerpflichtige B-GmbH verschmolzen.
Da die übernehmende B-GmbH im Wesentlichen lediglich mit jenen Einkünften der KSt unterliegt, bei denen die Steuer durch Steuerabzug erhoben wird (§§ 1 Abs 3 Z 3, 21 Abs 2 und 3 KStG), wären die auf die B-GmbH übergehenden stillen Reserven einschließlich eines allfälligen Firmenwertes der A-GmbH nicht mehr steuerhängig. Die Verschmelzung unterliegt daher nicht dem Anwendungsbereich des Art I. Da infolge des BBG 2011 inländische beschränkt steuerpflichtige Körperschaften auch mit Einkünften aus realisierten Wertsteigerungen aus Kapitalvermögen der Besteuerung unterliegen, bleiben stille Reserven iZm Kapitalvermögen, welches bereits unter das neue Besteuerungsregime fällt, auch nach der Verschmelzung steuerhängig. Insofern kommt es nur hinsichtlich der sonstigen übertragenen Vermögenswerte zu einer „partiellen" Liquidationsbesteuerung der A-GmbH.

2. Wegzugsbesteuerung

Insoweit durch eine Verschmelzung für das übertragene Vermögen das Be- 50a
steuerungsrecht Österreichs eingeschränkt wird, unterliegt die übertragende Körperschaft der (partiellen) Liquidationsbesteuerung. Auf Antrag kann die Steuerschuld in Raten entrichtet werden, wenn die Einschränkung des Besteuerungsrechtes gegenüber einem EU/EWR-Staat erfolgt (sog **„Ratenzahlungskonzept"** nach § 1 Abs 2 UmgrStG iVm § 6 Z 6 lit c EStG). Im Fall der (partiellen) Liquidationsbesteuerung unterbleibt bei Anteilsinhabern die Liquidationsbesteuerung, wenn diese im Inland oder im EU/EWR-Raum ansässigen sind (siehe dazu Tz 133a).

Die auf Wirtschaftsgüter des **Anlagevermögens** entfallende Steuerschuld 50b
ist gleichmäßig über einen Zeitraum von fünf Jahren zu entrichten. Offene Raten sind vorzeitig fällig zu stellen, wenn

- das weggezogene Anlagevermögen durch die übernehmende Körperschaft veräußert wird, auf sonstige Art aus ihrem Vermögen ausscheidet oder in einen nicht begünstigten Staat überführt wird;
- der Sitz oder der Ort der Geschäftsleitung der übernehmenden Körperschaft in einen Staat außerhalb des EU/EWR-Raumes verlegt wird;
- die übernehmende Körperschaft Insolvenz anmeldet oder abgewickelt wird oder
- die übernehmende Körperschaft eine Rate binnen drei Monaten ab Eintritt der Fälligkeit nicht oder in zu geringer Höhe entrichtet.

Diese Umstände sind der zuständigen Abgabenbehörde innerhalb von drei Monaten anzuzeigen (§ 1 Abs 2 UmgrStG iVm § 6 Z 6 lit d EStG). Die auf das weggezogene **Umlaufvermögen** entfallende Wegzugssteuer ist gleichmäßig über einen Zeitraum von zwei Jahren zu entrichten; eine vorzeitige Fälligstellung in den oben genannten Fällen erfolgt nicht (§ 1 Abs 2 UmgrStG iVm § 6 Z 6 lit e EStG).

50c Das Ratenzahlungskonzept ist anzuwenden auf Verschmelzungen, die **nach dem 31. Dezember 2015 beschlossen** werden (3. Teil Z 30 UmgrStG idFd AbgÄG 2015). Wurde bis zum Inkrafttreten des Ratenzahlungskonzeptes nach den Bestimmungen des UmgrStG eine Wegzugssteuer nach dem Nichtfestsetzungskonzept auf Antrag nicht festgesetzt, verjährt das Recht auf Festsetzung erst zehn Jahre nach Ablauf des Jahres, in dem die Wegzugsbesteuerung insbesondere durch Veräußerung oder sonstiges Ausscheidens des weggezogenen Vermögens festzusetzen ist (§ 209 Abs 5 BAO idFd AbgÄG 2015). Damit entfällt die bisherige ab dem Umgründungsstichtag zu laufen beginnende Zehnjahresfrist, nach deren Ablauf die Wegzugssteuer nicht mehr vorgeschrieben werden konnte und so das weggezogene Vermögen endgültig steuerneutral entstrickt wurde. Diese **Perpetuierung** der nach dem bisherigen Nichtfestsetzungskonzept **nicht festgesetzten Wegzugssteuer** gilt für Umgründungen, für die die Wegzugssteuer nach dem 31. Dezember 2005 entstanden ist (§ 323 Abs 46 BAO).

50d *Beispiel (UmgrStR RZ 44a):*
Die inländische A-AG (Holding) hält eine 60-prozentige Beteiligung an der ebenfalls inländischen T-GmbH. Im Zuge einer Exportverschmelzung der AAG auf die deutsche Kapitalgesellschaft X-AG zum 31.12.X1 geht auch die Beteiligung an der T-GmbH über. Der Buchwert der Beteiligung an der T-GmbH zum 31.12.X1 beträgt 4.000, der gemeine Wert 5.400. Verschmelzungsbedingt kommt es zu einer Einschränkung des Besteuerungsrechtes Österreichs hinsichtlich der Anteile an der inländischen T-GmbH. Da die übernehmende X-AG eine in der Anlage zum UmgrStG genannte Gesellschaft eines EU-Staates ist (§ 1 Abs 2 erster Teilstrich UmgrStG), kann nach § 1 Abs 2 zweiter Satz UmgrStG in der Körperschaftsteuererklärung der A-AG für das Jahr X1 ein Antrag auf Ratenzahlung der auf die stillen Reserven des Anteils (1.400) entfallenden Steuerschuld (* 0,25 = 350) gestellt werden. Dabei ist gemäß § 1 Abs 2 UmgrStG die Entstrickungsbestimmung des § 6 Z 6 lit d bis e EStG sinngemäß anzuwenden, weshalb die Steuerschuld in fünf Jahresraten zu entrichten ist (je 70).

Fortsetzung Variante 1:
Wird die Beteiligung an der T-GmbH von der übernehmenden deutschen XAG als Gesamtrechtsnachfolgerin der A-AG später veräußert, sind sämtliche noch offene Ratenzahlungen hinsichtlich der übertragenen Beteiligung bei der X-AG vorzeitig fällig zu stellen. Im Falle einer bloß anteiligen Veräußerung der Beteiligung an der T-GmbH kommt es nur insoweit zu einer Fälligstellung, als die noch offenen Raten auf die veräußerten Beteiligungsquoten entfallen (anteilige Fälligstellung).

Fortsetzung Variante 2:
Wird die deutsche X-AG als Gesamtrechtsnachfolgerin der A-AG später auf die in einem Drittstaat ansässig X-Corp verschmolzen (grenzüberschreitende Auslands-

verschmelzung), sind sämtliche noch offene Ratenzahlungen hinsichtlich der übertragenen Beteiligung bei der X-AG vorzeitig fällig zu stellen.

Fortsetzung Variante 3:
Bringt die übernehmende deutsche X-AG den Anteil an der T-AG später nach ausländischem Umgründungssteuerrecht zu Buchwerten in eine im selben Staat ansässige Kapitalgesellschaft ein, liegt kein Umstand vor, der zu einer vorzeitigen Fälligstellung noch offener Raten bei der T-AG führt.

E. Auswirkungen der Verschmelzung auf die übertragende Körperschaft

I. Bilanzierung

1. Gesellschaftsrecht

Die übertragende Körperschaft hat zum Verschmelzungsstichtag eine unternehmensrechtliche Schlussbilanz aufzustellen. Der Verschmelzungsstichtag ist grundsätzlich frei wählbar. Doch wird der Verschmelzungsstichtag aus Gründen der Praktikabilität meist mit dem Regelbilanzstichtag zusammenfallen, weil in diesem Fall die Bilanz und der Anhang des Jahresabschlusses die Schlussbilanz ersetzen (bei prüfungspflichtigen Gesellschaften ist auch der Bestätigungsvermerk Bestandteil der Schlussbilanz). 51

Die Schlussbilanz darf im Zeitpunkt der Anmeldung der Verschmelzung zur Eintragung in das Firmenbuch **nicht älter als neun Monate** sein (§ 220 Abs 3 AktG, § 96 Abs 2 GmbHG). Die Neunmonatsfrist ist eine materiellrechtliche Frist. Die Rückwirkung der Verschmelzung ist daher davon abhängig, dass die Anmeldung beim zuständigen Firmenbuchgericht spätestens am letzten Tag der Neunmonatsfrist einlangt. 52

Da die steuerlichen Folgen des UmgrStG nur eintreten können, wenn die Verschmelzung gesellschaftsrechtlich zulässig ist (sog „Maßgeblichkeit des Gesellschaftsrechtes"), ist die Neunmonatsfrist auch für die steuerliche Rückwirkung maßgeblich.

Weist das Firmenbuchgericht die Anmeldung der Verschmelzung als verspätet zurück, kommt die Verschmelzung gesellschaftsrechtlich nicht zustande und löst keine abgabenrechtlichen Folgen aus. Wird die Verschmelzung trotz verspäteter Anmeldung in das Firmenbuch eingetragen, kommt sie gesellschaftsrechtlich zustande und unterliegt dem Anwendungsbereich des UmgrStG (UmgrStR RZ 156). 52a

Je nach Verschmelzungsstichtag ergeben sich daher folgende letzte Anmeldungsstichtage:

53

Umgründungsstichtag	**Letzter Anmeldetag**	**Umgründungsstichtag**	**Letzter Anmeldetag**
31.1.01	31.10.01	30.6.01	30.3.02
28.2.01 (Normaljahr) 29.2.01 (Schaltjahr)	28.11.01 29.11.01	31.7.01	30.4.02
		31.8.01	31.5.02
		30.9.01	30.6.02
31.3.01	31.12.01	31.10.01	31.7.02
30.4.01	30.1.02	30.11.01	30.8.02
31.5.01	28.2.02 (Normaljahr) 29.2.02 (Schaltjahr)	31.12.01	30.9.02

54 Zusätzlich zur Schlussbilanz muss eine **Zwischenbilanz** erstellt werden, wenn der Stichtag des letzten Jahresabschlusses einer an der Verschmelzung beteiligten Körperschaft mehr als sechs Monate vor dem Abschluss des Verschmelzungsvertrages oder der Aufstellung des Verschmelzungsvertragsentwurfs liegt (§ 221a Abs 2 Z 3 AktG). Der Stichtag der Zwischenbilanz darf nicht vor dem ersten Tag des dritten Monats liegen, welcher dem Monat des Abschlusses der Verschmelzungsvertrages oder der Aufstellung des entsprechenden Entwurfs vorausgeht.

54a *Beispiel:*

Die A-GmbH und die B-GmbH haben als Regelbilanzstichtag den 31.12. Die A-GmbH soll mit Stichtag 31.12.01 auf die B-GmbH verschmolzen werden. Der Abschluss des Verschmelzungsvertrags findet am 15.7.02 statt. Sowohl die A-GmbH als auch die B-GmbH haben eine Zwischenbilanz auf einen Stichtag zu erstellen, welcher nicht vor dem 1.4.02 liegen darf, sofern nicht darauf verzichtet wird (siehe unten).

54b Von der Erstellung einer Zwischenbilanz kann abgesehen werden, wenn sämtliche Aktionäre aller beteiligten Gesellschaften auf die Erstellung verzichten (§ 232 Abs 2 AktG). Die Zwischenbilanz ist nach den Vorschriften des letzten Jahresabschlusses zu erstellen, dessen Wertansätze übernommen werden dürfen; eine Inventur muss nicht erstellt werden; Abschreibungen, Wertberichtigungen, Rückstellungen und wesentliche aus den Büchern nicht ersichtliche Veränderungen der Vermögensgegenstände sind zu berücksichtigen (§ 221a Abs 3 AktG). Eine Prüfung der Zwischenbilanz durch den Abschlussprüfer hat nicht zu erfolgen.

2. Steuerrecht

55 Ertragsteuerlich endet für die übertragende Körperschaft mit Ablauf des Verschmelzungsstichtages ihr letztes Wirtschaftsjahr. Die Körperschaft hat daher für die (letzte) Gewinnermittlung zum Verschmelzungsstichtag eine Schluss-

bilanz zu erstellen. In der Schlussbilanz ist ihr Betriebsvermögen mit den Werten anzusetzen, „die sich nach den steuerrechtlichen Vorschriften über die Gewinnermittlung ergeben“ (§ 2 Abs 1 UmgrStG). Unter dieser Formulierung werden nur die Regeln für die laufende Gewinnermittlung verstanden; eine darüber hinausgehende Aufdeckung stiller Reserven hat zu unterbleiben (Ansatz der Buchwerte; zur Ausnahme hiervon siehe unten Tz 59 ff; zur Fortführung der Buchwerte durch die übernehmende Körperschaft siehe unten Tz 74 ff). In der Regel wird die unternehmensrechtliche Schlussbilanz durch eine steuerliche Mehr-Weniger-Rechnung ergänzt und der steuerlichen Gewinnermittlung zugrunde gelegt.

Die übertragende Körperschaft wird mit dem Gewinn oder dem Verlust aller im 56
Kalenderjahr des Verschmelzungsstichtages endenden (Rumpf-)Wirtschaftsjahre letztmalig veranlagt.

Ist die übertragende Körperschaft an einer Mitunternehmerschaft beteiligt, deren 56a
Bilanzstichtag nicht mit dem Verschmelzungsstichtag übereinstimmt, ist das Ergebnis der Mitunternehmerschaft im Wege der Schätzung auf die übertragende und übernehmende Körperschaft aufzuteilen (UmgrStR RZ 92). Die Aufteilung wird grundsätzlich zeitanteilig vorzunehmen sein.

Die übertragende Körperschaft hat zum Verschmelzungsstichtag eine steu- 57
erliche **Verschmelzungsbilanz** zu erstellen (§ 2 Abs 5 UmgrStG, die Verletzung dieser Ordnungsvorschrift lässt den Anwendungsbereich des UmgrStG unberührt). In der Verschmelzungsbilanz ist das Vermögen der übertragenden Körperschaft mit den steuerlich maßgebenden Buchwerten anzusetzen (zur Ausnahme vom Buchwertansatz siehe unten Tz 59 ff). Zusätzlich zum übertragenen Vermögen sind in der Verschmelzungsbilanz auch die sog „rückwirkenden Vermögensänderungen“ darzustellen (siehe unten Tz 67 ff).

In der Verschmelzungsbilanz wird das Eigenkapital als **Verschmelzungs-** 58
kapital bezeichnet und in einem Posten ausgewiesen.

II. Ausnahme vom Buchwertansatz

In der Verschmelzungsbilanz ist das zu übertragende Vermögen grundsätzlich 59
zwingend mit den steuerlichen Buchwerten anzusetzen. Ausnahmsweise kann

- bei Verschmelzungen im Inland das ausländische Vermögen und 60
- bei Verschmelzungen im Ausland **das inländische Betriebsvermögen** oder 61
  die sonstigen inländischen Vermögensteile

auf den gemeinen Wert aufgewertet werden. Eine solche Aufwertung kann jedoch nur erfolgen, wenn die Verschmelzung im Ausland zur Gewinnrealisierung führt und entweder mit dem betreffenden Staat ein Doppelbesteuerungsabkommen besteht, das hinsichtlich dieses Gewinnes die Anrechnungsmethode vorsieht, oder eine der Anrechnungsmethode vergleichbare innerstaatliche Maßnahme (zB § 48 BAO) getroffen wurde (§ 2 Abs 2 UmgrStG).

Die Ausnahme vom Ansatz der Buchwerte hat den Zweck, eine im Rahmen von Umgründungen mit Auslandsbezug mögliche Doppelbesteuerung stiller Reserven zu vermeiden.

62 *Beispiel – DBA mit Anrechnungsmethode:*
Die im Ausland ansässige Körperschaft A wird auf die ebenfalls im Ausland ansässige Körperschaft B verschmolzen. Im Vermögen der übertragenden Körperschaft A befindet sich unter anderem eine österreichische Betriebsstätte. Mit dem Ausland besteht ein DBA, das für Betriebsstättengewinne die Anrechnungsmethode vorsieht. Nimmt das Ausland die Verschmelzung zum Anlass, die stillen Reserven der Körperschaft A zu besteuern, bezieht sich die Besteuerung aufgrund der im DBA verankerten Anrechnungsmethode auch auf die stillen Reserven der österreichischen Betriebsstätte. Da in Österreich die Buchwerte der Betriebsstätte anzusetzen sind (§ 2 Abs 1 UmgrStG), fällt in Österreich keine KSt an, die auf die im Ausland anfallende KSt angerechnet werden könnte. Wird die Betriebsstätte in einer späteren Besteuerungsperiode veräußert, werden die stillen Reserven der Betriebsstätte in Österreich der KSt unterworfen. Da im Ausland in dieser Periode hinsichtlich dieser stillen Reserven der Betriebsstätte keine KSt mehr anfällt, ist eine Anrechnung der österreichischen KSt nicht möglich. Im Ergebnis werden somit die stillen Reserven der Betriebsstätte doppelt besteuert.
Um dieses unbefriedigende Ergebnis zu vermeiden, kann im Zuge der Auslandsverschmelzung das inländische Betriebsstättenvermögen steuerwirksam aufgewertet werden (§ 2 Abs 2 UmgrStG iVm § 19 Abs 7 KStG iVm § 24 EStG). Damit kann die auf den Aufwertungsgewinn entfallende österreichische KSt auf die ausländische KSt angerechnet werden. Wird die Betriebsstätte in der Folge veräußert, fällt aufgrund der Aufwertung keine KSt mehr an. Eine doppelte Besteuerung der zum Verschmelzungsstichtag in der österreichischen Betriebsstätte enthaltenen stillen Reserven wird somit vermieden.

63 *Beispiel – DBA mit Anrechnungsmethode:*
Die inländische Körperschaft A wird auf die inländische Körperschaft B verschmolzen. Im Vermögen der übertragenden Körperschaft A befindet sich unter anderem eine im Ausland gelegene Betriebsstätte. Mit dem Ausland besteht ein DBA, das für Betriebsstättengewinne die Anrechnungsmethode vorsieht.
Nimmt das Ausland die Verschmelzung zum Anlass, die stillen Reserven der Betriebsstätte zu versteuern, ergibt sich aufgrund des im UmgrStG vorgesehenen Buchwertansatzes hinsichtlich der Betriebsstätte keine österreichische KSt, auf welche die ausländische KSt angerechnet werden kann. Wird die Betriebsstätte in einer späteren Besteuerungsperiode veräußert, unterliegen die im Betriebsvermögen der ausländischen Betriebsstätte enthaltenen stillen Reserven im Inland der KSt. Da in dieser Besteuerungsperiode hinsichtlich dieser stillen Reserven der Betriebsstätte keine ausländische KSt mehr anfällt und die in der Besteuerungsperiode der Verschmelzung im Ausland angefallene KSt nicht angerechnet werden kann, werden die stillen Reserven der Betriebsstätte im Ergebnis doppelt besteuert.
Um diese Doppelbesteuerung zu vermeiden, kann das Betriebsstättenvermögen in der Verschmelzungsbilanz aufgewertet werden (§ 2 Abs 2 iVm § 20 KStG). Auf den

dadurch realisierten Aufwertungsgewinn kann die ausländische KSt angerechnet werden. Wird die Betriebsstätte in der Folge veräußert, fällt aufgrund der Aufwertung keine KSt mehr an. Eine doppelte Besteuerung stiller Reserven findet daher nicht statt.

Das **Aufwertungswahlrecht** steht nur zu, wenn das **DBA** mit dem betreffenden Staat die **Anrechnungsmethode** vorsieht oder eine vergleichbare innerstaatliche Maßnahme besteht. Dagegen besteht bei einem DBA mit **Befreiungsmethode** oder einer vergleichbaren innerstaatlichen Maßnahme **keine Gefahr einer Doppelbesteuerung**. Die Aufwertungsoption steht daher konsequenterweise nicht zu. 64

Beispiel – DBA mit Befreiungsmethode: 65
Die im Ausland ansässige Körperschaft A wird auf die ebenfalls ausländische Körperschaft B verschmolzen. Im Vermögen der übertragenden Körperschaft A befindet sich unter anderem eine österreichische Betriebsstätte. Mit dem Ausland besteht ein DBA, welches für Betriebsstättengewinne die Befreiungsmethode vorsieht.
Nimmt das Ausland die Verschmelzung zum Anlass, die stillen Reserven der Körperschaft A zu besteuern, bezieht sich die Besteuerung aufgrund der im DBA verankerten Befreiungsmethode nicht auf die stillen Reserven der österreichischen Betriebsstätte. Wird die Betriebsstätte in einer späteren Besteuerungsperiode veräußert, werden die stillen Reserven nur in Österreich der KSt unterworfen. Eine doppelte Besteuerung der stillen Reserven ist demnach ausgeschlossen.

Beispiel – DBA mit Befreiungsmethode: 66
Die inländische Körperschaft A wird auf die inländische Körperschaft B verschmolzen. Im Vermögen der übertragenden Körperschaft A befindet sich unter anderem eine ausländische Betriebsstätte. Mit dem Ausland besteht ein DBA, das für die Betriebsstättengewinne die Befreiungsmethode vorsieht.
Nimmt das Ausland die Verschmelzung zum Anlass, die stillen Reserven der Betriebsstätte zu versteuern, fällt in Österreich aufgrund der zwingenden Buchwertfortführung keine KSt an. Auch bei einer späteren Veräußerung der Betriebsstätte kann es aufgrund der Befreiungsmethode hinsichtlich dieser stillen Reserven zu keiner weiteren Besteuerung kommen. Eine Doppelbesteuerung findet demnach nicht statt.

III. Rückwirkungsfiktion

Gesellschaftsrechtlich erfolgen die Vermögensübertragung und der Untergang der übertragenden Körperschaft mit der Eintragung der Verschmelzung in das Firmenbuch (§ 225a Abs 3 Z 1 und 2 AktG). 67

Am zivilrechtlichen Zeitpunkt des Vermögensüberganges ändert auch der Umstand nichts, dass die Verschmelzung im Innenverhältnis schuldrechtlich auf den Verschmelzungsstichtag zurückbezogen wird (vgl § 220 Abs 2 Z 5 AktG). 68

Anders als nach Gesellschaftsrecht gilt **ertragsteuerlich** die **Vermögensübertragung** bereits **mit Ablauf des Verschmelzungsstichtages** als einge- 69 treten; nach Ablauf des Verschmelzungsstichtages erfolgende Vermögensänderungen werden daher bereits der übernehmenden Körperschaft zugerechnet (sog **„Rückwirkungsfiktion“**; §§ 2 Abs 3, 3 Abs 1 Z 4 UmgrStG).

Durch die rückwirkende Zurechnung des Vermögens der übertragenden Gesellschaft zum Vermögen der übernehmenden Gesellschaft stellen alle zwischen der übertragenden und der übernehmenden Gesellschaft durchgeführten Geschäfte, die nach dem Verschmelzungsstichtag geschlossen wurden, ertragsteuerlich **unbeachtliche „Innengeschäfte“** dar (UmgrStR RZ 81 f):

- Im Rückwirkungszeitraum veräußerte Wirtschaftsgüter gelten nicht als veräußert bzw angeschafft. Der unternehmensrechtlich realisierte Gewinn ist steuerneutral; auf Anschaffungsvorgänge abstellende Investitionsbegünstigungen sind nicht anwendbar.
- Im Rückwirkungszeitraum zu nicht fremdüblichen Bedingungen abgewickelte Rechtsgeschäfte stellen keine verdeckte Gewinnausschüttung und keine verdeckte Einlage dar.

69a Der übertragenden Gesellschaft muss am Verschmelzungsstichtag das zu übertragende Vermögen nicht zuzurechnen sein (anders nach § 13 Abs 2 UmgrStG für die Einbringung, den Zusammenschluss und die Realteilung, nach § 7 Abs 1 UmgrStG für die Umwandlung und nach § 32 Abs 2 iVm § 12 Abs 2 UmgrStG für die Spaltung).

69b Die Verschmelzung kann innerhalb der neunmonatigen Rückwirkungsfrist auch auf einen Stichtag zurückbezogen werden, an dem die übernehmende Körperschaft zivilrechtlich noch nicht existiert hat. Die übernehmende Körperschaft kann daher auch im Rückwirkungszeitraum gegründet werden bzw durch Verschmelzung zur Neugründung entstehen. Körperschaftsteuerrechtlich entsteht die übernehmende Gesellschaft in diesen Fällen bereits mit Beginn des auf den Verschmelzungsstichtag folgenden Tages (UmgrStR Rz 46).

70 Von der Rückwirkungsfiktion **ausgenommen** sind (§ 2 Abs 4 UmgrStG):

- **Gewinnausschüttungen** der übertragenden Körperschaft nach dem Verschmelzungsstichtag;

  Dagegen sind verdeckte Gewinnausschüttungen von der Rückwirkungsfiktion erfasst (arg „auf Grund von Beschlüssen“; § 2 Abs 4 UmgrStG). Verdeckte Gewinnausschüttungen sind daher bereits der übernehmenden Körperschaft zuzurechnen.

  Durch die Ausnahme von offenen Gewinnausschüttungen aus der Rückwirkungsfiktion sind für diese noch die Verhältnisse bis zur Verschmelzung maßgeblich. Die KESt-Pflicht und die dafür vorgesehenen Befreiungstatbestände (§ 94 Z 2 EStG) richten sich somit noch nach den alten Beteiligungsverhältnissen.

  Von der Rückwirkungsfiktion ausgenommene offene Gewinnausschüttungen reduzieren den Stand der Innenfinanzierung der übertragenden Gesellschaft (§ 4 Abs 12 Z 4 EStG; UmgrStR RZ 111).

- **Einlagenrückzahlungen** (iS des § 4 Abs 12 EStG) der übertragenden Körperschaft in der Zeit zwischen dem Verschmelzungsstichtag und dem Tag des Abschlusses des Verschmelzungsvertrages und 71
- **Einlagen** (§ 8 Abs 1 KStG) in die übertragende Körperschaft in der Zeit zwischen dem Verschmelzungsstichtag und dem Tag des Abschlusses des Verschmelzungsvertrages. 72

Im Rückwirkungszeitraum getätigte Einlagen in die übertragende Körperschaft und Einlagenrückzahlungen der übertragenden Körperschaft sind bereits zum Verschmelzungsstichtag im **Einlagen-Evidenzkonto** der übertragenden Körperschaft darzustellen (§ 4 Abs 12 Z 3 EStG).

Da diese **nachträglichen Vermögensänderungen** von der Rückwirkungsfiktion ausgenommen sind, werden sie noch der übertragenden Körperschaft zugerechnet und **wirken sich** daher **auf die Höhe des Verschmelzungskapitals aus** (zum Verschmelzungskapital siehe Tz 58): Von der Rückwirkungsfiktion ausgenommene Gewinnausschüttungen und Einlagenrückzahlungen sind in der Verschmelzungsbilanz als Fremdkapitalpost darzustellen und vermindern dadurch das Verschmelzungskapital. Die von der Rückwirkungsfiktion ausgenommenen Einlagen werden in der Verschmelzungsbilanz als Aktivpost ausgewiesen und erhöhen somit das Verschmelzungskapital). 73

F. Auswirkungen der Verschmelzung auf die übernehmende Körperschaft

I. Rückwirkungsfiktion – Wertansätze – Buchgewinne und -verluste

Mit der Eintragung der Verschmelzung in das Firmenbuch geht die übertragende Gesellschaft unter, werden die Gesellschafter der übertragenden Gesellschaft zu Gesellschaftern der übernehmenden Gesellschaft und geht das Vermögen der übertragenden Gesellschaft auf die übernehmende Gesellschaft über (vgl § 225a AktG). Schuldrechtlich sind dagegen bereits ab dem dem Verschmelzungsstichtag folgenden Tag alle Handlungen der übertragenden Körperschaft (im Innenverhältnis) der übernehmenden Körperschaft zuzurechnen (vgl § 220 Abs 2 Z 5 AktG). 74

Ertragsteuerlich gilt das Vermögen der übertragenden Körperschaft der übernehmenden Körperschaft bereits am Beginn des dem Verschmelzungsstichtag folgenden Tages als übertragen (sog „Rückwirkungsfiktion", §§ 3 Abs 1 Z 4, 2 Abs 3 UmgrStG).

75 Für die Bewertung des übernommenen Vermögens ist zwischen dem unternehmensrechtlichen Wertansatz und dem steuerlichen Wertansatz zu unterscheiden:

1. Unternehmensrecht

76 Unternehmensrechtlich besteht für die Bewertung des übernommenen Vermögens ein Wahlrecht: Die übernehmende Körperschaft kann das Vermögen entweder insgesamt mit dem beizulegenden Wert ansetzen (§ 202 Abs 1 UGB) oder insgesamt die Buchwerte der Schlussbilanz der übertragenden Körperschaft übernehmen (§ 202 Abs 2 UGB). Der Ansatz eines Zwischenwertes ist nicht zulässig. Bei Ansatz des beizulegenden Wertes ist der Aufwertungsgewinn in der Gewinn- und Verlustrechnung in einem Sonderposten auszuweisen und nach § 235 Abs 1 UGB ausschüttungsgesperrt.

77 Durch die Übertragung des Vermögens auf die übernehmende Körperschaft ergeben sich bei dieser im Betriebsvermögen **Buchdifferenzen**, die als Buchgewinn oder Buchverlust bezeichnet werden. Nach der Entstehungsursache lassen sich zwei Typen von Buchgewinnen oder Buchverlusten unterscheiden:

78 • Differenzen zwischen dem Buchwert der gewährten neuen Anteile und dem Buchwert des übernommenen Vermögens (= Buchgewinne bzw Buchverluste auf **gesellschaftlicher** Grundlage);

79 • Differenzen zwischen dem Buchwert der durch die Verschmelzung untergegangenen Vermögensgegenstände und dem Buchwert des übernommenen Vermögens (= Buchgewinne bzw Buchverluste auf **betrieblicher** Grundlage).

80 *Buchgewinn*

Entsteht durch die Verschmelzung ein Buchgewinn, ist zu unterscheiden: Gibt die übernehmende Körperschaft neue Anteile aus, ist der Buchgewinn in eine Kapitalrücklage einzustellen (§ 229 Abs 2 Z 1 UGB). Diese Kapitalrücklage ist bei AGen und großen GmbHs gebunden § 229 Abs 5 iVm Abs 4 UGB). Kommt es dagegen zu keiner Ausgabe neuer Anteile, ist der Buchgewinn bei der Verschmelzung „down-stream“ und „side-stream“ sowie im Fall der Abfindung mit Anteilen der „Altgesellschafter“ in eine ungebundene Kapitalrücklage einzustellen (§ 229 Abs 2 Z 5 UGB; zu einer allfälligen Ausschüttungssperre bei Ansatz des beizulegenden Wertes siehe § 235 Abs 1 UGB). Bei der Verschmelzung „up-stream“ ist der Buchgewinn ist in der Gewinn- und Verlustrechnung in einem Sonderposten vor dem Posten „Jahresüberschuss/Jahresfehlbetrag“ auszuweisen und bei Wesentlichkeit im Anhang zu erläutern.

Buchverlust 81

Übersteigt der Gesamtbetrag der Gegenleistung das zu Buchwerten übernommene Vermögen, **darf** der Unterschiedsbetrag (= Buchverlust) **aktiviert** werden, oder in der Gewinn- und Verlustrechnung in einem Sonderposten ausgewiesen werden. Der Gesamtbetrag der Gegenleistung ergibt sich hierbei aus dem Gesamtbetrag der gewährten neuen Anteile, dem Buchwert eigener oder untergehender Anteile und den baren Zuzahlungen (§ 202 Abs 2 Z 2 UGB).

Fällt trotz des Unterbleibens einer Gegenleistung ein Buchverlust an (zB Übernahme eines buchmäßig negativen Verschmelzungskapitals im Zuge eines „side-stream-mergers"), ist dieser zwingend in der Gewinn- und Verlustrechnung in einem Sonderposten auszuweisen. 82

Soweit der aktivierte Buchverlust den einzelnen Vermögensgegenständen zugeordnet werden kann, ist er als **Umgründungsmehrwert** anzusetzen und gemäß einer durchschnittlichen Restnutzungsdauer abzuschreiben; soweit darüber hinaus noch ein Buchverlust verbleibt, kann dieser als **Firmenwert** angesetzt werden, der auf längstens die Geschäftsjahre verteilt abzuschreiben ist, in denen er voraussichtlich genutzt wird (vgl § 202 Abs 2 Z 3 UGB). 83

Beispiel 1: 84

Die Körperschaft T wird als 100%ige Tochtergesellschaft auf ihre Muttergesellschaft M verschmolzen. Im Betriebsvermögen der T befinden sich ua ein Mietrecht an einer der M gehörenden Liegenschaft und Verbindlichkeiten gegenüber der M. Im Betriebsvermögen der M enthalten sind ua die Beteiligung an der T und die wertberichtigten Forderungen gegenüber der T.

Schlussbilanz T

Anlagevermögen	8.000	Nennkapital	2.500
Mietrecht-M	400	Bilanzverlust	– 1.500
Umlaufvermögen	100	Fremdkapital	6.000
		Verbindlichkeit-M	1.500
	8.500		8.500

Bilanz M zum Verschmelzungsstichtag

Anlagevermögen	15.000	Nennkapital	10.000
Beteiligung-T	3.000	Kapitalrücklage	5.000
Umlaufvermögen	7.000	Fremdkapital	10.500
Forderung-T	500		
	25.500		25.500

Verschmelzungsbilanz T

Anlagevermögen	8.000	Verschmelzungskapital	1.000
Mietrecht-M	400	Fremdkapital	6.000
Umlaufvermögen	100	Verbindlichkeit-M	1.500
	8.500		8.500

Übernahmebilanz M

Anlagevermögen	23.000	Nennkapital	10.000
Umlaufvermögen	7.100	Kapitalrücklage	5.000
UmgrMw/FW	1.400*	Fremdkapital	16.500
	31.500		31.500

Buchgewinn/Buchverlust (auf betrieblicher Grundlage):

• Buchverlust aus dem Wegfall der Beteiligung an der T und Übernahme des Vermögens der T:	– 2.000
• Buchverlust aus dem Wegfall des Mietrechts durch Confusio:	– 400
• Buchgewinn aus der Confusio der abgeschriebenen Forderung gegenüber der T und der übergegangenen Verbindlichkeit gegenüber der M:	1.000
Buchverlust (= UmgrMw/FW)*	**– 1.400**

* Zum Ausweis latenter Steuern siehe Tz 1148.

85 *Beispiel 2:*
Die Körperschaft A wird durch eine Konzentrationsverschmelzung auf die übernehmende Körperschaft B verschmolzen. Die Gesellschafter der A werden mit neuen Anteilen aus einer Stammkapitalerhöhung der Körperschaft B abgefunden. Der Verkehrswert der Körperschaft A beträgt 10.000, der Verkehrswert der Körperschaft B 28.000.

Schlussbilanz A

Anlagevermögen	5.000	Nennkapital	5.000
Umlaufvermögen	3.000	Bilanzgewinn	1.000
		Fremdkapital	2.000
	8.000		8.000

Bilanz B zum Verschmelzungsstichtag

Anlagevermögen	6.000	Nennkapital	7.000
Umlaufvermögen	4.500	Kapitalrücklage	250
		Bilanzgewinn	250
		Fremdkapital	3.000
	10.500		10.500

Verschmelzungsbilanz A

Anlagevermögen	5.000	VerschmKap	6.000
Umlaufvermögen	3.000	Fremdkapital	2.000
	8.000		8.000

Übernahmebilanz B

Anlagevermögen	11.000	Nennkapital	9.500
Umlaufvermögen	7.500	Kapitalrücklage	3.750
		Bilanzgewinn	250
		Fremdkapital	5.000
	18.500		18.500

Kapitalerhöhung bei B:
Das Umtauschverhältnis (UTV) gibt an, in welchem Verhältnis die Aktionäre der übertragenden Körperschaft A für den Untergang ihrer Anteile mit Anteilen an der übernehmenden Körperschaft B abgefunden werden. Das Umtauschverhältnis ermittelt sich nach folgender Formel (siehe auch oben Tz 40):
UTV = (Verkehrswert A/Nennkapital A)/(Verkehrswert B/Nennkapital B) = 0,5.
Die Nennkapitalerhöhung (KE) der Körperschaft B ergibt sich sodann aus dem mit dem Nennkapital der Körperschaft A (NK_A) multiplizierten Umtauschverhältnis (UTV): $KE = UTV*NK_A = 5.000*0,5 = 2.500$.

Buchgewinn/Buchverlust (auf gesellschaftsrechtlicher Grundlage):
Aus der Nennkapitalerhöhung iHv 2.500 und der Übernahme des Vermögens iHv 6.000 ergibt sich bei der übernehmenden Körperschaft B ein Buchgewinn von 3.500. Dieser Buchgewinn ist bei der übernehmenden Körperschaft in eine Kapitalrücklage iS des § 229 Abs 2 Z 1 UGB einzustellen.

2. Steuerrecht

a) Buchwertfortführung

Anders als nach Unternehmensrecht besteht steuerlich für die Bewertung des übernommenen Vermögens kein Wahlrecht. Die übernehmende Körperschaft hat die von der übertragenden Körperschaft in der Verschmelzungsbilanz angesetzten (steuerlichen) Buchwerte zwingend zu übernehmen (§ 3 Abs 1 Z 1 UmgrStG; sog „Buchwertfortführung"). 86

Zusätzlich zu den Wertansätzen hat die übernehmende Körperschaft insbesondere auch die Abschreibungsgrundsätze und Siebentelabsetzung nach § 12 Abs 3 Z 2 KStG zu übernehmen (siehe UmgrStR RZ 120 ff). Nach § 19 BAO führt die unternehmensrechtliche Gesamtrechtsnachfolge auch zum Eintritt in sämtliche abgabenverfahrensrechtliche Positionen der übernehmenden Körperschaft. 87

Die im Zusammenhang mit der Verschmelzung anfallenden Beratungsaufwendungen, Verfahrenskosten und Gebühren sind als Betriebsausgabe sofort abzugsfähig (§ 11 Abs 1 Z 1 KStG).

88 Die durch die Verschmelzung bei der übernehmenden Körperschaft entstehenden **Buchgewinne und Buchverluste sind grundsätzlich steuerneutral** und wirken sich demnach auf den steuerlichen Gewinn oder Verlust nicht aus (§ 3 Abs 2 UmgrStG). **Ausgenommen** von dieser Steuerneutralität sind lediglich Buchgewinne bzw Buchverluste, die aus der Vereinigung von Aktiva und Passiva stammen (sog **„Confusioergebnisse“**). Solche Confusiogewinne bzw -verluste sind in dem dem Verschmelzungsstichtag folgenden Wirtschaftsjahr steuerlich zu berücksichtigen.

Confusioergebnisse ergeben sich zB bei der Vereinigung einer Verbindlichkeit mit der korrespondierenden teilwertberichtigten Forderung, der Vereinigung einer Rückstellung mit der (noch) nicht oder nur in geringerem Umfang aktivierten Forderung und der Vereinigung eines Bestandrechts mit der Position des Vermieters.

89 Etwaige aus einer unternehmensrechtlichen Aufwertung auf den beizulegenden Wert resultierende Mehrabschreibungen oder die Abschreibung des aktivierten Umgründungsmehrwertes bzw Firmenwertes sind steuerneutral und kürzen nicht den steuerpflichtigen Gewinn. Solche Abschreibungen sind somit in der steuerlichen Mehr-Weniger-Rechnung zu korrigieren.

90 *Beispiel – Fortsetzung von Beispiel 1 oben unter Tz 84:*
Der unternehmensrechtliche Buchverlust iHv 1400 setzt sich aus einem steuerneutralen Buchverlust iHv 2.000 (= Buchverlust aus dem Wegfall der Beteiligung) und einem steuerpflichtigen Confusiogewinn iHv 600 zusammen (= Gewinn iHv 1.000 aus der Confusio von Forderung und Verbindlichkeit abzüglich des Verlustes iHv 400 aus dem confusiobedingten Wegfall des Mietrechtes).

b) Aufwertung

90a Tritt durch eine grenzüberschreitende Verschmelzung das Vermögen der übertragenden (ausländischen) Körperschaft in das inländische Besteuerungsrecht ein, ist dieses Vermögen bei der übernehmenden Körperschaft (steuerneutral) mit dem gemeinen Wert anzusetzen („Aufwertung bei Zuzug“, § 3 Abs 1 Z 2 TS 1 UmgrStG). Durch die Aufwertung wird sichergestellt, dass nur die Wertsteigerungen in Österreich erfasst werden, die nach dem Eintritt in das inländische Besteuerungsrecht entstanden sind.

90b *Beispiel:*
Die deutsche D-AG wird zum 31.12.X0 auf die inländische Ö-AG verschmolzen. Das Vermögen der D-AG besteht aus den Beteiligungen an der inländischen X-GmbH und Y-GmbH. Der Buchwert der X-GmbH beträgt 100, der Buchwert der Y-GmbH beträgt 150. Die Beteiligung an der X-GmbH weist zum Verschmelzungs-

stichtag einen gemeinen Wert von 300 auf, der gemeine Wert der Beteiligung an der Y-GmbH beträgt 450.
Durch die Verschmelzung treten die Beteiligungen an der X-GmbH und der Y-GmbH in das inländische Besteuerungsrecht ein (siehe dazu Art 13 Abs 5 DBA-BRD). Die übernehmende Ö-AG hat die Beteiligung an der X-GmbH steuerneutral mit 300 und die Beteiligung an der Y-GmbH steuerneutral mit 450 zu bewerten.

Beispiel: 90c
Die italienische I-s.p.a. (società per azioni) wird zum 31.12.X0 auf die inländische Ö-AG verschmolzen. Das Vermögen der I-s.p.a. besteht aus einer in Italien belegenen Betriebsstätte.
Da Österreich für Gewinne aus einer italienischen Betriebsstätte die Doppelbesteuerung durch die Anrechnung der italienischen Körperschaftsteuer vermeidet, tritt durch die Verschmelzung die italienische Betriebsstätte in das inländische Besteuerungsrecht ein (vgl Art 23 Abs 3 lit a DBA-I). Die übernehmende Ö-AG hat somit das Betriebsstättenvermögen samt einem Firmenwert zwingend mit dem gemeinen Wert anzusetzen.

Beispiel: 90d
Die italienische I-s.p.a. wird zum 31.12.X0 auf die deutsche D-AG verschmolzen. Das Vermögen der I-s.p.a. besteht unter anderem aus einer Beteiligung an der österreichischen Ö-GmbH. Das Vermögen der Ö-GmbH setzt sich überwiegend aus unbeweglichem Vermögen zusammen.
Durch die Verschmelzung tritt die Beteiligung an der österreichischen Ö-GmbH in das inländische Besteuerungsrecht ein (vgl Art 13 Abs 3 DBA-Italien und Art 13 Abs 2 DBA-Deutschland). Die übernehmende deutsche D-AG hat die Beteiligung (steuerneutral) mit dem gemeinen Wert anzusetzen.

Tritt durch eine Verschmelzung ein Vermögen in das inländische Besteuerungs- 90e
recht ein, hat eine Aufwertung auf den gemeinen Wert zu unterbleiben, wenn das zuziehende Vermögen vor der Verschmelzung aus dem Besteuerungsrecht Österreichs ausgeschieden ist und dabei die Wegzugsbesteuerung bei der nunmehr inländischen übernehmenden Körperschaft oder einer konzernzugehörigen Körperschaft der übernehmenden Körperschaft nach dem bis zum 31.12.2015 geltenden Nichtfestsetzungskonzept nicht festgesetzt wurde oder nach § 16 Abs 1a UmgrStG nicht entstanden ist **(„Zuzug nach vorangegangenem Wegzug“**; zum Nichtfestsetzungskonzept siehe UmgrStR RZ 44b ff). In diesem Fall ist der fortgeschriebene ursprüngliche Buchwert im Zeitpunkt des vorangegangenen Wegzugs, höchstens aber der gemeine Wert im Zeitpunkt des Zuzugs anzusetzen (§ 3 Abs 1 Z 2 TS 2 UmgrStG). Scheidet das Vermögen nach der Verschmelzung gewinnrealisierend aus dem Vermögen der übernehmenden Körperschaft aus, bleiben nachgewiesene Wertsteigerungen insoweit steuerfrei, als sie im Zeitraum zwischen Wegzug und Zuzug entstanden sind (§ 3 Abs 1 Z 2 TS 2 UmgrStG).

Wurde ein Vermögen bei seinem Wegzug nach dem Ratenzahlungskonzept der Besteuerung unterworfen (siehe dazu oben Tz 50a), ist es bei einem späteren Zuzug in das österreichische Besteuerungsrecht mit dem gemeinen Wert anzusetzen (§ 3 Abs 1 Z 2 TS 1 UmgrStG). Auf allfällig noch offene Raten hat der bloße Zuzug keine Auswirkung (UmgrStR RZ 160b).

90f *Beispiel:*
Die inländische A-GmbH überführte im Rahmen einer Einbringung nach Art III UmgrStG im Jahr 2010 einen inländischen Betrieb in die in der EU ansässige B-AG. Die A-GmbH beantragte dafür die Nichtfestsetzung der Steuerschuld nach § 16 Abs 1 UmgrStG. Im Jahr 2018 wird die B-AG auf die A-GmbH oder auf eine der A-GmbH konzernzugehörige Körperschaft (zB Tochtergesellschaft) verschmolzen (Import-Verschmelzung) und unter anderem der im Jahr 2010 eingebrachte Betrieb wiederum nach Österreich überführt.
Die A-GmbH oder die konzernzugehörige übernehmende Körperschaft muss für den Betrieb, der zuvor in die ausländische B-AG eingebracht wurde, die fortgeschriebenen Buchwerte zum Einbringungszeitpunkt (Jahr 2010) ansetzen. Bei einer späteren Veräußerung des wieder zugezogenen Betriebes werden im Ausland entstandene Wertsteigerungen vom Veräußerungserlös in Abzug gebracht und bleiben damit steuerfrei.

Beispiel:
Die inländische A-AG brachte im Jahr 2012 ihre Beteiligung an der inländischen B-GmbH nach Art III UmgrStG in die deutsche C-AG ein. Im Jahr 2018 wird die C-AG nach den Bestimmungen des EU-UmgrG auf die A-AG verschmolzen.
Die Export-Einbringung der Beteiligung an der B-GmbH erfolgte außerhalb des Nichtfestsetzungskonzeptes steuerneutral nach § 16 Abs 1a UmgrStG. Da die eingebrachte B-Beteiligung (bis zur Verschmelzung) nicht aus dem Vermögen der C-AG ausgeschieden ist, entsteht bei der A-AG hinsichtlich ihrer Export-Einbringung auch nachträglich keine Steuerschuld nach § 16 Abs 1a UmgrStG. Durch die Verschmelzung der C-AG auf die A-AG tritt die ohne Steueraufschub weggezogene Beteiligung an der B-GmbH wieder in das inländische Besteuerungsrecht ein. Ohne den ausdrücklichen Verweis des § 3 Abs 1 Z 2 TS 2 UmgrStG auf das Nichtentstehen der Steuerschuld nach § 16 Abs 1a UmgrStG wäre die wieder zuziehende B-Beteiligung systemwidrig steuerneutral mit dem gemeinen Wert anzusetzen.

II. Ausschüttungsfiktion für unterbesteuerte „Passivgesellschaften“

1. Rechtslage für bis zum 31.12.2018 entstandene Gewinne

90g Beteiligungserträge aus internationalen Schachtelbeteiligungen und Beteiligungserträge aus Beteiligungen an Kapitalgesellschaften aus EU-Mitgliedsstaaten bzw aus Staaten, mit denen eine umfassende Amtshilfe besteht, sind bei der inländischen Muttergesellschaft grundsätzlich von der Körperschaftsteuerbefreit befreit (§ 10 Abs 2 iVm § 10 Abs 1 Z 7 KStG, § 10 Abs 1 Z 5 und Z 6 KStG). Gewinnausschüttungen von ausländischen (passiven) Gesellschaften aus Niedrigsteuerländern unterliegen jedoch der Steuerpflicht (§ 10 Abs 4 bzw Abs 5 KStG idF vor dem JStG 2018, Wechsel von der Befreiungs- zur Anrechnungsmethode, sog **„switch-over“**).

Damit die vom „switch-over“ erfassten thesaurierten Gewinne der auslän- 90i
dischen Körperschaft durch eine Importverschmelzung nicht steuerneutral auf die übernehmende, inländische Mutterkörperschaft oder eine andere konzernzugehörige, inländisches Körperschaft (zB Schwesterkörperschaft) übergehen, gilt der Unterschiedsbetrag zwischen dem steuerlichen Verschmelzungskapital (§ 2 Abs 5 UmgrStG) der übertragenden Tochterkörperschaft und dem Stand ihrer steuerlichen Einlagen (§ 4 Abs 12 Z 3 EStG) mit dem Beginn des auf den Verschmelzungsstichtag folgenden Tages als offen ausgeschüttet („Ausschüttungsfiktion“ nach § 3 Abs 1 Z 3 UmgrStG). Die fiktive Gewinnausschüttung unterliegt bei der Muttergesellschaft der Steuerpflicht („switch-over“ nach § 10 Abs 4 oder Abs 5 KStG idF vor dem JStG 2018 bzw § 10 Abs 7 KStG). Die als Vorbelastung der Ausschüttung anzusehende ausländische Körperschaftsteuer ist auf die inländische Steuerschuld anzurechnen (§ 10 Abs 6 KStG idF vor dem JStG 2018 bzw § 10a Abs 9 Z 4 KStG). Übersteigt die anrechenbare ausländische Körperschaftsteuer die inländische Steuerschuld, kann der die inländische Steuerschuld übersteigende Betrag auch in den folgenden Jahren auf Antrag angerechnet werden („Anrechnungsvortrag“, § 10 Abs 6 KStG idF vor dem JStG 2018 bzw § 10a Abs 9 Schlussteil KStG).

Die Ausschüttungsfiktion ist nicht nur auf Importverschmelzungen sondern auch auf Verschmelzungen anwendbar, durch die eine dem „switch-over“ unterliegende Auslandskörperschaft auf eine nicht (auch) dem „switch-over“ unterliegende Auslandskörperschaft verschmolzen wird (UmgrStR RZ 160f).

Beispiel 1:
Die bulgarische B-OOD (vergleichbar einer GmbH) wird zum 31.12.X0 auf die inländische Ö-AG importverschmolzen. Die Ö-AG ist zu 100 % an der B-OOD beteiligt. Der Unternehmensschwerpunkt der bulgarischen B-OOD liegt überwiegend in der Erzielung von Passiveinkünften (insbesondere Einnahmen aus Zinsen und aus der Veräußerung von Beteiligungen), die auf Ebene der B-OOD der bulgarischen Körperschaftsteuer iHv 10 % unterliegen. Zum Verschmelzungsstichtag besteht das Vermögen der B-OOD nur mehr aus liquiden Mitteln, welche aus den thesaurierten Gewinnen der vergangenen Jahre resultieren. Die der Verschmelzung zugrunde gelegte Verschmelzungsbilanz der B-OOD zum 31.12.X0 weist ein Verschmelzungskapital iHv 1.000 und einen steuerlichen Einlagenstand iHv 100 aus.
Da Ausschüttungen der B-OOD zum Verschmelzungsstichtag dem Methodenwechsel unterliegen, gilt nach § 3 Abs 1 Z 3 UmgrStG im Zuge der Importverschmelzung ein Betrag iHv 900 als mit dem Beginn des auf den Verschmelzungsstichtag folgenden Tages (1.1.X1) offen ausgeschüttet. Infolge des Methodenwechsels unterliegt der Betrag von 900 bei der Ö-AG der KSt iHv 23 %, wobei die als Vorbelastung der Ausschüttung anzusehende bulgarische Körperschaftsteuer auf die entstehende inländische Steuerschuld anzurechnen ist.

Beispiel 2:
Die deutsche D-GmbH wird zum 31.12.X0 auf ihre inländische Muttergesellschaft die Ö-AG importverschmolzen. Die D-GmbH ist operativ tätig und unterliegt in Deutschland einer durchschnittlichen Steuerbelastung iHv ca 30 % (KSt + GewSt). Da Ausschüttungen der D-GmbH zum Verschmelzungsstichtag nicht dem Methodenwechsel unterliegen würden, kommt es im Zuge der Importverschmelzung zu keiner Ausschüttungsfiktion iSd § 3 Abs 1 Z 3 UmgrStG.

2. Rechtslage für nach dem 31.12.2019 entstandene Gewinne

90j Ab dem 1.1.2019 werden Passiveinkünfte von niedrigbesteuerten ausländischen Körperschaften nach Maßgabe der Bestimmungen des § 10a KStG idF des JStG 2018 der inländischen beherrschenden Körperschaft zugerechnet („Hinzurechnungsbesteuerung"). Da diese Einkünfte somit bereits durch die Hinzurechnungsbesteuerung im Zeitpunkt ihres Entstehens im Inland der Körperschaftsteuer unterliegen, soll die Übernahme von bis zur Importverschmelzung thesaurierten, niedrigbesteuerten Passiveinkünften bei der inländischen übernehmenden Körperschaft nicht nochmals der Besteuerung unterliegen. Um eine solche unsystematische Doppelerfassung niedrigbesteuerter Passiveinkünfte zu vermeiden, ist die verschmelzungsbedingte Ausschüttungsfiktion nur noch auf Gewinne anzuwenden, die bis zum 31.12.2018 entstanden sind.

III. Internationale Schachtelbeteiligung

91 Befinden sich im Vermögen der übertragenden und/oder übernehmenden Körperschaft Beteiligungen an ausländischen Körperschaften, kann durch eine Verschmelzung bei der übernehmenden Körperschaft eine internationale Schachtelbeteiligung entstehen, erweitert werden oder eine bereits bestehende internationale Schachtelbeteiligung auf diese übergehen.

1. Übergang einer internationalen Schachtelbeteiligung

92 Geht im Zuge einer Verschmelzung eine internationale Schachtelbeteiligung auf die übernehmende Körperschaft über, für die keine Option zur „Steuerwirksamkeit" ausgeübt wurde (sog „steuerneutrale Schachtelbeteiligung"), tritt die übernehmende Körperschaft in die Stellung der übertragenden Körperschaft ein. Da die verschmelzungsbedingte Übernahme einer steuerneutralen Schachtelbeteiligung keinen Anschaffungsvorgang darstellt, kann die übernehmende Körperschaft für die übernommene Schachtelbeteiligung nicht nach § 10 Abs 3 KStG zur Steuerwirksamkeit optieren (vgl UmgrStR RZ 172).

Ist für die übernommene Schachtelbeteiligung die Einjahresfrist nach § 10 Abs 2 KStG am Verschmelzungsstichtag bereits abgelaufen, sind Ausschüttungen und die Veräußerung der Beteiligung bei der übernehmenden Körperschaft steuerfrei (§ 10 Abs 2 und 3 KStG). Da die in der Beteiligung enthaltenen stillen Reserven bereits zum Verschmelzungsstichtag nicht (mehr) der KSt unterlagen, besteht keine Notwendigkeit, diese stillen Reserven weiterhin steuerhängig zu halten.

Ist dagegen die Einjahresfrist am Verschmelzungsstichtag noch nicht erfüllt, setzt die übernehmende Körperschaft die Frist der übertragenden Körperschaft fort. Eine Ausschüttung ist bis zum Ablauf der Einjahresfrist vorläufig steuerpflichtig; nach Ablauf der Einjahresfrist endgültig steuerfrei. Bei Beteiligungen an Kapitalgesellschaften aus EU-Mitgliedsstaaten bzw aus Staaten, mit denen eine umfassende Amtshilfe besteht, sind Ausschüttungen bereits innerhalb der Jahresfrist befreit (§ 10 Abs 1 Z 5 und Z 6 KStG). Die Veräußerung der Beteiligung durch die übernehmende Körperschaft ist nur innerhalb der Einjahresfrist steuerwirksam, außerhalb der Einjahresfrist dagegen steuerneutral (die Ausnahme von der Veräußerungsgewinnbefreiung nach § 3 Abs 4 UmgrStG kommt nicht zur Anwendung; siehe dazu UmgrStR RZ 178 2. Aufzählungspunkt).

Geht im Zuge einer Verschmelzung eine internationale Schachtelbeteili- 93
gung auf die übernehmende Körperschaft über, für die die Option zur „Steuerwirksamkeit" ausgeübt wurde (sog **„steuerwirksame Schachtelbeteiligung"**), tritt die übernehmende Körperschaft in die Stellung der übertragenden Körperschaft ein. Gewinnausschüttungen sind nach Ablauf der Einjahresfrist steuerfrei (§ 10 Abs 1 Z 7 iVm Abs 2 KStG; bei Beteiligungen an Kapitalgesellschaften aus EU-Mitgliedsstaaten bzw Staaten, mit denen eine umfassende Amtshilfe besteht, sind Gewinnausschüttungen nach § 10 Abs 1 Z 5 und Z 6 KStG auch bereits innerhalb der Jahresfrist befreit). Die Veräußerung der Schachtelbeteiligung ist steuerwirksam, weil die übernehmende Körperschaft an die Option der übertragenden Körperschaft gebunden ist (KStR RZ 1216 am Ende).

Wird durch eine Verschmelzung bei der übernehmenden Körperschaft eine 94
steuerneutrale Schachtelbeteiligung mit einer **steuerwirksamen** Schachtelbeteiligung vereinigt, ist die vereinigte Schachtelbeteiligung steuerlich entsprechend in eine weiterhin steuerneutrale und eine weiterhin steuerwirksame Beteiligungsquote aufzuspalten. Die Einjahresfrist des § 10 Abs 2 KStG läuft für beide Beteiligungsquoten gesondert weiter. Erwirbt die übernehmende Körperschaft nach der Verschmelzung an der ausländischen Körperschaft, an der die vereinigte Schachtelbeteiligung besteht, eine weitere Beteiligung von unter 10 %, ist diese hinzuerworbene Beteiligungsquote für ihre steuerliche Behandlung im Verhältnis des steuerneutralen zum steuerwirksamen Teil der bestehenden Schachtelbeteiligung aufzuteilen und der steuerneutralen bzw steuerwirksamen Schachtelquote zuzuschlagen (siehe dazu UmgrStR RZ 178 dritter Aufzählungspunkt).

Werden durch eine Verschmelzung zwei steuerneutrale oder zwei steuerwirksame Schachtelbeteiligungen vereinigt, orientiert sich die Einjahresfrist für die vereinigte Schachtelbeteiligung an der bereits länger bestehenden Beteiligung (UmgrStR RZ 181).

Beispiel:
Die inländische A-GmbH wird mit der inländischen B-GmbH verschmolzen. Die A-GmbH hält an der deutschen D-GmbH eine steuerwirksame Schachtelbeteiligung von 40 %; die B-GmbH hält an der D-GmbH eine steuerneutrale Schachtelbeteiligung von 20 %. In weiterer Folge erwirbt die B-GmbH an der D-GmbH eine Beteiligung von 9 %.
Die durch die Verschmelzung bei der B-GmbH vereinigte Schachtelbeteiligung von insgesamt 60 % ist im Ausmaß von 2/3 (= 40 % bezogen auf 60 %) weiterhin steuerwirksam und im Ausmaß von 1/3 (= 20 % bezogen auf 60 %) weiterhin steuerneutral. Die Einjahresfrist des § 10 Abs 2 KStG läuft für beide Beteiligungsquoten getrennt weiter. Die nach der Verschmelzung hinzuerworbene Beteiligung von 9 % teilt zu 2/3, das sind 6 %-Punkte, das steuerliche Schicksal der steuerwirksamen Schachtelquote und zu 1/3, das sind 3 %-Punkte, das steuerliche Schicksal der steuerneutralen Schachtelquote.

2. Entstehen einer internationalen Schachtelbeteiligung

95 Überträgt die übertragende Körperschaft eine Beteiligung an einer ausländischen Körperschaft von weniger als 10 % auf die übernehmende Körperschaft, die selbst an der ausländischen Körperschaft mit weniger als 10 % beteiligt ist, kann durch die Verschmelzung bei der übernehmenden Körperschaft eine internationale Schachtelbeteiligung entstehen.

96 Für die entstandene Schachtelbeteiligung beginnt die Einjahresfrist nach § 10 Abs 2 KStG mit dem dem Verschmelzungsstichtag folgenden Tag. Da das verschmelzungsbedingte Entstehen der Schachtelbeteiligung keinen Anschaffungsvorgang darstellt, kann die übernehmende Körperschaft für die entstandene Schachtelbeteiligung keine Option zur Steuerwirksamkeit nach § 10 Abs 3 KStG ausüben (UmgrStR RZ 180 erster Aufzählungspunkt); die entstandene Schachtelbeteiligung ist daher zwingend steuerneutral.

97 Für die am Verschmelzungsstichtag in den Minderheitsbeteiligungen von unter 10 % steuerhängigen stillen Reserven ist dahingehend Sorge zu tragen, dass diese auch nach der Verschmelzung steuerhängig bleiben. Dabei werden die am Verschmelzungsstichtag steuerhängigen stillen Reserven (= Differenz aus Buchwert und höherem Teilwert) von der Veräußerungsgewinnbefreiung nach § 10 Abs 3 Satz 1 KStG ausgenommen (§ 3 Abs 4 UmgrStG). In diesem Ausmaß bleibt ein nach Ablauf der Einjahresfrist entstandener Veräußerungsgewinn bei der übernehmenden Körperschaft jedenfalls steuerpflichtig. Wird die Beteiligung noch innerhalb der Einjahresfrist veräußert, ist ein Veräußerungsgewinn hingegen zur Gänze steuerpflichtig.

Beispiel: 98
Die Körperschaft A ist mit 5 % an der ausländischen Körperschaft C beteiligt. Die Körperschaft B ist ebenfalls mit 5 % an der ausländischen Körperschaft C beteiligt. Die Körperschaft A wird mit 31.12.01 auf die Körperschaft B verschmolzen. Die Körperschaft A tätigte auf die Beteiligung an der Körperschaft C Anschaffungskosten in Höhe von € 1 Mio, B in Höhe von € 1,5 Mio. Der Teilwert der Beteiligungen beträgt am Verschmelzungsstichtag je € 2 Mio. Die Körperschaft B veräußert die Beteiligung (a) am 4.1.04 oder (b) am 30.6.02 um € 6 Mio.
Durch die Verschmelzung entsteht bei der Körperschaft B eine steuerneutrale internationale Schachtelbeteiligung iHv 10 %. Da zum Verschmelzungsstichtag weder bei der übertragenden noch bei der übernehmenden Körperschaft eine internationale Schachtelbeteiligung besteht, ergibt sich nach § 3 Abs 4 UmgrStG eine Ausnahme von der Veräußerungsgewinnbefreiung iSd § 10 Abs 3 Satz 1 KStG iHv € 1,5 Mio. Veräußert die Körperschaft B im Fall (a) die Beteiligung nach Ablauf der Einjahresfrist, ist der Veräußerungsgewinn iHv € 3,5 Mio im Ausmaß von € 1,5 Mio steuerpflichtig und iHv € 2 Mio steuerfrei. Wird die Beteiligung hingegen im Fall (b) vor Ablauf der Einjahresfrist veräußert, bleibt der Veräußerungsgewinn zur Gänze steuerpflichtig.

3. Erweiterung einer internationalen Schachtelbeteiligung

Bei der übernehmenden Körperschaft kann durch eine Verschmelzung in folgenden Fällen eine internationale Schachtelbeteiligung erweitert werden: 102

- Eine von der übernehmenden Körperschaft gehaltene internationale Schachtelbeteiligung wird durch die Übertragung einer Beteiligung von weniger als 10 % erweitert.
- Eine von der übertragenen Körperschaft gehaltene internationale Schachtelbeteiligung wird durch eine von der übernehmenden Körperschaft gehaltene Beteiligung von weniger als 10 % erweitert.

Die am Verschmelzungsstichtag bestehende Schachtelbeteiligung setzt auch nach der Verschmelzung die Einjahresfrist nach § 10 Abs 2 KStG fort. Die Minderheitsbeteiligung teilt hinsichtlich der Einjahresfrist in beiden der in Tz 102 genannten Fälle das steuerliche Schicksal der bestehenden internationalen Schachtelbeteiligung. Für sie beginnt daher keine eigene Jahresfrist zu laufen (UmgrStR RZ 180 dritter und vierter Aufzählungspunkt).

a) Erweiterung einer steuerneutralen Schachtelbeteiligung

Wird durch die Verschmelzung eine Schachtelbeteiligung, für die keine Option zur „Steuerwirksamkeit“ ausgeübt wurde (sog „steuerneutrale Schachtelbeteiligung“), um eine Minderheitsbeteiligung erweitert, ist für die am Verschmelzungsstichtag in der Minderheitsbeteiligung steuerhängigen stillen Reserven dahingehend Sorge zu tragen, dass diese auch nach der Verschmelzung steuer- 103 hängig bleiben. Dabei werden die am Verschmelzungsstichtag steuerhängigen stillen Reserven (= Differenz aus Buchwert und höherem Teilwert) von der Veräußerungsgewinnbefreiung nach § 10 Abs 3 Satz 1 KStG ausgenommen (§ 3 Abs 4 UmgrStG). In diesem Ausmaß bleibt ein nach Ablauf der Einjahresfrist entstandener Veräußerungsgewinn der Körperschaft jedenfalls steuerpflichtig.

Ist die bei der übernehmenden bzw bei der übertragenden Körperschaft bestehende internationale Schachtelbeteiligung am Verschmelzungsstichtag nur mangels Ablaufes der Einjahresfrist (noch) steuerhängig, findet die Ausnahme von der Veräußerungsgewinnbefreiung nach § 3 Abs 4 UmgrStG keine Anwendung (UmgrStR RZ 186).

Die übernehmende Körperschaft kann für die durch die Verschmelzung erworbene bzw erweiterte steuerneutrale Schachtelbeteiligung nicht nach § 10 Abs 3 KStG zur Steuerwirksamkeit optieren, weil der verschmelzungsbedingte Erwerb keine Anschaffung darstellt.

Beispiel:
Die Körperschaft A ist seit zwei Jahren mit 10 % an der ausländischen Körperschaft C beteiligt. Die Körperschaft B ist mit 5 % an der Körperschaft C beteiligt. Die Körperschaft A wird mit 31.12.01 auf die Körperschaft B verschmolzen. Die Körperschaft A tätigte auf die Beteiligung an der Körperschaft C Anschaffungskosten in Höhe von € 1,5 Mio; die Körperschaft B in Höhe von € 0,7 Mio. Der Teilwert beträgt am Verschmelzungsstichtag für die 10-%-Beteiligung € 4 Mio. Für die 5-%-Beteiligung beträgt der Teilwert € 2 Mio. B veräußert die Beteiligung am 4.1.04 um € 9 Mio. Der Veräußerungsgewinn iHv € 6,8 Mio ist lediglich in Höhe der ausgenommenen Veräußerungsgewinnbefreiung iHv € 1,3 Mio steuerpflichtig. € 5,5 Mio bleiben steuerfrei.

b) Erweiterung einer steuerwirksamen Schachtelbeteiligung

104 Wird durch die Verschmelzung eine Schachtelbeteiligung, für die eine Option zur „Steuerwirksamkeit“ ausgeübt wurde (sog „steuerwirksame Schachtelbeteiligung“), um eine Minderheitsbeteiligung erweitert, ist die gesamte erweiterte Schachtelbeteiligung steuerwirksam (siehe dazu UmgrStR RZ 180 zweiter Gliederungspunkt).

IV. Verlustabzug

1. Allgemeines

105 Der Verlustabzug steht als höchstpersönliches Recht grundsätzlich nur dem Steuerpflichtigen zu, der den Verlust erwirtschaftet hat. Daher kann zB der Erwerber eines Betriebes die vom Vorgänger erwirtschafteten Verluste grundsätzlich nicht geltend machen. Dies gilt auch für Betriebsübertragungen im Wege der Gesamtrechtsnachfolge (UmgrStR RZ 399; zum Meinungsstand siehe *Kofler* in *Kofler*, UmgrStG § 4 Rz 3).

Um wirtschaftlich sinnvolle Verschmelzungen nicht zu behindern, lässt das UmgrStG den Übergang des Verlustabzuges der übertragenden Körperschaft unter bestimmten Voraussetzungen zu (§ 4 UmgrStG). Zur Vermeidung unerwünschter Gestaltungen regelt das UmgrStG auch den Fortbestand des eigenen Verlustabzuges der übernehmenden Körperschaft. 106

Unberührt von den Einschränkungen des Verlustabzuges sind **„Schwebeverluste"** iS des § 2 Abs 2 a EStG iVm § 7 Abs 2 KStG. Solche Verluste gehen ohne Einschränkungen im Zuge der Buchwertfortführung und der Gesamtrechtsnachfolge (§ 19 BAO) auf die übernehmende Körperschaft über (*Kofler* in *Kofler*, UmgrStG § 4 Rz 12). 107

Guthaben an **Mindestkörperschaftsteuern** gehen ohne die Beschränkungen des § 4 UmgrStG auf die übernehmende Körperschaft über. Der Übergang der Mindestkörperschaftsteuern erfolgt in zeitlicher Hinsicht an dem dem Verschmelzungsstichtag folgenden Tag. Die übertragende Körperschaft kann daher ihre Mindeststeuern letztmalig im Rahmen der Veranlagung des Veranlagungszeitraumes berücksichtigen, in dem zum Verschmelzungsstichtag ihr letztes (Rumpf-)Wirtschaftsjahr endet. Die übernehmende Körperschaft kann die – durch die übertragende Körperschaft allenfalls gekürzten – Mindestkörperschaftsteuern erstmals im Rahmen der Veranlagung des Veranlagungszeitraumes zu berücksichtigen, in dem das Wirtschaftsjahr der übernehmenden Körperschaft endet, in das der Tag nach dem Verschmelzungsstichtag fällt (UmgrStR RZ 362 unter Hinweis auf VwGH 8.4.2022, Ro 2021/13/0015).

Beispiel (UmgrStR RZ 362):
Die E-GmbH (Wirtschaftsjahr = Kalenderjahr) wird zum 31.12.X1 auf die F-GmbH (Wirtschaftsjahr = 1.11. bis 31.10.) verschmolzen. Offene Mindestkörperschaftsteuern sind auf eine im Veranlagungsjahr X2 bei der übernehmenden F-GmbH anfallende Körperschaftsteuer verrechenbar.

Offene Siebentel aus Teilwertabschreibungen bzw Veräußerungsverlusten iSd § 12 Abs 3 Z 2 KStG sind keine Schwebeverluste, sondern Verluste, die der Bestimmung des § 4 UmgrStG unterliegen (vgl VwGH 14.10.2010, 2008/15/0212 zur Spaltung; UmgrStR RZ 211 iVm 254). Der Übergang offene Siebentel ist daher davon abhängig, ob der Objektbezug und die Vergleichbarkeit des umgegründeten Vermögens gegeben ist (siehe dazu unten Tz 112).

Hat die übertragende Körperschaft **Auslandsverluste iSd § 2 Absd 8 EStG** im Inland verrechnet, die bis zum Verschmelzungsstichtag noch nicht nachversteuert wurden, führt die Verschmelzung zu einer Nachversteuerung dieser Verluste, wenn das ausländische Steuerrecht anlässlich einer Verschmelzung, die zum Wegfall von Verlustvorträgen führt, eine Wahlmöglichkeit zwischen der Fortführung der Buchwerte und der Aufdeckung der stillen Reserven unter Verrechnung der Verlustvorträge gewährt und dieses Wahlrecht auf Buchwertfortführung ausgeübt wird. Die Nachversteuerung ist in Höhe der stillen Reserven begrenzt, die im Falle der Ausübung des Realisierungswahlrechtes aufgedeckt worden wären (UmgrStR RZ 130).

108 Das UmgrStG schränkt sowohl den Übergang des Verlustabzuges der übertragenden Körperschaft als auch den Fortbestand des Verlustabzuges der übernehmenden Körperschaft ein.

2. Übergang des Verlustabzuges der übertragenden Körperschaft

109 Der Übergang des Verlustabzuges der übertragenden Körperschaft ist mehrfach eingeschränkt (dies gilt auch für die durch die 75%ige Verlustvortragsgrenze zurückgestauten Verlustabzüge). Der Verlustabzug geht nur dann auf die übernehmende Körperschaft über, wenn folgende Voraussetzungen kumulativ vorliegen:

- Die Verschmelzung erfolgt unter **Fortführung der Buchwerte** (§ 4 Z 1 lit a UmgrStG).
- Die Verluste sind **dem übertragenen Vermögen zuzurechnen** (§ 4 Z 1 lit a UmgrStG).
- Das **übertragene Vermögen** ist im Zeitpunkt des Verschmelzungsstichtages mit dem Vermögen im Zeitpunkt der Verlustentstehung **vergleichbar** (§ 4 Z 1 lit c UmgrStG).
- Die **Beschränkung** bezüglich **verbundener Körperschaften** greift nicht (§ 4 Z 1 lit d UmgrStG).

Sind diese Voraussetzungen erfüllt, kann die übernehmende Körperschaft den übergehenden Verlustabzug der übertragenden Körperschaft in dem Veranlagungszeitraum (= Kalenderjahr) als Sonderausgabe berücksichtigen, der dem Jahr folgt, in das der Verschmelzungsstichtag fällt.

Verluste der übertragenden Körperschaft, die nach dem Verschmelzungsstichtag entstanden sind, werden hingegen auf Grund der ertragsteuerlichen Rückwirkungsfiktion steuerlich direkt der übernehmenden Körperschaft als „eigene" Verluste zugerechnet. Sie sind von den Einschränkungen des § 4 UmgrStG nicht betroffen.

109a Bei einer Export-Verschmelzung geht der Verlustabzug von inländischen Betriebsstätten oder inländischem unbeweglichen Vermögen auf die übernehmende ausländische Körperschaft über. Kann die übernehmende ausländische Körperschaft den übergehenden Verlustabzug im Ausland ohne eine Verpflichtung zur Nachversteuerung verwerten, steht der übergehende Verlustabzug im Inland nicht zur (doppelten) Verrechnung zur Verfügung (UmgrStR RZ 193).

109b Bei einer Import-Verschmelzung gehen Verluste, die nach ausländischem Recht ermittelt wurden und mit ausländischen Betriebsstätten oder sonstigem Vermögen der übertragenden Körperschaft verbunden sind, nicht über, weil den ausländischen Verlusten nicht die Eigenschaft von Verlusten nach § 8 Abs 4 Z 2 KStG zukommt (UmgrStR RZ 194).

a) Fortführung der Buchwerte

Der Verlustabzug der übertragenden Körperschaft geht nur insoweit über, als in der Verschmelzungsbilanz für das übertragene Vermögen die Buchwerte angesetzt werden (siehe oben Tz 55 ff). Ansonsten ist der bei der übertragenden Körperschaft vorhandene Verlustabzug so weit wie möglich mit dem durch die Aufwertung entstandenen Aufwertungsgewinn zu verrechnen. Ein dann noch verbleibender Verlustabzug geht verloren. 110

Verluste aus einer Tätigkeit als **Liebhaberei** sind vom Übergang auf die übernehmende Körperschaft ausgeschlossen, weil das der Liebhaberei gewidmete Vermögen kein Betriebsvermögen, sondern außerbetriebliches Vermögen darstellt, dem keine steuerlichen Buchwerte beigemessen werden kann (VwGH 3.4.2019, Ro 2017/15/0030).

Beispiel: 111
Die inländische Körperschaft A wird auf die inländische Körperschaft B verschmolzen. Im Vermögen der Körperschaft A befindet sich unter anderem eine ausländische Betriebsstätte, die seit ihrer Eröffnung vor drei Jahren lediglich Verluste abwirft. Das Ausland nimmt die Verschmelzung zum Anlass, die stillen Reserven der Betriebsstätte zu besteuern. Mit dem Ausland besteht ein DBA, das für die Betriebsstättengewinne die Anrechnungsmethode vorsieht.
Die Körperschaft A kann in ihrer Verschmelzungsbilanz die Wirtschaftsgüter der ausländischen Betriebsstätte mit dem gemeinen Wert ansetzen (siehe oben Tz 59 ff). Soweit die Verluste der Betriebsstätte noch nicht verrechnet wurden, können sie mit dem Aufwertungsgewinn verrechnet werden. Sollte der Aufwertungsgewinn für eine vollständige Verrechnung nicht ausreichen, gehen die Verluste unter.

b) Zurechnung der Verluste zum übertragenen Vermögen

Auch bei Buchwertfortführung gehen vorhandene Verlustabzüge der übertragenden Körperschaft nur dann über, wenn die noch nicht verrechneten Verluste dem übertragenen Vermögen zugerechnet werden können (sog „objektbezogener Verlustabzugsübergang"). Für den Übergang des Verlustabzugs wird dabei auf das Vorhandensein des verlustbringenden Vermögens zum Verschmelzungsstichtag abgestellt. Ist das verlustbringende Vermögen am Verschmelzungsstichtag nicht mehr vergleichbar vorhanden, kommt insoweit eine Übertragung des Verlustabzuges nicht in Betracht. Nicht erforderlich ist jedoch, dass das verlustbringende Vermögen auch nach dem Verschmelzungsstichtag noch tatsächlich vorhanden ist (beachte jedoch ggf Mantelkauftatbestand Tz 126ff). 112

Bei einer **betriebsführenden (operativen) Körperschaft** ist für den Objektbezug grundsätzlich auf den **Teilbetrieb** als kleinste Zuordnungseinheit abzustellen. Der Wegfall eines auch bedeutsamen Wirtschaftsgutes (bzw mehrerer Wirtschaftsgüter ohne Teilbetriebseigenschaft) ist für den Übergang des Verlustabzuges unschädlich. Resultiert der Verlustabzug aus einem **Mitunter-**

nehmeranteil, ist sowohl auf den durch die Mitunternehmerschaft geführten Betrieb (Teilbetrieb) als auch auf den Mitunternehmeranteil selbst abzustellen (UmgrStR RZ 200):

- Fällt ein von der Mitunternehmerschaft geführter Teilbetrieb bis zum Verschmelzungsstichtag weg, geht der Verlustabzug insoweit unter, als er diesem Teilbetrieb zuzurechnen ist.
- Wird der Mitunternehmeranteil bis zum Verschmelzungsstichtag ganz oder teilweise übertragen, geht der aus dem Mitunternehmeranteil entstandene Verlustabzug ganz oder anteilig unter. Dagegen ist eine bloß prozentuelle Verwässerung des Mitunternehmeranteiles unschädlich (zB durch die Aufnahme eines weiteren Mitunternehmers im Wege eines Zusammenschlusses nach Art IV UmgrStG).

Grundsätzlich muss der verlustverursachende Teilbetrieb am Verschmelzungsstichtag für sich, eigenständig bestehen. Hat der Teilbetrieb aufgrund seiner Eingliederung in einen anderen Teilbetrieb seine Eigenständigkeit verloren, gehen die ihm zuzurechnenden Verluste nicht unter, wenn die verlustverursachenden Aktivitäten im Rahmen des Gesamtbetriebes noch in einem vergleichbaren Umfang vorhanden sind (UmgrStR RZ 207a).

Besteht neben einem Teilbetrieb ein nicht unmittelbar betriebsbezogenes Wirtschaftsgut, das dem vorhandenen Teilbetrieb zumindest nach den Grundsätzen des gewillkürten Betriebsvermögens zugerechnet werden kann, hat für die Zurechnung von Verlustvorträgen eine getrennte Betrachtung zu erfolgen, wenn der Verkehrswert des Teilbetriebes im Verhältnis zum Verkehrswert des Wirtschaftsgutes von untergeordneter Bedeutung ist (UmgrStR RZ 204).

Bei einer **nicht betriebsführenden (vermögensverwaltenden) Körperschaft** ist auf den Wegfall einzelner verlustverursachender Wirtschaftsgüter von nicht untergeordneter Bedeutung abzustellen (zB Liegenschaft, wesentliche Beteiligung; UmgrStR RZ 208).

Bei einer **Portfolioveranlagung** gilt als Zuordnungseinheit nicht das einzelne Veranlagungsinstrument, sondern das gesamte Portfolio (UmgrStR RZ 208). Das Portfolio kann dabei aus unterschiedlichen Wertpapiertypen bestehen (zB Aktien, Anleihen, Derivate). Kapitalanteile können nur dann dem Portfolio angehören, wenn sie einen Anteil von unter 1 % repräsentieren.

Offene Siebentel aus einer Teilwertabschreibung oder dem Verlust aus der Veräußerung einer zum Anlagevermögen gehörenden Kapitalbeteiligung (§ 12 Abs 3 Z 2 KStG) gehen unter, wenn die verlustverursachende Beteiligung am Verschmelzungsstichtag nicht mehr (vergleichbar) vorhanden ist. Dies gilt auch für den zum Verschmelzungsstichtag bestehenden Verlustabzug, soweit er auf die Kapitalbeteiligung zurückzuführen ist.

113 *Beispiel:*
Die Körperschaft A wird mit 31.12.01 auf die Körperschaft B verschmolzen. Da der von der Körperschaft A geführte Teilbetrieb 1 in den letzten vier Jahren nur Verluste abwarf, wurde er am 30.6.01 veräußert. Die Körperschaft A weist zum Verschmelzungsstichtag einen nicht verrechneten Verlustabzug iHv € 4 Mio aus.

Soweit dieser Verlustabzug auf den veräußerten Teilbetrieb zurückzuführen ist und nicht mit Gewinnen verrechnet werden konnte (dies gilt auch für den Veräußerungsgewinn), geht der Verlustabzug nicht auf die übernehmende Körperschaft B über.

Beispiel (aus UmgrStR RZ 203): 114
Die A-GmbH betreibt einen Papierhandel. Im Jahr 01 erwirbt sie ein Patent betreffend die Gestaltung von Abrisskanten an Flugzeugtragflächen vom Erfinder, da eine starke Wertsteigerung erwartet wird. Im Jahr 02 beginnt hinsichtlich des Patentes ein Patentrechtsstreit, der in den Jahren 02, 03 und 04 hohe Verluste erzeugt. Als Ergebnis des Streites muss das Patent unter den Anschaffungskosten an den Prozessgegner abgetreten werden. Im Jahr 05 wird die A-GmbH auf die B-AG verschmolzen. Die zum Verschmelzungsstichtag vorhandenen Verluste sind ausschließlich aus dem Patentrechtsstreit und dem Veräußerungsverlust entstanden. Da das verlusterzeugende Vermögen, das in keinerlei Zusammenhang mit dem Papierhandelsbetrieb steht, am Verschmelzungsstichtag nicht mehr vorhanden ist, kommt ein verschmelzungsbedingter Übergang des Verlustes auf die B-AG nicht in Betracht.

c) Vergleichbarkeit des übertragenen Vermögens

Ein Verlustabzug der übertragenden Körperschaft geht nur dann auf die über- 115
nehmende Körperschaft über, wenn das verlusterzeugende Vermögen (zB Teilbetrieb) im Zeitpunkt des Verschmelzungsstichtages mit dem Vermögen im Zeitpunkt der Verlustentstehung vergleichbar ist. Dabei ist ausgehend vom Umfang des Vermögens zum Verschmelzungsstichtag für jedes vergangene Wirtschaftsjahr die Vergleichbarkeit zu prüfen („Rückwärtsbetrachtung"). Verluste an und vor einem Bilanzstichtag, zu dem eine Vergleichbarkeit nicht mehr gegeben ist, gehen nicht auf die übernehmende Körperschaft über (UmgrStR RZ 218).

Hinsichtlich der Vergleichbarkeit ist vor allem auf Merkmale wie den Umsatz, das Auftrags- und Produktionsvolumen, das Anlagevermögen, die Anlageintensität, das Umlaufvermögen, die Bilanzsumme und die Beschäftigtenzahl abzustellen (UmgrStR RZ 220). Die Vergleichbarkeit ist nicht mehr gegeben, wenn diese maßgebenden Merkmale nach dem Gesamtbild der Verhältnisse um mehr als 75 % abgesunken sind (UmgrStR RZ 222; anders BFG vom 15.6.2022, RV/1100109/2021, das auf ein Absinken von mehr als 90 % abstellt).

Besteht bei einer nicht betriebsführenden (vermögensverwaltenden) Körperschaft das Verlust verursachende Vermögen in einer Beteiligung, gehen die Verluste auch dann auf die übernehmende Körperschaft über, wenn die Beteiligung erheblich an Wert verloren hat, jedoch umfänglich (prozentuell) unverändert gehalten wird (UmgrStR RZ 221).

Beispiel: 116
Die übertragende GmbH hat in den Jahren 00 bis 06 vortragsfähige Verluste erlitten. Die Unternehmensparameter der stets denselben Betrieb führenden GmbH haben

sich in den Vorjahren in folgender Weise entwickelt (in Klammer ist das Absinken der Parameter bezogen auf die Größe zum Verschmelzungsstichtag 31.12.06 angegeben):
31.12.06: 50
31.12.05: 100 (Absinken 06 gegenüber 05 auf 50 %)
31.12.04: 105 (Absinken auf 47,61 %)
31.12.03: 130 (Absinken auf 38,46 %)
31.12.02: 220 (Absinken auf 22,72 %)
31.12.01: 170 (Absinken auf 29,41 %)
31.12.00: 300 (Absinken auf 16,66 %)
Da ausgehend von den Unternehmensparametern (Vermögen) zum 31.12.06 ab dem Bilanzstichtag 31.12.02 eine Vergleichbarkeit nicht mehr gegeben ist (50 bedeutet im Verhältnis zu 220 ein Absinken auf 22,72 %), gehen auf die übernehmende Körperschaft Verluste der Jahre 06, 05, 04 und 03 über. Verluste, die im Jahr 02 und zeitlich davor entstanden sind, gehen nicht über.

d) Verlustabzug in einer steuerlichen Unternehmensgruppe

116a Im Rahmen einer Unternehmensgruppe sind bei der übertragenden und der übernehmenden Körperschaft für den **Objektbezug des Verlustabzuges** und die Vergleichbarkeit des verlustverursachenden Vermögens die allgemeinen Grundsätze zu beachten (siehe dazu Tz 112 ff und Tz 1099 ff).Zudem ist bei der Prüfung, ob das verlustverursachende Vermögen zum Umgründungsstichtag noch vergleichbar vorhanden ist, auf eine **„gruppenbezogene Betrachtungsweise"** abzustellen (siehe UmgrStR RZ 351e, 352e, 353d, 353f, 353g, 353k, 354d):

116b Werden **Gruppenmitglieder** miteinander verschmolzen, wirkt sich die gruppenbezogene Betrachtungsweise auf die von den Gruppenmitgliedern verursachten Verluste wie folgt aus:

- Für die zum Verschmelzungsstichtag noch nicht verrechneten **Vor- und Außergruppenverluste** der verschmelzungsbeteiligten Gruppenmitglieder ist nach den allgemeinen Grundsätzen auf das verlustverursachende Vermögen des jeweiligen Gruppenmitgliedes abzustellen.
- Für **Verluste eines verschmelzungsbeteiligten Gruppenmitgliedes, die seit der Gruppenzugehörigkeit entstanden sind,** in den Verlustabzug des Gruppenträgers Eingang gefunden haben und zum Verschmelzungsstichtag vom Gruppenträger noch nicht verrechnet sind, ist auf das verlustverursachende Vermögen des verschmelzungsbeteiligten Gruppenmitgliedes abzustellen, das dem Gruppenträger diesen Verlust zugerechnet hat. Ist dieses verlustverursachende Vermögen zum Verschmelzungsstichtag weder beim Gruppenmitglied noch innerhalb der Unternehmensgruppe vergleichbar vorhanden, geht der auf dieses Vermögen entfallende Verlustvortrag des Gruppenträgers unter. Nicht betroffen sind dagegen Verlustvorträge des

Gruppenträgers, die durch den Gruppenträger selbst erwirtschaftet oder diesem durch ein an der Verschmelzung nicht beteiligtes Gruppenmitglied zugerechnet worden sind.

Wird ein **Gruppenmitglied auf eine gruppenfremde Körperschaft verschmolzen**, gehen Verluste, die dieses Gruppenmitglied dem Gruppenträger zugerechnet hat und die bei diesem bis zum Verschmelzungsstichtag nicht verrechnet worden sind, nicht nach § 4 UmgrStG auf die übernehmende Körperschaft über, weil es sich um keine Verluste des übertragenden Gruppenmitglieds handelt; diese Verluste sind auch nach der Verschmelzung dem Gruppenträger zuzurechnen. Ist für diese dem Gruppenträger zugerechneten und noch nicht verrechneten Verluste des übertragenden Gruppenmitglieds zum Verschmelzungsstichtag das verlustverursachende Vermögen (in der Unternehmensgruppe) nicht mehr vergleichbar vorhanden, gehen diese Verluste beim Gruppenträger unter (UmgrStR RZ 354). 116c

Nimmt der **Gruppenträger** an einer Verschmelzung teil, ergeben sich aus der gruppenbezogenen Betrachtungsweise folgende Auswirkungen: 116d

- Für die zum Verschmelzungsstichtag noch nicht verrechneten **Vor- und Außergruppenverluste** des verschmelzungsbeteiligten Gruppenmitgliedes ist nach den allgemeinen Grundsätzen auf das verlustverursachende Vermögen des Gruppenmitgliedes abzustellen.
- Für den gesamten **Verlustabzug des Gruppenträgers** ist zu prüfen, ob das verlustverursachende Vermögen zum Verschzmelzungsstichtag in der Gruppe noch vergleichbar vorhanden ist. Dies gilt unabhängig davon, ob die Verluste durch den Gruppenträger selbst verursacht wurden oder ihm durch ein Gruppenmitglied zugerechnet worden sind; ob dieses Gruppenmitglied an der Verschmelzung teilnimmt oder nicht, ist nicht entscheidend. Ist das verlustverursachende Vermögen innerhalb der Unternehmensgruppe zum Verschmelzungsstichtag nicht mehr vergleichbar vorhanden, geht der auf dieses Vermögen entfallende Verlustvortrag des Gruppenträgers unter.

Beispiel – Verschmelzung auf den Gruppenträger:
Der vermögensverwaltende Gruppenträger GT ist an den betriebsführenden Gruppenmitgliedern GM1 und GM2 zu 100 % beteiligt und weist einen Verlustabzug von € 3 Mio aus, der im Ausmaß von € 1 Mio auf den Wegfall einer wesentlichen Kapitalbeteiligung und im Ausmaß von € 2 Mio auf die Zurechnung von Verlusten von GM2 aus der Unternehmensgruppe zurückzuführen ist. Das GM2 hat zum Verschmelzungsstichtag seinen Verlustbetrieb eingestellt und ist seither ohne Tätigkeit. Zum 31.12.X0 wird das GM1 auf den GT verschmolzen.
Da der GT lediglich vermögensverwaltend tätig ist, ist hinsichtlich des verlustverursachenden Vermögens nach § 4 Z 1 lit a und c UmgrStG auf ein Wirtschaftsgut von nicht untergeordneter Bedeutung abzustellen (siehe dazu UmgrStR Rz 208). Daher geht durch die Verschmelzung beim GT der auf den weggefallenen Kapitalanteil entfallende Verlustabzug iHv € 1 Mio unter. Da das GM2 dem GT Verluste zugerechnet hat, die bis zum Verschmelzungsstichtag nicht verrechnet worden sind, und das verlustverursachende Vermögen innerhalb der Unternehmensgruppe zum Ver-

schmelzungsstichtag nicht mehr vergleichbar vorhanden ist, geht der Verlustabzug des GT auch für diese Verluste und damit zur Gänze unter.

Daneben sind noch folgende **Besonderheiten** zu berücksichtigen:

116e
- Überträgt ein **Gruppenmitglied auf ein anderes Gruppenmitglied** umgründungsbedingt **Vor- oder Außergruppenverluste**, behalten diese beim übernehmenden Gruppenmitglied ihre Eigenschaft als Vor- und Außergruppenverluste und können mit eigenen Gewinnen des übernehmenden Gruppenmitgliedes ohne Berücksichtigung der Verlustvortragsgrenze nach § 8 Abs 4 Z 1 lit a KStG zu 100 % verrechnet werden.
- Wird ein **Gruppenmitglied auf den Gruppenträger** verschmolzen (Verschmelzung „up-stream“), wandeln sich übergehende **Vor- oder Außergruppenverluste** des Gruppenmitgliedes beim Gruppenträger in einen „allgemeinen“ Verlustabzug, für den die 75%ige Verlustvortragsgrenze zu beachten ist.
- Wird der **Gruppenträger auf ein Gruppenmitglied** verschmolzen (Verschmelzung „down-stream“), wandeln sich Vor- und Außergruppenverluste des übernehmenden Gruppenmitgliedes in einen „allgemeinen“ Verlustabzug.

e) Beschränkung bei verbundenen Körperschaften

117 Erwirtschaftet eine Tochtergesellschaft dauerhaft Verluste, muss die Muttergesellschaft die Beteiligung zwingend mit dem niedrigeren Teilwert ansetzen. Wird in der Folge die Tochtergesellschaft auf die Muttergesellschaft verschmolzen, käme es bei der Muttergesellschaft zu einer doppelten Verlustverwertung (zum down-stream-merger siehe unten Tz 134 f). Um dies zu vermeiden, sieht das UmgrStG eine weitere Einschränkung des Verlustabzuges vor (§ 4 Z 1 lit d UmgrStG):

118 *Kürzungsbetrag:*
Vortragsfähige Verluste der Körperschaft, an der die Beteiligung besteht (= Tochtergesellschaft), sind um Teilwertabschreibungen zu kürzen, welche die beteiligte Körperschaft (= Muttergesellschaft) auf die Beteiligung getätigt hat. Ob sich die Teilwertabschreibung bei der Muttergesellschaft bereits steuerlich auswirken konnte, ist für die Höhe des Kürzungsbetrages unerheblich (zur sog „Siebentelverteilung“ siehe § 12 Abs 3 Z 2 KStG).

119 Der Kürzungsbetrag verringert sich insoweit, als die Muttergesellschaft Zuschreibungen auf die Beteiligung vornahm.

120 Wird die Tochtergesellschaft auf die Muttergesellschaft verschmolzen (Verschmelzung „up-stream“), erfolgt die Kürzung in dem auf den Verschmel-

zungsstichtag folgenden Wirtschaftsjahr. Wird dagegen die Muttergesellschaft auf die Tochtergesellschaft verschmolzen (Verschmelzung „down-stream"), erfolgt die Kürzung bereits im Wirtschaftsjahr des Verschmelzungsstichtages (siehe unten Tz 124 f).

Zusatzabschreibung: 121
Im Jahr, in dem die vortragsfähigen Verluste um Teilwertabschreibungen zu kürzen sind (siehe oben Tz 120), ist eine Zusatzabschreibung vorzunehmen. Die Höhe dieser Zusatzabschreibung ermittelt sich aus der Differenz zwischen dem Kürzungsbetrag und der Summe der insgesamt bereits steuerlich berücksichtigten Siebentelabschreibungen.

Zuschreibungen sind mit noch nicht berücksichtigten Siebentelabschreibungen insoweit zu verrechnen, als die Zuschreibung über das im betreffenden Wirtschaftsjahr geltend gemachte Siebentel hinausgeht (§ 12 Abs 3 Z 2 TS 1 KStG; siehe BMF, SWK 1999, 1337). Ein solcher Überhang ist daher der Summe der bereits steuerlich geltend gemachten Siebentelabschreibungen hinzuzurechnen. 122

Beispiel: 123
Die Muttergesellschaft tätigt im Jahr 01 auf die Beteiligung an ihrer Tochtergesellschaft eine Teilwertabschreibung iHv 1.400. Im Jahr 02 schreibt sie auf die Beteiligung 250 zu. Im Jahr 03 wird die Tochtergesellschaft auf die Muttergesellschaft verschmolzen. Die Tochtergesellschaft hat am Verschmelzungsstichtag noch nicht verrechnete Verluste iHv 2.000.
Kürzungsbetrag: Da die Tochtergesellschaft auf die Muttergesellschaft verschmolzen wurde, hat die Kürzung des Verlustabzuges der Tochtergesellschaft im Jahr 04 zu erfolgen. Der Kürzungsbetrag beträgt 1.150 (= Teilwertabschreibung iHv 1.400 abzüglich der erfolgten Zuschreibung iHv 250). Der auf die Muttergesellschaft übergehende und ab dem Jahr 04 geltend zu machende Verlustabzug reduziert sich somit auf 850 (= Verlustabzug vor Verschmelzung iHv 2.000 abzüglich des Kürzungsbetrages iHv 1.150).
Im Jahr 04 steht der Muttergesellschaft zusätzlich zum vierten Teilwertabschreibungssiebtel iHv 200 eine *Zusatzabschreibung* zu: Die Zusatzabschreibung ergibt sich aus der Differenz des Kürzungsbetrages iHv 1.150 und den insgesamt berücksichtigten Siebentelabschreibungen iHv 850 (= vier Siebentelabschreibungen iHv je 200 zuzüglich des Zuschreibungsüberhanges iHv 50), somit 300.
Im Jahr 05 kann die Muttergesellschaft eine weitere Siebentelabschreibung iHv 200 vornehmen. Im Jahr 06 verbleibt eine letzte Siebentelabschreibung iHv 50 (= Teilwertabschreibung iHv 1.400 abzüglich bereits berücksichtigter Siebentelabschreibungen iHv 1.050 und abzüglich der Zusatzabschreibung iHv 300).

Doppelte Verlustverwertung bei der Verschmelzung mittelbar verbundener Gesellschaften:
Eine doppelte Verlustverwertung tritt auch dann ein, wenn die einen Verlust- 123a
abzug aufweisende Enkelgesellschaft auf die Großmuttergesellschaft „upstream" oder umgekehrt die Großmuttergesellschaft auf die Enkelgesellschaft

„down-stream" verschmolzen wird und die Großmuttergesellschaft auf ihre Beteiligung an der Muttergesellschaft eine Teilwertabschreibung vorgenommen hat, die auf die Verlustsituation der Enkelgesellschaft zurückzuführen ist. Auch in diesem Fall ist wie bei der Verschmelzung unmittelbar verbundener Gesellschaften der Verlustabzug der Enkelgesellschaft um Teilwertabschreibungen der Großmuttergesellschaft auf die Beteiligung an der Muttergesellschaft zu kürzen (§ 4 Z 1 lit d UmgrStG).

Im Fall der Verschmelzung von Schwesterngesellschaften (side-stream-merger) hat jedoch keine Kürzung des Verlustabzugs gem § 4 Z 1 lit d UmgrStG zu erfolgen, da damit kein Zusammenfall des übernommenen Vermögens und der abgeschriebenen Beteiligung verbunden ist.

3. Verlustabzug der übernehmenden Körperschaft

124 Nach den Grundsätzen des allgemeinen Steuerrechtes würde der eigene Verlustabzug der übernehmenden Körperschaft durch die Verschmelzung nicht eingeschränkt. Das UmgrStG sieht jedoch auch hinsichtlich des Verlustabzuges der übernehmenden Körperschaft Beschränkungen vor. Noch nicht verrechnete Verlustabzüge der übernehmenden Körperschaft bleiben nur insoweit bestehen, als

- das **verlustbringende Vermögen** am Verschmelzungsstichtag **noch vorhanden** ist (§ 4 Z 1 lit b UmgrStG),
- das **verlustbringende Vermögen** im Zeitpunkt des Verschmelzungsstichtages mit dem Vermögen im Zeitpunkt der Verlustentstehung **vergleichbar** ist (§ 4 Z 1 lit c UmgrStG) und
- die **Beschränkung bezüglich verbundener Körperschaften** nicht greift (§ 4 Z 1 lit d UmgrStG).

Hinsichtlich dieser Voraussetzungen gelten die Ausführungen oben unter Tz 109 ff.

125 *Beispiel:*
Die Muttergesellschaft tätigt im Jahr 01 auf die Beteiligung an ihrer Tochtergesellschaft eine Teilwertabschreibung iHv 1.400. Im Jahr 02 schreibt sie auf die Beteiligung 250 zu. Im Jahr 03 wird die Muttergesellschaft auf die Tochtergesellschaft verschmolzen. Die Tochtergesellschaft hat am Verschmelzungsstichtag noch nicht verrechnete Verluste iHv 2.000. Die noch nicht verrechneten Verluste der Muttergesellschaft belaufen sich auf 2.500.
Soweit die Voraussetzungen des § 4 Z 1 lit a und c gegeben sind, geht der Verlustabzug der übertragenden Muttergesellschaft iHv 2.500 auf die übernehmende Tochtergesellschaft über.
Der bei der Tochtergesellschaft bestehende Verlustabzug reduziert sich nach § 4 Z 1 lit d UmgrStG auf 850 (= Verlustabzug vor Verschmelzung iHv 2.000 abzüglich des Kürzungsbetrages iHv 1.150). Im Jahr der Verschmelzung steht der Tochtergesell-

schaft eine Zusatzabschreibung iHv 500 zu (= Differenz aus dem Kürzungsbetrag iHv 1.150 und den bisher geltend gemachten Siebentelabschreibungen iHv 650). Im Jahr 04 kann die Tochtergesellschaft eine weitere Siebentelabschreibung iHv 200 geltend machen. Im Jahr 05 verbleibt eine restliche Siebentelabschreibung iHv 50 (= Teilwertabschreibung iHv 1.400 abzüglich der bereits geltend gemachten Siebentelabschreibungen iHv 850 und abzüglich der getätigten Zusatzabschreibung iHv 500).

4. Mantelkauf und Verlustabzug

Um den „Einkauf von Verlusten" zu unterbinden, steht der Verlustabzug grundsätzlich ab dem Zeitpunkt nicht mehr zu, ab dem die Identität der Körperschaft infolge einer wesentlichen Änderung 126

- der organisatorischen Struktur,
- der wirtschaftlichen Struktur und
- der unmittelbaren Gesellschafterstruktur auf entgeltlicher Grundlage

nach dem Gesamtbild der Verhältnisse nicht mehr besteht (sog „Mantelkauf"; § 8 Abs 4 Z 2 lit c KStG).

Treten sämtliche Änderungen in einem Wirtschaftsjahr ein, ist der Verlustabzug ab diesem Wirtschaftsjahr nicht mehr gegeben. Treten die Änderungen innerhalb von mehr als einem Wirtschaftsjahr ein, steht der Verlustabzug bereits ab dem Wirtschaftsjahr nicht mehr zu, in das die erste Änderung fällt. 127

Eine **wesentliche Änderung der organisatorischen Struktur** ist gegeben, wenn alle oder die Mehrzahl der geschäftsleitenden Organe zeitgleich oder innerhalb eines inneren zeitlichen Zusammenhanges ersetzt werden. Eine Änderung der **wirtschaftlichen Struktur** liegt zB vor, wenn der Unternehmensgegenstand gewechselt oder wesentlich erweitert wird. Bei unverändertem Unternehmensgegenstand kann auch die Zufuhr von Betriebsvermögen eine wesentliche Änderung der wirtschaftlichen Struktur herbeiführen. Zu einer Änderung der **Gesellschafterstruktur** auf entgeltlicher Grundlage kommt es vor allem durch die Veräußerung oder den Tausch der Gesellschaftsanteile. 128

Wesentlich ist eine Veränderung der Wirtschafts- oder Gesellschafterstruktur dann, wenn sich die Struktur zu mehr als 75 % verändert. 129

Auch im Zuge einer Verschmelzung kann der Tatbestand des Mantelkaufes erfüllt sein. Eine wesentliche Änderung der Gesellschafterstruktur auf entgeltlicher Grundlage ergibt sich dabei beispielsweise dann, wenn im Zuge einer Konzentrationsverschmelzung als Gegenleistung neue Anteile gewährt werden oder wenn einer Konzernverschmelzung ein vorbereitender Anteilserwerb vorausgeht. Liegt zusätzlich noch eine wesentliche Änderung der organisatorischen und der wirtschaftlichen Struktur vor, kann die übernehmende Körperschaft den auf sie übergehenden Verlustabzug nicht mehr geltend machen. 130

Für den Untergang des Verlustabzuges ist es unerheblich, ob die wesentliche Änderung der Strukturen bei der übertragenden oder übernehmenden Körperschaft erfolgte (§ 4 Z 2 UmgrStG).

131 Selbst bei Vorliegen aller Merkmale eines Mantelkaufes steht der Verlustabzug dennoch zu, wenn die Änderungen

- zum Zwecke der **Sanierung** mit dem Ziel der Erhaltung eines wesentlichen Teiles der Arbeitsplätze erfolgen oder
- der **Verbesserung oder Rationalisierung** der betrieblichen Strukturen im Unternehmenskonzept der übernehmenden Körperschaft dienen (§ 4 Z 2 UmgrStG).

132 *Beispiel:*
Die Körperschaft A erwirbt am 30.6.01 sämtliche Anteile der Körperschaft B. Die Körperschaft B wird per 31.12.01 auf die Körperschaft A verschmolzen.
Kommt es zusätzlich zur anteilskaufbedingten wesentlichen Änderung der Gesellschafterstruktur auch zu einer wesentlichen Änderung der wirtschaftlichen und der organisatorischen Struktur, kann die übernehmende Körperschaft A die noch nicht verrechneten Verluste der Körperschaft B nicht (mehr) geltend machen.

G. Auswirkungen der Verschmelzung auf die Anteilseigner

I. Anteilstausch – Zuzahlungen

1. Identitätsfiktion

133 Nach dem allgemeinen Steuerrecht führt die Verschmelzung bei den Gesellschaftern der übertragenden Gesellschaft zu einer Gewinnrealisierung durch den Tausch ihrer Anteile an der übertragenden Gesellschaft gegen die Anteile an der übernehmenden Gesellschaft. Im Anwendungsbereich des UmgrStG wird die Besteuerung des Anteilstausches unterdrückt; die Anteile an der übernehmenden Körperschaft treten an die Stelle der untergehenden Anteile und sind so zu behandeln, als wären sie mit diesen ident (sog „Identitätsfiktion"; §§ 5 Abs 1 Z 1 Satz 1, 5 Abs 2 UmgrStG).

Der verschmelzungsbedingte Anteilserwerb erfolgt nach § 5 Abs 1 Z 1 Satz 2 UmgrStG rückwirkend zu dem dem Verschmelzungsstichtag folgenden Tag. Aufgrund der Identitätsfiktion beschränkt sich die materielle Bedeutung dieser Bestimmung auf die rückwirkende Begründung einer finanziellen Verbindung im Sinne des § 9 Abs 5 KStG, sofern die Beteiligung an der übertragenden Körperschaft auch spätestens am Folgetag des Verschmelzungsstichtages angeschafft wurde; siehe dazu auch unten Tz 1079).

Art I UmgrStG ist für Gesellschafter anzuwenden, die im Zeitpunkt der Eintragung der Verschmelzung in das Firmenbuch an der übertragenden Körperschaft beteiligt sind. Ein zwischen dem Verschmelzungsstichtag und dem Tag der Eintragung der Verschmelzung in das Firmenbuch erfolgender Wechsel eines Gesellschafters lässt die Anwendbarkeit des Art I UmgrStG unberührt und unterliegt dem allgemeinen Steuerrecht.

2. Einschränkung des österreichischen Besteuerungsrechts

a) Einschränkung für das übertragene Vermögen

Wird bei einer grenzüberschreitenden Verschmelzung das **Besteuerungsrecht Österreichs hinsichtlich des übertragenen Vermögens eingeschränkt** (siehe oben Tz 50a), erfolgt der Anteilstausch für Gesellschafter, die nicht in der EU oder im EWR ansässig sind, nach innerstaatlichem Recht steuerwirksam (§ 5 Abs 1 Z 3 UmgrStG iVm § 98 Z 5 lit e EStG). Ob Österreich seinen innerstaatlichen Besteuerungsanspruch auch durchsetzen kann, richtet sich nach dem jeweiligen DBA (vgl Art 13 Abs 5 OECD-MA, nach dem das Besteuerungsrecht dem Ansässigkeitsstaat des Gesellschafters zusteht). Für Gesellschafter, die im Inland oder in einem EU/EWR-Staat ansässig sind, erfolgt der Anteilstausch auch bei Einschränkung des inländischen Besteuerungsrechts und der daraus folgenden (partiellen) Nichtanwendung des Art I UmgrStG steuerneutral (§ 5 Abs 1 Z 3 iVm Z 1 UmgrStG; für im Inland ansässige Gesellschafter ist der Anteilstausch bereits nach § 5 Abs 1 Z 1 UmgrStG steuerneutral gestellt). 133a

Beispiel: 133b
Die inländische A-AG wird auf die deutsche B-AG verschmolzen. Das Vermögen der A-AG besteht aus den Beteiligungen an der inländischen X-GmbH und Y-GmbH. An der inländischen A-AG sind der inländische Gesellschafter X und der in einem Drittstaat ansässige Gesellschafter Y beteiligt. Mit dem Drittstaat wurde kein DBA abgeschlossen.
Der Anteilstausch des Gesellschafters X erfolgt unabhängig davon steuerneutral, ob hinsichtlich des wegziehenden Vermögens der Aufschub der Liquidationsbesteuerung beantragt wird oder nicht (§ 5 Abs 1 Z 1 UmgrStG). Der Anteilstausch des Gesellschafters Y erfolgt steuerwirksam (§ 5 Abs 1 Z 3 UmgrStG iVm § 98 Abs 1 Z 5 lit e EStG); der nach innerstaatlichem österreichischen Recht bestehende Besteuerungsanspruch wird mangels DBA nicht beschränkt.

b) Einschränkung für die Anteile an der übertragenden Körperschaft

Für die Anwendung des Art I UmgrStG sowie für die Buchwertfortführung ist es grundsätzlich nicht erforderlich, dass auf der Ebene der Anteilsinhaber die Steuerhängigkeit auch nach der Verschmelzung fortbesteht. Hiervon bestehen drei Ausnahmen: 133c

- Wird bei einer **Verschmelzung „down-stream"** das **Besteuerungsrecht Österreichs hinsichtlich der Anteile der übertragenden Mutterkörperschaft an der übernehmenden Tochterkörperschaft** eingeschränkt, weil die Gesellschafter der übertragenden Mutterkörperschaft, an die die Anteile an der Tochterkörperschaft nach § 224 Abs 3 AktG durchgeschleust werden, im Ausland ansässig sind, unterliegen die wegziehenden Anteile an 133d der Tochterkörperschaft bei dieser der Wegzugsbesteuerung (§ 5 Abs 1 Z 4 UmgrStG iVm § 6 Z 6 lit b EStG). Die Tochterkörperschaft kann hierfür insoweit einen Antrag auf Ratenzahlung stellen, als ihre Anteile an Gesellschafter herausgegeben wurden, die in einem EU/EWR-Staat ansässig sind (§ 5 Abs 1 Z 4 iVm § 6 Z 6 lit b bis e EStG).

Ist an der übertragenden Mutterkörperschaft ein Gesellschafter beteiligt, der nach innerstaatlichem Recht von der Besteuerung ausgenommen ist, sind die an ihn durchgeschleusten Anteile ebenfalls zu realisieren; ein Antrag auf Nichtfestsetzung kann nicht gestellt werden (UmgrStR RZ 265a). Da insbesondere Körperschaften des öffentlichen Rechts, gemeinnützige Körperschaften und sonst nach § 5 KStG von der unbeschränkten KSt-pflicht befreite Körperschaften mit realisierten Wertsteigerungen aus Kapitalanteilen in der Regel der KSt unterliegen, wird die Bestimmung des § 5 Abs 1 Z 4 UmgrStG auf inländische Gesellschafter kaum anwendbar sein (vgl § 21 Abs 3 Z 3 KStG und die Ausnahme nach § 21 Abs 2 Z 3 KStG).

133e *Beispiel:*
An der inländischen M-GmbH sind der deutsche Gesellschafter X zu 70 % und der in einem Drittstaat ansässige Gesellschafter Y zu 30 % beteiligt. Die inländische M-GmbH ist zu 100 % an der inländischen T-GmbH beteiligt. Mit Stichtag 31.12.X0 wird die inländische M-GmbH auf die inländische T-GmbH verschmolzen (down-stream). Die Anteile der übertragenden M-GmbH an der T-GmbH werden im Rahmen der Verschmelzung nach § 224 Abs 3 AktG an die Gesellschafter der untergehenden M-GmbH (X und Y) durchgeschleust. Da es hierbei zu einer Einschränkung des Besteuerungsrechts Österreichs an den Anteilen an der T-GmbH kommt (vgl Art 13 Abs 5 OECD-MA, nach dem das Besteuerungsrecht dem Ansässigkeitsstaat des Gesellschafters zusteht), unterliegen die wegziehenden Anteile an der T-GmbH bei dieser der Wegzugsbesteuerung (§ 5 Abs 1 Z 4 UmgrStG iVm § 6 Z 6 lit b bis e EStG idFd AbgÄG 2015). Für den an den deutschen Gesellschaften durchgeschleusten Anteil kann die T-GmbH einen Antrag auf Ratenzahlung stellen. Für den an X durchgeschleusten Anteil ist eine Ratenzahlung nicht möglich.

133f Würde hingegen bei einem derartigen Sachverhalt statt einer Verschmelzung down-stream eine wirtschaftlich vergleichbare Verschmelzung der Tochter-Körperschaft auf die Mutter-Körperschaft **(up-stream)** erfolgen, wäre eine **Aufdeckung der stillen Reserven nicht erforderlich**:

Fortsetzung Beispiel aus 133d:
Die inländische T-GmbH wird mit Stichtag 31.12.X0 auf ihre inländische Mutter-Körperschaft M-GmbH verschmolzen (up-stream). Die Up-stream-Verschmelzung führt zum selben wirtschaftlichen Ergebnis wie die Down-stream-Variante (Tz 133d). Eine Aufdeckung stiller Reserven hat jedoch in diesem Fall nicht zu erfolgen. Bei der M-GmbH kommt es durch Übernahme des Vermögens der T-GmbH und gleichzeitigen Wegfall der Beteiligung an der T-GmbH zu einem Buchgewinn bzw Buchverlust, welcher gem § 3 Abs 2 UmgrStG steuerneutral ist.

- Wird bei einer Verschmelzung (zum Teil) auf die Gewährung neuer Anteile verzichtet und **kehrt die übernehmende Gesellschaft dafür von ihr gehaltene eigene Anteile an die ausländischen Gesellschafter der übertragenden Gesellschaft aus**, scheiden die ausgekehrten eigenen Anteile aus dem inländischen Besteuerungsrecht aus. Die entstrickten eigenen Anteile unterliegen entweder der sofortigen oder auf Antrag der in Raten zu entrichtenden „Entstrickungsbesteuerung" (§ 5 Abs 1 Z 5 UmgrStG iVm § 6 Z 6 lit b bis e EStG). 133g

- Werden dem Gesellschafter der übertragenden Körperschaft **keine Anteile an der übernehmenden Körperschaft** gewährt und wird dadurch das **Besteuerungsrecht Österreichs** hinsichtlich der untergehenden Anteile an der übertragenden Körperschaft **eingeschränkt**, so unterliegt der Gesellschafter mit den untergehenden Anteilen insoweit der Tauschbesteuerung, als die im Ausland ansässigen Gesellschafter in weiterer Folge **Anteile an der übernehmenden Körperschaft veräußern** oder diese Anteile in weiterer Folge sonst aus ihrem Betriebsvermögen ausscheiden (§ 5 Abs 1 Z 6 Satz 1 und 2 UmgrStG für Stichtage ab dem 1.7.2023; nach dem letzten Satz der Bestimmung sind Verschmelzungen up-stream ausgenommen; zur Anwendung bei Spaltungen siehe Tz 910). Nach dem Verschmelzungsstichtag und bis zur Veräußerung eintretende Wertminderungen kürzen den realisierten Gewinn bis auf null, soweit diese Wertminderungen nicht bereits im Ausland berücksichtigt werden. 133h

Beispiel (EB zur RV AbgÄG 2023):

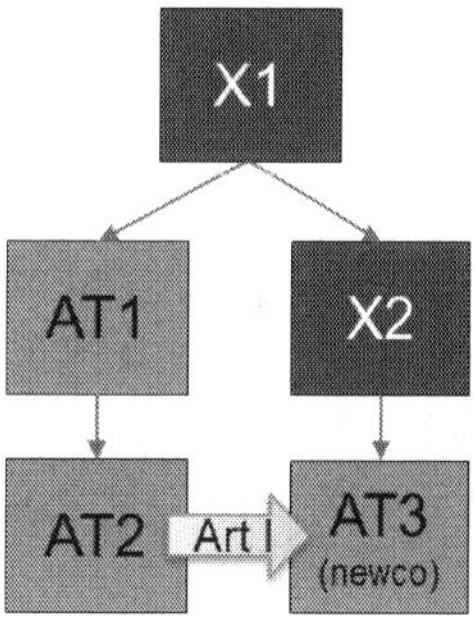

Die im Ausland ansässige Körperschaft X1 ist zu je 100 % an der ebenfalls im Ausland ansässigen Körperschaft X2 sowie an der inländischen Körperschaft AT1-GmbH beteiligt. AT1-GmbH ist wiederum zu 100 % an der inländischen Körperschaft AT2-GmbH beteiligt. Mit Stichtag 31.12. wird die AT2-GmbH auf die von der ausländischen X2 neu gegründete, im Inland ansässige AT3-GmbH nach Art I verschmolzen; auf die Gewährung einer Gegenleistung wird konzernintern verzichtet. Dies führt folglich zu einer Einschränkung des Besteuerungsrechts bei der AT1-GmbH hinsichtlich der Anteile an der AT2-GmbH; die Besteuerung der Anteilsinhaberebene erfolgt künftig bei X2 (Österreich kommt kein Besteuerungsrecht zu). Die Verschmelzung als solche führt jedoch – wie bisher – weder für das Vermögen der übertragenden AT2-GmbH (§ 1 Abs 2 UmgrStG) noch auf Anteilsinhaberebene bei der AT1-GmbH zu einer Entstrickungsbesteuerung. Veräußert jedoch die ausländische X2 in weiterer Folge Anteile an der übernehmenden AT3-GmbH, soll es künftig aufgrund von § 5 Abs 1 Z 6 UmgrStG insoweit zur Entstehung der Steuerschuld zum Verschmelzungsstichtag bei der AT1-GmbH in Höhe des Unterschiedsbetrages zwischen dem Buchwert und dem Fremdvergleichswert der Anteile an der AT2-GmbH kommen.

2. Ausgabe neuer Anteile durch die übernehmende Körperschaft

a) Gesellschafter der übertragenden Gesellschaft

135 Werden im Zuge einer Verschmelzung neue Anteile gewährt, kommt es durch das Unterbleiben der Tauschbesteuerung auf der Ebene der Gesellschafter zu einer Wertfortführung: Befanden sich die Anteile an der übertragenden Körperschaft im Betriebsvermögen des Gesellschafters, hat dieser den Buchwert der untergehenden Beteiligung auf die gewährten Anteile an der übernehmenden Körperschaft zu übertragen. Hielt der Gesellschafter hingegen die Beteiligung an der übertragenden Körperschaft im Privatvermögen, hat er die Anschaffungskosten der untergehenden Beteiligung auf die gewährten Anteile an der übernehmenden Körperschaft zu übertragen.

137 *Beispiel:*
Die A-AG ist mit 30 % an der B-AG beteiligt, welche per 31.12.03 auf die C-AG verschmolzen wird. Die A-AG tätigte auf die Beteiligung im Jahr 01 Anschaffungskosten iHv € 1 Mio und im Jahr 02 eine Teilwertabschreibung iHv € 400.000. Das Umtauschverhältnis beträgt 0,5.
Die A-AG erhält als Gegenleistung für den Untergang ihrer 30-%-Beteiligung an der B-AG eine 15-%-Beteiligung an der C-AG. Die A-AG hat den Buchwert der untergegangenen Beteiligung iHv € 600.000 auf die gewährten Anteile an der C-AG zu übertragen. Im Ergebnis kommt es bei der A-AG daher lediglich zu einem Austausch der Bezeichnung der Bilanzposition.

b) Gesellschafter der übernehmenden Gesellschaft (= Altgesellschafter)

138 Erfolgt die Verschmelzung unter Ausgabe neuer Anteile zugunsten der Gesellschafter der übertragenden Gesellschaft, sinkt die Beteiligung der Altgesellschafter prozentuell (nicht absolut) ab. Steuerlich ergeben sich für die Altgesellschafter jedoch keine Auswirkungen: Sie haben die Anschaffungskosten bzw den Buchwert der Beteiligung an der übernehmenden Gesellschaft als Anschaffungskosten bzw Buchwert der durch die Verschmelzung im Beteiligungsprozentsatz gesunkenen Beteiligung fortzuführen.

3. Unterbleiben einer Kapitalerhöhung

139 Bei der Verschmelzung von Gesellschaften, die durch eine Beteiligung miteinander verbunden sind (**„Konzernverschmelzungen“**, siehe Tz 31ff), un-

terbleibt regelmäßig eine Kapitalerhöhung. Hierbei ist insbesondere zwischen folgenden Fällen zu unterscheiden:

- **Verschmelzung „up-stream“:** Eine Anteilsgewähr durch die Muttergesellschaft **muss** in dem Ausmaß unterbleiben, in dem die Muttergesellschaft an der Tochtergesellschaft beteiligt ist und/oder die Tochtergesellschaft eigene Anteile besitzt (§ 224 Abs 1 AktG).
- **Verschmelzung „down-stream““:** Die Anteile der übertragenden Muttergesellschaft an der übernehmenden Tochtergesellschaft sind, soweit erforderlich, zur Abfindung der Gesellschafter der übertragenden Gesellschaft zu verwenden (§ 224 Abs 3 AktG). Nur im Fall, dass der Tochtergesellschaft sonstiges Vermögen der Muttergesellschaft verbleibt, kann die Tochtergesellschaft den Gesellschaftern der Muttergesellschaft zusätzlich zu den ausgekehrten Anteilen auch neue Anteile gewähren.
- **Verschmelzung „side-stream“:** Die übernehmende Schwesterngesellschaft **kann** von der Gewährung von Gesellschaftsanteilen absehen, wenn die Gesellschafter an der übertragenden und an der übernehmenden Gesellschaft im selben Ausmaß (unmittelbar oder mittelbar) beteiligt sind und das Unterbleiben der Anteilsgewährung keine verbotene Einlagenrückgewähr iS der § 52 AktG oder § 82 GmbHG darstellt (§ 224 Abs 2 Z 1 AktG).

Außer in Fällen der Konzernverschmelzung kann eine Kapitalerhöhung auch dann unterbleiben, wenn die Gesellschafter der übertragenden Gesellschaft auf die Gewährung von neuen Anteilen verzichten (§ 224 Abs 2 Z 2 AktG).

a) Konzernverschmelzungen

Konzernstruktur: 141

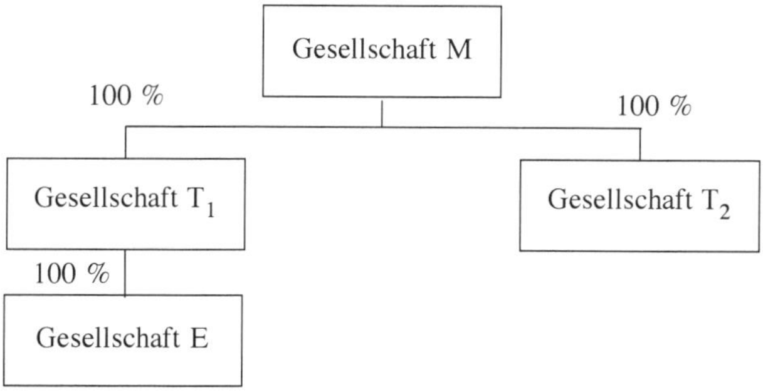

„up-stream“: 141a

In diesem Fall ist der unmittelbare Gesellschafter der übertragenden Körperschaft ident mit der übernehmenden Körperschaft. Die Muttergesellschaft erhält somit einerseits das Vermögen der Tochtergesellschaft, andererseits geht die

Beteiligung an der Tochtergesellschaft im Rahmen der Verschmelzung unter. Ein daraus resultierender Buchgewinn bzw Buchverlust ist steuerneutral (§ 3 Abs 2 UmgrStG). Für die Gesellschafter der übernehmenden Muttergesellschaft stellt die Verschmelzung lediglich eine Vermögensumschichtung dar. Die Up-stream-Verschmelzung hat somit auf Ebene der Anteilsinhaber der übernehmenden Muttergesellschaft keine steuerlichen Auswirkungen. Der Buchwert bzw die Anschaffungskosten der Beteiligung an der Muttergesellschaft bleiben unverändert.

Beispiel:
Die Gesellschaft E wird auf ihre 100%ige Muttergesellschaft T1 verschmolzen. Die T1 übernimmt durch die Verschmelzung das Vermögen der E; gleichzeitig geht die Beteiligung der T1 an der E unter. Ein daraus resultierender Buchgewinn bzw Buchverlust bei T1 ist steuerneutral (§ 3 Abs 2 UmgrStG). Auf Ebene des 100-%-Gesellschafters der T1 (M) hat die Verschmelzung keine Auswirkung. Der Buchwert der Beteiligung an T1 bleibt unverändert.

141b **„down-stream":**
Die Auskehr der Anteile der übertragenden Muttergesellschaft an der übernehmenden Tochtergesellschaft an die Gesellschafter der Muttergesellschaft stellt einen Anteilstausch iSd § 5 Abs 1 Z 1 UmgrStG dar (bei ausländischen Anteilsinhabern siehe Tz 133c). Die Gesellschafter der Muttergesellschaft haben die Buchwerte bzw Anschaffungskosten der untergegangenen Muttergesellschaft für die im Gegenzug erhaltenen Anteile an der übernehmenden Tochtergesellschaft fortzuführen.

Beispiel:
Die Gesellschaft T1 wird auf ihre 100%ige Tochtergesellschaft E verschmolzen. Der 100-%-Gesellschafter der T1 (M) hat die Buchwerte der Beteiligung an der untergehenden T1 in den im Gegenzug erhaltenen Anteilen an der übernehmenden E fortzuführen.

141c **„side-stream":**
Unterbleibt die Gewährung von neuen Anteilen, weil die Gesellschafter an der übertragenden und an der übernehmenden Gesellschaft im selben Ausmaß beteiligt sind, haben die Gesellschafter die steuerlich maßgebenden Buchwerte (Anschaffungskosten) der Beteiligung an der übertragenden Körperschaft den Buchwerten (Anschaffungskosten) der Beteiligung an der übernehmenden Körperschaft zuzurechnen (§ 5 Abs 5 UmgrStG).

Beispiel – Schwester auf Schwester:
Die Gesellschaft T1 wird auf ihre Schwesterngesellschaft T2 verschmolzen. Die Gesellschaft M ist sowohl an T1 als auch an T2 zu jeweils 100 % beteiligt. M hat den Buchwert der untergegangene Beteiligung an T1 dem Buchwert der Beteiligung an T2 zuzurechnen.

Beispiel – Tante auf Nichte:
Die Gesellschaft T2 wird auf ihre Nichte E verschmolzen. Die Gesellschaft M ist sowohl an T2 (unmittelbar) als auch an E (mittelbar über T1) zu jeweils 100 % beteiligt, weshalb eine Anteilsgewähr unterbleiben kann (§ 224 Abs 2 Z 1 AktG). M hat den Buchwert der untergegangenen Beteiligung an T2 dem Buchwert der Beteiligung an T1 zuzurechnen. T1 hat den Buchwert der Beteiligung an E in Höhe des steuerlichen Verschmelzungskapitals der T2 zu erhöhen (vgl UmgrStR RZ 1133 zur Einbringung).

Beispiel – Nichte auf Tante:
Die Gesellschaft E wird auf ihre Tante T2 verschmolzen. Die Gesellschaft M ist sowohl an T2 (unmittelbar) als auch an E (mittelbar über T1) zu jeweils 100 % beteiligt. Eine Anteilsgewähr kann jedoch nur dann unterbleiben, wenn die durch die Verschmelzung eintretende verbotene Einlagenrückgewähr durch Ausgleichsmaßnahmen vermieden wird (siehe dazu Tz 38). Durch den Abgang der Beteiligung an E kommt es bei T1 zu einem steuerneutralen Buchverlust. Der durch die Übernahme des Vermögens der E bei T2 resultierende Buchgewinn ist ebenfalls steuerneutral. Auf Ebene der M kommt es einerseits zu einem steuerneutralen „Abstocken“ der Beteiligung an T1 in Höhe des verschmelzungsbedingten Wertverlustes und andererseits im selben Ausmaß zu einem steuerneutralen „Aufstocken“ der Beteiligung an T2 (§ 5 Abs 5 unter analoger Anwendung von § 20 Abs 4 Z 3 UmgrStG; UmgrStR RZ 285). Die Ab- bzw Aufstockung nach Verkehrswertverhältnissen zu erfolgen (Verkehrswert E im Verhältnis zum Verkehrswert T1).

b) Verzicht auf die Gewährung neuer Anteile

Unterbleibt die Ausgabe von neuen Anteilen, weil die Gesellschafter der übertragenden Körperschaft auf die Ausgabe von Anteilen an der übernehmenden Körperschaft verzichten, ist zu unterscheiden: 142

- Erfolgt der Verzicht **unentgeltlich**, ist der durch den Untergang der Beteiligung resultierende Buchverlust steuerneutral. 143
- Verzichten die Gesellschafter der übertragenden Gesellschaft dagegen **entgeltlich**, ist wiederum zu unterscheiden: 144
  - Verzichten die Gesellschafter der übertragenden Gesellschaft deshalb, **weil sie von den Altgesellschaftern mit Anteilen an der übernehmenden Gesellschaft** oder nach Maßgabe der verschmelzungsrechtlichen Bestimmungen mit Anteilen an dritten Gesellschaften (Konzerngesellschaften) abgefunden werden, haben – wie im Falle der Ausgabe neuer Anteile – sowohl die Gesellschafter der übertragenden Gesellschaft als auch die abfindenden Altgesellschafter die Anschaffungskosten bzw Buchwerte fortzuführen. 145
  - **Besteht das Entgelt dagegen aus anderen Vermögenswerten** (insbesondere aus Verzichtszahlungen der Altgesellschafter), kommt es bei den verzichtenden Gesellschaftern zu einer **Anteilsveräußerung**, die nach den Grundsätzen des allgemeinen Steuerrechts steuerpflichtig ist. 146

147 *Beispiel:*
Die A-AG wird auf die B-AG verschmolzen. Die Anteile an der A-AG befinden sich zu 100 % im Eigentum des A. Die Anteile der B-AG befinden sich zur Gänze im Eigentum des B. Damit die B-AG von einer Kapitalerhöhung absehen kann, verzichtet A auf die Gewährung neuer Anteile an der B-AG und erhält dafür von B Anteile der B-AG. Die Anteile werden sowohl von A als auch von B im Privatvermögen gehalten.
A hat die Anschaffungskosten der verschmelzungsbedingt untergegangenen Beteiligung an der A-AG auf die gewährten Anteile an der übernehmenden B-AG zu übertragen. Bei B sinkt verschmelzungsbedingt das Beteiligungsausmaß an der B-AG prozentuell ab. Steuerlich hat die Abfindung auf den Altgesellschafter jedoch keine Auswirkungen: Er hat die Anschaffungskosten der „alten" Beteiligung fortzuführen.

4. Zuzahlungen

148 Werden im Zuge einer Konzentrationsverschmelzung neue Anteile gewährt und beträgt das Umtauschverhältnis nicht zufällig 1:1 (dh jeder Gesellschafter der übertragenden Körperschaft bekommt für einen untergehenden Anteil an der übertragenden Körperschaft einen Anteil an der übernehmenden Körperschaft), ist es oftmals nicht möglich, die Gegenleistung ausschließlich in Form neuer Anteile zu erbringen. Zum Ausgleich solcher Spitzen kann die übernehmende Körperschaft bare Zuzahlungen bis maximal 10 % des Gesamtnennbetrages der gewährten Aktien leisten (§ 224 Abs 5 AktG).

149 Steuerlich kürzen solche Zuzahlungen die Anschaffungskosten bzw den Buchwert der Beteiligung an der übernehmenden Körperschaft (§ 5 Abs 1 Z 2 UmgrStG). Die Steuerpflicht der Zuzahlung wird somit auf den Zeitpunkt der Veräußerung der Beteiligung verschoben. Bei der übernehmenden Körperschaft stellt die Zuzahlung keine Betriebsausgabe dar (UmgrStR RZ 269).

Die Steuerpflicht der Beteiligungsveräußerung und damit auch die Steuerpflicht der Zuzahlung richten sich nach den Bestimmungen des allgemeinen Steuerrechts.

5. Abfindungen bei rechtsformübergreifenden und grenzüberschreitenden Verschmelzungen

149a Nimmt im Zuge einer rechtsformübergreifenden oder grenzüberschreitenden Verschmelzung ein Anteilsinhaber ein Abfindungsangebot an, so gelten seine Anteile an der übertragenden Gesellschaft im Zeitpunkt der Eintragung der Verschmelzung ins Firmenbuch als veräußert. Der Erwerber erwirbt die abgefundenen Anteile mit dem Beginn des dem Verschmelzungsstichtag folgenden Tages (§ 6 Abs 3 UmgrStG).

Beispiel:
Die A-GmbH soll per 31.12.01 (Verschmelzungsstichtag) mit der B-AG rechtsformübergreifend verschmolzen werden. Die Verschmelzung wird am 12.07.02 beschlossen und am 15.08.02 ins Firmenbuch eingetragen. Ein Anteilsinhaber der A-GmbH, der zu 5 % an der A-GmbH beteiligt ist, nimmt ein Abfindungsangebot an.
Der das Barabfindungsangebot annehmende Anteilsinhaber verwirklicht am 15.08.02 den Veräußerungstatbestand (Tag der Eintragung ins Firmenbuch). Die übernehmenden Gesellschafter verwirklichen bereits am 01.01.02 den Anschaffungstatbestand (Tag nach dem Verschmelzungsstichtag).

II. Internationale Schachtelbeteiligung

1. Wegfall einer internationalen Schachtelbeteiligung

Geht durch eine Verschmelzung beim Anteilsinhaber die Eigenschaft einer Be- 153
teiligung als (steuerneutrale) internationale Schachtelbeteiligung unter, wären bislang steuerfreie stille Reserven nach der Verschmelzung steuerhängig. Um dies zu vermeiden, gilt der am Verschmelzungsstichtag höhere Teilwert der Beteiligung an der übertragenden Körperschaft als Buchwert der gewährten neuen Beteiligung an der übernehmenden Körperschaft. Der Buchwert vermindert sich um Beträge, die aufgrund einer Umgründung nach dem UmgrStG von § 10 Abs 3 Satz 1 KStG 1988 ausgenommen sind (§ 5 Abs 7 Z 2 UmgrStG).

Wurde für die untergehende internationale Schachtelbeteiligung zur Steuerwirksamkeit optiert, ist die steuerneutrale Aufwertung nach § 5 Abs 7 Z 2 UmgrStG systemwidrig, weil bereits im Zuge der Option eine Aufwertung erfolgte (§ 26a Abs 16 Z 4 KStG) und nach dieser Option entstandene stille Reserven steuerhängig sind. Eine (weitere) steuerneutrale Aufwertung im Zuge des verschmelzungsbedingten Wegfalls der internationalen Schachtelbeteiligung hat daher zu unterbleiben (§ 5 Abs 7 Z 2 UmgrStG).

Beispiel: 154
Körperschaft A ist an der ausländischen Körperschaft B mit einer steuerneutralen internationalen Schachtelbeteiligung von 25 % beteiligt. B wird auf die ebenfalls ausländische Körperschaft C verschmolzen. Das Umtauschverhältnis beträgt 0,25. Die Anschaffungskosten der B-Beteiligung betragen € 2 Mio; der Teilwert beträgt € 3 Mio. Vier Jahre nach dem Verschmelzungsstichtag veräußert A die Beteiligung an C um € 5 Mio.
Durch die Verschmelzung verringert sich das Beteiligungsausmaß von 25 % auf 6,25 %. Dadurch wäre der Veräußerungsgewinn iHv € 3 Mio zur Gänze steuerpflichtig (§ 10 Abs 2 und 3 KStG). Nach § 5 Abs 7 Z 2 UmgrStG gilt jedoch der am Verschmelzungsstichtag höhere Teilwert als Buchwert der neuen Beteiligung. Damit bleiben die bis zum Verschmelzungsstichtag entstandenen stillen Reserven iHv € 1 Mio weiterhin steuerfrei. Der KSt unterliegen lediglich die nach dem Verschmelzungsstichtag entstandenen stillen Reserven iHv € 2 Mio.

Beispiel (UmgrStR RZ 298):
Die inländische M-GmbH ist sowohl an der deutschen T1-GmbH als auch an der inländischen T2-GmbH zu 100 % beteiligt. Die T1-GmbH wird grenzüberschreitend auf die T2-GmbH verschmolzen (Schwesternverschmelzung). Auf die Gewährung neuer Anteile wird verzichtet.
Bei der M-GmbH geht durch die Verschmelzung ihre Schachtelbeteiligung an der übertragenden T1-GmbH unter. Der Buchwert der Anteile an der T2-GmbH ist daher um den Teilwert der Anteile an der T1-GmbH zu erhöhen.

2. Entstehen/Erweitern einer internationalen Schachtelbeteiligung

155 Entsteht durch eine Verschmelzung beim Anteilsinhaber eine internationale Schachtelbeteiligung oder wird ihr Ausmaß durch neue Anteile oder durch Zurechnung zur bestehenden Beteiligung verändert, sollen die bisher steuerhängigen stillen Reserven weiterhin steuerhängig bleiben. Um dies zu gewährleisten, ist hinsichtlich der bisher nicht steuerbefreiten Beteiligungsquoten der Unterschiedsbetrag zwischen höherem Teilwert und Buchwert von der Veräußerungsgewinnbefreiung nach § 10 Abs 3 Satz 1 KStG ausgenommen (§ 5 Abs 7 Z 1 UmgrStG).

155a *Beispiel:*
Die österreichische A-AG ist zu 8 % an der deutschen B-GmbH (Buchwert der Beteiligung € 2 Mio; Teilwert € 4 Mio) und zu 9 % an der deutschen C-GmbH (Buchwert der Beteiligung € 4 Mio; Teilwert € 8 Mio) beteiligt. Die B-GmbH wird mit Stichtag 31.12.X0 auf die C-GmbH verschmolzen. Nach der Verschmelzung ist die A-AG zu 13 % an der C-GmbH beteiligt. Am 16.4.X4 veräußert die A-AG ihre Beteiligung an der C-GmbH um € 20 Mio.
Durch die Verschmelzung entsteht bei der A-AG eine internationale Schachtelbeteiligung (§ 10 Abs 2 iVm Abs 3 KStG) an der C-GmbH. Somit wäre ein Veräußerungsgewinn nach Ablauf der Jahresfrist grundsätzlich steuerfrei (§ 10 Abs 3 KStG). Damit die bislang steuerhängigen stillen Reserven iHv € 6 Mio (€ 2 Mio in Beteiligung an B-GmbH + € 4 Mio in Beteiligung an C-GmbH) auch weiterhin steuerhängig bleiben, ist ein zukünftiger Veräußerungsgewinn iHv € 6 Mio jedenfalls steuerpflichtig (§ 5 Abs 7 Z 1 UmgrStG). Der Veräußerungsgewinn im Jahr X4 iHv € 14 Mio ist somit nur iHv € 8 Mio steuerfrei und iHv € 6 Mio steuerpflichtig (UmgrStR Rz 297).

H. Sonstige Rechtsfolgen der Verschmelzung

I. Äquivalenzverletzung

156 Eine Äquivalenzverletzung liegt vor, wenn der Wert der untergehenden Anteile eines Gesellschafters an der übertragenden Körperschaft nicht dem Wert der gewährten Anteile an der übernehmenden Körperschaft entspricht.

Eine Äquivalenzverletzung liegt nicht vor, wenn die Vermögensverschiebung durch ausgleichende Maßnahmen (zB alineare Gewinnausschüttungen) beseitigt wird (siehe dazu UmgrStR RZ 307).

Die Äquivalenzverletzung wird gedanklich in zwei Schritte zerlegt: 157

- Im ersten Schritt werden die (fiktiven) Beteiligungsquoten der Gesellschafter an der übernehmenden Körperschaft ermittelt, die sich ohne Äquivalenzverletzung ergeben würden.
- Im zweiten Schritt erfolgt eine den tatsächlichen Beteiligungsverhältnissen Rechnung tragende unentgeltliche Anteilszuwendung. Durch die Zuwendung reduzieren sich beim Zuwendenden die Anschaffungskosten seiner Beteiligung im Ausmaß der unentgeltlichen Zuwendung. Beim Begünstigten erhöhen sich die Anschaffungskosten der Beteiligung im selben Ausmaß.

Eine Äquivalenzverletzung hindert nicht die Anwendbarkeit des UmgrStG 158
sondern unterliegt als Schenkung grundsätzlich der Anzeigepflicht nach § 121a BAO. Eine vorsätzliche Verletzung dieser Anzeigepflicht stellt eine Finanzordnungswidrigkeit dar (§ 49a FinStrG).

Unter einander fremden Gesellschaftern ist grundsätzlich nicht von einer unentgelt- 159
lichen Zuwendung auszugehen. Äquivalenzverletzungen werden in der Regel zwischen Gesellschaftern vorliegen, die familiär verbunden sind (UmgrStR RZ 307). Handelt es sich bei dem durch die Äquivalenzverletzung bereicherten Gesellschafter um eine **Privatstiftung**, kann die Äquivalenzverletzung der Stiftungseingangssteuer unterliegen (UmgrStR RZ 287 und 317a). Wird durch eine Verschmelzung eine **Körperschaft iSd § 7 Abs 3 KStG** objektiv bereichert, kann die Bereicherung bei ihr als Betriebseinnahme der KSt unterliegen, wenn die der Körperschaft gewährte Gegenleistung um mehr als 50 % den Verkehrswert des (anteilig) übertragenen Vermögens übersteigt (UmgrStR RZ 306). Erfolgt die Äquivalenzverletzung zwischen verbundenen Körperschaften iSd § 7 Abs 3 KStG, kann die zugewendete Beteiligungsquote eine verdeckte Gewinnausschüttung bzw eine verdeckte Einlage darstellen, die – unabhängig von der Anwendung des Art I UmgrStG – dem allgemeinen Steuerrecht unterliegt.

Beispiel:
A ist Alleingesellschafter der A-GmbH mit einem Nennkapital iHv 1.500 und einem Verkehrswert von 2.000. Die Anschaffungskosten der Beteiligung betragen 1.500. B ist Alleingesellschafter der B-GmbH mit einem Nennkapital iHv 1.500 und einem Verkehrswert von 4.000. Die Anschaffungskosten der Beteiligung betragen 1.200. In der Folge wird die A-GmbH auf die B-GmbH verschmolzen, wobei ein Umtauschverhältnis von 1:1 vereinbart wurde.

1. Schritt: Unter fremdüblichen Bedingungen würde sich lediglich ein Umtauschverhältnis von 0,5 ergeben. Dadurch käme es bei der B-GmbH zu einer Kapitalerhöhung von 750 auf 2.250. A wäre an der übernehmenden B-GmbH somit mit 1/3, B mit 2/3 beteiligt. Die Anschaffungskosten der Beteiligungen an der aufnehmenden B-GmbH würden bei A 1.500 und bei B 1.200 betragen.

2. Schritt: Durch das vereinbarte Umtauschverhältnis von 1:1 ergibt sich bei der B-GmbH eine Kapitalerhöhung von 1.500 auf 3.000. Dadurch ist sowohl A als auch B an der übernehmenden B-GmbH mit 50 % beteiligt. Durch die Äquivalenzverletzung werden dem A Anteile an der B-GmbH im Ausmaß von 16,67 % zugewendet (= Beteiligungsquote ohne Äquivalenzverletzung abzüglich Beteiligungsquote bei Äquivalenzverletzung). Dadurch kommt es bei A zu einer Bereicherung iHv rd 1.000 (= 16,67 % des Verkehrswertes der B-GmbH nach Verschmelzung).
Durch die Anteilsschenkung reduzieren sich bei B die Anschaffungskosten der Beteiligung an der übernehmenden B-GmbH um 25 % (= 16,67 % bezogen auf die fiktive Beteiligung von 2/3) von 1.200 auf 900. Bei A erhöhen sich dadurch die Anschaffungskosten im selben Ausmaß um 300 von 1.500 auf 1.800.

II. Lohnsteuer

160 Anders als für den ertragsteuerlichen Übergang des Vermögens enthält das UmgrStG für die Arbeitgebereigenschaft der übernehmenden Körperschaft keine Rückwirkung auf den Verschmelzungsstichtag. Vielmehr bleibt die übertragende Körperschaft bis zu ihrem Erlöschen Arbeitgeber (§ 6 Abs 1 UmgrStG). Die Dienstverhältnisse gehen grundsätzlich erst mit der Eintragung der Verschmelzung in das Firmenbuch auf die übernehmende Körperschaft über. Die Finanzverwaltung lässt jedoch in Abstimmung mit dem zuständigen Finanzamt den Übergang der Dienstverhältnisse auch mit dem der Anmeldung der Eintragung im Firmenbuch folgenden Lohnzahlungszeitraum zu (UmgrStG 2002 RZ 304).

161 Mangels lohnsteuerlicher Rückwirkung bleibt ein Gesellschafter-Geschäftsführer, der zwar nicht an der übertragenden, aber nach der Verschmelzung an der übernehmenden Körperschaft mit mehr als 25 % beteiligt ist, bis zur Eintragung der Verschmelzung (bzw bis zum auf die Anmeldung folgenden Lohnzahlungszeitraum) Dienstnehmer.

III. Umsatzsteuer

162 Das UmgrStG fingiert den grundsätzlich im Zuge der Umgründung erfolgenden Leistungsaustausch als nicht umsatzsteuerbar (§ 6 Abs 4 UmgrStG). Durch diese Fiktion setzt die übernehmende Körperschaft die Unternehmereigenschaft der übertragenden Körperschaft fort. Dabei ergeben sich folgende Konsequenzen (vgl UmgrStR RZ 321):

- Änderungen der Bemessungsgrundlage nach § 12 Abs 10 und 11 UStG können erst bei der übernehmenden Körperschaft auftreten und sind bei dieser zu berücksichtigen.
- Umsatzsteuerliche Fristen der übertragenden Körperschaft werden von der übernehmenden Körperschaft fortgesetzt.

- Hat die übertragende Körperschaft Leistungen bezogen, kann die übernehmende Körperschaft aus den auf die übertragende Körperschaft ausgestellten Eingangsrechnungen den Vorsteuerabzug geltend machen.
- Wurde für eine von der übertragenden Körperschaft erbrachte Leistung noch keine Rechnung ausgestellt, ist die übernehmende Körperschaft zur Ausstellung der Rechnung verpflichtet.
- Nach § 6 Abs 2 letzter Unterabsatz UStG kann der Vermieter auf die Befreiung nach § 6 Abs 1 Z 16 und Z 17 UStG nur dann verzichten, wenn der Mieter das Grundstück bzw den Grundstücksteil nahezu ausschließlich für Umsätze verwendet, die den Vorsteuerabzug nicht ausschließen. Diese Einschränkung ist erstmals auf Miet- und Pachtverhältnisse anzuwenden, die nach dem 31.8.2012 beginnen, sofern mit der Errichtung des Gebäudes durch den Unternehmer nicht schon bis dahin begonnen wurde (§ 28 Abs 38 UStG). Ein Wechsel des Mieters oder Vermieters begründet kein neues Miet- oder Pachtverhältnis, wenn das Miet- oder Pachtverhältnis im Wege der Gesamtrechtsnachfolge übergeht oder im Rahmen der Umgründung die Unternehmeridentität erhalten bleibt (vgl VwGH 3.4.2019, Ro 2018/15/0012 zur Verschmelzung, siehe dazu UStR RZ 899c).

Wie bei der Lohnsteuer enthält das UmgrStG auch für die umsatzsteuerlichen 163 Verhältnisse **keine Rückwirkung**. Die Unternehmereigenschaft der übertragenden Gesellschaft geht erst durch die Eintragung der Verschmelzung in das Firmenbuch unter. Aus Vereinfachungsgründen nimmt die Finanzverwaltung den Untergang der Unternehmereigenschaft jedoch schon mit dem der Anmeldung der Verschmelzung zur Eintragung in das Firmenbuch folgenden Monatsersten an, sofern der zuständigen Abgabenbehörde kein anderer Stichtag des tatsächlichen Wechsels der Unternehmereigenschaft dargelegt wird (UStR 2002 RZ 319). Ab diesem Tag sind die Umsätze der übertragenden Körperschaft bereits der übernehmenden Körperschaft zuzurechnen.

Die der übertragenden Gesellschaft für die Durchführung der Verschmelzung in Rechnung gestellte USt kann von der übernehmenden Körperschaft als Vorsteuer insoweit geltend gemacht werden, als für die Umsätze der übertragenden Körperschaft der Vorsteuerabzug zusteht (UStR 2002 RZ 322).

IV. Kommunalsteuer

Die Kommunalsteuerpflicht geht erst mit der Eintragung der Verschmelzung 164 in das Firmenbuch auf die übernehmende Körperschaft über. Dies ergibt sich nicht aus einer ausdrücklichen Bestimmung des UmgrStG, sondern aus einer – durch das gleiche Steuersubjekt bedingten – analogen Anwendung der umsatzsteuerlichen Beurteilung.

V. Grunderwerbsteuer

167 Führt die Verschmelzung zu grunderwerbsteuerpflichtigen Vorgängen, bemisst sich die Grunderwerbsteuer sowohl für Erwerbsvorgänge nach § 1 Abs 1 GrEStG als auch für die Anteilsvereinigung nach § 1 Abs 2a und 3 GrEStG vom **Grundstückswert** (§ 6 Abs 5 UmgrStG iVm § 4 GrEStG). Der Steuersatz beträgt einheitlich **0,5 %** (§ 7 Abs 1 Z 2 lit c GrEStG).

168 Die GrESt ist bei der übernehmenden Körperschaft nicht auf das Grundstück zu aktivieren, sondern als Betriebsausgabe abzusetzen (vgl § 11 Abs 1 Z 1 KStG).

169 Die **grundbücherliche Eintragungsgebühr** von 1,1 % bemisst sich vom dreifachen Einheitswert, maximal jedoch von 30 % des Verkehrswertes (§ 26a Abs 1 Z 2 GGG). Die Begünstigung tritt nur ein, wenn sie in der Eingabe unter Hinweis auf die gesetzliche Grundlage in Anspruch genommen wird (§ 26a Abs 2 GGG).

VI. Einlagenstand nach § 4 Abs 12 Z 3 EStG

1. Konzentrationsverschmelzung und Verschmelzung „side-stream“

170 Bei der Konzentrationsverschmelzung und der Verschmelzung „side-stream“ werden die von den Gesellschaftern in die verschmelzungsbeteiligten Körperschaften getätigten Einlagen bei der übernehmenden Körperschaft vereinigt. Der Einlagenstand der übernehmenden Körperschaft ist daher um den Einlagenstand der übertragenden Körperschaft zu erhöhen (UmgrStR RZ 369).

171 Dabei ist der Einlagenstand der übertragenden Körperschaft folgenden Subkonten der übernehmenden Körperschaft zuzuordnen (UmgrStR RZ 371):

- Erfolgt bei der übernehmenden Körperschaft eine Kapitalerhöhung, ist vorrangig das „Indisponible Einlagen-Subkonto“ (oder alternativ das „Nennkapital-Subkonto“) aufzustocken.
- Soweit durch die Verschmelzung eine ungebundene Kapitalrücklage dotiert wird, ist der über den Vorpunkt hinausgehende Einlagenstand in das „Disponible Einlagen-Subkonto“ (oder alternativ das „Ungebundene Kapitalrücklagen-Subkonto“) einzustellen. Ist dieser in der Kapitalrücklage eingestellte Betrag nach § 229 Abs 5 iVm Abs 4 UGB gebunden, erfolgt der Ausweis auf einem „Indisponiblen Einlagen-Subkonto“ (oder alternativ einem „Gebundenen Kapitalrücklagen-Subkonto“).
- Der nach den Vorpunkten verbleibende Einlagenstand ist in das „Disponible Einlagen-Subkonto“ (oder alternativ in das „Bilanzgewinn-Subkonto“) einzustellen.

Wurde bei der übertragenden Körperschaft eine aus der Innenfinanzierung gespeiste **Kapitalerhöhung aus Gesellschaftsmitteln** vorgenommen, ist dieser Kapitalerhöhungsbetrag bis zum Ablauf der zehnjährigen Steuerhängigkeit als Merkposten im Sinne des § 32 Abs 1 Z 3 EStG 1988 als Innenfinanzierung zu behandeln; eine Umqualifizierung dieses Merkpostens in Einlagen erfolgt erst nach Ablauf der Zehnjahresfrist (UmgrStR RZ 379). Im Zuge einer Folgeumgründung sind innerhalb der Zehnjahresfrist auf diesen Merkposten die Vorschriften der IF-VO anzuwenden (siehe dazu unten Tz 176 ff).

2. Verschmelzung „up-stream" und „down-stream"

Durch die Verschmelzung der Tochtergesellschaft auf die Muttergesellschaft 172
ändert sich nichts an der Höhe der durch die Gesellschafter der Muttergesellschaft getätigten Einlagen. Es geht daher im Zuge der Verschmelzung das Einlagen-Evidenzkonto der Tochtergesellschaft ersatzlos unter; das Einlagen-Evidenzkonto der Muttergesellschaft wird unverändert fortgeführt (UmgrStR RZ 373).

Bei der Verschmelzung der Muttergesellschaft auf die Tochtergesellschaft 173
werden die durch die Gesellschafter der Muttergesellschaft getätigten Einlagen bei der Tochtergesellschaft fortgesetzt. Das Einlagen-Evidenzkonto der Tochtergesellschaft geht daher wiederum ersatzlos unter; die Tochtergesellschaft führt das Einlagen-Evidenzkonto der Muttergesellschaft fort (UmgrStR RZ 373).

3. Gemischte Konzern- und Konzentrationsverschmelzung

Sind bei einer Verschmelzung „up-stream" oder „down-stream" die Gesell- 174
schaften nicht durch eine 100%ige Beteiligung verbunden, liegt eine gemischte Konzern- und Konzentrationsverschmelzung vor (siehe oben Tz 40a). In diesem Fall geht das Einlagen-Evidenzkonto der Tochtergesellschaft im Verhältnis der Konzernbeteiligung unter und wird das Einlagen-Evidenzkonto der übernehmenden Gesellschaft im Verhältnis der Fremdbeteiligung erhöht.

Beispiel: 175
An der T-GmbH sind die M-GmbH zu 60 % und der Gesellschafter Z zu 40 % beteiligt. Die T-GmbH wird auf die M-GmbH (a) „up-stream" bzw (b) „down-stream" verschmolzen. Die T-GmbH weist einen Einlagenstand von 100 auf, die M-GmbH einen Einlagenstand von 500.
Bei der Verschmelzung „up-stream" geht das Einlagen-Evidenzkonto der T-GmbH im Ausmaß der Konzernbeteiligung von 60 % und damit in Höhe von 60 unter. Im Ausmaß der Fremdbeteiligung erhöht sich das Einlagen-Evidenzkonto der M-GmbH um 40 (= 40 % von 100) auf 540.
Im Fall der Verschmelzung „down-stream" geht wiederum das Einlagen-Evidenzkonto der T-GmbH im Ausmaß der Konzernbeteiligung von 60 % und damit in Höhe von 60 unter. Im Ausmaß der Fremdbeteiligung erhöht sich das von der T-GmbH fortzuführende Einlagen-Evidenzkonto der M-GmbH um 40 (= 40 % von 100) auf 540.

VII. Innenfinanzierung nach § 4 Abs 12 Z 4 EStG

176 Bei der Verschmelzung werden die Innenfinanzierung der übertragenden und der übernehmenden Körperschaft addiert und bei der übernehmenden Körperschaft fortgeführt („Additionsmethode", § 2 Abs 1 IF-VO). Dies gilt unabhängig davon, ob die Verschmelzung unter verbundenen Körperschaften (Konzernverschmelzung) oder unverbundenen Körperschaften (Konzentrationsverschmelzung) erfolgt.

Nach § 1 Abs 1 Z 2 IF-VO wirken sich **steuerneutrale Buchgewinne und Buchverluste** auf den fortzuführenden Stand der Innenfinanzierung nicht aus. Dies gilt jedoch nicht für Buchgewinne und Buchverluste, die durch eine umgründungsbedingte **Anwachsung nach § 142 UGB** entstehen; derartige Buchgewinne und Buchverluste sind zusätzlich zu dem nach der Additionsmethode ermittelten Stand der Innenfinanzierung zu berücksichtigen (UmgrStR RZ 379).

Bei der übernehmenden Körperschaft ist nach der Verschmelzung nur der Betrag als **indisponible Innenfinanzierung** zu erfassen, der bei dieser in einer gebundenen Gewinnrücklage gemäß § 229 Abs 6 UGB (gesetzliche oder satzungsmäßige Gewinnrücklage) ausgewiesen ist (UmgrStR RZ 380).

177 Hat eine Mutterkörperschaft auf die Beteiligung an ihrer Tochterkörperschaft eine außerplanmäßige Abschreibung getätigt und werden die beiden Körperschaften sodann miteinander verschmolzen, so ist eine negative Innenfinanzierung der Tochterkörperschaft in Höhe der außerplanmäßigen Abschreibung maximal jedoch auf Null zu erhöhen und für Zwecke der Additionsmethode zu berücksichtigen (§ 2 Abs 1 Satz 3 IF-VO, UmgrStR RZ 381).

Beispiel (UmgrStR RZ 381):
Die A-GmbH ist zu 100 % an der B-GmbH beteiligt; der buchmäßige Beteiligungsansatz beträgt 35. Sowohl die A-GmbH als auch die B-GmbH haben außerdem steuerliche Einlagen in Höhe von 35 und eine Innenfinanzierung von 0.
Im darauf folgenden Wirtschaftsjahr erwirtschaftet die B-GmbH einen Verlust iHv 10, weshalb die A-GmbH den Beteiligungsansatz an der B-GmbH außerplanmäßig um 10 abschreibt. Folglich weisen beide Gesellschaften eine negative Innenfinanzierung in der Höhe von -10 auf.
In weiterer Folge wird die B-GmbH up-stream auf die A-GmbH verschmolzen. § 2 Abs 1 erster Satz IF-VO zufolge ist die Innenfinanzierung der übertragenden B-GmbH (-10) der Innenfinanzierung der übernehmenden A-GmbH (-10) hinzuzurechnen, weshalb sich bei der A GmbH grundsätzlich eine Innenfinanzierung von -20 ergeben würde. Dadurch käme es jedoch zu einer doppelten Berücksichtigung von negativen Innenfinanzierungsbeträgen, die wirtschaftlich auf ein und denselben Verlust zurückzuführen sind. Um eine Kumulation der wirtschaftlich auf demselben Verlust beruhenden negativen Innenfinanzierung zu vermeiden, ist gemäß § 2 Abs 1 letzter Satz IF-VO die Innenfinanzierung der B-GmbH insoweit zu erhöhen, als auf sie Abschreibungen innenfinanzierungswirksam vorgenommen wurden, wodurch sich bei der B-GmbH eine Innenfinanzierung von 0 ergibt und die Innenfinanzierung der A-GmbH folglich unverändert -10 beträgt.

3. Abschnitt
Umwandlung

A. Umwandlung auf einen Blick

Bei der Umwandlung wird das Vermögen einer Kapitalgesellschaft (GmbH, AG) auf einen Nachfolgerechtsträger übertragen. Der Nachfolgerechtsträger kann entweder der Hauptgesellschafter der umzuwandelnden Kapitalgesellschaft (verschmelzende Umwandlung) oder eine neu gegründete Personengesellschaft (errichtende Umwandlung) sein. Die verschmelzende Umwandlung auf eine AG, GmbH oder Kapitalgesellschaft iSd EU-UmgrG ist gesellschaftsrechtlich unzulässig. Die umzuwandelnde Kapitalgesellschaft geht durch die Umwandlung unter. 188

Nach ***allgemeinem Steuerrecht*** *führt die Umwandlung sowohl bei der umzuwandelnden Kapitalgesellschaft als auch bei ihren Gesellschaftern zur Liquidationsbesteuerung. Das allgemeine Steuerrecht wird durch die Anwendung des UmgrStG verdrängt.* 189

Das ***UmgrStG*** *ist auf Umwandlungen anzuwenden, wenn durch die Umwandlung ein Betrieb übertragen wird und die stillen Reserven beim Nachfolgerechtsträger weiter in Österreich steuerhängig bleiben.* 190

Für die ***übertragende Körperschaft*** *endet durch die Umwandlung ihr letztes Wirtschaftsjahr. Für die Gewinnermittlung hat die umzuwandelnde Körperschaft eine Schlussbilanz zu erstellen. In der Schlussbilanz ist das Vermögen grundsätzlich mit den steuerlichen Buchwerten anzusetzen* ***(Unterbleiben der Liquidationsbesteuerung)****.* 191

Unabhängig von unternehmensrechtlichen Bewertungswahlrechten hat der übernehmende ***Nachfolgerechtsträger*** *steuerlich das übernommene Vermögen mit den Werten der umgewandelten Körperschaft anzusetzen* ***(Buchwertfortführung)****. Buchgewinne und -verluste wirken sich auf den steuerlichen Gewinn bzw Verlust des Nachfolgerechtsträgers grundsätzlich nicht aus.* 192

B. Begriff der Umwandlung

Unter dem Begriff „Umwandlung“ wird die nach den Bestimmungen des UmwG und unter Ausschluss der Abwicklung erfolgende Übertragung des Vermögens einer Kapitalgesellschaft (AG, GmbH) auf einen Nachfolgerechtsträger im Wege der Gesamtrechtsnachfolge verstanden (vgl § 1 UmwG). Die übertragende Kapitalgesellschaft erlischt mit der Eintragung der Umwandlung in das Firmenbuch. 193

Mit einer Umwandlung iSd UmwG nicht zu verwechseln ist die **grenzüberschreitende Umwandlung iSd EU-UmgrG**. Bei einer Umwandlung nach dem EU-UmgrG wird unter Beibehaltung der rechtlichen Identität der Satzungssitz einer Kapitalgesellschaft von einem Mitgliedstaat der EU in einen anderen verlegt, sodass die Kapitalgesellschaft nach ihrer Sitzverlegung die Rechtsform des neuen Sitzstaates hat (siehe dazu *Reich-Rohrwig*, SWK 2023, 847 ff). Solche Sitzverlegungen fallen nicht in den Anwendungsbereich des UmgrStG, sondern erfolgen bereits nach den Bestimmungen des allgemeinen Steuerrechts grundsätzlich steuerneutral:

- Wird bei einer **Sitzverlegung in das Ausland** („Hinaus-Umwandlung“) für das Vermögen der umgewandelten Körperschaft das inländische Besteuerungsrecht eingeschränkt, unterliegt dieses der Entstrickungsbesteuerung (§ 6 Z 6 lit a bis e EStG iVm § 7 Abs 2 KStG). Entsteht durch die Sitzverlegung beim Gesellschafter eine internationale Schachtelbeteiligung, so bleiben die bis zur Sitzverlegung entstandenen stillen Reserven weiterhin steuerhängig (§ 10 Abs 3 Z 5 KStG); eine Option zur Steuerwirksamkeit ist nur dann zulässig, wenn die Anschaffung der Beteiligung in das Jahr der Sitzverlegung fällt (KStR RZ 1215).
- Bei einer **Sitzverlegung in das Inland** („Herein-Umwandlung“) beginnt für die Körperschaft die unbeschränkte Körperschaftsteuerpflicht mit dem Beschluss über die Sitzverlegung (KStR RZ 152). Tritt im Zuge der Sitzverlegung Vermögen der Körperschaft in das inländische Besteuerungsrecht ein, ist dieses Vermögen mit dem Fremdvergleichswert anzusetzen (§ 6 Z 6 lit f EStG iVm § 7 Abs 2 KStG). Geht beim Gesellschafter der sitzverlegenden Körperschaft die Eigenschaft seiner Beteiligung als steuerneutrale internationalen Schachtelbeteiligung unter, gilt der Teilwert der Beteiligung im Zeitpunkt der Sitzverlegung als Buchwert (§ 10 Abs 3 Z 5 KStG).

194 Das UmwG regelt die verschmelzende und die errichtende Umwandlung:

I. Verschmelzende Umwandlung

195 Bei der verschmelzenden Umwandlung geht das Vermögen einer Kapitalgesellschaft auf ihren Hauptgesellschafter über, der mindestens zu 90 % an der umwandelnden Kapitalgesellschaft beteiligt sein muss. Etwaige Minderheitsgesellschafter nehmen am Vermögen der umgewandelten Kapitalgesellschaft nicht Teil und erhalten als Gegenleistung für den Untergang ihrer Gesellschaftsrechte einen Abfindungsanspruch gegenüber dem Hauptgesellschafter.

196 Hauptgesellschafter kann grundsätzlich jeder Rechtsträger sein (zB eine natürliche Person, OG, KG, EEG, Genossenschaft, Privatstiftung). Das UmwG schließt jedoch folgende Personen als Hauptgesellschafter aus: Aktiengesellschaft, Gesellschaft mit beschränkter Haftung und Kapitalgesellschaft nach § 2 Z 1 oder § 27 Z 2 EU-UmgrG (§ 2 Abs 1 UmwG).

197 frei

Beispiel – Verschmelzende Umwandlung auf eine natürliche Person

Ausgangsstruktur *Zielstruktur*

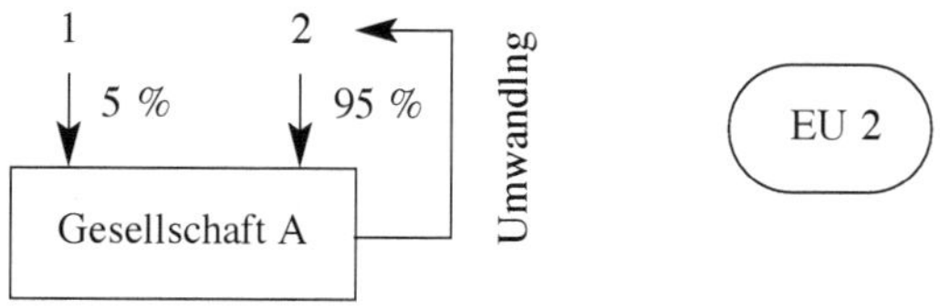

Anmerkung
Der Gesellschafter 2 übernimmt im Zuge der Umwandlung das Vermögen (den Betrieb) der Gesellschaft A und wandelt derart seine Stellung als Anteilsinhaber in die eines Einzelunternehmers. Der Gesellschafter 1 erwirbt durch die Umwandlung einen Abfindungsanspruch gegenüber Gesellschafter 2.

Beispiel – Verschmelzende Umwandlung auf eine Personengesellschaft

Ausgangsstruktur *Zielstruktur*

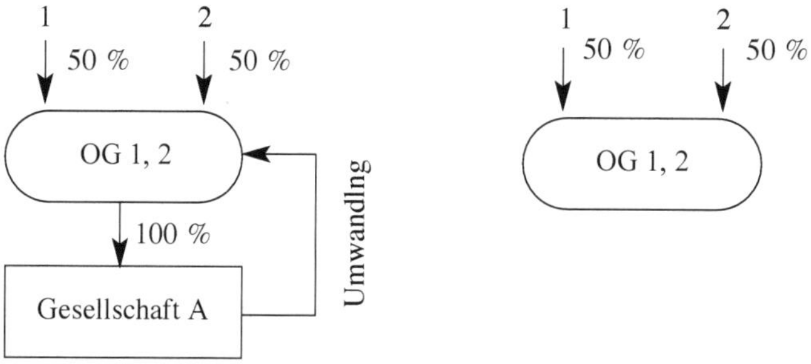

Anmerkung
Durch die Umwandlung geht das Vermögen (der Betrieb) der Gesellschaft A auf ihren 100%igen Hauptgesellschafter, die OG 1, 2, über. Rechtsnachfolger im Sinne des UmgrStG sind die Gesellschafter (Mitunternehmer) 1 und 2 (siehe dazu unten Tz 226 ff).

II. Errichtende Umwandlung

Bei der errichtenden Umwandlung geht das Vermögen einer Kapitalgesell- 200
schaft auf eine Personengesellschaft in der Rechtsform einer OG, KG oder EWIV über, die durch die Eintragung der Umwandlung in das Firmenbuch neu entsteht. Die Gesellschafter der umgewandelten Kapitalgesellschaft, die zumindest zu 90 % am Nennkapital (Grundkapital, Stammkapital) der übertragenden Kapitalgesellschaft beteiligt sind, müssen auch nach der Umwandlung an der neu errichteten Personengesellschaft beteiligt sein; ausscheidende Minderheitsgesellschafter haben einen Abfindungsanspruch (§ 5 Abs 1 UmwG;

zur steuerlichen Behandlung des Ausscheidens siehe Tz 297 ff). Im Zuge der Umwandlung dürfen auch neue Gesellschafter (Arbeits- und Minderheitsgesellschafter) der Personengesellschaft beitreten.

200a Eine **Veränderung des Beteiligungsausmaßes** in der zu errichtenden Personengesellschaft gegenüber jenem an der übertragenden Kapitalgesellschaft ist somit in folgender Weise möglich (UmgrStR Rz 420):

- Eine Kapitalgesellschaft tritt im Rahmen der Umwandlung als reiner Arbeitsgesellschafter bei.
- Die Anteile abzufindender Minderheitsgesellschafter werden von den verbleibenden Gesellschaftern nach dem Verhältnis ihrer Beteiligungen übernommen.
- Die Anteile abzufindender Minderheitsgesellschafter werden von einem verbleibenden Gesellschafter oder nur einzelnen verbleibenden Gesellschaftern übernommen.
- Die Anteile abzufindender Minderheitsgesellschafter werden von neuen Gesellschaftern übernommen.
- Die Anteile abzufindender Minderheitsgesellschafter werden zum Teil von einem oder mehreren neuen und zum Teil von den bestehenden Gesellschaftern übernommen.
- Es kommt zu keiner Abfindung von Minderheitsgesellschaftern, aber zu einer Verschiebung der Beteiligungsverhältnisse innerhalb der Gesellschafter von bis zu 10 % des Nennkapitals.

Der Beitritt einer Kapitalgesellschaft als Komplementär-Arbeitsgesellschafterin erfolgt im Rahmen der Umwandlung und stellt keinen (zusätzlichen) Zusammenschluss nach Art IV UmgrStG dar (UmgrStR RZ 1301). Dies gilt auch für den Beitritt eines Gesellschafters, der den Anteil eines ausscheidenden Minderheitsgesellschafters von maximal 10 % des Nennkapitals der umgewandelten Körperschaft übernimmt.

Legt ein bestehender oder neu hinzutretender Gesellschafter im Zuge der Umwandlung Vermögen in die neu errichtete Personengesellschaft ein und verschieben sich dadurch in der Personengesellschaft die Vermögensbeteiligungen von bis zu 10 %, liegt zwar gesellschaftsrechtlich ausschließlich eine Umwandlung vor; steuerlich erfolgt die Vermögensverschiebung jedoch im Rahmen eines Zusammenschlusses nach Art IV (UmgrStR RZ 1301 iVm 1298). In diesem Fall ist über die zum selben Umgründungsstichtag stattfindende errichtende Umwandlung und den Zusammenschluss ein Umgründungsplan nach § 39 UmgrStG zu errichten.

200b *Beispiel:*

Die ABC-AG wird errichtend auf die ABC-OG umgewandelt. An der ABC-AG sind der Gesellschafter A mit 60 %, der Gesellschafter B mit 30 % und der Gesellschafter C mit 10 % beteiligt. Im Rahmen der errichtenden Umwandlung wird der Gesellschafter C abgefunden. Folgende Möglichkeiten bestehen für die zukünftigen Beteiligungsverhältnisse:

1. Die 10 % des abgefundenen Gesellschafters C werden quotenmäßig auf A und B aufgeteilt. Somit sind nach der Umwandlung A mit 66,67 % und B mit 33,33 % beteiligt.
2. Die 10 % Anteilsrechte des abgefundenen Gesellschafters C werden auf einen neuen Gesellschafter D übertragen. Somit sind A mit 60 %, B mit 30 % und D mit 10 % an der neuen ABC-OG beteiligt.
3. Die 10 % der Anteilsrechte des abgefundenen Gesellschafters C werden nur auf A übertragen. Somit ist A nach der Umwandlung mit 70 % beteiligt, während B noch immer mit 30 % beteiligt ist.
4. Die 10 % der Anteilsrechte des abgefundenen Gesellschafters C werden zum Teil (zB iHv 5 %) vom neuen Gesellschafter D übernommen, die restlichen 5 % werden quotenmäßig auf A und B aufgeteilt. Somit lauten die Beteiligungsverhältnisse an der neuen ABC-OG wie folgt: A ist mit 63,35 % (60 % + 5 % * 0,67), B mit 31,65 % (30 % + 5 % * 0,33) und D mit 5 % beteiligt.

Für den Umwandlungsbeschluss bestehen folgende **Zustimmungserfordernisse** (§ 5 Abs 2 UmwG): 201

- Zumindest 90 % des Nennkapitals, wenn ein Gesellschafter („Hauptgesellschafter") diese Anteile von zumindest 90 % hält. Dem Hauptgesellschafter sind auch Anteile zuzurechnen, die ein mit dem Hauptgesellschafter nach § 189a Z 8 UGB verbundenes Unternehmen hält; die Verbindung nach § 189a Z 8 UGB muss im letzten Jahr vor der Beschlussfassung durchgehend bestanden haben (§ 5 Abs 2 UmwG iVm § 1 Abs 3 GesAusG). In diesem Fall haben Minderheitsgesellschafter, die insgesamt lediglich bis zu 10 % der Anteile an der übertragenden Kapitalgesellschaft halten, keinen Anspruch auf Beteiligung an der errichteten Personengesellschaft. Werden sie von einer Beteiligung an der Nachfolgegesellschaft ausgeschlossen („squeeze-out") oder treten sie freiwillig aus, steht ihnen ein Abfindungsanspruch zu.
- Einstimmigkeit in allen anderen Fällen.

frei 202

203 *Beispiel – Umwandlung in eine OG:*

Ausgangsstruktur

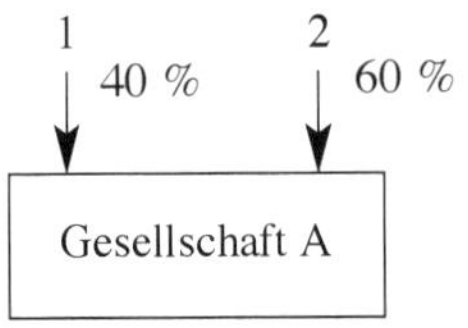

Zielstruktur

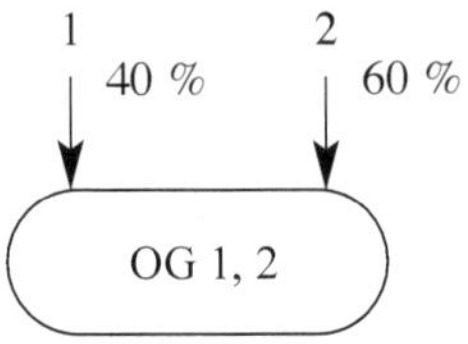

Anmerkung
Das Vermögen (der Betrieb) der Gesellschaft A geht auf die im Zuge der Umwandlung neu errichtete OG 1, 2 über. Rechtsnachfolger im Sinne des UmgrStG sind die Gesellschafter (Mitunternehmer) 1 und 2 (siehe dazu Tz 226 ff).

204 *Beispiel – Umwandlung in eine GmbH & Co KG:*

Ausgangsstruktur

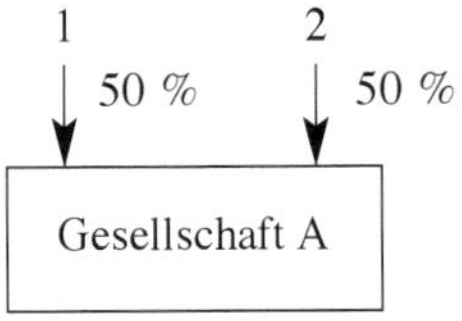

Zielstruktur

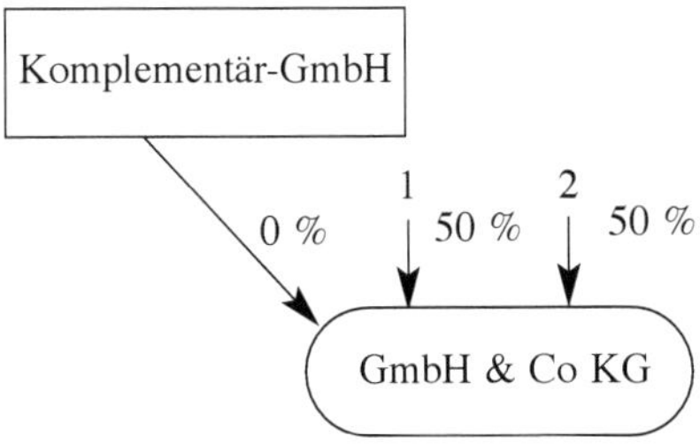

Anmerkung
Das Vermögen (der Betrieb) der Gesellschaft A geht auf die im Zuge der Umwandlung neu gegründete GmbH & Co KG über. Rechtsnachfolger im Sinne des UmgrStG sind die Komplementär-GmbH und die Kommanditisten 1 und 2 (siehe dazu Tz 226 ff).
Nach Auffassung des OGH muss bei der Umwandlung einer Kapitalgesellschaft (zB GmbH) aus Gründen der Kapitalerhaltung die Kommanditeinlage mindestens der Nennkapitaleinlage (zB Stammeinlage) an der umzuwandelnden Kapitalgesellschaft entsprechen (siehe OGH 7.11.2007, 6 Ob 235/07p und bereits oben Tz 200).
Der Beitritt der Komplementär-GmbH als reine Arbeitergesellschafterin (keine vermögensmäßige Beteiligung an der GmbH & Co KG) ist unternehmens- und steuerrechtlich zulässig (UmgrStR RZ 1301).

III. Inlandsumwandlungen, Auslandsumwandlungen und grenzüberschreitende Umwandlungen

1. Inlandsumwandlung

Inlandsumwandlungen sind errichtende oder verschmelzende Umwandlungen von inländischen Kapitalgesellschaften auf inländische Personengesellschaften oder inländische Hauptgesellschafter nach dem inländischen Umwandlungsgesetz (§ 7 Abs 1 Z 1 und 2 UmgrStG). 204a

2. Auslandsumwandlung

Auslandsumwandlungen sind Umwandlungen von ausländischen Kapitalgesellschaften nach ausländischen vergleichbaren Vorschriften. Die Vergleichbarkeit des ausländischen Umwandlungsrechts mit dem inländischen UmwG ist dann gegeben, wenn das Unternehmen einer ausländischen Körperschaft auf verbandsrechtlicher Grundlage verschmelzend auf einen Gesellschafter oder errichtend auf eine Personengesellschaft übergeht und die Körperschaft ohne Liquidationsverfahren erlischt (UmgrStR Rz 435). 204b

Beispiel:
Die deutsche AB-AG wird nach den Vorschriften der §§ 190 ff iVm § 226 dUmwG in die deutsche AB-OG umgewandelt. Hierbei handelt es sich um eine von § 7 Abs 1 Z 3 UmgrStG erfasste Auslandsumwandlung (vgl Hügel/Mühlehner/Hirschler, UmgrStG, § 7 Rz 57). Im Betriebsvermögen befindet sich unter anderem ein inländisches Grundstück mit einem Buchwert in Höhe von 200 und einem gemeinen Wert in Höhe von 500.
Hinsichtlich des inländischen Grundstücks kann Art II des UmgrStG angewandt werden. Das inländische Grundstück ist demzufolge mit dem Buchwert in Höhe von 200 anzusetzen.

3. Grenzüberschreitende Umwandlung

Grenzüberschreitende Umwandlungen sind verschmelzende Umwandlungen von inländischen Kapitalgesellschaften auf ausländische Hauptgesellschafter (Export-Umwandlungen) und verschmelzende Umwandlungen von ausländischen Kapitalgesellschaften auf inländische Hauptgesellschafter (Import-Umwandlungen). Eine Import-Umwandlung kann dann unter Art II UmgrStG fallen, wenn das ausländische Recht eine grenzüberschreitende Umwandlung auf den inländischen Hauptgesellschafter kennt. 204c

Die grenzüberschreitende verschmelzende Umwandlung auf einen ausländischen Hauptgesellschafter ist nach der Judikatur des OGH zulässig (OGH 20.3.2003, 6 Ob 283/ 02i).

C. Ertragsteuerliche Folgen nach allgemeinem Steuerrecht

205 Ist auf die Umwandlung das UmgrStG nicht anzuwenden (siehe dazu unten Tz 208 ff), unterliegt der Umwandlungsvorgang dem allgemeinen Steuerrecht. Nach allgemeinem Steuerrecht führt der Untergang der Kapitalgesellschaft zum Umwandlungsstichtag zu einer Liquidationsbesteuerung (§§ 20, 19 KStG).

206 Der **Liquidationsgewinn** wird auf Ebene der Körperschaft aus der Gegenüberstellung des Abwicklungs-Anfangsvermögens mit dem Abwicklungs-Endvermögen ermittelt. Abwicklungs-Anfangsvermögen ist das Betriebsvermögen laut Schlussbilanz zu (steuerlichen) Buchwerten. Das Abwicklungs-Endvermögen ergibt sich aus der Summe der auf den Nachfolgerechtsträger übertragenen Wirtschaftsgüter, bewertet mit dem gemeinen Wert. Da der Liquidationsgewinn zeitpunktbezogen zum Umwandlungsstichtag ermittelt wird, entsteht kein Liquidationszeitraum. Der Nachfolgerechtsträger hat das Vermögen der umgewandelten Körperschaft rückwirkend zu dem dem Umwandlungsstichtag folgenden Tag zu übernehmen und mit dem gemeinen Wert anzusetzen.

207 Neben der Körperschaft unterliegen auch ihre **Gesellschafter** der Liquidationsbesteuerung.

Bei natürlichen Personen erfolgt die Besteuerung des Liquidationsgewinns (= Differenz zwischen Abwicklungsguthaben und dem Buchwert der untergehenden Anteile) bzw des Liquidationsüberschusses (= Differenz zwischen Abwicklungsguthaben und den Anschaffungskosten der untergehenden Anteile) sowohl im betrieblichen als auch im außerbetrieblichen Bereich mit dem besonderen Steuersatz von 27,5 % (§ 27a Abs 1 iVm § 27 Abs 6 Z 2 EStG).

D. Anwendungsbereich des UmgrStG

208 Eine Umwandlung unterliegt zwingend dem UmgrStG, wenn die Umwandlung gesellschaftsrechtlich zulässig ist, die umgewandelte Körperschaft betriebsführend ist und das Vermögen der umgewandelten Körperschaft beim Rechtsnachfolger in Österreich weiter steuerhängig bleibt; ein Wahlrecht auf Anwendung des UmgrStG besteht nicht (§ 7 Abs 4 UmgrStG).

I. Gesellschaftsrechtliche Zulässigkeit

209 Das UmgrStG ist auf errichtende und verschmelzende Umwandlungen im Sinne des UmwG sowie vergleichbare Umwandlungen im Ausland anzuwenden,

wenn diese gesellschaftsrechtlich zulässig sind. Die gesellschaftsrechtliche Zulässigkeit ist eine vom zuständigen Firmenbuchgericht zu entscheidende Vorfrage.

Wird eine Umwandlung in das Firmenbuch eingetragen, liegt für steuerliche Zwecke eine Umwandlung solange vor, als sie nicht für nichtig erklärt wird (**„Maßgeblichkeit des Gesellschaftsrechts“**; vgl UmgrStR RZ 48).

II. Betriebserfordernis

1. Errichtende Umwandlung

Eine errichtende Umwandlung unterliegt nur dann dem UmgrStG, wenn die umzuwandelnde Körperschaft einen **Betrieb** überträgt (§ 7 Abs 1 Z 1 und 3 UmgrStG; zur Nachfolgegesellschaft siehe unten Tz 226 ff).

Der umzuwandelnden Körperschaft muss sowohl am Umwandlungsstich- 209a
tag als auch am Tag des Umwandlungsbeschlusses ein Betrieb zuzurechnen sein (§ 7 Abs 1 Z 1 UmgrStG). Der am Umwandlungsstichtag vorliegende Betrieb muss jedoch nicht mit dem am Tag des Umwandlungsbeschlusses vorliegenden Betrieb ident sein (UmgrStR Rz 457).

Die Definition des Betriebes ergibt sich nach dem allgemeinen Steuerrecht. 210
Danach ist ein Betrieb die Zusammenfassung menschlicher Arbeitskraft und sachlicher Produktionsmittel in einer organisatorischen Einheit. Ob es sich um einen land- und forstwirtschaftlichen, freiberuflichen oder gewerblichen Betrieb handelt, ist nicht entscheidend.

Ein **Mitunternehmeranteil** erfüllt das Betriebserfordernis, wenn die Stellung als 211
Mitunternehmer sich nicht aufgrund einer Arbeitergesellschafterstellung, sondern einer Substanzbeteiligung ergibt (UmgrStR RZ 452).

Beispiel: 212
Die AB-GmbH wird errichtend auf die AB-KG umgewandelt. Ihr Geschäftsgegenstand besteht zur Gänze im Vermieten von Liegenschaften.
Da die AB-GmbH lediglich vermögensverwaltend tätig ist und daher auf die AB-KG keinen Betrieb überträgt, kommt auf die Umwandlung das allgemeine Steuerrecht zur Anwendung. Die Fiktion des § 7 Abs 3 KStG, wonach die GmbH ausschließlich Einkünfte aus Gewerbebetrieb erzielt, ändert nichts an diesem Ergebnis, weil für das Vorliegen eines Betriebes auf die Tätigkeit abzustellen ist.

Beispiel: 213
Die Holding-AG wird errichtend auf die ABC-OG umgewandelt. Ihr Geschäftsgegenstand erschöpft sich im Verwalten von Anteilen an anderen Kapitalgesellschaften.
Da die Holding-AG ausschließlich vermögensverwaltend tätig ist und daher keinen Betrieb übertragen kann, unterliegt die Umwandlung dem allgemeinem Steuerrecht.

214 *Beispiel:*
Die AB-GmbH ist als Komplementärin mit einer Vermögenseinlage an der ABC-OG beteiligt. Die AB-GmbH besitzt sonst kein Vermögen. Die AB-GmbH soll errichtend auf die AB-OG umgewandelt werden.
Da die AB-GmbH nicht bloß Arbeitergesellschafterin ist, ist der übertragene Mitunternehmeranteil aus bilanzbündeltheoretischer Sicht einem Betrieb gleichgestellt. Auf die Umwandlung kommt daher das UmgrStG zur Anwendung.

215 Das Erfordernis, einen Betrieb zu übertragen, bedingt jedoch nicht, dass der umwandelnden Kapitalgesellschaft bereits zum Umwandlungsstichtag zivilrechtlich ein Betrieb zuzurechnen ist; vielmehr genügt es, wenn der Kapitalgesellschaft zum Umwandlungsstichtag ein Betrieb **steuerlich zugerechnet** werden kann.

Die Zurechnung eines Betriebes zum Umwandlungsstichtag kann entweder durch einen vorbereitenden Betriebserwerb, durch eine rückwirkende Vorumgründung oder durch eine mehrfache Umgründung auf den Umwandlungsstichtag nach § 39 UmgrStG hergestellt werden.

Nach Auffassung der Finanzverwaltung besteht ein **Missbrauchsverdacht**, wenn eine nicht betriebsführende Körperschaft innerhalb von sechs Monaten vor dem Umwandlungsstichtag vorbereitend einen Betrieb erwirbt und auf diesen Betrieb am Umgründungsstichtag weniger als 25 % des Verkehrswertes des gesamten übertragenen Vermögens entfallen (UmgrStR Rz 454).

216 *Beispiel:*
Die AB-GmbH soll per 31.12.01 errichtend auf die AB-OG umgewandelt werden. Da die AB-GmbH keinen Betrieb führt, wäre auf die Umwandlung das allgemeine Steuerrecht anzuwenden. Um dies zu vermeiden, wird die betriebsführende C-GmbH per 30.12.01 auf die AB-GmbH verschmolzen. Durch die Verschmelzung ist der AB-GmbH steuerlich per 31.12.01 ein Betrieb zuzurechnen; die Anwendbarkeit des UmgrStG ist damit gegeben.
Die C-GmbH könnte auch per 31.12.01 auf die AB-GmbH verschmolzen werden, wenn ein Umgründungsplan nach § 39 UmgrStG errichtet wird.

2. Verschmelzende Umwandlung

217 Das UmgrStG ist auf verschmelzende Umwandlungen im Inland und vergleichbare Umwandlungen im Ausland anzuwenden, wenn

218 • die umwandelnde Körperschaft auf den Hauptgesellschafter einen **Betrieb überträgt** (§ 7 Abs 1 Z 2 TS 1 und Z 3 UmgrStG; zum Betriebserfordernis siehe oben Tz 209 a)

oder

219 • der **übernehmende Hauptgesellschafter**
  – eine Körperschaft iSd § 7 Abs 3 KStG ist (zB buchführungspflichtige Erwerbs- und Wirtschaftsgenossenschaft, Betrieb gewerblicher Art)

oder

Aktiengesellschaften und Gesellschaften mit beschränkter Haftung kommen gesellschaftsrechtlich als Hauptgesellschafter nicht in Betracht und scheiden somit als Rechtsnachfolger iSd Art II UmgrStG aus (siehe oben Tz 196).

- eine EU-Gesellschaft ist, welche die Bedingungen der Anlage zum UmgrStG erfüllt (§ 7 Abs 1 Z 2 TS 2 UmgrStG).

Da Kapitalgesellschaften nach § 2 Z 1 oder § 27 Z 2 EU-UmgrG mit Sitz in einem Mitgliedstaat der EU bei einer Export-Umwandlung bereits gesellschaftsrechtlich nicht als Hauptgesellschafter in Betracht kommen (§ 2 Abs 1 UmwG), dürfte der praktische Anwendungsbereich dieser Bestimmung sehr eng sein.

Beispiel: 220
Die lediglich vermögensverwaltende A-GmbH wird auf die R Erwerbs- und Wirtschaftsgenossenschaft verschmelzend umgewandelt.
Da die R Genossenschaft eine unter § 7 Abs 3 KStG fallende Körperschaft ist, muss für die Anwendbarkeit des UmgrStG die A-GmbH keinen Betrieb übertragen.

III. Steuerhängigkeit der stillen Reserven (Wegzugsbesteuerung)

1. Steuerhängigkeit des übertragenen Vermögens

Wird durch eine Umwandlung für das übertragene Vermögen das österreichische Besteuerungsrecht eingeschränkt, unterliegt die umgewandelte Körperschaft der Liquidationsbesteuerung (§ 7 Abs 2 Satz 1 UmgrStG). Wird das Besteuerungsrecht nur zum Teil eingeschränkt, unterliegt die Umwandlung nur insoweit dem UmgrStG, als die Steuerhängigkeit gegeben ist (sog „partielle Liquidationsbesteuerung"; UmgrStR RZ 460). 221

Die aus der (partiellen) Liquidationsbesteuerung festzusetzende Steuerschuld kann auf Antrag in Raten entrichtet werden, wenn die Einschränkung des Besteuerungsrechtes gegenüber einem EU/EWR-Staat erfolgt (sog **„Ratenzahlungskonzept"** nach § 7 Abs 2 UmgrStG iVm § 6 Z 6 lit c EStG). 222

Die auf Wirtschaftsgüter des **Anlagevermögens** entfallende Steuerschuld ist gleichmäßig über einen Zeitraum von fünf Jahren zu entrichten. Davon abweichend sind offene Raten insoweit fällig zu stellen, als das weggezogene Anlagevermögen veräußert wird, auf sonstige Art aus dem Vermögen des Rechtsnachfolgers ausscheidet oder durch den Rechtsnachfolger in einen nicht begünstigten Staat überführt wird; diese Umstände sind der zuständigen Abgabenbehörde anzuzeigen (§ 7 Abs 2 UmgrStG iVm § 6 Z 6 lit d EStG). Die auf das weggezogene Umlaufvermögen entfallende Wegzugssteuer ist gleichmäßig über einen Zeitraum von zwei Jahren zu entrichten; eine vorzeitige Fälligstellung offener Raten erfolgt nicht (§ 7 Abs 2 UmgrStG iVm § 6 Z 6 lit e EStG). 223

224 Das Ratenzahlungskonzept ist anzuwenden auf Umwandlungen, die **nach dem 31. Dezember 2015 beschlossen** werden (3. Teil Z 30 UmgrStG idFd AbgÄG 2015). Wurde bis zum Inkrafttreten des Ratenzahlungskonzeptes nach den Bestimmungen des UmgrStG eine Wegzugssteuer nach dem Nichtfestsetzungskonzept auf Antrag nicht festgesetzt, verjährt das Recht auf Festsetzung erst zehn Jahre nach Ablauf des Jahres, in dem die Wegzugsbesteuerung insbesondere durch Veräußerung oder sonstiges Ausscheidens des weggezogenen Vermögens festzusetzen ist (§ 209 Abs 5 BAO idFd AbgÄG 2015). Damit entfällt die bisherige ab dem Umgründungsstichtag zum Laufen beginnende Zehnjahresfrist, nach deren Ablauf die Wegzugssteuer nicht mehr vorgeschrieben werden konnte und so das weggezogene Vermögen endgültig steuerneutral entstrickt wurde. Diese **Perpetuierung** der nach dem bisherigen Nichtfestsetzungskonzept **nicht festgesetzten Wegzugssteuer** gilt für Umgründungen, für die die Wegzugssteuer nach dem 31. Dezember 2005 entstanden ist (§ 323 Abs 46 BAO idFd AbgÄG 2015).

2. Besondere Steuerhängigkeit auf Gesellschafterebene

a) Auslandsumwandlung und Import-Umwandlung

225a Wird eine ausländische Körperschaft mit inländischem Gesellschafter errichtend in eine ausländische Personengesellschaft oder verschmelzend auf den inländischen Hauptgesellschafter umgewandelt (Import-Umwandlung), geht die Beteiligung an der umgewandelten ausländischen Körperschaft unter. Als Gegenleistung erhält der inländische Gesellschafter entweder eine Beteiligung an der ausländischen Mitunternehmerschaft (errichtende Umwandlung) oder das Vermögen der ausländischen Betriebsstätte (verschmelzende Umwandlung).

225b Durch den Untergang der Beteiligung an der umzuwandelnden ausländischen Körperschaft und aufgrund des im zwischenstaatlichen Steuerrecht verankerten Betriebsstättenprinzips (vgl Art 7 iVm Art 5 OECD-MA vs Art 13 Abs 5 OECD-MA) verliert Österreich das Besteuerungsrecht an der bislang steuerhängigen Beteiligung an der umzuwandelnden ausländischen Körperschaft, wenn das mit dem Ausland abgeschlossene DBA für Betriebsstättengewinne die Befreiungsmethode vorsieht.

225c Durch den Wegfall des Besteuerungsrechtes am bislang steuerhängigen Kapitalanteil unterliegt der **inländische Gesellschafter** mit seiner Beteiligung an der umzuwandelnden ausländischen Körperschaft an dem dem Umwandlungsstichtag folgenden Tag der **Besteuerung** (§ 9 Abs 1 Z 2 UmgrStG). Ist die umgewandelte Körperschaft im EU/EWR-Raum ansässig, kann die Besteuerung auf Antrag in Raten erfolgen (sog „Ratenzahlungskonzept", § 9 Abs 1 Z 2 UmgrStG iVm § 6 Z 6 lit c bis e EStG).

225d Trotz der Liquidationsbesteuerung auf Gesellschafterebene bleibt das UmgrStG anwendbar (UmgrStR RZ 495). Verfügt die umgewandelte ausländische Körperschaft über im Inland steuerhängiges Vermögen (zB Betriebsstätte, Liegenschaft), geht dieses daher im Rahmen des Art II UmgrStG zu Buchwerten auf den Rechtsnachfolger über.

Beispiel:
Eine ausländische Aktiengesellschaft wird errichtend auf eine ausländische Personengesellschaft umgewandelt. Österreich und der ausländische Staat haben ein DBA mit Befreiungsmethode abgeschlossen.
Der in Österreich ansässige Gesellschafter A und die österreichische Gesellschafterin X-GmbH tauschen umwandlungsbedingt ihre bisher in Österreich steuerhängigen Aktien gegen einen nunmehr nicht mehr steuerhängigen Mitunternehmeranteil. Der Tausch ist für A am Folgetag des Umwandlungsstichtages steuerwirksam (§ 27 Abs 3 EStG). Hat die umgewandelte Aktiengesellschaft ihren Sitz in der EU bzw im EWR, kann A die Ratenzahlung der ESt beantragen. Bei der X-GmbH fällt der Tausch unter die Steuerbefreiung des § 10 KStG.

b) Inlandsumwandlung

Bei der **errichtenden Umwandlung** einer inländischen Körperschaft gehen die Kapitalanteile an der umgewandelten Körperschaft unter. Der ausländische Gesellschafter der umgewandelten Körperschaft erhält als Gegenleistung einen Anteil an der im Zuge der Umwandlung entstehenden inländischen Mitunternehmerschaft, der dem Besteuerungsrecht Österreichs unterliegt (Art 7 iVm Art 5 OECD-MA). Für die umwandlungsbedingte Änderung des österreichischen Besteuerungsausmaßes ist zu unterscheiden: 225e

- Ausländische **natürliche Personen** als Rechtsnachfolger: Das Vermögen der umgewandelten Körperschaft unterliegt bis zum Umwandlungsstichtag der 23%igen KSt. Nach der Umwandlung unterliegt das Vermögen als Mitunternehmeranteil der progressiven ESt. Durch die Umwandlung unterliegt das umwandlungsbedingt übertragene Vermögen einer **Erweiterung des österreichischen Besteuerungsausmaßes**.
- Ausländische **juristische Personen** als Rechtsnachfolger: Das Vermögen der umgewandelten Körperschaft unterliegt bis zum Umwandlungsstichtag der 23%igen KSt. Nach der Umwandlung unterliegt das Vermögen als Mitunternehmeranteil ebenfalls der 23%igen KSt. Durch die Umwandlung kommt es somit zu **keiner Erweiterung des österreichischen Besteuerungsausmaßes**.

Um für ausländische **natürliche Personen** die Erweiterung des österreichischen Besteuerungsausmaßes zu vermeiden, unterliegen die **am Umwandlungsstichtag im Mitunternehmeranteil gelegenen stillen Reserven** (Unterschiedsbetrag zwischen dem Buchwert und dem gemeinen Wert des Anteils) bei einer späteren Realisierung des Anteils einem besonderen **Steuersatz von 23 %** (§ 9 Abs 1 Z 3 Teilstrich 3 UmgrStG idFd ÖkoStRefG 2022 für nach dem 31.12.2023 gelegene Umwandlungsstichtage; 24 % für Stichtage vom 225f

1.1.2023 bis einschließlich 31.12.2023; 25 % für Stichtage vor dem 1.1.2023). Unabhängig davon führt die Mitunternehmerschaft die steuerlichen Buchwerte der umgewandelten Körperschaft fort.

225g *Beispiel:*
Die österreichische X-GmbH soll per 31.12.2024 errichtend in die X-OG umgewandelt werden. An der X-GmbH sind der Österreicher A, der Deutsche B und die deutsche C-GmbH zu jeweils einem Drittel beteiligt. Die stillen Reserven im Vermögen der X-GmbH betragen zum 31.12.2024 € 300.000. B veräußert am 27.3.2027 seinen Mitunternehmeranteil und erzielt dabei einen Gewinn von € 150.000.
Die aus der Umwandlung hervorgehende Mitunternehmerschaft bzw die Nachfolgegesellschafter A und C-GmbH haben grundsätzlich die steuerlichen Buchwerte der X-GmbH fortzuführen. Der deutsche Gesellschafter B hat den durch die Veräußerung realisierten Gewinn in Höhe der zum Umwandlungsstichtag bestehenden stillen Reserven von € 100.000 mit dem besonderen Steuersatz von 23 % zu besteuern (§ 9 Abs 1 Z 3 Teilstrich 3 UmgrStG). Der verbleibende Veräußerungsgewinn ist zum normalen Tarif zu versteuern.
Der österreichische Gesellschafter A und die deutsche C-GmbH haben einen allfälligen Gewinn aus der Veräußerung ihres Mitunternehmeranteiles zum normalen Tarif zu versteuern.

225h Bei der **verschmelzenden Umwandlung** einer österreichischen Körperschaft auf eine ausländische natürliche Person als Hauptgesellschafter gelten die oben dargestellten Ausführungen zur errichtenden Umwandlung sinngemäß (§ 9 Abs 1 Z 3 Teilstrich 3 letzter Satz UmgrStG).

Wird in einem ersten Schritt die inländische Körperschaft errichtend in eine Mitunternehmerschaft umgewandelt und wächst in weiterer Folge die Mitunternehmerschaft durch Ausscheiden ihres vorletzten Gesellschafters (grenzüberschreitend) bei ihrem verbleibenden Gesellschafter an (§ 142 UGB), hat der verbleibende letzte Gesellschafter seinen mit dem besonderen Steuersatz von 23 % zu besteuernden Unterschiedsbetrag für das angewachsene Betriebsvermögen fortzuführen.

IV. Nachfolgerechtsträger

226 Nachfolgerechtsträger der umgewandelten Kapitalgesellschaft ist bei einer **verschmelzenden** Umwandlung der Hauptgesellschafter. Ist der Hauptgesellschafter der übertragenen Kapitalgesellschaft eine OG, KG oder EWIV, ist die Personengesellschaft nur zivilrechtlich Rechtsnachfolger der umgewandelten Kapitalgesellschaft. Ertragsteuerlich wird das übertragene Vermögen aufgrund des sog „Durchgriffsprinzips“ anteilig den Gesellschaftern der Personengesellschaft (den Mitunternehmern) zugerechnet. Ertragsteuerlich ist daher nicht die Personengesellschaft Nachfolgerechtsträger, sondern deren Gesellschafter (Mitunternehmer; § 7 Abs 3 UmgrStG).

Auch im Fall der **errichtenden Umwandlung** wird das übertragene Vermögen nicht der Personengesellschaft (Mitunternehmerschaft) zugerechnet, sondern ihren Gesellschaftern (Mitunternehmern; § 7 Abs 3 UmgrStG).

Die auf einen Zeitraum bis zum Umwandlungsstichtag entfallende Körperschaftsteuer einer im Anwendungsbereich des Art II UmgrStG umgewandelten Körperschaft kann nach einer errichtenden Umwandlung oder einer verschmelzenden Umwandlung auf eine Personengesellschaft nur noch den Mitunternehmern vorgeschrieben werden; dies gilt auch für alle anderen die Körperschaftsteuer betreffenden Bescheide (§ 7 Abs 3 UmgrStG, UmgrStR RZ 489a). Bei einer nicht unter Art II UmgrStG fallenden Umwandlung ist die Rechtsnachfolgeregelung des § 7 Abs 3 UmgrStG hingegen nicht anwendbar. Hier ist bei einer errichtenden Umwandlung und bei einer verschmelzenden Umwandlung auf eine Personengesellschaft aufgrund der zivilrechtlichen Gesamtrechtsnachfolge die Nachfolge-Personengesellschaft Bescheidadressat einer allfälligen KSt-Nachzahlung (§ 19 Abs 1 BAO, UmgrStR RZ 489a). Dies gilt auch für die sich aus der fiktiven Gewinnausschüttung nach § 9 Abs 6 UmgrStG ergebenden Pflicht zur Abfuhr der KESt, weil § 7 Abs 3 UmgrStG hierfür keine von der zivilrechtlichen Rechtsnachfolge abweichende Nachfolgeregelung trifft (UmgrStR RZ 549). 227

Rechtsnachfolger der umgewandelten Kapitalgesellschaft sind nur die Gesellschafter, die am **Tag der Eintragung der Umwandlung** an der umgewandelten Gesellschaft beteiligt sind. Veräußert ein Gesellschafter der umzuwandelnden Kapitalgesellschaft seinen Anteil nach dem Umwandlungsstichtag und vor der Eintragung in das Firmenbuch, ist auf die Umwandlung trotzdem das UmgrStG anzuwenden; der veräußernde Gesellschafter unterliegt allerdings mit der Anteilsveräußerung dem allgemeinen Steuerrecht (UmgrStR RZ 464). 228

E. Auswirkungen der Umwandlung auf die übertragende Kapitalgesellschaft

I. Unternehmensrecht

Die übertragende Kapitalgesellschaft hat zum Umwandlungsstichtag eine unternehmensrechtliche Schlussbilanz aufzustellen. Der Umwandlungsstichtag ist grundsätzlich frei wählbar. Doch wird der Umwandlungsstichtag aus Gründen der Praktikabilität meist mit dem Stichtag für die Aufstellung des letzten Jahresabschlusses zusammenfallen, weil dabei die Bilanz und der Anhang des Jahresabschlusses die Schlussbilanz ersetzen (bei prüfungspflichtigen Gesellschaften ist auch der Bestätigungsvermerk Bestandteil der Schlussbilanz; zum Umfang der Schlussbilanz siehe OGH 11.11.1999, 6 Ob 4/99b, ecolex 2000/50). 229

Eine Einschränkung ergibt sich jedoch daraus, dass die **Schlussbilanz** im Zeitpunkt der Anmeldung der Umwandlung zur Eintragung in das Firmenbuch **nicht älter als neun Monate** sein darf. Die Neunmonatsfrist ist eine materiell- 230 rechtliche Frist. Die Rückwirkung der Umwandlung ist daher davon abhängig, dass die Anmeldung beim zuständigen Firmenbuchgericht spätestens am letzten Tag der Neunmonatsfrist einlangt (siehe dazu oben Tz 53).

Da die steuerlichen Folgen des UmgrStG nur eintreten können, wenn die Umwandlung unternehmensrechtlich zulässig ist (sog „Maßgeblichkeit des Unternehmensrechtes"), ist die Neunmonatsfrist auch für die steuerliche Rückwirkung maßgeblich.

230a Weist das Firmenbuchgericht die Anmeldung der Umwandlung als verspätet zurück, kommt die Umwandlung unternehmensrechtlich nicht zustande und löst keine abgabenrechtlichen Folgen aus. Wird die Umwandlung trotz verspäteter Anmeldung in das Firmenbuch eingetragen, kommt sie unternehmensrechtlich zustande und unterliegt dem Anwendungsbereich des UmgrStG (UmgrStR RZ 446 f).

II. Steuerrecht

231 Ertragsteuerlich endet für die übertragende Körperschaft mit dem Ablauf des Umwandlungsstichtages ihr letztes Wirtschaftsjahr. Die Körperschaft hat daher für die (letzte) Gewinnermittlung eine Schlussbilanz zu erstellen und ihr Betriebsvermögen mit jenen Werten anzusetzen, „die sich nach den steuerrechtlichen Vorschriften über die Gewinnermittlung ergeben" (§ 8 Abs 1 UmgrStG). Unter dieser Formulierung werden nur die Regeln für die laufende Gewinnermittlung verstanden. Eine darüber hinausgehende Aufdeckung stiller Reserven hat zu unterbleiben (Ansatz der Buchwerte; zur Ausnahme siehe die oben unter Tz 59 ff getätigten Ausführungen, die aufgrund der gleich lautenden Bestimmungen hier entsprechend gelten; zur Buchwertfortführung durch den Nachfolgerechtsträger siehe unten Tz 244 ff). Praktisch wird die unternehmensrechtliche Schlussbilanz durch eine steuerliche Mehr-Weniger-Rechnung ergänzt und der steuerlichen Gewinnermittlung zugrunde gelegt.

232 Die übertragende Kapitalgesellschaft wird mit dem Gewinn oder Verlust aller im Kalenderjahr des Umwandlungsstichtages endenden (Rumpf-)Wirtschaftsjahre letztmalig veranlagt. Zur Vorschreibung der Körperschaftsteuer an den (die) Rechtsnachfolger siehe oben Tz 226 f.

233 Ist die umgewandelte Körperschaft an einer Mitunternehmerschaft beteiligt, deren Bilanzstichtag nicht mit dem Umwandlungsstichtag übereinstimmt, ist das Ergebnis der Mitunternehmerschaft im Wege der Schätzung auf die umgewandelte Körperschaft und den Rechtsnachfolger aufzuteilen (vgl UmgrStR RZ 92 zur Verschmelzung). Die Aufteilung wird grundsätzlich zeitanteilig vorzunehmen sein.

234 Zusätzlich zur Schlussbilanz hat die übertragende Kapitalgesellschaft zum Umwandlungsstichtag eine steuerliche **Umwandlungsbilanz** zu erstellen (§ 8 Abs 5 UmgrStG).

In der Umwandlungsbilanz ist das Vermögen der umzuwandelnden Körperschaft mit den steuerlich maßgebenden Buchwerten anzusetzen (zur Ausnahme vom Buchwertansatz siehe oben die Tz 59 ff, die hier entsprechend gelten). Der Saldo der Umwandlungsbilanz ergibt das **Umwandlungskapital**, das in einer Position auszuweisen ist.

Folgende Änderungen des Vermögens der umzuwandelnden Gesellschaft sind von der Rückwirkungsfiktion ausgenommen und wirken sich somit auf die Höhe des Umwandlungskapitals aus (sog „rückwirkende Vermögensänderungen", § 8 Abs 4 UmgrStG):

- **Gewinnausschüttungen** der umzuwandelnden Körperschaft nach dem Umwandlungsstichtag;

  Dagegen sind verdeckte Gewinnausschüttungen von der Rückwirkungsfiktion erfasst (arg „auf Grund von Beschlüssen"; § 8 Abs 4 UmgrStG). Verdeckte Gewinnausschüttungen reduzieren damit nicht das Umwandlungskapital.
  Durch die Ausnahme von offenen Gewinnausschüttungen aus der Rückwirkungsfiktion sind für diese noch die Verhältnisse bis zur Umwandlung maßgeblich. Die KESt-Pflicht und die dafür vorgesehenen Befreiungstatbestände (§ 94 Z 2 EStG) richten sich somit noch nach den Beteiligungsverhältnissen im Zeitpunkt der Umwandlung.
  Von der Rückwirkungsfiktion ausgenommene offene Gewinnausschüttungen reduzieren den Stand der Innenfinanzierung der umgewandelten Gesellschaft (§ 4 Abs 12 Z 4 EStG; UmgrStR RZ 111).

- **Einlagenrückzahlungen** (iS des § 4 Abs 12 EStG) der umzuwandelnden Körperschaft in der Zeit zwischen dem Umwandlungsstichtag und dem Tag des Umwandlungsbeschlusses;
- **Einlagen** (§ 8 Abs 1 KStG) in die umzuwandelnde Körperschaft in der Zeit zwischen dem Umwandlungsstichtag und dem Tag des Umwandlungsbeschlusses.

  Im Rückwirkungszeitraum getätigte Einlagen in die übertragende Körperschaft und Einlagenrückzahlungen der übertragenden Körperschaft sind bereits zum Umwandlungsstichtag im **Einlagen-Evidenzkonto** der übertragenden Körperschaft darzustellen (§ 4 Abs 12 Z 4 EStG).

Diese rückwirkenden Vermögensänderungen sind in der Umwandlungsbilanz als Aktivpost (Einlagen) oder Passivpost (Gewinnausschüttungen, Einlagenrückzahlungen) darzustellen.

F. Auswirkungen der Umwandlung auf den Rechtsnachfolger

I. Rückwirkungsfiktion – Wertansätze – Buchgewinne und -verluste

235 Unabhängig von der zivilrechtlichen Rechtsnachfolge sind schuldrechtlich ab dem Umwandlungsstichtag alle Handlungen der umzuwandelnden Kapitalgesellschaft (im Innenverhältnis) dem Rechtsnachfolger zuzurechnen (vgl § 2 Abs 3 UmwG iVm § 220 Abs 2 Z 5 AktG). Auch ertragsteuerlich gilt das Vermögen der übertragenden Körperschaft dem Rechtsnachfolger am Beginn des dem Umwandlungsstichtag folgenden Tages als übertragen (sog „Rückwirkungsfiktion", § 8 Abs 3 UmgrStG).

Durch die ertragsteuerliche Rückwirkungsfiktion sind Geschäftsvorfälle aus zivilrechtlichen Rechtsbeziehungen zwischen der übertragenden Körperschaft und dem Rechtsnachfolger, die nach dem Umwandlungsstichtag anfallen, grundsätzlich steuerunwirksam (UmgrStR RZ 493; zur Ausnahme von der ertragsteuerlichen Rückwirkung nach § 8 Abs 4 bzw § 11 Abs 1 UmgrStG, siehe Tz 234). Demnach stellen ab dem Umwandlungsstichtag verrechnete Nutzungsentgelte (zB Mietentgelte oder Darlehenszinsen) Sonderbetriebseinnahmen (errichtende Umwandlung) oder bloße Innenumsätze (verschmelzende Umwandlung) dar.

Für die Bewertung des übernommenen Vermögens ist zwischen dem unternehmensrechtlichen Wertansatz und dem steuerlichen Wertansatz zu unterscheiden:

1. Unternehmensrecht

236 Unternehmensrechtlich besteht für die Bewertung des übernommenen Vermögens ein Wahlrecht: Der Rechtsnachfolger kann das Vermögen entweder insgesamt mit dem beizulegenden Wert ansetzen (§ 202 Abs 1 UGB) oder insgesamt die Buchwerte der Schlussbilanz der umgewandelten Kapitalgesellschaft übernehmen (§ 202 Abs 2 UGB). Der Ansatz eines Zwischenwertes ist nicht zulässig. Bei Ansatz des beizulegenden Wertes ist der Aufwertungsgewinn in der Gewinn- und Verlustrechnung in einem Sonderposten auszuweisen und nach § 235 Abs 1 UGB ausschüttungsgesperrt.

a) Verschmelzende Umwandlung

237 Die bilanzielle Darstellung einer verschmelzenden Umwandlung entspricht der bei der Verschmelzung „up-stream":

238 Übersteigt der Wert des übernommenen Vermögens den Buchwert der untergehenden Beteiligung an der umgewandelten Kapitalgesellschaft, ist der entstehende Buchgewinn in der Gewinn- und Verlustrechnung in einem Sonderposten vor dem Posten „Jahresüberschuss/Jahresfehlbetrag" auszuweisen und bei Wesentlichkeit im Anhang zu erläutern.

239 Entsteht bei unternehmensrechtlicher Buchwertfortführung ein Buchverlust, kann dieser entweder aktiviert oder in der Gewinn- und Verlustrechnung in einem Sonderposten dargestellt werden (§ 202 Abs 2 UGB). Wird der Buchverlust aktiviert, ist dieser insoweit als Umgründungsmehrwert auszuweisen, als er den einzelnen Vermögensgegenständen zugeordnet werden kann; ein darüber hinausgehender Buchverlust kann gegebenenfalls als Firmenwert angesetzt werden. Der Umgründungsmehrwert ist auf eine durchschnittliche Restnutzungsdauer, der Firmenwert längstens auf die Geschäftsjahre verteilt abzuschreiben, in denen er voraussichtlich genutzt wird.

239a *Beispiel:*

Die A-GmbH wird mit 31.12.01 verschmelzend auf ihren Hauptgesellschafter, den Einzelunternehmer A, umgewandelt. Im Betriebsvermögen der A-GmbH befindet sich unter anderem ein vom Einzelunternehmer A erworbenes Mietrecht iHv 1.000 und eine gegenüber dem Einzelunternehmer A bestehende Verbindlichkeit iHv 4.500. Im Betriebsvermögen des Einzelunternehmens befinden sich unter anderem die Beteiligung an der A-GmbH und eine wertberichtigte Forderung gegenüber der A-GmbH. Die Schlussbilanz der A-GmbH und die Bilanz des Jahresabschlusses des Einzelunternehmens A ergibt sich wie folgt:

Schlussbilanz A-GmbH

Anlagevermögen	6.000	Stammkapital	1.000
Mietrecht EU-A	1.000	Kapitalrücklagen	500
Umlaufvermögen	5.000	Bilanzverlust	– 500
		Fremdkapital	6.500
		Verbindlichkeit EU-A	4.500
	12.000		12.000

Bilanz EU-A zum Umwandlungsstichtag

Anlagevermögen	18.000	Eigenkapital	25.500
Beteiligung A-GmbH	2.000	Fremdkapital	2.000
Umlaufvermögen	6.500		
Forderung A-GmbH	1.000		
	27.500		27.500

Umwandlungsbilanz A-GmbH

Anlagevermögen	6.000	Umwandlungskapital	1.000
Mietrecht EU-A	1.000	Fremdkapital	6.500
Umlaufvermögen	5.000	Verbindlichkeit EU-A	4.500
	12.000		12.000

Eröffnungsbilanz EU-A

Anlagevermögen	24.000	Eigenkapital	27.000
Umlaufvermögen	11.500	Fremdkapital	8.500
	35.500		35.500

In der durch das Einzelunternehmen per 1.1.02 aufgestellten Eröffnungsbilanz übernimmt dieser das im Zuge der Umwandlung auf das Einzelunternehmen übergegangene Vermögen. Der sich durch die Umwandlung beim Einzelunternehmer A ergebende Buchgewinn wird in der Eröffnungsbilanz als Ertrag und demnach als Erhöhung des Eigenkapitals dargestellt. Der Buchgewinn ermittelt sich dabei wie folgt:

Buchgewinn/Buchverlust:

– Buchverlust aus dem Wegfall der Beteiligung an der A-GmbH und der Übernahme des Vermögens der A-GmbH:	– 1.000
– Buchverlust aus dem Wegfall des Mietrechts durch Confusio:	– 1.000
– Buchgewinn aus der Confusio der abgeschriebenen Forderung gegenüber der A-GmbH und der übergegangenen Verbindlichkeit der A-GmbH gegenüber dem EU-A:	3.500
Buchgewinn	**1.500**

b) Errichtende Umwandlung

240 Die durch die Umwandlung errichtete Personengesellschaft kann als (zivilrechtlicher) Rechtsnachfolger das Vermögen der umgewandelten Kapitalgesellschaft zum Buchwert oder zum beizulegenden Wert übernehmen (siehe dazu bereits oben Tz 236).

241 Halten die Gesellschafter der errichteten Personengesellschaft die Beteiligung an der umgewandelten Gesellschaft im Betriebsvermögen, kann der Buchwert der untergebenden Beteiligung an der umgewandelten Kapitalgesellschaft als Buchwert für die neu entstehende Beteiligung an der errichteten Personengesellschaft fortgeführt werden. Wahlweise kann die Beteiligung an der errichteten Personengesellschaft mit dem beizulegenden Wert angesetzt werden. Der dabei realisierte Aufwertungsgewinn ist in der Gewinn- und Verlustrechnung in einem Sonderposten auszuweisen und nach § 235 Abs 1 UGB ausschüttungsgesperrt.

2. Steuerrecht

a) Buchwertfortführung

Anders als nach dem Unternehmensrecht besteht steuerlich für die Bewertung des übernommenen Vermögens kein Bewertungswahlrecht. Der Rechtsnachfolger hat vielmehr die von der umgewandelten Körperschaft in der Umwandlungsbilanz angesetzten steuerlichen Buchwerte zwingend zu übernehmen (§ 9 Abs 1 Z 1 UmgrStG, sog „Buchwertfortführung"). 244

Ist der Anteilseigner der umgewandelten Körperschaft nicht ohnehin schon Unternehmer, wird er durch die Umwandlung rückwirkend zum Beginn des auf den Umwandlungsstichtag folgenden Tages zum Unternehmer (verschmelzende Umwandlung) oder Mitunternehmer (errichtende Umwandlung). **Maßgebend für die weitere steuerliche Behandlung** des Unternehmers (Mitunternehmers) ist das **steuerliche Eigenkapital des Nachfolgeunternehmens**. Das steuerliche Eigenkapital ergibt sich hierbei 245

- bei einer **errichtenden Umwandlung** aus den **steuerlichen Kapitalkonten** laut Eröffnungsbilanz der neuen Mitunternehmerschaft **(= Mitunternehmeranteil)** oder 246
- bei einer **verschmelzenden Umwandlung** aus der Übernahme des gesamten **Umwandlungskapitals**. 247

Wurde die Anschaffung der Beteiligung an der umgewandelten Körperschaft fremdfinanziert und ist die Beteiligung dem Betriebsvermögen zuzurechnen, sind die dafür anfallenden Schuldzinsen ab dem dem Umwandlungsstichtag folgenden Tag als Betriebsausgabe abzugsfähig, weil durch den Untergang der Beteiligung an der umgewandelten Körperschaft der unmittelbare Finanzierungszusammenhang iSd § 20 Abs 2 EStG wegfällt. 247a

Im Bereich der Körperschaftsteuer sind **Fremdkapitalzinsen**, die in Zusammenhang mit dem Erwerb einer Beteiligung iSd § 10 KStG stehen, als Betriebsausgabe abzugsfähig, wenn die Beteiligung einem Betriebsvermögen angehört und nicht von einem „konzerninternen" Veräußerer erworben wurde; Zinsen in Zusammenhang mit einem fremdfinanzierten konzerninternen Beteiligungserwerb sind nicht abzugsfähig (§§ 11 Abs 1 Z 4, 12 Abs 1 Z 9 KStG). Wird die erworbene Kapitalgesellschaft nach dem konzerninternen Erwerb errichtend in eine Personengesellschaft umgewandelt, fällt der schädliche Finanzierungszusammenhang zwar weg; aufgrund der ausdrücklichen Regelung des § 12 Abs 1 Z 9 KStG bleiben die Schuldzinsen aber auch weiterhin nicht als Betriebsausgabe abzugsfähig. 247b

Beteiligung im Betriebsvermögen

Wurde die Beteiligung an der umgewandelten Kapitalgesellschaft im Betriebsvermögen gehalten, sind durch die Umwandlung entstehende Buchgewinne und Buchverluste grundsätzlich steuerneutral. Sie wirken sich daher nicht auf den steuerlichen Gewinn oder Verlust aus (§§ 9 Abs 2, 3 Abs 3 UmgrStG). 248

Ausgenommen von dieser Steuerneutralität sind lediglich Buchgewinne bzw Buchverluste, die aus der Vereinigung von Aktiva und Passiva (sog „Confusio-ergebnisse“) stammen. Solche Confusiogewinne bzw -verluste sind in dem dem Umwandlungsstichtag folgenden Wirtschaftsjahr steuerlich zu berücksichtigen. Auf Antrag können Confusiogewinne auch auf die folgenden drei Wirtschaftsjahre verteilt versteuert werden (§ 9 Abs 3 UmgrStG).

Confusioergebnisse ergeben sich zB bei der Vereinigung einer Verbindlichkeit mit der korrespondierenden teilwertberichtigten Forderung, der Vereinigung einer Rückstellung mit der (noch) nicht oder nur in geringerem Umfang aktivierten Forderung und der Vereinigung eines Bestandrechts mit der Vermieterposition.

249 Die aus der unternehmensrechtlichen Aufwertung auf den beizulegenden Wert oder der Abschreibung des aktivierten Umgründungsmehrwertes bzw Firmenwertes resultierenden Mehrabschreibungen sind steuerneutral. Solche Abschreibungen sind in der steuerlichen Mehr-Weniger-Rechnung zu korrigieren.

Beteiligung im Privatvermögen

250 Wurde die Beteiligung an der umgewandelten Kapitalgesellschaft im Privatvermögen gehalten, ist ein sich ergebender Unterschiedsbetrag zwischen den steuerlich maßgebenden Anschaffungskosten der untergegangenen Beteiligung und dem übernommenen Mitunternehmeranteil (errichtende Umwandlung) oder dem übernommenen Betriebsvermögen (verschmelzende Umwandlung) zwar kein Buchgewinn oder Buchverlust, aber aufgrund der oben unter Tz 245 genannten Maßgeblichkeit des steuerlichen Eigenkapitals dennoch nicht steuerwirksam.

251 Wird der umwandlungsbedingt entstandene Mitunternehmeranteil oder das umwandlungsbedingt übernommene Vermögen nach der Umwandlung veräußert, ergibt sich durch die Gegenüberstellung des Kaufpreises mit dem nach der Umwandlung entstandenen und weiterentwickelten (anteiligen) Eigenkapital ein Veräußerungsgewinn oder Veräußerungsverlust. Die (höheren oder niedrigeren) **Anschaffungskosten** des untergegangenen Anteils an der umgewandelten Kapitalgesellschaft haben keinerlei steuerliche Auswirkungen mehr.

252 *Beispiel:*

Die A-GmbH wird errichtend auf die B-KG umgewandelt. An der A-GmbH sind folgende Gesellschafter beteiligt: der Nichtunternehmer A mit 25 % (Anschaffungskosten iHv 250), der Nichtunternehmer B mit 25 % (Anschaffungskosten iHv 700), der protokollierte Einzelunternehmer C mit 45 % (Buchwert der Beteiligung iHv 1.200) und die B-GmbH mit 5 % (Buchwert der Beteiligung iHv 100). Das Umwandlungskapital der A-GmbH beträgt 1.400 und setzt sich zur Gänze aus Nennkapital und Einlagen zusammen.

Umwandlungsbilanz A-GmbH

Anlagevermögen	1.500	Umwandlungskapital	1.400
Umlaufvermögen	500	Fremdkapital	600
	2.000		2.000

Eröffnungsbilanz B-KG

Anlagevermögen	1.500	Kapital A	350
Umlaufvermögen	500	Kapital B	350
		Kapital C	630
		Kapital B-GmbH	70
		Fremdkapital	600
	2.000		2.000

Für die Gesellschafter ergeben sich folgende Umwandlungs- bzw Buchgewinne:

- **A:** Die Differenz aus dem übernommenen Mitunternehmeranteil iHv 350 (= 25 % von 1.400) und den Anschaffungskosten der weggefallenen Beteiligung iHv 250 ergibt einen steuerneutralen Umwandlungsgewinn iHv 100.
- **B:** Die Differenz aus dem übernommenen Mitunternehmeranteil iHv 350 (= 25 % von 1.400) und den Anschaffungskosten der weggefallenen Beteiligung iHv 700 ergibt einen steuerneutralen Umwandlungsverlust iHv 350.
- **C:** Die Differenz aus dem übernommenen Mitunternehmeranteil iHv 630 (= 45 % von 1.400) und dem Buchwert der weggefallenen Beteiligung iHv 1200 ergibt einen steuerneutralen Buchverlust iHv 570.
- **B-GmbH:** Die Differenz aus dem übernommenen Mitunternehmeranteil iHv 70 (= 5 % von 1.400) und dem Buchwert der weggefallenen Beteiligung iHv 100 ergibt einen steuerneutralen Buchverlust iHv 30.

b) Aufwertung

Tritt durch eine Umwandlung das Vermögen der übertragenden (ausländischen) 252a
Körperschaft in das inländische Besteuerungsrecht ein, ist dieses Vermögen beim übernehmenden Rechtsnachfolger mit dem gemeinen Wert anzusetzen („Aufwertung bei Zuzug", § 9 Abs 1 Z 3 Teilstrich 1 UmgrStG). Durch die Aufwertung wird sichergestellt, dass nur die Wertsteigerungen in Österreich besteuert werden, die nach dem Eintritt in das inländische Besteuerungsrecht entstanden sind.

Beispiel: 252b
Die ausländische Körperschaft T wird auf ihren 100%igen inländischen Gesellschafter Herrn M verschmelzend umgewandelt. Mit dem Ausland besteht ein DBA, das für Betriebsstättengewinne die Befreiungsmethode vorsieht. Das Vermögen der Körperschaft T besteht aus einem Betrieb und einer Kapitalbeteiligung an der ausländischen Körperschaft E, die nach der Umwandlung steuerlich nicht mehr der aus-

ländischen Betriebsstätte sondern direkt Herrn M zugerechnet wird. Der Buchwert der Beteiligung an der Körperschaft E beträgt 100; ihr gemeiner Wert beträgt 500. Durch die Umwandlung tritt die Beteiligung an der Körperschaft E in das inländische Besteuerungsrecht ein. Der Nachfolgeunternehmer M hat die Beteiligung steuerneutral mit dem gemeinen Wert von 500 anzusetzen.

252c Tritt durch eine Umwandlung ein Vermögen in das inländische Besteuerungsrecht ein, hat eine Aufwertung auf den gemeinen Wert zu unterbleiben, wenn das zuziehende Vermögen vor der Umwandlung aus dem Besteuerungsrecht Österreichs ausgeschieden ist und dabei die Wegzugsbesteuerung beim Rechtsnachfolger oder bei einer konzernzugehörigen Körperschaft des Rechtsnachfolgers nach dem bis zum 31.12.2015 geltenden Nichtfestsetzungskonzept nicht festgesetzt wurde oder nach § 16 Abs 1a UmgrStG nicht entstanden ist (**„Zuzug nach vorangegangenem Wegzug“**; zum Nichtfestsetzungskonzept siehe UmgrStR RZ 44b ff). Ein solches wieder zuziehendes Vermögen ist mit dem fortgeschriebenen Buchwert bzw mit den Anschaffungskosten im Zeitpunkt des vorangegangenen Wegzugs, höchstens aber mit dem gemeinen Wert im Zeitpunkt des Zuzuges, anzusetzen (§ 9 Abs 1 Z 3 Teilstrich 2 UmgrStG). Scheidet das Vermögen nach der Umwandlung gewinnrealisierend aus dem Vermögen des Rechtsnachfolgers aus, bleiben nachgewiesene Wertsteigerungen insoweit steuerfrei, als sie im Zeitraum zwischen Wegzug und Zuzug entstanden sind.

Wurde ein Vermögen bei seinem Wegzug nach dem Ratenzahlungskonzept der Besteuerung unterworfen (siehe dazu oben Tz 222), ist es bei einem späteren Zuzug in das österreichische Besteuerungsrecht mit dem beizulegenden Wert anzusetzen (§ 9 Abs 1 Z 3 Teilstrich 2 UmgrStG). Auf allfällig noch offene Raten hat der bloße Zuzug keine Auswirkung (UmgrStR RZ 160b).

c) Behandlung von Grundstücken der umgewandelten Gesellschaft

252e Ermittelt der Nachfolgeunternehmer den Gewinn nach § 5 EStG wird das der umgewandelten Kapitalgesellschaft gehörende Grundstück dem notwendigen oder gewillkürten Betriebsvermögen des Nachfolgeunternehmers zuzurechnen sein. In diesem Fall führt der Nachfolgeunternehmer für das übernommene Grundstück den steuerlichen Buchwert der umgewandelten Kapitalgesellschaft fort (§ 9 Abs 1 Z 1 UmgrStG; zum Wechsel der Gewinnermittlung und die Auswirkungen auf die übertragenen Grundstücke siehe unten Tz 253 ff).

Ist der Umwandlung eine Einbringung vorangegangen, sind für die übertragenen Grundstücke zusätzlich folgende Grundsätze zu beachten (siehe dazu UmgrStR RZ 522):

- Hat der Einbringende für den eingebrachten Grund und Boden das Aufwertungswahlrecht nach § 16 Abs 6 UmgrStG nicht ausgeübt (siehe dazu Tz 407a), erfolgt bei einer späteren Veräußerung durch die übernehmende Körperschaft nach § 18

Abs 5 Z 1 UmgrStG eine „gespaltene Betrachtungsweise“, wenn für den Grund und Boden zum Einbringungsstichtag die pauschale Einkünfteermittlung nach § 30 Abs 4 EStG zulässig wäre. Erfolgt die Veräußerung des Grund und Bodens nach der Umwandlung durch den Nachfolgeunternehmer, kann dieser den Veräußerungsgewinn nach der gespaltenen Betrachtungsweise besteuern.

- Hat der Einbringende vor der Einbringung ein Grundstück in das Betriebsvermögen zum Teilwert eingelegt, gelten nach der Umwandlung bei einer Veräußerung des Grundstückes durch den Nachfolgeunternehmer die im Zeitpunkt der Einlage bestehenden stillen Reserven als Einkünfte aus privaten Grundstücksveräußerungen (§ 4 Abs 3a Z 4 EStG). Soweit das Grundstück am 31.3.2012 nicht steuerverfangen war oder es ohne Einlage nicht steuerverfangen gewesen wäre („Altvermögen“), kann der Nachfolgeunternehmer die pauschale Einkünfteermittlung nach § 30 Abs 4 EStG anwenden; anstelle des Veräußerungserlöses ist der Teilwert im Zeitpunkt der Einlage heranzuziehen. Die nach der Einlage in das Betriebsvermögen entstandenen stillen Reserven sind nach den allgemeinen Regeln zu ermitteln.
- Beim Wechsel des Einbringenden zur Gewinnermittlung nach § 5 EStG wurde Grund und Boden steuerneutral auf den Teilwert aufgewertet oder abgewertet (§ 4 Abs 10 Z 3 lit a EStG idF vor dem 1. StabG 2012). Solche Auf- oder Abwertungsbeträge sind auch nach der Umwandlung beim Nachfolgeunternehmer gewinnwirksam zu berücksichtigen (§ 4 Abs 3a Z 3 lit c EStG). Bei der Veräußerung des Grund und Bodens kann der Rechtsnachfolger die pauschale Einkünfteermittlung nach § 30 Abs 4 EStG anwenden, wenn der Grund und Boden ohne Wechsel zur Gewinnermittlung nach § 5 EStG zum 31.3.2012 nicht steuerverfangen gewesen wäre; an die Stelle des Veräußerungserlöses tritt der Teilwert im Zeitpunkt des Wechsels der Gewinnermittlung.

II. Wechsel der Gewinnermittlungsart

Ermittelt der Nachfolgeunternehmer den Gewinn nicht wie die übertragende Kapitalgesellschaft nach § 5 EStG und stellt der Rechtsnachfolger keinen Antrag auf freiwillige Gewinnermittlung nach § 5 Abs 2 EStG, kommt es im Zuge der Umwandlung zu einem Wechsel der Gewinnermittlungsart. 253

1. Wechsel der Gewinnermittlung von § 5 EStG auf § 4 Abs 1 EStG

Ermittelt der Nachfolgeunternehmer den Gewinn nach § 4 Abs 1 EStG, hat der Wechsel der Gewinnermittlungsart folgende Konsequenzen (§ 9 Abs 3 UmgrStG iVm § 4 Abs 10 EStG; siehe dazu ausführlich UmgrStR RZ 522 ff): 254

- Der nicht zum notwendigen Betriebsvermögen gehörende Grund und Boden wird zum Umwandlungsstichtag folgenden Tag ins Privatvermögen entnommen. Die Entnahme erfolgt grundsätzlich steuerneutral zum Buchwert. Unterliegen die stillen Reserven des Grund und Bodens nicht dem besonderen 30%igen Steuersatz nach § 30a Abs 3 EStG, erfolgt die Entnahme gewinnrealisierend zum Teilwert (§ 6 Z 4 Satz 2 EStG). Dies gilt auch für 255 in das Privatvermögen entnommene Gebäude (§ 6 Z 4 EStG idFd AbgÄG 2023 für Entnahmen ab dem 1.7.2023).

256 • Das im Betriebsvermögen enthaltene gewillkürte Betriebsvermögen scheidet zum Umwandlungsstichtag folgenden Tag aus dem Betriebsvermögen aus und gilt als entnommen.

258 Rückstellungen und Rechnungsabgrenzungsposten sind wegen des Grundsatzes der Bewertungsstetigkeit beizubehalten (EStR Rz 710).

259 Ein sich aus dem Wechsel der Gewinnermittlungsart ergebender **Übergangsgewinn** ist entweder in dem dem Umwandlungsstichtag folgenden Wirtschaftsjahr oder auf Antrag gleichmäßig in den folgenden drei Wirtschaftsjahren zu versteuern (§ 9 Abs 3 UmgrStG). Ein **Übergangsverlust** ist in dem auf den Umwandlungsstichtag folgenden Wirtschaftsjahr geltend zu machen (§ 9 Abs 3 Satz 1 UmgrStG iVm § 4 Abs 10 EStG; vgl VwGH 17.12.2014, 2012/13/0126).

260 *Beispiel:*

Die A-GmbH wird mit 31.12.01 auf den Einzelunternehmer A verschmelzend umgewandelt. Das unbebaute Grundstück gehört zum gewillkürten Betriebsvermögen und hat einen Teilwert iHv 4.000. Das bebaute Grundstück gehört zum notwendigen Betriebsvermögen. Der Einzelunternehmer ermittelt den Gewinn nach § 4 Abs 1 EStG; ein Antrag auf freiwillige Gewinnermittlung nach § 5 EStG wird nicht gestellt.

Umwandlungsbilanz A-GmbH

Anlagevermögen	5.000	Umwandlungskapital	12.000
Unbebautes Grundstück	2.000	Fremdkapital	3.000
Bebautes Grundstück:			
– Grund und Boden	2.500		
– Gebäude	1.500	Umlaufvermögen	4.000
	15.000		15.000

Bilanz zum EU-A

Anlagevermögen	4.000	Eigenkapital	6.000
Beteiligung A-GmbH	3.000	Fremdkapital	4.000
Umlaufvermögen	3.000		
	10.000		10.000

Eröffnungsbilanz EU-A

Anlagevermögen	9.000	Eigenkapital	13.000
Bebautes Grundstück:			
– Grund und Boden	2.500	Fremdkapital	7.000
– Gebäude	1.500		
Umlaufvermögen	7.000		
	20.000		20.000

Erläuterungen:
Durch den Wegfall der Beteiligung iHv 3.000 und die Übernahme des Umwandlungskapitals iHv 12.000 ergibt sich ein Buchgewinn iHv 9.000. Durch das umwandlungsbedingte Ausscheiden des zum gewillkürten Betriebsvermögen gehörenden unbebauten Grundstückes reduziert sich der Buchgewinn um den abgehenden Buchwert des unbebauten Grundstückes iHv 2.000 auf 7.000. Dieser Buchgewinn ist steuerneutral und wird dem Eigenkapital des EU-A zugeschlagen.

2. Wechsel der Gewinnermittlung von § 5 EStG auf § 4 Abs 3 EStG

Ermittelt der Nachfolgeunternehmer den Gewinn nicht nach § 5 EStG, sondern durch Einnahmen-Ausgaben-Rechnung (§ 4 Abs 3 EStG), ist zusätzlich zu den Folgen eines Wechsels der Gewinnermittlung von § 5 EStG auf § 4 Abs 1 EStG durch Zu- und Abschläge sicherzustellen, dass Veränderungen des Betriebsvermögens (Betriebseinnahmen oder Betriebsausgaben) nicht oder doppelt berücksichtigt werden (zum Wechsel der Gewinnermittlungsart von § 5 EStG auf § 4 Abs 1 EStG siehe oben Tz 254 ff). 261

Für den Übergang auf die Einnahmen-Ausgaben-Rechnung ergeben sich folgende Zu- und Abschläge: 262
+ Wert der Lieferverbindlichkeiten;
+ erhaltene Anzahlungen;
+ Rückstellungen, passive Rechnungsabgrenzungsposten und sonstige noch nicht bezahlte Betriebsausgaben;
– Wert der Warenbestände;
– Wert der Warenforderungen;
– geleistete Anzahlungen für Umlaufvermögen.

Hinsichtlich des Zeitpunktes der Besteuerung des Übergangsgewinnes (bzw Verrechnung des Übergangsverlustes) siehe oben unter Tz 259. 263

III. Zufluss- und Abflussfiktion

Stehen die Gesellschafter mit der umzuwandelnden Körperschaft in einem Leistungsaustausch und erfolgt die Einkünfteermittlung bei der Körperschaft nach § 5 EStG, bei den Gesellschaftern hingegen nach § 4 Abs 3 EStG oder durch Ermittlung des Überschusses der Einnahmen über die Werbungskosten, kann es beim Gesellschafter durch die mit Eintragung der Umwandlung erfolgende Confusio von Forderungen und Verbindlichkeiten zu einer Verletzung der Besteuerungskontinuität kommen. Dies soll anhand zweier Beispiele gezeigt werden: 264

Beispiel 1: 265
A ist zu 100 % privat an der A-GmbH beteiligt. Zum Umwandlungsstichtag 31.12.01 hat A gegenüber der A-GmbH eine Mietzinsforderung iHv € 120.000. Am Tag der

Eintragung der Umwandlung in das Firmenbuch ist die Mietzinsforderung noch nicht getilgt. Die Eintragung der Umwandlung erfolgt am 20.11.02. Die Anmeldung zum Firmenbuch erfolgt am 25.5.02.

Die bei A bestehende Mietzinsforderung geht durch Confusio mit der übertragenen Mietzinsverbindlichkeit der A-GmbH unter. Da A durch die Vermietung Einkünfte aus Vermietung und Verpachtung erzielt, kommt es ohne Zufluss des Mietzinses bei A zu keiner Besteuerung, obwohl A durch die Confusio wirtschaftlich so gestellt ist, als wäre die Forderung eingegangen.

266 *Beispiel 2:*

Der Einzelunternehmer B ist zu 100 % an der B-GmbH beteiligt. Zum Umwandlungsstichtag 31.12.01 besteht bei B gegenüber der B-GmbH eine betriebliche Zinsverbindlichkeit iHv € 70.000. Der Einzelunternehmer ermittelt seinen Gewinn nach § 4 Abs 3 EStG. Am Tag der Eintragung der Umwandlung in das Firmenbuch ist die Zinsverbindlichkeit noch nicht getilgt. Die Eintragung der Umwandlung erfolgt am 20.11.02. Die Anmeldung zum Firmenbuch erfolgt am 25.5.02.

Durch die Umwandlung geht die bestehende Zinsverbindlichkeit des B durch Confusio mit der entsprechenden Zinsforderung der B-GmbH unter. Da B den Gewinn nach § 4 Abs 3 EStG ermittelt, kommt es ohne Abfluss zu keiner Berücksichtigung der untergegangenen Zinsverbindlichkeit als Betriebsausgabe, obwohl B durch die Confusio wirtschaftlich so gestellt wird, als hätte er die Zinsverbindlichkeit getilgt.

267 Um die **Besteuerungskontinuität beim Gesellschafter** herzustellen, **gelten Forderungen** des Gesellschafters aus einem Leistungsaustausch mit der umgewandelten Körperschaft spätestens mit dem Tag der Anmeldung der Umwandlung zur Eintragung in das Firmenbuch **als vereinnahmt**; **Verbindlichkeiten** gelten mit diesem Tag als **verausgabt** (sog **„Zufluss- und Abflussfiktion“**, § 9 Abs 5 UmgrStG).

268 *Zu Beispiel 1:*

Der im Rahmen der Einkünfte aus Vermietung und Verpachtung zu erfassende Mietzins iHv € 120.000 gilt mit 25.5.02 als vereinnahmt.

269 *Zu Beispiel 2:*

Die Zinsen gelten mit 25.5.02 als verausgabt und sind im Kalenderjahr 02 als Betriebsausgaben zu berücksichtigen.

IV. Ausschüttungsfiktion (§ 9 Abs 6 UmgrStG)

270 Nach dem Grundsatz der „materiellen Einmalbesteuerung“ unterliegen an eine natürliche Person ausgeschüttete Gewinne einer Körperschaft nicht nur der 23%igen KSt, sondern zusätzlich auch der 27,5%igen KESt (Gesamtbelastung somit 44,18 %). Für Ausschüttungen an eine Körperschaft greift zur Vermeidung einer unsystematischen Ertragsteuerkumulation die Beteiligungsertragsbefreiung (§ 10 Abs 1 KStG).

Würden im Zuge einer **Umwandlung** thesaurierte Gewinne der Kapitalgesellschaft auf eine natürlich Person **steuerneutral** übergehen, wäre durch das Unterbleiben der Ausschüttungsbesteuerung der **Grundsatz der „materiellen Einmalbesteuerung" verletzt**. 271

Um dies zu vermeiden, **gilt das Gewinnkapital der umzuwandelnden Körperschaft** mit dem Tag der Anmeldung des Umwandlungsbeschlusses zur Eintragung der Umwandlung in das Firmenbuch **als offen ausgeschüttet** und zugeflossen (sog **„Ausschüttungsfiktion"**, § 9 Abs 6 UmgrStG). Das **Gewinnkapital** ergibt sich aus dem Unterschiedsbetrag zwischen dem steuerlichen **Umwandlungskapital gemäß Umwandlungsbilanz** (§ 8 Abs 5 UmgrStG, siehe oben Tz 220a ff) und den zum Umwandlungsstichtag zu berücksichtigenden Einlagen gemäß **Einlagen-Evidenzkonto** (§ 4 Abs 12 EStG). 272

Der Stand der Innenfinanzierung der umgewandelten Körperschaft hat für den fiktiven Ausschüttungsbetrag nach § 9 Abs 6 UmgrStG keine Bedeutung.

Permanente Unterschiede zwischen dem unternehmensrechtlichen und dem steuerlichen Ergebnis führen zu keiner Veränderung des Umwandlungskapitals (UmgrStR RZ 546). Demnach sind Vermögensmehrungen, die in Zusammenhang mit steuerfreien Erträgen stehen (zB Beteiligungserträge nach § 10 KStG), nicht vom Umwandlungskapital abzuziehen und Vermögensminderungen, die in Zusammenhang mit nicht abzugsfähigen Aufwendungen stehen (zB Repräsentationsaufwendungen, Dotierung der KSt-Rückstellung), dem Umwandlungskapital nicht hinzuzurechnen.

Einlagen, die im **Rückwirkungszeitraum** in die umzuwandelnde Gesellschaft getätigt werden, erhöhen bereits zum Umwandlungsstichtag als rückbezogene Vermögensänderung sowohl das Umwandlungskapital als auch den Einlagenstand der Körperschaft (§ 8 Abs 4 UmgrStG, § 4 Abs 12 Z 3 EStG). Solche Einlagen wirken sich somit im Ergebnis auf den fiktiven Ausschüttungsbetrag nicht aus. Dies gilt ebenso für im Rückwirkungszeitraum getätigte **Einlagenrückzahlungen**. Solche Einlagenrückzahlungen vermindern zum Umwandlungsstichtag sowohl das steuerliche Umwandlungskapital als auch den Einlagenstand der Körperschaft und wirken sich somit auf die fiktiven Ausschüttungsbetrag nicht aus.

Da eine **Kapitalerhöhung aus Gesellschaftsmitteln** bis zum Ablauf der Zehnjahresfrist des § 32 Z 3 EStG keine Erhöhung des Einlagenstandes bewirkt, unterliegen die in Nennkapital umgewandelten Gesellschaftsmittel bis dahin der Ausschüttungsfiktion nach § 9 Abs 6 UmgrStG. 273

Beispiel – Einlagenrückzahlung im Rückwirkungszeitraum:
Die X-GmbH wird zum Stichtag 31.12.01 umgewandelt. Vor Berücksichtigung der rückbezogenen Vermögensänderungen iSd § 8 Abs 4 UmgrStG beträgt das Umwandlungskapital 110.000, das Einlagen-Evidenzkonto weist einen Einlagenstand von 50.000 aus. Am 15.3.02 werden 15.000 des unternehmensrechtlichen Gewinnes ausgeschüttet. Die Ausschüttung wird steuerrechtlich als Einlagenrückzahlung iSd § 4 Abs 12 EStG 1988 behandelt (ohne KESt-Abzug).
Die Ausschüttung mindert einerseits durch Ansatz einer Passivpost iHv 15.000 in der Umwandlungsbilanz zum 31.12.01 das Umwandlungskapital, andererseits

reduziert sie den Stand der Einlagen iSd § 4 Abs 12 EStG 1988 im gleichen Ausmaß. Das fiktiv ausgeschüttete Gewinnkapital von 60.000 (95.000 – 35.000) wird nicht verändert, die Ausschüttung ist als Einlagenrückzahlung nicht mit Kapitalertragsteuer belastet. Ob sie als solche einkommensteuerpflichtig ist, hängt von der Höhe der Anschaffungskosten des Anteilsinhabers ab.

Beispiel – Gewinnausschüttung im Rückwirkungszeitraum:
Die X-GmbH wird zum Stichtag 31.12.01 umgewandelt. Vor Berücksichtigung der rückbezogenen Vermögensänderungen iSd § 8 Abs 4 UmgrStG beträgt das Umwandlungskapital 110.000, das Evidenzkonto weist einen Einlagenstand von 50.000 aus. Am 15.3.02 werden 15.000 des unternehmensrechtlichen Gewinnes ausgeschüttet. Die Ausschüttung wird steuerrechtlich als offene Ausschüttung iSd § 8 Abs 2 KStG 1988 behandelt (mit KESt-Abzug).
Die Ausschüttung mindert durch Ansatz einer Passivpost iHv 15.000 in der Umwandlungsbilanz zum 31.12.01 das Umwandlungskapital und damit das fiktiv ausgeschüttete Gewinnkapital auf 45.000 (95.000 – 50.000). Eine Doppelerfassung findet somit nicht statt.

Die auf den fiktiven Ausschüttungsbetrag entfallende KESt ist innerhalb von einer Woche nach Anmeldung des Umwandlungsbeschlusses zur Eintragung in das Firmenbuch zu erklären und zu entrichten (§ 96 Abs 1 Z 1 EStG).

274 Wurde durch die umzuwandelnde Gesellschaft nach dem 31.12.2007 und innerhalb von zehn Jahren vor dem Umwandlungsstichtag im Rahmen einer **Vorumgründung** ein **Vermögen mit negativem (steuerlichen) Buchwert** übernommen, ist das Gewinnkapital um diesen Betrag zu erhöhen. Diese Hinzurechnung soll einerseits sicherstellen, dass sämtliche von der umgewandelten Körperschaft thesaurierten Gewinne im Zuge der Umwandlung beim Gesellschafter erfasst und nicht durch umgründungsbedingte Buchverluste vermindert werden. Andererseits soll es durch die Hinzurechnung auch zu keiner Besteuerung von Scheingewinnen oder einer wirtschaftlichen Doppelbelastung kommen. In diesem Sinn unterbleibt eine Hinzurechnung insoweit, als

- der negative Buchwert der einbringungsbedingten Ausschüttungsfiktion nach § 18 Abs 2 UmgrStG unterliegt (siehe dazu unten Tz 516f);
- durch die umgewandelte Körperschaft von einer anderen Körperschaft ein negativer Buchwert übernommen wurde, der durch einen steuerlichen Verlust entstanden ist (vgl UmgrStR RZ 548);
- durch eine mittelbare (mehrfache) Übernahme eines negativen Buchwertes eine Kumulierung der Hinzurechnungsbeträge eintritt (UmgrStR RZ 548);
- eine natürliche Person in die umgewandelte Körperschaft ein Vermögen mit negativem Buchwert eingebracht hat, mit diesem Vermögen ein steuerlicher Verlustabzug des Einbringenden übergegangen ist und dieser Verlustabzug durch die übernehmende, umgewandelte Körperschaft mit Gewinnen verrechnet wurde.

Beispiel – Einmalbesteuerung:
Die natürliche Person A ist Gesellschafter der X-GmbH, die über ein Eigenkapital in Höhe von 1 Mio. verfügt; das Einlagen-Evidenzkonto der X-GmbH weist einen Stand von 0 auf. A bringt seinen Betrieb mit einem negativen steuerlichen Buchwert in Höhe von 300.000 in die X-GmbH ein (kein Anwendungsfall der einbringungsbedingten Ausschüttungsfiktion nach § 18 Abs 2 UmgrStG); es liegen keine vortragsfähigen Verluste vor. In der Folge wird die X-GmbH umgewandelt. Das Umwandlungskapital beträgt 700.000, das Einlagenevidenzkonto 0, sodass sich – ohne Berücksichtigung der negativen Buchwerte aus Vorumgründungen – ein Gewinnkapital von 700.000 ergäbe.
Durch den Zuschlag gemäß § 9 Abs 6 dritter Satz UmgrStG in der Höhe von 300.000 wird eine korrekte Einmalbesteuerung der erzielten Gewinne auf beiden Besteuerungsebenen sichergestellt.

Beispiel – Konkurrenz zur einbringungsbedingten Ausschüttungsfiktion:
Die X-GmbH wird zum Stichtag 31.12.2012 umgewandelt. Die Umwandlung wurde am 10.9.2013 beschlossen und am 25.9.2013 zur Eintragung in das Firmenbuch angemeldet. Das Umwandlungskapital beträgt 110.000, das Evidenzkonto weist einen Einlagenstand von 50.000 aus. Zum 31.12.2010 wurde ein Betrieb mit einem steuerlichen Buchwert von –40.000 nach Art III UmgrStG in die X-GmbH eingebracht. Ein steuerlicher Verlustvortrag ist durch die Einbringung nicht übergegangen. Die Einbringung wurde am 20.9.2010 zur Eintragung in das Firmenbuch angemeldet. Anlässlich der Einbringung wurde gemäß § 16 Abs 5 Z 2 UmgrStG eine Entnahme iHv 25.000 vorbehalten. Zum Umwandlungsstichtag haftet die diesbezügliche Verbindlichkeit noch mit einem Betrag von 10.000 aus, 15.000 wurden bereits unter Berücksichtigung der KESt-Abfuhrverpflichtung des § 18 Abs 2 UmgrStG getilgt.
Der fiktiven Ausschüttung iSd § 9 Abs 6 UmgrStG unterliegt ein Betrag von 75.000. Das Gewinnkapital von 60.000 (110.000 – 50.000) ist um den negativen Buchwert des eingebrachten Betriebes zu erhöhen, der allerdings um den am 20.9.2010 iSd § 18 Abs 2 UmgrStG fiktiv ausgeschütteten Betrag zu reduzieren ist. Somit ergibt sich eine Gewinnkapitalerhöhung von 15.000 (40.000 – 25.000).
Die Kapitalertragsteuer für die am Umwandlungsstichtag noch nicht getilgte vorbehaltene Entnahme iHv 10.000 ist spätestens am 17.9.2013 (eine Woche nach dem Umwandlungsbeschluss) abzuführen.
Die Kapitalertragsteuer für das fiktiv ausgeschüttete Gewinnkapital iHv 75.000 ist spätestens am 2.10.2013 (eine Woche nach Anmeldung des Umwandlungsbeschlusses zur Eintragung in das Firmenbuch) abzuführen.

Beispiel – Vermeidung der Besteuerung von Scheingewinnen:
Die Y-GmbH wird auf die Z-GmbH verschmolzen. Während die Y-GmbH Gewinne in Höhe von 1 Mio erzielt hat, sind bei der Z-GmbH Verluste in eben dieser Höhe angefallen. Die Einlagenevidenzkonten beider Gesellschaften weisen einen Stand von 0 auf. In der Folge wird die Z-GmbH umgewandelt. Das Umwandlungskapital beträgt (in Folge der Verschmelzung) 0, das Einlagenevidenzkonto 0, sodass sich ein Gewinnkapital in Höhe von 0 ergibt.

Ein Zuschlag gemäß § 9 Abs 6 dritter Satz UmgrStG kommt nicht in Betracht, weil im Zuge der Verschmelzung keine negativen Buchwerte von der Z-GmbH übernommen wurden.

Variante: Es wird die Verschmelzungsrichtung geändert und die Z-GmbH auf die Y-GmbH verschmolzen. Während die Y-GmbH Gewinne in Höhe von 1 Mio erzielt hat, sind bei der Z-GmbH Verluste in eben dieser Höhe angefallen. Die Einlagenevidenzkonten beider Gesellschaften weisen einen Stand von 0 auf. In der Folge wird die Y-GmbH umgewandelt. Das Umwandlungskapital beträgt (in Folge der Verschmelzung) 0, das Einlagenevidenzkonto 0, sodass sich ein Gewinnkapital in Höhe von 0 ergibt.

Ein Zuschlag gemäß § 9 Abs 6 dritter Satz UmgrStG der im Zuge der Verschmelzung von der Y-GmbH übernommenen negativen Buchwerte hat zu unterbleiben, weil in einer wirtschaftlichen Gesamtbetrachtung keine Gewinne erzielt wurden.

Beispiel – Vermeidung einer kumulierten Hinzurechnung durch Mehrfachumgründungen:
Die natürliche Person A bringt ihren Betrieb in die X-GmbH ein. Das eingebrachte Vermögen hat einen steuerlichen Buchwert von –100.000; es liegen keine vortragsfähigen Verluste vor. Nach der Einbringung erzielt die X-GmbH einen Gewinn in Höhe von 50.000. In der Folge wird die X-GmbH auf die „leere" Y-GmbH verschmolzen. Dabei wird ein Verschmelzungskapital in Höhe von –50.000 auf die Y-GmbH übertragen.
Wird die Y-GmbH sodann umgewandelt, beträgt der Zuschlag gemäß § 9 Abs 6 dritter Satz UmgrStG 100.000 Euro; die nach der Einbringung und vor der Umwandlung vorgenommene Verschmelzung beeinflusst die Höhe des Zuschlages (für die im Zuge der Einbringung übertragenen negativen Buchwerte) nicht, allerdings ist darüber hinaus kein zusätzlicher Zuschlag für die im Zuge der Verschmelzung (weiter)übertragenen negativen Buchwerte anzusetzen.

V. Wegfall der KESt-Befreiung nach § 94 Z 2 EStG und § 94 Z 5 EStG

275 Gewinnausschüttungen unterliegen nicht der KESt, wenn eine unbeschränkt steuerpflichtige Körperschaft zumindest zu 10 % unmittelbar oder mittelbar (über Personengesellschaft) an der ausschüttenden Gesellschaft beteiligt ist (§ 94 Z 2 EStG). Weiters unterliegen Zinsen, ausländische Dividenden, realisierte Wertsteigerungen von Kapitalanlagen und Derivate nicht der KESt, wenn der Empfänger keine natürliche Person ist, die Kapitaleinkünfte als Betriebseinnahmen eines in- oder ausländischen Betriebes zu erfassen sind und eine entsprechende „Befreiungserklärung" abgegeben wurde (§ 94 Z 5 EStG).

276 Sind diese Voraussetzungen aufgrund einer Umwandlung nicht mehr gegeben, fällt die KESt-Befreiung aufgrund der umwandlungsbedingten Rückwirkungsfiktion mit dem dem Umwandlungsstichtag folgenden Tag weg (§ 9 Abs 9 UmgrStG, UmgrStR RZ 565a f).

Die umgewandelte Körperschaft hat 277

- die ausschüttende Gesellschaft vom Gesellschafterwechsel zu verständigen und die bisher nicht einbehaltene KESt innerhalb von einer Woche nach dem Tag der Anmeldung des Umwandlungsbeschlusses zur Eintragung in das Firmenbuch an ihr Betriebsfinanzamt abzuführen;
- die Befreiungserklärung iSd § 94 Z 5 EStG gegenüber dem Kreditinstitut und dem Finanzamt zu widerrufen. Ist im Zeitpunkt des Widerrufs die Zinsfälligkeit bereits eingetreten, trifft das Kreditinstitut infolge der auf die umgewandelte Körperschaft übergangenen Abfuhrverpflichtung keine Verpflichtung zur KESt-Abfuhr. Ist dagegen die Zinsfälligkeit noch nicht eingetreten, hat das Kreditinstitut anlässlich der Abrechnung die KESt einzubehalten und abzuführen.

VI. Verlustabzug

Der Verlustabzug steht grundsätzlich nur dem Steuerpflichtigen zu, der den Verlust erwirtschaftet hat. Dies gilt auch für Betriebsübertragungen im Wege der Gesamtrechtsnachfolge (UmgrStR RZ 399; zum Meinungsstand siehe *Kofler* in *Kofler*, UmgrStG § 4 Rz 3). 281

Um wirtschaftlich sinnvolle Umwandlungen nicht zu verhindern, lässt das UmgrStG den Übergang des Verlustabzuges der umzuwandelnden Körperschaft unter bestimmten Voraussetzungen zu (§§ 10, 4 UmgrStG). Zur Vermeidung unerwünschter Gestaltungen regelt das UmgrStG auch den Fortbestand des eigenen Verlustabzuges einer Körperschaft, die an der umzuwandelnden Körperschaft mindestens zu 25 % beteiligt ist. 282

Unberührt von den Einschränkungen des Verlustabzuges sind **„Schwebeverluste“** iS des § 2 Abs 2a EStG. Solche Verluste gehen ohne Einschränkungen im Zuge der Buchwertfortführung und der Gesamtrechtsnachfolge (§ 19 BAO) quotenmäßig auf die Rechtsnachfolger über. 283

Offene Siebtelbeträge aus Teilwertabschreibungen bzw Veräußerungsverlusten iSd § 12 Abs 3 Z 2 KStG sind keine Schwebeverluste, sondern Verluste, die den Bestimmungen der §§ 4, 10 UmgrStG unterliegen (vgl VwGH 14.10.2010, 2008/15/0212 zur Spaltung; UmgrStR RZ 211 iVm 254, 490). Offene Siebtelbeträge können daher unter den Voraussetzungen der §§ 4, 10 UmgrStG vom Rechtsnachfolger fortgeführt werden. Natürliche Personen und andere Steuerpflichtige, die der Bestimmung des § 12 Abs 3 KStG nicht unterliegen, können übergehende Siebtelbeträge zur Gänze im ersten Wirtschaftsjahr absetzen, das nach dem Umwandlungsstichtag endet (UmgrStR RZ 489).

1. Übergang des Verlustabzuges auf die Rechtsnachfolger

284 Noch nicht verrechnete Verluste gehen im Rahmen der Umwandlung nur dann auf die Rechtsnachfolger über, wenn

- die Umwandlung unter **Fortführung der Buchwerte** erfolgt (§ 10 Z 1 lit a iVm 4 Z 1 lit a UmgrStG);
- die Verluste **dem übertragenen Vermögen zugerechnet** werden können (§ 10 Z 1 lit a iVm § 4 Z 1 lit a UmgrStG);
- das **übertragene Vermögen** mit dem Vermögen im Zeitpunkt der Verlustentstehung **vergleichbar ist** (§ 10 Z 1 lit a iVm § 4 Z 1 lit c UmgrStG) und
- die **Beschränkung bezüglich verbundener Körperschaften** nicht greift (§ 10 Z 1 lit a iVm § 4 Z 1 lit d UmgrStG).

285 Diese Beschränkungen entsprechen jenen im Bereich der Verschmelzung, auf die an dieser Stelle verwiesen sei (siehe dazu oben Tz 110 ff).

286 Ein nach diesen Bestimmungen **übergehender Verlustabzug** wird den Rechtsnachfolgern in dem Ausmaß zugerechnet, zu dem sie im Zeitpunkt der Eintragung des Umwandlungsbeschlusses in das Firmenbuch an der umgewandelten Kapitalgesellschaft beteiligt sind; die Anteile der ausgeschiedenen Minderheitsgesellschafter werden den Rechtsnachfolgern anteilig zugerechnet (§ 10 Z 1 lit b UmgrStG). Dies gilt unabhängig davon, ob die Minderheitsanteile von den verbleibenden Gesellschaftern in dieser oder in einer anderen Art oder durch einen neu eintretenden Gesellschafter übernommen werden (UmgrStR RZ 574 f).

Die Bestimmung des § 23a EStG über die Wartetastenregelung für Verluste von „kapitalistischen Mitunternehmern“ ist auf die im Zuge einer Umwandlung übergehenden Verluste nicht anwendbar. Die nach § 10 UmgrStG übergehenden Verluste können daher auch von kapitalistischen Mitunternehmern uneingeschränkt verwertet werden (UmgrStR RZ 567).

287 *Beispiel:*
An der umgewandelten A-GmbH sind die Gesellschafter A (50 %), B (30 %), C (10 %) und D (10 %) beteiligt. Die A-GmbH wird errichtend auf die ABC-OG umgewandelt. Gesellschafter D wird abgefunden und ist daher an der Nachfolgegesellschaft nicht mehr beteiligt. Der Minderheitsanteil wird von den Gesellschaftern A, B und C im Verhältnis ihrer Beteiligungen übernommen. Der Verlustabzug der A-GmbH beträgt € 2 Mio.

Gesellschafter	Beteiligung an A-GmbH	verlustanteilsvermittelnde Beteiligung (= Beteiligung bezogen auf 90 %)	Verlust-anteil
A B C	50 % 30 % 10 %	55,56 % 33,33 % 11,11 %	€ 1,111.200 € 666.600 € 222.200
Summe	90 %	100 %	€ 2,000.000

Variante: Würde A den gesamten Minderheitsanteil des D übernehmen oder der Minderheitsanteil durch den neu eintretenden Gesellschafter E übernommen werden, ändert dies nichts am oben dargestellten Übergang des Verlustabzuges.

Nach den bisher genannten Beschränkungen wäre es möglich, sich durch einen **vorbereitenden Anteilserwerb** in bestehende Verluste der umzuwandelnden Kapitalgesellschaft „einzukaufen". Um solche Gestaltungen zu unterbinden, verringert sich die verlustanteilsvermittelnde Beteiligung hinsichtlich der vor dem Anteilserwerb entstandenen Verluste um jene Anteile, die im Wege der **Einzelrechtsnachfolge** erworben wurden (§ 10 Z 1 lit c UmgrStG). Erfolgt der Beteiligungserwerb im laufenden Wirtschaftsjahr der umzuwandelnden Gesellschaft, geht der Verlust des gesamten Wirtschaftsjahres unter (§ 10 Z 1 lit c UmgrStG, sachlich gerechtfertigt erscheint nur ein aliquoter Untergang). **Ausgenommen** von dieser Beschränkung sind lediglich 288

- der Anteilserwerb **aufgrund** einer Kapitalerhöhung innerhalb des gesetzlichen **Bezugsrechtes**;
- der Anteilserwerb **von Todes wegen** (zB durch Vermächtnis);
- der Anteilserwerb durch eine nach unternehmensrechtlichen Vorschriften zur Buchführung verpflichtete Körperschaft (§ 7 Abs 3 KStG) und eine ausländische einer Körperschaft iSd § 7 Abs 3 KStG vergleichbare Körperschaften, wenn die umzuwandelnde Körperschaft auf diese verschmelzend umgewandelt wird;

Diese Ausnahme hat den Zweck, die verschmelzende Umwandlung auf eine Körperschaft iS des § 7 Abs 3 KStG hinsichtlich der Behandlung des Verlustabzuges der Verschmelzung „up-stream" gleichzustellen. 289

- der Anteilserwerb durch eine nach unternehmensrechtlichen Vorschriften zur Buchführung verpflichtete Körperschaft (§ 7 Abs 3 KStG) und eine ausländische vergleichbare Körperschaft, wenn die umzuwandelnde Körperschaft errichtend in eine Mitunternehmerschaft umgewandelt wird und an der Umwandlung neben der die Beteiligung erwerbenden Körperschaft nur ein am Vermögen der errichteten Mitunternehmerschaft nicht beteiligter Arbeitsgesellschafter teilnimmt;

Ausgangsstruktur: *Zielstruktur:*

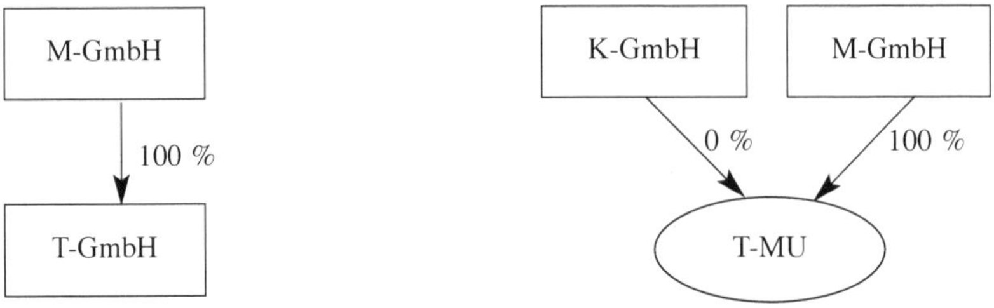

Beispiel:
Die A-GmbH erwirbt durch eine Einbringung nach Art III UmgrStG 100 % der Anteile an der B-GmbH. Die B-GmbH wird in der Folge in eine KG errichtend umgewandelt, an der die A-GmbH als alleiniger Kommanditist und die C-GmbH als am Vermögen der KG nicht beteiligter Komplementär teilnimmt.

- der Anteilserwerb durch eine Mitunternehmerschaft, wenn die umzuwandelnde Körperschaft verschmelzend auf die Mitunternehmerschaft umgewandelt wird und an der Mitunternehmerschaft neben einer zur Buchführung verpflichteten Körperschaft (§ 7 Abs 3 KStG bzw einer ausländischen vergleichbaren Körperschaft) lediglich ein am Vermögen der Mitunternehmerschaft nicht beteiligter Arbeitsgesellschafter beteiligt ist.

Ausgangsstruktur: *Zielstruktur:*

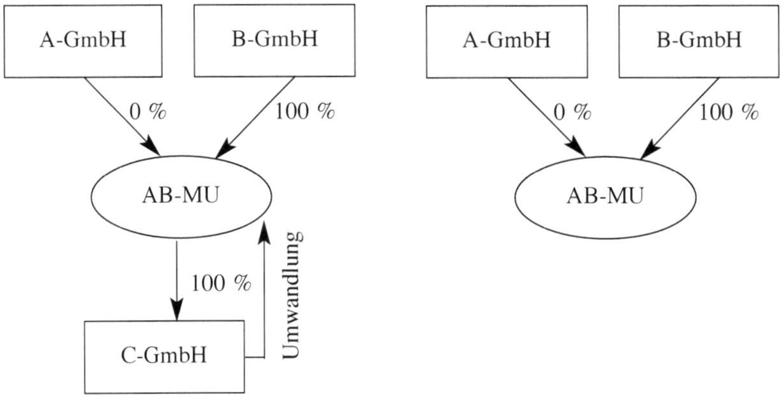

- der Anteilserwerb durch eine Mitunternehmerschaft, wenn die umzuwandelnde Körperschaft errichtend auf eine Mitunternehmerschaft umgewandelt wird, an der erwerbenden Mitunternehmerschaft neben einer zur Buchführung verpflichteten Körperschaft (§ 7 Abs 3 KStG) lediglich ein am Vermögen nicht beteiligter Arbeitsgesellschafter beteiligt ist und an der errichteten Mitunternehmerschaft neben der erwerbenden Mitunternehmerschaft nur ein am Vermögen nicht beteiligter Arbeitsgesellschafter beteiligt ist.

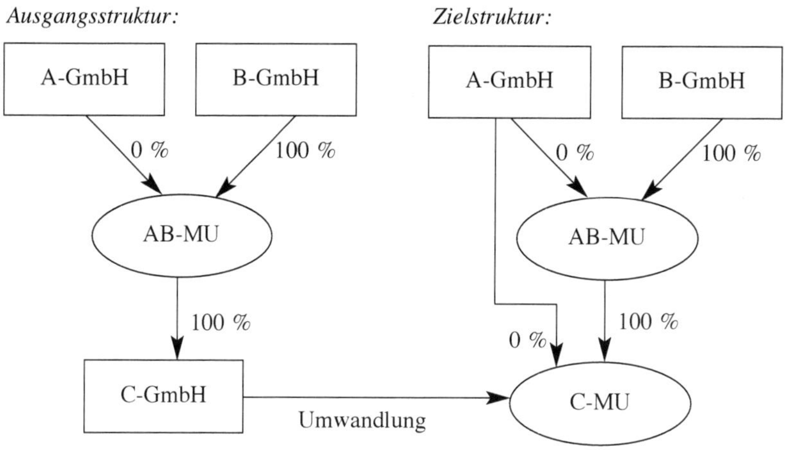

Beispiel: 290

An der A-GmbH & Co KG sind die A-GmbH als reiner Arbeitergesellschafter und die B-GmbH als alleiniger Kommanditist beteiligt. Die A-GmbH & Co KG erwirbt sämtliche Anteile an der C-GmbH, die sodann auf die A-GmbH & Co KG verschmelzend umgewandelt wird.

Beispiel:

A ist an der A-GmbH seit 1.1.01 zu 100 % beteiligt. Am 31.12.01 veräußert er 50 % der Anteile an der A-GmbH an die B-GmbH. Die A-GmbH wird mit 31.12.02 auf die AB-OG errichtend umgewandelt. Die nicht verrechneten Verluste der A-GmbH betragen im Jahr 01 € 2 Mio und im Jahr 02 € 1 Mio. Im Zeitpunkt der Eintragung des Umwandlungsbeschlusses in das Firmenbuch sind beide Gesellschafter unverändert zu je 50 % beteiligt.

Auf den Gesellschafter A gehen die Verluste der A-GmbH iHv € 1,5 Mio (= 50 % von € 3 Mio) über. Da die B-GmbH ihre 50-%-Beteiligung erst am 31.12.01 erworben hat, verringert sich hinsichtlich der Verluste des Jahres 01 ihre verlustanteilsvermittelnde Beteiligung (= Beteiligung am Eintragungstag iHv 50 %) im Ausmaß der erworbenen Anteile (= 50 %) auf 0 %. Am Verlust des Jahres 02 nimmt sie jedoch in Höhe ihrer am Eintragungsstichtag bestehenden Beteiligung (= 50 %) teil. Auf die B-GmbH geht daher lediglich ein Verlustabzug iHv € 500.000 über (= 0 % von € 2 Mio zuzüglich 50 % von € 1 Mio).

Insgesamt geht daher auf die Nachfolgegesellschafter der Verlustabzug der A-GmbH nur iHv € 2 Mio über. Der nicht auf die B-GmbH übergegangene Verlustabzug iHv € 1 Mio geht verloren.

Variante: Die B-GmbH und C erben am 1.1.02 von A jeweils eine 50-%-Beteiligung an der A-GmbH. Wird die A-GmbH auf die BC-OG errichtend umgewandelt, geht auf die Gesellschafter B-GmbH und C jeweils ein (ungekürzter) Verlustabzug von je € 1,5 Mio über (§ 10 Z 1 lit c TS 2 UmgrStG).

2. Eigener Verlustabzug einer Nachfolgekörperschaft

291 Nach allgemeinen Grundsätzen würde der eigene Verlustabzug einer übernehmenden Körperschaft durch die Umwandlung nicht eingeschränkt. Das UmgrStG sieht jedoch auch für den Verlustabzug der übernehmenden Körperschaft Beschränkungen vor, wenn die übernehmende Körperschaft am Tag der Eintragung des Umwandlungsbeschlusses in das Firmenbuch mindestens zu 25 % an der umgewandelten Kapitalgesellschaft beteiligt ist (§ 10 Z 2 UmgrStG).

Bei der Ermittlung des Beteiligungsausmaßes ist darauf abzustellen, ob die rechtsnachfolgende Körperschaft unmittelbar oder mittelbar über eine Personengesellschaft mindestens zu einem Viertel am Nennkapital der umgewandelten Körperschaft beteiligt ist (VwGH 20.12.2016, Ro 2015/15/0020; UmgrStR RZ 585).

Ein noch nicht verrechneter Verlustabzug der rechtsnachfolgenden Körperschaft bleibt bei Bestand einer zumindest 25 %igen Beteiligung an der umgewandelten Körperschaft demnach nur dann bestehen, das

- das **verlustbringende Vermögen** am Umwandlungsstichtag **noch vorhanden** ist (§ 10 Z 2 iVm § 4 Z 1 lit b UmgrStG) und
- das **verlustbringende Vermögen** im Zeitpunkt des Umwandlungsstichtages mit dem Vermögen im Zeitpunkt der Verlustentstehung **vergleichbar** ist (§ 10 Z 2 iVm § 4 Z 1 lit c UmgrStG).

292 Diese Beschränkungen entsprechen jenen im Bereich der Verschmelzung, auf die an dieser Stelle verwiesen sei (siehe oben unter Tz 109 ff und 124 f).

3. Mantelkauftatbestand

293 Der erweiterte umgründungsbedingte Mantelkauftatbestand nach § 4 Z 2 UmgrStG ist sowohl für Verluste der umgewandelten Körperschaft als auch für eigene Verluste einer Nachfolgekörperschaft zu beachten (§ 10 Z 3 UmgrStG).

Beispiel (vgl UmgrStR RZ 589):
Die X-GmbH kauft alle Anteile an der Y-GmbH und wechselt deren Geschäftsführung aus. Die Y-GmbH wird unter Beitritt des Arbeitsgesellschafters Z-GmbH errichtend in die Z-GmbH & Co KG umgewandelt. Der Produktionsbetrieb der Y-GmbH ist am Umwandlungsstichtag vollumfänglich vorhanden und geht auf die KG über. Die diesem zuzuordnenden Verlustvorträge können grundsätzlich von der Rechtsnachfolgerin X-GmbH ab dem dem Umwandlungsstichtag folgenden Veranlagungszeitraum geltend gemacht werden, weil die Beschränkung des § 10 Z 1 lit c UmgrStG nicht zur Anwendung kommt.
Wird nun zeitnah der Produktionsbetrieb eingestellt und stattdessen von der KG eine Handelstätigkeit aufgenommen, liegen gesamthaft betrachtet alle Kriterien für den Manteltatbestand vor, die Änderungen der Gesellschafterstruktur sowie der organisatorischen Struktur erfolgten bei der Y-GmbH, die Änderung der wirtschaftlichen

Struktur beim Rechtsnachfolger X-GmbH (bezogen auf das Vermögen der Z-GmbH & Co KG).

4. Übergang von Guthaben an Mindestkörperschaftsteuern

Mindestkörperschaftsteuern der übertragenden Körperschaft, die bis zum Umwandlungsstichtag nicht verrechnet wurden, **gehen auf die Rechtsnachfolger** in dem Verhält **über**, wie sie im Zeitpunkt der Eintragung der Umwandlung in das Firmenbuch an der übertragenden Körperschaft beteiligt sind (§ 9 Abs 8 UmgrStG; UmgrStR RZ 564 f). Der auf einen ausscheidenden Minderheitsgesellschafter entfallende Anteil wird den Rechtsnachfolgern quotenmäßig zugerechnet. Dies gilt unabhängig davon, in welchem Umfang die Anteile des ausscheidenden Minderheitsgesellschafters von den Rechtsnachfolgern oder einem neu eintretenden Gesellschafter übernommen werden (UmgrStR RZ 563).

Der **Übergang** der anrechenbaren Mindestkörperschaftsteuern erfolgt **in zeitlicher Hinsicht** in dem Wirtschaftsjahr, das nach dem Umwandlungsstichtag beginnt (§ 9 Abs 8 UmgrStG, UmgrStR RZ 560).

Natürliche Personen können im Anwendungsbereich des Art II UmgrStG als Rechtsnachfolger eine auf sie übergehende Mindestkörperschaftsteuer auf ihre Einkommensteuer anrechnen, wenn der von der umgewandelten Körperschaft übertragene Betrieb am Ende des Kalenderjahres, für das die Anrechnung erfolgen soll, noch vorhanden ist (UmgrStR RZ 565). Auf die Vergleichbarkeit des Betriebes kommt es dabei nicht an. Wurde der Betrieb vor dem Ende des Kalenderjahres **veräußert** oder **aufgegeben**, kann die Mindestkörperschaftsteuer mit der auf den Veräußerungs- oder Aufgabegewinn entfallenden Einkommensteuer verrechnet werden (§ 9 Abs 8 letzter Satz UmgrStG). Wurde der Betrieb vor dem Ende des Kalenderjahres **unentgeltlich übertragen**, entfällt die Möglichkeit einer Anrechnung von bestehenden Mindestkörperschaftsteuern.

Aus der Anrechnung von Mindestkörperschaftsteuern kann sich keine Gutschrift ergeben; die Anrechnung von Mindestkörperschaftsteuern ist somit in Höhe der tatsächlich zu entrichtenden Einkommensteuer eines Veranlagungsjahres begrenzt (§ 9 Abs 8 letzter Satz UmgrStG iVm § 46 Abs 2 EStG; UmgrStR RZ 565 mit Hinweis auf VwGH 11.1.2021, Ro 2019/15/0186). Mindestkörperschaftsteuern sind nicht nachrangig gegenüber Vorauszahlungen und den durch den Steuerabzug abgegoltenen Beträgen. Die Übernahme von Mindestkörperschaftsteuern stellt einen Grund für die Anpassung von Einkommensteuervorauszahlungen nach § 45 EStG dar (UmgrStR RZ 565).

VII. Internationale Schachtelbeteiligung

Befindet sich im Vermögen der übertragenden Kapitalgesellschaft eine Betei- 294
ligung an einer ausländischen Körperschaft, kann durch die Umwandlung bei

der übernehmenden Körperschaft eine internationale Schachtelbeteiligung iSd § 10 Abs 2 KStG entstehen, erweitert werden oder eine internationale Schachtelbeteiligung auf diese übergehen. Aufgrund der inhaltlichen Übereinstimmung des § 9 Abs 4 Z 1 UmgrStG mit § 3 Abs 4 UmgrStG gelten die oben unter Tz 91 ff getätigten Ausführungen hier entsprechend.

295 Geht durch die Umwandlung die Eigenschaft einer internationalen Schachtelbeteiligung **unter**, wären bislang steuerfreie stille Reserven nach der Umwandlung steuerhängig. Um dies zu vermeiden, gilt der am Umwandlungsstichtag höhere Teilwert der Beteiligung als deren Buchwert. Der Buchwert vermindert sich um Beträge, die aufgrund einer Umgründung nach dem UmgrStG von § 10 Abs 3 Satz 1 KStG 1988 ausgenommen sind (§ 9 Abs 4 Z 2 UmgrStG). Die Aufwertung unterbleibt, wenn für die untergehende Schachtelbeteiligung die Option zur Steuerwirksamkeit ausgeübt worden ist (siehe dazu auch oben Tz 153).

296 *Beispiel:*

A-GmbH wird verschmelzend auf ihren Hauptgesellschafter, die BC-OG, umgewandelt. An der BC-OG sind die Gesellschafter B und C zu gleichen Teilen beteiligt. Im Vermögen der umgewandelten A-GmbH befindet sich unter anderem eine 100%ige Beteiligung an der ausländischen Körperschaft D. Der Buchwert der Beteiligung beträgt am Umwandlungsstichtag € 2 Mio. Der Teilwert beträgt € 4 Mio. Vier Jahre nach dem Umwandlungsstichtag wird die Beteiligung an der Körperschaft D um € 5 Mio veräußert.

Durch die Umwandlung der A-GmbH auf die BC-OG geht die Eigenschaft der Beteiligung an der Körperschaft C als internationale Schachtelbeteiligung unter. Die Beteiligung ist daher steuerlich mit dem höheren Teilwert von € 4 Mio anzusetzen. Bei der nachfolgenden Veräußerung unterliegen folglich nur die ab dem Umwandlungsstichtag entstandenen stillen Reserven iHv € 1 Mio der Besteuerung. Dagegen bleiben die bis zum Umwandlungsstichtag entstandenen stillen Reserven iHv € 2 Mio steuerfrei.

G. Auswirkungen des Ausscheidens von Minderheitsgesellschaftern

297 Scheiden Gesellschafter im Zuge der Umwandlung (freiwillig oder unfreiwillig) aus, erwerben sie gegenüber dem Rechtsnachfolger einen Abfindungsanspruch.

298 Steuerlich stellt die Abfindung eine **Anteilsveräußerung** dar, auf die das allgemeine Steuerrecht anzuwenden ist.

Handelt es sich bei dem ausscheidenden Minderheitsgesellschafter um eine natürliche Person, erfolgt die Besteuerung des Veräußerungsgewinns sowohl im betrieblichen als auch im außerbetrieblichen Bereich mit dem besonderen Steuersatz iHv 27,5 % (§ 27a Abs 1 iVm § 27 Abs 3 EStG).

Für den ausscheidenden Gesellschafter ergibt sich der **Veräußerungszeitpunkt** durch den **Tag der Eintragung** des Umwandlungsbeschlusses in das Firmenbuch (§ 11 Abs 2 UmgrStG). Korrespondierend erwerben **die abfindenden Rechtsnachfolger** die Anteile des ausscheidenden Minderheitsgesellschafters ebenfalls am Tag der Eintragung des Umwandlungsbeschlusses in das Firmenbuch. Dadurch erhöhen sich im Ausmaß des Abfindungsbetrages die Anschaffungskosten ihrer untergehenden Beteiligungen an der umzuwandelnden Körperschaft (Erhöhung des Buchverlustes bzw Reduktion des Buchgewinnes nach § 9 Abs 2 UmgrStG). 299

frei 300

H. Sonstige Rechtsfolgen der Umwandlung

I. Lohnsteuer – Abfertigungsrückstellungen – Pensionsrückstellungen

Anders als für den Übergang des Vermögens enthält das UmgrStG hinsichtlich der Arbeitgebereigenschaft der umgewandelten Kapitalgesellschaft keine Rückwirkung. Vielmehr bleibt die umgewandelte Kapitalgesellschaft bis zu ihrem Erlöschen Arbeitgeber (§ 11 Abs 1 UmgrStG). Die Finanzverwaltung lässt jedoch in Abstimmung mit dem zuständigen Finanzamt den Übergang der Dienstverhältnisse auch mit dem dem Umwandlungsstichtag folgenden Lohnzahlungszeitraum zu (UmgrStR RZ 596). Diese Ausnahme von der Rückwirkungsfiktion gilt gleichfalls für Geschäftsführervergütungen iS des § 22 Z 2 EStG. 301

Beispiel: 302
An der A-GmbH sind der Gesellschafter A mit 80 % und der aufgrund eines Dienstverhältnisses beschäftigte Gesellschafter-Geschäftsführer B mit 20 % beteiligt. Die A-GmbH wird mit 31.12.01 auf die AB-OG errichtend umgewandelt. Der Umwandlungsbeschluss wird am 3.12.02 in das Firmenbuch eingetragen.
Ohne die Ausnahme von der Rückwirkungsfiktion wäre B ab 1.1.02 Mitunternehmer der AB-OG. Durch § 11 Abs 1 UmgrStG bleibt die umgewandelte A-GmbH jedoch bis zur Protokollierung des Umwandlungsbeschlusses Dienstgeber und B bis dahin Arbeitnehmer. Die für A und B bis zur Eintragung der Umwandlung geleisteten Tätigkeitsvergütungen sind bei der AB-OG als Betriebsausgabe abzugsfähig.

Beispiel:
An der einen Gewerbebetrieb führenden A-GmbH sind der Gesellschafter A mit 60 % und der Gesellschafter-Geschäftsführer B mit 40 % beteiligt. Die A-GmbH wird mit 31.12.01 auf die AB-OG errichtend umgewandelt. Der Umwandlungsbeschluss wird am 3.12.02 in das Firmenbuch eingetragen.
Ohne die Ausnahme von der Rückwirkungsfiktion würde B ab 1.1.02 als Mitunternehmer mit seinen Tätigkeitsvergütungen Einkünfte aus Gewerbebetrieb beziehen

(§ 23 Z 2 EStG). Durch § 11 Abs 1 UmgrStG unterliegt B jedoch bis zur Protokollierung des Umwandlungsbeschlusses mit seinen Tätigkeitsvergütungen den Einkünften aus selbständiger Arbeit (§ 22 Z 2 EStG). Die für A und B bis zur Eintragung der Umwandlung geleisteten Tätigkeitsvergütungen sind bei der AB-OG als Betriebsausgabe abzugsfähig.

303 Wurde bei der umgewandelten Kapitalgesellschaft **für einen sich in einem Dienstverhältnis befindenden Gesellschafter-Geschäftsführer eine Pensions- bzw Abfertigungsrückstellung gebildet**, bleibt diese so lange bestehen, als das arbeitsrechtliche Dienstverhältnis zum Nachfolgerechtsträger bestehen bleibt (UmgrStR RZ 526). Geht das arbeitsrechtliche Dienstverhältnis im Zuge der Umwandlung unter, ist der Gewinn aus der Auflösung der Pensions- bzw Abfertigungsrückstellung wie ein Gewinn aus dem Wechsel der Gewinnermittlung zu behandeln (siehe dazu Tz 259).

II. Umsatzsteuer

304 Umwandlungen iSd Art II UmgrStG gelten nicht als steuerbare Umsätze (§ 11 Abs 3 UmgrStG). Da umsatzsteuerlich keine Rückwirkungsfiktion besteht, geht die Unternehmereigenschaft der umgewandelten Kapitalgesellschaft erst mit der Eintragung des Umwandlungsbeschlusses auf den Rechtsnachfolger über (siehe dazu die Ausführungen oben unter Tz 160 f, die hier entsprechend gelten).

III. Kommunalsteuer

305 Die Kommunalsteuerpflicht geht erst mit der Eintragung des Umwandlungsbeschlusses in das Firmenbuch auf den Rechtsnachfolger über. Dies ergibt sich nicht durch eine ausdrückliche Bestimmung des UmgrStG, sondern aus einer – durch das gleiche Steuersubjekt bedingten – analogen Anwendung der umsatzsteuerlichen Beurteilung.

IV. Grunderwerbsteuer

308 Führt die Umwandlung zu grunderwerbsteuerpflichtigen Vorgängen, bemisst sich die Grunderwerbsteuer sowohl für Erwerbsvorgänge nach § 1 Abs 1 GrEStG als auch für die Anteilsvereinigung nach § 1 Abs 2a und 3 GrEStG vom **Grundstückswert** (§ 11 Abs 4 UmgrStG iVm § 4 GrEStG). Der Steuersatz beträgt einheitlich **0,5 %** (§ 7 Abs 1 Z 2 lit c GrEStG).

Die GrESt ist bei der übernehmenden Körperschaft nicht auf das Grundstück zu aktivieren, sondern als Betriebsausgabe abzusetzen (vgl § 11 Abs 1 Z 1 KStG).

Die **grundbücherliche Eintragungsgebühr** iHv 1,1 % bemisst sich vom dreifachen Einheitswert, maximal jedoch von 30 % des Verkehrswertes (§ 26a Abs 1 Z 2 GGG). Die Begünstigung tritt nur ein, wenn sie in der Eingabe unter Hinweis auf die gesetzliche Grundlage in Anspruch genommen wird (§ 26a Abs 2 GGG). 309

V. Einlagenstand nach § 4 Abs 12 Z 3 EStG

Durch die Umwandlung gehen die Einlagen der umgewandelten Körperschaft steuerneutral auf den Rechtsnachfolger über. Wie bei der vergleichbaren Verschmelzung „up-stream" fällt das Einlagen-Evidenzkonto der umgewandelten Körperschaft weg; das Einlagen-Evidenzkonto einer rechtsnachfolgenden Körperschaft bleibt durch die Umwandlung unberührt. 309a

VI. Innenfinanzierung nach § 4 Abs 12 Z 4 EStG

Die Innenfinanzierung der umzuwandelnden Körperschaft ist der Innenfinanzierung einer rechtsnachfolgenden Körperschaft im Umfang ihrer Beteiligung zuzurechnen und von dieser fortzuführen („anteilige Addition", § 2 Abs 2 IF-VO). Maßgeblich ist die Beteiligungshöhe an der umzuwandelnden Körperschaft im Zeitpunkt der Eintragung des Umwandlungsbeschlusses in das Firmenbuch; eine Zurechnung der auf das Beteiligungsausmaß ausscheidender Minderheitsgesellschafter entfallenden Innenfinanzierung erfolgt nicht. 309b

Weist die umzuwandelnde Körperschaft eine negative Innenfinanzierung auf, ist die der Rechtsnachfolgerin (anteilig) zuzurechnende Innenfinanzierung der umzuwandelnden Körperschaft um eine unternehmensrechtliche Abschreibung auf die Beteiligung an der umgewandelten Körperschaft zu erhöhen (siehe dazu Tz 177).

Um eine Doppelberücksichtigung zu vermeiden, hat ein der Ausschüttungsfiktion gemäß § 9 Abs 6 UmgrStG unterliegender Betrag keine Auswirkungen auf die Innenfinanzierung der rechtsnachfolgenden Körperschaft. Auch umgekehrt hat die Innenfinanzierung der umgewandelten Körperschaft keine Auswirkung auf den fiktiven Ausschüttungsbetrag; dieser ergibt sich ausschließlich nach der Bestimmung des § 9 Abs 6 UmgrStG.

Insoweit an der umgewandelten Körperschaft natürliche Personen und andere Rechtsträger beteiligt sind, die nicht zur Evidenzierung der Innenfinanzierung verpflichtet sind, geht die Innenfinanzierung der übertragenden Körperschaft (anteilig) unter. 309c

Beispiel (UmgrStR RZ 628):
Die natürliche Person A und die M-GmbH sind zu jeweils 50 % an T-GmbH beteiligt. Die M-GmbH weist einen steuerlichen Einlagenstand von 35 und eine Innenfi-

nanzierung von 30 auf. Die T-GmbH hat ebenfalls steuerliche Einlagen von 35 und eine Innenfinanzierung von 40.
Die T-GmbH soll gemäß Art. II UmgrStG errichtend in eine GmbH & Co KG umgewandelt werden. An der neuen Mitunternehmerschaft sollen die M-GmbH zu 50 % als Komplementärin und die natürliche Person A zu 50 % als Kommanditistin beteiligt sein.
Die Innenfinanzierung der umzuwandelnden T-GmbH (40) ist der Innenfinanzierung der M-GmbH (30) gemäß § 2 Abs 2 IF-VO entsprechend dem Beteiligungsausmaß im Zeitpunkt der Eintragung des Umwandlungsbeschlusses im Firmenbuch (50 %) hinzuzurechnen, sodass sich bei der M-GmbH eine Innenfinanzierung im Ausmaß von 50 ergibt (30+40*0,5). Der Buchverlust aus dem Abgang der Beteiligung an der T-GmbH und der Buchgewinn aus dem Zugang der Beteiligung an der Mitunternehmerschaft haben keine Auswirkungen auf die Innenfinanzierung der M-GmbH (§ 1 Abs 1 Z 2 IF-VO). Um eine doppelte Berücksichtigung des Gewinnkapitals der T-GmbH zu vermeiden, ist der der Ausschüttungsfiktion gemäß § 9 Abs 6 UmgrStG unterliegende Betrag für Zwecke der Ermittlung der Innenfinanzierung nicht relevant (siehe UmgrStR RZ 545).

4. Abschnitt
Einbringung

A. Einbringung auf einen Blick

Bei der Einbringung wird vom Einbringenden Vermögen auf eine Körperschaft übertragen. Der Einbringende erhält als Gegenleistung grundsätzlich ausschließlich (neue) Anteile an der übernehmenden Körperschaft. 311

Nach dem allgemeinen Steuerrecht gilt die Einbringung von Vermögen als Tausch. Die Tauschbesteuerung unterbleibt jedoch, wenn das UmgrStG anzuwenden ist. 312

Das UmgrStG ist auf eine Einbringung anzuwenden, wenn aufgrund eines Einbringungsvertrages bestimmtes Vermögen mit positivem Verkehrswert auf eine Körperschaft übertragen wird und der Einbringende hierfür ausschließlich neue Anteile an der übernehmenden Körperschaft erhält oder zulässiger Weise von der Gewährung neuer Anteile abgesehen wird. 313

Beim Einbringenden ist das übertragene Vermögen in der Regel mit den Anschaffungskosten bzw dem Buchwert anzusetzen (keine Tauschbesteuerung). Um die stillen Reserven des eingebrachten Vermögens in den gewährten Anteilen an der übernehmenden Körperschaft steuerhängig zu halten, sind die Anteile an der übernehmenden Körperschaft mit den Anschaffungskosten bzw dem Buchwert des eingebrachten Vermögens zu bewerten. 314

Unabhängig von unternehmensrechtlichen Bewertungswahlrechten hat die übernehmende Körperschaft steuerlich das übernommene Vermögen mit den vom Einbringenden angesetzten Buchwerten (Anschaffungskosten) zu übernehmen (Buchwertfortführung). Buchgewinne und -verluste wirken sich auf den steuerlichen Gewinn bzw Verlust der übernehmenden Körperschaft nicht aus (Ausnahme: Confusio-Ergebnisse). 315

B. Begriff der Einbringung

I. Einbringung nach allgemeinem Gesellschaftsrecht

Unter dem Begriff der „Einbringung“ wird die Übertragung von Vermögen auf eine Körperschaft auf gesellschaftlicher Grundlage verstanden (zB Sachgründung, Sacheinlage mit Kapitalerhöhung oder Sachzuwendung ohne Anteilsgewährung). Vom Anwendungsbereich des Art III UmgrStG ist jedoch lediglich die Einbringung eines Betriebes, Teilbetriebes, Mitunternehmeranteiles und 316 eines qualifizierten Kapitalanteiles umfasst (siehe Tz 329 ff). Sonstiges Vermögen (zB Grundstücken) ist durch das UmgrStG nicht begünstigt (siehe Tz 321).

317 Im Gegensatz zur Verschmelzung, Umwandlung oder Spaltung enthält das Gesellschaftsrecht für die im Wege der Einbringung erfolgende Vermögensübertragung keine speziellen Bestimmungen. Gesellschaftsrechtlich sind auf die Vermögensübertragung daher die Bestimmungen über die **Sacheinlage** (bzw Sachübernahme) anzuwenden (vgl §§ 20 ff AktG, §§ 6 ff GmbHG).

318 Die Einbringung von Vermögen erfolgt zivilrechtlich durch **Einzelrechtsnachfolge** (Ausnahmen: § 142 UGB, § 92 BWG, § 61a VAG). Der Einbringende kann daher Vertragsverhältnisse nur mit Zustimmung der Vertragspartner auf die übernehmende Körperschaft übertragen.

319 Bei der Einbringung eines (Teil-)Betriebes wird in der Regel **§ 38 UGB** anwendbar sein, der einen Übergang von unternehmensbezogenen Rechtsverhältnissen vorsieht, sofern der Vertragspartner dem nicht widerspricht. **Arbeitsverhältnisse** sind von dieser Zustimmungsbedürftigkeit ausgenommen: Wird ein Unternehmen, Betrieb oder Teilbetrieb übertragen, gehen kraft Gesetzes auch sämtliche Arbeitsverhältnisse auf den Erwerber über (vgl §§ 3 ff AVRAG).

320 Die Grundlage für die Sacheinlage bildet der **Sacheinlagevertrag** (Einbringungsvertrag). Der Sacheinlagevertrag regelt vor allem den Einbringenden und die übernehmende Körperschaft, das auf die Körperschaft zu übertragende Vermögen, die hierfür zu erbringende Gegenleistung und den Stichtag, zu dem die mit dem Einbringungsvermögen verbundenen Rechte und Pflichten auf die Körperschaft übergehen.

II. Ausgliederung nach dem EU-UmgrG

320a Bei der Ausgliederung iSd EU-UmgrG überträgt eine EU-Kapitalgesellschaft Vermögen grenzüberschreitend und im Wege der Gesamtrechtsnachfolge auf eine oder mehrere dadurch neu gegründete EU-Kapitalgesellschaften. Die übertragende Gesellschaft erhält hierfür als Gegenleistung die Anteile an der neu gegründeten Gesellschaft (bzw den neu gegründeten Gesellschaften).

Das EU-UmgrG regelt die Ausgliederung in seinem 4. Hauptstück zur grenzüberschreitenden Spaltung (siehe dazu *Reich-Rohrwig*, SWK 2023, 847 ff). Da die Gegenleistungsanteile der übertragenden Gesellschaft und nicht ihren Gesellschaftern gewährt werden, entspricht die Ausgliederung einer Einbringung zur Neugründung und wird deshalb steuerlich in Art III UmgrStG geregelt (§ 12 Abs 4 UmgrStG).

C. Ertragsteuerliche Folgen nach allgemeinem Steuerrecht

Erfüllt eine Einbringung oder eine Ausgliederung nach dem EU-UmgrG nicht sämtliche Voraussetzungen des Art III UmgrStG (siehe Tz 324), ist der Vorgang nach allgemeinem Steuerrecht zu beurteilen. Nach allgemeinen ertragsteuerlichen Grundsätzen gilt die Einbringung von Vermögen in eine Körperschaft als Tausch (§ 6 Z 14 lit b EStG). Da beim Tausch jeweils eine Anschaffung und eine Veräußerung vorliegt (§ 6 Z 14 lit a EStG), werden die im eingebrachten Vermögen enthaltenen stillen Reserven aufgedeckt und versteuert (§§ 27 Abs 3, 30 EStG im außerbetrieblichen Bereich bzw §§ 21 bis 24 EStG im betrieblichen Bereich). 321

Ist auf die Einbringung eines Betriebes, Teilbetriebes, Mitunternehmeranteiles das allgemeine Steuerrecht anzuwenden, stehen dem Einbringenden die auf den Veräußerungsgewinn anwendbaren Begünstigungen zu (vgl §§ 24, 37 EStG). Bei der Einbringung von Kapitalanteilen kommt bei natürlichen Personen sowohl im betrieblichen als auch im außerbetrieblichen Bereich grundsätzlich der besondere Steuersatz iHv 27,5 % zur Anwendung (§ 27a Abs 1 iVm § 27 Abs 3 EStG). 322

Eine Gewinnrealisierung durch Tausch unterbleibt nur, wenn auf den Einbringungsvorgang das UmgrStG anzuwenden ist (§ 6 Z 14 lit b EStG). 323

D. Anwendungsbereich des UmgrStG

Da eine unternehmensrechtliche Definition der Einbringung fehlt, wird der Begriff der „Einbringung“ im UmgrStG selbst beschrieben (§§ 12, 19 UmgrStG). Eine Einbringung iSd Art III UmgrStG liegt vor, wenn 324

- aufgrund eines **Einbringungsvertrages** (siehe unten Tz 326 ff)
- und einer **Einbringungsbilanz** (siehe unten Tz 328a)
- ein **Betrieb, Teilbetrieb, Mitunternehmeranteil** oder ein **qualifizierter Kapitalanteil** (sog **„einbringungsfähiges Vermögen“**, siehe unten Tz 329 ff)

  Bei der Einbringung eines Betriebes oder Teilbetriebes ist zum Einbringungsstichtag eine Steuerbilanz des gesamten Betriebes zu erstellen **(„Stichtagsbilanz“)**. Wird ein Mitunternehmeranteil eingebracht, bezieht sich das Erfordernis einer steuerlichen Stichtagsbilanz auf die Mitunternehmerschaft.

- mit **positivem Verkehrswert** (siehe unten Tz 349 ff)
- zu einem bestimmten **Einbringungsstichtag** (siehe unten Tz 366 ff)
- auf eine **übernehmende Körperschaft** (siehe unten Tz 356 f)
- **tatsächlich übertragen** wird (siehe unten Tz 354 f), und
- dem **Einbringenden** (siehe unten Tz 358 f)
- hierfür eine bestimmte **Gegenleistung** gewährt wird (siehe unten Tz 360 ff).

325 Erfüllt der Einbringungsvorgang diese Voraussetzungen, ist das UmgrStG **zwingend** anzuwenden, ein Anwendungswahlrecht besteht nicht (§ 12 Abs 5 UmgrStG). Daneben unterliegt auch eine Ausgliederung nach dem EU-UmgrG als Einbringung dem Anwendungsbereich des Art III UmgrStG, wenn die Ausgliederung die hierfür vorgesehenen allgemeinen Voraussetzungen erfüllt (§ 12 Abs 4 iVm Abs 1, 2 und 3 Z 2 UmgrStG).

I. Einbringungsvertrag

326 Die Anwendbarkeit des UmgrStG setzt die Existenz eines schriftlichen Einbringungsvertrages voraus. Dieser bildet die rechtsgeschäftliche Grundlage der Einbringung und hat neben den Vertragsparteien (Einbringender und übernehmende Körperschaft) insbesondere eine detaillierte Darstellung des zu übertragenden Vermögens, die hierfür zu erbringende Gegenleistung sowie den Stichtag zu enthalten, zu dem die mit dem Einbringungsvermögen verbundenen Rechte und Pflichten mit schuldrechtlicher Wirkung auf die Körperschaft übergehen sollen („Einbringungsstichtag“). Soweit die Erstellung einer Stichtagsbilanz und einer Einbringungsbilanz erforderlich ist, werden diese in der Regel zu integrierenden Bestandteilen des Einbringungsvertrages erklärt und diesem angeschlossen.

327 Wird durch eine Einbringung die übernehmende Körperschaft neu gegründet (Sachgründung), kann der für die Anwendung des UmgrStG wesentliche Inhalt des Einbringungsvertrages im Gesellschaftsvertrag aufgenommen werden; ein gesonderter Einbringungsvertrag ist zulässig jedoch nicht erforderlich.

328 Erweist sich die Einbringung und damit der Einbringungsvertrag als zivilrechtlich nichtig, ist zu unterscheiden: Erfolgt aufgrund der Nichtigkeit die Löschung der sachgegründeten Gesellschaft oder die Löschung der eingetragenen Kapitalerhöhung, ist eine Einbringung steuerlich von Anfang an nicht zustande gekommen („Maßgeblichkeit des Unternehmensrechts“). Das eingebrachte Vermögen ist auch nach dem Einbringungsstichtag ohne Gewinnrealisierung weiterhin dem Einbringenden zuzurechnen. Erfolgte im Rahmen einer nichtigen Einbringung keine Sachgründung oder Kapitalerhöhung, bleibt die Einbringung steuerlich bestehen und das UmgrStG anwendbar (BMF, ecolex 2002, 49). Wird eine solche Einbringung zivilrechtlich rückabgewickelt, sollte das eingebrachte Vermögen ohne Gewinnrealisierung rückwirkend dem Einbringenden zuzurechnen ist.

II. Einbringungsbilanz

328a Bei der Einbringung eines **Betriebes, Teilbetriebes, Mitunternehmeranteiles** oder eines **zu einem (österreichischen) Betriebsvermögen gehörenden Kapitalanteiles** hat der Einbringende zum Einbringungsstichtag eine Einbringungsbilanz zu erstellen (§§ 12 Abs 1, 15 UmgrStG). In der Einbringungsbilanz ist das eingebrachte Vermögen mit dem sich nach den Bewertungsvorschriften der §§ 16, 17 UmgrStG ergebenden Wert anzusetzen (siehe dazu Tz 398 ff). Die Vornahme von rückwirkenden Vermögensänderungen iSd § 16 Abs 5 UmgrStG ist ebenfalls in der Einbringungsbilanz darzustellen (siehe dazu Tz 410 ff). Der Saldo aus Aktiva und Passiva ist als Einbringungskapital auszuweisen (siehe dazu auch Tz 386 ff).

Das Erstellen einer Einbringungsbilanz kann unterbleiben, wenn die steuerlich maßgebenden Werte des eingebrachten Vermögens und das Einbringungskapital im Einbringungsvertrag beschrieben werden (§ 15 Satz 3 UmgrStG).

Werden Kapitalanteile eingebracht, die nicht zu einem österreichischen Betriebsvermögen gehören (Privatvermögen bzw ausländisches Betriebsvermögen), kann die Erstellung einer Einbringungsbilanz unterbleiben. In diesem Fall empfiehlt es sich jedoch, die steuerlich maßgebenden Werte des Kapitalanteils zu Dokumentationszwecken im Einbringungsvertrag entsprechend festzuhalten (zur Aufzeichnungs- und Evidenzpflicht siehe Tz 1044).

Beispiel:
Die in Deutschland ansässige D-GmbH bringt ihre Beteiligung an der österreichischen Ö-AG in eine österreichische GmbH ein. Da die Beteiligung an der Ö-AG keinem österreichischen Betriebsvermögen zugehört („Isolationstheorie"), kann die Erstellung einer Einbringungsbilanz unterbleiben.

Die Einbringungsbilanz ist dem für die übernehmende Körperschaft zuständigen Finanzamt vorzulegen; eine Vorlage beim zuständigen Firmenbuchgericht ist nach den Vorschriften des UmgrStG nicht erforderlich (§ 15 Satz 2 UmgrStG). 328b

Wird die Einbringungsbilanz nicht innerhalb der Neunmonatsfrist dem Finanzamt übermittelt, hat das Finanzamt die Vorlage innerhalb einer zweiwöchigen Verbesserungsfrist aufzutragen. Kommt der Einbringende dieser Aufforderung fristgerecht nach, wird der rückwirkende Einbringungsstichtag anerkannt (UmgrStR RZ 791). 328c

III. Einbringungsfähiges Vermögen

Das UmgrStG ist nur anzuwenden, wenn durch die Einbringung 329

- ein **Betrieb** oder **Teilbetrieb**,
- ein **Mitunternehmeranteil** oder
- ein **qualifizierter Kapitalanteil**

auf die übernehmende Körperschaft übertragen wird (§ 12 Abs 2 UmgrStG).

Wird bei einer Einbringung zur Neugründung oder gegen Kapitalerhöhung zur Vermeidung einer Gründungsprüfung neben der Übertragung des einbringungsfähigen Vermögens die Hälfte des ausgegebenen Nominalkapitals bar einbezahlt, liegen steu- 329a erlich zwei getrennte Übertragungsvorgänge vor: Die Bareinlage erfolgt außerhalb des UmgrStG; auf das einbringungsfähige Vermögen ist das UmgrStG anwendbar, wenn auch sonst alle Voraussetzungen der §§ 12 und 19 UmgrStG erfüllt sind (im Ergebnis ebenso *Wiesner/Schwarzinger*, UmS 130/29/02, SWK 2002, 1136). Eine solche Bareinlage ändert auch nichts am Vorliegen einer Sachgründung iSd § 13 Abs 1 TS 1 UmgrStG und somit an der Zuständigkeit des Firmenbuchgerichtes.

1. Betrieb – Teilbetrieb

330 Mangels einer gesetzlichen Definition ergeben sich die Begriffe „Betrieb" und „Teilbetrieb" nach dem allgemeinen Steuerrecht:

331 Demnach wird unter einem **Betrieb** die Zusammenfassung menschlicher Arbeitskraft und sachlicher Produktionsmittel in einer organisatorischen Einheit verstanden.

Um dem Betriebserfordernis zu entsprechen, muss der Einbringende zumindest eine wesentliche Betriebsgrundlage auf die übernehmende Körperschaft übertragen; weitere wesentliche Betriebsgrundlagen müssen der Körperschaft im Zuge der Einbringung zumindest zur Nutzung überlassen werden, wenn dies für den Erhalt der bestehenden Betriebseigenschaft erforderlich ist (vgl UmgrStR RZ 688).

332 Unter einem **Teilbetrieb** versteht man dagegen einen organisch in sich geschlossenen, mit einer gewissen Selbständigkeit ausgestatteten Teil eines Betriebes, der es vermöge seiner Geschlossenheit der übernehmenden Körperschaft ermöglicht, die gleiche Erwerbstätigkeit ohne weiteres fortzusetzen (siehe EStR 2000 Rz 5579 ff).

333 Der Teilbetrieb muss aus der Sicht des Einbringenden grundsätzlich schon am Einbringungsstichtag selbständig geführt worden sein. Eine nur interne Selbständigkeit genügt nicht.

334 Die Übertragung eines (Teil-)Betriebes unterliegt nur dann dem UmgrStG, wenn der (Teil-)Betrieb eine **Einkunftsquelle** darstellt und **zur Erzielung von betrieblichen Einkünften dient**. Daher sind zB die Übertragung von Liebhabereibetrieben, aufgegebenen Betrieben und Hoheitsbetrieben iS des § 2 Abs 5 KStG vom UmgrStG nicht erfasst. Unerheblich ist es dagegen, ob die erzielten Einkünfte steuerpflichtig oder steuerfrei sind. Demnach ist die Einbringungsfähigkeit von steuerbefreiten Betrieben gegeben (UmgrStR RZ 712).

335 Ein einbringungsfähiger Betrieb oder Teilbetrieb liegt nur dann vor, wenn zum Einbringungsstichtag **für den gesamten Betrieb eine Steuerbilanz** iS des § 4 Abs 1 bzw § 5 EStG erstellt wird („Stichtagsbilanz", § 12 Abs 2 Z 1 UmgrStG). Eine UGB-Bilanz stellt nur dann eine Stichtagsbilanz iSd § 12 Abs 2 Z 1 UmgrStG dar, wenn die Abweichungen zwischen den unterneh-

mensrechtlichen und steuerlichen Buchwerten dem Finanzamt vorgelegt werden bzw aus dem Einbringungsvertrag hervorgehen (UmgrStR RZ 816).

Wird die Stichtagsbilanz nicht innerhalb der Neunmonatsfrist dem Finanzamt übermittelt, hat das Finanzamt die Vorlage innerhalb einer zweiwöchigen Verbesserungsfrist aufzutragen. Kommt der Einbringende dieser Aufforderung fristgerecht nach, wird der rückwirkende Einbringungsstichtag anerkannt (UmgrStR RZ 791).

Beispiel: 336
Rechtsanwalt A überträgt seine Kanzlei per 31.12.01 der Global-GmbH. Nach Übertragung des Vermögens tritt Rechtsanwalt A in den Ruhestand.
Da die Kanzlei einen Betrieb darstellt, überträgt Rechtsanwalt A der Global-GmbH Vermögen iS des § 12 Abs 2 Z 1 UmgrStG. Ob A in der Global-GmbH weiterhin tätig ist, sich auf die Gesellschafterstellung zurückzieht oder die als Gegenleistung von der Global-GmbH gewährten Anteile veräußert, ist für die Anwendbarkeit des UmgrStG unerheblich (vgl BMF, RdW 1999, 182).

2. Mitunternehmeranteil

Wie die Definition des (Teil-)Betriebes ergibt sich auch die Definition des Mitunternehmeranteiles aus dem **allgemeinen Steuerrecht**. Demnach versteht man unter einem Mitunternehmeranteil die unternehmerische Beteiligung an einer betrieblich (nicht vermögensverwaltend) tätigen inländischen oder ausländischen Personengesellschaft. In welchem Ausmaß die Beteiligung an der Mitunternehmerschaft besteht, ist unerheblich; ebenso hat es auf die Anwendung des UmgrStG keine Auswirkung, ob der Mitunternehmeranteil zur Gänze oder nur zum Teil auf die übernehmende Körperschaft übertragen wird. 337

Nach Auffassung des BMF sind Mitunternehmeranteile, die keine Beteiligung am Vermögen einschließlich Firmenwert und stiller Reserven der Mitunternehmerschaft vermitteln, nicht einbringungsfähig (UmgrStR RZ 718).

Beispiel: 338
Herr A ist Gesellschafter der ABC-GesBR, deren ausschließlicher Unternehmensgegenstand die Vermietung von Liegenschaften ist. Mit Stichtag 31.12.01 überträgt A seinen Gesellschaftsanteil auf die A-GmbH.
Da die ABC-GesBR lediglich vermögensverwaltend tätig wird, überträgt Herr A keinen Mitunternehmeranteil. Das UmgrStG ist auf diese Vermögensübertragung daher nicht anzuwenden.

Zum Mitunternehmeranteil gehören das **fixe und variable (Eigen-)Kapital**, das **Sonderbetriebsvermögen** und das **Ergänzungskapital** aus der Anschaffung des Mitunternehmeranteiles. 339

Wird ein Mitunternehmeranteil entgeltlich erworben, weichen die Anschaffungskosten der anteilig erworbenen Wirtschaftsgüter von den Buchwerten der Gesellschaft 340 regelmäßig ab. Die über den Buchwerten der Gesellschaftsbilanz liegenden Anschaffungskosten des erwerbenden Mitunternehmers sind als Zusatzaktiva und Zusatzpassiva in eine Ergänzungsbilanz des erwerbenden Mitunternehmers einzustellen. Die aus dem Ergänzungskapital resultierenden höheren Abschreibungen stellen Sonderbetriebsausgaben des erwerbenden Mitunternehmers dar.

340a Sonderbetriebsvermögen kann im Rahmen der rückbezogenen Vermögensänderungen durch den Einbringenden zurückbehalten werden (siehe dazu Tz 412b). Bei Einbringenden, deren Mitunternehmeranteil keinem Betriebsvermögen zuzurechnen ist, führt die Einbringung des gesamten Mitunternehmeranteils unter Zurückbehalten des Sonderbetriebsvermögens jedoch zur Entnahmebesteuerung des Sonderbetriebsvermögens. Die Entnahmebesteuerung des Sonderbetriebsvermögens kann verhindert werden, wenn sich der Einbringende zumindest einen (Zwerg-)Anteil seines Mitunternehmeranteils zurückbehält, weil der Einbringende in diesem Fall weiterhin Mitunternehmer ist und es zu keiner Entnahme des Sonderbetriebsvermögens in den außerbetrieblichen Bereich kommt (EStR 2000 RZ 5934).

340b Bei der Einbringung von **Teilen eines Mitunternehmeranteils** werden das fixe Kapitalkonto, die variablen Kapitalkonten, das Sonderbetriebsvermögen und das Ergänzungskapital quotenmäßig dem eingebrachten Teil des Mitunternehmeranteils zugeordnet (UmgrStR Rz 719). Änderungen dieser Zuteilung können durch rückbezogene Vermögensänderungen iS des § 16 Abs 5 UmgrStG erfolgen (siehe dazu UmgrStR RZ 721 und 926).

Beispiel:
Der Gesellschafter X ist als Kommanditist zu 10 % am Vermögen einer GmbH & Co KG beteiligt. Sein fixes Kapitalkonto beträgt 200, seine variablen Kapitalkonten betragen in Summe 500. Im Sonderbetriebsvermögen hält X eine Liegenschaft mit einem Buchwert von 800. X bringt die Hälfte seines Kommanditanteiles in die X-GmbH ein und behält sich dabei die variablen Verrechnungskonten und das Sonderbetriebsvermögen zurück.
Der eingebrachte Mitunternehmeranteil besteht aus dem anteiligen fixen Kapitalkonto von 100, dem anteiligen variablen Kapitalkonten von 250 und dem anteiligen Sonderbetriebsvermögen von 400. Das Zurückbehalten der anteiligen variablen Kapitalkonten von 250 und des Sonderbetriebsvermögens von 400 erfolgt rückwirkend zum Einbringungsstichtag im Rahmen der Verschiebetechnik des § 16 Abs 5 Z 4 UmgrStG.

341 Die Anwendbarkeit des UmgrStG erfordert eine auf den Einbringungsstichtag erstellte **Steuerbilanz** iS des § 4 Abs 1 bzw § 5 EStG **der Mitunternehmerschaft**, an der die eingebrachte Beteiligung besteht (zur Stichtagsbilanz siehe auch oben Tz 335).

Gehört der Mitunternehmeranteil zum Vermögen eines eingebrachten Betriebes oder Teilbetriebes, ist für die Mitunternehmerschaft, an der die eingebrachte Beteiligung besteht, keine Bilanz zu erstellen (*Wiesner/Schwarzinger*, UmS 140/01/03, SWK 2003, 29). Dabei ist das Ergebnis der Mitunternehmerschaft im Wege der Schätzung auf den Einbringenden und die übernehmende Körperschaft aufzuteilen (vgl UmgrStR RZ 92 zur Verschmelzung). Diese Aufteilung wird grundsätzlich zeitanteilig erfolgen. Wird die Aufteilung des Ergebnisses in der Stichtags- bzw Einbringungsbilanz nicht oder nur unzureichend dargestellt, liegt kein Hindernis für die Anwendung des Art III UmgrStG vor. Die Bilanzen sind gegebenenfalls entsprechend zu berichtigen.

Diese Grundsätze gelten auch bei der Einbringung eines Anteils an einer Mitunternehmerschaft in deren Vermögen sich wiederum ein Mitunternehmeranteil befindet („doppel- oder mehrstöckige“ Mitunternehmerschaften). Auch hier ist lediglich eine Stichtagsbilanz für die Mitunternehmerschaft erforderlich, an der die unmittelbar eingebrachte Beteiligung besteht; für die lediglich mittelbar eingebrachte Mitunternehmerschaft ist dagegen keine Stichtagsbilanz erforderlich.

Beispiel:
A ist zu 30 % als Kommanditist an der Mutter-KG beteiligt. Die Mutter-KG ist wiederum zu 90 % als Kommanditist an der Tochter-KG beteiligt. A will seinen Mitunternehmeranteil an der Mutter-KG mit Stichtag 31.12.01 in die A-GmbH einbringen. In diesem Fall ist lediglich eine Stichtagsbilanz der Mutter-KG zum 31.12.01 erforderlich. Das Ergebnis der Tochter-KG ist im Wege der Schätzung zeitanteilig auf A und die A-GmbH aufzuteilen.

Wird die Stichtagsbilanz nicht innerhalb der Neunmonatsfrist dem Finanzamt über- 341a
mittelt, hat das Finanzamt die Vorlage innerhalb einer zweiwöchigen Verbesserungsfrist aufzutragen. Kommt der Einbringende dieser Aufforderung fristgerecht nach, wird der rückwirkende Einbringungsstichtag anerkannt (UmgrStR RZ 791).

Die Einbringung eines Mitunternehmeranteils sollte in der Einbringungsbilanz 341b
wie folgt abgebildet werden: Das fixe und variable Kapital, sowie allfällige Ergänzungsbilanzposten werden auf der Aktivseite der Einbringungsbilanz unter dem Posten „Mitunternehmeranteil“ ausgewiesen. Miteingebrachtes Sonderbetriebsvermögen (Aktiva bzw Passiva) ist als eigener Posten gesondert auszuweisen. Der daraus resultierende Saldo ergibt das Einbringungskapital. Allfällige rückwirkende Vermögensänderungen iSd § 16 Abs 5 UmgrStG sind zu berücksichtigen (siehe dazu Tz 410 ff).

Beispiel:
A ist zu 30 % als Kommanditist an der AB-KG beteiligt. Zusätzlich vermietet A der AB-KG ein ihm gehörendes Grundstück (Sonderbetriebsvermögen). A beabsichtigt seinen Mitunternehmeranteil an der AB-KG und das sich im Sonderbetriebsvermögen befindliche Grundstück in die A-GmbH einzubringen. In der Einbringungsbilanz hat A auf der Aktivseite die Summe aus fixem und variablem Kapitalkonto (800) unter der Position „Mitunternehmeranteil AB-KG“ auszuweisen. Das sich im Sonderbetriebsvermögen des A befindliche Grundstück (1.000) wird hingegen als eigene Position in die Einbringungsbilanz aufgenommen. Der daraus resultierende Saldo (1.800) ist auf der Passivseite als Einbringungskapital auszuweisen.

Bilanz AB-KG

AV	1.500	Kapitalkonto A (fix)	300
UV	2.500	Kapitalkonto B (fix)	700
		Kapitalkonto A (var)	500
		Kapitalkonto B (var)	1.000
		FK	1.500
	4.000		**4.000**

Sonderbilanz A

Grundstück	1.000	Sonderbilanzkapital	1.000
	1.000		**1.000**

Einbringungsbilanz A

Mitunternehmeranteil AB-KG			Einbringungskapital	1.800
fixes Kapital	300			
variables Kapital	500	800		
Sonderbetriebsvermögen (Grundstück)		1.000		
		1.800		1.800

3. Kapitalanteil

342 Im Gegensatz zu den Begriffen des (Teil-)Betriebes und des Mitunter-nehmeranteiles definiert das UmgrStG den Begriff des einbringungsfähigen Kapitalanteiles selbst (§ 12 Abs 2 Z 3 UmgrStG). Demnach ist die Übertragung folgender Kapitalanteile von der Anwendung des UmgrStG erfasst:

343 • Anteile an **inländischen Kapitalgesellschaften**, an **vergleichbaren ausländischen Kapitalgesellschaften** sowie Anteile an **Erwerbs- und Wirtschaftsgenossenschaften** und

344 • Anteile an anderen ausländischen **Gesellschaften eines EU-Staates**, sofern die Gesellschaft die in der Anlage zum UmgrStG vorgesehenen Voraussetzungen erfüllt.

Weitere Voraussetzung ist, dass

345 • die Anteile mindestens **25 %** des **Nennkapitals** (Grund- oder Stammkapital) oder im Fall der Einbringung eines **Surrogatkapitalanteils** (zB Substanzgenussrechtskapital nach § 8 Abs 3 Z 1 KStG) mindestens **25 %** des **rechnerischen Wert des Gesamtkapitales** (Summe aus Nominal- und Surrogatkapital) ausmachen (UmgrStR RZ 731), *oder*

346 • die Anteile – alleine oder zusammen mit auf den selben Stichtag übertragenen Anteilen eines Dritten – der übernehmenden Körperschaft die **Mehrheit der Stimmrechte verschaffen** oder die bestehende Stimmrechtsmehrheit

erweitern; dabei müssen bestehende Anteile der übernehmenden Körperschaft an der „eingebrachten Körperschaft“ der übernehmenden Körperschaft bereits zum Einbringungsstichtag zuzurechnen sein (UmgrStR RZ 733; nicht zwingend, systematischer wäre wohl das Abstellen auf den Tag des Abschlusses des Einbringungsvertrages).

Beispiel:
A möchte seinen seit fünf Jahren in seinem Besitz befindlichen 10-%-Anteil an der B-GmbH zum 31.12.01 in die C-GmbH einbringen. Die C-GmbH hat einen 40%igen Anteil an der B-GmbH (a) am 1.12.01 bzw (b) am 1.3.02 erworben.
Die Einbringung ist im Fall (a) zum 31.12.01 und im Fall (b) frühestens zum 1.3.02 möglich.

Wird ein Kapitalanteil von einer **vermögensverwaltenden** Personengesellschaft gehalten, ist Einbringender nicht die Personengesellschaft, sondern die einzelnen Gesellschafter. Daher muss jeder einzelne Gesellschafter für sich die Voraussetzungen eines einbringungsfähigen Kapitalanteils erfüllen (UmgrStR RZ 726, 718). 346a

Beispiel:
Die natürlichen Personen A und B sind jeweils 20 % an der X-GmbH beteiligt und möchten diese Anteile in die Y-AG im Sinne des Art III des UmgrStG einbringen. Da die Y-AG selbst noch keine Anteile an der X-GmbH hält, ist eine Einbringung nicht möglich, da weder A noch B alleine zu 25 % beteiligt sind, noch eine Stimmrechtsmehrheit begründet oder erweitert wird. Deshalb beschließen A und B eine OG zu gründen und mittels der OG die insgesamt 40 % Anteile in die Y-AG einzubringen.
Da die OG eine rein vermögensverwaltende Personengesellschaft ist, sind A und B die Einbringenden und nicht die OG. Die Einbringung fällt also auch nach Gründung einer OG nicht unter Art III UmgrStG.

Wurde die **Anschaffung des Kapitalanteiles** fremdfinanziert, kann ein am Einbringungsstichtag noch nachweisbar bestehendes **Fremdkapital** gemeinsam mit dem Kapitalanteil eingebracht werden (Wahlrecht nach § 12 Abs 2 Z 3 vorletzter Satz UmgrStG). Dagegen sind am Einbringungsstichtag noch bestehende Verbindlichkeiten zwingend auf die übernehmende Körperschaft zu übertragen, wenn die **Verbindlichkeiten** mit einer **Einlage** (§ 8 Abs 1 KStG) in Zusammenhang stehen, die der Einbringende innerhalb von zwei Jahren vor dem Einbringungsstichtag in die Körperschaft getätigt hat (Anwendungsvoraussetzung nach § 12 Abs 2 Z 3 letzter Satz UmgrStG). 347

Das Wahlrecht zur Mitübertragung einer Verbindlichkeiten iZm der Anschaffung des Kapitalanteiles kommt nur dann zur Anwendung, wenn der Kapitalanteil isoliert übertragen wird. Wird ein einem (Teil-)Betrieb zugehöriger Kapitalanteil im Rahmen einer (Teil-)Betriebseinbringung übertragen, ist das Wahlrecht zur Mitübertragung von Finanzierungsverbindlichkeit hingegen nicht anzuwenden (VwGH 17.7.2019, Ro 2016/13/0018, UmgrStR RZ 734). In diesem Fall sind die allgemeinen Grundsätze zum Finanzierungszusammenhang nach § 16 Abs 5 Z 3 und 4 UmgrStG zu beachten (siehe dazu Tz 425 ff und Tz 428a ff).

348 Finanzierte der Einbringende den Erwerb des einzubringenden Kapitalanteiles fremd, sind folgende Grundsätze zu beachten:

Im Bereich der **Einkommensteuer** sind Schuldzinsen nicht als Betriebsausgaben und Werbungskosten abzugsfähig, wenn die Schuldzinsen in einem unmittelbaren Zusammenhang mit dem Kapitalanteil stehen (§ 20 Abs 2 EStG). Im Bereich der **Körperschaftsteuer** sind Fremdkapitalzinsen, die in Zusammenhang mit dem Erwerb eines Kapitalanteiles stehen, grundsätzlich als Betriebsausgabe abzugsfähig, wenn die Beteiligung einem Betriebsvermögen angehört und nicht von einem „konzerninternen" Veräußerer erworben wurde; Zinsen in Zusammenhang mit einem fremdfinanzierten konzerninternen Beteiligungserwerb sind somit nicht abzugsfähig (§§ 11 Abs 1 Z 4, 12 Abs 1 Z 9 KStG).

Bringt eine **natürliche Person** ihren Kapitalanteil aus ihrem Privatvermögen in eine Körperschaft ein und behält sie die Verbindlichkeiten aus der Anschaffung des eingebrachten Anteiles zurück, ist der Zinsaufwand auch nach der Einbringung nicht abzugsfähig, weil er keiner steuerlich relevanten Einkunftsquelle zuzurechnen ist. Wird die Verbindlichkeit gemeinsam mit dem Kapitalanteil eingebracht, könnten die nach dem Einbringungsstichtag anfallenden Schuldzinsen von der übernehmenden Körperschaft zumindest nach dem Wortlaut der §§ 11 Abs 1 Z 4, 12 Abs 1 Z 9 KStG nicht als Betriebsausgabe abgesetzt werden, weil die übernehmende Körperschaft den Kapitalanteil und das unmittelbar mit ihm verbundene Fremdkapital durch die Einbringung von einer „konzerninternen" Person erwirbt (Einbringung gilt ertragsteuerlich als Tausch, vgl § 20 Abs 1 UmgrStG). Dagegen sind nach dem Sinn und Zweck der Bestimmung nur die Schuldzinsen vom Abzugsverbot umfasst, die bereits beim Einbringenden aus der Fremdfinanzierung eines schädlichen „konzerninternen" Beteiligungserwerbes stammen und mit der Beteiligung auf die übernehmende Körperschaft übergehen. Stehen daher die Schuldzinsen beim Einbringenden in Zusammenhang mit einem unschädlichen „konzernexternen" Beteiligungserwerb sollte das Abzugsverbot in teleologischer Reduktion nicht zur Anwendung gelangen (ebenso *Mayr* in *Kirchmayr/Mayr* (Hrsg), Besteuerung der grenzüberschreitenden Konzernfinanzierung, Wien 2012, Seite 22 f). Dies gilt umso mehr als die übernehmende Körperschaft für Zwecke der Gewinnermittlung als „ertragsteuerliche Gesamtrechtsnachfolgerin" lediglich die Position des Einbringenden fortsetzt und die übernehmende Körperschaft daher durch die Einbringung einen nach §§ 11 Abs 1 Z 4, 12 Abs 1 Z 9 KStG schädlichen Finanzierungszusammenhang nur fortsetzen nicht jedoch neu begründen kann (zur „ertragsteuerlichen Gesamtrechtsnachfolge" siehe § 18 Abs 1 Z 4 UmgrStG). Gehört die Beteiligung zum Betriebsvermögen einer natürlichen Person und wird die Verbindlichkeit nicht mit eingebracht, sind die Schuldzinsen nach der Einbringung vom Einbringenden als Betriebsausgabe abzugsfähig, weil die Schuldzinsen nach der Einbringung in keinem unmittelbaren Zusammenhang mit einem Kapitalanteil mehr stehen; wird allerdings der gesamte Betrieb eingebracht, die Verbindlichkeit aber zurückbehalten, können die Schuldzinsen nicht zu (nachträglichen) Betriebsausgaben führen, weil sich die Verbindlichkeit nach der Einbringung des gesamten Betriebs im Privatvermögen befindet (UmgrStR RZ 737).

Bringt eine **Körperschaft** ihren fremdfinanzierten Kapitalanteil mit der Anschaffungskostenverbindlichkeit in eine andere Körperschaft ein, sind die Schuldzinsen bei der übernehmenden Körperschaft nur dann nach §§ 11 Abs 1 Z 4, 12 Abs 1 Z 9 KStG vom Abzug als Betriebsausgabe ausgeschlossen, wenn die Schuldzinsen nach dieser Bestimmung bereits bei der einbringenden Körperschaft dem Abzugsverbot unterlagen (siehe dazu bereits oben). Wird der Kapitalanteil ohne die dazugehörige Verbindlichkeit eingebracht, sind die bei der einbringenden Körperschaft ab dem Einbringungsstichtag folgenden Tag anfallenden Schuldzinsen weiterhin nicht als Betriebsausgabe abzugsfähig, wenn der Kapitalanteil konzernintern iSd §§ 11 Abs 1 Z 4, 12 Abs 1 Z 9 KStG erworben wurde.

Ist der einzubringende Kapitalanteil mit einem **Fruchtgenussrecht** belastet, ist zu unterscheiden (siehe dazu ausführlich *Walter*, Einbringung fruchtgenussbelasteter Kapitalanteile, in FS-Zorn, 615 ff): Ist der Fruchtnießer als wirtschaftlicher Eigentümer des Kapitalanteils anzusehen, gilt dieser als Einbringender im Sinne des UmgrStG. Der Gesellschafter hat dem Einbringungsvertrag als zivilrechtlicher Eigentümer beizutreten. Die an der übernehmenden Körperschaft gewährten Gegenleistungsanteile werden wirtschaftlich dem Fruchtnießer und zivilrechtlich dem Gesellschafter zu übertragen sein. Ist dem Fruchtnießer das wirtschaftliche Eigentum am Kapitalanteil nicht zuzurechnen, erfolgt die Einbringung des Kapitalanteiles auch für Zwecke des UmgrStG durch den Gesellschafter. Um den Übergang der Fruchtgenussbelastung auf die übernehmende Körperschaft zu vermeiden, muss der Fruchtnießer spätestens im Zeitpunkt des Abschlusses des Einbringungsvertrages auf sein Fruchtgenussrecht verzichten; andernfalls erfolgt die Einbringung nicht ausschließlich gegen die Gewährung neuer Anteile im Sinne des § 19 Abs 1 UmgrStG und unterliegt nicht dem UmgrStG (UmgrStR RZ 726a). Räumt der Einbringende dem auf sein Fruchtgenussrecht verzichtenden Fruchtnießer an den Gegenleistungsanteilen wiederum ein (wertäquivalentes) Fruchtgenussrecht ein, wird dies für den Fruchtnießer einen Tausch darstellen, der dem allgemeinen Steuerrecht unterliegt (siehe dazu EStR 2000 RZ 6143b und § 33 TP 9 GebG).

IV. Positiver Wert des Einbringungsvermögens

349 Das einzubringende Vermögen muss für sich allein einen positiven Verkehrswert aufweisen, bei der übernehmenden Körperschaft eintretende Synergieeffekte bleiben außer Betracht (Bewertung „stand alone“; § 12 Abs 1 UmgrStG).

350 Das Erfordernis eines positiven Verkehrswertes ergibt sich bei einer Einbringung im Wege der Sachgründung oder Nennkapitalerhöhung bereits unternehmensrechtlich aus dem Verbot der Unterpari-Emission, bei Unterbleiben einer Gegenleistung aus dem Verbot der Einlagenrückgewähr.

351 Der positive Verkehrswert muss bereits am Einbringungsstichtag, jedenfalls aber am Tag des Abschlusses des Einbringungsvertrages vorliegen. Kann dem Vermögen zum Einbringungsstichtag kein positiver Verkehrswert beigemessen werden, ist die reale Überschuldung vom Einbringenden bis zum Tag des Abschlusses des Einbringungsvertrages zu beseitigen. Dies kann geschehen

- durch eine **Verbesserung der Ertragslage** in der Zeit zwischen dem Einbringungsstichtag und dem Tag des Abschlusses des Einbringungsvertrages oder
- durch rückwirkendes **Zuführen von Vermögen** oder **Zurückbehalten von Verbindlichkeiten** (sog „rückwirkende Vermögensänderungen“ iS des § 16 Abs 5 UmgrStG; siehe dazu unten Tz 410 ff).

352 Bestehen bei der Abgabenbehörde Zweifel über das Bestehen eines positiven Verkehrswertes, hat der Einbringende den positiven Verkehrswert durch ein **Gutachten** zu beweisen (zu „Verdachtsfällen“ siehe UmgrStR RZ 676).

Der Nachweis durch ein Gutachten ist nicht erforderlich, wenn zum Tag des Abschlusses des Einbringungsvertrages eine formlose Bilanz erstellt wird, die ein positives, buchmäßiges Eigenkapital ausweist, und keine Gründe vorliegen, die Anlass geben, an einer positiven Zukunftsentwicklung zu zweifeln (UmgrStR RZ 674). Bei der Einbringung von Kapitalanteilen wird der positive Verkehrswert vermutet (UmgrStR RZ 675).

353 *Beispiel:*
Der Betrieb des A weist per 31.12.01 ein negatives buchmäßiges Eigenkapital iHv € 1 Mio aus. Kann A den Betrieb dennoch per 31.12.01 in die B-GmbH einbringen? Der Betrieb ist einbringungsfähig, wenn die buchmäßige Überschuldung durch stille Reserven und einen etwaigen (originären) Firmenwert gedeckt ist. Andernfalls bedarf es einer nachhaltigen Ertragsverbesserung, einer rückwirkenden Zufuhr von Vermögen oder des Zurückbehaltens von Verbindlichkeiten. Hat die Behörde Zweifel am Bestehen eines positiven Verkehrswertes, muss A diesen durch ein Gutachten nachweisen.

V. Tatsächliche Übertragung des Einbringungsvermögens

Das UmgrStG ist auf Einbringungen nur anwendbar, wenn das Einbringungsvermögen der übernehmenden Körperschaft tatsächlich übertragen wird. Aus diesem Grund muss dem Einbringenden das Einbringungsvermögen im Zeitpunkt des Abschlusses des Einbringungsvertrages zumindest wirtschaftlich zuzurechnen sein (zum zusätzlichen Erfordernis der Vermögenszurechnung zum Einbringungsstichtag siehe unten Tz 375 ff). 354

Beispiel:
Herr A veräußert seinen Betrieb am 31.3.02 an Herrn B. A erzielt dabei einen Veräußerungsgewinn iHv von € 10 Mio. Um den Veräußerungsgewinn nicht der bis zu 55%igen ESt, sondern der 23%igen KSt zu unterwerfen, kommt Herr A am 12.4.02 auf die Idee, den Betrieb rückwirkend per 31.12.01 in seine A-GmbH einzubringen. Da der Betrieb bereits veräußert wurde und daher dem A im Zeitpunkt des Abschlusses des Einbringungsvertrages nicht mehr zuzurechnen ist, kann der Betrieb nicht mehr in die A-GmbH eingebracht werden.

Erfolgt die **Einbringung** nicht rückwirkend sondern **auf einen in der Zukunft liegenden Stichtag**, ist für die Zurechnung des Vermögens zum Einbringenden zu unterscheiden (UmgrStR RZ 763): Ist der abgeschlossene Einbringungsvertrag vollständig und nur noch in einzelnen technischen Punkten zu ergänzen (zB um die zum Stichtag zu erstellende Stichtags- und Einbringungsbilanz), muss dem Einbringenden das Vermögen nur im Zeitpunkt des Abschlusses des Einbringungsvertrages steuerlich zuzurechnen sein. Umfasst dagegen der Einbringungsvertrag neben dem Einbringenden und der übernehmenden Körperschaft lediglich eine abstrakte Beschreibung des Gegenstandes der Einbringung, so bewirkt die innerhalb der Neunmonatsfrist abzuschließende Ergänzungsvereinbarung, dass die Einbringung steuerlich auf einen in der Vergangenheit liegenden Stichtag bezogen wird. In diesem Fall muss dem Einbringenden das Vermögen nicht nur zum Einbringungsstichtag sondern auch bei Abschluss der Ergänzungsvereinbarung steuerlich zuzurechnen sein. Tritt die übernehmende Körperschaft für das Vermögen bereits ab dem Einbringungsstichtag folgenden Tag nach außen hin auf, wird zur Vermeidung eines vorzeitigen, schädlichen Überganges des wirtschaftlichen Eigentums im Einbringungsvertrag zu vereinbaren sein, dass das eingebrachte Vermögen der übernehmenden Körperschaft bis zum Abschluss der Ergänzungsvereinbarung nur zur Nutzung überlassen wird. 355

VI. Übernehmende Körperschaft

Als übernehmende Körperschaft kommen lediglich in Betracht (§ 12 Abs 3 UmgrStG): 356

- Unbeschränkt steuerpflichtige **Kapitalgesellschaften** oder **Erwerbs- und Wirtschaftsgenossenschaften**;
- **Gesellschaften eines EU-Mitgliedsstaates**, welche die in der Anlage zum UmgrStG vorgesehenen Voraussetzungen erfüllen;

- **Ausländische Körperschaften** eines Nicht-EU-Staates, wenn sie mit einer inländischen Kapitalgesellschaft oder Erwerbs- und Wirtschaftsgenossenschaft vergleichbar sind und mit dem Ansässigkeitsstaat der Gesellschaft ein Doppelbesteuerungsabkommen besteht.

Wird ein Betrieb in eine steuerbefreite Körperschaft eingebracht, ist das UmgrStG nur anwendbar, wenn auch der eingebrachte Betrieb dem Einbringenden steuerbefreite Einkünfte vermittelt; unterliegen dagegen die Einkünfte des eingebrachten Betriebes beim Einbringenden der Steuerpflicht, ist das UmgrStG nicht anwendbar (UmgrStR RZ 712). Da durch die Neuregelung der Besteuerung von Kapitaleinkünften mit dem BBG 2011 stille Reserven aus Kapitalanteilen auch bei grundsätzlich steuerbefreiten Körperschaften iSd § 1 Abs 3 Z 3 KStG künftig steuerhängig sind (§ 21 Abs 3 Z 3 KStG idFd AbgÄG 2011), ist die Einbringung von qualifizierten Kapitalanteilen in eine steuerbefreite Körperschaft unter Anwendung der Bestimmungen des UmgrStG möglich.

357 Die übernehmende Körperschaft muss weder am Einbringungsstichtag noch am Tag des Abschlusses des Einbringungsvertrages bereits bestehen (VwGH 18.10.2012, 2012/15/0114, 0115; UmgrStR RZ 749). Es genügt, wenn bei einer Einbringung zur Aufnahme vor dem Abschluss des Einbringungsvertrages oder bei einer Einbringung zur Neugründung durch den Einbringungsvertrag der Rechtsakt der Errichtung (zB GmbH: Abschluss des Gesellschaftsvertrages; AG: Feststellung der Satzung) gesetzt wird.

VII. Einbringender

358 Hinsichtlich des Einbringenden enthält das UmgrStG keinerlei Beschränkungen. Als Einbringende kommen daher sowohl natürliche und juristische Personen als auch Personengesellschaften (zB OG, KG, GesBR) in Betracht. Ob der Einbringende In- oder Ausländer ist, ist für die Anwendbarkeit des UmgrStG unerheblich.

359 Erfolgt die Einbringung durch einen Treuhänder, wird die Einbringung für steuerliche Zwecke dem Treugeber zugerechnet.

VIII. Gegenleistung

1. Grundsatz

360 Das UmgrStG ist auf eine Einbringung grundsätzlich nur dann anwendbar, wenn dem Einbringenden für die Übertragung des Einbringungsvermögens von der übernehmenden Körperschaft ausschließlich neue Anteile gewährt werden (§ 19 Abs 1 und 3 UmgrStG).

Unter Anteilen iS des § 19 Abs 1 UmgrStG versteht man Aktien, GmbH-Anteile, Genossenschaftsanteile, aber auch Partizipationsscheine und Substanzgenussrechte iS des § 8 Abs 3 Z 1 KStG (UmgrStR RZ 1032). 361

2. Unterbleiben der Gewährung neuer Anteile

Von der Gewährung neuer Anteile kann in folgenden Fällen abgesehen werden (§ 19 Abs 2 UmgrStG): 362

a) Abfindung mit eigenen Anteilen (Z 1) 362a

Soweit die übernehmende Körperschaft (idR Aktiengesellschaft) den Einbringenden mit eigenen Anteilen abfindet, kann die Gewährung neuer Anteile unterbleiben.

b) Abfindung mit Anteilen der Gesellschafter der übernehmenden Körperschaft (Z 2) 362b

Dem Einbringenden müssen keine neuen Anteile gewährt werden, soweit der (die) Gesellschafter der übernehmenden Körperschaft den Einbringenden mit eigenen Anteilen an der übernehmenden Körperschaft abfindet(n) (siehe UmgrStR RZ 1045 f).

Der Begriff „soweit“ erfordert nicht die wertmäßige Äquivalenz zwischen dem eingebrachten Vermögen und den als Gegenleistung abgetretenen Anteilen. Auch eine Einbringung mit äquivalenzverletzender Anteilsabtretung unterliegt dem UmgrStG.

Ebenso müssen nicht alle Gesellschafter der übernehmenden Körperschaft dem Einbringenden Anteile abtreten oder alle Gesellschafter gleichmäßig Anteile abtreten. Die dabei entstehende Äquivalenzverletzung kann durch geeignete gesellschaftsrechtliche Maßnahmen ausgeglichen werden (zB im Wege einer alinearen Gewinnverteilungsabrede; UmgrStR RZ 1050).
Die Anteilsabtretung hat – bei sonstiger Verletzung des Anwendungsbereiches des Art III UmgrStG – spätestens innerhalb eines Monats nach dem Tag der Meldung der Einbringung beim zuständigen Finanzamt zu erfolgen (UmgrStR RZ 1044).

Beispiel:
Herr A und Herr B sind je zu 25 % an der Y-GmbH und zu je 50 % an der X-GmbH beteiligt. Da die eingebrachten Kapitalanteile an der Y-GmbH jeweils im 100%igen Eigentum der Gesellschafter stehen und die Gesellschafter an der übernehmenden X-GmbH zu jeweils 50 % beteiligt sind, bestehen keine übereinstimmenden Beteiligungsverhältnisse iS des § 19 Abs 2 Z 5 UmgrStG. Für das Unterbleiben der Anteilsgewähr ist es daher nötig, dass Herr A für die Einbringung seines 25%igen Anteiles an der Y-GmbH mit Anteilen des B an der übernehmenden X-GmbH abgefunden wird. Dasselbe hat umgekehrt für die Einbringung durch Herrn B zu erfol-

gen. Im Ergebnis sind A und B an der übernehmenden X-GmbH wieder zu jeweils 50 % beteiligt. Da sich das Beteiligungsverhältnis an der übernehmenden GmbH nicht ändert, ist für die tatsächliche wechselseitige Abtretung der GmbH-Anteile die (deklarative) Eintragung in das Firmenbuch nicht erforderlich. Für die tatsächliche Übertragung der GmbH-Anteile genügt die Errichtung eines Notariatsaktes.

c) Zuzahlung zur Gewährung neuer Anteile (Z 3)

Erfolgt die Einbringung gegen die Gewährung neuer Anteile (insbesondere im Wege einer Kapitalerhöhung der übernehmenden Körperschaft), kann die übernehmende Körperschaft dem Einbringenden neben den neuen Anteilen zum Zweck der Rundung auf volle Beteiligungsprozentsätze eine bare Zuzahlung gewähren. Die Zuzahlung ist iHv maximal 10 % des Gesamtnennbetrages der neuen Anteile begrenzt (Z 3; zur steuerlichen Behandlung der Zuzahlung siehe Tz 500 ff);

Weiters kann mittels Zuzahlung innerhalb der gesetzlichen Grenzen ein Spitzenausgleich hergestellt werden, sodass neben den vollen Beteiligungsprozentsätzen auch eine runde Nennkapitalgröße bei der übernehmenden Körperschaft dargestellt werden kann (UmgrStR RZ 1054).

Warum das UmgrStG die Zuzahlung nur zur Rundung auf volle ganzzahlige Beteiligungsprozentsätze zulässt, ist nicht ersichtlich. Dem Sinn und Zweck der Bestimmung würde auch die Rundung auf „volle“ Zehntel- oder Hundertstelprozentsätze entsprechen.

362d *d) Aufgabe von Anteilen an der einbringenden Mitunternehmerschaft (Z 4)*

Die übernehmende Körperschaft kann von der Gewährung neuer Anteile absehen, soweit sie als Gegenleistung Anteile an der einbringenden Mitunternehmerschaft aufgibt.

Beispiel:
An der X-OG sind die Y-GmbH als sowie die natürliche Person Z jeweils zu 50 % beteiligt. Die X-OG bringt Vermögen in die Y-GmbH ein. Durch die Einbringung sinkt der Verkehrswert der X-OG von 2 Mio EUR auf 1,5 Mio EUR. Als Gegenleistung gibt die übernehmende Y-GmbH an der einbringenden X-OG einen Mitunternehmeranteil in Höhe von rund 16,67 % auf, sodass die Y-GmbH nach der Einbringung an der X-OG mit 33,33 % und Z mit 66,67 % wertäquivalent beteiligt sind.

Ein Anwendungsfall des § 19 Abs 2 Z 4 UmgrStG liegt auch vor, wenn sämtliche Mitunternehmeranteile in eine übernehmende Körperschaft eingebracht werden, die an der eingebrachten Mitunternehmerschaft selbst vermögensbeteiligt ist, und die Mitunternehmerschaft im Zuge der Einbringung nach § 142 UGB auf die übernehmende Körperschaft anwächst (UmgrStR RZ 1059).

Nach der Judikatur des OGH ist die Einbringung aller Kommanditanteile gegen Kapitalerhöhung der übernehmenden Komplementär-GmbH und das damit verbundene Anwachsen des Vermögens der KG nach § 142 UGB bei der Komplementär-GmbH unternehmensrechtlich zulässig, wenn die Komplementär-GmbH an der KG vermögensmäßig nicht beteiligt ist (OGH 13.4.2000, 6 Ob 8/00w). Selbst wenn die Komplementär-GmbH an der KG vermögensmäßig beteiligt ist, ist die Einbringung aller Kommanditanteile in die Komplementär-GmbH unternehmensrechtlich zulässig, wenn durch die Einbringung der Nennbetrag der ausgegebenen neuen Anteile gedeckt ist (*Wenger*, RWZ 2000/75).

> *Beispiel:*
> A und B sind zu je 50 % an der A-GmbH beteiligt. Die A-GmbH ist ihrerseits Komplementär-Gesellschafterin der A-KG. An der A-KG sind weiters A und B als Kommanditisten beteiligt. Der gemeine Wert der Mitunternehmeranteile an der A-KG betragen: A-GmbH € 4 Mio, A € 2 Mio und B € 1 Mio. A und B bringen ihre Kommanditanteile in die A-GmbH ein.
> Durch die Einbringung der Kommanditanteile geht die A-KG unter. Die A-GmbH darf in Höhe ihrer Beteiligung von € 4 Mio keine neuen Anteile gewähren. Das Stammkapital der A-GmbH kann daher lediglich in Höhe der Beteiligungen von A und B (= € 3 Mio) erhöht werden.

e) Verzicht auf die Anteilsgewährung (Z 5) 362e

Die Gewährung neuer Anteile kann unterbleiben, wenn

- der Einbringende Alleingesellschafter der übernehmenden Körperschaft ist („Einbringung durch Alleingesellschafter") *oder*
- an der einbringenden und an der übernehmenden Körperschaft unmittelbar oder mittelbar dieselben Personen im selben Ausmaß beteiligt sind („Schwesterneinbringung" bzw Einbringung „up-stream"). Bringt dagegen eine Mitunternehmerschaft Vermögen in eine Schwesterkörperschaft ein, darf nach § 19 Abs 2 Z 5 UmgrStG nicht von der Gewährung neuer Anteile abgesehen werden.

Bei einer Körperschaft bemisst sich das Beteiligungsausmaß nach dem anteiligen Nennkapital inklusive einem etwaigen Surrogatkapital, wie zB Substanzgenussrechten. Die Zurechnung der Beteiligung ergibt sich nach den Grundsätzen des wirtschaftlichen Eigentums. In zeitlicher Hinsicht ist für die Identität der Beteiligungsverhältnisse an einer einbringenden oder übernehmenden Körperschaft auf den Zeitpunkt des Abschlusses des Einbringungsvertrages abzustellen.

> *Beispiel:*
> Die M-OG bringt einen Teilbetrieb in die T-GmbH ein, deren Anteile sich zu 100 % im Besitz der M-OG befinden. Nach § 19 Abs 2 Z 5 UmgrStG kann die Gewährung neuer Anteile unterbleiben.
>
> *Variante:* Die M-OG bringt einen Teilbetrieb in die E-GmbH ein, an welcher die T-GmbH zu 100 % beteiligt ist. Da die M-OG mittelbar an der übernehmenden

Körperschaft als Alleingesellschafter beteiligt ist, kann eine Gewährung neuer Anteile unterbleiben.

Beispiel:
Die M-GmbH ist sowohl an der T_1-GmbH als auch an der T_2-GmbH zu 100 % beteiligt. Die Einbringung von Vermögen durch die T_1-GmbH in die T_2-GmbH kann ohne Gewährung von Anteilen erfolgen, weil die M-GmbH sowohl an der einbringenden als auch an der übernehmenden Kapitalgesellschaft zu 100 % beteiligt ist.
Um eine unternehmensrechtlich verbotene Einlagenrückgewähr zu vermeiden, muss die Vermögensminderung der einbringenden T_1-GmbH in Höhe des abgehenden Verkehrswertes entweder durch eine Sachausschüttung freier Rücklagen, eine Kapitalherabsetzung oder einen Zuschuss der M-GmbH ausgeglichen werden. Im Fall der Sachausschüttung hat dies keine Gewinnrealisierung und keine Ausschüttungsbesteuerung zur Folge (UmgrStR RZ 1085).

Beispiel:
Die Holding-AG ist 100 % Kommanditist der A-KG (Komplementär: A-GmbH) und zudem zu 100 % an der B-GmbH beteiligt. Die A-KG bringt einen Teilbetrieb in die B-GmbH ein. Es liegt kein Fall des § 19 Abs 2 Z 5 UmgrStG vor. Die B-GmbH muss der A-KG anlässlich der Einbringung Anteile gewähren.

Beispiel:
Herr A ist 100%iger Gesellschafter der A-GmbH, die wiederum zu 100 % an der B-GmbH beteiligt ist. Die B-GmbH bringt einen Teilbetrieb in die A-GmbH ein.
Da Herr A sowohl an der einbringenden B-GmbH (mittelbar) als auch an der übernehmenden A-GmbH (unmittelbar) zu 100 % beteiligt ist und so die unmittelbaren bzw mittelbaren Beteiligungsverhältnisse an der einbringenden und übernehmenden Körperschaft übereinstimmen, kann eine Gewährung von Anteilen an die einbringende B-GmbH unterbleiben. Gesellschaftsrechtlich ist das Unterbleiben der Anteilsgewährung sogar geboten (zum Verbot einer wechselseitigen Beteiligung siehe *Koppensteiner*, GmbHG[3], § 81 Tz 14 ff). Hinsichtlich der Maßnahmen zur Vermeidung einer verbotenen Einlagenrückgewähr siehe das voranstehende Beispiel.

Wird ein **Kapitalanteil in eine ausländische übernehmende Körperschaft eingebracht,** kann trotz dem Vorliegen der Voraussetzungen des § 19 Abs 2 Z 5 UmgrStG von einer Gewährung neuer Anteile nur abgesehen werden, wenn die Einbringung ausschließlich bei inländischen Anteilen an der übernehmenden Körperschaft zu einer Zu- oder Abschreibung führt (§ 19 Abs 2 Z 5 HS 2 iVm § 20 Abs 4 Z 3 UmgrStG).

Beispiel:
Die inländische A-GmbH ist an der inländischen B-GmbH beteiligt. Darüber hinaus hält die A-GmbH eine 100 %ige Beteiligung an der ausländischen Körperschaft C; diese ist wiederum zu 100 % an der ausländischen Körperschaft D beteiligt.
Bringt A ihre Beteiligung an B in die ausländische D ein, könnte dies nach § 19 Abs 2 Z 5 HS 1 UmgrStG ohne die Gewährung neuer Anteile erfolgen, weil A mittelbar Alleingesellschafterin von D ist. Da das Einbringungskapital aber nicht nur im Inland bei A auf die Beteiligung an C zugeschrieben wird (§ 20 Abs 4 Z 1 UmgrStG), sondern auch im Ausland bei C auf ihre Beteiligung an D, sind der einbringenden

A nach § 19 Abs 2 Z 5 HS 2 UmgrStG neue Anteile zu gewähren. Die Einbringung erfolgt grundsätzlich zu Buchwerten (§ 16 Abs 1, 1a UmgrStG; siehe dazu Tz 403c).

e) Identes Verhältnis an den eingebrachten Anteilen und an der übernehmenden Körperschaft (Z 6) 362e

Die Gewährung neuer Anteile durch die übernehmende Körperschaft kann unterbleiben, wenn alle an der übernehmenden Körperschaft unmittelbar oder mittelbar Beteiligten einen Mitunternehmeranteil oder Kapitalanteil einbringen, an dem sie insgesamt im Verhältnis zueinander im selben Ausmaß wie an der übernehmenden Körperschaft substanzbeteiligt sind.

Durch das Abstellen auf die Substanzbeteiligungen ergibt sich bei eingebrachten **Mitunternehmeranteilen** das Verhältnis der Einbringenden zueinander anhand der fixen Kapitalkonten der Mitunternehmerschaft. Variable Kapitalkonten wie insbesondere thesaurierte Gewinne und Gesellschafterdarlehen bleiben außer Betracht. Dagegen ist Sonderbetriebsvermögen bei der Ermittlung der Substanzbeteiligungen zu berücksichtigen, sodass nach § 19 Abs 2 Z 6 UmgrStG die Gewährung neuer Anteile nur dann unterbleiben kann, wenn die einbringenden Mitunternehmer nicht nur an den Mitunternehmeranteilen sondern auch am eingebrachten Sonderbetriebsvermögen zueinander im selben Ausmaß beteiligt sind, wie an der übernehmenden Körperschaft (ErlRV AbgÄG 2023). Bei der Einbringung von **Kapitalanteilen** bleiben miteingebrachte Verbindlichkeiten iSd § 12 Abs 2 Z 3 KStG bei der Ermittlung der unter den Einbringenden bestehenden Substanzbeteiligungen außer Ansatz.

Weichen die variablen Kapitalkonten oder die miteingebrachten Verbindlichkeiten von den Substanzbeteiligungen ab, sind die unter den Einbringenden entstehenden Vermögensverschiebungen durch geeignete gesellschaftsrechtliche Begleitmaßnahmen auszugleichen (zB Vereinbarung von ausgleichenden alinearen Gewinnausschüttungen). Andernfalls liegt eine – den Anwendungsbereich des Art III UmgrStG unberührt belassende – Äquivalenzverletzung vor.

Beispiel 1 (ErlRV AbgÄG 2023):
A und B sind zu je 50 % an der inländischen X-GmbH und an der inländischen Y-GmbH beteiligt. Zum 31.12.X1 bringen A und B ihre Anteile an der X-GmbH in die Y-GmbH ein. Da die an der übernehmenden Körperschaft Y-GmbH Beteiligten A und B begünstigtes Vermögen einbringen (je einen Kapitalanteil von 50 %), an dem sie insgesamt im Verhältnis zueinander im selben Ausmaß wie an der übernehmenden Y-GmbH substanzbeteiligt sind, kann gemäß § 19 Abs 2 Z 6 UmgrStG auf die Gewährung von Anteilen verzichtet werden.

Beispiel 2 (ErlRV AbgÄG 2023):
A und B sind zu je 50 % an der inländischen X-GmbH und an der inländischen Z-GmbH beteiligt. Die Z-GmbH ist ihrerseits zu 100 % an der Y-GmbH beteiligt. Zum 31.12.X1 bringen A und B ihre Anteile an der X-GmbH in die Y-GmbH ein. Gemäß

§ 19 Abs 2 Z 6 UmgrStG kann auch in diesem Fall auf die Gewährung von Anteilen verzichtet werden.

Beispiel 3 (ErlRV AbgÄG 2023):
A und B sind zu je 50 % an der inländischen X-GmbH und an der inländischen Y-GmbH beteiligt. Zum 31.12.X1 bringen A und B ihre Anteile an der X-GmbH in die Y-GmbH ein. Im Zuge der Einbringung macht A von der Möglichkeit Gebrauch, das ausschließlich zur Anschaffung seines Kapitalanteils aufgenommene Fremdkapital auf die übernehmende Y-GmbH nach Maßgabe von § 12 Abs 2 Z 3 letzter Satz UmgrStG mitzuübertragen. Eine dabei entstehende Äquivalenzverletzung wird durch geeignete Begleitmaßnahmen (zB alineare Gewinnausschüttung) vermieden. Gemäß § 19 Abs 2 Z 6 UmgrStG kann auf die Gewährung von Anteilen verzichtet werden, weil A und B bezogen auf ihre Substanzbeteiligung an der X-GmbH im selben Verhältnis beteiligt sind wie an der übernehmenden Y-GmbH.

Beispiel 4 (ErlRV AbgÄG 2023):
A und B sind zu je 50 % am fixen Kapital der inländischen AB-KG und zu je 50 % an der inländischen BA-GmbH beteiligt. Die Beteiligung am variablen Kapital von A und B weicht von deren Beteiligung am fixen Kapital ab. Zum 31.12.X1 bringen A und B ihre Mitunternehmeranteile an der AB-KG in die BA-GmbH ein. Eine dabei entstehende Äquivalenzverletzung wird durch geeignete Begleitmaßnahmen (zB alineare Gewinnausschüttung) vermieden. Gemäß § 19 Abs 2 Z 6 UmgrStG kann auf die Gewährung von Anteilen verzichtet werden, weil A und B bezogen auf das fixe Kapital an der AB-KG im selben Verhältnis beteiligt sind wie an der übernehmenden BA-GmbH.

3. Anteilsgewährung an den Einbringenden

363 Werden dem Einbringenden anstatt oder zusätzlich zu der genannten Gegenleistung iS des § 19 andere Vorteile gewährt, ist das UmgrStG auf den Einbringungsvorgang nicht anwendbar. Weicht dagegen die (zulässige) Gegenleistung nur wertmäßig vom Wert des übertragenen Vermögens ab, liegt lediglich eine Äquivalenzverletzung vor, welche die Anwendung des UmgrStG nicht ausschließt (siehe unten Tz 534 ff).

Die **Gegenleistung** (neue Anteile und etwaige zulässige Zuzahlungen) muss **dem Einbringenden** direkt gewährt werden (§ 19 Abs 3 UmgrStG).

364 Bringt ein **Einzelunternehmer** zB einen Teilbetrieb oder Mitunternehmeranteil in eine Körperschaft ein und bleibt das Einzelunternehmen weiter bestehen, ist zu unterscheiden (UmgrStR RZ 1019 f):

364a • Grundsätzlich sind die Anteile an der übernehmenden Körperschaft dem verbleibenden Einzelunternehmen zuzurechnen. Können die Anteile an der übernehmenden Körperschaft weder dem notwendigen noch dem gewillkürten Betriebsvermögen zugerechnet werden, ist eine gewinnrealisierende Entnahme ins Privatvermögen zu unterstellen.

- Befanden sich die Anteile an der übernehmenden Körperschaft vor der Einbringung im Privatvermögen des Einzelunternehmers und werden im Zuge der Einbringung keine Anteile gewährt (§ 19 Abs 2 Z 5 UmgrStG), gelangt die Gegenleistung (Wertsteigerung der Anteile an der übernehmenden Körperschaft) in das Privatvermögen des Einbringenden. Es wird jedoch zu prüfen sein, ob die sich im Privatvermögen befindliche Beteiligung an der übernehmenden Körperschaft durch die Einbringung zum notwendigen Betriebsvermögen des verbleibenden Einzelunternehmens wird; gegebenenfalls liegt eine der Einbringung nachfolgende Einlage vor (siehe dazu VwGH 18.9.2003, 2001/15/0008). 364b

Bringt der Einzelunternehmer seinen gesamten Betrieb ein, geht das Einzelunternehmen durch die Einbringung unter. Die Gewährung der einbringungsgeborenen Anteile an der übernehmenden Körperschaft erfolgt in sein Privatvermögen. Gehört die Beteiligung an der übernehmenden Körperschaft vor der Einbringung zum Betriebsvermögen des Einzelunternehmers, sehen die UmgrStR folgende Möglichkeiten vor (UmgrStR RZ 1021 f): 364c

- Die Beteiligung an der übernehmenden Körperschaft wird rückwirkend zum Einbringungsstichtag gewinnrealisierend entnommen. 364d
- Die Beteiligung an der übernehmenden Körperschaft wird mit dem Betrieb auf die übernehmende Körperschaft übertragen und im Zuge der Einbringung durch die übernehmende Körperschaft an den Einbringenden steuerneutral durchgeschleust (analog zu § 224 Abs 3 AktG; vgl BMF, GeS 2003, 44). 364e

Zur Vermeidung eines unzulässigen Erwerbs eigener Anteile sollte in den Einbringungsvertrag folgende Klausel aufgenommen werden (vgl BMF, GeS 2003, 44): *„Damit der durch den Einbringungsvorgang bewirkte Erwerb eigener Anteile der GmbH iS von § 81 GmbHG zulässig wird, kehrt die GmbH gleichzeitig, sohin Zug um Zug bei Einbringung, diesen Anteil an den Einbringenden aus und schleust ihn in steuerlicher Sicht an diesen sofort durch, sodass dieser den bereits von ihm bislang zivilrechtlich im Eigentum gehaltenen Geschäftsanteil erhält, ohne dass es hierzu einer Abtretungsvereinbarung bedarf."*

Bringt eine **Mitunternehmerschaft** Vermögen (zB einen Kapitalanteil) in eine Körperschaft ein und bleibt die Mitunternehmerschaft weiter bestehen, ist die Gegenleistung der Mitunternehmerschaft zu gewähren. Eine Übertragung der Gegenleistung in das Privatvermögen der Gesellschafter der Mitunternehmerschaft schließt die Anwendung des UmgrStG zwar nicht aus, doch gelten die einbringungsgeborenen Anteile als entnommen (Aufdeckung der stillen Reserven; § 6 Z 4 EStG; UmgrStR RZ 1024). 365

Überträgt die Mitunternehmerschaft zB ihren (gesamten) Betrieb und geht sie dadurch unter, sind die einbringungsgeborenen Anteile der nunmehr bloß vermögensverwaltenden Personengesellschaft zu gewähren. Die Mitunternehmerschaft wird jedoch rückwirkend zum Einbringungsstichtag folgenden Tag zu einer vermögensverwaltenden Personengesellschaft, deren verhältniswahrende Aufteilung (Liquidation) ertragsteuerneutral erfolgt (UmgrStG 2002 RZ 1025).

Bei der Einbringung durch eine **Körperschaft** ist die Gegenleistung stets der einbringenden Körperschaft zu gewähren. Eine Ausnahme hiervon besteht steuerlich nur in den Fällen, in denen eine Anteilsgewährung nach § 19 Abs 2 UmgrStG unterbleiben darf (zur verbotenen Einlagenrückgewähr siehe Tz 462).

E. Einbringungsstichtag

I. Begriff – Rückwirkungsfrist – Zuständige Behörde

366 Unter dem Einbringungsstichtag versteht man den Tag, mit dessen Ablauf das Vermögen mit steuerlicher Wirkung auf die übernehmende Körperschaft übergehen soll (§ 13 Abs 1 UmgrStG). Der Einbringungsstichtag ist grundsätzlich frei wählbar. Der Einbringungsstichtag kann auch auf einen Zeitpunkt rückbezogen werden, der vor der Unterfertigung des Einbringungsvertrages liegt. In diesem Fall muss die Einbringung jedoch innerhalb einer Frist von neun Monaten

- entweder zur Eintragung in das **Firmenbuch angemeldet** oder
- dem **Finanzamt gemeldet** werden.

367 **Steuerlich** ist die Neunmonatsfrist eine **verfahrensrechtliche Frist** iS des § 108 BAO (§ 13 Abs 1 UmgrStG). Da die Tage des Postenlaufes nicht in die Frist eingerechnet werden (§ 108 Abs 4 BAO), ist die Frist gewahrt, wenn die Anmeldung bis zum letzten Tag der Neunmonatsfrist abgesendet wird. **Unternehmensrechtlich** ist die Neunmonatsfrist jedoch eine **materiellrechtliche Frist** (vgl OGH 17.7.1997, 6 Ob 124/97x). Im Zuständigkeitsbereich des Firmenbuchgerichtes (siehe Tz 368) muss daher die Anmeldung der Einbringung zur Eintragung in das Firmenbuch innerhalb der Neunmonatsfrist beim Firmenbuchgericht einlangen. Langt die Anmeldung verspätet ein, ist sie vom Firmenbuchgericht zurückzuweisen.

368 Erfolgt die Einbringung in eine inländische Körperschaft durch eine **Sachgründung** oder eine **Kapitalerhöhung**, ist die Einbringung fristgerecht beim zuständigen **Firmenbuchgericht** anzumelden. Zuständig ist das Firmenbuchgericht am Sitz der übernehmenden Körperschaft. In **allen anderen Einbringungsfällen** genügt die fristgerechte Meldung bei dem für die Erhebung der Körperschaftsteuer der übernehmenden Körperschaft zuständigen **Finanzamt**. Erfolgt die Einbringung in eine im Ausland ansässige übernehmende Körperschaft, für die bis zur Einbringung kein inländisches Finanzamt zuständig ist, ist die Einbringung bei dem für die Erhebung der Einkommen- oder Körper-

schaftsteuer des Einbringenden zuständigen Finanzamt zu melden (§ 13 Abs 1 letzter Satz UmgrStG).

Der Bundesminister für Finanzen ist ermächtigt, die im Rahmen einer Meldung nach § 13 UmgrStG zu übermittelnden Daten (Struktur und Inhalt) sowie deren elektronische Übermittlung über FinanzOnline durch Verordnung zu regeln. Dabei kann vorgesehen werden, dass eine gesonderte Anzeige nach § 43 Abs 1 UmgrStG entfällt (siehe dazu Tz 1042 ff). Eine solche Verordnung wurde bis zur Drucklegung noch nicht erlassen.

II. Rechtsfolgen einer verspäteten Anmeldung bzw Meldung

Langt die Anmeldung bzw Meldung bei der zuständigen Behörde nach Ablauf der Neunmonatsfrist ein, ist je nach Zuständigkeit zu unterscheiden: 369

1. Einbringung mit Firmenbuchzuständigkeit

Wird die Anmeldung vom Firmenbuchgericht als verspätet zurückgewiesen (siehe Tz 367), kommt durch das Unterbleiben der Sachgründung bzw der Kapitalerhöhung die Einbringung nicht zustande; das Einbringungsvermögen ist daher weiterhin dem Einbringenden ohne Gewinnrealisierung zuzurechnen. Wird die Einbringung trotzdem protokolliert, ist zu unterscheiden: 370

- Erfolgt die Anmeldung zwar außerhalb der materiellrechtlichen Frist, jedoch innerhalb der verfahrensrechtlichen Frist, kommt die Einbringung rückwirkend auf den vertraglich vereinbarten Einbringungsstichtag unternehmensrechtlich und abgabenrechtlich zustande.
- Erfolgt die Anmeldung sowohl außerhalb der materiellrechtlichen Frist als auch außerhalb der verfahrensrechtlichen Frist, ist die Einbringung grundsätzlich „verunglückt" (siehe dazu Tz 321 ff). Es besteht jedoch das Wahlrecht, die Einbringung auf den Tag des Vertragsabschlusses der verunglückten Einbringung (sog „Ersatzstichtag") zu beziehen (§ 13 Abs 1 UmgrStG). Zur Ausübung dieses Wahlrechtes muss die Einbringung innerhalb von neun Monaten nach dem Ersatzstichtag dem zuständigen Finanzamt gemeldet werden (verfahrensrechtliche Frist). Weiters müssen für die Wahl des Ersatzstichtages sämtliche Anwendungsvoraussetzungen des UmgrStG vorliegen (zB Bilanz zum Ersatzstichtag). 371

Beispiel:
Der Einzelunternehmer A bringt mit 31.12.01 seinen Betrieb in die neu zu gründende A-GmbH ein. Die Anmeldung langt am 1.10.02 beim zuständigen Firmenbuchgericht ein.
Das Firmenbuchgericht wird aufgrund der verspäteten Anmeldung die Sachgründung der B-GmbH zurückweisen. Das Einbringungsvermögen wird daher weiterhin Herrn B zugerechnet.

2. Einbringung mit Finanzamtszuständigkeit

372 Langt die Meldung beim zuständigen Finanzamt außerhalb der verfahrensrechtlichen Frist verspätet ein, unterliegt die Einbringung grundsätzlich dem allgemeinen Steuerrecht. Wie im Fall der Zuständigkeit des Firmenbuchgerichtes kann die Anwendbarkeit des UmgrStG durch die Wahl des Ersatzstichtages gesichert werden (siehe dazu Tz 371).

III. Zurechnung des Vermögens am Einbringungsstichtag

375 Das Einbringungsvermögen muss dem Einbringenden nicht nur im Zeitpunkt des Abschlusses des Einbringungsvertrages zurechenbar sein (siehe oben Tz 354 f), sondern auch am Einbringungsstichtag (§ 13 Abs 2 Satz 1 UmgrStG). Bei der Einbringung durch eine Mitunternehmerschaft gelten für die Vermögenszurechnung auch die Mitunternehmer als Einbringende (§ 13 Abs 2 Satz 2 UmgrStG); die Wahl eines zurückliegenden Einbringungsstichtages ist daher nur zulässig, wenn sich im Rückwirkungszeitraum an der einbringenden Mitunternehmerschaft keine Änderung der Beteiligungsverhältnisse ergeben hat.

Maßgebend für die Zurechnung des Vermögens ist das **wirtschaftliche Eigentum**. Demnach ist der im Rückwirkungszeitraum erfolgende Beitritt oder Wechsel eines Arbeitsgesellschafters oder die bloß treuhändige Übertragung von Mitunternehmeranteilen unschädlich (siehe dazu UmgrStR RZ 803 und 807).

Die Zurechnung des Vermögens zum Einbringungsstichtag kann entweder durch einen vorbereitenden Betriebserwerb, durch eine rückwirkende Vorumgründung oder durch eine mehrfache Umgründung auf den Einbringungsstichtag nach § 39 UmgrStG hergestellt werden.

Erfolgt die Einbringung auf einen Stichtag, zu dem das eingebrachte Vermögen dem Einbringenden nicht zuzurechnen ist, unterliegt die Einbringung grundsätzlich dem allgemeinen Steuerrecht; die Wahl des Ersatzstichtages ist jedoch zulässig (siehe Tz 371).

376 Ausnahmsweise kann als Einbringungsstichtag auch ein Tag gewählt werden, zu welchem dem Einbringenden das Einbringungsvermögen noch nicht zuzurechnen war, wenn der Einbringende das Vermögen nach dem Einbringungsstichtag im **Erbwege** erwirbt und die **Einbringung zu Buchwerten** erfolgt.

377 *Beispiel:*

Herr A erbt den inländischen Betrieb seines Vaters. Die Einantwortung erfolgt am 24.5.02. Herr A möchte gerne mit Stichtag 31.12.01 den Betrieb des Einzelunternehmens in seine inländische A-GmbH einbringen.

Da A den Betrieb im Erbwege erwirbt und die Einbringung unter Fortführung der Buchwerte erfolgt (siehe unten Tz 397 ff), kann er dem Betrieb zum 31.12.01 in die A-GmbH einbringen.

Beispiel: 378
Herr B erhält als Vermächtnis von seinem Vater einen Betrieb. B erwirbt den Betrieb am 30.4.02. Herr B möchte diesen Betrieb mit 31.12.01 in seine B-GmbH einbringen. Da B den Betrieb nicht erbt, sondern nur im Wege eines Vermächtnisses erwirbt, kann er den Betrieb nicht mit 31.12.01 in die B-GmbH einbringen. Der frühestmögliche Einbringungsstichtag ist der 30.4.02.

F. Auswirkungen der Einbringung auf den Einbringenden

I. Bilanzierung

1. Unternehmensrecht

Ist der Einbringende für den eingebrachten **Betrieb** oder **Teilbetrieb** unternehmensrechtlich zur Rechnungslegung verpflichtet, ist zum Einbringungsstichtag eine (Schluss-)Bilanz für den gesamten Betrieb zu erstellen (§ 202 Abs 2 Z 1 UGB). Die Bilanz ist nach den auf den letzten Jahresabschluss angewandten Bilanzierungs- und Bewertungsmethoden zu erstellen. 379

Bei Einbringung eines **Mitunternehmeranteiles** besteht für die Mitunternehmerschaft, an der die eingebrachte Beteiligung besteht, **unternehmensrechtlich kein Bilanzierungserfordernis**. 380

2. Steuerrecht

Für die steuerliche Gewinnermittlung und die Anwendbarkeit des UmgrStG ist bei der Einbringung eines (Teil-)Betriebes oder eines Mitunternehmeranteiles zum Einbringungsstichtag eine Steuerbilanz für den gesamten Betrieb oder die Mitunternehmerschaft, an der die eingebrachte Beteiligung besteht, aufzustellen (zur „Stichtagsbilanz" siehe Tz 335 und Tz 341; zum etwaigen Wechsel der Gewinnermittlungsart siehe unten Tz 389 ff). 381

Hierbei ist das Betriebsvermögen in einem ersten Schritt mit jenen Werten anzusetzen, „die sich nach den steuerlichen Vorschriften über die Gewinnermittlung ergeben" (§ 14 Abs 1 UmgrStG). Unter dieser Formulierung werden nur die Regeln für die laufende Gewinnermittlung verstanden. Eine darüber hinausgehende Aufdeckung stiller Reserven (bzw eines Firmenwertes) hat zu unterbleiben (**Ansatz der Buchwerte**; zur Buchwertfortführung bei der übernehmenden Körperschaft siehe unten Tz 503 ff). Sodann ist in einem zweiten Schritt zu prüfen, ob das zu Buchwerten (Anschaffungskosten) angesetzte Vermögen nach §§ 16, 17 UmgrStG steuerwirksam aufzuwerten ist (siehe dazu unten Tz 398).

381a Werden durch eine Einbringung **Wertpapiere** übertragen, so unterliegt das Ausscheiden dieser Wertpapiere aus dem Depot des Einbringenden grundsätzlich auch dann der KESt, wenn nach dem UmgrStG die steuerlichen Buchwerte anzusetzen und fortzuführen sind (§ 27 Abs 6 Z 2 EStG, Ausnahmen: insbesondere bei Anwendung des § 94 Z 5 EStG; siehe dazu ausführlich *Franke*, taxlex 2021, 208). Der KESt-Abzug unterbleibt, wenn der Einbringende die depotführende Stelle beauftragt, dem zuständigen Finanzamt innerhalb eines Monats folgende Daten mitzuteilen: seinen Namen, seine Steuer- oder Sozialversicherungsnummer, die übertragenen Wertpapiere, deren Anschaffungskosten und gegebenenfalls die depotführende Stelle, auf die die Übertragung erfolgt (§ 27 Abs 6 Z 2 EStG idFd AbgÄG 2022, gilt für Depotübertragungen nach dem 1.1.2023). KESt-Sonderregelungen nach der Kapitalmaßnahmen-VO für von einer Umgründung indirekt betroffene Anteilsinhaber bleiben davon unberührt.

Beispiel:
Die natürliche Person A bringt ihren Betrieb in die inländische A-GmbH ein. Im Betriebsvermögen befinden sich auch Aktien, die im Zuge der Einbringung auf das inländische Depot der A-GmbH übertragen werden. Aufgrund von § 93 Abs 5 erster Teilstrich EStG (Privatvermögensfiktion) kam es bis zum Inkrafttreten der Neuregelung bei einer solchen Depotübertragung zum KESt-Abzug; jedoch konnte die abgeführte KESt im Rahmen der Veranlagung erstattet werden. Nach der Neuregelung kann auch in diesem Fall ein KESt-Abzug vermieden werden, wenn der Steuerpflichtige die Übertragung im Rahmen einer Umgründung glaubhaft macht und zur Datenübermittlung ermächtigt.

382 Bringt der Steuerpflichtige seinen gesamten **Betrieb** ein, endet für den eingebrachten Betrieb mit Ablauf des Einbringungsstichtages das (letzte) Wirtschaftsjahr. Der Einbringende unterliegt daher im Kalenderjahr, in das der Einbringungsstichtag fällt, mit dem (laufenden) Gewinn oder Verlust des letzten Wirtschaftsjahres der ESt (KSt). Wird dagegen ein **Teilbetrieb** eingebracht, endet für den verbleibenden Betrieb nur dann ein Wirtschaftsjahr, wenn die Einbringung zum Regelbilanzstichtag erfolgt. Weicht das Jahr des Einbringungsstichtages vom Jahr des Regelbilanzstichtages ab, unterliegt der Einbringende im Jahr des Einbringungsstichtages nur mit dem Gewinn oder Verlust des eingebrachten Teilbetriebes der ESt (KSt). Wird ein **Mitunternehmeranteil** eingebracht, endet durch die Einbringung für den Mitunternehmer nur dann ein Wirtschaftsjahr, wenn die Einbringung zum Regelbilanzstichtag der Mitunternehmerschaft erfolgt. Weicht das Jahr des Einbringungsstichtages vom Jahr des Regelbilanzstichtages ab, unterliegt der einbringende Mitunternehmer mit dem bis zum Einbringungsstichtag entstandenen Gewinn oder Verlust im Jahr des Regelbilanzstichtages der ESt (KSt).

383 *Beispiel:*
Herr A besitzt ein Unternehmen mit einem Teilbetrieb 1 und einem Teilbetrieb 2. Herr A führt ein abweichendes Wirtschaftsjahr 1.7. bis 30.6. Mit Stichtag 31.12.01 bringt Herr A den Teilbetrieb 1 in die A-GmbH ein.
Herr A hat zwar für Zwecke der Gewinnermittlung zum Einbringungsstichtag eine Bilanz für den gesamten Betrieb aufzustellen, doch endet am 31.12.01 nur hinsichtlich des eingebrachten Teilbetriebes 1 ein Rumpfwirtschaftsjahr. Herr A unterliegt daher im Kalenderjahr 01 lediglich mit dem Gewinn bzw Verlust der Teilbetriebe 1 und 2 aus dem Wirtschaftsjahr 1.7.00 bis 31.6.01 und dem Gewinn

bzw Verlust des eingebrachten Teilbetriebes 1 aus dem Rumpfwirtschaftsjahr 1.7.01 bis 31.12.01 der ESt.

Beispiel: 384
Die AB-OG hat ein abweichendes Wirtschaftsjahr 1.7. bis 30.6. Mit Stichtag 31.12.01 bringt die A-GmbH ihren Mitunternehmeranteil an der AB-OG in die B-GmbH ein.
Die AB-OG hat für Zwecke der Gewinnermittlung zum Einbringungsstichtag eine Bilanz zu erstellen, doch endet für die einbringende A-GmbH dadurch kein Wirtschaftsjahr. Sie unterliegt daher mit dem vom 1.7.01 bis zum 31.12.01 (Einbringungsstichtag) entstandenen Gewinn (Verlust) erst im Kalenderjahr 02 der KSt.

Werden **Kapitalanteile aus einem Betriebsvermögen** eingebracht, muss 385 für den Betrieb, dem die Kapitalanteile zuzurechnen sind, weder unternehmensrechtlich noch steuerlich eine Bilanz erstellt werden. Mit dem eingebrachten Kapitalanteil zusammenhängende Erträge und Aufwendungen sind dem Einbringenden nur soweit zuzurechnen, als sie den Zeitraum bis zum Einbringungsstichtag betreffen; dies gilt ebenso für im Privatvermögen gehaltene Kapitalanteile.

Unabhängig vom Erfordernis, für Zwecke der (steuerlichen) Gewinnermitt- 386 lung zum Einbringungsstichtag für den Betrieb oder die Mitunternehmerschaft eine Stichtagsbilanz iS des § 4 Abs 1 bzw § 5 EStG zu erstellen, muss in folgenden Fällen zum Einbringungsstichtag zusätzlich eine (steuerliche) **Einbringungsbilanz** erstellt werden (§ 15 UmgrStG, siehe dazu oben Tz 328a f):

- Einbringung von **Betrieben** oder **Teilbetrieben**,
- Einbringung von **Mitunternehmeranteilen**,
- Einbringung von **zum Betriebsvermögen gehörenden Kapitalanteilen**.

Bei der Einbringung eines Betriebes oder Teilbetriebes stimmen die für das 387 eingebrachte Vermögen in der Einbringungsbilanz angesetzten steuerlichen Buchwerte mit den Werten der Stichtagsbilanz (§ 12 Abs 2 Z 1 UmgrStG) überein. Ein eingebrachter Mitunternehmeranteil ist in der Einbringungsbilanz mit den steuerlichen Kapitalkonten des Mitunternehmers gemäß der Stichtagsbilanz der Mitunternehmerschaft (§ 12 Abs 2 Z 2 UmgrStG) anzusetzen; allfälliges Sonderbetriebsvermögen und Ergänzungskapital sind zusätzlich zu berücksichtigen. Wird ein zu einem Betriebsvermögen gehörender **Kapitalanteil** eingebracht und stimmen der Bilanzstichtag des Einbringenden und der Einbringungsstichtag überein, ist in der Einbringungsbilanz der steuerliche Buchwert des Kapitalanteils zum Bilanzstichtag anzusetzen. Weicht dagegen der Einbringungsstichtag vom Bilanzstichtag des Einbringenden ab, ist vom steuerlichen Buchwert zum letzten vor dem Einbringungsstichtag liegenden Bilanzstichtag auszugehen. Dieser Buchwert ist bis zum Einbringungsstichtag um nachträgliche Anschaffungskosten und getätigte Einlagenrückzahlungen fortzuschreiben; zudem hat der Einbringende nach Ansicht der Finanzverwaltung den Kapitalanteil zum Einbringungsstichtag zu bewerten und gegebenenfalls eine Teilwertabschreibung oder Zuschreibung vorzunehmen (UmgrStR RZ 833).

388 Das eingebrachte Vermögen ist in der Einbringungsbilanz mit seinem steuerlichen Buchwert (mit den steuerlichen Anschaffungskosten) bzw mit dem sich aus §§ 16, 17 UmgrStG ergebenden Wert anzusetzen. Der Saldo der Einbringungsbilanz wird als **Einbringungskapital** bezeichnet und in einer Position ausgewiesen.

II. Wechsel der Gewinnermittlungsart

1. Einbringung eines Betriebes

389 Aus dem Erfordernis, bei der Einbringung eines Betriebes für Zwecke der steuerlichen Gewinnermittlung eine Bilanz iS des § 4 Abs 1 EStG aufzustellen, kommt es bei Einbringenden, die bisher den Gewinn nach § 4 Abs 3 EStG durch Einnahmen-Ausgaben-Rechnung ermittelt haben, zu einem Wechsel der Gewinnermittlungsart.

390 Beim Wechsel auf die Gewinnermittlung nach § 4 Abs 1 EStG ist durch **Zu- und Abschläge** auszuschließen, dass Veränderungen des Betriebsvermögens (Betriebseinnahmen, Betriebsausgaben) nicht oder doppelt berücksichtigt werden (§ 4 Abs 10 Z 1 EStG).

391 Durch den Übergang auf den Betriebsvermögensvergleich ergeben sich folgende Zu- und Abschläge (siehe EStR 2000 RZ 694 ff):

+ Wert der Warenbestände
+ Wert der Warenforderungen
+ geleistete Anzahlungen für Umlaufvermögen
– Wert der Lieferverbindlichkeiten
– erhaltene Anzahlungen
– Rückstellungen, passive Rechnungsabgrenzungsposten und sonstige noch nicht bezahlte Betriebsausgaben.

392 Ein durch den Wechsel der Gewinnermittlungsart entstehender **Übergangsgewinn** ist beim Einbringenden im Veranlagungszeitraum, in den der Einbringungsstichtag fällt, gemeinsam mit dem laufenden Gewinn oder Verlust zu berücksichtigen (§ 4 Abs 10 Z 1 letzter Satz EStG). Ergibt sich ein **Übergangsverlust**, kann der Einbringende im Jahr, in das der Einbringungsstichtag fällt, den gesamten Übergangsverlust geltend machen (§ 4 Abs 10 Z 1 Satz 3 EStG, UmgrStR RZ 820, 1180). Ein mangels ausreichender positiver Einkünfte verbleibender Übergangsverlust geht objektbezogen als Verlustvortrag auf die übernehmende Körperschaft über.

393 *Beispiel:*
Der Einzelhändler A ermittelt den Gewinn seines Betriebes nach § 4 Abs 3 EStG. Mit Stichtag 31.12.01 bringt er seinen Betrieb in die A-GmbH ein, an der er zu

100 % beteiligt ist. Im Betriebsvermögen des A befinden sich folgende Vermögensgegenstände: ein Warenvorrat iHv 400, Lieferverbindlichkeiten iHv 200, ein Grundstück mit Anschaffungskosten iHv 600, sonstiges Anlagevermögen iHv 300 und ein Bankguthaben iHv 100. Im Jahr 01 erwirtschaftete Herr A einen Gewinn iHv 100.

Bilanz EU-A zum Einbringungsstichtag

Grundstück	600	Eigenkapital	1.200
Sonstiges Anlagevermögen	300	Lieferverbindlichkeiten	200
Warenvorrat	400		
Bankguthaben	100		
	1.400		1.400

Den Übergangsgewinn iHv 200 (= Warenvorrat iHv 400 abzüglich Lieferverbindlichkeiten iHv 200) hat Herr A gemeinsam mit dem laufenden Gewinn iHv 100 im Jahr 01 zu versteuern.
Erfolgt die Einbringung des Betriebes zu Buchwerten und werden keine rückwirkenden Vermögensänderungen vorgenommen, weicht die Einbringungsbilanz (§ 15 UmgrStG) von der Schlussbilanz (§ 14 Abs 1 UmgrStG) lediglich dadurch ab, dass das in der Schlussbilanz ausgewiesene Eigenkapital als Einbringungskapital bezeichnet wird.

Zum weiteren Wechsel der Gewinnermittlungsart von § 4 Abs 1 auf § 5 EStG bei der übernehmenden Körperschaft siehe unten Tz 496 ff.

2. Einbringung eines Teilbetriebes

Überträgt der Einbringende, der den Gewinn durch Einnahmen-Ausgaben-Rechnung ermittelt (§ 4 Abs 3 EStG), auf die übernehmende Körperschaft einen Teilbetrieb, ist für den gesamten Betrieb eine Bilanz iS des § 4 Abs 1 EStG zu erstellen (siehe oben Tz 330 ff). Ermittelt der Einbringende jedoch für den nach der Einbringung verbleibenden Restbetrieb den Gewinn weiterhin nach § 4 Abs 3 EStG, kommt es durch das Aufstellen der Bilanz hinsichtlich des verbleibenden Restbetriebes zu keinem doppelten Wechsel der Gewinnermittlungsart von § 4 Abs 3 auf § 4 Abs 1 und zurück auf § 4 Abs 3 EStG. Der Bilanz kommt insoweit nur der Charakter eines Vermögensstatus zu (UmgrStR RZ 825). 394

Im Ergebnis ist somit lediglich der auf den eingebrachten Teilbetrieb entfallende Übergangsgewinn (bzw -verlust) steuerwirksam (siehe dazu oben Tz 389). 395

Beispiel: 396

Herr A führt einen aus zwei Teilbetrieben bestehenden Betrieb. Mit 31.12.01 bringt er den Teilbetrieb 1 in die B-GmbH ein. Der Jahresabschluss des Einzelunternehmens ergibt sich wie nachstehend. Das Fremdkapital besteht aus einem Darlehen, das den Teilbetrieben je zur Hälfte zuzurechnen ist.

Bilanz EU-A zum Einbringungsstichtag

Teilbetrieb 1:		Eigenkapital	3.000
Anlagevermögen	1.000	Darlehen	1.500
Forderungen	500		
Teilbetrieb 2:			
Anlagevermögen	2.000		
Forderungen	1.000		
	4.500		4.500

Einbringungsbilanz EU-A

Anlagevermögen	1.000	Einbringungskapital	750
Forderungen	500	Darlehen	750
	1.500		1.500

397 Durch die Einbringung hat Herr A für den gesamten Betrieb eine Bilanz iS des § 4 Abs 1 EStG zu erstellen. Für den Teilbetrieb 1 ergibt sich somit ein Übergangsgewinn iHv 500, der im Jahr 01 zu versteuern ist. Da Herr A für den Restbetrieb (= Teilbetrieb 2) den Gewinn auch nach der Einbringung durch Einnahmen-Ausgaben-Rechnung ermittelt, kommt es hinsichtlich des Teilbetriebs 2 zu keinem doppelten Wechsel der Gewinnermittlungsart (Jahr 01: Übergangsgewinn iHv 1.000; Jahr 02: Übergangsverlust iHv 1.000); dem Jahresabschluss kommt insoweit nur Statuscharakter zu.

III. Bewertung des eingebrachten Vermögens

1. Überblick

398 Die Erfüllung aller Anwendungsvoraussetzungen des Art III UmgrStG (§§ 12, 15 und 19 UmgrStG) allein reicht nicht aus, damit das eingebrachte Vermögen ohne Gewinnrealisierung zu Buchwerten auf die übernehmende Körperschaft übergeht. Denn auch innerhalb des Anwendungsbereiches des Art III UmgrStG erfolgt die Einbringung nur dann steuerneutral zu Buchwerten, wenn die Einbringung sowohl für die dem Einbringenden gewährten **Gegenleistungsanteile** (§ 19 UmgrStG) als auch für das vom Einbringenden **übertragene Vermögen** (§ 12 Abs 2 UmgrStG) zu keiner vollständigen oder teilweisen **Einschränkung des österreichischen Besteuerungsrechts** führt.

Je nach Art und Umfang der Einschränkung des österreichischen Besteuerungsrechtes sind für den Einbringenden unterschiedliche Steuerfolgen verbunden:

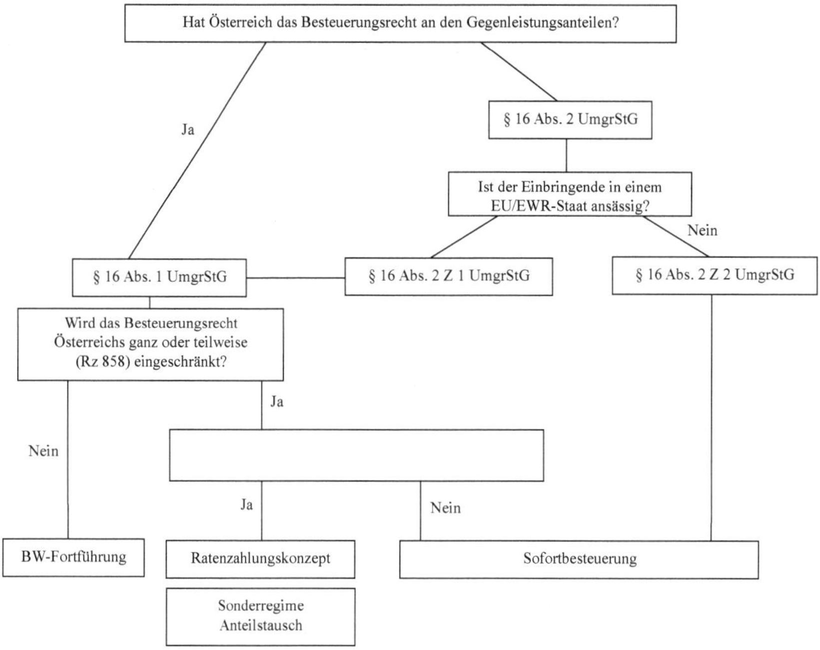

2. Bewertung von Betriebsvermögen (§ 16 UmgrStG)

2.1. Inlandseinbringung

Überträgt der in Österreich ansässige Einbringende auf eine inländische, übernehmende Körperschaft einen Betrieb, Teilbetrieb, Mitunternehmeranteil oder einen zu einem Betriebsvermögen gehörenden Kapitalanteil, ist das Einbringungsvermögen in der Einbringungsbilanz mit dem Buchwert anzusetzen (sog **„Buchwertfortführung“**, §§ 16 Abs 1 Satz 1, 15, 14 Abs 1 UmgrStG). 399

Durch die Buchwertfortführung werden die im Einbringungsvermögen enthaltenen **stillen Reserven auf die übernehmende Körperschaft übertragen**. Da zudem der Buchwert des eingebrachten Vermögens (Einbringungskapital) entweder als Anschaffungskosten der als Gegenleistung gewährten neuen Anteile fortzuführen ist (§ 20 Abs 2 Satz 1 UmgrStG, siehe unten Tz 443 ff) oder bei Unterbleiben einer Gegenleistung den bestehenden Anteilen an der übernehmenden Körperschaft zugeschrieben wird (§ 20 Abs 4 Z 1 Satz 1 UmgrStG, siehe unten Tz 456 ff), werden die **stillen Reserven des eingebrachten Vermögens auch auf die Anteile an der übernehmenden Körperschaft übertragen** (sog **„Verdoppelung der stillen Reserven“**).

Beispiel:
Der in Österreich ansässige A bringt (a) einen (Teil-)Betrieb, (b) einen Mitunternehmeranteil oder (c) einen betrieblichen Anteil an einer inländischen Kapitalgesellschaft in die inländische B-GmbH ein. Das Einbringungskapital beträgt zu Buchwerten 100, zu gemeinen Werten 500. A bekommt als Gegenleistung neue Anteile an der übernehmenden B-GmbH.
In allen drei Fällen ist das Einbringungsvermögen mit dem Buchwert anzusetzen. Da die B-GmbH das Vermögen zu 100 übernimmt, übernimmt sie auch die im Einbringungsvermögen enthaltenen stillen Reserven iHv 400. Da die Anschaffungskosten der neuen Anteile 100 betragen (= Einbringungskapital zu Buchwerten), der gemeine Wert der neuen Anteile aber – ohne Äquivalenzverletzung (siehe unten Tz 534 ff) – 500 beträgt, stecken die stillen Reserven des Einbringungsvermögens auch in der Beteiligung an der übernehmenden B-GmbH.

2.2. Einbringungen mit Auslandsbezug

400 Da die Bewertung des eingebrachten Vermögens mit seinem Buchwert konzeptionell an die doppelte Steuerhängigkeit der in diesem Vermögen enthaltenen stillen Reserven anknüpft („Verdoppelung der stillen Reserven", siehe Tz 399), muss für eine steuerneutrale Einbringung sowohl die weitere Steuerhängigkeit des eingebrachten Vermögens als auch die Steuerhängigkeit der Gegenleistungsanteile gewährleistet sein. Bei einer Einbringung mit Auslandsbezug kann jedoch das Besteuerungsrechts Österreichs sowohl für das eingebrachte Vermögen (siehe Tz 403) als auch für die gewährten Gegenleistungsanteile (siehe Tz 401) eingeschränkt werden:

2.2.1. Einschränkung des Besteuerungsrechts an den Gegenleistungsanteilen

a) Allgemeine Grundsätze

401 Bei der Einschränkung des inländischen Besteuerungsrecht an den Gegenleistungsanteilen ist zu unterscheiden, ob die Einschränkung zugunsten eines **EU/EWR-Staates** oder zugunsten eines sog **Drittstaates** erfolgt (§ 16 Abs 2 UmgrStG):

401a • **Einbringender ist in einem EU/EWR-Staat ansässig:** Der Verlust des Besteuerungsrechts an den Gegenleistungsanteilen führt für sich allein zu keiner unmittelbaren Gewinnrealisierung (§ 16 Abs 2 Z 1 iVm Abs 1, 1a und 3 UmgrStG). Wie bei inländischen Einbringenden wird für das eingebrachte Vermögen der Buchwert angesetzt.

Für die Steuerneutralität der Einbringung durch einen in einem EU/EWR-Staat Ansässigen darf die Einschränkung des Besteuerungsrechts Österreichs an den Gegenleistungsanteilen jedoch nicht dazu führen, dass Österreich für das eingebrachte

Vermögen in seinem **Besteuerungsumfang** eingeschränkt wird (siehe dazu unten Tz 402).

- **Einbringender ist in einem Drittstaat ansässig:** Verliert Österreich sein Besteuerungsrecht an den Gegenleistungsanteilen im Verhältnis zu einem Drittstaat, ist das eingebrachte Vermögen in der Einbringungsbilanz steuerwirksam auf den gemeinen Wert aufzuwerten (§ 16 Abs 2 Z 2 UmgrStG iVm § 6 Z 14 EStG, *Ausnahme:* Einbringung eines Kapitalanteiles in eine im EU/EWR-Raum ansässige übernehmende Körperschaft; zum Anteilstausch siehe Tz 403c, 403g und 409c). Der Einbringende hat den Aufwertungsgewinn in dem Veranlagungsjahr zu versteuern, in das der Einbringungsstichtag fällt. Die übernehmende Körperschaft hat die vom Einbringenden angesetzten gemeinen Werte zu übernehmen (§ 18 Abs 1 Z 1 UmgrStG). 401b

  Beispiel:
  Die im Drittstaat ansässige Körperschaft A bringt ihre inländische Betriebsstätte in die inländische B-GmbH ein. Die B-GmbH gewährt der Körperschaft A hierfür neue Anteile.
  Folgt das DBA mit dem Ansässigkeitsstaat der Körperschaft A dem Art 13 OECD-MA, steht Österreich hinsichtlich der in den neuen Anteilen enthaltenen stillen Reserven kein Besteuerungsrecht zu. A hat daher das Betriebsvermögen der inländischen Betriebsstätte auf den gemeinen Wert aufzuwerten. Folgt das mit dem Ansässigkeitsstaat der Körperschaft A geschlossene DBA dem Art 7 OECD-MA, unterliegt die Körperschaft A hinsichtlich des Aufwertungsgewinnes in Österreich der beschränkten Körperschaftsteuerpflicht (§§ 1 Abs 3 Z 1, 21 Abs 1 KStG, § 98 Z 3 EStG).

  Beispiel:
  Die in einem anderen EU-Staat ansässige Körperschaft A bringt ihre inländische Betriebsstätte in die inländische B-GmbH ein. Die B-GmbH gewährt der Körperschaft A hierfür neue Anteile.
  Unabhängig davon, ob Österreich hinsichtlich der neuen Anteile ein Besteuerungsrecht zukommt oder nicht, erfolgt die Einbringung zu Buchwerten.

b) Einschränkung des Besteuerungsumfanges

Die Einbringung durch einen in einem EU/EWR-Staat ansässigen Einbringenden erfolgt nur dann ohne Gewinnrealisierung, wenn trotz der Einschränkung des inländischen Besteuerungsrechtes an den Gegenleistungsanteilen das **Besteuerungsrecht Österreichs am eingebrachten Vermögen dem Umfang nach nicht eingeschränkt** wird. Eine solche teilweise Einschränkung des inländischen Besteuerungsrechts tritt ein, wenn die stillen Reserven (einschließlich eines Firmenwertes) des eingebrachten Betriebsvermögens beim Einbringenden dem progressiven Einkommensteuertarif unterliegen und diese nach 402 der Einbringung bei der übernehmenden (inländischen oder ausländischen) Körperschaft nur noch mit 23 % Körperschaftsteuer besteuert werden können. Dies ist bei Vorliegen der folgenden Voraussetzungen gegeben (§ 16 Abs 2 Z 1 iVm Abs 1, 1a und 3 UmgrStG):

- Der Einbringende ist eine **natürliche Person**.
- Das Besteuerungsrecht Österreichs an den Gegenleistungsanteilen wird zugunsten eines **EU/EWR-Staates** eingeschränkt (zu den Folgen bei Einschränkung zugunsten eines Drittstaates siehe oben Tz 401b).
- Es wird ein **inländischer Betrieb**, **Teilbetrieb** oder **Mitunternehmeranteil** in eine in- oder ausländische übernehmende Körperschaft eingebracht.

402a Bei einer teilweisen Beschränkung des inländischen Besteuerungsrechts erfolgt die **Bewertung des eingebrachten Vermögens** in der Einbringungsbilanz zu **Buchwerten**. Die **stillen Reserven (einschließlich eines Firmenwertes) des eingebrachten Vermögens werden jedoch beim Einbringenden mit dem besonderen Steuersatz von 27,5 % und damit in Höhe der durch die Einbringung eingetretenen Beschränkung des inländischen Besteuerungsumfanges besteuert** (§ 16 Abs 1 UmgrStG iVm § 27a Abs 1 Z 2 EStG). Auf Antrag kann die Steuer in **Raten** entrichtet werden (§ 16 Abs 1 UmgrStG iVm § 6 Z 6 lit b bis e EStG). Offene Raten sind sofort fällig, wenn der Einbringende seine Gegenleistungsanteile veräußert oder diese auf sonstige Weise aus seinem Vermögen ausscheiden (§ 16 Abs 1 letzter Satz UmgrStG).

Beispiel:
Der in Deutschland ansässige A bringt zum 31.12.X0 seinen Mitunternehmeranteil an der österreichischen AB-KG in die österreichische XY-GmbH (Variante a) bzw alternativ in die deutsche YX-GmbH (Variante b) ein und erhält hierfür von dieser neue Anteile. Der steuerliche Buchwert des eingebrachten Mitunternehmeranteils beträgt zum Einbringungsstichtag 100, der gemeine Wert 500. A veräußert die erhaltenen Gegenleistungsanteile an der übernehmenden Körperschaft im Jahr X6 um 800.

Variante (a): Die stillen Reserven im Mitunternehmeranteil wären vor der Einbringung im Fall einer Veräußerung durch A dem progressiven Einkommensteuertarif unterlegen, nach der Einbringung bei der übernehmenden XY-GmbH jedoch nur mehr in Höhe des 23%igen KSt-Satzes steuerhängig. Es kommt somit im Zuge der Einbringung zu einer Beschränkung des Besteuerungsausmaßes der Republik Österreich, obwohl das grundsätzliche Besteuerungsrecht am eingebrachten Vermögen weiterhin Österreich zusteht. Mangels Besteuerungsrecht an den Gegenleistungsanteilen kann die Einschränkung des Besteuerungsausmaßes in diesem Fall nicht durch die zweite Besteuerungsebene ausgeglichen werden. Deshalb kommt es nach § 16 Abs 1 UmgrStG iVm § 6 Z 6 lit b bis e EStG zu einer Besteuerung der stillen Reserven des eingebrachten Mitunternehmeranteils im Ausmaß der wegfallenden Gesellschafterebene. Die sich hieraus ergebende ESt von 110 (= 27,5 % von 400) ist auf Antrag in Raten zu entrichten. Demgegenüber übernimmt die XY-GmbH den Mitunternehmeranteil zum Buchwert von 100. Veräußert A seinen Gegenleistungsanteil an der XY-GmbH sind noch offene Raten sofort fällig. Auf Ebene der XY-GmbH kommt es zu keiner Realisierung der stillen Reserven im Mitunternehmeranteil an der AB-KG.

Variante (b): Die Aussagen in Variante (a) gelten entsprechend. Es macht in diesem Fall keinen Unterschied, ob die übernehmende Körperschaft in Österreich oder Deutschland ansässig ist. Das Besteuerungsrecht an den im eingebrachten Mitunternehmeranteil enthaltenden stillen Reserven steht vor und nach der Einbringung der Republik Österreich zu (Art 13 Abs 1 und 3 DBA Ö-D). Die deutsche YX-GmbH unterliegt mit den übernommenen Mitunternehmeranteilen an der AB-KG in Österreich künftig der beschränkten Steuerpflicht (§ 1 Abs 3 Z 1 iVm § 21 Abs 1 KStG, § 98 Z 3 EStG).

Beispiel:
Der im Drittstaat ansässige X bringt zum 31.12.X0 seinen Mitunternehmeranteil an der österreichischen XY-KG in die österreichische X-GmbH ein und erhält hierfür neue Anteile an der X-GmbH. Der steuerliche Buchwert des eingebrachten Mitunternehmeranteils beträgt zum Einbringungsstichtag 100, der gemeine Wert 1.000. Das zwischen Österreich und dem Drittstatt abgeschlossene DBA weist dem Drittstaat das alleinige Besteuerungsrecht an den Gegenleistungsanteilen zu. Da das Besteuerungsrecht der Republik Österreich an den Gegenleistungsanteilen zugunsten eines Drittstaates eingeschränkt ist, hat zwingend eine Aufwertung des eingebrachten Vermögens zu erfolgen (§ 16 Abs 2 Z 2 UmgrStG). Es kommt durch die Einbringung zu einer Realisierung der stillen Reserven des Mitunternehmeranteils. Folgt das mit dem Drittstatt geschlossene DBA dem Art 7 OECD-MA, unterliegt X hinsichtlich des Aufwertungsgewinnes iHv 900 in Österreich im Rahmen der beschränkten Steuerpflicht dem progressiven Einkommensteuertarif (§ 98 Z 3 EStG). Die Ö-GmbH setzt den übernommenen Mitunternehmeranteil an der XY-KG mit dem gemeinen Wert an (§ 18 Abs 1 Z 1 UmgrStG).

Bei der Einbringung durch eine **in einem EU/EWR-Staat ansässige Körperschaft**, unterliegen die stillen Reserven des eingebrachten inländischen Betriebes, Teilbetriebes oder Mitunternehmeranteils vor und nach der Einbringung der Körperschaftsteuer iHv 23 %. Es wird daher durch die Einbringung das Besteuerungsausmaß der Republik Österreich weder dem Grund noch dem Umfang nach eingeschränkt; die Einbringung erfolgt somit ohne Gewinnrealisierung (§ 16 Abs 2 Z 1 iVm Abs 1 UmgrStG). 402b

Beispiel:
Die deutsche D-GmbH bringt zum 31.12.X0 ihren Mitunternehmeranteil an der österreichischen XY-KG in die österreichische Ö-GmbH ein und erhält hierfür neue Anteile an der Ö-GmbH. Der steuerliche Buchwert des eingebrachten Mitunternehmeranteils beträgt zum Einbringungsstichtag 100, der gemeine Wert 500. Die Einbringung erfolgt zu Buchwerten (§ 16 Abs 2 Z 1 iVm Abs 1 UmgrStG). Es kommt im Rahmen der Einbringung zu keinen unmittelbaren ertragsteuerlichen Konsequenzen.

Beispiel:
Die im Drittstaat ansässige Kapitalgesellschaft A bringt zum 31.12.X0 ihren Mitunternehmeranteil an der österreichischen XY-KG in die österreichische Ö-GmbH ein und erhält hierfür neue Anteile an der Ö-GmbH. Der steuerliche Buchwert des eingebrachten Mitunternehmeranteils beträgt zum Einbringungsstichtag 100, der gemeine Wert 500. Das zwischen Österreich und dem Drittstatt abgeschlossene DBA weist dem Drittstaat das alleinige Besteuerungsrecht an den Gegenleistungsanteilen zu. Da das Besteuerungsrecht der Republik Österreich an den Gegenleistungsanteilen zugunsten eines Drittstaates eingeschränkt ist, hat zwingend eine Aufwertung des eingebrachten Vermögens zu erfolgen (§ 16 Abs 2 Z 2 UmgrStG). Es kommt durch die Einbringung zu einer Realisierung der stillen Reserven des Mitunternehmeranteils. Die Ö-GmbH setzt den übernommenen Mitunternehmeranteil an der XY-KG mit dem gemeinen Wert an (§ 18 Abs 1 Z 1 UmgrStG).

2.2.2. Einschränkung des inländischen Besteuerungsrechts am eingebrachten Vermögen

a) Allgemeine Grundsätze

403 Wird durch eine Einbringung in eine ausländische Körperschaft das **Besteuerungsrecht Österreichs am eingebrachten Vermögen eingeschränkt**, ist das Vermögen in der Einbringungsbilanz zwingend mit dem **„Fremdvergleichswert“** nach § 6 Z 6 lit a EStG anzusetzen und der sich daraus ergebende Aufwertungsgewinn der ESt bzw KSt zu unterwerfen.

403a Auf Antrag kann die Steuerschuld in Raten entrichtet werden, wenn die Einschränkung des Besteuerungsrechtes gegenüber einem EU/EWR-Staat erfolgt (sog **„Ratenzahlungskonzept“** nach § 16 Abs 1 UmgrStG iVm § 6 Z 6 lit c EStG). Noch offene Raten werden sofort fällig, wenn der Einbringende seine **Gegenleistungsanteile** an der übernehmenden Körperschaft veräußert oder die Gegenleistungsanteile auf sonstige Weise aus dem Vermögen des Einbringenden ausscheiden.

Die auf Wirtschaftsgüter des **Anlagevermögens** entfallende Steuerschuld ist gleichmäßig über einen Zeitraum von fünf Jahren zu entrichten. Davon abweichend sind offene Raten insoweit fällig zu stellen, als das weggezogene Anlagevermögen veräußert wird, auf sonstige Art aus dem Vermögen der übernehmenden Körperschaft ausscheidet oder durch diese in einen nicht begünstigten Staat überführt wird; diese Umstände sind der zuständigen Abgabenbehörde anzuzeigen (§ 16 Abs 1 UmgrStG iVm § 6 Z 6 lit d EStG). Die auf das weggezogene **Umlaufvermögen** entfallende Wegzugssteuer ist gleichmäßig über einen Zeitraum von zwei Jahren zu entrichten (§ 16 Abs 1 UmgrStG iVm § 6 Z 6 lit e EStG).

Beispiel:
Die in Österreich ansässige GmbH bringt ihre italienische Betriebsstätte in eine italienische Körperschaft (Tochtergesellschaft) ein. Das an der eingebrachten Betriebsstätte aufgrund des DBA-Italien (Anrechnungsmethode) bestehende inländische

Besteuerungsrecht wird einbringungsbedingt zur Gänze eingeschränkt. Die einbringende GmbH hat daher in der Einbringungsbilanz die Fremdvergleichswerte anzusetzen und den sich hieraus ergebenden Gewinn der KSt zu unterwerfen. Nimmt Italien die Einbringung ebenfalls zum Anlass, die stillen Reserven bzw den Firmenwert der Betriebsstätte zu besteuern, hat Österreich die italienische Ertragsteuer auf die inländische KSt anzurechnen. Sollte die Einbringung der Betriebsstätte in Italien steuerneutral zu Buchwerten erfolgen, wird Österreich nach Art 10 Abs 2 Fusionsbesteuerungsrichtlinie (90/ 434/EWG) verpflichtet sein, die auf die eingebrachten stillen Reserven samt Firmenwert entfallende fiktive italienische Ertragsteuer auf die inländische KSt anzurechnen. Sowohl die Anrechnung der tatsächlichen als auch der fiktiven italienischen Ertragsteuer erfolgt lediglich im Rahmen des Anrechnungshöchstbetrages. Auf Antrag ist die festgesetzte KSt in Raten zu entrichten.

Hinweis zur Rechtslage vor dem 1.1.2016:
Das Ratenzahlungskonzept ist anzuwenden auf Einbringungen, die **nach dem 31. Dezember 2015 vertraglich unterfertigt** werden (3. Teil Z 30 UmgrStG idFd AbgÄG 2015). Wurde bis zum Inkrafttreten des Ratenzahlungskonzeptes nach den Bestimmungen des UmgrStG eine Wegzugssteuer nach dem Nichtfestsetzungskonzept auf Antrag nicht festgesetzt, verjährt das Recht auf Festsetzung erst zehn Jahre nach Ablauf des Jahres, in dem die Wegzugsbesteuerung insbesondere durch Veräußerung oder sonstiges Ausscheiden des weggezogenen Vermögens festzusetzen ist (§ 209 Abs 5 BAO). Damit entfällt die bisherige ab dem Umgründungsstichtag zum Laufen beginnende Zehnjahresfrist, nach deren Ablauf die Wegzugssteuer nicht mehr vorgeschrieben werden konnte und so das weggezogene Vermögen endgültig steuerneutral entstrickt wurde. Diese **Perpetuierung** der nach dem bisherigen Nichtfestsetzungskonzept **nicht festgesetzten Wegzugssteuer** gilt für Umgründungen, für die die Wegzugssteuer nach dem 31. Dezember 2005 entstanden ist (§ 323 Abs 46 BAO).

b) Exporteinbringung von Kapitalanteilen („Sonderregime Anteilstausch")

aa) Überblick

Werden **einem österreichischen Betriebsvermögen zugehörige Kapitalanteile** iSd § 12 Abs 2 Z 3 UmgrStG **in eine in einem EU/EWR-Staat ansässige Körperschaft** eingebracht, gelten abweichend von den oben unter Tz 403a dargestellten allgemeinen Grundsätzen besondere Regelungen (§ 16 Abs 1a UmgrStG, „Sonderregime Anteilstausch"; zur Exporteinbringung von im Privatvermögen gehaltenen Kapitalanteilen siehe Tz 409a ff). Diese unterscheiden sich je nachdem, ob die Einbringung des Kapitalanteiles durch eine Körperschaft oder eine natürliche Person erfolgt: 403b

- Zum Anteilstausch durch eine **inländische Körperschaft** und eine beschränkt steuerpflichtige **Körperschaft, die in einem EU/EWR-Staat ansässig** ist, siehe unten Tz 403c.

- Zum Anteilstausch durch eine inländische **natürliche Person** und eine beschränkt steuerpflichtige **natürliche Person, die in einem EU/EWR-Staat ansässig** ist, siehe unten Tz 403f.

Das Sonderregime des Anteilstausches kommt nur dann zur Anwendung, wenn dem Einbringenden **eine Gegenleistung an der übernehmenden Körperschaft** gewährt wird. Eine solche Gegenleistung liegt vor, wenn dem Einbringenden neue Anteile (§ 19 Abs 1 UmgrStG) gewährt werden oder der Einbringende an der übernehmenden Körperschaft bereits als Alleingesellschafter beteiligt ist und eine Gewährung neuer Anteile unterbleibt (§ 19 Abs 2 Z 5 erster Halbsatz UmgrStG). In diesem Fall besteht die Gegenleistung in den „Zuschreibungsanteilen" iSd § 20 Abs 4 Z 1 UmgrStG bzw in der Wertsteigerung der bestehenden Anteile an der übernehmenden Körperschaft (UmgrStR RZ 860b und 860h). Dabei ist jedoch darauf zu achten, dass nach § 19 Abs 2 Z 5 zweiter Halbsatz UmgrStG eine **Anteilsgewähr an den Alleingesellschafter** der übernehmenden Körperschaft **nur dann unterbleiben kann, wenn dieser im Inland ansässig ist und dadurch die Zuschreibung iSd § 20 Abs 4 Z 1 UmgrStG ausschließlich auf „inländische Anteile an der übernehmenden Körperschaft" getätigt wird**. Bei Verletzung des § 19 Abs 2 Z 5 zweiter Halbsatz UmgrStG unterliegt die Einbringung nicht dem Art III UmgrStG sondern nach allgemeinem Steuerrecht der Tauschbesteuerung.

bb) Anteilstausch einer Körperschaft

403c Bringt eine inländische oder eine in der EU/im EWR ansässige Körperschaft ihren in einem **inländischen Betriebsvermögen gehaltenen Kapitalanteil** in eine **in einem Drittstaat ansässige Körperschaft** ein, ist für diesen Kapitalanteil steuerwirksam der **„Fremdvergleichswert"** (§ 6 Z 6 lit a EStG) anzusetzen, wenn dadurch das Besteuerungsrecht der Republik Österreich eingeschränkt wird (§ 16 Abs 1 Satz 2 UmgrStG). Dagegen erfolgt bei einer Einbringung in **eine in einem EU/EWR-Staat ansässige Körperschaft** der Anteilstausch steuerneutral unter **Ansatz des Buchwertes** (§ 16 Abs 1a TS 1 UmgrStG).

Aufgrund des Unionsrechts sind einbringende **Körperschaften, die in einem Drittstaat ansässig sind**, einer inländischen oder einer in der EU ansässigen Körperschaft gleichgestellt (UmgrStR RZ 854a Fußnote 11). Der Anteilstausch durch eine solche Drittstaatskörperschaft erfolgt somit ebenfalls steuerneutral; der dem entgegenstehende Gesetzeswortlaut wird durch das Unionsrecht in seiner Anwendung zurückgedrängt.

403d Entsteht durch den Anteilstausch bei der einbringenden Körperschaft an der übernehmenden EU/EWR-Körperschaft eine **internationale Schachtelbeteiligung** oder wird eine bereits bestehende Schachtelbeteiligung erweitert, bleibt der Anteilstausch für die einbringende Körperschaft nur dann steuerneutral, wenn die übernehmende Körperschaft den **eingebrachten Kapitalanteil nicht in weiterer Folge veräußert** oder dieser nicht in weiterer Folge sonst aus dem Vermögen der übernehmenden Körperschaft ausscheidet (§ 16 Abs 1a TS 2

UmgrStG). Scheidet der eingebrachte Kapitalanteil zeitnah und somit „in weiterer Folge“ aus dem Vermögen der übernehmenden Körperschaft aus (zB durch Veräußerung), unterliegt die Einbringung im Zeitpunkt des Ausscheidens bei der einbringenden Körperschaft der Tauschbesteuerung. Dabei sind erst nach dem Einbringungsstichtag eintretende Wertsteigerungen des eingebrachten Kapitalanteiles nicht zu berücksichtigen; nach dem Einbringungsstichtag eingetretene Wertminderungen des Kapitalanteiles sind bis zur Höhe der zum Einbringungsstichtag gegebenen stillen Reserven zu berücksichtigen (§ 16 Abs 1a TS 3 UmgrStG). Im Ausmaß der besteuerten stillen Reserven ist zur Vermeidung einer Doppelbesteuerung der Buchwert der Beteiligung an der übernehmenden Gesellschaft zu erhöhen (§ 20 Abs 2 Z 4 UmgrStG); die Ausnahme von der Veräußerungsgewinnbefreiung nach § 20 Abs 7 Z 1 Satz 1 UmgrStG iVm § 10 Abs 3 Satz 1 KStG kommt insoweit nicht zur Anwendung (§ 20 Abs 7 Z 1 Satz 2 UmgrStG).

Beispiel 1 (UmgrStR RZ 860h):
Die inländische M-AG hält seit Jahren einen 70 %-Anteil an der inländischen T-GmbH; über die Jahre ist eine hohe stille Reserve entstanden (Anschaffungskosten = 100, Verkehrswert = 1.000). M bringt ihren Anteil an der T in die deutsche D-AG ein und erhält als Gegenleistung einen Anteil iHv 50 % an der D-AG. Der erhaltene 50 %-Anteil an der D-AG stellt eine internationale Schachtelbeteiligung nach § 10 Abs 2 KStG 1988 dar. Die Einbringung als solche erfolgt steuerneutral. Veräußert allerdings die übernehmende D-AG in weiterer Folge den eingebrachten Kapitalanteil, entsteht bei der M-AG die Steuerschuld hinsichtlich der stillen Reserve iHv 900, und zwar im Jahr der Veräußerung (§ 16 Abs 1a zweiter Teilstrich UmgrStG). Sollten zwischen der Einbringung und der Veräußerung Wertminderungen eintreten und der eingebrachte Kapitalanteil um 700 veräußert werden, vermindert sich die Bemessungsgrundlage auf 600 (eine Steuergutschrift kann durch zwischenzeitliche Wertminderungen allerdings nicht entstehen).

Beispiel 2 (UmgrStR RZ 860h):
Die inländische M-GmbH ist zu 100 % sowohl an der inländischen T1-GmbH als auch an der deutschen T2-GmbH beteiligt. Die M-GmbH bringt ihre Anteile an der T1-GmbH in die T2-GmbH nach Art III UmgrStG ein; auf eine Gewährung von Anteilen wird gemäß § 19 Abs 2 Z 5 UmgrStG verzichtet. Trotz Verzichts auf eine Anteilsgewährung liegt eine Gegenleistung im Sinne des § 16 Abs 1a erster Satz UmgrStG vor, die in der Wertsteigerung der bereits bisher bestehenden Anteile besteht. Folglich kann die Einbringung gemäß § 16 Abs 1a erster Teilstrich UmgrStG steuerneutral zu Buchwerten erfolgen.

Wurden die Anteile an der übernehmenden EU/EWR-Körperschaft bereits vor dem steuerwirksamen Ausscheiden des eingebrachten Kapitalanteiles entgeltlich übertragen, löst das spätere Ausscheiden des Kapitalanteiles aus dem Vermögen der übernehmenden Körperschaft bei der einbringenden Körperschaft keine Steuerschuld mehr aus (§ 16 Abs 1a Teilstrich 2 letzter Satz UmgrStG).

Diese Einschränkung dient Vereinfachungszwecken: Wurden die stillen Reserven des eingebrachten Kapitalanteiles bereits durch die Veräußerung der Anteile an der übernehmenden Gesellschaft realisiert (siehe dazu § 20 Abs 7 Z 1 UmgrStG iVm § 10 Abs 3 Satz 1 KStG), kann das Ausscheiden des eingebrachten Kapitalanteiles zum Erreichen der „Einmalerfassung" vernachlässigt werden.

Variante zu obigem Beispiel 1 (UmgrStR RZ 860h):
Veräußert die einbringende M-AG den Anteil an der D-AG, ist der aufgrund von § 20 Abs 7 Z 1 UmgrStG in Evidenz genommene Betrag (900) von der Steuerneutralität des § 10 Abs 3 erster Satz KStG 1988 auszunehmen. § 20 Abs 7 Z 1 letzter Satz UmgrStG kommt diesfalls nicht zur Anwendung, weil die Steuerschuld nach § 16 Abs 1a UmgrStG mangels Veräußerung durch die übernehmende Körperschaft nicht entstanden ist. Bei späterer Veräußerung des eingebrachten Vermögens (Anteil an der T-GmbH) durch die übernehmende D-AG entsteht keine Steuerschuld mehr nach § 16 Abs 1a UmgrStG, weil die Anteile an der übernehmenden Körperschaft durch die einbringende Körperschaft bereits vor dem Entstehen der Abgabenschuld veräußert wurden.

403e Die **Exporteinbringung einer internationalen Schachtelbeteiligung** erfolgt nach § 16 Abs 1a UmgrStG unabhängig davon steuerneutral zum Buchwert, ob an der übernehmenden EU/EWR-Körperschaft eine steuerneutrale Schachtelbeteiligung entsteht, oder die eingebrachte Schachtelbeteiligung in weiter Folge durch die übernehmende Körperschaft veräußert wird (UmgrStR RZ 860i). Für die **steuerliche Behandlung der gewährten Gegenleistungsanteile** ist zu unterscheiden:

- Wurde für die eingebrachte Schachtelbeteiligung **nicht** zur Steuerwirksamkeit **optiert**, unterliegen realisierte Wertsteigerungen aus den Gegenleistungsanteilen nicht der KSt (teleologische Reduktion von § 20 Abs 7 Z 1 UmgrStG). Qualifizieren die gewährten Gegenleistungsanteile nicht als (steuerneutrale) Schachtelbeteiligung (zB Beteiligung unter 10 %), bleiben realisierte Wertsteigerungen nur im Ausmaß der eingebrachten stillen Reserven steuerfrei.
- Wird eine **optierte Schachtelbeteiligung** eingebracht, springt die Option auf die Gegenleistungsanteile an der übernehmenden, ausländischen Körperschaft über.

Unabhängig davon, ob durch die übernehmende Körperschaft neue Anteile gewährt werden (§ 19 Abs 1 UmgrStG) oder die Gewährung neuer Anteile unterbleibt (§ 19 Abs 2 Z 5 UmgrStG), ist die Beteiligung an der übernehmenden Körperschaft im Verhältnis des Verkehrswertes der eingebrachten optierten Schachtelbeteiligung und des Verkehrswertes der übernehmenden Körperschaft vor der Einbringung in einen optierten und einen nicht optierten Teil zu trennen. Bei einer künftigen Veräußerung der Anteile an der übernehmenden Körperschaft, ist der Gewinn nach der Relation des optierten und nicht optierten Beteiligungsteiles dem steuerwirksamen und dem steuerunwirksamen Teil zuzurechnen (UmgrStR RZ 860i iVm KStR RZ 1217).

cc) Anteilstausch einer natürlichen Person

Bringt eine **im Inland ansässige** natürliche Person einen in ihrem inländischen Betriebsvermögen gehaltenen Kapitalanteil **in eine in einem Drittstaat ansässige Körperschaft** ein, ist für diesen Kapitalanteil steuerwirksam der **„Fremdvergleichswert“** (§ 6 Z 6 lit a EStG) anzusetzen, wenn dadurch das Besteuerungsrecht der Republik Österreich eingeschränkt wird (§ 16 Abs 1 Satz 2 UmgrStG). 403f

Beispiel:

A ist Einzelunternehmer und bringt zum Stichtag 31.12.01 eine im inländischen Betriebsvermögen gehaltene Beteiligung iHv 25 % an der inländischen X-GmbH (Buchwert 10.000; Fremdvergleichswert 25.000) in die in einem Drittstaat ansässige Y-Körperschaft ein. Die Einbringung erfolgt nach § 19 Abs 2 Z 5 zweiter Halbsatz UmgrStG unter Verzicht auf die Gewährung neuer Anteile an der Y-Körperschaft, weil A an der Y-GmbH bereits vor der Einbringung zu 100 % beteiligt war (Anschaffungskosten 40.000) und die Zuschreibung nach § 20 Abs 4 Z 1 UmgrStG ausschließlich auf inländische Anteile an der Y-Körperschaft erfolgt. Gemäß § 16 Abs 1 zweiter Satz UmgrStG kommt es zu einer Einschränkung des Besteuerungsrechtes der Republik Österreich hinsichtlich des eingebrachten Vermögens, wenn nach der Einbringung gemäß dem anzuwendenden DBA das Besteuerungsrecht am eingebrachten Kapitalanteil dem Drittstaat zukommt.

Erfolgt die Einbringung aufgrund der Einschränkung des inländischen Besteuerungsrechts steuerwirksam unter Ansatz des Fremdvergleichswertes, kann der Einbringende in seiner Einkommensteuererklärung den **Antrag auf Nichtfestsetzung der Steuerschuld** stellen, wenn die Einbringung gegen die Gewährung einer Gegenleistung in eine **in einem EU/EWR-Staat ansässige Körperschaft** erfolgt (zum Unterbleiben einer Anteilsgewähr nach § 19 Abs 2 Z 5 UmgrStG siehe oben Tz 403b). Die Steuerschuld ist festzusetzen, wenn der Einbringende die ihm aus der Einbringung gewährten Gegenleistungsanteile an der übernehmenden Körperschaft veräußert, diese Anteile aus seinem Vermögen ausscheiden oder diese steuerneutral untergehen (§ 16 Abs 1a TS 4 iVm § 17 Abs 1 und 1a UmgrStG). Dagegen führt die Veräußerung oder das sonstige Ausscheiden des eingebrachten Kapitalanteils durch die übernehmende Körperschaft zu keiner Festsetzung der Steuerschuld (UmgrStR RZ 860b). Die Festsetzung der Steuerschuld stellt ein rückwirkendes Ereignis iSd § 295a BAO dar und führt somit zu einer ebenfalls rückwirkenden Erhöhung des Einbringungskapitals und folglich der Anschaffungskosten (bzw des Buchwertes) der gewährten Gegenleistungsanteile.

Beispiel (vgl EB zum StRefG 2020):

Die im Inland ansässige natürliche Person A bringt ihre im Betriebsvermögen gehaltene 30 %ige Beteiligung an der österreichischen B-GmbH (Anschaffungskosten 100; gemeiner Wert 500) zum 31.12.20XI in die deutsche D-AG ein. Als Gegenleistung erhält A eine Beteiligung in Höhe von 15 % an der D-AG.

Gemäß § 16 Abs 1 kommt es zu einer Einschränkung des Besteuerungsrechts der Republik Österreich, weil das Besteuerungsrecht am Anteil an der B-GmbH künftig Deutschland zusteht. Gemäß § 16 Abs 1a letzter Teilstrich iVm § 17 Abs 1 und § 17 Abs 1 und Abs 1a kann A in der Einkommensteuererklärung des Jahres 20X1 einen Antrag auf Nichtfestsetzung der Steuerschuld in Höhe von 400 stellen. Die Gegenleistungsanteile hat A vorerst mit den Anschaffungskosten in Höhe von 100 anzusetzen.
Nach drei Jahren wird die Beteiligung an der B-GmbH durch die D-AG um 800 veräußert. Dieser Vorgang löst keine Festsetzung der Steuerschuld bei A aus. Wird jedoch nach einem weiteren Jahr die Beteiligung an der D-AG veräußert, führt dies zur Festsetzung der Steuerschuld in Höhe von 400. Das gilt auch, wenn die Beteiligung an der D-AG steuerneutral untergehen würde. Durch die rückwirkende Erhöhung der Anschaffungskosten gemäß § 20 Abs 2 Z 5 führt die Veräußerung bei A zu Einkünften gemäß § 27 Abs 3 EStG in Höhe von 300.

Beispiel:
A ist ein im Inland ansässiger Einzelunternehmer und bringt seine im Betriebsvermögen gehaltene Beteiligung des Anlagevermögens iHv 25 % an der inländischen X-GmbH (Buchwert 10.000) in die deutsche Y-GmbH zum Stichtag 31.12.01 ein. Die Einbringung erfolgt unter Verzicht auf Anteilsgewährung, weil A an der Y-GmbH bereits vor der Einbringung zu 100 % beteiligt war (Anschaffungskosten 40.000) und die Zuschreibungsanteile iSd § 19 Abs 2 Z 5 zweiter Halbsatz UmgrStG ausschließlich auf inländische Anteile an der übernehmenden deutschen Y-GmbH getätigt werden. Die Gegenleistung besteht diesfalls in der Wertsteigerung der bisherigen Anteile. Da aufgrund der Einbringung eines Kapitalanteils in eine EU-Gesellschaft gegen Gewährung einer Gegenleistung ein Anteilstausch gemäß § 16 Abs 1 erster Satz UmgrStG vorliegt, der eine Einschränkung des Besteuerungsrechtes der Republik Österreich hinsichtlich des eingebrachten Vermögens bewirkt, kann A in der ESt-Erklärung des Jahres 01 einen Antrag stellen, die sich aufgrund des Ansatzes des Fremdvergleichswertes (= 25.000) ergebende Steuerschuld (= 15.000 * 27,5 %) gemäß § 17 Abs 1a UmgrStG nicht festzusetzen.
In der Einbringungsbilanz ist der Anteil an der X-GmbH zu Buchwerten (10.000) auszuweisen, weswegen das Einbringungskapital ebenfalls 10.000 beträgt. Die Anschaffungskosten der Beteiligung an der Y-GmbH hat A vorerst um den Buchwert in Höhe von 10.000 (somit auf 50.000) zu erhöhen.

Beispiel:
A bringt seine im inländischen Betriebsvermögen gehaltene Beteiligung an der inländischen A-GmbH in die in Deutschland ansässige D-GmbH ein. Da die A-GmbH als Immobiliengesellschaft iSd Art 13 Abs 2 DBA Österreich-Deutschland qualifiziert, bleibt das Besteuerungsrecht Österreichs auch nach der Einbringung dem Grunde nach weiter bestehen, weil die übernehmende deutsche D-GmbH mit dieser Beteiligung in Österreich der beschränkten KSt-pflicht unterliegt. Die durch die Einbringung resultierende Beschränkung des österreichischen Besteuerungsumfanges von 27,5 % ESt auf 23 % KSt sollte zu keiner steuerwirksamen „teilweisen" Einschränkung des inländischen Besteuerungsrechtes iSd § 16 Abs 1 Satz 2 ff UmgrStG führen, weil sowohl das eingebrachte Vermögen als auch die Gegenleistungsanteile in Österreich steuerhängig bleiben.

Die oben in Tz 403f dargestellten Grundsätze gelten auch für einen Anteilstausch einer **in einem EU/EWR-Staat ansässigen natürlichen Person**, wenn der eingebrachte Anteil einem österreichischen Betriebsvermögen zuzurechnen ist (§ 16 Abs 2 Z 1 iVm Abs 1 und 1a TS 4 iVm § 17 Abs 1 und 1a UmgrStG, zum Anteilstausch aus dem steuerlichen Privatvermögen siehe Tz 409a). Aufgrund des Unionsrechts sind auch natürliche Personen, die in einem **Drittstaat** ansässig sind, einer inländischen oder einer in der EU ansässigen natürlichen Person gleichgestellt (UmgrStR RZ 854a Fußnote 11). Der Anteilstausch durch eine solche Person erfolgt somit ebenfalls steuerneutral; der dem entgegenstehende Gesetzeswortlaut wird durch das Unionsrecht in seiner Anwendung zurückgedrängt. 403g

Beispiel (UmgrStR RZ 860b):
Die in Deutschland ansässige natürliche Person A hält in ihrer österreichischen Betriebsstätte eine 30 %ige Beteiligung an der österreichischen B-GmbH (Buchwert 100.000; Fremdvergleichswert 500.000). A bringt diese Beteiligung zum 31.12.X1 in die deutsche D-AG ein. Als Gegenleistung erhält die Einbringende eine Beteiligung in Höhe von 15 % an der D-AG, die funktional der österreichischen Betriebsstätte zuzurechnen und damit in Österreich steuerhängig ist.
Aufgrund des DBA Österreich-Deutschland hat Österreich ein Besteuerungsrecht am eingebrachten Kapitalanteil, das durch die Einbringung eingeschränkt wird. A hat somit für die eingebrachte Beteiligung steuerwirksam den Fremdvergleichswert anzusetzen. Da es sich um einen begünstigten Anteilstausch iSd § 16 Abs 2 Z 1 iVm § 16 Abs 1 und 1a UmgrStG handelt, kann A einen Antrag auf Nichtfestsetzung der sich durch Ansatz des Fremdvergleichswertes ergebenden Steuerschuld stellen. Der eingebrachte Kapitalanteil ist in der Einbringungsbilanz mit dem Buchwert (100.000) anzusetzen. Auch die der österreichischen Betriebsstätte zuzurechnenden Gegenleistungsanteile sind (vorerst) mit den Anschaffungskosten in Höhe von 100.000 anzusetzen.

2.2.3. Aufwertungswahlrecht bei internationaler Doppelbesteuerung

Die Fortführung der Buchwerte kann in jenen Fällen zu Nachteilen führen, in denen im Zuge einer Einbringung mit Auslandsbezug ein DBA anzuwenden ist, welches die Anrechnungsmethode vorsieht: Bringt zB ein Steuerausländer inländisches Vermögen ein und führt die Einbringung im Ausland zur Gewinnrealisierung, würde durch die (inländische) Buchwertfortführung in Österreich keine Steuer entstehen, die auf die ausländische Steuer anrechenbar wäre. Weiters könnten durch die Buchwertfortführung dann Nachteile entstehen, wenn ein Steuerinländer ausländisches Vermögen einbringt und die Einbringung im Ausland zur Steuerpflicht führt. Denn in diesem Fall würde aufgrund der (inländischen) Buchwertfortführung keine inländische Steuer entstehen, auf welche die ausländische Steuer angerechnet werden könnte. 404

405 Um solche Nachteile zu vermeiden, kann in zwei Fällen abweichend von der grundsätzlich zwingenden Buchwertfortführung das Einbringungsvermögen auf den gemeinen Wert aufgewertet werden (sog **„Aufwertungsoption"**):

406 • Ist der Einbringende in einem **EU/EWR-Staat ansässig und** ist das **Besteuerungsrecht** Österreichs hinsichtlich der in den Anteilen der übernehmenden Körperschaft enthaltenen stillen Reserven **eingeschränkt**, kann der Einbringende das **in- und/oder ausländische Vermögen** auf den gemeinen Wert aufwerten, wenn die Einbringung im Ausland zur Gewinnverwirklichung führt und mit dem Ansässigkeitsstaat ein DBA besteht, das dafür die Anrechnungsmethode vorsieht, oder eine vergleichbare innerstaatliche Maßnahme getroffen wird (§ 16 Abs 3 Z 1 UmgrStG).

407 • Ist der Einbringende **Steuerinländer** und wird daher das **Besteuerungsrecht** Österreichs hinsichtlich der in den Anteilen der übernehmenden Körperschaft enthaltenen stillen Reserven **nicht eingeschränkt**, kann der Einbringende das **ausländische Vermögen** auf den gemeinen Wert aufwerten, wenn die Einbringung im Ausland zur Gewinnverwirklichung führt und mit dem anderen Staat ein DBA besteht, das dafür die Anrechnungsmethode vorsieht, oder eine vergleichbare innerstaatliche Maßnahme getroffen wird (§ 16 Abs 3 Z 2 UmgrStG).

Beispiel:
Die in einem EU/EWR-Staat ansässige Körperschaft A bringt ihren inländischen Betrieb in die inländische B-GmbH ein und erhält als Gegenleistung neue Anteile. Mit dem EU/EWR-Staat besteht ein DBA mit Anrechnungsmethode. Der Ansässigkeitsstaat nimmt die Einbringung zum Anlass, die im eingebrachten Betrieb enthaltenen stillen Reserven zu versteuern.
Da das Besteuerungsrecht hinsichtlich der neuen Anteile zugunsten eines EU/EWR-Staates eingeschränkt ist (vgl Art 13 OECD-MA), erfolgt die Einbringung grundsätzlich zu Buchwerten (§ 16 Abs 2 Z 1 iVm Abs 1 UmgrStG). Wahlweise kann A das Vermögen der Betriebsstätte auch mit dem gemeinen Wert ansetzen (§ 16 Abs 2 Z 1 iVm Abs 3 Z 1 UmgrStG).

Beispiel:
Die österreichische A-GmbH bringt eine inländische Betriebsstätte in die österreichische B-GmbH ein und erhält dafür neue Anteile an der B-GmbH. Im Betriebsstättenvermögen befindet sich ein ausländisches Grundstück. Das Ausland nimmt die Einbringung zum Anlass, die stillen Reserven des ausländischen Grundstücks zu besteuern. Mit dem Ausland besteht ein DBA, welches die Anrechnungsmethode vorsieht.
Die A-GmbH kann das ausländische Grundstück in der Einbringungsbilanz wahlweise mit dem Buchwert oder mit dem gemeinen Wert ansetzen (§ 16 Abs 3 Z 2 UmgrStG). Das restliche inländische Betriebsstättenvermögen ist hingegen zwingend mit dem Buchwert anzusetzen (§ 16 Abs 1 UmgrStG).

2.2.4. *Aufwertungswahlrecht für Grund und Boden*

Wird ein Betrieb (Teilbetrieb) oder Mitunternehmeranteil eingebracht, kann der **eingebrachte Grund und Boden** in der Einbringungsbilanz steuerwirksam mit seinem **gemeinen Wert** angesetzt werden, wenn der Grund und Boden bei einer zum Einbringungsstichtag erfolgten Veräußerung **ganz oder teilweise der pauschalen Einkünfteermittlung nach § 30 Abs 4 EStG** unterliegen würde (Aufwertungswahlrecht nach § 16 Abs 6 UmgrStG). Das Aufwertungswahlrecht kann wirtschaftsgutbezogen für jeden Grund und Boden gesondert ausgeübt werden und ist im Einbringungsvertrag festzuhalten. 407a

Eine teilweise pauschale Einkünfteermittlung nach § 30 Abs 4 EStG ergibt sich insbesondere, wenn der Grund und Boden zum Teilwert vor dem 1.4.2012 in den Betrieb (Teilbetrieb) eingelegt wurde oder ein Wechsel zur Gewinnermittlung nach § 5 EStG erfolgte (siehe dazu UmgrStR RZ 928).

Wird das Aufwertungswahlrecht ausgeübt, ergeben sich folgende steuerlichen Konsequenzen: 407b

- Der Einbringende hat den Aufwertungsbetrag wie bei einer Veräußerung des Grund und Bodens nach den allgemeinen steuerlichen Bestimmungen des EStG zu versteuern. Die Besteuerung erfolgt in dem Wirtschaftsjahr, in das der Einbringungsstichtag fällt.
- Das Einbringungskapital (§ 15 UmgrStG), die Anschaffungskosten der Gegenleistungsanteile (§§ 19, 20 Abs 1 UmgrStG), der bei der übernehmenden Körperschaft für den Grund und Boden anzusetzende steuerliche Buchwert und der Einlagenstand der übernehmenden Körperschaft (§ 4 Abs 12 EStG) erhöhen sich um den Aufwertungsbetrag.

Wird vom Aufwertungswahlrecht Gebrauch gemacht, führt die daraus resultierende Erhöhung des Einbringungskapitals auch zu einer Erhöhung der Basis für die nicht unter die Ausschüttungsfiktion fallenden Entnahmen gemäß § 16 Abs 5 Z 1 und 2 UmgrStG (UmgrStR RZ 972c).

Wird das Aufwertungswahlrecht nicht ausgeübt, sind die Buchwerte anzusetzen und fortzuführen; zu den steuerlichen Folgen bei der übernehmenden Körperschaft siehe unten Tz 516d.

2.2.5. *Bewertung bei Einbringung durch eine Mitunternehmerschaft*

Bringt eine Mitunternehmerschaft Vermögen in eine Körperschaft ein und unterliegen sämtliche Mitunternehmer der Buchwertfortführung oder dem Aufwertungszwang (der Aufwertungsoption), erfolgt die Einbringung einheitlich zum Buchwert oder unter (steuerpflichtiger) Aufwertung auf den gemeinen Wert. 408

Unterliegen dagegen **nicht sämtliche** Gesellschafter der einbringenden Mitunternehmerschaft der zwingenden Buchwertfortführung, ergeben sich folgende Konsequenzen (§ 16 Abs 4 UmgrStG):

- Die **Mitunternehmer**, die dem Aufwertungszwang unterliegen oder die vom Aufwertungswahlrecht Gebrauch machen, haben einen Veräußerungsgewinn zu versteuern; auf die Buchwertfortführung der übrigen Mitunternehmer hat dies keine Auswirkung.
- Die **übernehmende Körperschaft** hat für das gesamte eingebrachte Vermögen die Buchwerte der einbringenden Mitunternehmerschaft fortzuführen. Die von in Drittstaaten ansässigen Mitunternehmern aufgewerteten Beträge werden durch die übernehmende Körperschaft außerbilanziell über 15 Jahre steuerwirksam abgeschrieben (UmgrStG 2002 RZ 868 f).

3. Bewertung von Kapitalanteilen des Privatvermögens (§ 17 UmgrStG)

3.1. Inlandseinbringung

409 Im steuerlichen Privatvermögen gehaltene Kapitalanteile, die durch einen im Inland ansässigen Einbringenden in eine inländische Körperschaft eingebracht werden, sind mit den Anschaffungskosten anzusetzen (§ 17 Abs 1 Satz 1 UmgrStG iVm § 27a Abs 3 Z 2 EStG).

Das in § 16 Abs 3 UmgrStG geregelte Aufwertungswahlrecht gilt hier entsprechend (siehe oben Tz 404 ff).

Beispiel:
Der in Österreich ansässige A hält in seinem steuerlichen Privatvermögen eine 30 %ige Beteiligung an der inländischen B-GmbH (Anschaffungskosten 40.000, gemeiner Wert 150.000) und eine 40 %ige Beteiligung an der deutschen D-GmbH (Anschaffungskosten 50.000, gemeiner Wert 300.000). A bringt beide Beteiligungen im Wege einer Sachgründung nach Art III UmgrStG in die einbringungsbedingt neu entstehende inländische A-GmbH ein.
Da durch die Einbringung das Besteuerungsrecht Österreichs weder für das eingebrachte Vermögen noch für die gewährten Gegenleistungsanteile eingeschränkt wird, erfolgt die Einbringung steuerneutral; A hat somit für die eingebrachten Beteiligungen deren steuerliche Anschaffungskosten anzusetzen (§ 17 Abs 1 UmgrStG). Die einbringungsgeborenen Gegenleistungsanteile an der übernehmenden A-GmbH sind mit 90.000 anzusetzen (§ 20 Abs 2 Z 1 iVm § 17 Abs 1 UmgrStG). Die A-GmbH hat die von A angesetzten Anschaffungskosten als Buchwerte der Beteiligungen fortzuführen (§ 18 Abs 1 Z 1 iVm § 17 Abs 1 UmgrStG). Bei einer künftigen Veräußerung der Anteile an der D-GmbH unterliegen die im Zeitpunkt der Einbringung bestehenden stillen Reserven iHv 250.000 der KSt (§ 18 Abs 4 Z 1 UmgrStG).

3.2. Exportеinbringung („Sonderregime Anteilstausch“)

Wie bei der Einbringung von Betriebsvermögen (siehe dazu Tz 401) ist auch bei der Einbringung eines im Privatvermögen gehaltenen Kapitalanteiles zu prüfen, ob das Besteuerungsrecht Österreichs an den Gegenleistungsanteilen und am eingebrachten Kapitalanteil eingeschränkt wird (§ 17 Abs 1 Satz 2 iVm § 16 Abs 2, Abs 1 und Abs 1a UmgrStG). Hieraus ergeben sich für den eingebrachten Kapitalanteil folgende Wertansätze: 409a

a) Anteilstausch durch eine im Inland ansässige natürliche Person

Bringt eine **im Inland ansässige natürliche Person** einen in ihrem **Privatvermögen gehaltenen Kapitalanteil** in eine ausländische Körperschaft ein, ist für diesen Kapitalanteil steuerwirksam der „Fremdvergleichswert“ (§ 6 Z 6 lit a EStG) anzusetzen, wenn dadurch das Besteuerungsrecht der Republik Österreich eingeschränkt wird (§ 17 Abs 1 Satz 2 iVm § 16 Abs 1 Satz 2 UmgrStG). Erfolgt die Einbringung aufgrund der Einschränkung des inländischen Besteuerungsrechtes steuerwirksam unter Ansatz des Fremdvergleichswertes, kann der Einbringende in seiner Einkommensteuererklärung den **Antrag auf Nichtfestsetzung der Steuerschuld** stellen, wenn die Einbringung gegen die Gewährung einer Gegenleistung in eine **in einem EU/EWR-Staat ansässige Körperschaft** erfolgt (zum Unterbleiben einer Anteilsgewähr nach § 19 Abs 2 Z 5 UmgrStG siehe oben Tz 403b). Die Steuerschuld ist festzusetzen, wenn der Einbringende die ihm aus der Einbringung gewährten Gegenleistungsanteile an der übernehmenden Körperschaft veräußert, diese Anteile aus seinem Vermögen ausscheiden oder diese steuerneutral untergehen (§ 17 Abs 1 Satz 2 iVm § 16 Abs 1a TS 4 und § 17 Abs 1a UmgrStG; zum Ausscheiden im Wege einer Folgeumgründung siehe UmgrStR RZ 860gb). Dagegen führt die Veräußerung oder das sonstige Ausscheiden des eingebrachten Kapitalanteils durch die übernehmende Gesellschaft zu keiner Festsetzung der Steuerschuld (UmgrStR RZ 860b). Die Festsetzung der Steuerschuld stellt ein rückwirkendes Ereignis iSd § 295a BAO dar und führt somit zu einer ebenfalls rückwirkenden Erhöhung des Einbringungskapitals und daraus resultierend zu einer rückwirkenden Erhöhung der Anschaffungskosten der Gegenleistungsanteile. 409b

Zur Vermeidung von unerwünschten Gestaltungen wird die auf Antrag aufgeschobene Steuerschuld festgesetzt, wenn die eingebrachten Kapitalanteile von der übernehmenden Körperschaft veräußert werden (oder diese sonst aus ihrem Vermögen ausscheiden) und in diesem Zusammenhang durch den Einbringenden ein Wegzug oder eine unentgeltliche Übertragung der Gegenleistungsanteile erfolgt (§ 17 Abs 1a letzter Satz UmgrStG).

Erfolgt die Einbringung in eine in einem **Drittstaat** ansässige Körperschaft, kann kein Antrag auf Nichtfestsetzung der durch den Ansatz des Fremdvergleichswertes resultierenden Steuerschuld gestellt werden.

Beispiel:
Die im Inland ansässige natürliche Person A bringt ihre im Privatvermögen gehaltene 30 %ige Beteiligung an der österreichischen B-GmbH (Anschaffungskosten 100.000; Fremdvergleichswert 500.000) zum 31.12.X1 in die deutsche D-AG ein. Als Gegenleistung erhält A eine Beteiligung in Höhe von 25 % an der D-AG.
Gemäß § 17 Abs 1 iVm § 16 Abs 1 UmgrStG kommt es zu einem Ansatz des Fremdvergleichswertes infolge der Einschränkung des Besteuerungsrechts der Republik Österreich, weil das Besteuerungsrecht am eingebrachten Kapitalanteil künftig Deutschland zusteht. Allerdings liegt ein Anteilstausch (§ 16 Abs 1a UmgrStG) vor, weshalb A in seiner Einkommensteuererklärung aufgrund von § 16 Abs 1a vierter Teilstrich iVm § 17 Abs 1 iVm § 17 Abs 1a UmgrStG einen Antrag auf Nichtfestsetzung der durch Ansatz des Fremdvergleichswertes entstehenden Steuerschuld in Höhe von 400.000 stellen kann. A hat die Gegenleistungsanteile bis zu einer allfälligen Festsetzung der Steuerschuld mit den Anschaffungskosten in Höhe von 100.000 anzusetzen.

a) Anteilstausch durch eine im Ausland ansässige natürliche Person

409c Eine in einem **EU/EWR-Staat ansässige natürliche Person** und **Körperschaft** sind für die Einbringung eines in Österreich steuerhängigen Kapitalanteiles einer im Inland ansässigen natürlichen Person gleichgestellt. Diese Gleichstellung gilt aufgrund des Unionsrechts auch für Einbringende (natürliche Personen, Körperschaften), die in einem **Drittstaat** ansässig sind (UmgrStR RZ 854a Fußnote 11); der dem entgegenstehende Gesetzeswortlaut wird durch das Unionsrecht in seiner Anwendung zurückgedrängt.

Die inländische Steuerhängigkeit des eingebrachten Kapitalanteils ergibt sich dabei grundsätzlich aufgrund des mit dem Ansässigkeitsstaat des Einbringenden bestehenden Doppelbesteuerungsabkommens (zB nach Art 13 Abs 2 DBA Österreich-Deutschland für eine in Österreich ansässige Immobiliengesellschaft).

409d Für die steuerliche Behandlung eines im Ausland ansässigen Einbringenden ist zu unterscheiden:

- Erfolgt die Einbringung des Kapitalanteiles in eine **inländische Körperschaft**, sind mangels Einschränkung des inländischen Besteuerungsrechtes die steuerlichen Anschaffungskosten anzusetzen (§ 17 Abs 1 Satz 2 iVm § 16 Abs 2 Z 2 und Abs 1 UmgrStG).
- Wird bei der Einbringung in eine **in einem EU/EWR-Staat ansässige Körperschaft** das Besteuerungsrecht Österreichs eingeschränkt, ist unten den oben in Tz 409b genannten Voraussetzungen die aus dem Ansatz des Fremdvergleichswertes entstehende Steuerschuld auf Antrag nicht festzusetzen (§ 17 Abs 1 und Abs 1a UmgrStG). Zur Festsetzung der Steuerschuld anlässlich der späteren Veräußerung der Gegenleistungsanteile kommt es unabhängig davon, ob Österreich dem Grunde nach ein Besteuerungsrecht an den Gegenleistungsanteilen zukommt (UmgrStR RZ 860b).

Im Bereich des Gegenleistungsrechts ist darauf zu achten, dass bei der Einbringung durch den Alleingesellschafter der übernehmenden ausländischen Körperschaft die Gewährung neuer Anteile an den Einbringenden nicht unterbleiben kann, weil eine Zuschreibung iSd § 20 Abs 4 Z 1 UmgrStG nicht ausschließlich auf inländischen Anteilen an der übernehmenden Körperschaft erfolgt.

- Erfolgt die Einbringung **in eine in einem Drittstaat ansässige Körperschaft**, kann kein Antrag auf Nichtfestsetzung der durch den Ansatz des Fremdvergleichswertes resultierenden Steuerschuld gestellt werden.

Beispiel:
Der in Deutschland ansässige D ist Alleingesellschafter der inländischen A-GmbH und der in den Niederlanden ansässigen H-BV. Die Beteiligung an der A-GmbH ist dem steuerlichen Privatvermögen des D zuzurechnen. Da die A-GmbH als Immobiliengesellschaft iSd Art 13 Abs 2 DBA Österreich-Deutschland qualifiziert, steht Österreich das Besteuerungsrecht an den stillen Reserven der Beteiligung an der A-GmbH zu. D bringt seine Beteiligung an der A-GmbH in die H-GmbH ein und erhält hierfür aus einer (geringfügigen) Kapitalerhöhung der H-BV neue Anteile (§ 19 Abs 1 UmgrStG).
Durch die Gewährung von neuen Anteilen erfolgt die Einbringung im Anwendungsbereich des Art III UmgrStG. Hätte man aufgrund der Alleingesellschafterstellung des D von der Gewährung neuer Anteile abgesehen (§ 19 Abs 2 Z 5 erster Halbsatz UmgrStG), wären die Anwendungsvoraussetzungen des Art III UmgrStG verletzt worden, weil es durch die Ansässigkeit des Einbringenden D in Deutschland iSd § 19 Abs 2 Z 5 zweiter Halbsatz UmgrStG nicht ausschließlich bei inländischen Anteilen an der H-BV zu einer Zuschreibung (§ 20 Abs 4 Z 1 UmgrStG) kommen würde. Da gemäß Art 14 Abs 4 DBA Österreich-Niederlande das Besteuerungsrecht an den Anteilen der A-GmbH den Niederlanden zusteht, wird durch die Einbringung das Besteuerungsrecht Österreichs eingeschränkt. D hat für die eingebrachte Beteiligung an der A-GmbH steuerwirksam den Fremdvergleichswert anzusetzen. Auf Antrag des A wird die sich hieraus ergebende Steuerschuld nicht festgesetzt (§ 17 Abs 1 und 1a UmgrStG).

Beispiel (UmgrStR RZ 860b):
Die in Frankreich ansässige Variante (a) natürliche Person A bzw Variante (b) F-GmbH bringt ihre 30 %ige Beteiligung an der österreichischen B-GmbH (Anschaffungskosten 100.000; Fremdvergleichswert 500.000) zum 31.12.X1 in die deutsche D-AG ein. Als Gegenleistung erhält der/die Einbringende eine Beteiligung in Höhe von 15 % an der D-AG, für die Österreich jedoch schon dem Grunde nach kein Besteuerungsrecht zukommt.
Aufgrund des DBA mit Frankreich hat Österreich ein Besteuerungsrecht am eingebrachten Kapitalanteil, das durch die Einbringung eingeschränkt wird. Da es sich um einen nicht zu einem inländischen Betriebsvermögen gehörenden Kapitalanteil handelt, ist dieser gemäß § 17 Abs 1 iVm § 16 Abs 2 Z 1 iVm § 16 Abs 1 UmgrStG mit dem Fremdvergleichswert anzusetzen. Allerdings kann in Variante (a) die natürliche Person bzw in Variante (b) die F-GmbH gemäß § 17 Abs 1a UmgrStG einen Antrag auf Nichtfestsetzung der sich durch Ansatz des Fremdvergleichswertes ergebenden Steuerschuld stellen. Der eingebrachte Kapitalanteil ist mit den Anschaffungskosten

(100.000) anzusetzen. Auch die Gegenleistungsanteile – an denen Österreich kein Besteuerungsrecht zukommt – sind (vorerst) mit den Anschaffungskosten in Höhe von 100.000 anzusetzen.

3.3. Importeinbringung

409e Ein nicht zum Betriebsvermögen gehörender Kapitalanteil ist mit dem höheren gemeinen Wert anzusetzen, wenn am Einbringungsstichtag für den eingebrachten Kapitalanteil das Besteuerungsrecht Österreichs

- im Verhältnis zu anderen Staaten (Z 1, **„Importeinbringungen"**) oder
- aufgrund einer Ausnahme von der unbeschränkten Körperschaftsteuerpflicht (Z 2)

nicht besteht; wahlweise kann im Fall der Z 1 im Einbringungsvertrag auch der Ansatz der niedrigeren Anschaffungskosten (bzw des niedrigeren Buchwertes) vereinbart werden (§ 17 Abs 2 Z 1 UmgrStG).

Wurde der übernehmenden Körperschaft oder einer konzernzugehörigen Körperschaft der übernehmenden Körperschaft für den eingebrachten Kapitalanteil nach dem bis 31.12.2015 anzuwendenden Nichtfestsetzungskonzept beim vorangegangenen Wegzug ein Steueraufschub gewährt, ist der eingebrachte Kapitalanteil zwingend mit dem fortgeschriebenen Buchwert oder den Anschaffungskosten vor dem Wegzug anzusetzen. Scheidet der Kapitalanteil nach der Einbringung gewinnrealisierend aus dem Vermögen der übernehmenden Körperschaft aus, bleiben nachgewiesene Wertsteigerungen insoweit steuerfrei, als sie im Zeitraum zwischen Wegzug und Zuzug entstanden sind (§ 18 Abs 1 Z 3 Teilstrich 2 UmgrStG).

Beispiel:
Die in einem EU-Staat ansässige Körperschaft A bringt ihre 50-%-Beteiligung an der inländischen B-GmbH in die ebenfalls inländische C-GmbH ein. Nach Art 13 OECD-MA steht das Besteuerungsrecht für Gewinne aus der Veräußerung der B-Beteiligung dem Ansässigkeitsstaat der einbringenden Körperschaft A zu. Die übernehmende C-GmbH gewährt der Körperschaft als Gegenleistung neue Anteile.
Da für die Anwendbarkeit des § 17 UmgrStG ausschließlich die Nichtzugehörigkeit der eingebrachten Beteiligung zu einem österreichischen Betriebsvermögen zählt, ist auf die Einbringung § 17 UmgrStG anzuwenden. Da Österreich am Einbringungsstichtag kein Besteuerungsrecht an den eingebrachten Kapitalanteilen zukommt (Art 13 Abs 5 OECD-MA), sind die Anteile grundsätzlich mit dem gemeinen Wert anzusetzen (§ 17 Abs 2 Z 1 UmgrStG). Alternativ kann im Einbringungsvertrag jedoch der Ansatz der niedrigeren Anschaffungskosten bzw des niedrigeren Buchwertes festgelegt werden (§ 17 Abs 2 Z 1 UmgrStG). Würde das Wahlrecht auf Ansatz der niedrigeren Anschaffungskosten bzw Buchwerte ausgeübt, ist die Beteiligung an der B-GmbH bei der übernehmenden C-GmbH künftig jedoch auch hinsichtlich jener stillen Reserven steuerhängig, die bereits vor dem Einbringungsstichtag entstanden sind.

IV. Rückwirkende Vermögensänderungen

1. Allgemeines

Da mit Ablauf des Einbringungsstichtages das eingebrachte Vermögen bereits rückwirkend auf die übernehmende Körperschaft übergeht (§ 13 Abs 1 UmgrStG), kann es durch den Einbringenden nach dem Einbringungsstichtag grundsätzlich nicht mehr verändert werden. Vielmehr wirken sich die im Rückwirkungszeitraum in Bezug auf das eingebrachte Vermögen getätigten Maßnahmen des Einbringenden ertragsteuerlich nicht mehr auf das eingebrachte Vermögen aus, sondern betreffen sein Verhältnis als Gesellschafter zur übernehmenden Körperschaft. 410

Wird ein **Betrieb, Teilbetrieb oder Mitunternehmeranteil** eingebracht, besteht die Möglichkeit, das einzubringende Vermögen im Rückwirkungszeitraum durch **taxativ** aufgezählte Maßnahmen noch in der ertragsteuerlichen Sphäre des Einbringenden zu verändern (sog **„rückwirkende Vermögensänderungen", § 16 Abs 5 UmgrStG**). Solche rückwirkenden Vermögensänderungen erfolgen ertragsteuerlich fiktiv am Einbringungsstichtag und verändern das in der Einbringungsbilanz (§ 15 UmgrStG) darzustellende Einbringungsvermögen. 411

Zu den rückwirkenden Vermögensänderungen zählen (§ 16 Abs 5 UmgrStG): 412

- **bare Einlagen** und **bare Entnahmen** (Z 1, siehe unten Tz 413 ff),
- **unbare Entnahmen** (Z 2, siehe unten Tz 417 ff),
- **Zurückbehalten von Anlagevermögen** und **Verbindlichkeiten** (Z 3, siehe unten Tz 424 ff),
- das **Verschieben von Aktiva und Passiva** zwischen Teilbetrieben (Z 4, siehe unten Tz 428 ff) und
- **Gewinnausschüttungen**, **Einlagen** iS des § 8 Abs 1 KStG, **Einlagenrückzahlungen** iS des § 4 Abs 12 EStG (Z 5, siehe unten Tz 431 ff).

Da das Entnehmen und Zurückbehalten von Wirtschaftsgütern eine außerbetriebliche Sphäre des Einbringenden voraussetzt, sind die Maßnahmen nach **§ 16 Abs 5 Z 1 bis 3 UmgrStR** grundsätzlich nur für **natürliche Personen** bzw auch für **Körperschaften mit außerbetrieblicher Sphäre** (zB Privatstiftung, Verein) anwendbar. Für **Körperschaften iSd § 7 Abs 3 KStG** stehen demgegenüber nur die Maßnahmen nach **§ 16 Abs 5 Z 4 bis 5 UmgrStG** zur Verfügung. Die „Verschiebetechnik" nach **§ 16 Abs 5 Z 4 UmgrStG ist** für **alle Einbringenden** anwendbar (UmgrStR Rz 882). 412a

Nicht unter den Begriff der rückwirkenden Vermögensänderung nach § 16 Abs 5 UmgrStG fällt die **Disposition des Einbringenden**, einzelne den einzubringenden (Teil-)Betrieb betreffende und **nach dem Einbringungsstichtag getätigte Rechtsgeschäfte nicht der übernehmenden Körperschaft zuzurechnen**. Voraussetzung für eine steuerwirksame Disposition ist, dass das betreffende Rechtsgeschäft im Einbringungsvertrag von der Zurechnung zur übernehmenden Körperschaft ausgenommen wird (UmgrStR RZ 889).

Beispiel 1:
A möchte seinen Einzelbetrieb zum 31.12.01 in die A-GmbH einbringen. A erwirbt am 1.6.02 eine für betriebliche Zwecke gewidmete Liegenschaft. Nach Vollzug der Einbringung wäre der Liegenschaftserwerb der übernehmenden A-GmbH zuzurechnen. A kann demgegenüber vertraglich dahingehend disponieren, dass der Liegenschaftserwerb nicht als Anschaffungsvorgang der A-GmbH gewertet, sondern weiterhin dem A zugerechnet wird, da A die Liegenschaft der A-GmbH in Bestand geben will.

Beispiel 2:
Die B-GmbH möchte zum 30.6.01 einen Teilbetrieb in die C-GmbH einbringen. Sie möchte einen dem Teilbetrieb dem Grunde nach zuzurechnenden Großauftrag, der nach dem Einbringungsstichtag abzuwickeln ist, nicht auf die übernehmende Körperschaft übertragen und behält sich vertraglich eine Nichtüberbindung dieses Rechtsgeschäftes vor.

2. Mitunternehmer- und Kapitalanteile

412b Bei der Einbringung von **Mitunternehmeranteilen** sind insbesondere folgende rückwirkenden Korrekturen möglich (zur Einbringung von Teilen eines Mitunternehmeranteiles siehe oben Tz 340b):

- **Tatsächliche (bare) Einlagen** in das Betriebsvermögen der Mitunternehmerschaft oder das Sonderbetriebsvermögen des Einbringenden sind nach § 16 Abs 5 Z 1 UmgrStG möglich. Dies gilt auch für **tatsächliche (bare) Entnahmen.**
- Ein **positives variables Kapitalkonto** kann nach § 16 Abs 5 Z 1 UmgrStG entnommen werden. Dies kann durch die tatsächliche Entnahme oder die Überweisung des entsprechenden Geldbetrages erfolgen (UmgrStR RZ 721). Ein **negatives variables Kapitalkonto** kann bis zum Abschluss des Einbringungsvertrages durch tatsächliche Einlagen im Sinne des § 16 Abs 5 Z 1 UmgrStG aufgefüllt werden. Das bloße Zurückbehalten des negativen variablen Kapitalkontos stellt ein unbeachtliches Einlageversprechen dar; das im Wege der Einbringung auf die übernehmende Körperschaft übergehende negative variable Kapitalkonto ändert sich dadurch nicht (UmgrStR RZ 721).

Wird ein Wirtschaftsgut, das steuerrechtlich Bestandteil des Mitunternehmeranteiles ist, aber zivilrechtlich dem einbringenden Mitunternehmer zuzurechnen ist (zB Kreditforderung gegenüber der Mitunternehmerschaft, Forderung des Mitunternehmers auf den diesem zum Bilanzstichtag zugewiesenen Gewinnanteil), kann die tatsächliche Entnahme auch durch bloßes Zurückbehalten des Wirtschaftsgutes erfolgen (siehe dazu *Titz/Wild/Schlager* in *Wiesner/Hirschler/Mayr* (Hrsg), Handbuch Umgründungen § 16 Tz 141).

- **Vorbehaltene (unbare) Entnahmen** sind nach Maßgabe des § 16 Abs 5 Z 2 UmgrStG möglich (UmgrStR RZ 721).
- Die **Entnahme von Anlagevermögen** ist nach Maßgabe des § 16 Abs 5 Z 3 UmgrStG zulässig. Dies gilt jedenfalls für Wirtschaftsgüter des Sonderbetriebsvermögens. Aufgrund der Bilanzbündeltheorie sollte dies auch für Wirtschaftsgüter gelten, die dem Betriebsvermögen der Mitunternehmerschaft zuzurechnen sind (strittig).
- Ein positives variables Kapital kann auch dann tatsächlich entnommen und ein negatives variables Kapital durch eine tatsächliche Einlage ausgeglichen werden, wenn der Mitunternehmeranteil zu einem Betriebsvermögen gehört und eine „Entnahme" bzw „Einlage" mangels eines Privatvermögens formell nicht erfolgen kann (UmgrStR RZ 721; zur sinngemäßen Anwendung des § 16 Abs 5 Z 1 UmgrStG auf Körperschaften siehe UmgrStR RZ 890). Darüber hinaus kann die Verschiebetechnik nach § 16 Abs 5 Z 4 UmgrStG dazu verwendet werden, Wirtschaftsgüter des Sonderbetriebsvermögen im verbleibenden (Teil-)Betrieb des Einbringenden zurückzubehalten; ein Verschieben von Wirtschaftsgütern in das Sonderbetriebsvermögen soll dagegen nach Auffassung des BMF unzulässig sein (UmgrStR RZ 926).
- Gehört der Mitunternehmeranteil zum Betriebsvermögen einer Körperschaft nach § 7 Abs 3 KStG (zB GmbH, AG), können im Rückwirkungszeitraum getätigte Einlagen in die einbringende Körperschaft und im Rückwirkungszeitraum getätigte Gewinnausschüttungen bzw Einlagenrückzahlungen der einbringenden Körperschaft auf den einzubringenden Mitunternehmeranteil bezogen werden (§ 16 Abs 5 Z 5 UmgrStG).

Bei der Einbringung eines **Kapitalanteiles** sind rückwirkende Korrekturen nicht möglich (siehe dazu *Walter*, Umgründung von Kapitalanteilen – Auswirkung von Maßnahmen causa societatis im Rückwirkungszeitraum, in FS-Zöchling, 321 ff). Behält sich der Einbringende eine im Rückwirkungszeitraum getätigte Gewinnausschüttung der eingebrachten Kapitalgesellschaft in seinem Vermögen zurück, wird die Gewinnausschüttung ertragsteuerlich bereits der übernehmenden Körperschaft zugerechnet und als Gewinnausschüttung der übernehmenden Körperschaft an den Einbringenden behandelt; ein Verstoß gegen die Anwendungsvoraussetzungen des Art III UmgrStG liegt nicht vor (UmgrStR RZ 881). Zur Möglichkeit eine mit der Anschaffung des Kapitalanteils zusammenhängende Fremdfinanzierungsverbindlichkeit miteinzubringen oder im Vermögen des Einbringenden zurückbehalten siehe oben Tz 347.

3. Bare Einlagen und bare Entnahmen

413 Unter **baren Einlagen** und **baren Entnahmen** versteht man nicht nur die Einlage und Entnahme von Bargeld und liquiden Mitteln („Barentnahmen"), sondern die Einlage und die Entnahme sämtlichen Vermögens („Sachentnahmen"), die in der Zeit zwischen dem Einbringungsstichtag und dem Tag des Abschlusses des Einbringungsvertrages tatsächlich getätigt werden.

413a Sachentnahmen sind nach § 16 Abs 5 Z 1 UmgrStG nur dann möglich, wenn das entnommene Wirtschaftsgut bereits zum Einbringungsstichtag dem Einbringungsvermögen zuzurechnen war. Wirtschaftsgüter und Rechtsgeschäfte, die erst nach dem Einbringungsstichtag erworben werden und im Vermögen des Einbringenden verbleiben, stellen (formell) keine rückbezogene Vermögensänderung dar und sind im Einbringungsvertrag gesondert zu bezeichnen (siehe oben Tz 412a). In den Anwendungsbereich des § 16 Abs 5 Z 1 fällt nur die Entnahme von Wirtschaftsgütern des Umlaufvermögens (UmgrStR Rz 923). Die rückbezogene Entnahme von Wirtschaftsgütern des Anlagevermögens ist in § 16 Abs 5 Z 3 UmgrStG geregelt (siehe dazu Tz 424 ff).

414 Eine ausdrückliche Grenze für bare Entnahmen sieht das UmgrStG nicht vor. Jedoch darf das Einbringungsvermögen durch die Entnahme seine Eigenschaft als einbringungsfähiges Vermögen (Betrieb oder Teilbetrieb) nicht verlieren; weiters muss das eingebrachte Vermögen nach der Entnahme noch einen positiven Verkehrswert aufweisen (siehe oben Tz 330 ff und Tz 349 ff).

415 Dargestellt werden die bare Einlage und Entnahme in der Einbringungsbilanz: Für bare Einlagen ist eine **Aktivpost** (Forderung), für bare Entnahmen wird eine **Passivpost** (Verbindlichkeit) eingestellt (zu der mit baren Entnahmen verbundenen fiktiven Gewinnausschüttung siehe unten Tz 516f ff).

Werden bare Entnahmen fremdfinanziert, sind die dafür bei der übernehmenden Körperschaft anfallenden Zinsen als Betriebsausgaben abzugsfähig (UmgrStR RZ 903).

416 *Beispiel:*
Der Einzelunternehmer A möchte seinen Betrieb in die B-GmbH einbringen. Im Betriebsvermögen befinden sich stille Reserven und ein originärer Firmenwert iHv 1.000. Die Schlussbilanz ergibt sich wie nachstehend.

Schlussbilanz EU-A

Anlagevermögen	1.500	Eigenkapital	– 2.000
Umlaufvermögen	500	Fremdkapital	4.000
	2.000		2.000

Da der Betrieb des A einen negativen Verkehrswert iHv – 1.000 aufweist (= buchmäßiges Eigenkapital iHv – 2.000 vermindert um stille Reserven und Firmenwert iHv 1.000), würde die Einbringung nicht dem UmgrStG unterliegen (§ 12 Abs 1 UmgrStG). Um in den Anwendungsbereich des UmgrStG zu gelangen, tätigt A rückwirkend auf den Einbringungsstichtag Einlagen iHv 4.000. Dadurch ergibt sich zum einen ein positiver Verkehrswert des Betriebes iHv 3.000 und zum anderen ein Einbringungskapital iHv 2.000.

Einbringungsbilanz EU-A

Anlagevermögen	1.500	Einbringungskapital	2.000
Umlaufvermögen	500	Fremdkapital	4.000
Bare Einlage (§ 16 Abs 5 Z 1)	4.000		
	6.000		6.000

4. Unbare Entnahmen

Neben den baren Entnahmen kann der Einbringende auch **unbare Entnahmen** (bzw „vorbehaltene Entnahmen“) tätigen. Unbare bzw vorbehaltene Entnahmen werden nicht tatsächlich entnommen, sondern bleiben auch nach dem Abschluss des Einbringungsvertrages als eine Verbindlichkeit der übernehmenden Körperschaft gegenüber dem Einbringenden bestehen. 417

Im Gegensatz zu Entnahmen müssen rückwirkende Einlagen immer tatsächlich bis zum Abschluss des Einbringungsvertrages durchgeführt werden. Bloße Einlageversprechen erhöhen demnach nicht das Einbringungskapital (UmgrStR RZ 891). 418

Auszuweisen ist die unbare Entnahme als **Passivpost** in der Einbringungsbilanz. Wird die Entnahme in der Folge tatsächlich getätigt, hat die übernehmende Körperschaft diese Passivpost aufzulösen. 419

Wird bei der Einbringung von Mitunternehmeranteilen eine unbare Entnahme getätigt, ändern sich dadurch die Kapitalkonten bei der Mitunternehmerschaft nicht. Die Verbindlichkeit der übernehmenden Körperschaft gegenüber dem Einbringenden wird in einer Ergänzungsbilanz als negatives Sonderbetriebsvermögen dargestellt (UmgrStR Rz 915).

Unbare Entnahmen sind der Höhe nach **beschränkt** (§ 16 Abs 5 Z 2 UmgrStG): 420

- Auszugehen ist von dem zum Einbringungsstichtag vorliegenden positiven Verkehrswert des eingebrachten Betriebes, Teilbetriebes oder Mitunternehmeranteiles.
- Ergeben sämtliche rückwirkenden Vermögensänderungen nach § 16 Abs 5 Z 1, Z 3 und Z 4 UmgrStG in Summe einen negativen Betrag, ist dieser vom Verkehrswert in Abzug zu bringen. Ergeben sämtliche rückwirkenden Vermögensänderungen nach § 16 Abs 5 Z 1, Z 3 und Z 4 UmgrStG in Summe einen positiven Betrag, bleiben die sonstigen rückwirkenden Vermögensänderungen unberücksichtigt.

Bare Entnahmen sind auch dann zu berücksichtigen, wenn sie nicht nach § 16 Abs 5 Z 1 UmgrStG auf den Einbringungsstichtag rückbezogen werden (kritisch dazu *Hirschler*, AStN 2004/67).

- Die unbare Entnahme beträgt maximal 50 % des um sonstige rückwirkende Vermögensänderungen gekürzten Verkehrswertes (zu der mit unbaren Entnahmen verbundenen fiktiven Gewinnausschüttung siehe unten Tz 516f ff).

Beispiel:

Buchwert des Betriebes zum Einbringungsstichtag		200
Verkehrswert zum Einbringungsstichtag		1.000
Bareinlagen nach Z 1	10	
Barentnahmen nach Z 1	-70	
Saldo	-60	
Zwischen-Verkehrswert		940
Unbare Entnahme nach Z 2 maximal 50 %		-470
Verkehrswert des einzubringenden Vermögens		470
Einbringungskapital		-330

Schuldzinsen im Zusammenhang mit unbaren Entnahmen sind bei der übernehmenden Körperschaft als Betriebsausgabe abzugsfähig (UmgrStR RZ 903).

421 Werden diese Beschränkungen überschritten, stellt die **überhöhte unbare Entnahme** zwar unternehmensrechtlich nach wie vor eine Verbindlichkeit dar. Steuerlich liegt jedoch im Ausmaß der „Überentnahme" keine unbare Entnahme, sondern eine versteuerte Rücklage vor (§§ 16 Abs 5 Z 2, 18 Abs 2 Z 2 UmgrStG). Diese steuerliche Umqualifizierung hat folgende Konsequenzen:

422 • Von der übernehmenden Körperschaft für die Entnahmeverbindlichkeit gezahlte Zinsen sind insoweit nicht als Betriebsausgabe, sondern als verdeckte Gewinnausschüttung zu werten, als sie auf die Überentnahme entfallen.

- Die Tilgung der Entnahmeverbindlichkeit stellt im Ausmaß der Überentnahme eine Einlagenrückzahlung iSd § 4 Abs 12 EStG dar.

Die Einlagenrückzahlung kann nur insoweit steuerneutral erfolgen, als bei der rückzahlenden Körperschaft steuerliche Einlagen und beim Gesellschafter Anschaffungskosten auf die Beteiligung an der rückzahlenden Körperschaft vorhanden sind. Andernfalls unterliegt die Einlagenrückzahlung der Steuerpflicht.
Unabhängig davon, ob der auf die Überentnahme entfallende Teil der unternehmensrechtlichen Verbindlichkeit im Rechenwerk der übernehmenden Körperschaft einheitlich oder getrennt von der zulässigen unbaren Entnahme ausgewiesen wird, ist bei einer (teilweisen) Tilgung der unternehmensrechtlichen Entnahmeverbindlichkeit von einer anteiligen Rückzahlung der Überentnahme auszugehen (UmgrStR RZ 982).

423 • Die Anschaffungskosten der Beteiligung an der übernehmenden Körperschaft erhöhen sich im Ausmaß der überhöhten Entnahme.

Soweit durch bare Entnahmen nach § 16 Abs 5 Z 1 UmgrStG (siehe oben Tz 413 ff) oder vorbehaltene Entnahmen nach § 16 Abs 5 Z 2 UmgrStG (siehe oben Tz 417 ff) ein negatives Einbringungskapital entsteht oder sich ein bereits bestehendes negatives Einbringungskapital erhöht, unterliegen diese Entnahmen bei der übernehmenden Körperschaft einer **fiktiven Gewinnausschüttung** (§ 18 Abs 2 Z 1 UmgrStG, siehe dazu Tz 516f ff).

5. Zurückbehalten von Anlagevermögen und Verbindlichkeiten

Der Einbringende kann bis zum Abschluss des Einbringungsvertrages Anla- 424
gevermögen und Verbindlichkeiten, die ihm bereits zum Einbringungsstichtag zuzurechnen waren und auch am Tag des Abschlusses des Einbringungsvertrages noch vorhanden gewesen sind, nach § 16 Abs 5 Z 3 UmgrStG zurückbehalten (UmgrStR RZ 917 f). Erfasst sind lediglich Wirtschaftsgüter, die zum notwendigen Betriebsvermögen der eingebrachten betrieblichen Einheit gehören. Das Zurückbehalten wird durch die Nichtaufnahme des Anlagevermögens oder der Verbindlichkeit in die Einbringungsbilanz zum Ausdruck gebracht.

Der Anwendungsbereich der Z 3 erfasst nur jene Fälle, in denen das zurückbehaltene Wirtschaftsgut beim Einbringenden künftig keinem Betriebsvermögen mehr zuzurechnen ist. Bleibt beim Einbringenden Betriebsvermögen bestehen, dem das zurückbehaltene Wirtschaftsgut zugerechnet werden kann, liegt eine „Verschiebung" nach § 16 Abs 5 Z 4 UmgrStG vor („Verschieben" von Wirtschaftsgütern zwischen (Teil-)Betrieben des Einbringenden, siehe dazu Tz 428 ff).

Steht Anlagevermögen mit Fremdkapital in einem unmittelbaren Zusam- 425
menhang, so kann das Anlagevermögen nur gemeinsam mit dem Fremdkapital zurückbehalten werden (§ 16 Abs 5 Z 3 Satz 1 UmgrStG). Dagegen können Verbindlichkeiten ohne Beschränkung zurückbehalten werden. Ein unmittelbarer Zusammenhang ist jedenfalls nicht mehr gegeben, wenn das Wirtschaftsgut am Einbringungsstichtag bereits länger als sieben Wirtschaftsjahre durchgehend dem Anlagevermögen zuzuordnen war (§ 16 Abs 5 Z 3 Satz 2 UmgrStG). Innerhalb dieser Siebenjahresfrist ergibt sich der unmittelbare Finanzierungszusammenhang nach den Bestimmungen des allgemeinen Steuerrechts. Wird Anlagevermögen ohne das unmittelbar mit ihm zusammenhängende Fremdkapital zurückbehalten, ist zwar das UmgrStG dennoch auf die Einbringung anzuwenden. Durch die übernehmende Körperschaft bezahlte Tilgungen und Schuldzinsen sind jedoch als verdeckte Gewinnausschüttungen zu behandeln (EB zum AbgÄG 2005).

Das zurückbehaltene Anlagevermögen oder die zurückbehaltene Verbind- 426
lichkeit gilt durch das Zurückbehalten als ins Privatvermögen entnommen. Für den Entnahmegewinn stehen dem Einbringenden die Begünstigungen für Veräußerungsgewinne iS des § 24 EStG nicht zu (vgl VwGH 29.1.1998,

97/15/0197, ÖStZB 1998, 564). Der Einbringende hat den Entnahmegewinn in jenem Veranlagungszeitraum zu versteuern, in dem der Einbringungsstichtag liegt.

Mit einer ins Privatvermögen zurückbehaltenen Verbindlichkeit anfallende Schuldzinsen sind nicht als nachträgliche Betriebsausgaben abzugsfähig (UmgrStR RZ 924). Wird mit der Verbindlichkeit auch das entsprechende Aktivum zurückbehalten und im Zuge der Einbringung an die übernehmende Körperschaft gegen Entgelt zur Nutzung überlassen, sind die Schuldzinsen als Werbungskosten abzugsfähig.

6. Verschieben von Aktiva und Passiva zwischen Teilbetrieben

427 Der Einbringende kann Wirtschaftsgüter (Aktiva und Passiva), die nach den Grundsätzen des notwendigen Betriebsvermögens dem eingebrachten Teilbetrieb zuzurechnen sind, zurückbehalten und dem Betriebsvermögen des verbleibenden Restbetriebes zuordnen. Umgekehrt ist es auch möglich, Aktiva und Passiva, die nach den Grundsätzen des notwendigen Betriebsvermögens dem verbleibenden Teilbetrieb zuzurechnen sind, dem einzubringenden Teilbetrieb zuzuordnen. Die Möglichkeit des Verschiebens von Wirtschaftsgütern setzt voraus, dass diese Wirtschaftsgüter dem Einbringenden bereits zum Einbringungsstichtag zuzurechnen waren.

428 Wirtschaftsgüter, die nach den Grundsätzen des notwendigen Betriebsvermögens keinem Teilbetrieb zuzurechnen sind (zuordnungsindifferente Wirtschaftsgüter oder Wirtschaftsgüter des gewillkürten Betriebsvermögens), können vom Einbringenden auch dann dem eingebrachten oder verbleibenden Teilbetrieb zugeordnet werden, wenn sie dem Einbringenden zum Einbringungsstichtag noch nicht zuzurechnen waren.

428a Wirtschaftsgüter und mit diesen unmittelbar zusammenhängendes Fremdkapital können nur gemeinsam in den verbleibenden Betrieb des Einbringenden oder aus diesem in den einzubringenden Teilbetrieb verschoben werden (§ 16 Abs 5 Z 4 Satz 1 UmgrStG). Ein unmittelbarer Zusammenhang ist jedenfalls nicht mehr gegeben, wenn das Wirtschaftsgut am Einbringungsstichtag bereits länger als sieben Wirtschaftsjahre durchgehend dem Betrieb zuzuordnen war (§ 16 Abs 5 Z 4 Satz 3 UmgrStG). Innerhalb dieser Siebenjahresfrist ergibt sich der unmittelbare Finanzierungszusammenhang nach den Bestimmungen des allgemeinen Steuerrechts.

428b Sollten entgegen der Bestimmung des § 16 Abs 5 Z 4 UmgrStG Wirtschaftsgüter und mit ihnen unmittelbar zusammenhängendes Fremdkapital dennoch getrennt werden, ist damit keine Anwendungsvoraussetzung des § 12 UmgrStG verletzt. Wird daher ein Wirtschaftsgut ohne den Anschaffungskredit im verbleibenden Teilbetrieb zurückbehalten oder wird der kurz vor dem Stichtag aufgenommene Kredit ohne die vorhandenen liquiden Mittel oder das damit erworbene Aktivum in den einzubringenden Teilbetrieb verschoben, sind die laufenden Aufwandszinsen und die Tilgung der „eingebrachten" Verbindlichkeit als verdeckte Ausschüttung zu werten. Wird dagegen das Aktivum miteingebracht und die unmittelbar zusammenhängende Verbindlichkeit zurückbehalten, gilt die Verbindlichkeit ertragsteuerlich zunächst als miteingebracht und in der Folge vom Einbringenden abgedeckt, das heißt in die übernehmende Körperschaft eingelegt (UmgrStR RZ 926c).

Beispiele (UmgrStR RZ 926b):

1. Kurze Zeit vor dem Einbringungsstichtag wird ein Kredit iHv 100.000 € aufgenommen. Nach der neuen Rechtslage soll es nicht mehr möglich sein, die Barmittel aus dem Kredit oder mit den Barmitteln angeschafftes Aktivvermögen (zB Wertpapiere) im verbleibenden Teilbetrieb zurückzubehalten und die Verbindlichkeit aus dem Kredit einzubringen. Sollte die Verbindlichkeit dennoch isoliert auf die übernehmende Körperschaft übertragen werden, führt dies hinsichtlich der die Körperschaft belastenden Aufwandszinsen und hinsichtlich der Tilgung der Verbindlichkeit zur verdeckten Ausschüttung.
2. Im Einzelunternehmen wird ein unbebautes Grundstück mittels Sonderkredit angeschafft. Das Grundstück wird bei der nachfolgenden Teilbetriebseinbringung im verbleibenden Teilbetrieb zurückbehalten. Da der Sonderkredit unmittelbar mit dem Grundstück zusammenhängt, ist die Verbindlichkeit mit dem Grundstück gemeinsam zurückzubehalten.
3. Im Betriebsvermögen befindet sich ein Grundstück, das (ua) im Wege der Ausnutzung eines bestehenden Kreditrahmens finanziert wurde. Wird in diesem Fall das Grundstück bei der nachfolgenden Einbringung zurückbehalten und lässt sich der am Einbringungsstichtag bestehende Betrag des Kredits nicht mehr eindeutig dem Grundstück zuordnen, kann die Verbindlichkeit auch weiterhin losgelöst vom Grundstück eingebracht werden.
4. Kurz vor dem Einbringungsstichtag wird ein Kontokorrentkredit aufgenommen, um diverse Betriebsmittel anzuschaffen. Die Betriebsliegenschaft, welche bereits bei Unternehmensgründung angeschafft worden ist, dient zur Kreditbesicherung. Geht aus den Aufzeichnungen des Unternehmens eindeutig hervor, dass mit dem aufgenommen Kredit die Betriebsmittel tatsächlich angeschafft worden sind, ist ein eindeutiger unmittelbarer Zusammenhang zwischen Liegenschaft und Betriebsmittel nicht gegeben und eine Trennung zwischen Liegenschaft und Verbindlichkeit möglich. Gegenstand der Neuregelung ist in diesem Fall daher nur der Zusammenhang zwischen den erworbenen Betriebsmitteln und dem Kredit.

Ist Einbringender eine Körperschaft iS des § 7 Abs 3 KStG, können Wirt- 429
schaftsgüter auch dann steuerneutral zurückbehalten werden, wenn der einbringenden Körperschaft nach der Einbringung kein Betrieb mehr verbleibt.

Das Verschieben von Wirtschaftsgütern zwischen zwei Teilbetrieben erfolgt 430
durch Aufnahme bzw Nichtaufnahme der verschobenen Wirtschaftsgüter in die Einbringungsbilanz. Das Verschieben von Wirtschaftsgütern löst – im Gegensatz zur Zurückbehaltung nach Z 3 und der damit verbundenen Entnahme ins Privatvermögen – keine Entnahmebesteuerung aus.

Voraussetzung für das steuerneutrale Verschieben von Wirtschaftsgütern zwischen zwei Teilbetrieben ist – mit Ausnahme von Einbringungen durch Körperschaften iSd § 7 Abs 3 KStG – jedoch, dass das verschobene Wirtschaftsgut zum Betriebsvermögen des verbleibenden (nicht eingebrachten) Teilbetriebes gehören kann; ansonsten erfolgt durch das Verschieben eine steuerpflichtige Entnahme in das Privatvermögen (UmgrStR RZ 926).

Beispiel:
Herr A führt einen Betrieb, der aus den Teilbetrieben 1 und 2 besteht. Herr A bringt Teilbetrieb 1 in die B-GmbH ein, verschiebt jedoch die zum Teilbetrieb 1 gehörende Beteiligung an der C-AG durch Nichtaufnahme in der Einbringungsbilanz in den nicht eingebrachten Teilbetrieb 2. Der Teilwert der Beteiligung beträgt 1.000, ihr Buchwert beträgt 300. Den Gewinn ermittelt Herr A nach § 5 EStG.
Durch das Verschieben der Beteiligung verringert sich das (buchmäßige) Einbringungskapital um 300. Da die verschobene C-Beteiligung dem verbleibenden Teilbetrieb 2 entweder als notwendiges oder gewillkürtes Betriebsvermögen zugeordnet werden kann, unterbleibt die steuerwirksame Entnahme der Beteiligung.
Würde Herr A den Gewinn nach § 4 Abs 1 ermitteln, wäre ein steuerneutrales Verschieben der Beteiligung nur möglich, wenn die Beteiligung notwendiges Betriebsvermögen des verbleibenden Teilbetriebes 2 darstellt. Andernfalls käme es zur Entnahme der Beteiligung in das Privatvermögen und zu einer damit verbundenen Besteuerung der in der Beteiligung enthaltenen stillen Reserven.

7. Trennung des Gebäudes vom Grund und Boden mittels Baurechts

430a Soll bei einem bebauten Grundstück nur das Gebäude auf die übernehmende Körperschaft übertragen und der zugehörige Grund und Boden nach § 16 Abs 5 Z 3 UmgrStG grundsätzlich steuerneutral ins Privatvermögen entnommen oder nach § 16 Abs 5 Z 4 UmgrStG dem verbleibenden Teilbetrieb zugeordnet werden, kann dies durch die Einräumung eines Baurechtes erreicht werden (siehe § 16 Abs 5 Schlussteil UmgrStG, UmgrStR RZ 694a). Dafür müssen folgende Voraussetzungen erfüllt sein:

- Der zwischen dem Einbringenden und der übernehmenden Körperschaft abgeschlossene Baurechts- und Einbringungsvertrag nehmen aufeinander Bezug.
- Das Gesuch auf Eintragung des Baurechts wird im Rückwirkungszeitraum der Einbringung, dh bis zum Abschluss des Einbringungsvertrages, gestellt.
- Das Gesuch wird in weiterer Folge auch tatsächlich im Grundbuch eingetragen. Ob die Eintragung des Baurechtes innerhalb des Rückwirkungszeitraumes, der Neunmonatsfrist des § 13 Abs 1 UmgrStG oder erst danach erfolgt, ist für die Anwendung des § 16 Abs 5 Schlussteil UmgrStG unerheblich.

Nach dem AbgÄG 2023 erfolgt auch die **Entnahme eines Gebäudes** in das Privatvermögen grundsätzlich **steuerneutral zum Buchwert** (§ 6 Z 4 EStG für Entnahmen ab dem 1.7.2023).

Beispiel (UmgrStR RZ 694a):
Die Einbringung eines Betriebes in eine GmbH zum 31.12.X1 wird länger vorbereitet, wobei das betrieblich genutzte Gebäude mitgebracht werden soll, während der Grund und Boden im Privatvermögen des Einbringenden zurückbehalten wird. Dazu wird am 5.3.X2 der Baurechtsvertrag unterfertigt, wobei in diesem Vertrag auf den späteren Einbringungsvertrag Bezug genommen wird. Am 7.3.X2 wird das Gesuch auf Einverleibung des Baurechts beim Grundbuchsgericht gestellt. Am 27.8.X2 wird der Einbringungsvertrag unterzeichnet, wobei in diesem Vertrag auf den Baurechtsvertrag Bezug genommen wird. Das Baurecht wird am 15.12.X2 im Grundbuch eingetragen, wodurch die Trennung wirksam erfolgt.

Variante:
Die Einbringung kann nicht langfristig vorbereitet werden, weshalb sowohl der Baurechts- als auch der Einbringungsvertrag am 30.9.X2 unterzeichnet werden und die Einbringung innerhalb der Neunmonatsfrist (§ 13 Abs 1 UmgrStG) bei der zuständigen Behörde (an-)gemeldet wird. Sofern das Gesuch auf Einverleibung des Baurechts ebenfalls noch bis einschließlich 30.9.X2 gestellt wird, ist dies rechtszeitig. Wird das Gesuch allerdings erst (bspw eine Woche) nach Vertragsunterzeichnung gestellt, ist dies nicht im Rückwirkungszeitraum und die Trennung ist nicht wirksam erfolgt.

8. Gewinnausschüttungen – Einlagen – Einlagenrückzahlungen

Ist der Einbringende eine Körperschaft, kann das Einbringungsvermögen rück- 431
wirkend zum Einbringungsstichtag durch Gewinnausschüttungen (§ 8 Abs 2 KStG) und Einlagenrückzahlungen (§ 4 Abs 12 EStG) verringert oder durch Einlagen (§ 8 Abs 1 KStG) erhöht werden.

Gewinnausschüttungen, Einlagen und Einlagenrückzahlungen können nur 432
dann auf das einzubringende Vermögen zurückbezogen werden, wenn sie in der Zeit zwischen dem Einbringungsstichtag und dem Tag des Abschlusses des Einbringungsvertrages erfolgen.

Bei Gewinnausschüttungen muss die Beschlussfassung zwischen dem Einbrin- 433
gungsstichtag und dem Tag des Abschlusses des Einbringungsvertrages erfolgen (UmgrStR RZ 927).

Zurückbezogene Gewinnausschüttungen und Einlagenrückzahlungen wer- 434
den in der Einbringungsbilanz als Passivpost ausgewiesen. Zurückbezogene Einlagen werden als Aktivpost ausgewiesen.

Beispiel: 435
Die A-GmbH bringt ihren Betrieb in die B-GmbH ein. Die Bilanz des Jahresabschlusses der A-GmbH ergibt sich wie folgt.

Bilanz A-GmbH zum Einbringungsstichtag

Anlagevermögen	4.000	Stammkapital	500
Umlaufvermögen	2.000	Kapitalrücklagen	3.000
		Bilanzgewinn	500
		Fremdkapital	2.000
	6.000		6.000

Um das Einbringungskapital zu verringern, wird eine Gewinnausschüttung iHv 500 und eine Einlagenrückzahlung iHv 2.000 auf den Einbringungsstichtag zurückbezogen.

Einbringungsbilanz A-GmbH

Anlagevermögen	4.000	Einbringungskapital	1.500
Umlaufvermögen	2.000	Ausschüttung (§ 16 Abs 5 Z 5)	500
		Einlagenrückzahlung (§ 16 Abs 5 Z 5)	2.000
		Fremdkapital	2.000
	6.000		6.000

G. Bewertung der Gegenleistungsanteile an der übernehmenden Körperschaft

I. Gewährung neuer Anteile

1. Behandlung des Einbringenden

443 Werden dem Einbringenden für die Übertragung des eingebrachten Vermögens neue Anteile gewährt, liegt **unternehmensrechtlich** ein Tausch vor: Der Einbringende hat daher die neuen Anteile grundsätzlich mit den Anschaffungskosten (§ 203 Abs 1 UGB) zu bewerten. Die Anschaffungskosten entsprechen hierbei dem gemeinen Wert des hingegebenen eingebrachten Vermögens. Wahlweise kann der Einbringende die neuen Anteile auch mit dem Buchwert des Einbringungsvermögens bewerten.

444 Für **steuerliche Zwecke** gelten die neuen Anteile – unabhängig vom Zeitpunkt des zivilrechtlichen Erwerbes – als mit dem Beginn des dem Einbringungsstichtag folgenden Tages als angeschafft (§ 20 Abs 1 Satz 1 UmgrStG). Anders als nach Unternehmensrecht hat der Einbringende die neuen Anteile **zwingend mit dem nach § 16 und § 17 UmgrStG bewerteten eingebrachten Vermögen zu bewerten** (§ 20 Abs 2 Z 1 UmgrStG). Die Anschaffungskosten der neuen Anteile entsprechen daher

- im Fall der Einbringung von **(Teil-)Betrieben, Mitunternehmeranteilen** und **zu einem Betriebsvermögen gehörenden Kapitalanteilen** dem **in der Einbringungsbilanz ausgewiesenen Einbringungskapital** und
- im Fall der Einbringung von **nicht zu einem Betriebsvermögen gehörenden Kapitalanteilen** dem **Wert**, mit dem die Kapitalanteile **nach § 17 UmgrStG** anzusetzen sind; werden Anschaffungskostenverbindlichkeiten iS des § 12 Abs 2 Z 3 letzter Satz UmgrStG miteingebracht, ist der Wert insoweit zu kürzen.

Wenn das Einbringungsvermögen **zu Buchwerten oder zu Anschaffungskosten** zu bewerten ist *(Ausnahme*: Aufwertungszwang bzw Ausübung von Aufwertungswahlrechten, siehe dazu Tz 400 ff), werden die im Einbringungsvermögen enthaltenen stillen Reserven auf die als Gegenleistung gewährten neuen Anteile übertragen. 445

Da die übernehmende Körperschaft das eingebrachte Vermögen steuerlich ebenfalls mit den vom Einbringenden angesetzten Buchwerten oder Anschaffungskosten zu übernehmen hat, werden die stillen Reserven des eingebrachten Vermögens auch auf die übernehmende Körperschaft übertragen. Im Ergebnis bleiben daher die stillen Reserven des eingebrachten Vermögens doppelt steuerhängig (sog „Verdoppelung der stillen Reserven“). 446

2. Behandlung der Altgesellschafter

Wird im Zuge der Einbringung das Kapital der übernehmenden Körperschaft erhöht und werden dem Einbringenden die dadurch entstandenen neuen Anteile als Gegenleistung übertragen, kommt es bei den Gesellschaftern, die bereits vor der Einbringung an der übernehmenden Körperschaft beteiligt waren („Altgesellschafter“), lediglich zu einem Absinken ihrer Beteiligungsquote. Absolut betrachtet bleibt die Beteiligung an der übernehmenden Körperschaft dagegen unverändert. Auswirkungen auf den Buchwert oder die Anschaffungskosten der Beteiligung ergeben sich bei den Altgesellschaftern daher nicht. 447

Unterstellt man eine Einbringung, bei welcher der Verkehrswert der als Gegenleistung hingegebenen neuen Anteile dem Verkehrswert des eingebrachten Vermögens entspricht, dann entspricht der Wert der bisherigen Beteiligung der Altgesellschafter dem Wert ihrer durch die Einbringung im prozentuellen Beteiligungsausmaß gesunkenen Beteiligung. Durch die steuerliche Fortführung der Buchwerte (oder Anschaffungskosten) bleiben die bis zum Einbringungsstichtag in ihrer Beteiligung an der übernehmenden Körperschaft enthaltenen stillen Reserven unverändert steuerhängig. 448

II. Abfindung durch die Gesellschafter der übernehmenden Körperschaft

1. Behandlung des Einbringenden

449 Wird von der Gewährung neuer Anteile deshalb abgesehen, weil die Gesellschafter der übernehmenden Körperschaft den Einbringenden mit bestehenden Anteilen an der übernehmenden Körperschaft abfinden (§ 19 Abs 2 Z 2 UmgrStG) oder die übernehmende Körperschaft den Einbringenden selbst mit eigenen Anteilen abfindet (§ 19 Abs 2 Z 1 UmgrStG), gelten für den Einbringenden jene Grundsätze, die auch im Fall der Gewährung neuer Anteile anzuwenden sind (§ 20 Abs 2 Z 1 UmgrStG; siehe oben Tz 443 ff).

2. Behandlung der abfindenden Gesellschafter

450 Halten die abfindenden Gesellschafter der übernehmenden Körperschaft die gewährten Anteile in einem Betriebsvermögen, kommt es zunächst durch die Hingabe der Anteile zu einem Abgang in Höhe ihres Buchwertes. Die den abfindenden Gesellschaftern verbleibenden Anteile können **unternehmensrechtlich** wahlweise um den Buchwert oder den gemeinen Wert der hingegebenen Anteile erhöht werden (nachträgliche Anschaffungskosten).

451 Für **steuerliche Zwecke** haben die abfindenden Gesellschafter aber für die ihnen verbleibenden Anteile an der übernehmenden Körperschaft **zwingend den Buchwert oder die Anschaffungskosten der bisherigen Beteiligung fortzuführen** (§ 20 Abs 3 UmgrStG).

452 Unterstellt man eine Einbringung, bei welcher der Verkehrswert der als Abfindung hingegebenen Anteile dem Verkehrswert des eingebrachten Vermögens entspricht, dann entspricht der Wert der bisherigen Beteiligung der Altgesellschafter dem Wert ihrer nach der Einbringung den Altgesellschaftern verbleibenden Anteile. Durch die steuerliche Fortführung der Buchwerte (oder Anschaffungskosten) bleiben die bis zum Einbringungsstichtag in ihrer Beteiligung an der übernehmenden Körperschaft enthaltenen stillen Reserven unverändert steuerhängig.

453 *Beispiel:*

Herr A bringt seinen Betrieb in die zur Gänze dem Herrn B gehörende B-GmbH ein. Der Verkehrswert des eingebrachten Betriebes beträgt € 1 Mio und entspricht dem Verkehrswert der B-GmbH vor der Einbringung. Von einer Kapitalerhöhung soll abgesehen werden. Die Anschaffungskosten des Herrn B betragen für die 100-%-Beteiligung an der B-GmbH € 500.000. Wie hoch ist die Beteiligung des B an der übernehmenden Körperschaft nach der Einbringung und wie hoch sind die Anschaffungskosten?

Da das Einbringungsvermögen denselben Wert hat wie die übernehmende Körperschaft, überträgt B dem A 50 % der eigenen Anteile an der übernehmenden B-GmbH. Der Wert der Beteiligung des Herrn B an der B-GmbH ist daher nach der Einbringung derselbe wie vor der Einbringung (100 % von € 1 Mio entspricht 50 % von € 2 Mio). Als Anschaffungskosten der durch die Einbringung auf 50 % gesunkenen Beteiligung an der B-GmbH gelten unverändert die bisherigen Anschaffungskosten der 100-%-Beteiligung iHv € 500.000. Veräußert B unmittelbar nach der Einbringung seine 50-%-Beteiligung um € 1 Mio, hat er einen Veräußerungsüberschuss von € 500.000 zu versteuern (= Veräußerungserlös von € 1 Mio abzüglich Anschaffungskosten von € 500.000). Dieser Veräußerungsüberschuss entspricht genau den zum Einbringungsstichtag in der 100-%-Beteiligung enthaltenen stillen Reserven.

Erfolgt die Abfindung nicht durch die Gesellschafter der übernehmenden 453a Gesellschaft, sondern findet die übernehmende Körperschaft den Einbringenden selbst mit eigenen Anteilen ab, entsteht bei der übernehmenden Körperschaft in Höhe der Differenz zwischen dem Buchwert der gewährten eigenen Anteile und dem Buchwert des übernommenen Einbringungsvermögens zu ein steuerneutraler Buchgewinn oder -verlust (UmgrStR Rz 1103). Ist der Einbringende im Ausland ansässig, unterliegen die wegziehenden eigenen Anteile bei der abfindenden übernehmenden Körperschaft der Wegzugsbesteuerung nach § 6 Z 6 EStG (§ 20 Abs 2 Z 2 UmgrStG).

III. Unterbleiben der Anteilsgewährung

Von der Gewährung neuer Anteile kann insbesondere abgesehen werden, wenn 454 die Eigentums- oder Beteiligungsverhältnisse am eingebrachten Vermögen (unmittelbar oder mittelbar) der Beteiligung an der übernehmenden Körperschaft entsprechen (§ 19 Abs 2 Z 5 UmgrStG, siehe oben Tz 362).

1. Grundsätze

a) Unternehmensrechtliche Bewertung

Hält der Einbringende die Beteiligung an der übernehmenden Körperschaft im 455 Betriebsvermögen, stellt der Wert des eingebrachten Vermögens nachträgliche Anschaffungskosten dieser Beteiligung dar. Die nachträglichen Anschaffungskosten entsprechen wahlweise dem Buchwert oder dem gemeinen Wert des eingebrachten Vermögens.

b) Steuerliche Bewertung

Der Einbringende hat die steuerlichen Anschaffungskosten oder den steuerli- 456 chen Buchwert der Beteiligung an der übernehmenden Körperschaft um den steuerlichen Wert des eingebrachten Vermögens zu erhöhen (positives Einbringungsvermögen) oder zu vermindern (buchmäßig negatives Einbringungsvermögen; § 20 Abs 4 Z 1 UmgrStG). Der Wert des Einbringungsvermögens ergibt sich

- im Fall der Einbringung von **(Teil-)Betrieben, Mitunternehmeranteilen** und zu einem **Betriebsvermögen gehörenden Kapitalanteilen** durch das in der Einbringungsbilanz ausgewiesene Einbringungskapital (siehe oben Tz 397 ff) und
- im Fall der Einbringung von **nicht zu einem Betriebsvermögen gehörenden Kapitalanteilen** durch den Wert, zu dem die Kapitalanteile nach § 17 UmgrStG anzusetzen sind (siehe oben Tz 409 ff; werden Anschaffungskostenverbindlichkeiten iS des § 12 Abs 2 Z 3 letzter Satz UmgrStG mitübertragen, ist der Wert insoweit zu kürzen).

Zur Erhöhung der Anschaffungskosten bei Fälligkeit einer entnahmebedingten fiktiven Gewinnausschüttung siehe Tz 516j.

457 Befindet sich die Beteiligung an der übernehmenden Körperschaft im Privatvermögen, das Einbringungsvermögen dagegen im Betriebsvermögen, entsteht durch den einbringungsbedingten Abgang des Einbringungsvermögens ein steuerneutraler Buchverlust. Befindet sich dagegen die Beteiligung an der übernehmenden Körperschaft im Betriebsvermögen, entsteht durch die Einbringung weder ein Buchgewinn noch ein Buchverlust.

458 *Beispiel:*

Herr A betreibt ein Einzelunternehmen, welches aus zwei Teilbetrieben besteht. Daneben ist er zu 100 % an der A-GmbH beteiligt. Die Beteiligung an der A-GmbH hält A im Privatvermögen. Herr A bringt einen Teilbetrieb seines Einzelunternehmens in die A-GmbH ein. Das buchmäßige steuerliche Einbringungskapital beläuft sich auf € 1 Mio, der gemeine Wert dagegen auf € 3 Mio. Die Anschaffungskosten der 100-%-Beteiligung an der A-GmbH betragen € 500.000. Die Anschaffungskosten entsprechen dem gemeinen Wert der A-GmbH.

Da Herrn A sowohl das Einbringungsvermögen (Teilbetrieb) als auch die Beteiligung an der übernehmenden A-GmbH zu 100 % gehört, wird von der Gewährung neuer Anteile durch die A-GmbH abgesehen. Durch das Ausscheiden des Einbringungsvermögens aus dem Betriebsvermögen kommt es im Betrieb des A zu einem steuerneutralen Buchverlust iHv € 1 Mio. Der Wert des Einbringungskapitals iHv € 1 Mio wird der im Privatvermögen gehaltenen Beteiligung zugeschrieben. Die Anschaffungskosten der A-Beteiligung erhöhen sich daher auf € 1,5 Mio. Der gemeine Wert der Beteiligung erhöht sich durch die Einbringung um € 3 Mio auf € 3,5 Mio. Die zum Einbringungsstichtag im Einbringungsvermögen enthaltenen stillen Reserven iHv € 2 Mio bleiben daher in der Beteiligung an der A-GmbH weiter steuerhängig.

Variante: Die Beteiligung an der A-GmbH befindet sich im Betriebsvermögen des Einzelunternehmens. Da der steuerliche Wert des abgehenden Einbringungsvermögens der sich im Betriebsvermögen befindlichen A-Beteiligung zugeschrieben wird, entsteht weder ein Buchgewinn noch ein Buchverlust.

2. Konzerneinbringungen

Unter dem Begriff „Konzerneinbringungen" versteht man die Einbringung von Vermögen 459

- der Mutterkörperschaft in die Tochterkörperschaft (sog **„Down-Stream-Einbringung"**),
- der Tochterkörperschaft in die Mutterkörperschaft (sog **„Up-Stream-Einbringung"**) und
- der Tochterkörperschaft in eine andere Tochterkörperschaft (sog **„Side-Stream-Einbringung"**).

a) Down-Stream-Einbringung

Bringt die Muttergesellschaft Vermögen in ihre Tochtergesellschaft ein, hat die Muttergesellschaft den Buchwert der Beteiligung an der übernehmenden Tochtergesellschaft um den steuerlichen Wert des eingebrachten Vermögens zu erhöhen (positives Einbringungsvermögen) oder zu vermindern (buchmäßig negatives Einbringungsvermögen; § 20 Abs 4 Z 1 UmgrStG). Die Down-Stream-Einbringung unterscheidet sich daher nicht von den oben unter Tz 456 ff dargestellten Grundsätzen. 460

b) Up-Stream-Einbringung

Bringt die Tochtergesellschaft Vermögen in ihre Mutterkörperschaft ein, hat die Mutterkörperschaft den Buchwert der Beteiligung an der Tochtergesellschaft in dem Verhältnis zu vermindern, in dem sich der Verkehrswert der Tochtergesellschaft durch die Einbringung reduziert hat (§ 20 Abs 4 Z 2 UmgrStG). Durch die Änderung des Beteiligungsansatzes und die Übernahme des Einbringungsvermögens entstehende Buchgewinne oder Buchverluste sind grundsätzlich steuerneutral (siehe dazu unten Tz 511 ff). Ebenso steuerneutral sind die Buchgewinne oder Buchverluste der einbringenden Tochterkörperschaft (§ 20 Abs 4 Z 2 Satz 2 UmgrStG). 461

Da die Tochtergesellschaft für die Übertragung des eingebrachten Vermögens keine Gegenleistung erhält, liegt unternehmensrechtlich eine verbotene Einlagenrückgewähr vor. Die einbringende Tochtergesellschaft hat daher die Vermögensübertragung in Höhe des Verkehrswertes grundsätzlich in Form einer Sachausschüttung darzustellen. Reicht hierfür das disponible Kapital nicht aus, ist eine ordentliche Kapitalherabsetzung durchzuführen. Eine weitere Möglichkeit besteht darin, die verbotene Einlagenrückgewähr durch einen Zuschuss der Muttergesellschaft auszugleichen. Die Maßnahmen der Kapitalherabsetzung und der Sachausschüttung sind steuerneutral; dagegen erhöht der Gesellschafterzuschuss den Einlagenstand der Tochtergesellschaft (UmgrStR RZ 1085). 462

Ist der **Beteiligungsansatz** der übernehmenden Mutterkörperschaft an der übertragenden Tochterkörperschaft **negativ**, ist § 20 Abs 4 Z 2 UmgrStG insoweit teleologisch zu reduzieren, als der negative Beteiligungsansatz an der übertragenden Tochterkörperschaft unverändert bleibt; es kommt daher diesfalls zu keiner „Abstockung" des Beteiligungsansatzes (UmgrStR RZ 1122a).

463 *Beispiel:*
Die M-GmbH ist zu 100 % an der T-GmbH beteiligt. Der Buchwert der Beteiligung beträgt 1.000. Die T-GmbH bringt einen Teilbetrieb in die M-GmbH ein. Das buchmäßige Einbringungskapital beträgt 300, der Verkehrswert 500. Der Verkehrswert der T-GmbH beträgt vor der Einbringung des Teilbetriebes 2.000. Durch die Einbringung reduziert sich der Verkehrswert der T-GmbH um 500 auf 1.500.
Die M-GmbH hat den Buchwert der T-Beteiligung um 25 % auf 750 zu vermindern. Durch die Verminderung der T-Beteiligung und die Übernahme des Einbringungsvermögens ergibt sich bei der Mutterkörperschaft ein grundsätzlich steuerneutraler Buchgewinn iHv 50. Bei der Tochterkörperschaft entsteht durch den Abgang des Teilbetriebes ein steuerneutraler Buchverlust iHv 300.

c) Side-Stream-Einbringung

464 Bringt eine Tochterkörperschaft Vermögen in eine andere Tochterkörperschaft ein, hat die Mutterkörperschaft den Buchwert der Beteiligung an der übertragenden Tochterkörperschaft zu kürzen und den Buchwert der Beteiligung an der übernehmenden Tochterkörperschaft um diesen Kürzungsbetrag zu erhöhen. Der Kürzungsbetrag ergibt sich (prozentuell) aus der einbringungsbedingten Verkehrswertverminderung der übertragenden Tochterkörperschaft bezogen auf den Verkehrswert vor der Einbringung (§ 20 Abs 4 Z 3 UmgrStG).

465 Da die Abschreibung von der Beteiligung an der übertragenden Tochterkörperschaft betragsmäßig der Zuschreibung auf die Beteiligung der übernehmenden Körperschaft entspricht, kann bei der Mutterkörperschaft weder ein Buchgewinn noch ein Buchverlust entstehen. Der bei der übertragenden Körperschaft entstehende Buchverlust ist steuerneutral. Dies gilt auch für den bei der übernehmenden Tochterkörperschaft entstehenden Buchgewinn.

466 Da die einbringende Tochtergesellschaft für die Übertragung des eingebrachten Vermögens keine Gegenleistung erhalten wird, liegt unternehmensrechtlich grundsätzlich in Höhe des Verkehrswertes des übertragenen Vermögens eine verbotene Einlagenrückgewähr vor. Die einbringende Tochtergesellschaft hat daher die Vermögensübertragung grundsätzlich in Form einer Sachausschüttung darzustellen. Reicht dafür das disponible Kapital nicht aus, ist eine ordentliche Kapitalherabsetzung durchzuführen. Eine weitere Möglichkeit besteht darin, die verbotene Einlagenrückgewähr durch einen Zuschuss der gemeinsamen Muttergesellschaft auszugleichen. Die Maßnahmen der Kapitalherabsetzung und der Sachausschüttung sind steuerneutral; dagegen erhöht der Gesellschafterzuschuss den Einlagenstand der einbringenden Tochtergesellschaft (UmgrStR RZ 1085).

Beispiel: 467
Die M-GmbH ist an der T_1-GmbH und der T_2-GmbH zu je 100 % beteiligt. Der Buchwert der T_1-Beteiligung beträgt 1.800, der Buchwert der T_2-Beteiligung 900. Die T_1-GmbH bringt in die T_2-GmbH eine Beteiligung an der A-AG ein. Der Verkehrswert der T_1-GmbH beträgt vor der Einbringung 2.400. Der Verkehrswert der Beteiligung an der A-AG beträgt 800. Der Buchwert der A-Beteiligung beläuft sich auf 500. Durch die Einbringung sinkt der Verkehrswert der einbringenden T_1-GmbH auf 1.600 ab.
Da der Verkehrswert der T_1-GmbH durch die Einbringung um 1/3 sinkt (800 bezogen auf 2.400), hat die M-GmbH die T_1-Beteiligung um 600 (= 1/3 von 1.800) auf 1.200 zu reduzieren und die T_2-Beteiligung um 600 auf 1.500 zu erhöhen. Bei der M-GmbH ergibt sich somit weder ein Buchgewinn noch ein Buchverlust. Der bei der übertragenden T_1-GmbH entstehende Buchverlust iHv 500 ist steuerneutral. Dies gilt ebenso für den in gleicher Höhe bei der übernehmenden T_2-GmbH entstehenden Buchgewinn.

IV. Steuerhängigkeit der Anteile an der übernehmenden Körperschaft

1. Grundsätzliches

Durch die Neugestaltung der Besteuerung von Einkünften aus Kapitalvermögen unterliegen realisierte Wertsteigerungen aus Kapitalanteilen bei natürlichen Personen unabhängig vom Ausmaß der Beteiligung und von Besitzfristen einer Besteuerung von 27,5 % (§§ 27, 27a, 93, 97 EStG). Die Bestimmungen des **§ 20 Abs 5 UmgrStG** zum Untergang einer Beteiligung iSd § 31 EStG und des **§ 20 Abs 6 Z 1 UmgrStG** zur besonderen Steuerhängigkeit von Gegenleistungsanteilen konnten daher **entfallen** (§ 20 Abs 5 UmgrStG idFd AbgÄG 2012 entfällt). Für die Einbringung von nicht steuerhängigen Kapitalanteilen wurde § 20 Abs 6 UmgrStG neu gefasst (siehe dazu *Wurm*, SWK 2012, 1531). 468

2. Einbringung von nicht steuerhängigen Kapitalanteilen

Wird ein Kapitalanteil eingebracht, dessen stille Reserven im Zeitpunkt des Abschlusses des Einbringungsvertrages nach den Bestimmungen des EStG keiner Besteuerung unterliegen, setzen die als Gegenleistung gewährten Anteile an der übernehmenden Körperschaft die Stellung des eingebrachten Anteiles fort („Identitätsfiktion“ nach § 20 Abs 6 UmgrStG iVm § 5 Abs 1 und 2 UmgrStG; siehe dazu oben Tz 133). 474

Die Bestimmung des § 20 Abs 6 UmgrStG zielt vor allem auf die Einbringung eines dem Bestandschutz unterliegenden Zwerganteiles von unter 1 % ab. Die als Gegenleistung gewährten Anteile an der übernehmenden Körperschaft setzen ertragsteuerlich den 475 eingebrachten Anteil fort (§§ 20 Abs 6, 5 Abs 1 UmgrStG). Dies gilt auch für die einjährige Spekulationsfrist (§§ 20 Abs 6, 5 Abs 2 UmgrStG).

V. Internationale Schachtelbeteiligung

1. Entstehen einer internationalen Schachtelbeteiligung

483 Wird von einer inländischen Körperschaft Vermögen in eine ausländische Gesellschaft eingebracht und erhält sie hierfür Anteile an der ausländischen Gesellschaft, kann durch die Einbringung eine internationale Schachtelbeteiligung iS des § 10 Abs 2 KStG entstehen.

484 Um die im Einbringungsvermögen enthaltenen stillen Reserven auch in der Beteiligung an der übernehmenden ausländischen Gesellschaft (doppelt) steuerhängig zu halten, wird die Differenz zwischen dem steuerlichen Einbringungskapital und dem Teilwert des eingebrachten Vermögens von der Steuerneutralität der internationalen Schachtelbeteiligung nach § 10 Abs 3 Satz 1 KStG ausgenommen (§ 20 Abs 7 Z 1 UmgrStG; UmgrStR RZ 1161).

Beispiel:
Die A-GmbH bringt in die ausländische Körperschaft B einen (inländischen) Teilbetrieb ein und erhält hierfür neue Anteile im Ausmaß von 30 % des Nennkapitals der übernehmenden Körperschaft B. Das steuerliche Einbringungskapital beträgt 500. Der Teilwert des eingebrachten Teilbetriebes beträgt 1.500. Nach sechs Jahren veräußert die A-GmbH ihre Beteiligung an der Körperschaft B um 4.000.
Die A-GmbH hat die einbringungsbedingt erworbenen Anteile an der übernehmenden B mit dem steuerlichen Einbringungskapital iHv 500 zu bewerten (§ 20 Abs 2 UmgrStG). Um die im Teilbetrieb steckenden stillen Reserven auch in der einbringungsbedingt entstandenen internationalen Schachtelbeteiligung an der B steuerhängig zu halten, ist nach § 20 Abs 7 Z 1 UmgrStG die Differenz aus dem steuerlichen Einbringungskapital und dem Teilwert des Teilbetriebes von der Steuerneutralität nach § 10 Abs 3 Satz 1 KStG ausgenommen. Dadurch bleibt der Veräußerungsgewinn iHv 3.500 lediglich iHv 2.500 steuerfrei. Im Ausmaß von 1.000 ist der Veräußerungsgewinn dagegen steuerpflichtig.

485 Entsteht durch eine Einbringung bei der einbringenden inländischen Körperschaft eine internationale Schachtelbeteiligung an der übernehmenden ausländischen Körperschaft, kann für diese in dem auf den Einbringungsstichtag folgenden Veranlagungsjahr eine **Option zur Steuerwirksamkeit** ausgeübt werden. Wird die Option ausgeübt, ist die einbringungsbedingt entstandene Schachtelbeteiligung unbeschränkt steuerwirksam; § 20 Abs 7 Z 1 UmgrStG findet keine Anwendung.

485a Entsteht eine steuerneutrale internationale Schachtelbeteiligung, beginnt die Jahresfrist des § 10 Abs 2 KStG mit dem dem Einbringungsstichtag folgenden Tag zu laufen (UmgrStR Rz 1163).

2. Veränderung einer bestehenden internationalen Schachtelbeteiligung

Wird Vermögen in eine ausländische Gesellschaft eingebracht, kann das Ausmaß einer bereits bestehenden internationalen Schachtelbeteiligung verändert werden. Eine solche Veränderung kann sich ergeben 486

- durch die **Gewährung von Anteilen** an der übernehmenden Körperschaft oder
- im Fall des Unterbleibens der Anteilsgewährung durch **Zuschreibung** iS des § 20 Abs 4 UmgrStG (zur Zuschreibung siehe oben Tz 456).

Wird durch die Einbringung eine internationale Schachtelbeteiligung, für die keine Option zur Steuerwirksamkeit ausgeübt wurde **(„steuerneutrale Schachtelbeteiligung")**, erweitert, sind die im eingebrachten Vermögen enthaltenen stillen Reserven auch in der steuerneutralen Schachtelbeteiligung (doppelt) steuerhängig zu halten. Dazu wird die Differenz aus dem steuerlichen Einbringungskapital und dem Teilwert des eingebrachten Vermögens von der Steuerneutralität der internationalen Schachtelbeteiligung nach § 10 Abs 3 Satz 1 KStG ausgenommen (§ 20 Abs 7 Z 1 UmgrStG). 487

Beispiel:

Die A-GmbH bringt einen inländischen Betrieb in die ausländische Körperschaft B ein, an der sie sämtliche Anteile hält. Das steuerliche Einbringungskapital beträgt 1.000; der Teilwert beträgt 3.000. Die Beteiligung an der B steht zum Einbringungsstichtag mit 500 zu Buche. Der Teilwert der B-Beteiligung beträgt 2.000. Vier Jahre nach der Einbringung veräußert die A-GmbH ihre Beteiligung um 7.000.
Da sowohl der inländische Betrieb als auch die Anteile an der ausländischen Körperschaft im Alleineigentum der A-GmbH stehen, wird von einer Anteilsgewährung abgesehen (§ 19 Abs 2 Z 5 UmgrStG). Die A-GmbH hat daher das steuerliche Einbringungskapital dem Buchwert der 100-%-Beteiligung zuzuschreiben (§ 20 Abs 4 Z 1 UmgrStG). Der Buchwert erhöht sich somit von 500 auf 1.500. Um die im eingebrachten Vermögen enthaltenen stillen Reserven auch in der Beteiligung an der übernehmenden Körperschaft B (doppelt) steuerhängig zu halten, ist nach § 20 Abs 7 Z 1 UmgrStG die Differenz aus dem steuerlichen Eigenkapital (Einbringungskapital) und dem Teilwert des eingebrachten Betriebes von der Steuerneutralität nach § 10 Abs 3 Satz 1 KStG ausgenommen. Der Veräußerungsgewinn von 5.500 (= Veräußerungserlös iHv 7.000 abzüglich des Buchwertes iHv 1.500) ist daher im Ausmaß von 2.000 steuerpflichtig und iHv 3.500 steuerfrei.

Wird durch die Einbringung eine internationale Schachtelbeteiligung, für die eine Option zur Steuerwirksamkeit ausgeübt wurde **(„steuerwirksame Schachtelbeteiligung")**, erweitert, sind die im eingebrachten Vermögen enthaltenen stillen Reserven bereits nach den allgemeinen körperschaftsteuerlichen Bestimmungen auch in der steuerwirksamen Schachtelbeteiligung (doppelt) steuerhängig. Für die Anwendung des § 20 Abs 7 Z 1 UmgrStG bleibt daher kein Raum. 488

3. Einbringung einer internationalen Schachtelbeteiligung

489 Wird eine steuerneutrale internationale Schachtelbeteiligung oder anderes nicht steuerverfangenes Vermögen eingebracht und kommt es dadurch zum Entstehen oder zur Veränderung einer internationalen Schachtelbeteiligung an der übernehmenden Körperschaft, findet § 20 Abs 7 Z 1 UmgrStG keine Anwendung (UmgrStR RZ 1165; zur steuerneutralen Exporteinbringung einer Schachtelbeteiligung nach § 16 Abs 1a UmgrStG siehe oben Tz 403b). Der Veräußerungsgewinn aus der internationalen Schachtelbeteiligung ist daher zur Gänze steuerfrei.

490 Die Anwendung § 20 Abs 7 Z 1 UmgrStG auch in diesem Fall hätte die systemwidrige Verstrickung vormals nicht steuerhängiger stiller Reserven in der internationalen Schachtelbeteiligung zur Folge.

491 *Beispiel:*
Die A-GmbH bringt ihre 50-%-Beteiligung an der ausländischen Körperschaft B in die ebenfalls ausländische Körperschaft C ein. Sie erhält hierfür als Gegenleistung eine 30%ige Beteiligung an der Körperschaft C. Der Buchwert der eingebrachten Beteiligung beträgt 2.000. Ihr Teilwert beträgt 3.000. Die A-GmbH veräußert nach sechs Jahren die C-Beteiligung um 4.500.
Die A-GmbH hat die einbringungsbedingt erworbene Beteiligung an der Körperschaft C mit dem Buchwert der eingebrachten B-Beteiligung iHv 2.000 zu bewerten. Auf die Differenz aus dem Buchwert und dem Teilwert der eingebrachten B-Beteiligung ist § 20 Abs 7 Z 1 UmgrStG nicht anzuwenden. Daher bleibt der Veräußerungserlös iHv 2.500 zur Gänze steuerfrei.

492 *Beispiel:*
Die A-GmbH bringt einen ausländischen Betrieb in die ausländische Körperschaft B ein und erhält hierfür neue Anteile im Ausmaß von 40 %. Das Einbringungskapital beträgt 3.000. Der Teilwert des eingebrachten Betriebes beträgt 5.000. Die A-GmbH veräußert nach fünf Jahren ihre Beteiligung an der B-GmbH um 7.000. Das mit dem Betriebsstättenstaat abgeschlossene DBA entspricht dem OECD-MA und sieht zur Vermeidung der Doppelbesteuerung die Befreiungsmethode vor.
Österreich steht hinsichtlich der im ausländischen Betriebsvermögen enthaltenen stillen Reserven kein Besteuerungsrecht zu. Auf die Differenz aus dem Buchwert und dem Teilwert des eingebrachten Betriebes ist § 20 Abs 7 Z 1 UmgrStG nicht anzuwenden. Der Veräußerungsgewinn iHv 4.000 (= Veräußerungserlös iHv 7.000 abzüglich des Buchwertes der 40%igen B-Beteiligung iHv 3.000) bleibt daher zur Gänze steuerfrei.

4. Untergang einer internationalen Schachtelbeteiligung

493 Geht durch die Einbringung eines Dritten die Eigenschaft einer internationalen Schachtelbeteiligung an der übernehmenden ausländischen Körperschaft unter, sollen die in der Beteiligung an der übernehmenden Körperschaft bisher nicht steuerhängigen stillen Reserven auch weiterhin steuerfrei bleiben.

Um dies zu erreichen, ist der Buchwert der Beteiligung an der übernehmenden ausländischen Gesellschaft auf den ihr am Einbringungsstichtag beizulegenden Teilwert steuerfrei aufzuwerten; der aufgewertete Buchwert ist um Beträge zu kürzen, die aufgrund des UmgrStG von der Steuerneutralität des § 10 Abs 3 Satz 1 KStG ausgenommen sind (§ 20 Abs 7 Z 2 UmgrStG). Die Aufwertung unterbleibt, wenn für die untergehende Schachtelbeteiligung die Option zur Steuerwirksamkeit ausgeübt worden ist (siehe dazu auch oben Tz 153). 494

Beispiel: 495
Die A-GmbH ist an der ausländischen Körperschaft B zu 40 % beteiligt. Durch die Einbringung eines Dritten sinkt ihre Beteiligung auf 5 %. Der Buchwert der B-Beteiligung beträgt vor der Einbringung 1.000. Der Teilwert zum Einbringungsstichtag beträgt 3.000. Die A-GmbH veräußert in der Folge die B-Beteiligung um 7.000.
Um die bis zum Einbringungsstichtag entstandenen steuerfreien stillen Reserven iHv 2.000 nach dem Einbringungsstichtag nicht der KSt zu unterwerfen, ist der Buchwert der B-Beteiligung auf den zum Einbringungsstichtag gegebenen höheren Teilwert iHv 3.000 steuerfrei aufzuwerten. Der Veräußerungsgewinn iHv 4.000 erfasst daher nur die nach dem Einbringungsstichtag entstandenen stillen Reserven.

VI. Wechsel der Gewinnermittlungsart bei der übernehmenden Körperschaft

Ermittelt der Einbringende für das eingebrachte Betriebsvermögen den Gewinn nach § 4 Abs 1 EStG, die übernehmende Körperschaft dagegen nach § 5 EStG, kommt es bei der übernehmenden Körperschaft zu einem Wechsel der Gewinnermittlungsart. Insbesondere hat die übernehmende Körperschaft Rückstellungen und Rechnungsabgrenzungsposten zu bilden (vgl § 4 Abs 10 Z 2 EStG). Ein Übergangsgewinn ist im ersten Wirtschaftsjahr nach dem Einbringungsstichtag zu berücksichtigen; ein Übergangsverlust ist auf sieben Jahre zu verteilen (UmgrStR RZ 963). 496

Ermittelt der Einbringende den Gewinn nach § 4 Abs 3 EStG durch Einnahmen-Ausgaben-Rechnung, hat er zum Einbringungsstichtag zwingend auf die Gewinnermittlung nach § 4 Abs 1 EStG zu wechseln (siehe dazu oben Tz 389 ff). 497

Hätte der Einbringende die Anschaffungskosten der gewährten Anteile an der übernehmenden Körperschaft mit den nach § 4 Abs 1 EStG ermittelten Buchwerten des eingebrachten Betriebsvermögens zu bewerten (siehe oben Tz 398 ff und Tz 443 ff), würden insbesondere bei der übernehmenden Körperschaft erstmals vorgenommene Rückstellungsdotierungen, Teilwertabschreibungen und Rechnungsabgrenzungen die Höhe der als Gegenleistung gewährten Anteile unsystematisch beeinflussen. Um dies zu vermeiden, sind die Anschaffungskosten der gewährten Anteile im Ausmaß der Beträge zu erhöhen 498 oder zu vermindern, die sich durch den Wechsel der Gewinnermittlungsart bei der übernehmenden Körperschaft ergeben (§ 20 Abs 8 UmgrStG).

VII. Bare Zuzahlungen

500 Von der Gewährung neuer Anteile kann unter anderem abgesehen werden, soweit die übernehmende Körperschaft zum Zweck der Rundung auf ganzzahlige Beteiligungsprozentsätze bare Zuzahlungen leistet und diese 10 % des Gesamtnennbetrages der neuen Anteile nicht übersteigen (§ 19 Abs 2 Z 3 UmgrStG; siehe oben Tz 362).

501 Eine solche bare Zuzahlung kürzt beim Empfänger die Anschaffungskosten bzw den Buchwert der Beteiligung an der übernehmenden Körperschaft (§ 20 Abs 2 Z 3 UmgrStG). Die Steuerpflicht der Zuzahlung wird somit auf den Zeitpunkt der Veräußerung der Beteiligung verschoben. Bei der übernehmenden Körperschaft stellt die Zuzahlung keine Betriebsausgabe dar (UmgrStR RZ 1057).

Die Steuerpflicht der Beteiligungsveräußerung und damit auch die Steuerpflicht der Zuzahlung richtet sich nach den Bestimmungen des allgemeinen Steuerrechts.

Beispiel:

502 Herr A bringt seinen Betrieb in die B-GmbH ein. Der eingebrachte Betrieb hat einen Verkehrswert von 1.010 und einen steuerlichen Buchwert von 300. Da die übernehmende B-GmbH ein Stammkapital iHv 1.500 und einen Verkehrswert iHv 3.000 aufweist, ergibt sich ein Tauschverhältnis von 0,5 (= Stammkapital bezogen auf den Verkehrswert). Herr A würde daher für die Übertragung seines Betriebes neue Anteile mit einem Nominale von 505 erhalten. Dies würde einer Beteiligung in Höhe von 25,18 % entsprechen (= 505 bezogen auf das einbringungsbedingt erhöhte Stammkapital iHv 2.005). Um runde Beteiligungsprozentsätze zu erhalten, wird das Stammkapital der B-GmbH lediglich um 500 erhöht. Die Beteiligung des A an der B-GmbH beträgt dadurch 25 % (= 500 bezogen auf das erhöhte Stammkapital iHv 2.000). Zusätzlich erhält Herr A von der übernehmenden B-GmbH eine bare Zuzahlung iHv 10. Die Gegenleistung, bestehend aus neuen Anteilen im Wert von 1.000 und der baren Zuzahlung iHv 10, entspricht dem Wert des eingebrachten Betriebes. Da die bare Zuzahlung weniger als 10 % des Gesamtnennbetrages der neuen Anteile beträgt, ist die bare Zuzahlung zulässig. Die bare Zuzahlung kürzt bei Herrn A die Anschaffungskosten seiner Beteiligung an der übernehmenden B-GmbH um 10 von 300 auf 290. Bei der zuzahlenden B-GmbH stellt die Zuzahlung keine Betriebsausgabe dar.

H. Auswirkungen der Einbringung auf die übernehmende Körperschaft

I. Rückwirkungsfiktion – Wertansätze – Buchgewinne und -verluste

Unabhängig von der zivilrechtlichen Übertragung des eingebrachten Vermögens gilt für steuerliche Zwecke das Vermögen als mit dem Beginn des dem Einbringungsstichtag folgenden Tages der übernehmenden Körperschaft übertragen (sog „Rückwirkungsfiktion“, § 18 Abs 1 Z 5 UmgrStG). 503

Beispiel: 504
Herr A bringt mit Stichtag 31.12.01 seinen Frachtbetrieb in die B-GmbH ein. Die tatsächliche Übertragung des Betriebsvermögens erfolgt am 4.5.02. Am 11.3.02 erleidet ein dem Frachtbetrieb zugehöriger LKW einen Totalschaden iHv € 50.000,–. Bei wem wirkt sich der Schaden steuerlich aus?
Unabhängig vom Zeitpunkt der zivilrechtlichen Übertragung des Einbringungsvermögens geht steuerlich das Betriebsvermögen des Herrn A mit Ablauf des Einbringungsstichtages auf die B-GmbH über. Daher haben alle nach dem Einbringungsstichtag eintretenden Vermögensänderungen auf die Gewinnermittlung des Herrn A und die zum 31.12.01 zu erstellende Einbringungsbilanz keinen Einfluss mehr. Der Totalschaden des LKW trifft ausschließlich die Einkünfteermittlung der B-GmbH.

Hinsichtlich der Bewertung des übernommenen Vermögens ist zwischen dem unternehmensrechtlichen und dem steuerlichen Wertansatz zu unterscheiden. 505

1. Unternehmensrecht

Unternehmensrechtlich besteht für die Bewertung des übernommenen Vermögens ein Wahlrecht: Die übernehmende Körperschaft kann das Vermögen entweder insgesamt mit dem beizulegenden Wert (= Teilwert) bewerten (§ 202 Abs 1 UGB) oder insgesamt die Buchwerte des letzten Jahresabschlusses ansetzen (§ 202 Abs 2 UGB). Der Ansatz eines Zwischenwertes ist ebenso unzulässig wie ein zwischen den Vermögensgegenständen differenzierender Ansatz. 506

Durch die Einbringung ergeben sich regelmäßig bei der übernehmenden Körperschaft Wertdifferenzen, die als Buchgewinne oder Buchverluste bezeichnet werden:

Buchverlust 507
Übersteigt der Gesamtbetrag der Gegenleistung das zu Buchwerten übernommene Vermögen, darf der Unterschiedsbetrag (= Buchverlust) aktiviert oder in der Gewinn- und Verlustrechnung in einem Sonderposten ausgewiesen wer-

den. Der Gesamtbetrag der Gegenleistung ergibt sich dabei aus dem Gesamtbetrag der durch die übernehmende Körperschaft gewährten neuen Anteile (§ 19 Abs 1 UmgrStG), dem Buchwert gewährter eigener Anteile (§ 19 Abs 1 Z 1 UmgrStG), dem Buchwert untergehender Anteile (vgl dazu das Bsp in Tz 516) und den baren Zuzahlungen (§ 19 Abs 2 Z 3 UmgrStG; vgl § 202 Abs 2 Z 2 UGB).

508 Fällt trotz Unterbleibens einer durch die übernehmende Körperschaft erbrachten Gegenleistung (zB in den Fällen des § 19 Abs 2 Z 2 oder Z 5 UmgrStG) ein Buchverlust an (zB Übernahme eines buchmäßig negativen Einbringungskapitals), ist der Buchverlust zwingend in der Gewinn- und Verlustrechnung in einem Sonderposten auszuweisen.

509 Da sich der aktivierte **Buchverlust** aus stillen Reserven und einem etwaigen Firmenwert zusammensetzt, hat ein **getrennter Ausweis** zu erfolgen (§ 202 Abs 2 Z 3 UGB): Soweit der Buchverlust den einzelnen Vermögensgegenständen zugeordnet werden kann, ist er als **Umgründungsmehrwert** anzusetzen und gemäß einer durchschnittlichen Restnutzungsdauer abzuschreiben. Soweit darüber hinaus noch ein Buchverlust verbleibt, kann dieser als **Firmenwert** angesetzt werden, der auf längstens die Geschäftsjahre verteilt abzuschreiben ist, in denen er voraussichtlich genutzt wird.

510 *Buchgewinn*

Entsteht durch die Einbringung bei der übernehmenden Körperschaft ein Buchgewinn, ist zu unterscheiden: Kommt es bei der übernehmenden Körperschaft zur Ausgabe neuer Anteile, ist eine Kapitalrücklage iS des § 229 Abs 2 Z 1 UGB zu bilden. Diese Kapitalrücklage ist bei einer AG und einer großen GmbH gebunden (§ 229 Abs 5 iVm Abs 4 UGB). Unterbleibt die Ausgabe neuer Anteile, ist der Buchgewinn entweder in eine ungebundene Kapitalrücklage iS des § 229 Abs 2 Z 5 UGB einzustellen (zB bei einer Einbringung „down-stream“ bzw „side-stream“ oder bei einer Abfindung durch die Altgesellschafter). Bei der Einbringung „up-stream“ ist der Buchgewinn in der Gewinn- und Verlustrechnung in einem Sonderposten vor dem Posten „Jahresüberschuss/Jahresfehlbetrag“ auszuweisen und bei Wesentlichkeit im Anhang zu erläutern. Entsteht bei der übernehmenden Körperschaft durch den Ansatz des eingebrachten Vermögens mit dem beizulegenden Wert ein Gewinn, so ist dieser ausschüttungsgesperrt (§ 235 Abs 1 UGB).

2. Steuerrecht

a) Buchwertfortführung

511 Anders als im Unternehmensrecht besteht steuerlich für die Bewertung des übernommenen Vermögens kein Wahlrecht. Die übernehmende Körperschaft

hat vielmehr die vom Einbringenden in der Einbringungsbilanz nach §§ 16 und 17 UmgrStG angesetzten Werte zwingend zu übernehmen (siehe dazu oben Tz 398ff).

Erfolgt die Einbringung zu Buchwerten, hat die übernehmende Körperschaft zusätzlich zu den Buchwerten insbesondere auch die Abschreibungsdauer und etwaige Behaltefristen zu übernehmen (sog **„steuerliche Gesamtrechtsnachfolge"** des § 18 Abs 1 Z 4 UmgrStG, siehe dazu UmgrStR RZ 951 ff). Zur Übernahme einer Zuschreibungspflicht für eine durch den Einbringenden getätigten Teilwertabschreibung gemäß § 6 Z 13 EStG siehe UmgrStR RZ 952. 512

Die durch die Einbringung bei der übernehmenden Körperschaft entstehenden **Buchgewinne und Buchverluste sind steuerneutral** und wirken sich daher auf den steuerlichen Gewinn oder Verlust nicht aus (§ 18 Abs 6 iVm § 3 Abs 2 und 3 UmgrStG). Ausgenommen von dieser Steuerneutralität sind lediglich Buchgewinne bzw Buchverluste, die aus der Vereinigung von Aktiva und Passiva (sog „Confusio") stammen. Solche Confusiogewinne bzw -verluste sind in dem dem Einbringungsstichtag folgenden Wirtschaftsjahr (auch) steuerlich zu berücksichtigen. 513

Etwaige aus einer unternehmensrechtlichen Aufwertung auf den beizulegenden Wert resultierenden Mehrabschreibungen oder die Abschreibung des aktivierten Umgründungsmehrwertes bzw Firmenwertes sind in der steuerlichen Mehr-Weniger-Rechnung zu korrigieren. 514

Beispiel: 515

Herr A bringt seinen Betrieb in die B-GmbH ein und erhält hierfür neue Anteile. Der Verkehrswert des Einzelunternehmens beträgt 3.000. Der Verkehrswert der B-GmbH beträgt 4.000.

Bilanz EU-A zum Einbringungsstichtag

Anlagevermögen	2.000	Eigenkapital	2.500
Umlaufvermögen	1.000	Fremdkapital	500
	3.000		3.000

Bilanz B-GmbH zum Einbringungsstichtag

Anlagevermögen	4.000	Nennkapital	2.000
Umlaufvermögen	2.000	Gewinnrücklagen	3.000
		Fremdkapital	1.000
	6.000		6.000

Einbringungsbilanz EU-A

Anlagevermögen	2.000	Einbringungskapital	2.500
Umlaufvermögen	1.000	Fremdkapital	500
	3.000		3.000

Aufgrund des Verhältnisses von Nennkapital (= 2.000) und Verkehrswert (= 4.000) ergibt sich ein Umtauschverhältnis iHv 0,5. Herr A hat daher für die Übertragung seines Betriebes als Gegenleistung neue Anteile mit einem Nominale iHv 1.500 (= 0,5 * 3.000) zu erhalten.

Übernahmebilanz B-GmbH

Anlagevermögen	6.000	Nennkapital	3.500
Umlaufvermögen	3.000	Kapitalrücklage	1.000
		Gewinnrücklage	3.000
		Fremdkapital	1.500
	9.000		9.000

Durch die Übernahme des eingebrachten Vermögens iHv 2.500 und die Gewährung neuer Anteile iHv 1.500 ergibt sich ein Buchgewinn iHv 1.000, der in eine Kapitalrücklage iS des § 229 Abs 2 Z 1 UGB einzustellen ist. Auf den steuerlichen Gewinn wirkt sich dieser Buchgewinn allerdings nicht aus.

516 *Beispiel:*
Herr A bringt den Betrieb seines Einzelunternehmens in die ihm gehörende A-GmbH ein. Von einer Gewährung neuer Anteile wird abgesehen (§ 19 Abs 2 Z 5 UmgrStG). Die Beteiligung an der A-GmbH befindet sich im Privatvermögen des Einzelunternehmers. Weiters befindet sich im Betriebsvermögen des Einzelunternehmens eine teilwertberichtigte Forderung gegenüber der A-GmbH iHv 500.

Bilanz EU-A zum Einbringungsstichtag

Anlagevermögen	3.000	Eigenkapital	3.000
Umlaufvermögen	1.000	Fremdkapital	1.500
Forderung A-GmbH	500		
	4.500		4.500

Bilanz A-GmbH zum Einbringungsstichtag

Anlagevermögen	3.000	Stammkapital	1.000
Umlaufvermögen	2.000	Fremdkapital	3.000
		Verbindlichkeit EU-A	1.000
	5.000		5.000

Die Einbringungsbilanz weicht von der Bilanz zum Einbringungsstichtag nur insoweit ab, als das Eigenkapital als Einbringungskapital bezeichnet wird. Durch die Übernahme des Einbringungskapitals iHv 3.000 kommt es bei der A-GmbH zu einem Buchgewinn, der sich wie folgt ermittelt:

+	Buchgewinn aus der Übernahme des Einbringungskapitals	3.000
+	Buchgewinn aus der Confusio der übergegangenen abgeschriebenen Forderung gegenüber der A-GmbH und der Verbindlichkeit gegenüber dem EU-A	500
	Buchgewinn	**3.500**

Dieser Buchgewinn ist bei der übernehmenden A-GmbH in eine Kapitalrücklage iS des § 229 Abs 2 Z 5 UGB einzustellen. Da der Buchgewinn zu 500 auf die Confusio von Forderung und Verbindlichkeit zurückzuführen ist, ist er in diesem Ausmaß steuerpflichtig. Die Übernahmebilanz der A-GmbH ergibt sich daher wie folgt:

Übernahmebilanz A-GmbH

Anlagevermögen	6.000	Stammkapital	1.000
Umlaufvermögen	3.000	Kapitalrücklage	3.500
		Fremdkapital	4.500
	9.000		9.000

b) Aufwertung

Tritt durch eine grenzüberschreitende Einbringung das eingebrachte Vermögen 516a
in das inländische Besteuerungsrecht ein, ist das Vermögen bei der übernehmenden Körperschaft mit dem gemeinen Wert anzusetzen („Aufwertung bei Zuzug", § 18 Abs 1 Z 3 Teilstrich 1 UmgrStG; Ausnahme: Ansatz der Anschaffungskosten oder Buchwerte nach § 17 Abs 2 Z 1 UmgrStG). Durch die Aufwertung wird sichergestellt, dass nur die Wertsteigerungen in Österreich besteuert werden, die nach dem Eintritt in das inländische Besteuerungsrecht entstanden sind.

Eine Aufwertung auf den gemeinen Wert hat jedoch zu unterbleiben, wenn 516b
das zuziehende Vermögen vor der Einbringung aus dem Besteuerungsrecht Österreichs ausgeschieden ist und dabei bei der übernehmenden Körperschaft oder einer konzernzugehörigen Körperschaft der übernehmenden Körperschaft die Wegzugsbesteuerung nach dem bis zum 31.12.2015 geltenden Nichtfestsetzungskonzept nicht festgesetzt wurde oder nach § 16 Abs 1a UmgrStG nicht entstanden ist **(„Zuzug nach vorangegangenem Wegzug")**. Ein solches wieder zuziehendes Vermögen ist mit den Anschaffungskosten bzw mit den fortgeschriebenen Buchwerten vor dem Wegzug, höchstens aber mit dem gemeinen Wert im Zeitpunkt des Zuzuges, anzusetzen (§ 18 Abs 1 Z 3 Teilstrich 2 UmgrStG). Scheidet das Vermögen nach der Einbringung gewinnrealisierend aus dem Vermögen der übernehmenden Körperschaft aus, bleiben nachgewiesene Wertsteigerungen insoweit steuerfrei, als sie im Zeitraum zwischen Wegzug und Zuzug entstanden sind (§ 18 Abs 1 Z 3 Teilstrich 2 UmgrStG).

Wurde ein Vermögen bei seinem Wegzug nach dem Ratenzahlungskonzept der Besteuerung unterworfen, ist es bei einem späteren Zuzug in das österreichische Besteuerungsrecht mit dem gemeinen Wert anzusetzen (§ 18 Abs 1 Z 3 Teilstrich 1 UmgrStG). Auf allfällig noch offene Raten hat der bloße Zuzug keine Auswirkung.

c) Bewertung von Grund und Boden

516d Wird auf die übernehmende Körperschaft **Grund und Boden** übertragen, ist dieser mit dem steuerlichen Buchwert des Einbringenden zu bewerten, wenn der Einbringende das Aufwertungswahlrecht nach § 16 Abs 6 UmgrStG nicht ausgeübt hat (siehe dazu Tz 407a). Bei **Fortführung der Buchwerte** ist für die weitere Gewinnermittlung zu unterscheiden:

Könnte für den **Grund und Boden** ein zum Einbringungsstichtag zu ermittelnder **Veräußerungsgewinn zur Gänze nach der pauschalen Methode des § 30 Abs 4 EStG ermittelt** werden, hat die übernehmende Körperschaft den **Teilwert des Grund und Bodens in Evidenz** zu nehmen (§ 18 Abs 5 Z 1 UmgrStG). Bei einer späteren Veräußerung des Grund und Bodens hat eine **gespaltene Betrachtungsweise** zu erfolgen:

- Für **bis zum Einbringungsstichtag** eingetretene Wertänderungen **kann** die übernehmende Körperschaft den Veräußerungsgewinn **pauschal nach § 30 Abs 4 EStG** ermitteln (Wahlrecht). Dabei tritt an die Stelle des Veräußerungserlöses der zum Einbringungsstichtag in Evidenz genommene Teilwert.
- Für **nach dem Einbringungsstichtag** eingetretene Wertänderungen ist der Veräußerungsgewinn nach den **allgemeinen Bestimmungen** zu ermitteln. Dabei tritt an die Stelle des Buchwertes der in Evidenz genommene Teilwert.

516e Unterliegt der eingebrachte **Grund und Boden** am Einbringungsstichtag **zumindest teilweise der pauschalen Gewinnermittlung nach § 30 Abs 4 EStG**, weil vor dem 1.4.2012 ein Wechsel der Gewinnermittlung oder eine Einlage des Grund und Bodens ins Betriebsvermögen erfolgte, kann die übernehmende Körperschaft die pauschale Gewinnermittlung nach § 30 Abs 4 EStG dennoch anwenden. Dabei tritt an die Stelle des bei der gespaltenen Betrachtungsweise in Evidenz zu nehmenden Teilwertes der Aufwertungsteilwert (§ 4 Abs 3a Z 3 lit c EStG) oder der Einlageteilwert (§ 4 Abs 3a Z 4 EStG).

II. Fiktive Gewinnausschüttung

516f Soweit durch bare Entnahmen nach § 16 Abs 5 Z 1 UmgrStG oder unbare Entnahmen nach § 16 Abs 5 Z 2 UmgrStG ein negatives Einbringungskapital entsteht oder sich ein bereits bestehendes negatives Einbringungskapital erhöht, unterliegen diese Entnahmen bei der übernehmenden Körperschaft einer fiktiven Gewinnausschüttung (§ 18 Abs 2 Z 1 UmgrStG, ab 1.2.2006 – 3. Teil Z 11 UmgrStG). Der fiktive Ausschüttungsbetrag wird wie folgt ermittelt:

- Auszugehen ist vom steuerlichen Buchwert des einzubringenden Betriebes, Teilbetriebes oder Mitunternehmeranteiles.

- Dieser steuerliche Buchwert ist zu korrigieren, um den Buchwert des nach § 16 Abs 5 Z 3 UmgrStG zurückbehaltenen Anlagevermögens, den Buchwert der nach § 16 Abs 5 Z 3 UmgrStG zurückbehaltenen Verbindlichkeiten und den Buchwert der nach § 16 Abs 5 Z 4 UmgrStG verschobenen Wirtschaftsgüter. Rückwirkende Vermögensänderungen nach § 16 Abs 5 Z 5 UmgrStG sind nach dem Gesetzeswortlaut ebenfalls zu berücksichtigen; der praktische Anwendungsbereich erscheint fraglich.
- Ist der um die sonstigen rückwirkenden Vermögensänderungen des § 16 Abs 5 Z 3 bis 5 UmgrStG adaptierte steuerliche Buchwert negativ, unterliegen sämtliche baren und unbaren Entnahmen der fiktiven Gewinnausschüttung.
- Ist dagegen der um die sonstigen rückwirkenden Vermögensänderungen des § 16 Abs 5 Z 3 bis 5 UmgrStG adaptierte steuerliche Buchwert positiv, unterliegen die baren und unbaren Entnahmen nur insoweit der fiktiven Gewinnausschüttung, als sie den adaptierten steuerlichen Buchwert übersteigen. Dabei sind vom positiven adaptierten Buchwert zunächst die baren Entnahmen und erst danach die unbaren Entnahmen in Abzug zu bringen.

Beispiel:
Der Einzelunternehmer A bringt seinen Betrieb in eine GmbH ein. Der Buchwert des eingebrachten Betriebes beträgt 1.000. Im Zuge der Einbringung behält sich der Einzelunternehmer nach § 16 Abs 5 Z 3 UmgrStG Anlagevermögen mit einem Buchwert von 700 zurück. Weiters tätigt der Einbringende bare Entnahmen von 200 und unbare Entnahmen von 800.
Der um die sonstigen rückwirkenden Vermögensänderungen adaptierte Buchwert beträgt 300. Hiervon sind zunächst die baren Entnahmen von 200 in Abzug zu bringen. Da auch nach Abzug der baren Entnahmen der Buchwert des einzubringenden Betriebes positiv ist, unterliegen die baren Entnahmen keiner fiktiven Gewinnausschüttung. Von dem nach Berücksichtigung der baren Entnahmen verbleibenden Buchwert von 100 werden die unbaren Entnahmen in Abzug gebracht. Dadurch entsteht ein negativer Buchwert (= ein negatives Einbringungskapital) von -700. Die unbaren Entnahmen von insgesamt 800 unterliegen daher im Ausmaß von 700 der fiktiven Gewinnausschüttung.

Die **KESt-Schuld** entsteht am Tag der Anmeldung der Einbringung beim 516g
zuständigen Firmenbuchgericht bzw am Tag der Meldung beim zuständigen Finanzamt (§§ 18 Abs 2 Z 1, 13 Abs 1 UmgrStG; zur Zuständigkeit siehe Tz 368). Etwaige KESt-Befreiungen sind daher nach den beim Einbringenden vorliegenden Verhältnissen zu beurteilen. Die übernehmende Körperschaft hat innerhalb von einer Woche nach dem Entstehen der KESt-Schuld eine entsprechende KESt-Erklärung abzugeben.

Beispiel:
Ein Einzelunternehmer bringt zum 31.12.2005 sein Einzelunternehmen in eine neu zu gründende GmbH ein („Sachgründung"). Das negative Einbringungskapital beträgt -1.000 und ist zur Gänze auf unbare Entnahmen zurückzuführen. Die Einbringung wird am 30.9.2006 nach § 13 Abs 1 UmgrStG beim zuständigen Fir-

menbuchgericht angemeldet. In weiterer Folge überträgt der Einbringende seine einbringungsgeborenen Anteile an der übernehmenden Körperschaft unentgeltlich an eine Privatstiftung.
Die KESt-Schuld von 275 entsteht am 30.9.2006. Innerhalb von einer Woche hat die übernehmende Körperschaft eine KESt-Anmeldung abzugeben. Da die KESt-Schuld am 30.9.2006 entstanden ist, ist die für Privatstiftungen geltende KESt-Befreiung nach § 94 Z 10 EStG nicht anzuwenden.

516h Hinsichtlich der **Fälligkeit der KESt-Schuld** ist zu unterscheiden: Soweit die KESt-Schuld auf eine **bare Entnahme** zurückzuführen ist, ist die KESt innerhalb von einer Woche nach dem Tag der Anmeldung bzw Meldung (§ 13 Abs 1 UmgrStG) zu entrichten. Wird die KESt-Schuld durch eine **unbare Entnahme** verursacht, ist die KESt grundsätzlich erst binnen einer Woche nach der Tilgung der Entnahmeverbindlichkeit abzuführen. Wird die übernehmende Körperschaft vor der Tilgung aufgelöst, verschmolzen, umgewandelt oder aufgespalten, ist die KESt binnen einer Woche nach diesem Ereignis abzuführen. Dies gilt auch dann, wenn die Anteile an der übernehmenden Körperschaft auf eine Privatstiftung übertragen werden (§ 18 Abs 2 Z 1 UmgrStG idFd AbgSiG 2007).

Verzichtet der Einbringende nach der Einbringung **auf seine Entnahmeforderung**, gehen die UmgrStR von einer fiktiven Tilgung der Forderung und einer daran anschließenden Einlage aus **(KESt-pflichtige „Doppelmaßnahme“)**. Der Verzicht führt somit neben dem Anfall der KESt zu einer Erhöhung der Anschaffungskosten der Anteile an der übernehmenden Körperschaft (§ 20 Abs 2 Z 4 UmgrStG, siehe Tz 516h und § 6 Z 14 EStG). Ist die Entnahmeforderung im Zeitpunkt des Verzichts nicht mehr werthaltig, gelten diese Folgen nur für den werthaltigen Teil der Forderung. Für den nicht werthaltigen Teil der Entnahmeforderung unterliegt der Verzicht nicht der KESt und erhöhen sich auch nicht die Anschaffungskosten der Anteile an der übernehmenden Körperschaft. Bei der übernehmenden Körperschaft führt die wegfallende Entnahmeverbindlichkeit im Ausmaß der fehlenden Werthaltigkeit zu einer steuerpflichtigen Betriebseinnahme (§ 8 Abs 1 KStG).

516i *Beispiel 1 (vgl ErlRV AbgÄG 2005):*
A bringt seinen Betrieb zum 30.6.00 (Buchwert -325) in die A-GmbH ein und bildet als einzige rückwirkende Korrektur eine im gesetzlichen Ausmaß gedeckte „unbare Entnahme“ iHv 1.000. Die Anmeldung zur Eintragung der Einbringung in Verbindung mit einer begehrten Kapitalerhöhung erfolgt am 29.3.01, die Eintragung am 3.5.01. Bei der übernehmenden GmbH erfolgt am 10.12.02 eine Teiltilgung von 100, der Rest bleibt bis 20.6.08 stehen. A hat die einbringungsgeborenen Anteile zum 31.12.05 in eine B-GmbH eingebracht.
Die KESt-Schuld in Höhe von 275 (27,5 % von 1.000) ist am 29.3.01 entstanden. Spätestens am 17.12.02 ist ein Betrag von 27,5 (27,5 % von 100) an das Finanzamt abzuführen. Der Restbetrag von 247,5 ist spätestens am 27.6.08 abzuführen. Die Tatsache, dass A zu diesem Zeitpunkt nicht mehr Gesellschafter der A-GmbH ist, ändert daran nichts, da die KESt-Schuld einbringungsbedingt und unabhängig von der nachfolgenden Gesellschafterstellung des A entstanden ist.

Zusammenfassung:

Buchwert des eingebrachten Betriebes	-325
Unbare Entnahme nach Z 2	-1.000
Einbringungskapital	-1.325
Ausschüttungsbetrag	1.000
KESt-Schuld	275

Beispiel 2 (vgl ErlRV AbgÄG 2005):
B bringt seinen Betrieb zum 31.12.00 (Buchwert 700) in die ihm zur Gänze gehörende B-GmbH ein (Meldung beim Finanzamt am 30.9.01). B bildet eine Passivpost für Entnahmen iSd § 16 Abs 5 Z 1 iHv 150, für eine unbare Entnahme iSd § 16 Abs 5 Z 2 iHv 850, weiters setzt er die zurückbehaltene Liegenschaft mit einem Buchwert von 700 und eine Verbindlichkeit mit einem Buchwert von 200 iSd § 16 Abs 5 Z 3 nicht an. Es ergibt sich bei Berücksichtigung aller rückwirkenden Korrekturen ein Buchwert von -800. Die Passivposten gem § 16 Abs 5 Z 1 und Z 2 betragen in Summe 1.000, es fallen damit 800 unter die Ausschüttungsfiktion. Im Hinblick auf die Deckung im positiven Buchwert ist die tatsächliche Entnahme iHv 150 nicht von der KESt-Pflicht betroffen. Die Tilgung der unbaren Entnahme von 850 ist bis zu einem Ausmaß von 50 nicht von der KESt-Pflicht betroffen, die restlichen 800 (bzw die darauf entfallende KESt von 220 [27,5 % von 800]) bzw Teile davon sind eine Woche nach Tilgung(en) oder dem Beschluss auf Auflösung, Verschmelzung, Umwandlung oder Aufspaltung abzuführen.

Zusammenfassung:

Buchwert des eingebrachten Betriebes	700
Bare Entnahmen nach Z 1	-150
Unbare Entnahmen nach Z 2	-850
Zurückbehaltenes AV nach Z 3	-700
Zurückbehaltene FK nach Z 3	200
Einbringungskapital	-800
Einbringungskapital vor Z 1 und Z 2	200
Entnahmen nach Z 1 und Z 2	-1.000
Ausschüttungsbetrag	800
KESt-Schuld	220
Fälligkeit bei Tilgung, etc	

Zur **Vermeidung einer doppelten Besteuerung** erhöhen sich im Zeitpunkt der Fälligkeit der KESt (Tz 516f) die Anschaffungskosten bzw der Buchwert der Beteiligung an der übernehmenden Körperschaft im Ausmaß des fiktiven Ausschüttungsbetrages (§ 20 Abs 2 Z 4 UmgrStG). Werden die Anteile an der übernehmenden Körperschaft vor der Fälligkeit der KESt entgeltlich übertragen, entfällt die Ausschüttungsfiktion (§ 18 Abs 2 Z 1 letzter Satz UmgrStG). Diese Regelung stellt eine Verwaltungsvereinfachung dar, weil dadurch die bereits erfolgte Besteuerung des Gewinnes aus der Veräußerung der Beteiligung nicht nachträglich korrigiert werden muss. 516j

Beispiel 1:
Der Verkehrswert des eingebrachten Betriebes beträgt 1.400, der Buchwert beträgt 100. Im eingebrachten Betrieb sind somit stille Reserven bzw ein Firmenwert von 1.300 enthalten. Der Einbringende entnimmt im Zuge der Einbringung bare Entnahmen von 50 und unbare Entnahmen von 550. Durch die Entnahmen ergeben sich ein Einbringungskapital (§ 15 UmgrStG) von -500 und ein Verkehrswert des eingebrachten Betriebes von 800. Die stillen Reserven des eingebrachten Betriebes von 1.300 (= 800 + 500) bleiben bei der im Zuge der Einbringung neu gegründeten übernehmenden Körperschaft steuerhängig. Da als Anschaffungskosten der einbringungsgeborenen Anteile an der übernehmenden Körperschaft das Einbringungskapital anzusetzen ist, bleiben die stillen Reserven des eingebrachten Betriebes auch in der Beteiligung an der übernehmenden Körperschaft (doppelt) steuerhängig.
Am Tag der Anmeldung nach § 13 Abs 1 UmgrStG entsteht für die vereinbarten unbaren Entnahmen von 500 eine KESt-Schuld von 27,5 %. Wird die Verbindlichkeit aus der unbaren Entnahme durch die übernehmende Körperschaft getilgt, ist die KESt von 137,5 abzuführen. Die Anschaffungskosten der Beteiligung sind von -500 um 500 auf 0 zu erhöhen.
Wird die Beteiligung in weiterer Folge um 800 (= Verkehrswert) veräußert, ergibt sich der Veräußerungsgewinn von 800 aus der Differenz zwischen dem Veräußerungserlös von 800 und den erhöhten Anschaffungskosten von 0. Dagegen unterliegen die stillen Reserven der Beteiligung von 500, die durch die fiktive Gewinnausschüttung bereits tatsächlich besteuert wurden, nicht mehr der Besteuerung. In Summe werden somit genau die stillen Reserven auf Gesellschafterebene der Besteuerung unterworfen, die im Zeitpunkt der Einbringung im eingebrachten Betrieb enthalten waren.

Beispiel 2 (ErlRV zum BBG 2007):
Im Jahr 01 bringt der Einzelunternehmer A seinen Betrieb in die A-GmbH ein, die ihm zu 100 % gehört. Der Buchwert des Einzelunternehmens beträgt 1.200. A tätigt eine unbare Entnahme in Höhe von 1.800. Bevor die unbare Entnahme getilgt wird, veräußert A im Jahr 02 seine Anteile. Im Jahr 04 wird die unbare Entnahme getilgt. Aufgrund der Bestimmung in § 18 Abs 2 Z 1 letzter Satz UmgrStG unterbleibt wegen der entgeltlichen Veräußerung die Abfuhr der Kapitalertragssteuer.

III. Rechtsbeziehungen zwischen Einbringendem und übernehmender Körperschaft

517 Für Zwecke der Einkünfteermittlung gilt das eingebrachte Vermögen als mit Ablauf des Einbringungsstichtages als übertragen (§§ 14 Abs 2, 18 Abs 1 Z 5 UmgrStG). Durch die fiktive, rückwirkende Zurechnung des Vermögens zur übernehmenden Körperschaft, kann der Einbringende hinsichtlich dieses Vermögens bereits mit Ablauf des Einbringungsstichtages mit der übernehmenden Körperschaft steuerlich relevante Leistungsbeziehungen eingehen. Das UmgrStG erkennt solche im Rückwirkungszeitraum in Bezug auf das eingebrachte Vermögen geschlossene Rechtsbeziehungen an, wenn der Einbringende und die übernehmende Körperschaft hierüber spätestens am Tag des Abschlusses

des Einbringungsvertrages nachweislich eine Entgeltvereinbarung getroffen haben (§ 18 Abs 3 Satz 1 UmgrStG idFd AbgÄG 2023 für Einbringungen mit einem Stichtag nach dem 30.6.2023).

Ausgenommen von diesem Grundsatz der steuerlichen Anerkennung von Leistungsbeziehungen im Rückwirkungszeitraum sind Leistungsbeziehungen, die die **eigene Beschäftigung einer einbringenden natürlichen Person** betreffen. Solche Rechtsbeziehungen werden erst ab Vertragsabschluss, frühestens jedoch für einen Zeitraum nach Abschluss des Einbringungsvertrages steuerlich wirksam (§ 18 Abs 3 letzter Satz UmgrStG). 518

Mit dieser Ausnahme soll eine Gleichklang zwischen der steuerlichen und sozialversicherungsrechtlichen Behandlung hergestellt werden (ErlRV AbgÄG 2023) .

Nach der bis zum AbgÄG 2023 geltenden Rechtslage bestand nach § 18 Abs 3 UmgrStG für Rechtsbeziehungen im Zusammenhang mit der Beschäftigung des Einbringenden, der Kreditgewährung und der Nutzungsüberlassung, insoweit ein Rückwirkungsverbot als sich diese Rechtsbeziehungen auf das eingebrachte Vermögen beziehen. Solche Rechtsbeziehungen konnten frühestens für Zeiträume ab Abschluss des Einbringungsvertrages steuerwirksam werden. Ausgenommen von diesem Rückwirkungsverbot waren lediglich Vereinbarungen, die sich auf eine rückwirkende Vermögensänderung nach § 16 Abs 5 Z 2 bis 4 UmgrStG beziehen (zB entgeltliche Überlassung eines zurückbehaltenen Anlagevermögens, Verzinsung einer vorbehaltenen Entnahme). 519

Beispiel: 520
Herr A bringt seinen Betrieb mit 31.12.01 in die B-GmbH ein. A erhält als Gegenleistung neue Anteile iHv 15 %. Rückwirkend auf den Einbringungsstichtag behält sich A eine Liegenschaft und eine unbare Entnahme zurück. Im Einbringungsvertrag wird vereinbart, dass die zurückbehaltene Liegenschaft der B-GmbH zu einem monatlichen Entgelt iHv 150 überlassen und die Verbindlichkeit aus der unbaren Entnahme mit 6 % pa verzinst wird. Am Tag des Abschlusses des Einbringungsvertrages (4.5.02) schließt Herr A mit der B-GmbH einen weiteren Vertrag, wonach Herr A als Dienstnehmer die Geschäftsführung der B-GmbH besorgen soll.
Die hinsichtlich der zurückbehaltenen Liegenschaft abgeschlossene Nutzungsvereinbarung ist steuerlich rückwirkend auf den Einbringungsstichtag anzuerkennen. Herr A erzielt daher aus dieser Nutzungsüberlassung ab dem dem Einbringungsstichtag folgenden Tag Einkünfte aus Vermietung und Verpachtung. Ebenso wird auch die Zinsvereinbarung rückwirkend anerkannt. Die auf die Verbindlichkeit aus der unbaren Entnahme entfallenden Zinsen stellen daher bei der B-GmbH mit Beginn des dem Einbringungsstichtag folgenden Tages Betriebsausgaben und bei A Einkünfte aus Kapitalvermögen dar. Dagegen entfaltet der abgeschlossene Dienstvertrag keine rückwirkende Geltung. Der Dienstvertrag wird vielmehr steuerlich erst mit dem Abschluss des Einbringungsvertrages wirksam. Sollte dennoch für die Zeit vom 1.1.02 bis 4.5.02 Arbeitslohn nachverrechnet werden, stellt dieser eine verdeckte Gewinnausschüttung dar.

IV. Verlustabzug

1. Allgemeines

521 Der Verlustabzug steht grundsätzlich nur dem Steuerpflichtigen zu, der den Verlust erwirtschaftet hat. Daher kann zB der Erwerber eines Betriebes die vom Vorgänger erwirtschafteten Verluste grundsätzlich nicht geltend machen.

522 Demnach würde der vom Einbringenden erwirtschaftete Verlust nicht auf die übernehmende Körperschaft übergehen, sondern beim Einbringenden verbleiben.

523 Diese Folgen des allgemeinen Steuerrechts werden durch das UmgrStG zurückgedrängt (§ 21 UmgrStG; siehe dazu unten Tz 524 ff).

Unberührt von der Bestimmung des § 21 bleiben **„Schwebeverluste“** iS des § 2 Abs 2a EStG. Solche Verluste gehen im Falle der Buchwerteinbringung insoweit auf die übernehmende Körperschaft über, als sie mit dem eingebrachten Vermögen im Zusammenhang stehen (sog „Gesamtrechtsnachfolgefiktion“ des § 18 Abs 1 Z 4 UmgrStG).

Bei natürlichen Personen sind Verluste aus einer **kapitalistischen Beteiligung an einer Mitunternehmerschaft** nicht ausgleichs- oder vortragsfähig, als dadurch ein negatives steuerliches Kapitalkonto entsteht oder sich erhöht (**„Wartetastenverluste“** nach § 23a EStG). Wird ein solcher Mitunternehmeranteil durch eine natürliche Person nach den Bestimmungen des Art III UmgrStG in eine Körperschaft eingebracht, gehen Wartetastenverluste im Sinne des § 23a EStG objektbezogen auf die übernehmende Körperschaft über, wenn die für den Übergang eines Verlustabzuges geltenden Voraussetzungen erfüllt sind (§ 21 letzter Satz UmgrStG). Für die Nutzung der übertragenen Wartetastenverluste hat die übernehmende Körperschaft die Beschränkungen des § 23a EStG zu beachten.

523a Offene Siebentelbeträge aus Teilwertabschreibungen bzw Veräußerungsverlusten iSd § 12 Abs 3 Z 2 KStG stellen keine Schwebeverluste, sondern Verluste dar, die der Bestimmung des § 21 UmgrStG unterliegen (VwGH 14.10.2010, 2008/15/0212 zur Spaltung, UmgrStR RZ 1177).

2. Verluste des Einbringenden

524 Verluste des Einbringenden, die bis zum Einbringungsstichtag entstanden sind und noch nicht verrechnet wurden, gehen auf die übernehmende Körperschaft über, wenn folgende Voraussetzungen kumulativ vorliegen (§ 21 Z 1 UmgrStG):

- Die Einbringung erfolgt unter **Fortführung der Buchwerte**.
- Die Verluste sind **dem übertragenen Vermögen zuzurechnen**.
- Das **übertragene Vermögen** ist im Zeitpunkt des Einbringungsstichtages mit dem Vermögen im Zeitpunkt der Verlustentstehung **vergleichbar**.
- Erfolgt die Einbringung durch eine Körperschaft, darf zusätzlich die **Beschränkung bezüglich verbundener Körperschaften** nicht greifen.

Da diese Voraussetzungen inhaltlich grundsätzlich jenen im Bereich der Verschmelzung entsprechen, wird auf die Ausführungen unter Tz 109 ff verwiesen. Zum Unterschied von der Verschmelzung gehen jedoch Verluste, die auf die übernehmende Körperschaft nicht übergehen, nicht unter, sondern verbleiben beim Einbringenden. 525

Grundsätzlich ist wie bei der Verschmelzung einer betriebsführenden Körperschaft auch bei der Einbringung beim Wegfall einzelner verlustverursachender Wirtschaftsgüter auf den Teilbetrieb als kleinste Beobachtungseinheit abgestellt. Der Wegfall einzelner Wirtschaftsgüter führt daher auch dann zu keiner Kürzung des übergehenden Verlustabzuges, wenn das weggefallende Wirtschaftsgut selbst einbringungsfähig wäre (zB qualifizierter Kapitalanteil; VwGH 14.10.2010, 2008/15/0212, nunmehr ebenso UmgrStR RZ 1191).

3. Verlustabzug der übernehmenden Körperschaft

Nach allgemeinen Grundsätzen würde der eigene Verlustabzug der übernehmenden Körperschaft durch die Einbringung nicht eingeschränkt. Das UmgrStG sieht jedoch auch hinsichtlich des Verlustabzuges der übernehmenden Körperschaft Beschränkungen vor (§ 21 Z 2 UmgrStG). Noch nicht verrechnete Verlustabzüge der übernehmenden Körperschaft bleiben nur insoweit bestehen, als 526

- das verlustbringende Vermögen am Einbringungsstichtag noch vorhanden ist,
- das verlustbringende Vermögen im Zeitpunkt des Einbringungsstichtages mit dem Vermögen im Zeitpunkt der Verlustentstehung vergleichbar ist und
- die Beschränkung bezüglich verbundener Körperschaften im Sinne des § 4 Z 1 lit d UmgrStG nicht greift.

Da diese Voraussetzungen inhaltlich jenen im Bereich der Verschmelzung entsprechen, wird auf die Ausführungen unter Tz 109 ff verwiesen. 527

4. Gruppenbezogene Betrachtungsweise

Im Rahmen einer Unternehmensgruppe sind beim übertragenden und übernehmenden Rechtsträger für den **Objektbezug des Verlustabzuges** und die Vergleichbarkeit des verlustverursachenden Vermögens die allgemeinen Grundsätze zu beachten. Bei der Prüfung, ob das verlustverursachende Vermögen zum Umgründungsstichtag noch vergleichbar vorhanden ist, ist jedoch zusätzlich auf eine **„gruppenbezogene Betrachtungsweise“** abzustellen (siehe dazu auch die Ausführungen oben Tz 116a ff zur Verschmelzung, die hier entsprechend gelten). 527a

Da bei der Einbringung nicht übergehende Verluste nicht untergehen, sondern beim Einbringenden verbleiben, ist für die gruppenbezogene Betrachtungsweise wie folgt zu unterscheiden (UmgrStR RZ 1245ad):

- Ist der Objektbezug oder die Vergleichbarkeit für das von der übertragenen Körperschaft (Gruppenmitglied oder Gruppenträger) eingebrachte Vermögen nicht gegeben, kommt es beim Gruppenträger zu keiner Kürzung von Verlustvorträgen.
- Ist der Objektbezug oder die Vergleichbarkeit für das von der übernehmenden Körperschaft (Gruppenmitglied oder Gruppenträger) gehaltene Vermögen nicht gegeben sein, gehen die Verlustvorträge des Gruppenträgers entsprechend unter.

5. Mantelkauf und Verlustabzug

528 Durch die Verweisung des § 21 Z 3 UmgrStG auf § 4 Z 2 UmgrStG gelten die Ausführungen unter Tz 126 ff hier entsprechend.

529 *Beispiel:*
Ein Einzelunternehmer erwirbt alle Anteile einer Verlustabzüge aufweisenden betriebsführenden GmbH. Er übernimmt die Geschäftsführung und bringt in der Folge seinen Betrieb in diese Gesellschaft ein. Dadurch wird die wirtschaftliche Struktur dieser Gesellschaft wesentlich geändert. Die Vorjahresverluste der übernehmenden GmbH sind aufgrund des Vorliegens des Mantelkauftatbestandes ab dem Einbringungsjahr grundsätzlich nicht mehr vortragsfähig.

530 *Beispiel:*
Die A-GmbH mit vortragsfähigen Verlusten erwirbt die restlichen 75 % der Anteile der B-GmbH. Es wird Geschäftsführeridentität hergestellt. In der Folge bringt die A-GmbH einen Betrieb in die B-GmbH ein, wodurch es zu einer wesentlichen Änderung der wirtschaftlichen Struktur kommt. Da in diesem Fall der Tatbestand des Mantelkaufes gegeben ist, gehen die objektbezogenen Vorjahresverluste der A-GmbH nicht auf die B-GmbH über, sondern verbleiben bei der A-GmbH.

V. Internationale Schachtelbeteiligung

531 Durch eine Einbringung kann bei der übernehmenden Körperschaft eine internationale Schachtelbeteiligung entstehen, erweitert werden oder eine bereits bestehende internationale Schachtelbeteiligung auf die übernehmende Körperschaft übergehen. Da die Bestimmung des § 18 Abs 4 UmgrStG der des § 3 Abs 4 UmgrStG entspricht, wird auf die Ausführungen zur Verschmelzung unter Tz 91 ff hingewiesen, die hier entsprechend gelten.

531a Entsteht bei der übernehmenden Körperschaft einbringungsbedingt eine internationale Schachtelbeteiligung, besteht nach Ansicht der Finanzverwaltung mangels eines

Anschaffungstatbestandes iSd § 10 Abs 3 Z 1 KStG keine Optionsmöglichkeit, womit die internationale Schachtelbeteilung zwingend steuerneutral ist (UmgrStR Rz 988).

Demgegenüber sollte jedoch jedenfalls bei Import-Einbringungen von Kapitalanteilen, an denen am Einbringungsstichtag kein Besteuerungsrecht der Republik Österreich besteht und die somit bei der übernehmenden Kapitalgesellschaft grundsätzlich mit dem gemeinen Wert angesetzt werden (§ 18 Abs 1 Z 2 iVm § 17 Abs 2 Z 1 UmgrStG; „Aufwertungseinbringung", kein Anwendungsfall der „steuerlichen Gesamtrechtsnachfolge" nach § 18 Abs 1 Z 4 UmgrStG), ein Anschaffungsvorgang iSd § 10 Abs 3 Z 1 KStG vorliegen (vgl *Puchner/Puchner*, tax-lex 2008, 145). Zumindest in diesen Fällen sollte daher der übernehmenden Körperschaft – entgegen der von der Finanzverwaltung vertretenen Ansicht – eine Optionsmöglichkeit zur Steuerpflicht der entstandenen internationalen Schachtelbeteiligung offenstehen.

Geht durch eine Einbringung die Eigenschaft einer Beteiligung als steu- 532
erneutrale internationale Schachtelbeteiligung unter, sollen die bisher nicht steuerhängigen stillen Reserven der internationalen Schachtelbeteiligung auch weiterhin steuerfrei bleiben. Um dies zu erreichen, gilt der zum Einbringungsstichtag bestehende höhere Teilwert als Buchwert der untergegangenen internationalen Schachtelbeteiligung; vom Buchwert sind Beträge in Abzug zu bringen, die nach dem Bestimmungen des UmgrStG von der Steuerneutralität nach § 10 Abs 3 Satz 1 KStG ausgenommen sind. Wurde für die untergehende Schachtelbeteiligung zur Steuerwirksamkeit optiert, ist eine Aufwertung auf den höheren Teilwert nicht zulässig (§ 18 Abs 4 Z 2 UmgrStG; siehe dazu auch oben Tz 153).

Beispiel: 533
Die A-GmbH ist an der ausländischen Körperschaft B zu 45 % beteiligt. Im Zuge einer Einbringung überträgt die A-GmbH der inländischen C-GmbH einen 40%igen Anteil an der ausländischen Körperschaft B. Der Buchwert der B-Beteiligung beträgt zum Einbringungsstichtag 500. Der Teilwert beträgt 900.
Durch die Einbringung sinkt bei der A-GmbH die Beteiligung an der B von 45 % auf 5 %. Dadurch verliert die bei der A-GmbH verbleibende Beteiligung an der B die Eigenschaft einer internationalen Schachtelbeteiligung. Um die in der verbleibenden 5-%-Beteiligung bisher nicht steuerverstrickten stillen Reserven auch weiterhin steuerfrei zu halten, gilt der höhere Teilwert iHv 100 (= 11,11 %, das sind 5 % bezogen auf 45 %, des am Einbringungsstichtag bestehenden höheren Teilwertes der 45-%-Beteiligung) als Buchwert. Zur Behandlung der auf die übernehmende C-GmbH übergegangenen internationalen Schachtelbeteiligung siehe oben Tz 92 ff.

I. Sonstige Rechtsfolgen der Einbringung

I. Äquivalenzverletzung

Eine Äquivalenzverletzung liegt vor, wenn der Wert des eingebrachten Ver- 534
mögens vom Wert der als Gegenleistung gewährten Anteile abweicht. Eine

Äquivalenzverletzung hindert die Anwendung des Art III UmgrStG nicht (zu den Folgen einer Äquivalenzverletzung siehe auch oben Tz 158 f).

535 Eine Äquivalenzverletzung liegt nicht vor, wenn die Vermögensverschiebung durch ausgleichende Maßnahmen (zB alineare Gewinnausschüttungen) beseitigt wird; eine solche Maßnahme darf jedoch keine nach § 19 UmgrStG unzulässige Gegenleistung darstellen (zB Zuzahlungen eines Gesellschafters).

Für die Zulässigkeit von „Wertanpassungsklauseln" ist zu unterscheiden: Sehen die Vertragsparteien eine Anpassung der Gegenleistungsanteile für den Fall vor, dass sich nachträglich die im Zeitpunkt des Abschlusses des Einbringungsvertrages vorgenommene Bewertung als unrichtig erweist (zB im Rahmen einer Betriebsprüfung), erfolgt die Anpassung im Rahmen des UmgrStG steuerneutral. Berücksichtigt dagegen die Anpassungsklausel den Eintritt bestimmter zukünftiger Entwicklungen, liegt eine den Anwendungsbereich des UmgrStG ausschließende unzulässige Gegenleistung vor (UmgrStR RZ 1012).

536 Die Äquivalenzverletzung ist für ertragsteuerliche Zwecke in **zwei gedankliche Schritte** zu zerlegen:

- In einem ersten Schritt werden die **fiktiven Beteiligungsquoten** der Gesellschafter an der übernehmenden Körperschaft ermittelt, die sich **ohne Äquivalenzverletzung** ergeben würden.
- Im zweiten Schritt erfolgt eine den tatsächlichen Beteiligungsverhältnissen Rechnung tragende **unentgeltliche Anteilszuwendung**.

537 Durch die Zuwendung reduzieren sich beim Zuwendenden die Anschaffungskosten seiner Beteiligung im Ausmaß der unentgeltlichen Zuwendung. Beim Begünstigten erhöhen sich die Anschaffungskosten der Beteiligung im selben Ausmaß.

538 *Beispiel:*
Herr V bringt seinen Betrieb in die S-GmbH ein, deren Anteile zu 100 % seinem Sohn gehören. Der Betrieb weist zum Einbringungsstichtag einen Buchwert (= Einbringungskapital) iHv 3.500 und einen Verkehrswert iHv 6.000 auf. Die S-GmbH weist ein Stammkapital iHv 2.000 und einen Verkehrswert iHv 4.000 auf. Der Sohn tätigte auf die 100-%-Beteiligung an der S-GmbH Anschaffungskosten iHv 500. Im Einbringungsvertrag wird zugunsten des einbringenden V eine Kapitalerhöhung iHv 1.000 vereinbart.

1. Schritt: Bedingt durch das Verhältnis aus Verkehrswert (4.000) und Stammkapital (2.000) ergibt sich ein Tauschverhältnis von 0,5. Unter fremdüblichen Bedingungen würde daher zugunsten des Herrn V eine Kapitalerhöhung iHv 3.000 (= Verkehrswert des eingebrachten Betriebes mal Tauschverhältnis) erfolgen. V wäre demnach ohne Äquivalenzverletzung an der übernehmenden S-GmbH mit 60 % beteiligt (= neue Anteile iHv 3.000 bezogen auf das gesamte Stammkapital iHv 5.000). Die Beteiligung des Sohnes würde einbringungsbedingt auf 40 % absinken (= alte Anteile iHv 2.000 bezogen auf das gesamte Stammkapital iHv 5.000). Die Anschaffungskosten der einbringungsbedingt erworbenen Beteiligung würden bei Herrn V 3.500 betragen

(= Einbringungskapital). Beim Sohn würden die Anschaffungskosten unverändert 500 betragen.

2. Schritt: Wird zugunsten des V das Stammkapital der übernehmenden S-GmbH nicht fremdüblich um 3.000, sondern lediglich um 1.000 erhöht, ist Herr V an der S-GmbH lediglich zu 1/3 (= neue Anteile iHv 1.000 bezogen auf das gesamte Stammkapital iHv 3.000), sein Sohn dagegen mit 2/3 beteiligt (= alte Anteile iHv 2.000 bezogen auf das gesamte Stammkapital iHv 3.000). Verglichen mit der äquivalenten Einbringung nach Schritt 1 fällt die Beteiligung des Herrn V an der übernehmenden S-GmbH iHv 26,67 % zu gering aus. Durch diese Äquivalenzverletzung kommt es daher zu einer Bereicherung des Sohnes iHv rund 2.667 (= 26,67 % vom Verkehrswert der übernehmenden S-GmbH nach Einbringung iHv 10.000). Durch diese Anteilsschenkung des Herrn V an seinen Sohn reduzieren sich die Anschaffungskosten der fiktiven Beteiligung um 1.555,75 bzw 44,45 % (= zugewandte Beteiligung iHv 26,67 % bezogen auf die fiktive Beteiligung iHv 60 %) auf 1.944,25. Analog dazu erhöhen sich die Anschaffungskosten des Sohnes um 1.555,75 von 500 auf 2.055,75.

II. Lohnsteuer

Die übernehmende Körperschaft tritt hinsichtlich der lohnsteuerlichen Verhältnisse in die Rechtsstellung des Einbringenden ein, wenn bei den übernommenen Arbeitnehmern auch arbeitsrechtlich die entsprechenden Folgerungen gezogen werden (§ 41 UmgrStG). Da nach § 3 AVRAG bei einer (Teil-)Betriebsübertragung die übernehmende Körperschaft grundsätzlich ex lege in die Rechte und Pflichten der bestehenden Arbeitsverhältnisse eintritt, kommt es durch die Einbringung idR zu keiner Unterbrechung der Kontinuität der Arbeitsverhältnisse (sog „lohnsteuerliche Gesamtrechtsnachfolge“). 539

Anders als für Zwecke der Gewinnermittlung sieht das UmgrStG hinsichtlich der lohnsteuerlichen Rechtsnachfolge **keine Rückwirkung** auf den Einbringungsstichtag vor. Die Finanzverwaltung lässt in Abstimmung mit dem zuständigen Finanzamt den Übergang der Dienstverhältnisse mit dem der Anmeldung der Eintragung im Firmenbuch bzw der Meldung beim zuständigen Finanzamt folgenden Lohnzahlungszeitraum zu (vgl UmgrStG 2002 RZ 305 zur Verschmelzung). 540

Bringt ein Arbeitnehmer nach Art III UmgrStG Vermögen in die übernehmende Körperschaft ein und erhält er hierfür eine mehr als 25%ige Beteiligung an der übernehmenden Körperschaft, fällt die Arbeitnehmereigenschaft des Einbringenden nicht rückwirkend, sondern erst im Zeitpunkt der Eintragung der Einbringung in das Firmenbuch (Firmenbuchzuständigkeit) oder des Tags der Meldung beim Finanzamt weg (Finanzamtszuständigkeit; § 22 Abs 2 UmgrStG).

III. Umsatzsteuer

541 Nach § 22 Abs 3 UmgrStG gilt die Einbringung als nicht steuerbarer Umsatz (siehe dazu Tz 162 ff).

542 Für den Bereich der Umsatzsteuer kennt das UmgrStG **keine Rückwirkung** auf den Einbringungsstichtag. Der Übergang der umsatzsteuerlichen Zurechnung kann mit dem der Anmeldung zur Eintragung im Firmenbuch bzw mit dem der Meldung beim zuständigen Finanzamt folgenden Monatsersten angenommen werden, sofern dem zuständigen Finanzamt kein anderer Stichtag des tatsächlichen Wechsels der Unternehmereigenschaft dargelegt wird (UmgrStG 2002 RZ 1221).

IV. Kommunalsteuer

543 Die Kommunalsteuerpflicht geht erst mit dem der Anmeldung zur Eintragung der Einbringung in das Firmenbuch oder der Meldung beim Finanzamt folgenden Monatsersten auf die übernehmende Körperschaft über. Dies ergibt sich nicht aus einer ausdrücklichen Bestimmung des UmgrStG, sondern aus einer – durch das gleiche Steuersubjekt bedingten – analogen Anwendung der umsatzsteuerlichen Beurteilung.

V. Gebühren

544 Die Einbringung von Vermögen iS des § 12 UmgrStG und die Gewährung einer Gegenleistung nach § 19 UmgrStG unterliegen nicht der Zessionsgebühr (§ 33 TP 21 GebG), wenn das übertragene Vermögen am Tag des Abschlusses des Einbringungsvertrages länger als zwei Jahre als Vermögen des Einbringenden besteht (§ 22 Abs 4 UmgrStG). Bei der Einbringung durch eine Gesellschaft (Personengesellschaft, Kapitalgesellschaft) ist auf die Dauer der Zugehörigkeit des Einbringungsvermögens zur Gesellschaft abzustellen; ein Gesellschafterwechsel innerhalb der Zweijahresfrist ist daher nicht befreiungsschädlich.

Maßgebend für die Zweijahresfrist ist das zivilrechtliche Eigentum am eingebrachten Vermögen (UmgrStG 2002 RZ 1228). Die Zweijahresfrist wird durch einen Erwerb im Wege der Gesamtrechtsnachfolge nicht unterbrochen (zB Erbweg, Verschmelzung, Umwandlung, Spaltung und Anwachsung nach § 142 UGB).

546 Weiters sind **Vertragsübernahmen** von den Rechtsgebühren befreit, wenn sie anlässlich einer gebührenbegünstigten Einbringung erfolgen (§ 42 UmgrStG).

VI. Grunderwerbsteuer

Führt die Einbringung zu grunderwerbsteuerpflichtigen Vorgängen, bemisst sich die Grunderwerbsteuer sowohl für Erwerbsvorgänge nach § 1 Abs 1 GrEStG als auch für die Anteilsvereinigung nach § 1 Abs 2a und 3 GrEStG vom **Grundstückswert** (§ 22 Abs 5 UmgrStG iVm § 4 GrEStG). Der Steuersatz beträgt einheitlich **0,5 %** (§ 7 Abs 1 Z 2 lit c GrEStG). 547

Die GrESt ist bei der übernehmenden Körperschaft nicht auf das Grundstück zu aktivieren, sondern als Betriebsausgabe abzugsfähig (vgl § 11 Abs 1 Z 1 KStG). 548

Die **grundbücherliche Eintragungsgebühr** iHv 1,1 % bemisst sich vom dreifachen Einheitswert, maximal jedoch von 30 % des Verkehrswertes (§ 26a Abs 1 Z 2 GGG). Die Begünstigung tritt nur ein, wenn sie in der Eingabe unter Hinweis auf die gesetzliche Grundlage in Anspruch genommen wird (§ 26a Abs 2 GGG). 549

VII. Einlagenstand nach § 4 Abs 12 EStG

1. Grundsätze

Die Einbringung von Vermögen in eine Körperschaft stellt einen Einlagevorgang dar. Dies gilt unabhängig davon, ob dem Einbringenden als Gegenleistung Anteile an der übernehmenden Körperschaft gewährt werden oder eine Anteilsgewähr unterbleibt. 549a

Bei der Einbringung eines Betriebes, Teilbetriebes, Mitunternehmeranteiles oder eines betrieblichen Kapitalanteiles erhöht sich der Einlagenstand der übernehmenden Körperschaft um das in der Einbringungsbilanz ausgewiesene positive Einbringungskapital; dagegen lässt ein negatives Einbringungskapital den Einlagenstand der übernehmenden Körperschaft unberührt (UmgrStR RZ 1260). 549b

Bei der Einbringung eines privaten Kapitalanteiles erhöht sich der Einlagenstand der übernehmenden Körperschaft um die positiven Anschaffungskosten des Kapitalanteiles; negative Anschaffungskosten wirken sich wiederum auf den Einlagenstand der übernehmenden Körperschaft nicht aus (UmgrStR RZ 1260). 549c

Die Einlagen sind bei der übernehmenden Körperschaft wie folgt den indisponiblen oder disponiblen Einlagen-Subkonten zuzuordnen (UmgrStR RZ 1259, 371): 549d

- Erfolgt bei der übernehmenden Körperschaft eine Kapitalerhöhung, ist vorrangig das „Indisponible Einlagen-Subkonto“ (oder alternativ das „Nennkapital-Subkonto“) aufzustocken.

- Soweit durch die Einbringung eine ungebundene Kapitalrücklage dotiert wird, ist der über den Vorpunkt hinausgehende Einlagenstand in das „Disponible Einlagen-Subkonto“ (oder alternativ das „Ungebundene Kapitalrücklagen-Subkonto“) einzustellen. Ist dieser in der Kapitalrücklage eingestellte Betrag nach § 229 Abs 5 iVm Abs 4 UGB gebunden, erfolgt der Ausweis auf einem „Indisponiblen Einlagen-Subkonto“ (oder alternativ einem „Gebundenen Kapitalrücklagen-Subkonto“).
- Der nach den Vorpunkten verbleibende Einlagenstand ist in das „Disponible Einlagen-Subkonto“ (oder alternativ in das „Bilanzgewinn-Subkonto“) einzustellen.

549e Erfolgt die Einbringung durch eine Körperschaft, ändert sich der Einlagenstand der einbringenden Körperschaft grundsätzlich nicht (Ausnahme: Einbringung „up-stream“ und „side-stream“, siehe dazu unten Tz 549g und Tz 549k).

2. Konzerneinbringungen

a) Einbringung „down-stream“

549f Bei der Einbringung „down-stream“ gelten die oben in Tz 549a dargelegten Grundsätze.

b) Einbringung „up-stream“

549g Analog zur Verschmelzung „up-stream“ ist der Einlagenstand der einbringenden Tochtergesellschaft verhältnismäßig abzustocken. Das Verhältnis ergibt sich aus dem Verkehrswert des eingebrachten Vermögens bezogen auf den Verkehrswert der Tochtergesellschaft vor der Einbringung (UmgrStR RZ 1264).

549h Die Abstockung des Einlagenstandes der einbringenden Tochtergesellschaft hat zuerst am „Disponible Einlagen-Subkonto“ (alternativ am „Bilanzgewinn-Subkonto“ bzw am „Ungebundene Kapitalrücklagen-Subkonto) zu erfolgen; ein übersteigender Betrag ist am „Indisponible Einlagen-Subkonto“ (alternativ am „Gebundenen Kapitalrücklagen-Subkonto“ oder dem „Nennkapital-Subkonto“) zu erfassen (siehe UmgrStR RZ 1263 zur Einbringung side-stream).

549i Die Einbringung „up-stream“ stellt grundsätzlich unternehmensrechtlich eine verbotene Einlagenrückgewähr dar (§ 82 GmbHG, § 52 AktG). Eine solche verbotene Einlagenrückgewähr kann durch eine Kapitalherabsetzung oder Sachdividende der Tochtergesellschaft oder einen Gesellschafterzuschuss der übernehmenden Muttergesellschaft vermieden werden. Bei der Kapitalherabsetzung ergeben sich keine über das anteilige Untergehen des Einlagenstandes hinausgehenden Auswirkungen auf den Einlagenstand der Tochtergesellschaft. Dagegen ist ein Gesellschafterzuschuss einlagenerhöhend im Kapitalrücklagen-Subkonto der Tochtergesellschaft zu erfassen (UmgrStR RZ 1085).

Auf den Einlagenstand der übernehmenden Muttergesellschaft wirkt sich die Einbringung „up-stream" nicht aus. 549j

c) Einbringung „side-stream"

Bei der Einbringung „side-stream" ist der Einlagenstand der einbringenden Schwestergesellschaft verhältnismäßig abzustocken und der Einlagenstand der übernehmenden Schwestergesellschaft um den abgestockten Betrag zu erhöhen. Das Verhältnis ergibt sich aus dem Verkehrswert des eingebrachten Vermögens zum Verkehrswert der einbringenden Schwestergesellschaft vor der Einbringung (UmgrStR RZ 1262). 549k

Die Abstockung des Einlagenstandes der einbringenden Schwestergesellschaft hat zuerst am „Disponible Einlagen-Subkonto" (alternativ am „Bilanzgewinn-Subkonto") zu erfolgen; ein übersteigender Betrag ist am „Indisponible Einlagen-Subkonto" (alternativ am „Gebundenen Kapitalrücklagen-Subkonto oder dem „Nennkapital-Subkonto") zu erfassen (siehe UmgrStR RZ 1263 zur Einbringung side-stream). 549l

Der abgestockte Betrag ist im Einlagen-Evidenzkonto der übernehmenden Schwestergesellschaft, wie oben in Tz 549d zur Einbringung down-stream dargestellt, auszuweisen. 549m

Auf den Einlagenstand des an den Schwestergesellschaften im gleichen Ausmaß beteiligten Gesellschafters wirkt sich die Einbringung „side-stream" nicht aus.

VIII. Innenfinanzierung nach § 4 Abs 12 Z 4 EStG

1. Allgemeines

Bringt ein Gesellschafter Vermögen in eine Körperschaft ein, hat dies keine Auswirkung auf den Stand der Innenfinanzierung der übernehmenden Körperschaft (§ 2 Abs 3 IF-VO; zu steuerneutralen Buchgewinnen und Buchverlusten aus einer Anwachsung nach § 142 UGB siehe oben Tz 176). Dies gilt auch für die Innenfinanzierung der einbringenden Körperschaft, wenn diese Vermögen in eine andere Körperschaft einbringt (Einbringung down-stream, oder Konzentrationseinbringung). 549n

Beispiel (UmgrStR RZ 1266a):
Die A-GmbH bringt ihren Betrieb gemäß Art III UmgrStG in die neu gegründete B-GmbH ein. Das steuerliche Einbringungskapital beträgt 100. Die steuerlichen Einlagen der einbringenden A-GmbH betragen 50, die Innenfinanzierung ebenso 50. Die steuerlichen Einlagen der übernehmenden B-GmbH betragen 35, die Innenfinanzierung beträgt 0.

Die Einbringung wird als Einlagevorgang abgebildet und berührt daher lediglich den Einlagenstand der übernehmenden B-GmbH; dieser erhöht sich um das gesamte steuerliche Einbringungskapital (100) und beträgt folglich insgesamt 135. Gemäß § 2 Abs 3 IF-VO ergeben sich weder Auswirkung auf die Innenfinanzierung der übernehmenden B-GmbH (diese bleibt unverändert 0), noch auf die Innenfinanzierung der einbringenden A-GmbH (diese bleibt unverändert 50).

Bringt eine natürliche Person ein Vermögen mit negativem steuerlichen Buchwert ein, vermindert sich die Innenfinanzierung der übernehmenden Körperschaft in dem Ausmaß als die Einbringung nach § 18 Abs 2 Z 1 UmgrStG der Ausschüttungsfiktion unterliegt (§ 2 Abs 3 zweiter Satz IF-VO; zur einbringungsbedingten Ausschüttungsfiktion siehe dazu oben Tz 516f und UmgrStR RZ 1266b).

2. Einbringung up-stream und side-stream

Bei der Einbringungen up-stream ist die Innenfinanzierung der einbringenden Tochterkörperschaft im Verhältnis des Verkehrswertes des eingebrachten Vermögens zum Verkehrswert der Tochterkörperschaft nach der Einbringung abzustocken; der abgestockte Betrag ist von der übernehmenden Mutterkörperschaft zu übernehmen und der eigenen Innenfinanzierung hinzuzurechnen (§ 2 Abs 4 IF-VO).

Beispiel (UmgrStR RZ 1266a):
Die M-GmbH hält 100 % der Anteile an der T-GmbH. Die M-GmbH hat steuerliche Einlagen von 50 und eine Innenfinanzierung von 200, die T GmbH hat steuerliche Einlagen von 600 und eine Innenfinanzierung von 300.
Die T-GmbH bringt einen Teilbetrieb gemäß Art. III UmgrStG in die M-GmbH ein. Das Wertverhältnis des Restvermögens zum eingebrachten Teilbetrieb der T-GmbH beträgt 1:2 (Restvermögen: Teilbetrieb). Der Einlagenstand der T-GmbH ist im Verhältnis des Verkehrswertes des eingebrachten Teilbetriebes zum Gesamtvermögen vor der Einbringung abzustocken. Dieselbe Vorgehensweise kommt gemäß § 2 Abs 4 IF-VO auch auf die Innenfinanzierung zur Anwendung; der bei T-GmbH abgestockte Betrag ist jedoch in eben diesem Ausmaß der Innenfinanzierung der M-GmbH hinzuzurechnen. Bei einem Verkehrswertverhältnis von 1:2 beträgt folglich der bei der T-GmbH abzustockende Betrag 200, der der Innenfinanzierung der übernehmenden M-GmbH zuzuschreiben ist. Die Innenfinanzierung der T-GmbH beträgt folglich nach der Einbringung 100 (300-200), die der M-GmbH 400 (200+200).

Analog zur Einbringung up-stream ist auch bei der Einbringung side-stream die Innenfinanzierung der einbringenden Schwesterkörperschaft im Verhältnis des Verkehrswertes des eingebrachten Vermögens zum Verkehrswert der Schwesterkörperschaft nach der Einbringung abzustocken; der abgestockte Betrag ist von der aufnehmenden Schwesterkörperschaft zu übernehmen und der eigenen Innenfinanzierung hinzuzurechnen (§ 2 Abs 5 IF-VO).

Weist die übertragende Körperschaft einen **negativen Innenfinanzierungsstand** aus, ist bei einer Einbringung side-stream die negative Innenfinanzierung der übertragenden Schwesterkörperschaft ebenfalls im Verhältnis des Verkehrswertes des eingebrachten Vermögens zum Verkehrswert der Schwesterkörperschaft nach der Einbringung abzustocken und der Abstockungsbetrag von der übernehmenden Schwesterkörperschaft der eigenen Innenfinanzierung hinzuzurechnen. Dadurch wird die Innenfinanzierung der übertragenden Schwesterkörperschaft absolut höher („weniger negativ") und die der übernehmenden Schwesterkörperschaft absolut niedriger (UmgrStR RZ 1266a). Diese Vorgehensweise ist auch auf eine Einbringung up-stream anzuwenden.

5. Abschnitt
Zusammenschluss

A. Zusammenschluss auf einen Blick

Ein Zusammenschluss liegt vor, wenn sich Personen unter Übertragung von Vermögen zu einer Personengesellschaft vereinigen und hierfür als Gegenleistung ausschließlich Gesellschaftsrechte erhalten. 551

Nach den Grundsätzen des ***allgemeinen Steuerrechts*** *stellt der Zusammenschluss einen Veräußerungstatbestand nach § 24 Abs 7 EStG bzw einen Entnahme- und/oder Einlagentatbestand dar. Eine Gewinnrealisierung unterbleibt, wenn das UmgrStG anzuwenden ist.* 552

Das ***UmgrStG*** *ist auf einen Zusammenschluss anzuwenden, wenn aufgrund eines Zusammenschlussvertrages begünstigtes Vermögen mit einem positiven Verkehrswert auf eine Personengesellschaft übertragen wird und der Übertragende hierfür als Gegenleistung ausschließlich Gesellschaftsrechte erhält.* 553

Beim ***Übertragenden*** *ist das übertragene Vermögen grundsätzlich mit den Buchwerten anzusetzen* ***(Unterbleiben der Gewinnrealisierung)****. Kommt es dagegen durch den Zusammenschluss zwischen den am Zusammenschluss beteiligten Personen zu einer endgültigen Verschiebung von Steuerlasten (stillen Reserven), werden die im Zusammenschlussvermögen enthaltenen stillen Reserven anteilig realisiert.* 554

Unabhängig von unternehmensrechtlichen Bewertungswahlrechten hat die ***übernehmende Personengesellschaft*** *steuerlich das übernommene Vermögen mit den Werten des Übertragenden anzusetzen* ***(Buchwertfortführung)****. Buchgewinne und -verluste sind steuerneutral.* 555

B. Begriff des Zusammenschlusses

I. Allgemeines

Unter dem Begriff „Zusammenschluss“ versteht man die Vereinigung von Personen zu einer Personengesellschaft des Zivil- oder Unternehmensrechtes, bei der auf die Personengesellschaft Vermögen übertragen wird und hierfür als Gegenleistung ausschließlich Gesellschaftsrechte gewährt werden. Vom Begriff umfasst sind dabei nicht nur die Fälle, in denen eine Personengesellschaft neu gegründet wird (Zusammenschluss zur Neugründung), sondern auch jene Fälle, durch welche die Personengesellschaft personell erweitert oder beteiligungsmäßig verändert wird (Zusammenschluss zur Aufnahme). 556

1. Zusammenschluss zur Neugründung

557 Beim Zusammenschluss zur Neugründung wird die übernehmende Personengesellschaft im Zuge des Zusammenschlusses neu gegründet.

Beispiele eines Zusammenschlusses zur Neugründung (vgl UmgrStR RZ 1297):

- Zwei Einzelunternehmer schließen sich zu einer Personengesellschaft des Unternehmens- oder Zivilrechts zusammen. Jeder der beiden überträgt seinen Betrieb auf die neu errichtete Gesellschaft (Mitunternehmerschaft) und erhält dafür eine entsprechende Beteiligung an dieser.
- Ein Einzelunternehmer und eine Privatperson schließen sich zu einer neu errichteten Personengesellschaft zusammen. Der Einzelunternehmer überträgt seinen Betrieb, die Privatperson leistet eine Geld- oder Sacheinlage. Jeder der beiden erhält dafür eine Beteiligung an der Personengesellschaft.
- Ein Einzelunternehmer schließt sich mit einer Kapitalgesellschaft zu einer Mitunternehmerschaft zusammen. Der Einzelunternehmer überträgt seinen Betrieb auf die neu errichtete Personengesellschaft, die Kapitalgesellschaft tritt als reiner Arbeitsgesellschafter ohne Kapitaleinlage bei.
- Ein Gesellschafter einer Mitunternehmerschaft überträgt seinen Mitunternehmeranteil bzw einen Teil davon auf eine (neu errichtete) Mitunternehmerschaft und erhält dafür eine Beteiligung an dieser. Bei der bestehenden Mitunternehmerschaft kommt es zu einem Gesellschafterwechsel, der keinen Zusammenschluss auslöst.
- Eine (oder mehrere) Privatperson(en) beteiligen sich am Unternehmen einer operativen (betriebsführenden) Kapitalgesellschaft (zB GmbH) als atypisch stille Gesellschafter. Steuerlich überträgt die Kapitalgesellschaft ihren Betrieb auf die neu errichtete Personengesellschaft „GmbH & atypisch Stille", die Privatperson(en) leistet (leisten) eine Kapitaleinlage (Bar- oder Sacheinlage; siehe unten Tz 573). Unternehmensrechtlich geht die Kapitaleinlage in das Vermögen des Geschäftsherrn (der Kapitalgesellschaft) über.
- Zwei Personengesellschaften schließen sich zu einer neu errichteten Personengesellschaft zusammen. Dabei überträgt jede der bisherigen Personengesellschaften ihren Betrieb auf die neu errichtete Mitunternehmerschaft, die Gesellschafter der übertragenden Personengesellschaften erhalten dafür Anteile an der neuen Gesellschaft.
- Eine betrieblich tätige GesBR wird in eine OG oder KG umgegründet (UmgrStR RZ 1299). Dies gilt auch, wenn eine GesBR infolge des Überschreitens der Umsatzgrenzen des § 189 UGB nach § 8 Abs 3 UGB zur Protokollierung als OG oder KG verpflichtet ist und dieser Verpflichtung entsprochen wird.

2. Zusammenschluss zur Aufnahme

Der Zusammenschluss zur Aufnahme erfasst folgende Umgründungsstrukturen:

- Ein weiterer Gesellschafter tritt einer bereits bestehenden Mitunternehmerschaft bei.

- Ein oder alle Gesellschafter einer Mitunternehmerschaft tätigen in die Gesellschaft eine Einlage; als Gegenleistung werden die an der Mitunternehmerschaft bestehenden Vermögensbeteiligungen absolut oder relativ zueinander geändert.

Beispiele eines Zusammenschlusses zur Aufnahme (UmgrStR RZ 1298):

- In eine bestehende Mitunternehmerschaft tritt ein weiterer Gesellschafter durch Übertragung seines Betriebes, eines Teilbetriebes oder eines Mitunternehmeranteils als Sacheinlage ein.
- In eine bestehende Mitunternehmerschaft tritt ein weiterer Gesellschafter durch Leistung einer Bareinlage oder einer nicht begünstigtes Vermögen darstellenden Sacheinlage ein.
- In eine bestehende Mitunternehmerschaft tritt ein weiterer Mitunternehmer ein, der nur seine Arbeitskraft zur Verfügung stellt, ohne an der Substanz beteiligt zu sein (reiner Arbeitsgesellschafter ohne Kapitaleinlage).
- In einer bestehenden GmbH & Co KG tätigt der 100%ige Kommanditist eine Geld- oder Sacheinlage in die KG und ändert dabei das fixe (starre) Kapitalkonto.
- In einer bestehenden Mitunternehmerschaft leisten alle Mitunternehmer im Verhältnis ihrer Beteiligungen Geldeinlagen oder gleichwertige Sacheinlagen und erhöhen dadurch jeweils das fixe (starre) Kapitalkonto.
- In einer bestehenden Mitunternehmerschaft ändert sich das Beteiligungsausmaß eines Gesellschafters durch eine Geld- oder Sacheinlage dadurch, dass er sein fixes (starres) Kapitalkonto erhöht.
- Ein Mitunternehmer einer bestehenden Mitunternehmerschaft überträgt seinen Mitunternehmeranteil auf eine andere Mitunternehmerschaft.

Wie bei der Einbringung enthält das **Unternehmensrecht** für die im Zuge 558
des Zusammenschlusses erfolgende Vermögensübertragung **keine speziellen Vorschriften**. Der zusammenschlussbedingte Vermögensübergang erfolgt somit im Wege der **Einzelrechtsnachfolge**. Durch den Zusammenschluss ist es daher nicht möglich, Vertragsverhältnisse ohne Zustimmung der Vertragspartner zu übertragen.

Arbeitsverhältnisse sind von diesem Zustimmungserfordernis ausgenommen: Geht 559
ein Unternehmen, Betrieb oder Teilbetrieb auf einen anderen über, gehen kraft Gesetzes idR auch sämtliche Arbeitsverhältnisse auf den Erwerber über (vgl § 3 AVRAG).

II. Inländischer, ausländischer und grenzüberschreitender Zusammenschluss

1. Inländischer Zusammenschluss

Ein inländischer Zusammenschluss liegt dann vor, wenn ein im Inland un- 559a
beschränkt Steuerpflichtiger begünstigtes Vermögen auf eine Personengesellschaft mit Sitz im Inland überträgt (UmgrStR RZ 1293).

2. Ausländischer Zusammenschluss

559b Wird von einem im Ausland ansässigen Übertragenden ausländisches Vermögen auf eine ausländische Personengesellschaft unter Anwendung eines ausländischen Steuerrechts übertragen, handelt es sich um einen ausländischen Zusammenschluss. Ist hiervon auch inländisches Vermögen betroffen, kann ein Zusammenschluss im Sinne des UmgrStG vorliegen (UmgrStR RZ 1294).

3. Grenzüberschreitender Zusammenschluss

559c Ein grenzüberschreitender Zusammenschluss liegt vor, wenn am Zusammenschluss in- oder ausländische Personen beteiligt sind bzw in- oder ausländisches Vermögen übertragen wird. Der grenzüberschreitende Zusammenschluss tritt als Export- oder Import-Zusammenschluss in Erscheinung (UmgrStR RZ 1295).

C. Ertragsteuerliche Folgen nach allgemeinem Steuerrecht

560 Außerhalb des Anwendungsbereiches des UmgrStG ist hinsichtlich der steuerlichen Folgen zu unterscheiden (§ 24 Abs 7 EStG, § 24 Abs 2 UmgrStG jeweils idFd AbgÄG 2023):

- Bei der Übertragung eines **Betriebes, Teilbetriebes oder Mitunternehmeranteiles** liegt insoweit ein **Veräußerungstatbestand** vor, als der Übertragende nach dem Zusammenschluss über seine Beteiligung an der übernehmenden Mitunternehmerschaft an seinem Vermögen nicht mehr beteiligt ist (**„Fremdquote“**, §§ 24 Abs 7, 32 Abs 3 EStG). Insoweit der Übertragende über seine Beteiligung an der übernehmenden Mitunternehmerschaft am übertragenen Vermögen weiter beteiligt bleibt **(„Eigenquote“)**, liegt eine steuerneutrale Einlage vor (§§ 24 Abs 7, 32 Abs 3, 6 Z 5 EStG).
- **Wirtschaftsgüter**, die aus dem **Privatvermögen** oder dem **Sonderbetriebsvermögen** übertragen werden, gelten im Umfang der Fremdquotequote als veräußert und im Umfang der Eigenquote als eingelegt (§ 32 Abs 3 EStG).
- Aus dem **Betriebsvermögen** übertragene Wirtschaftsgüter werden in einem ersten Schritt steuerwirksam aus dem Betriebsvermögen entnommen (§ 6 Z 4 EStG) und in einem zweiten Schritt in die Mitunternehmerschaft eingelegt (§ 6 Z 5 EStG).
- Soweit nach allgemeinem Steuerrecht für die **Eigenquote** eine steuerneutrale Einlage erfolgt, haben die an der Übertragung Beteiligten für die weitere Gewinnermittlung **Vorsorge** zu treffen, dass es zu keiner endgültigen

Verschiebung von Steuerlasten kommt (§ 32 Abs 3 EStG). Dies erfolgt insbesondere durch Ergänzungsbilanzen oder die Evidenzierung der stillen Reserven. Ein Verstoß gegen diese Vorsorgeverpflichtung führt nicht zur Gewinnrealisierung der Eigenquote sondern lediglich zu einem Mangel der Gewinnermittlung.

Die oben dargestellten Steuerfolgen für die Eigen- und Fremdquote ergeben 561
sich auch dann, wenn im Anwendungsbereich des Art IV UmgrStG von den am Zusammenschluss beteiligten gegen eine endgültige Verschiebung keine (ausreichende) Vorsorge getroffen wird (§ 24 Abs 2 letzter Satz UmgrStG iVm § 24 Abs 7 letzter Satz EStG iVm § 32 Abs 3 EStG; siehe dazu auch unten Tz 636 ff).

Die Rechtsfolgen einer Nichtanwendung des Art IV UmgrStG sowie einer 562
unzureichenden Vorsorge gegen eine endgültige Verschiebung von Steuerlasten lassen sich wie folgt zusammenfassen (*Titz/Wild*, SWK 2023, 809):

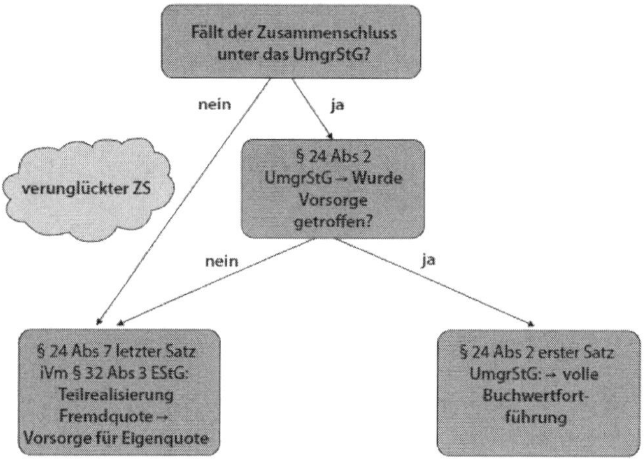

Beispiel (Titz/Wild, SWK 2023, 809):
An der BC-KG sind B und C zu je 50 % beteiligt. A möchte sich zu einem Drittel an der BC-KG beteiligen und dafür sein Grundstück (Anschaffungskosten 90, gemeiner Wert 120) in die Mitunternehmerschaft (Buchwert 50, gemeiner Wert 140) einlegen. Dies stellt grundsätzlich einen Zusammenschluss gemäß Art IV UmgrStG dar, weil es ausreichend ist, wenn ein Zusammenschlusspartner begünstigtes Vermögen überträgt.42) Die Einlage von nicht begünstigtem Vermögen (Grundstück) kann zwar ebenfalls rückwirkend erfolgen, ansonsten ist die Bewertung nach allgemeinem Ertragsteuerrecht zu beurteilen:
Die Einlage des Grundstücks ist für A nach § 32 Abs 3 EStG zu beurteilen. Demnach hat A sein Grundstück zu zwei Dritteln an B und C veräußert; dem Veräußerungserlös in Höhe von 80 (2/3 x 120 als Wert des hingegebenen Wirtschaftsgutes) sind 2/3 der Anschaffungskosten (60) gegenüberzustellen. Der Gewinn in Höhe von 20 (80 – 60) führt bei A zu Einkünften aus privater Grundstücksveräußerung. Hinsichtlich seiner Eigenquote (1/3) liegt eine Einlage gemäß § 6 Z 5 EStG zum Buchwert vor. Für die

darauf entfallenden stillen Reserven in Höhe von 10 muss A im Rahmen der Gewinnermittlung Vorsorge treffen, dass diese weiterhin durch ihn zu versteuern sind. Hinsichtlich der Übertragung des Betriebs der BC-KG ist zu unterscheiden: Werden die Anwendungsvoraussetzungen des Art IV UmgrStG erfüllt, kann die Übertragung zum Buchwert erfolgen. Dazu ist es Voraussetzung, dass gemäß § 24 Abs 2 UmgrStG ausreichend Vorsorge gegen eine Verschiebung von stillen Reserven (in Höhe von 30) getroffen wird. Wird keine ausreichende Vorsorge getroffen, kommt kraft Verweises in § 24 Abs 2 UmgrStG die Regelung des § 24 Abs 7 EStG zur Anwendung. Dies führt zu einer Realisierung der stillen Reserven in der auf A übergehenden Quote in Höhe von 30. Hinsichtlich der bei B und C verbleibenden stillen Reserven in Höhe von 60 ist jedenfalls sicherzustellen, dass diese weiterhin bei B und C besteuert werden. Dieselbe Rechtsfolge würde auch eintreten, wenn der Zusammenschluss aufgrund der Verletzung einer Anwendungsvoraussetzung schon dem Grunde nach nicht unter Art IV UmgrStG fällt (§ 24 Abs 7 EStG iVm § 32 Abs 3 EStG).

D. Anwendungsbereich des UmgrStG

563 Da eine unternehmensrechtliche Definition fehlt, wird der Begriff des „Zusammenschlusses" im UmgrStG selbst beschrieben (§ 23 UmgrStG). Ein Zusammenschluss liegt vor, wenn

- aufgrund eines **Zusammenschlussvertrages** (siehe unten Tz 565 ff)
- und einer **Zusammenschlussbilanz**
- ein **Betrieb**, **Teilbetrieb** oder **Mitunternehmeranteil** (sog **„zusammenschlussfähiges Vermögen"** (siehe unten Tz 568 ff)
- mit **positivem Verkehrswert** (siehe unten Tz 575 ff)
- **tatsächlich übertragen** wird (siehe unten Tz 578 f) und
- die **übernehmende Personengesellschaft** (siehe unten Tz 580 f)
- dem **Übertragenden** (siehe unten Tz 582)
- hierfür als **Gegenleistung ausschließlich Gesellschaftsrechte** gewährt (siehe unten Tz 583).

564 Erfüllt der Zusammenschluss alle genannten Voraussetzungen, ist das UmgrStG **zwingend** anzuwenden (§ 23 Abs 4 UmgrStG). Ein Anwendungswahlrecht besteht nicht.

I. Zusammenschlussvertrag

565 Die rechtsgeschäftliche Grundlage für den Zusammenschluss bildet der Zusammenschlussvertrag (Gesellschaftsvertrag). Im Zusammenschlussvertrag werden insbesondere das an die übernehmende Personengesellschaft zu übertragende Vermögen, der Zusammenschlussstichtag, die zu erbringende Gegenleistung und die Maßnahmen zur Vermeidung einer endgültigen Verschiebung von Steuerlasten geregelt.

Die Anwendbarkeit des UmgrStG setzt die Existenz eines schriftlichen Zusammenschlussvertrages voraus. 566

Erweist sich der Zusammenschluss und damit der Zusammenschlussvertrag als zivilrechtlich nichtig, ist zu unterscheiden: Erfolgt aufgrund der Nichtigkeit die Löschung der sachgegründeten Gesellschaft oder die Löschung des beigetretenen Gesellschafters, ist der Zusammenschluss steuerlich von Anfang an nicht zustande gekommen („Maßgeblichkeit des Unternehmensrechts"). Das übertragene Vermögen ist auch nach dem Zusammenschlussstichtag ohne Gewinnrealisierung weiterhin dem Übertragenden zuzurechnen (vgl UmgrStR RZ 660 zur Einbringung). Erfolgte im Rahmen eines nichtigen Zusammenschlusses keine Sachgründung und kein Eintritt eines neuen Gesellschafters, bleibt der Zusammenschluss steuerlich bestehen und das UmgrStG anwendbar (vgl BMF, ecolex 2002, 49 zur Einbringung). Wird der Zusammenschluss zivilrechtlich rückabgewickelt, sollte das zusammengeschlossene Vermögen ohne Gewinnrealisierung rückwirkend dem Zusammenschlusspartner zuzurechnen sein. 567

II. Zusammenschlussbilanz

Dem Zusammenschluss ist eine Zusammenschlussbilanz zugrunde zu legen (§§ 23 Abs 1, 24 Abs 1 Z 1, 15 UmgrStG). In der Zusammenschlussbilanz ist insbesondere das übertragene Vermögen mit dem steuerlichen Buchwert darzustellen und der Saldo als Zusammenschlusskapital auszuweisen (siehe dazu auch Tz 607 ff). Das Erstellen einer Zusammenschlussbilanz kann unterbleiben, wenn der steuerliche Buchwert des übertragenen Vermögens und das Zusammenschlusskapital im Zusammenschlussvertrag beschrieben werden (§§ 24 Abs 1 Z 1, 15 Satz 3 UmgrStG). In allen anderen Fällen führt das Fehlen einer Zusammenschlussbilanz zur Anwendung des allgemeinen Steuerrechts. 567a

Es ist nicht erforderlich, bei der übernehmenden Gesellschaft das gesamte Zusammenschlusskapital in das starre (fixe) Kapitalkonto einzustellen. Vielmehr kann ein über das starre (fixe) Kapitalkonto hinausgehendes Zusammenschlusskapital auch am variablen Kapitalkonto des Gesellschafters erfasst werden (siehe UmgrStR 1376 und unten Tz 661a zum Zusammenschluss zu fixen Kapitalkonten).

Wird die Zusammenschlussbilanz nicht innerhalb der Neunmonatsfrist dem Finanzamt übermittelt, hat das Finanzamt die Vorlage innerhalb einer zweiwöchigen Verbesserungsfrist aufzutragen. Kommt der Übertragende dieser Aufforderung fristgerecht nach, wird der rückwirkende Zusammenschlussstichtag anerkannt (vgl UmgrStR RZ 791 zur Einbringung).

III. Übertragung von zusammenschlussfähigem Vermögen

Unter den Anwendungsbereich des UmgrStG fällt ausschließlich die Übertragung eines Betriebes, Teilbetriebes oder Mitunternehmeranteiles (sog „zusammenschlussfähiges Vermögen"). Da das UmgrStG hinsichtlich der Defini- 568 tion auf die Bestimmungen zur Einbringung verweist (§§ 23 Abs 2, 12 Abs 2 UmgrStG), gelten die oben unter Tz 330 ff und Tz 337 ff getätigten Ausführungen entsprechend.

569 Anders als bei der Einbringung unterliegt die Übertragung eines **Kapitalanteiles** iS des § 12 Abs 2 Z 3 UmgrStG **nicht** dem Anwendungsbereich des Art IV UmgrStG. Die Übertragung von Kapitalanteilen ist **jedoch dann** begünstigt, **wenn** sie zum Vermögen eines übertragenen Betriebes, Teilbetriebes oder Mitunternehmeranteiles gehören.

570 Für die Anwendbarkeit des UmgrStG ist es **nicht erforderlich, dass alle** am Zusammenschluss beteiligten Personen **zusammenschlussfähiges Vermögen übertragen**. Vielmehr genügt es, wenn **zumindest eine Person** einen Betrieb, Teilbetrieb oder Mitunternehmeranteil überträgt. Übertragen daneben andere Personen nicht zusammenschlussfähiges Vermögen, nehmen diese Personen zwar rückwirkend am Zusammenschluss teil, jedoch kommt auf sie nicht das UmgrStG, sondern das allgemeine Steuerrecht zur Anwendung (siehe dazu oben Tz 560 ff).

571 Die **Übertragung** von zusammenschlussfähigem Vermögen ist nicht unternehmensrechtlich, sondern **steuerlich zu beurteilen**. Dies soll anhand folgender Beispiele erläutert werden.

572 *Beispiel:*

A beteiligt sich mit der Einlage einer Liegenschaft an der betriebsführenden BC-OG. Gesellschafter der BC-OG sind B und C.

Da A lediglich eine Liegenschaft überträgt und die BC-OG unternehmensrechtlich überhaupt kein Vermögen überträgt, würde nach einer ausschließlich unternehmensrechtlichen Beurteilung das UmgrStG nicht anwendbar sein.

Steuerlich betrachtet geht durch den Beitritt des A die „alte" Mitunternehmerschaft zwischen B und C unter. Gleichzeitig entsteht zwischen A, B und C eine „neue" Mitunternehmerschaft, deren Betriebsvermögen aus der von A übertragenen Liegenschaft und dem Betrieb der alten Mitunternehmerschaft besteht. Steuerlich überträgt daher die alte Mitunternehmerschaft (bzw die Mitunternehmer) auf die neue Mitunternehmerschaft einen Betrieb; das UmgrStG findet demnach Anwendung. A nimmt zwar am Zusammenschluss teil; er unterliegt jedoch hinsichtlich der Liegenschaftsübertragung dem allgemeinen Steuerrecht.

573 *Beispiel:*

A beteiligt sich mit der Einlage einer 50%igen GmbH-Beteiligung als atypisch stiller Gesellschafter am Handelsgewerbe des B.

Da A lediglich einen GmbH-Anteil überträgt und B unternehmensrechtlich überhaupt kein Vermögen überträgt, wäre nach einer ausschließlich unternehmensrechtlichen Beurteilung das UmgrStG nicht anwendbar.

Steuerlich betrachtet geht jedoch durch die Beteiligung des A als atypisch stiller Gesellschafter das Einzelunternehmen des B unter. Gleichzeitig entsteht zwischen A und B eine Mitunternehmerschaft, deren Betriebsvermögen sowohl aus dem von A übertragenen GmbH-Anteil als auch aus dem bestehenden Gewerbebetrieb des B besteht. Steuerlich betrachtet überträgt daher B auf die neu entstehende Mitunternehmerschaft einen Betrieb und unterliegt somit dem Anwendungsbereich des UmgrStG. A nimmt zwar am rückwirkenden Zusammenschluss teil, unterliegt jedoch mit der Übertragung seines GmbH-Anteiles dem allgemeinen Steuerrecht. 574

Beispiel:
A und B sind Gesellschafter der betriebsführenden AB-OG. A erhöht durch die Einlage einer Liegenschaft seine Beteiligung.
Da A lediglich eine Liegenschaft und die AB-OG unternehmensrechtlich kein Vermögen überträgt, wäre nach ausschließlich unternehmensrechtlicher Beurteilung das UmgrStG nicht anwendbar.
Steuerlich betrachtet geht jedoch durch die einlagebedingte Änderung der Beteiligungsverhältnisse die „alte" Mitunternehmerschaft unter. Gleichzeitig entsteht zwischen A und B eine „neue" Mitunternehmerschaft, deren Betriebsvermögen aus der von A übertragenen Liegenschaft und dem Betrieb der „alten" Mitunternehmerschaft besteht. Steuerlich betrachtet überträgt daher die alte Mitunternehmerschaft (bzw deren Mitunternehmer) zusammenschlussfähiges Vermögen; das UmgrStG findet demnach Anwendung. A unterliegt dagegen hinsichtlich der Einlage seiner Liegenschaft dem allgemeinen Steuerrecht.

IV. Positiver Verkehrswert des Zusammenschlussvermögens

Der übertragene (Teil-)Betrieb oder Mitunternehmeranteil muss für sich allein einen positiven Verkehrswert aufweisen (§ 23 Abs 1 UmgrStG). Etwaige bei der übernehmenden Personengesellschaft eintretende Synergieeffekte bleiben daher außer Betracht (Bewertung „stand alone"). 575

Der positive Verkehrswert muss bereits am Zusammenschlussstichtag, jedenfalls aber am Tag des Abschlusses des Zusammenschlussvertrages vorliegen. Kann dem Vermögen am Zusammenschlussstichtag kein positiver Verkehrswert beigemessen werden, ist die reale Überschuldung bis zum Tag des Abschlusses des Zusammenschlussvertrages zu beseitigen. Dies kann geschehen durch 576

- eine **Verbesserung der Ertragslage** in der Zeit zwischen dem Zusammenschlussstichtag und dem Tag des Abschlusses des Zusammenschlussvertrages oder
- rückwirkendes **Zuführen von Vermögen** oder **Zurückbehalten von Verbindlichkeiten** (sog „rückwirkende Vermögensänderungen" iS der §§ 24 Abs 1, 16 Abs 5 UmgrStG; siehe dazu oben Tz 410 ff).

Bestehen bei der Abgabenbehörde Zweifel über das Bestehen eines positiven Verkehrswertes, hat der Übertragende den positiven Verkehrswert durch ein **Gutachten** nachzuweisen. 577

V. Tatsächliche Übertragung des Zusammenschlussvermögens

Das UmgrStG ist auf Zusammenschlüsse nur anwendbar, wenn das Zusammenschlussvermögen der übernehmenden Personengesellschaft bis zum letz- 578 ten Tag der Neunmonatsfrist tatsächlich übertragen wird. Die tatsächliche Übertragung ist hierbei nicht unternehmensrechtlich, sondern steuerlich zu beurteilen. Das Erfordernis der tatsächlichen Vermögensübertragung ist daher bereits erfüllt, wenn das Vermögen des Übertragenden zum Betriebsvermögen der durch den Zusammenschluss neu entstehenden Mitunternehmerschaft wird (siehe dazu bereits oben Tz 568).

Nach Auffassung des BMF muss auch das **nicht begünstigte Vermögen** bis zum letzten Tag der Neunmonatsfrist tatsächlich auf die übernehmende Personengesellschaft übertragen werden (UmgrStR 2003 RZ 1373, strittig).

579 Das Erfordernis der tatsächlichen Übertragung erfordert weiters, dass das Zusammenschlussvermögen dem Übertragenden im Zeitpunkt des Abschlusses des Zusammenschlussvertrages zugerechnet werden kann (zum zusätzlichen Erfordernis der Vermögenszurechnung zum Zusammenschlussstichtag siehe unten Tz 600 ff; zum Zusammenschluss auf einen in der Zukunft liegenden Stichtag siehe unter Tz 355 die Ausführungen zur Einbringung, die hier entsprechend gelten).

VI. Übernehmende Personengesellschaft

580 Als übernehmende Personengesellschaften kommen alle Gesellschaften in Betracht, bei denen die Gesellschafter als Mitunternehmer anzusehen sind (§ 23 Abs 3 UmgrStG). Dies ist dann der Fall, wenn die Personengesellschaft (zB OG, KG, GesBR, atypisch stille Gesellschaft) betriebliche Einkünfte iS des § 2 Abs 3 Z 1 bis 3 EStG erzielt. Ob die übernehmende Personengesellschaft (Mitunternehmerschaft) bereits besteht oder durch den Zusammenschluss erst entsteht, ist für die Anwendbarkeit des UmgrStG unerheblich.

581 Die übernehmende Personengesellschaft muss nicht im Inland „ansässig“ sein. Im Falle einer ausländischen übernehmenden Personengesellschaft kommt die Anwendung des UmgrStG in Betracht, wenn im Zuge des Zusammenschlusses der österreichischen Besteuerungshoheit unterliegendes Vermögen betroffen ist oder ein Mitunternehmer in Österreich ansässig ist.

Beispiel 1:
Der ausländische Herr A überträgt seinen inländischen Betrieb auf eine im Ausland ansässige Personengesellschaft. Das mit dem Ansässigkeitsstaat des Herrn A abgeschlossene DBA folgt dem Art 7 OECD-MA und teilt hinsichtlich der in der inländischen Betriebsstätte erwirtschafteten Gewinne Österreich das Besteuerungsrecht zu. Ist die ausländische Personengesellschaft einer inländischen Mitunternehmerschaft vergleichbar, unterliegt A hinsichtlich des übertragenen Betriebes dem Anwendungsbereich des UmgrStG.

Beispiel 2:
Der in Österreich ansässige A ist an einer italienischen Mitunternehmerschaft beteiligt. Der in Deutschland ansässige D tritt dieser Mitunternehmerschaft mit einer Geldeinlage bei.
Da das DBA-Italien hinsichtlich der Einkünfte aus der italienischen Mitunternehmerschaft die Anrechnungsmethode verwendet, unterliegt A mit seinem Mitunternehmeranteil in Österreich der Besteuerung. Der Zusammenschluss erfolgt für A daher nur dann in Österreich steuerneutral, wenn die Anwendungsvoraussetzungen des Art IV UmgrStG eingehalten und entsprechende Vorsorgemaßnahmen gegen eine endgültige Steuerlastverschiebung getroffen werden.

VII. Übertragender

Zur Person des Übertragenden enthält das UmgrStG keine Beschränkungen. Als 582
Übertragender kommt daher sowohl eine natürliche und juristische Personen als auch eine Mitunternehmerschaft (zB OG, KG, GesBR) in Betracht. Ob der Übertragende In- oder Ausländer ist, ist für die Anwendbarkeit des UmgrStG unerheblich.

Wird bei einem Zusammenschluss Vermögen auf eine bereits bestehende Mitunternehmerschaft übertragen, nimmt auch die übernehmende Mitunternehmerschaft als Übertragender am Zusammenschluss teil. Die übernehmende Mitunternehmerschaft hat daher insbesondere zum Zusammenschlussstichtag eine Stichtagsbilanz und eine Zusammenschlussbilanz zu erstellen und dem Zusammenschluss zugrunde zu legen.

VIII. Gewährung von Gesellschafterrechten

Damit das UmgrStG auf einen Zusammenschluss anwendbar ist, müssen dem 583
Übertragenden ausschließlich Gesellschafterrechte an der übernehmenden Gesellschaft gewährt werden. Die (zusätzliche) Gewährung von anderen Vorteilen (zB Zuzahlungen der übernehmenden Personengesellschaft) führt zur Nichtanwendbarkeit des UmgrStG. Auf die Gewährung von Gesellschafterrechten darf auch nicht verzichtet werden; dies gilt auch dann, wenn die Anteilsgewährung zivilrechtlich und wirtschaftlich unterbleiben könnte (VwGH 29.1.2009, 2008/16/0126).

Von der Gewährung anderer, schädlicher Vorteile zu unterscheiden ist die Gewäh- 584
rung von Gesellschafterrechten in einer Höhe, die nicht dem Wert des übertragenen Vermögens entspricht. In diesem Fall liegt lediglich eine **Äquivalenzverletzung** vor, welche die Anwendbarkeit des UmgrStG nicht ausschließt (zu den Folgen einer Äquivalenzverletzung siehe unten Tz 662 ff).

Der Begriff **„Gesellschafterrechte"** umfasst jede positive Veränderung der 585
Rechtsstellung eines Gesellschafters (VwGH 27.5.1999, 98/16/0304, ÖStZB

1999, 615; UmgrStR RZ 1375). Wird bei der übernehmenden Mitunternehmerschaft für die Substanzbeteiligung gesellschaftsvertraglich auf die Höhe der fixen Kapitalkonten der Gesellschafter abgestellt, liegt eine Gewährung von Gesellschafterrechten vor, wenn für einen hinzutretenden Gesellschafter (Mitunternehmer) ein fixes Kapitalkonto neu eingestellt oder für einen bestehenden Gesellschafter (Mitunternehmer) sein fixes Kapitalkonto erhöht wird (UmgrStR RZ 1376). Einlagen des Gesellschafters, die sich nur auf das variable Kapitalkonto auswirken, ändern die bestehenden Vermögensbeteiligungen nicht und stellen daher keinen Zusammenschluss nach Art IV UmgrStG dar (UmgrStR RZ 1379).

Bei Personengesellschaften, bei denen die Beteiligungsverhältnisse nicht fixiert sind, spiegeln die Veränderungen der Kapitalkonten durch Einlagen und Gewinnzuweisungen auch die jeweiligen Beteiligungsverhältnisse wider. Es kann daher zumindest am jeweiligen Bilanzstichtag zu einer positiven Veränderung der Rechtsstellung des Gesellschafters und damit unter Umständen jährlich zu einem Zusammenschluss im Sinne des Art IV UmgrStG kommen (UmgrStR RZ 1380).

586 Die am Zusammenschluss beteiligten Gesellschafter (Mitunternehmer) erwerben die als Gegenleistung gewährten Gesellschafterrechte (Mitunternehmeranteile) mit dem Beginn des dem Zusammenschlussstichtag folgenden Tages. Solche Mitunternehmeranteile können daher Gegenstand eines Mehrfachzuges iSd § 39 UmgrStG sein.

E. Zusammenschlussstichtag

I. Begriff – Rückwirkungsfrist – Zuständige Behörde

587 Unter dem Zusammenschlussstichtag versteht man den Tag, mit dessen Ablauf das Vermögen mit ertragsteuerlicher Wirkung auf die übernehmende Personengesellschaft übergehen soll (§§ 24 Abs 1 Z 2, 13 Abs 1 UmgrStG). Der Zusammenschlussstichtag ist frei wählbar. Er kann auch auf einen Zeitpunkt rückbezogen werden, der vor der Unterfertigung des Zusammenschlussvertrages liegt. Dabei muss der Zusammenschluss jedoch innerhalb einer Frist von neun Monaten

- entweder zur Eintragung in das **Firmenbuch angemeldet** werden oder
- dem **Finanzamt gemeldet** werden.

588 **Steuerlich** ist die Neunmonatsfrist eine **verfahrensrechtliche Frist** iS des § 108 BAO (§§ 24 Abs 1 Z 2, 13 Abs 1 UmgrStG). Da die Tage des Postenlaufes nicht in die Frist eingerechnet werden (§ 108 Abs 4 BAO), ist die Frist gewahrt, wenn die Anmeldung bis zum letzten Tag der Neunmonatsfrist abgesendet wird. **Unternehmensrechtlich** ist die Neunmonatsfrist jedoch eine **materiellrechtliche Frist** (vgl OGH 17.7.1997, 6 Ob 124/97x). Im Zuständigkeitsbereich des Firmenbuchgerichtes (siehe Tz 589) muss daher die Anmeldung des Zusammenschlusses zur Eintragung in das Firmenbuch innerhalb der Neunmonatsfrist beim Firmenbuchgericht einlangen. Langt die Anmeldung verspätet ein, ist sie vom Firmenbuchgericht zurückzuweisen.

Der Zusammenschluss ist in das **Firmenbuch** einzutragen, wenn im Zuge des Zusammenschlusses 589

- die **Sachgründung** einer einzutragenden Personengesellschaft erfolgt oder
- ein **Gesellschafter** in eine im Firmenbuch eingetragene Personengesellschaft **neu eintritt**.

Zuständig ist das Firmenbuchgericht am Sitz der Personengesellschaft. 590

In den **Zuständigkeitsbereich des Finanzamtes** fallen alle Zusammenschlüsse, die nicht in das Firmenbuch einzutragen sind. Dazu gehören Zusammenschlüsse in Verbindung mit

- der Sachgründung einer nicht in das Firmenbuch einzutragenden Mitunternehmerschaft (GesBR, stille Mitunternehmerschaft),
- dem Eintritt eines Gesellschafters in eine nicht in das Firmenbuch eingetragene Mitunternehmerschaft oder
- der Erhöhung des Gesellschaftsanteiles durch Mitunternehmer einer bestehenden protokollierten oder nicht protokollierten Mitunternehmerschaft.

Außerhalb der Firmenbuchzuständigkeit ist der Zusammenschluss dem für die einheitliche und gesonderte Gewinnfeststellung zuständigen Finanzamt der übernehmenden Personengesellschaft zu melden (§ 24 Abs 1 Z 2 UmgrStG). 591

II. Rechtsfolgen einer verspäteten Anmeldung bzw Meldung

Langt die Anmeldung bzw Meldung bei der zuständigen Behörde nach Ablauf der Neunmonatsfrist ein, ist je nach Zuständigkeit zu unterscheiden: 592

1. Zusammenschluss mit Firmenbuchzuständigkeit

Wird die Anmeldung vom Firmenbuchgericht als verspätet zurückgewiesen (siehe Tz 588), kommt durch das Unterbleiben der Sachgründung bzw des Gesellschafterbeitrittes der Zusammenschluss nicht zustande; das Zusammenschlussvermögen ist daher weiterhin dem jeweiligen Zusammenschlusspartner zuzurechnen. 593

Wird der Zusammenschluss trotz verspäteter Anmeldung protokolliert, ist zu unterscheiden: 594

- Erfolgt die Anmeldung zwar außerhalb der materiellrechtlichen Frist, jedoch innerhalb der verfahrensrechtlichen Frist, kommt der Zusammenschluss rückwirkend auf den vertraglich vereinbarten Zusammenschlussstichtag unternehmensrechtlich und abgabenrechtlich zustande.
- Erfolgt die Anmeldung sowohl außerhalb der materiellrechtlichen Frist als auch außerhalb der verfahrensrechtlichen Frist, ist der Zusammenschluss

grundsätzlich „verunglückt“ (siehe dazu Tz 560 ff). Es besteht jedoch das Wahlrecht, den Zusammenschluss auf den Tag des Vertragsabschlusses des verunglückten Zusammenschlusses (sog „Ersatzstichtag“) zu beziehen (§§ 24 Abs 1 Z 2, 13 Abs 1 UmgrStG). Zur Ausübung dieses Wahlrechtes muss der Zusammenschluss innerhalb von neun Monaten nach dem Ersatzstichtag dem zuständigen Finanzamt gemeldet werden (verfahrensrechtliche Frist). Weiters müssen für die Wahl des Ersatzstichtages sämtliche Anwendungsvoraussetzungen des UmgrStG vorliegen (zB Bilanz zum Ersatzstichtag).

595 *Beispiel:*
A und B schließen sich mit Stichtag 31.12.01 zur AB-OG zusammen. Sowohl A als auch B übertragen auf die neu zu gründende AB-OG einen Betrieb. Die Anmeldung des Zusammenschlusses langt beim zuständigen Firmenbuchgericht am 1.10.02 ein. Das Firmenbuchgericht weist die Sachgründung der AB-OG als verspätet zurück. Durch die Zurückweisung kann die übernehmende AB-OG nicht entstehen. Die zu übertragenden Betriebe sind daher unverändert A und B zuzurechnen.

596 *Beispiel:*
A schließt sich mit Stichtag 31.12.01 mit der betriebsführenden BC-OG zusammen. Als Einlage überträgt er seinen Betrieb. Der Zusammenschlussvertrag wurde am 15.9.02 abgeschlossen; die Anmeldung beim Firmenbuchgericht erfolgt verspätet am 24.10.02. Der Zusammenschluss wird durch das Firmenbuchgericht protokolliert.

Wird der Zusammenschluss auf den Ersatzstichtag des 15.9.02 bezogen (insbesondere Erstellen einer Bilanz zum Ersatzstichtag) und innerhalb von neun Monaten dem zuständigen Finanzamt gemeldet, unterliegt der Zusammenschluss dem UmgrStG. Andernfalls käme das allgemeine Steuerrecht zur Anwendung: Da aus steuerlicher Sicht sowohl die BC-OG als auch A einen Betrieb auf die neue Mitunternehmerschaft übertragen (siehe oben Tz 571 ff), wäre für beide Betriebe zum Zusammenschlussstichtag ein Veräußerungsgewinn zu ermitteln und zu versteuern (§ 24 Abs 7 EStG).

2. Zusammenschluss mit Finanzamtszuständigkeit

598 Langt die Meldung beim zuständigen Finanzamt außerhalb der verfahrensrechtlichen Frist verspätet ein, unterliegt der Zusammenschluss grundsätzlich dem allgemeinen Steuerrecht. Wie im Fall der Zuständigkeit des Firmenbuchgerichtes kann die Anwendbarkeit des UmgrStG durch die Wahl des Ersatzstichtages gesichert werden (siehe dazu Tz 370).

599 *Beispiel:*
A ist Gesellschafter der AB-OG und erhöht durch eine Bareinlage mit Stichtag 31.12.01 seine Beteiligung. Die Meldung beim Finanzamt erfolgt verspätet am 23.10.02.

Wird der Zusammenschluss auf den Ersatzstichtag bezogen, ist auf den Zusammenschluss das UmgrStG anzuwenden. Andernfalls käme das allgemeine Steuerrecht zur Anwendung: Da aus steuerlicher Sicht die AB-OG auf die neue Mitunternehmerschaft einen Betrieb überträgt (siehe oben Tz 571 ff), wäre hinsichtlich dieses Betriebes auf den Zusammenschlussstichtag ein Veräußerungsgewinn zu ermitteln und zu versteuern (§ 24 Abs 7 EStG).

III. Zurechnung des Vermögens am Zusammenschlussstichtag

Das Zusammenschlussvermögen muss dem Übertragenden nicht nur im Zeitpunkt des Abschlusses des Zusammenschlussvertrages zurechenbar sein (siehe oben Tz 579 f), sondern auch am Zusammenschlussstichtag (§§ 24 Abs 1 Z 2, 13 Abs 2 Satz 1 UmgrStG). Beim Zusammenschluss durch eine Mitunternehmerschaft gelten für die Vermögenszurechnung auch die Mitunternehmer als Übertragende (§§ 24 Abs 1 Z 2, 13 Abs 2 Satz 2 UmgrStG); die Wahl eines zurückliegenden Zusammenschlussstichtages ist daher nur zulässig, wenn sich im Rückwirkungszeitraum an der übertragenden Mitunternehmerschaft keine Änderung der Beteiligungsverhältnisse ergeben hat. 600

Maßgebend für die Zurechnung des zu übertragenden Vermögens und die Zuordnung der Beteiligung an der Mitunternehmerschaft ist das **wirtschaftliche Eigentum**. Die Zurechnung des Vermögens zum Zusammenschlussstichtag kann entweder durch einen vorbereitenden Betriebserwerb, durch eine rückwirkende Vorumgründung oder durch eine mehrfache Umgründung auf den Zusammenschlussstichtag nach § 39 UmgrStG hergestellt werden.

Nach der Ansicht des BMF muss auch das **nicht begünstigte Vermögen** dem Zusammenschlusspartner bereits am Zusammenschlussstichtag zuzurechnen sein (UmgrStR 2003 RZ 1345, strittig).

Erfolgt der Zusammenschluss auf einen Stichtag, zu dem das übertragene Vermögen dem Zusammenschlusspartner nicht zuzurechnen ist, unterliegt der Zusammenschluss grundsätzlich dem allgemeinen Steuerrecht; die Wahl des Ersatzstichtages ist jedoch zulässig (siehe Tz 593).

Ausnahmsweise kann als Zusammenschlussstichtag auch ein Tag gewählt werden, zu welchem dem Übertragenden das Zusammenschlussvermögen noch nicht zuzurechnen war, wenn der Übertragende das Vermögen nach dem Zusammenschlussstichtag im **Erbwege** erwirbt und der **Zusammenschluss zu Buchwerten** erfolgt. 601

Beispiel:
Herr A erbt den inländischen Betrieb seines Vaters. Die Einantwortung erfolgt am 24.5.02. Herr A möchte mit Stichtag 31.12.01 den Betrieb des Einzelunternehmens auf die inländische AB-OG übertragen.

Da A den Betrieb im Erbwege erwirbt und der Zusammenschluss unter Fortführung der Buchwerte erfolgt (siehe unten Tz 605 ff), kann der 31.12.01 als Zusammenschlussstichtag gewählt werden.

F. Auswirkungen des Zusammenschlusses auf den Übertragenden

I. Bilanzierung

1. Unternehmensrecht

603 Wird im Zuge des Zusammenschlusses ein Betrieb oder Teilbetrieb übertragen, ist unternehmensrechtlich zum Zusammenschlussstichtag eine Bilanz für den gesamten Betrieb zu erstellen. Die Bilanz ist nach den auf den letzten Jahresabschluss angewandten Bilanzierungs- und Bewertungsmethoden zu erstellen.

604 Bei der Übertragung eines **Mitunternehmeranteiles** besteht dagegen für die Mitunternehmerschaft, an der die eingebrachte Beteiligung besteht, unternehmensrechtlich **kein Bilanzierungserfordernis**.

2. Steuerrecht

605 Wird ein Betrieb oder Teilbetrieb übertragen, ist auch für die steuerliche Gewinnermittlung zum Zusammenschlussstichtag eine Steuerbilanz für den gesamten Betrieb zu erstellen (Stichtagsbilanz, §§ 23 Abs 2, 12 Abs 2 Z 1 UmgrStG). Anders als nach Unternehmensrecht ist auch bei der Übertragung eines Mitunternehmeranteiles zum Zusammenschlussstichtag für die Mitunternehmerschaft, an der die übertragene Beteiligung besteht, zwingend eine Stichtagsbilanz zu erstellen. Zum etwaigen Wechsel der Gewinnermittlungsart siehe unten Tz 610 ff.

606 Bei der Erstellung der Stichtagsbilanz ist das Betriebsvermögen mit jenen Werten anzusetzen, „die sich nach den steuerlichen Vorschriften über die Gewinnermittlung ergeben" (§§ 24 Abs 1 Z 1, 14 Abs 1 UmgrStG). Unter dieser Formulierung werden nur die Regeln für die laufende Gewinnermittlung verstanden. Eine darüber hinausgehende Aufdeckung stiller Reserven hat zu unterbleiben (**Ansatz der Buchwerte**, zur Buchwertfortführung bei der übernehmenden Personengesellschaft siehe unten Tz 629 ff). Zum zusammenschlussbedingten Enden eines Wirtschaftsjahres wird auf die oben unter Tz 382 zur Einbringung getätigten Ausführungen verwiesen, die hier entsprechend gelten.

607 Unabhängig vom Erfordernis, für Zwecke der steuerlichen Gewinnermittlung zum Zusammenschlussstichtag für den Betrieb oder die Mitunternehmerschaft eine Stichtagsbilanz iS des § 4 Abs 1 bzw § 5 EStG zu erstellen,

muss zum Zusammenschlussstichtag zusätzlich eine steuerliche **Zusammenschlussbilanz** erstellt werden (§§ 24 Abs 1 Z 1, 15 UmgrStG). Die Zusammenschlussbilanz dient dem **Zweck, das zu übertragende Vermögen mit den steuerlichen Werten darzustellen**.

Die Zusammenschlussbilanz kann von der für Zwecke der Gewinnermittlung aufzustellenden Bilanz aus folgenden Gründen abweichen: 608

- Bestehen eines **Aufwertungszwanges** (siehe unten Tz 620),
- Ausübung der **Aufwertungsoption** (siehe unten Tz 622 ff) oder
- Vornahme von **rückwirkenden Vermögensänderungen** (siehe oben die unter Tz 410 ff zur Einbringung getätigten Ausführungen, die aufgrund des Verweises in § 24 Abs 1 Z 1 UmgrStG hier entsprechend gelten).

Schuldzinsen im Zusammenhang mit einer rückbezogenen **baren Entnahme** sind jedenfalls insoweit als Betriebsausgaben abzugsfähig, als die Entnahme die „angemessenen regelmäßigen persönlichen Aufwendungen" des übertragenden Unternehmers nicht übersteigt (UmgrStR RZ 1438 iVm EStR RZ 1423; anders aufgrund des Trennungsprinzips im Bereich der Einbringung, siehe dazu Tz 416).
Unbare (vorbehaltene) Entnahmen wirken sich ertragsteuerlich auf den Buchwert des zu übertragenden Vermögens nicht aus, weil die übernehmende Mitunternehmerschaft kein Steuersubjekt ist und daher ertragsteuerlich zwischen der Mitunternehmerschaft und dem Übertragenden keine Verbindlichkeit entsteht (UmgrStR RZ 1440). Die Vornahme einer unbaren Entnahme führt zu einer **unzulässigen Gegenleistung,** die die Anwendung des Art IV UmgrStG ausschließt.

Der sich in der Zusammenschlussbilanz ergebende Saldo aus Aktiva und Passiva wird als **Zusammenschlusskapital** bezeichnet. 609

II. Wechsel der Gewinnermittlungsart

1. Allgemeines

Schließen sich Personen zusammen, die ihren Gewinn nach unterschiedlichen Gewinnermittlungsgrundsätzen ermitteln (§§ 4 Abs 3, 4 Abs 1, 5 EStG), kommt es zwingend zu einem Wechsel der Gewinnermittlungsart. Die nach dem Wechsel der Gewinnermittlungsart zum Zusammenschlussstichtag vorliegende Bilanz bildet sodann die Grundlage für die Zusammenschlussbilanz. 610

Da das UmgrStG für diesen Wechsel keine speziellen Vorschriften enthält, ist auf den Wechsel der Gewinnermittlungsart das allgemeine Steuerrecht anzuwenden (§ 4 Abs 10 EStG): 611

- Beim Wechsel von der Gewinnermittlung gemäß § 4 Abs 3 EStG zu der nach § 4 Abs 1 EStG ist durch Zu- und Abschläge auszuschließen, dass Veränderungen des Betriebsvermögens (Betriebseinnahmen, Betriebsausgaben) nicht oder doppelt berücksichtigt werden (siehe dazu oben Tz 389 ff). 612

613 • Beim Wechsel von der Gewinnermittlung gemäß § 4 Abs 1 EStG zu der nach § 5 EStG sind bisher nicht gebildete Rückstellungen und Rechnungsabgrenzungsposten nachzuholen. Grund und Boden ist mit seinem Buchwert fortzuführen.

614 • Beim Wechsel von der Gewinnermittlung gemäß § 4 Abs 3 EStG zu der nach § 5 EStG sind die beiden vorgenannten Maßnahmen zu kombinieren.

614a • Zu den Folgen des Wechsels der Gewinnermittlung nach § 5 EStG auf eine andere Gewinnermittlungsart siehe oben Tz 254 ff.

2. Wechsel der Gewinnermittlung von § 4 Abs 3 EStG auf § 4 Abs 1 EStG bzw § 5 EStG

614c Ermittelt der Übertragende den Gewinn nach § 4 Abs 3 EStG, erfolgt durch die Verpflichtung, zum Zusammenschlussstichtag eine Bilanz iS des § 4 Abs 1 EStG zu erstellen, zwingend ein Wechsel der Gewinnermittlungsart von § 4 Abs 3 EStG auf § 4 Abs 1 EStG, wenn auch die übernehmende Mitunternehmerschaft den Gewinn nach § 4 Abs 1 EStG ermittelt. Ein Übergangsgewinn ist im Veranlagungsjahr des Zusammenschlussstichtages zu erfassen; dies gilt auch für einen Übergangsverlust (vgl VwGH 17.12.2014, 2012/13/0126, UmgrStR RZ 1396).

614d Ermittelt die übernehmende Mitunternehmerschaft den Gewinn nach § 5 EStG, erfolgt zusätzlich zum Wechsel von § 4 Abs 3 EStG auf § 4 Abs 1 EStG bei der übernehmenden Mitunternehmerschaft ein Wechsel von § 4 Abs 1 EStG auf § 5 EStG. Ein Übergangsgewinn ist in dem nach dem Zusammenschlussstichtag folgenden Wirtschaftsjahr der übernehmenden Mitunternehmerschaft zu erfassen (UmgrStR RZ 1395).

614e Ermittelt der Übertragende vor dem Zusammenschlussstichtag den Gewinn nach § 4 Abs 3 EStG und erfolgt auch nach dem Zusammenschluss bei der übernehmenden Personengesellschaft die Gewinnermittlung nach § 4 Abs 3 EStG, erfolgt trotz der zum Zusammenschlussstichtag aufzustellenden Stichtagsbilanz kein doppelter Wechsel der Gewinnermittlungsart (von § 4 Abs 3 EStG auf § 4 Abs 1 EStG im Jahr des Zusammenschlussstichtages und zurück im Jahr danach). Die zum Zusammenschlussstichtag zu erstellende Stichtagsbilanz hat vielmehr nur die Bedeutung eines Status, der für die Feststellung des Buchwertes des zu übertragenden Vermögens und der Höhe der stillen Reserven einschließlich eines allfälligen Firmenwertes Bedeutung hat. Hinsichtlich der Besonderheiten der Gewinnermittlung sei auf die UmgrStR RZ 1399 f und den ausführlichen Erlass des BMF, AÖF 174/1998 (abgedruckt unter Tz 675a) verwiesen.

3. Wechsel der Gewinnermittlung von § 5 EStG bzw § 4 Abs 1 EStG auf § 4 Abs 3 EStG

Ermittelt der Übertragende den Gewinn nach § 5 EStG, die übernehmende Mitunternehmerschaft jedoch nach § 4 Abs 1 EStG, erfolgt hinsichtlich des übertragenen Vermögens bei der übernehmenden Mitunternehmerschaft ein Wechsel der Gewinnermittlung von § 5 EStG auf § 4 Abs 1 EStG (siehe dazu oben Tz 253 ff). 614f

Ermittelt die übernehmende Mitunternehmerschaft den Gewinn nach § 4 Abs 3 EStG, ergeben sich weiters folgende Konsequenzen (UmgrStR RZ 1401):

- Hinsichtlich des übertragenen Vermögens erfolgt ein Wechsel der Gewinnermittlung von § 4 Abs 1 EStG auf § 4 Abs 3 EStG. Ein Übergangsgewinn ist im ersten nach dem Zusammenschlussstichtag endenden Wirtschaftsjahr zu erfassen; ein Übergangsverlust ist auf sieben Wirtschaftsjahre zu verteilen.
- Weiters ist für eine objektiv richtige Gewinnermittlung und Gewinnzurechnung Sorge zu tragen (siehe dazu UmgrStR RZ 1399 f und BMF, AÖF 174/1998, abgedruckt unter Tz 675a).

III. Bewertung von inländischem Zusammenschlussvermögen

1. Ansatz der Buchwerte

Ist Gegenstand des Zusammenschlusses ein inländischer Betrieb, Teilbe-trieb oder Mitunternehmeranteil, ist das übertragene Vermögen in der Zusammenschlussbilanz zwingend mit seinen Buchwerten anzusetzen (§§ 24 Abs 1 Satz 1, 16 Abs 1 UmgrStG, siehe dazu bereits oben Tz 605 ff). 619

Grund und Boden, der am Zusammenschluss-Stichtag ganz oder eingeschränkt der pauschalen Gewinnermittlung nach § 30 Abs 4 EStG unterliegt **(„Altvermögen“)**, kann wahlweise steuerwirksam auf den gemeinen Wert aufgewertet werden (§ 24 Abs 3 UmgrStG). Die eingeschränkte Anwendbarkeit des § 30 Abs 4 EStG ergibt sich entweder aus der Einlage des Grund und Bodens ins Betriebsvermögen oder aus einem Wechsel zur Gewinnermittlung nach § 5 EStG (vor dem 1.4.2012). 619a

Wird das Wahlrecht zur Sofortbesteuerung ausgeübt, ist insoweit keine Vorsorge gegen eine endgültige Verschiebung von Steuerlasten zu treffen. Wird dagegen für den Grund und Boden der **Buchwert** angesetzt, kommt es bei der übernehmenden Mitunternehmerschaft für die Mitunternehmer zu einer **gespaltenen Betrachtungsweise** (§ 25 Abs 5 UmgrStG; siehe dazu ausführlich *Titz/Wild*, RdW 2014, 745):

- Die zum Zusammenschlussstichtag bestehenden stillen Reserven bleiben über die im Zusammenschlussvertrag vereinbarte „Vorsorgemethode“ bei dem Zusammenschlusspartner weiter zugerechnet, der diese auf die Mitunternehmerschaft überträgt und unterliegen der pauschalen Gewinnermittlung nach § 30 Abs 4 EStG.
- Nach dem Zusammenschlussstichtag neu entstehende stille Reserven sind den Mitunternehmern im Verhältnis ihrer Beteiligungen zuzurechnen. Für den Zusammenschlusspartner, der den Grund und Boden übertragen hat, bleibt dafür die Eigenschaft als „Altvermögen“ und die Möglichkeit der pauschalen Gewinnermittlung nach § 30 Abs 4 EStG bestehen. Für die anderen Zusammenschlusspartner stellten die nach dem Zusammenschlussstichtag neu entstehenden stillen Reserven „Neuvermögen“ dar, für die keine Möglichkeit der pauschalen Gewinnermittlung nach § 30 Abs 4 EStG besteht.

Beispiel 1 – uneingeschränkte Anwendbarkeit von § 30 Abs 4 EStG (RV zum 2. AbgÄG 2014):
Der Einzelunternehmer A (§ 4 Abs 1 Gewinnermittlung) und die natürliche Person B schließen sich zu einem nach dem 31.3.2012 liegenden Stichtag zur A&B-OG zusammen. A überträgt sein Einzelunternehmen samt betrieblichem Grund und Boden (keine Steuerverfangenheit zum 31.3.2012; Verkehrswert zum Zusammenschlussstichtag: 1.000); B leistet eine Bareinlage. Das geplante Beteiligungsverhältnis von A und B beträgt jeweils 50 %. Da beim Übertragenden A § 30 Abs 4 EStG 1988 zum Zusammenschlussstichtag gesamthaft anwendbar ist, ist der Teilwert des Grund und Bodens zum Zusammenschlussstichtag (1.000) in Evidenz zu nehmen.
Kommt es nach dem Zusammenschluss zu einer Veräußerung des Grund und Bodens um 2.200, gilt Folgendes:

- A kann die Wertsteigerungen bis zum Zusammenschlussstichtag gemäß § 30 Abs 4 EStG 1988 ermitteln, wobei als Veräußerungserlös der in Evidenz genommene Teilwert gilt. Die zu versteuernden stillen Reserven betragen somit 140 (1.000*0,14).
- A kann die Wertsteigerungen ab dem Zusammenschlussstichtag insoweit weiterhin gemäß § 30 Abs 4 EStG 1988 ermitteln, als ihm der Grund und Boden nach dem Zusammenschluss noch zuzurechnen ist. Die zu versteuernden stillen Reserven betragen somit 84 [(Veräußerungserlös 2.200 minus Teilwert im Zeitpunkt des Zusammenschlusses 1.000)*0,5*0,14].
- B muss die Wertsteigerungen ab dem Zusammenschlussstichtag – hinsichtlich seiner Beteiligungsquote – nach allgemeinen Gewinnermittlungsgrundsätzen ermitteln. Die zu versteuernden stillen Reserven betragen somit 600 [(Veräußerungserlös 2.200 minus Teilwert im Zeitpunkt des Zusammenschlusses 1.000)*0,5].

Der Sondersteuersatz gemäß § 30a Abs 1 iVm § 30a Abs 3 EStG 1988 kann von A und B auf die von ihnen zu versteuernden stillen Reserven angewendet werden.

Beispiel 2 – Eingeschränkte Anwendbarkeit von § 30 Abs 4 EStG (RV zum 2. AbgÄG 2014):
Der Einzelunternehmer A (§ 5 Gewinnermittlung) und die natürliche Person B schließen sich zu einem nach dem 31.3.2012 liegenden Stichtag zur A&B-OG zu-

sammen. A überträgt sein Einzelunternehmen samt betrieblichem Grund und Boden (ursprüngliche Anschaffungskosten: 100; Verkehrswert zum Zusammenschlussstichtag: 1.500); B leistet eine Bareinlage. A führte in seinem Einzelunternehmen in der Vergangenheit einen Wechsel der Gewinnermittlung durch; der Teilwert von Grund und Boden im Zeitpunkt des Wechsels der Gewinnermittlung betrug 1.000. Das geplante Beteiligungsverhältnis von A und B beträgt jeweils 50 %.
Für den Grund und Boden war gem § 4 Abs 10 Z 3 lit a EStG 1988 idF vor dem 1. StabG 2012 der Teilwert im Zeitpunkt des Gewinnermittlungswechsels anzusetzen. Gemäß § 4 Abs 3a Z 3 lit c EStG 1988 kann § 30 Abs 4 EStG 1988 weiter angewendet werden, wobei der Aufwertungsteilwert an die Stelle des Veräußerungserlöses tritt. Kommt es später zu einer Veräußerung des Grund und Bodens um 2.200, gilt Folgendes:

- A kann die Wertsteigerungen bis zum Wechsel der Gewinnermittlungsart gemäß § 30 Abs 4 EStG 1988 ermitteln; die Regelung des § 4 Abs 3a Z 3 lit c EStG 1988 ist auch nach dem Zusammenschluss weiterhin anzuwenden. Die zu versteuernden stillen Reserven betragen somit in diesem Fall 140 (1.000*0,14).
- A hat die Wertsteigerungen, die ab dem Wechsel der Gewinnermittlungsart bis zum Zusammenschlussstichtag eingetreten sind, nach allgemeinen Gewinnermittlungsgrundsätzen zu ermitteln. Die zu versteuernden stillen Reserven betragen somit 500 (Teilwert im Zeitpunkt des Zusammenschlusses 1.500 minus Aufwertungsteilwert 1.000).
- A und B haben die Wertsteigerungen nach dem Zusammenschlussstichtag – ihren Beteiligungsquoten entsprechend – ebenfalls nach allgemeinen Gewinnermittlungsgrundsätzen zu ermitteln. Die zu versteuernden stillen Reserven betragen somit 700 (Veräußerungserlös 2.000 minus Teilwert zum Zusammenschlussstichtag 1.500; somit für A und B jeweils 350).

Der Sondersteuersatz gemäß § 30a Abs 1 iVm § 30a Abs 3 EStG 1988 kann von A und B auf die von ihnen zu versteuernden stillen Reserven angewendet werden.

2. Aufwertungszwang

a) Steuerlastverschiebung

Die Fortführung der Buchwerte ist nur zulässig, wenn es durch den Zusammenschluss zwischen den am Zusammenschluss beteiligten Personen zu keiner endgültigen Verschiebung von Steuerbelastungen kommt (§ 24 Abs 2 Satz 1 UmgrStG; zu den dafür bestehenden Vorsorgemaßnahmen siehe unten Tz 636 ff). Werden dagegen durch den Zusammenschluss Steuerbelastungen endgültig verschoben, ist für die am Zusammenschluss beteiligten Personen im Umfang der **Fremdquote** zum Zusammenschlussstichtag zwingend ein **Veräußerungsgewinn** zu realisieren; im Umfang der **Eigenquote** ist **Vorsorge gegen eine endgültige Verschiebung von Steuerlasten** zu treffen und eine allenfalls fehlerhafte Gewinnermittlung zu korrigieren (§ 24 Abs 2 Satz 2 UmgrStG iVm § 24 Abs 7 letzter Satz EStG und § 32 Abs 3 EStG; siehe dazu oben Tz 560 ff). 620

b) Wegzug

620a Wird bei einem Zusammenschluss Vermögen auf eine ausländische übernehmende Personengesellschaft übertragen und dadurch das Besteuerungsrecht der Republik Österreich eingeschränkt, ist das wegziehende Vermögen steuerwirksam mit dem höheren „Fremdvergleichswert" anzusetzen (§ 24 Abs 1 Z 3 UmgrStG).

620b Die wegzugsbedingt anfallende ESt oder KSt ist auf Antrag in Raten zu entrichten, wenn die übernehmende Personengesellschaft in einem anderen Mitgliedstaat der EU oder in einem Mitgliedstaat des EWR, mit dem eine umfassende Amts- und Vollstreckungshilfe besteht, „ansässig" ist (**„Ratenzahlungskonzept"**, § 24 Abs 1 Z 3 UmgrStG iVm § 6 Z 6 lit b bis e EStG). Da § 24 Abs 1 Z 3 UmgrStG für den zusammenschlussbedingten Wegzug von Vermögen auf § 6 Z 6 lit b bis e EStG verweist, gelten im Übrigen die oben in Tz 50a ff zur Verschmelzung getätigten Ausführungen entsprechend.

IV. Bewertung von ausländischem Zusammenschlussvermögen

1. Ansatz der Buchwerte

621 Bei Übertragung eines ausländischen Betriebes, Teilbetriebes oder Mitunternehmeranteiles ist das übertragene Vermögen ebenfalls grundsätzlich mit seinen Buchwerten anzusetzen (§§ 24 Abs 1 Z 4, 16 Abs 1 UmgrStG, siehe dazu bereits oben Tz 605 ff).

2. Aufwertungsoption

622 Die Buchwertfortführung kann jedoch zB dann zu Nachteilen führen, wenn ein Steuerinländer ausländisches Vermögen überträgt, der Zusammenschluss im Ausland zur Steuerpflicht führt und mit dem betreffenden Staat ein DBA besteht, welches diesbezüglich die Anrechnungsmethode vorsieht. Denn in diesem Fall würde aufgrund der (inländischen) Buchwertfortführung keine inländische Steuer entstehen, auf welche die ausländische Steuer angerechnet werden könnte.

623 Um solche Nachteile zu vermeiden, kann abweichend von der grundsätzlich zwingenden Buchwertfortführung das **ausländische Vermögen** auf den Teilwert **aufgewertet** werden, wenn

- der Zusammenschluss im Ausland zur Gewinnrealisierung führt und
- mit dem jeweiligen Staat ein DBA besteht, das dafür die Anrechnungsmethode vorsieht, oder eine vergleichbare innerstaatliche Maßnahme zur Vermeidung

der Doppelbesteuerung getroffen wurde (§§ 24 Abs 1 Z 4, 16 Abs 3 UmgrStG; sog **„Aufwertungsoption"**).

Beispiel: 624

A überträgt seinen ausländischen Betrieb auf die inländische BC-OG. Der Buchwert des Betriebes beträgt 1.000. Der Teilwert des Betriebes beträgt 2.500. Das Ausland nimmt den Zusammenschluss zum Anlass, die im Betrieb enthaltenen stillen Reserven zu versteuern. Mit dem Ausland besteht ein DBA, welches dem OECD-MA entspricht und zur Vermeidung der Doppelbesteuerung die Anrechnungsmethode vorsieht.

Müsste A die Buchwerte des ausländischen Betriebsvermögens fortführen, könnte er mangels Anfalls inländischer ESt die im Ausland anfallende Steuer nicht anrechnen. Eine Anrechnung auf einen allfälligen späteren (inländischen) Veräußerungsgewinn wäre ebenfalls ausgeschlossen, weil in dem betreffenden Folgejahr hinsichtlich dieser stillen Reserven keine ausländische Steuer mehr anfallen kann. Im Ergebnis käme es daher zu einer doppelten Besteuerung der im ausländischen Betriebsvermögen enthaltenen stillen Reserven.

Um diese nachteiligen Folgen zu beseitigen, kann A im Zuge des Zusammenschlusses das ausländische Betriebsvermögen steuerwirksam mit dem höheren Teilwert ansetzen und sich auf die hierfür anfallende ESt die ausländische Steuer anrechnen lassen. Durch diese Maßnahme ist sichergestellt, dass die bis zum Zusammenschlussstichtag im übertragenen Betrieb vorhandenen stillen Reserven nur einmal besteuert werden.

V. Bewertung der Gegenleistung

1. Unternehmensrecht

Unternehmensrechtlich steht dem Übertragenden ein Bewertungswahlrecht 625
zu. Er kann die durch den Zusammenschluss erhaltene Beteiligung entweder mit dem (unternehmensrechtlichen) Buchwert der Sacheinlage oder mit dem beizulegenden Wert ansetzen.

2. Steuerrecht

Steuerlich gilt für die Bewertung von Anteilen an Personengesellschaften die 626
sog „Spiegelbildtheorie". Nach dieser stimmt die Beteiligung an der übernehmenden Mitunternehmerschaft mit den (starren und variablen) Eigenkapitalkonten des Mitunternehmers überein. Da aufgrund der steuerlich zwingenden Buchwertfortführung diese Eigenkapitalkonten mit dem auf die übernehmende Mitunternehmerschaft übertragenen Vermögen übereinstimmen, ist der zusammenschlussbedingt erworbene Mitunternehmeranteil mit dem in der Zusammenschlussbilanz ausgewiesenen Zusammenschlusskapital zu bewerten (zur Bewertung des übertragenen Vermögens bei der übernehmenden Personengesellschaft siehe unten Tz 629 ff).

G. Auswirkungen des Zusammenschlusses auf die übernehmende Personengesellschaft

I. Rückwirkungsfiktion – Wertansätze – Buchgewinne und -verluste

627 Unabhängig von der zivilrechtlichen Übertragung des Zusammenschlussvermögens gilt ertragsteuerlich das Vermögen mit Beginn des dem Zusammenschlussstichtag folgenden Tages als der übernehmenden Personengesellschaft übertragen (sog „Rückwirkungsfiktion“, § 25 Abs 2 UmgrStG). Für die Bewertung des übernommenen Vermögens ist zwischen dem unternehmensrechtlichen und dem steuerlichen Wertansatz zu unterscheiden.

1. Unternehmensrecht

628 Unternehmensrechtlich ist die übernehmende Personengesellschaft nicht an die Buchwerte des Übertragenden gebunden. Sie hat vielmehr das Wahlrecht, die Buchwerte des Übertragenden zu übernehmen (§ 202 Abs 2 UGB) oder das übertragene Vermögen mit dem beizulegenden Wert anzusetzen (§ 202 Abs 1 UGB).

2. Steuerrecht

a) Buchwertfortführung

629 Anders als im Unternehmensrecht steht der übernehmenden Personengesellschaft für die Bewertung des übernommenen Vermögens steuerlich kein Wahlrecht zu. Die übernehmende Personengesellschaft hat vielmehr die steuerlichen Werte des Übertragenden zwingend zu übernehmen (sog „Buchwertfortführung“, § 25 Abs 1 Z 1 UmgrStG; zur Bewertung von Grund und Boden des „Altvermögens“ und zur gespaltenen Betrachtungsweise siehe oben Tz 619a).

630 Erfolgt der Zusammenschluss zu Buchwerten, hat die übernehmende Personengesellschaft zusätzlich zu den Buchwerten insbesondere auch die Abschreibungssätze zu übernehmen (sog „steuerliche Gesamtrechtsnachfolge“ nach § 25 Abs 1 Z 3 UmgrStG, siehe dazu UmgrStR RZ 1452 f).

631 Da der als Gegenleistung gewährte Mitunternehmeranteil der Höhe nach dem auf die übernehmende Personengesellschaft übertragenen Zusammenschlussvermögen entspricht (sog „Spiegelbildtheorie“), kann sich bei der übernehmenden Personengesellschaft grundsätzlich **kein Buchgewinn oder Buchverlust** ergeben. Buchgewinne bzw Buchverluste sind lediglich dann denkbar, wenn es durch die Übertragung des Zusammenschlussvermögens bei der über-

nehmenden Personengesellschaft zur Vereinigung von Aktiva und Passiva (sog **„Confusio"**) kommt. Solche durch Confusio entstehende Buchgewinne und Buchverluste sind **steuerwirksam**.

Beispiel: 632

Der Einzelunternehmer A beteiligt sich mit der Einlage seines inländischen Betriebes an der inländischen BC-OG. An der BC-OG sind B und C zu jeweils 50 % beteiligt. Im Betriebsvermögen des A befinden sich unter anderem ein von der BC-OG erworbenes Mietrecht iHv 500 und eine Verbindlichkeit gegenüber der BC-OG iHv 1.000. Im Betriebsvermögen der BC-OG befindet sich unter anderem eine wertberichtigte Forderung gegenüber A iHv 100. Weder im Betriebsvermögen des A noch im Betriebsvermögen der BC-OG befinden sich stille Reserven oder ein Firmenwert. Die Verkehrswerte des EU-A und der BC-OG entsprechen daher den Buchwerten. Dadurch kann es aufgrund des Zusammenschlusses zu keiner Verschiebung von Steuerbelastungen kommen. Diesbezügliche Vorsorgemaßnahmen können daher entfallen (siehe dazu Tz 636 ff).

Bilanz EU-A zum Zusammenschlussstichtag

Anlagevermögen	2.000	Eigenkapital	2.000
Mietrecht	500	Verbindlichkeit BC-OHG	1.000
Umlaufvermögen	1.500	Fremdkapital	1.000
	4.000		4.000

Bilanz BC-OG zum Zusammenschlussstichtag

Anlagevermögen	9.000	Eigenkapital B	5.000
Umlaufvermögen	3.900	Eigenkapital C	5.000
Forderung A	100	Fremdkapital	3.000
	13.000		13.000

Da keine rückwirkenden Vermögensänderungen iS der §§ 24 Abs 1 Z 1, 16 Abs 5 UmgrStG getroffen werden und weder ein Aufwertungszwang noch ein Aufwertungswahlrecht besteht, entspricht die Zusammenschlussbilanz der Bilanz des EU-A zum Zusammenschlussstichtag. Die Zusammenschlussbilanzen unterscheiden sich lediglich insoweit, als das Eigenkapital als Zusammenschlusskapital bezeichnet wird.

Nach dem Zusammenschluss weist die ABC-OG ein Kapital iHv 12.000 auf, an dem die Gesellschafter gemäß dem Verkehrswert ihrer Beteiligung beteiligt sind. Die Beteiligung des A beträgt 16,66 % (= 2.000 bezogen auf 12.000), bei B und C beträgt die Beteiligung 41,67 % (= 5.000 bezogen auf 12.000).

Durch die Übernahme des Betriebes gehen das Mietrecht, die Verbindlichkeit des A gegenüber der BC-OG und die Forderung der BC-OG gegenüber dem A durch Confusio unter. Durch die Confusio entsteht ein steuerpflichtiger Buchgewinn iHv 400, der den Gesellschaftern anteilig zuzurechnen ist (vgl *Sulz/Walter*, ÖStZ 2002, 16; anders UmgrStR, Beispiel in RZ 1460: der Confusiogewinn wird dem Gesellschafter zugerechnet, der durch den Wegfall der Verbindlichkeit bereichert wird).

Der Buchgewinn wird vereinfacht in den Kapitalkonten der Gesellschafter abgebildet (A: 66,64; B und C: 166,68). Die Übernahmebilanz der ABC-OG hat daher folgendes Aussehen:

Übernahmebilanz ABC-OG

Anlagevermögen	11.000	Eigenkapital A	2.066,64	(= 2.000 + 66,64)
Umlaufvermögen	5.400	Eigenkapital B	5.166,68	(= 5.000 + 166,68)
		Eigenkapital C	5.166,68	(= 5.000 + 166,68)
		Fremdkapital	4.000,00	
	16.400		16.400,00	

b) Aufwertung

632a Tritt durch einen grenzüberschreitenden Zusammenschluss das übertragene Vermögen in das inländische Besteuerungsrecht ein, ist das Vermögen bei der übernehmenden Personengesellschaft steuerneutral mit dem Teilwert anzusetzen („Steuerfreie Aufwertung bei Zuzug", § 25 Abs 1 Z 2 Teilstrich 1 UmgrStG). Durch die Aufwertung wird sichergestellt, dass nur die Wertsteigerungen in Österreich besteuert werden, die nach dem Eintritt in das inländische Besteuerungsrecht entstanden sind.

632b *Beispiel:*

Der inländische Einzelunternehmer A schließt sich mit dem ausländischen Einzelunternehmer B dahingehend zusammen, dass der Betrieb von A und der Betrieb von B auf eine inländische Personengesellschaft übertragen werden.

Hinsichtlich des Betriebes von A kommt es zu einer zwingenden Buchwertfortführung, da das Vermögen im Inland verbleibt. Hinsichtlich des Betriebes von B kommt es allerdings zu einer zuzugsbedingten Aufwertung auf den gemeinen Wert, um sicherzustellen, dass bei einer späteren Veräußerung nur jene Wertänderungen besteuert werden, die auch im Inland entstanden sind.

632c Eine Aufwertung auf den Teilwert hat jedoch zu unterbleiben, wenn das zuziehende Vermögen vor dem Zusammenschluss aus dem Besteuerungsrecht Österreichs ausgeschieden ist und dabei bei der übernehmenden Personengesellschaft die Wegzugsbesteuerung nach dem bis zum 31.12.2015 anzuwendenden Nichtfestsetzungskonzept nicht festgesetzt wurde **(„Zuzug nach vorangegangenem Wegzug")**. Ein solches wieder zuziehendes Vermögen ist mit dem fortgeschriebenen Buchwert bzw mit den Anschaffungskosten im Zeitpunkt des vorangegangenen Wegzugs, höchstens aber mit dem gemeinen Wert im Zeitpunkt des Zuzuges, anzusetzen (§ 25 Abs 1 Z 2 Teilstrich 2 UmgrStG). Scheidet das Vermögen nach dem Zusammenschluss gewinnrealisierend aus dem Vermögen der übernehmenden Personengesellschaft aus, bleiben nachgewiesene Wertsteigerungen insoweit steuerfrei, als sie im Zeitraum zwischen Wegzug und Zuzug entstanden sind (§ 25 Abs 1 Z 2 Teilstrich 2 UmgrStG).

II. Internationale Schachtelbeteiligungen

1. Entstehen und Erweitern einer internationalen Schachtelbeteiligung

Durch einen Zusammenschluss kann für eine mittelbar über die Mitunternehmerschaft beteiligte Körperschaft eine internationale Schachtelbeteiligung (§ 10 Abs 2 KStG) entstehen oder erweitert werden. 633

Dadurch wären die bisher in der Beteiligung steuerhängigen stillen Reserven nach dem Zusammenschluss nicht mehr steuerhängig (§ 10 Abs 3 KStG). 634
Um dies zu vermeiden, wird für die bislang steuerpflichtigen Beteiligungsquoten der Unterschiedsbetrag zwischen dem Buchwert und dem höheren Teilwert von der Steuerneutralität nach § 10 Abs 3 Satz 1 KStG ausgenommen (§ 25 Abs 3 Z 1 UmgrStG). Ein künftiger Veräußerungsgewinn bleibt daher in Höhe der zum Zusammenschlussstichtag steuerpflichtigen stillen Reserven weiter steuerhängig.

Da ein zusammenschlussbedingter Vermögenserwerb keinen Anschaffungsvorgang darstellt, kann für die im Zuge eines Zusammenschlusses entstehende internationale Schachtelbeteiligung nicht nach § 10 Abs 3 Z 1 KStG zur Steuerwirksamkeit optiert werden (UmgrStR RZ 1461b).

Beispiel: 634a
Der Einzelunternehmer A und die B-GmbH schließen sich zu einer KG zusammen (Beteiligung je 50 %). A überträgt seinen Betrieb, zu dessen Betriebsvermögen gehört auch die 20%ige Beteiligung an der deutschen C-GmbH (Buchwert = 100, Teilwert = 500). Durch den Zusammenschluss entsteht bei der B-GmbH eine mittelbare, steuerneutrale internationale Schachtelbeteiligung von 10 % (= 50 % von 20 %). Um die zum Zusammenschlussstichtag anteilig steuerpflichtigen stillen Reserven weiter steuerhängig zu halten, wird nach § 25 Abs 3 Z 1 UmgrStG ein Betrag von 200 (= anteiliger Verkehrswert von 250 – anteiliger Buchwert von 50) von der Steuerneutralität nach § 10 Abs 3 Satz 1 KStG ausgenommen.

2. Untergang einer internationalen Schachtelbeteiligung

Geht durch den Zusammenschluss die Eigenschaft einer Beteiligung als internationale Schachtelbeteiligung iS des § 10 Abs 2 KStG unter, gilt deren höherer Teilwert zum Zusammenschlussstichtag als Buchwert. Der Buchwert vermindert sich um Beträge, die aufgrund einer Umgründung nach dem UmgrStG von der Steuerneutralität nach § 10 Abs 3 Satz 1 KStG ausgenommen sind (§ 25 Abs 3 Z 2 UmgrStG). Die Aufwertung unterbleibt, wenn für die untergehende Schachtelbeteiligung die Option zur Steuerwirksamkeit ausgeübt worden ist (siehe auch oben Tz 153). 634b

634c Diese Bestimmung verfolgt den Zweck, die bis zum Zusammenschlussstichtag in der internationalen Schachtelbeteiligung steuerfrei belassenen stillen Reserven auch weiterhin steuerfrei zu halten.

634d *Beispiel:*
Die A-GmbH und der Gesellschafter B schließen sich zu einer GmbH & Co KG zusammen (Beteiligung je 50 %). Die A-GmbH überträgt einen Teilbetrieb, zu dessen Betriebsvermögen auch die 100%ige Beteiligung an der deutschen C-GmbH gehört (Buchwert = 200, Teilwert = 600).
Durch den Zusammenschluss geht die internationale Schachtelbeteiligung an der C-GmbH insoweit unter, als sie mittelbar dem B zuzurechnen ist (50 %). Um die bis zum Zusammenschlussstichtag steuerfreien anteiligen stillen Reserven auch künftig steuerfrei zu stellen, gilt der anteilige Teilwert an die Beteiligung an der C-GmbH iHv 300 (= 50 % von 600) als anteiliger Buchwert.

III. Verlustabzug

635 Da die übernehmende Personengesellschaft kein Steuersubjekt ist, können Verlustabzüge schon aus diesem Grund nicht auf die Personengesellschaft übergehen. Bestehende Verlustabzüge verbleiben daher auch nach dem Zusammenschluss ausschließlich bei den jeweiligen Zusammenschlusspartnern.

IV. Wegfall der KESt-Befreiung nach § 94 Z 2 EStG und § 94 Z 5 EStG

635a Überträgt eine Körperschaft ihren Betrieb (Teilbetrieb) auf eine Mitunternehmerschaft, können die Voraussetzungen für die KESt-Befreiungen nach § 94 Z 2 EStG und § 94 Z 5 EStG wegfallen. Dabei sind die Bestimmungen des § 9 Abs 9 UmgrStG (siehe Tz 280a ff) sinngemäß anzuwenden (§ 25 Abs 4 UmgrStG).

H. Vorsorgemaßnahmen zur Vermeidung einer endgültigen Steuerlastverschiebung

I. Allgemeines

636 Der Übertragende hat das Zusammenschlussvermögen nur dann mit den Buchwerten anzusetzen, wenn

- es durch den Zusammenschluss **zu keiner Verschiebung von stillen Reserven einschließlich eines Firmenwertes** und damit zu keiner Verschiebung von Steuerlasten **kommen kann** *oder*
- anlässlich des Zusammenschlusses für die weitere Gewinnermittlung **Vorsorge gegen eine endgültige Verschiebung** von stillen Reserven **ein-**

schließlich des Firmenwertes getroffen wird (vgl § 24 Abs 2 Satz 1 UmgrStG).

Beispiel: 637
Die A-GmbH beteiligt sich als Komplementärin an der bestehenden BC-KG. Die A-GmbH überträgt kein Vermögen, sondern stellt der KG nur ihre Arbeitskraft (bzw die Arbeitskraft ihres Geschäftsführers) zur Verfügung.
Durch den Zusammenschluss entsteht eine neue Mitunternehmerschaft (GmbH & Co KG), in deren Betriebsvermögen ausschließlich der Betrieb der alten Mitunternehmerschaft (BC-KG) übertragen wird. Da am Vermögen der GmbH & Co KG ausschließlich die Altgesellschafter B und C beteiligt sind, kann es durch den Zusammenschluss zu keiner Verschiebung von stillen Reserven und damit auch zu keiner Verschiebung von Steuerlasten kommen. Vorsorgemaßnahmen sind daher nicht erforderlich.

Beispiel: 638
A und B sind an der OG-1 und an der OG-2 zu jeweils 50 % beteiligt. Sie beschließen, die beiden OGen zu einer OG-3 zusammenzuschließen, an welcher sie wiederum zu jeweils 50 % beteiligt sind.
Da A und B nach dem Zusammenschluss im selben Ausmaß am Vermögen und damit auch an den stillen Reserven beteiligt sind wie vor dem Zusammenschluss, kann es durch den Zusammenschluss zu keiner Verschiebung von stillen Reserven und damit zu keiner Verschiebung von Steuerlasten kommen. Vorsorgemaßnahmen sind daher gegenstandslos.

Werden durch einen Zusammenschluss Steuerlasten verschoben und wird 639
dagegen für die weitere Gewinnermittlung **keine oder eine nur unzureichende Vorsorge** getroffen, hat der Übertragende im Umfang der **Fremdquote** zum Zusammenschlussstichtag zwingend einen **Veräußerungsgewinn** zu realisieren; im Umfang der **Eigenquote** ist **Vorsorge gegen eine endgültige Verschiebung von Steuerlasten** zu treffen und eine allenfalls fehlerhafte Gewinnermittlung zu korrigieren (§ 24 Abs 2 Satz 2 UmgrStG iVm § 24 Abs 7 letzter Satz EStG und § 32 Abs 3 EStG; siehe dazu oben Tz 560 ff).

Wird im Zusammenschlussvertrag vereinbart, dass Änderungen des Buch- 639a
und/oder Verkehrswertes auf Grund abgabenbehördlicher Feststellungen (Berichtigungen) zu einer Adaptierung der Vorsorgen gegen eine Steuerlastverschiebung im Rahmen der gewählten Zusammenschlussmethode führen, liegt keine unzureichende Vorsorge vor; das Fehlen einer solchen Klausel berechtigt die Abgabenbehörde allerdings nicht, die begehrten Anpassungen abzulehnen (UmgrStR RZ 1292).

Die gegen eine Verschiebung von Steuerlasten zu treffende Vorsorge hängt 640
idR von der Form des jeweiligen Zusammenschlusses ab. Hierbei ist zwischen

- dem **Verkehrswertzusammenschluss** und
- dem **Kapitalkontenzusammenschluss** zu unterscheiden.

Die Verknüpfung der Art des Zusammenschlusses mit einer bestimmten Vorsorgetechnik geht auf die EB zum UmgrStG zurück. Im Wortlaut des

§ 24 Abs 2 Satz 1 UmgrStG findet eine solche Einschränkung keine Deckung. Demnach wird insbesondere auch bei einem Verkehrswertzusammenschluss die Vorsorge durch einen Gewinn- bzw Liquidationsvorab oder durch den Vorbehalt stiller Reserven (bzw eines Firmenwertes) zulässig sein (vgl UmgrStR RZ 1312, die die Quotenverschiebung und die Aufwertung nur beispielhaft erwähnen, arg: „insbesondere").

II. Verkehrswertzusammenschluss

641 Beim Verkehrswertzusammenschluss richtet sich die Beteiligungshöhe an der übernehmenden Personengesellschaft nach dem jeweiligen Verkehrswert des übertragenen Vermögens. Die Beteiligungsverhältnisse der Gesellschafter sind bei der übernehmenden Personengesellschaft durch die Höhe der Kapitalkonten zum Ausdruck zu bringen.

642 Da in der Regel der Buchwert des übertragenen Vermögens nicht dem Verkehrswert entspricht, das UmgrStG aber zur Fortführung der Buchwerte zwingt, werden die Kapitalkonten der übernehmenden Personengesellschaft nicht ohne weitere Maßnahmen die Beteiligungsverhältnisse der Gesellschafter widerspiegeln können. Der **Einklang der Kapitalkonten** der übernehmenden Personengesellschaft **mit den Beteiligungsverhältnissen** der Gesellschafter lässt sich jedoch durch **zwei Maßnahmen** herstellen:

1. Quotenverschiebung

643 Bei der Quotenverschiebung werden die Kapitalkonten der Gesellschafter so lange äquivalent auf- oder abgestockt, bis die Kapitalkonten den Beteiligungsverhältnissen entsprechen. Die durch die Auf- oder Abstockung eintretende Verschiebung von stillen Reserven ist in den Ergänzungsbilanzen der Gesellschafter wieder zu korrigieren. Andernfalls käme es zu einer Realisierung der im übertragenen Vermögen enthaltenen stillen Reserven (siehe oben Tz 636 ff).

644 Die in den Ergänzungsbilanzen eingestellten **Korrekturposten** (sog „Mehr- bzw Minderwerte") entsprechen den in der Eröffnungsbilanz der übernehmenden Mitunternehmerschaft verschobenen stillen Reserven. Die Korrekturposten sind nur dann aufzulösen, wenn die ihnen zugrunde liegenden Wirtschaftsgüter aus dem Betriebsvermögen ausscheiden; eine laufende Auflösung hat nicht zu erfolgen (UmgrStR RZ 1314).

645 *Beispiel:*
Die Einzelunternehmer A und B schließen sich mit Stichtag 31.12.01 zur AB-OG zusammen. Sie übertragen zu diesem Zweck jeweils einen Betrieb. Der Betrieb des A hat einen Verkehrswert iHv 3.000. Der Betrieb des B hat einen Verkehrswert iHv 1.000. A ist demnach an der AB-OG zu 75 % (= 3.000 bezogen auf 4.000)

beteiligt. Die Beteiligung des B beträgt 25 % (= 1.000 bezogen auf 4.000). Die zum Zusammenschlussstichtag aufgestellten Bilanzen ergeben sich wie folgt; der Einfachheit halber wird angenommen, dass die beiden Einzelunternehmen keine stillen Reserven sondern ausschließlich einen Firmenwert (= Verkehrswert – Eigenkapital) aufweisen:

Bilanz EU-A zum Zusammenschlussstichtag

Anlagevermögen	3.500	Eigenkapital	2.000
Umlaufvermögen	500	Fremdkapital	2.000
	4.000		4.000

Bilanz EU-B zum Zusammenschlussstichtag

Anlagevermögen	600	Eigenkapital	800
Umlaufvermögen	400	Fremdkapital	200
	1.000		1.000

Da keine rückwirkenden Vermögensänderungen iS der §§ 24 Abs 1, 16 Abs 5 UmgrStG getätigt werden und hinsichtlich der übertragenen Betriebe zwingend deren Buchwerte anzusetzen sind, weichen die Zusammenschlussbilanzen von den zum Zusammenschlussstichtag erstellten Bilanzen nur dadurch ab, dass die Bezeichnung Eigenkapital durch die Bezeichnung Zusammenschlusskapital ersetzt wird.

Zusammenschlussbilanz EU-A

Anlagevermögen	3.500	Zusammenschlusskapital	2.000
Umlaufvermögen	500	Fremdkapital	2.000
	4.000		4.000

Zusammenschlussbilanz EU-B

Anlagevermögen	600	Zusammenschlusskapital	800
Umlaufvermögen	400	Fremdkapital	200
	1.000		1.000

Die neu gegründete AB-OG hat in ihrer Eröffnungsbilanz zum einen die (steuerlichen) Buchwerte des A und des B zwingend zu übernehmen und andererseits durch die Kapitalkonten die Beteiligungsverhältnisse des A und des B zum Ausdruck zu bringen. Zu diesem Zweck stockt die OG das Kapitalkonto des A um 100 auf 2.100 (= 75 % des gesamten Buchkapitals) auf und das Kapitalkonto des B um 100 auf 700 (= 25 % des gesamten Buchkapitals) ab:

Eröffnungsbilanz AB-OHG

Anlagevermögen	4.100	Eigenkapital A	2.100	(= 2.000 + 100)
Umlaufvermögen	900	Eigenkapital B	700	(= 800 – 100)
		Fremdkapital	2.200	
	5.000		5.000	

Durch diese Verschiebung der Kapitalkonten kommt es in derselben Höhe zu einer Verschiebung des im übertragenen Vermögen enthaltenen Firmenwertes. Um die Realisierung zu vermeiden (§ 24 Abs 2 Satz 2 UmgrStG), muss durch Ergänzungsbilanzen gegen eine endgültige Verschiebung von Steuerlasten Vorsorge getroffen werden. Das in der Gesellschaftsbilanz aufgestockte Kapitalkonto des A wird in der Ergänzungsbilanz wieder abgestockt und das in der Gesellschaftsbilanz abgestockte Kapitalkonto des B wird in der Ergänzungsbilanz wieder aufgestockt.

Ergänzungsbilanz A

Minderkapital	100	Minderwert Aktiva (Firmenwert)	100
	100		100

Ergänzungsbilanz B

Mehrwert Aktiva (Firmenwert)	100	Ergänzungskapital	100
	100		100

Probe: Würden die Gesellschafter ihre Mitunternehmeranteile an dem dem Zusammenschlussstichtag folgenden Tag zum Verkehrswert veräußern, müssen die in den Mitunternehmeranteilen enthaltenen Firmenwerte den Firmenwerten entsprechen, die zum Zusammenschlussstichtag in den übertragenen Betrieben steckten:

	A	B
Verkehrswert der Mitunternehmeranteile (= Beteiligung bezogen auf den Verkehrswert der OHG iHv 4.000)	3.000	1.000
– Kapitalkonto des Gesellschafters	– 2.100	– 700
+ Auflösung „Minderwert Aktiva“	100	
– Abschreibung „Mehrwert Aktiva“		– 100
= Veräußerungsgewinn	**1.000**	**200**
= Firmenwert des übertragenen Betriebes	1.000	200

2. Verkehrswertübernahme

646 Setzt die übernehmende Personengesellschaft das übernommene Vermögen unternehmensrechtlich nicht mit dem Buchwert, sondern steuerneutral mit dem Verkehrswert an, weisen die Kapitalkonten der Gesellschafter automatisch das richtige Beteiligungsverhältnis aus. Da das übertragene Vermögen in der Regel aber in unterschiedlichem Ausmaß stille Reserven (Firmenwerte) enthalten

wird, käme es ohne weitere Maßnahmen zu einer Verschiebung von stillen Reserven (Firmenwerten) und damit zu einer Verschiebung von Steuerlasten.

Beabsichtigen die Zusammenschlusspartner, im Rahmen des Zusammenschlusses eine Gewinnrealisierung zu vermeiden, müssen sie die Kapitalkonten in **Ergänzungsbilanzen** abstocken. 647

Die in den Ergänzungsbilanzen eingestellten **Korrekturposten** (sog „Minderwerte") entsprechen den in der Eröffnungsbilanz der übernehmenden Mitunternehmerschaft aufgedeckten stillen Reserven (Firmenwerten) und teilen daher das Schicksal jener Wirtschaftsgüter, welchen diese stillen Reserven zuzuordnen sind. Die in den Ergänzungsbilanzen eingestellten Minderwerte werden in der Folge in dem Ausmaß **gewinnerhöhend aufgelöst**, in dem es durch die unternehmensrechtliche Aufwertung zu steuerlich überhöhten Abschreibungen kommt. 648

Beispiel: 649

X und Y schließen sich zur XY-Mitunternehmerschaft zusammen. X überträgt Geld in Höhe von 400. Y überträgt sein Einzelunternehmen mit einem Verkehrswert von 400 und einem Buchwert von 250 (Differenz von 150 = Firmenwert). An der XY-MU sind X und Y jeweils zu 50 % beteiligt.

In der Gesellschaftsbilanz XY-MU wird der von Y im Rahmen des Betriebes übertragene Firmenwert von 150 angesetzt. In der Ergänzungsbilanz des Y wird der Firmenwert von 150 als Minderbetrag Aktiva wieder abgestockt. Im Rahmen der laufenden Gewinnermittlung wird der Firmenwert steuerwirksam über 15 Jahre abgeschrieben und den Gesellschaftern X und Y jeweils zur Hälfte zugerechnet. Y löst dabei den in der Ergänzungsbilanz eingestellten Minderbetrag Aktiva über 15 Jahre steuerwirksam auf.

Über die Abschreibung des Firmenwertes in der Gesellschaftsbilanz und die Auflösung des Minderbetrages in der Ergänzungsbilanz versteuert Y über 15 Jahre verteilt Betriebseinnahmen von 75. Dies entspricht genau 50 % des im Zeitpunkt des Zusammenschlusses bestehenden Firmenwerts, den Y im Zuge des Zusammenschlusses an X „veräußert" hat. X erhält über die Abschreibung des Firmenwertes über 15 Jahre verteilt Betriebsausgaben von –75 zugewiesen. Dies entspricht dem Firmenwert, in den sich X zusammenschlussbedingt durch die Bareinlage „eingekauft" hat.

Beispiel:

Die Einzelunternehmer A und B schließen sich mit Stichtag 31.12.01 zur AB-OG zusammen. Sie übertragen zu diesem Zweck jeweils einen Betrieb. Der Betrieb des A hat einen Verkehrswert iHv 3.000. Der Betrieb des B hat einen Verkehrswert iHv 1.000. Die stillen Reserven der Betriebe sind ausschließlich dem Anlagevermögen zuzuordnen. A ist demnach an der AB-OG zu 75 % (= 3.000 bezogen auf 4.000) beteiligt. Die Beteiligung des B beträgt 25 % (= 1.000 bezogen auf 4.000). Die Bilanzen zum Zusammenschlussstichtag ergeben sich wie folgt:

Bilanz EU-A zum Zusammenschlussstichtag

Anlagevermögen	3.500	Eigenkapital	2.000
Umlaufvermögen	500	Fremdkapital	2.000
	4.000		4.000

Bilanz EU-B zum Zusammenschlussstichtag

Anlagevermögen	600	Eigenkapital	800
Umlaufvermögen	400	Fremdkapital	200
	1.000		1.000

Da keine rückwirkenden Vermögensänderungen iS der §§ 24 Abs 1, 16 Abs 5 UmgrStG getätigt werden und hinsichtlich der übertragenen Betriebe grundsätzlich zwingend deren (steuerliche) Buchwerte anzusetzen sind, weichen die Zusammenschlussbilanzen von den zum Zusammenschlussstichtag erstellten Bilanzen nur dadurch ab, dass die Bezeichnung Eigenkapital durch die Bezeichnung Zusammenschlusskapital ersetzt wird.

Zusammenschlussbilanz EU-A

Anlagevermögen	3.500	Zusammenschlusskapital	2.000
Umlaufvermögen	500	Fremdkapital	2.000
	4.000		4.000

Zusammenschlussbilanz EU-B

Anlagevermögen	600	Zusammenschlusskapital	800
Umlaufvermögen	400	Fremdkapital	200
	1.000		1.000

Die neu gegründete AB-OG setzt in ihrer Eröffnungsbilanz das übernommene Vermögen mit dem Verkehrswert an. Dadurch spiegeln die Kapitalkonten automatisch das Beteiligungsverhältnis wider.

Eröffnungsbilanz AB-OHG

	A	B	Gesamt		
Anlagevermögen	4.500 (= 3.500 + 1.000)	800 (= 600 + 200)	5.300	Eigenkapital A	3.000
Umlaufvermögen	500	400	900	Eigenkapital B	1.000
				Fremdkapital	2.200
			6.200		6.200

Um eine zusammenschlussbedingte Gewinnrealisierung zu vermeiden, werden die in der Gesellschaftsbilanz aufgewerteten Kapitalkonten in den Ergänzungsbilanzen wieder abgestockt.

Ergänzungsbilanz A

Minderkapital	1.000	Minderwert Aktiva	1.000
	1.000		1.000

Ergänzungsbilanz B

Minderkapital	200	Minderwert Aktiva	200
	200		200

Probe: Würden die Gesellschafter ihre Mitunternehmeranteile an dem dem Zusammenschlussstichtag folgenden Tag veräußern, müssen die in den Mitunternehmeranteilen enthaltenen stillen Reserven jenen stillen Reserven entsprechen, die zum Zusammenschlussstichtag in den übertragenen Betrieben steckten:

	A	B
Verkehrswert der Mitunternehmeranteile (= Beteiligung bezogen auf den Verkehrswert der OHG iHv 4000)	3.000	1.000
– Kapitalkonto des Gesellschafters	– 3.000	– 1.000
+ Auflösung „Minderwert Aktiva“	1.000	200
= Veräußerungsgewinn	**1.000**	**200**
= Stille Reserven des übertragenen Betriebes	1.000	200

III. Kapitalkontenzusammenschluss

Beim Kapitalkontenzusammenschluss (Buchwertzusammenschluss) bestimmt sich die Beteiligungshöhe der Zusammenschlusspartner an der übernehmenden Personengesellschaft nicht wie beim Verkehrswertzusammenschluss nach dem jeweiligen Verkehrswert des übertragenen Vermögens, sondern nach dem Stand des buchmäßigen Vermögens (= Eigenkapital). 650

Das für die Beteiligungsverhältnisse maßgebliche buchmäßige Vermögen kann durch rückbezogene Vermögensänderungen gestaltet werden (siehe oben Tz 608 iVm Tz 410 ff). Ebenso kann das übertragene buchmäßige Vermögen auf ein bei der übernehmenden Mitunternehmerschaft einzustellendes fixes Kapitalkonto bezogen und der das fixe Kapitalkonto übersteigende Teil des Zusammenschlusskapitals auf einem variablen Kapitalkonto eingestellt werden (**Zusammenschluss zu fixen Kapitalkonten**, siehe dazu Tz 661a).

Während der Verkehrswertzusammenschluss immer zu einem fremdüblichen Beteiligungsausmaß führt, führt der Kapitalkontenzusammenschluss dann zu keinem fremdüblichen Beteiligungsverhältnis, wenn in den übertra- 651 genen Vermögen stille Reserven (Firmenwerte) in unterschiedlichem Ausmaß enthalten sind. Denn derjenige Gesellschafter, dessen übertragenes Vermögen zwar zB einen gleich hohen Buchwert, jedoch aufgrund höherer stiller Reserven (bzw eines höheren Firmenwertes) auch einen höheren Verkehrswert aufweist, wäre bei einer 50%igen Beteiligung vermögensmäßig entreichert. Durch diese Entreicherung würden gleichzeitig auch auf den bzw die anderen Zusammenschlusspartner stille Reserven und damit Steuerlasten übertragen.

652 *Beispiel:*

A und B schließen sich zur AB-OG zusammen. A überträgt auf die OG Bargeld iHv 1.000. B überträgt seinen Betrieb, welcher einen Buchwert iHv 1.000 und einen Verkehrswert iHv 1.500 aufweist. Das Beteiligungsausmaß soll dem Buchwert der Einlagen entsprechen (Kapitalkontenzusammenschluss).

Gemäß den Buchwerten der übertragenen Vermögen sind A und B an der AB-OG zu je 50 % beteiligt. B leistet jedoch nur buchmäßig eine gleichwertige Einlage. Nach Verkehrswerten leistet B um 500 mehr als A (= die im Betrieb enthaltenen stillen Reserven). Nach den Verkehrswerten der übertragenen Vermögen müsste A daher zu 40 % (= 1.000 bezogen auf 2.500) und B zu 60 % (= 1.500 bezogen auf 2.500) an der AB-OG beteiligt sein. Bemisst sich die Beteiligung an der AB-OG jedoch nach den Buchwerten der übertragenen Vermögen, kommt es demnach durch den Zusammenschluss zu einer Entreicherung des B. Die Vermögenseinbuße des B beläuft sich hierbei auf 250. Dies ergibt sich aus der Differenz zwischen der zu Verkehrswerten bemessenen fremdüblichen 60-%-Beteiligung und der zu Buchwerten bemessenen tatsächlichen 50-%-Beteiligung.

In Höhe der Entreicherung von 250 kommt es durch den Zusammenschluss auch zu einer Verschiebung stiller Reserven (Steuerlasten): A, dessen Vermögen vor dem Zusammenschluss keine stille Reserven enthielt, bekommt durch den Zusammenschluss stille Reserven iHv 250 übertragen (= 50 % der stillen Reserven der AB-OG iHv 500). B, dem vor dem Zusammenschluss stille Reserven iHv 500 zuzurechnen waren, sind nach dem Zusammenschluss nur mehr stille Reserven iHv 250 zuzurechnen (= 50 % der stillen Reserven der AB-OG iHv 500).

653 Liegt daher der Verkehrswert des übertragenen Zusammenschlussvermögens über dessen Buchwert, bedarf der Kapitalkontenzusammenschluss regelmäßig eines **gesellschaftlichen (vermögensmäßigen) und abgabenrechtlichen Ausgleiches**. Ein solcher Ausgleich erfolgt durch

- die Vereinbarung eines **Gewinnvorabs** (siehe dazu Tz 654 ff),
- die Vereinbarung eines **Liquidationsvorabs** (siehe dazu Tz 657 f),
- die Vereinbarung einer **Kombination aus Gewinn- und Liquidationsvorab** (siehe dazu Tz 659) oder
- das **Vorbehalten der stillen Reserven** (siehe dazu Tz 660).

1. Gewinnvorab

654 Der gesellschaftliche und abgabenrechtliche Ausgleich kann dadurch herbeigeführt werden, dass der entreicherte Gesellschafter vor der Verteilung des

Bilanzgewinnes so lange vorab einen bestimmten prozentuellen Gewinnanteil erhält, bis die Entreicherung ausgeglichen ist (sog „Gewinnvorab").

Sollte bis zur Liquidation der Mitunternehmerschaft oder bis zum Ausscheiden des entreicherten Gesellschafters der Ausgleich noch nicht erfolgt sein, ist hinsichtlich des noch offenen Ausgleiches ein sog „Schlussausgleich" („Ersatzausgleich") zu leisten (UmgrStR RZ 1323). 655

Sowohl der Gewinnvorab als auch der Schlussausgleich müssen im Zusammenschlussvertrag vereinbart werden. 656

2. Liquidationsvorab

Beim Liquidationsvorab erhält der entreicherte Gesellschafter für den Fall 657

- der Beendigung der Mitunternehmerschaft,
- seines Ausscheidens aus der Mitunternehmerschaft oder
- der laufenden Realisierung jener stillen Reserven, die aus von ihm übertragenen Wirtschaftsgütern stammen,

aus dem Gesellschaftsvermögen vorab einen Ausgleich. Sollte das Gesellschaftsvermögen zur Bestreitung des Ausgleiches nicht ausreichen, haben die übrigen Gesellschafter den Ausgleich aus eigenen Mitteln zu bestreiten. Der Liquidationsvorab ist beim ausgleichsberechtigten Gesellschafter als Veräußerungsgewinn zu erfassen (zur Äquivalenzverletzung siehe unten Tz 662 ff).

Reicht das Liquidationsvermögen nicht aus, um den Liquidationsvorab voll zu erfüllen, muss wie beim Gewinnvorab ein „Schlussausgleich" („Ersatzausgleich") geleistet werden; der Schlussausgleich ist im Zusammenschlussvertrag zu vereinbaren (UmgrStR RZ 1325).

Bei einem weit in der Zukunft zu erfolgenden Liquidationsvorab wird teilweise eine Verzinsung des (noch ausständigen) Liquidationsvorabs vereinbart. 658

3. Kombination aus Gewinn- und Liquidationsvorab

Den Zusammenschlusspartnern steht es nicht nur frei, zwischen der Vereinbarung eines Gewinn- oder Liquidationsvorabs zu wählen. Sie können diese beiden Vorsorgemethoden auch beliebig miteinander kombinieren. 659

4. Vorbehalt der stillen Reserven – „naked in/naked out" – „Lockstep"

Behält sich der Gesellschafter die am Zusammenschlussstichtag im Zusammenschlussvermögen enthaltenen stillen Reserven und einen etwaigen Firmenwert in der Weise vor, dass die anderen Zusammenschlusspartner von diesen stillen Reserven ausgeschlossen sind, kommt es durch den Zusammenschluss zu keiner Verschiebung von stillen Reserven und dadurch auch zu keiner Ver- 660 schiebung von Steuerlasten (sog „Vorbehaltszusammenschluss"; UmgrStR RZ 1327 ff). Für die Vereinbarung eines Gewinn- oder Liquidationsvorabs bleibt daher kein Raum.

Auch beim Vorbehaltszusammenschluss sind im Zusammenschlussvertrag die vorbehaltenen stillen Reserven auf Grundlage einer Unternehmensbewertung betragsmäßig festzulegen (UmgrStR RZ 1329). Dies ist erforderlich, um die vorbehaltenen stillen Reserven zum Zusammenschlussstichtag von den danach neu entstehenden stillen Reserven, an denen alle Mitunternehmer anteilig teilnehmen, unterscheiden zu können.

660a Behalten sich die Mitunternehmer nicht nur die zum Zusammenschlussstichtag bestehenden stillen Reserven (und einen allfälligen Firmenwert) in ihrem Vermögen zurück („Vorbehaltszusammenschluss"), sondern auch die nach dem Zusammenschlussstichtag neu entstehenden stillen Reserven (und den neu entstehenden Firmenwert), so steht einem neu beitretenden Mitunternehmer bei seinem künftigen Ausscheiden aus der Mitunternehmerschaft nur ein Anspruch auf Abfindung seiner fixen und variablen Kapitalkonten zu (sog **„naked in/naked out"**, UmgrStR RZ 1330a). Ob und gegebenenfalls in welchem Umfang der neu beitretende Mitunternehmer am laufenden Ergebnis der Mitunternehmerschaft beteiligt ist, ist keine Frage der Vorsorgemethodik und lässt den Zusammenschluss unberührt. Nimm der neu beitretende Mitunternehmer erst sukzessive am laufenden Ergebnis der Mitunternehmerschaft teil (sog **„Lockstep"**), erfolgt dies steuerneutral außerhalb des Anwendungsbereichs des Art IV UmgrStG.

Da der neu eintretende Mitunternehmer weder an den bestehenden noch an den künftigen stillen Reserven der Mitunternehmerschaft (und einem allfälligen Firmenwert) beteiligt ist, kann eine betragsmäßige Ermittlung der zum Zusammenschlussstichtag bestehenden stillen Reserven und eines Firmenwertes unterbleiben.

Beispiel (UmgrStR RZ 1330a):
In die bestehende Partnerschaft mit 3 Altpartnern tritt ein neuer Partner zum 31.12.01 im Wege eines Vorbehaltszusammenschlusses auf Basis fixer Kapitalkonten ein und zahlt innerhalb von neun Monaten sein anteiliges fixes Kapitalkonto ein. Der neue Partner soll mit 25 % sofort an der Substanz und letztlich am Gewinn beteiligt werden. Es wird vereinbart, dass bei Austritt – abgesehen von den noch nicht ausbezahlten Gewinnanteilen – nur Anspruch auf das fixe Kapitalkonto besteht. In der Partnerschaft ist für alle Partner ein Schema festgelegt worden, nach dem neue Partner nach einem Punktesystem sukzessive am Gewinn der Partnerschaft beteiligt werden, bis sie nach fünf Jahren den der Beteiligung entsprechenden Gewinnanteil erhalten.

Gewinnbeteiligung in %	3 Altpartner	1 Neupartner
Jahr 1	90	10
Jahr 2	86	14
Jahr 3	82	18
Jahr 4	78	22
Jahr 5	75	25

5. Beispiel zum Kapitalkontenzusammenschluss

Die Einzelunternehmer A und B schließen sich mit Stichtag 31.12.01 zur inländischen AB-OG zusammen. Sie übertragen zu diesem Zweck jeweils einen inländischen Betrieb. Der Betrieb des A hat einen Verkehrswert iHv 2.500. Der Betrieb des B hat einen Verkehrswert iHv 8.000. Die Beteiligung an der AB-OG soll den Buchwerten der übertragenen Betriebe entsprechen. Die zum Zusammenschlussstichtag erstellten Bilanzen ergeben sich wie folgt: 661

Jahresabschluss EU-A

Anlagevermögen	3.500	Eigenkapital	2.000
Umlaufvermögen	500	Fremdkapital	2.000
	4.000		4.000

Jahresabschluss EU-B

Anlagevermögen	5.000	Eigenkapital	6.000
Umlaufvermögen	3.000	Fremdkapital	2.000
	8.000		8.000

Da keine rückwirkenden Vermögensänderungen iS der §§ 24 Abs 1, 16 Abs 5 UmgrStG getätigt werden und hinsichtlich der übertragenen Betriebe zwingend deren (steuerliche) Buchwerte anzusetzen sind, weichen die Zusammen-schlussbilanzen nur dadurch von den zum Zusammenschlussstichtag erstellten Bilanzen ab, dass die Bezeichnung Eigenkapital durch die Bezeichnung Zusammenschlusskapital ersetzt wird. Der im Betrieb des A enthaltene Firmenwert beträgt 500. Der im Betrieb des B enthaltene Firmenwert beträgt 2.000.

Zusammenschlussbilanz EU-A

Anlagevermögen	3.500	Zusammenschlusskapital	2.000
Umlaufvermögen	500	Fremdkapital	2.000
	4.000		4.000

Zusammenschlussbilanz EU-B

Anlagevermögen	5.000	Zusammenschlusskapital	6.000
Umlaufvermögen	3.000	Fremdkapital	2.000
	8.000		8.000

Die neu gegründete AB-OG setzt in ihrer Eröffnungsbilanz das übernommene Vermögen mit dem steuerlichen Buchwert an. Die Beteiligung des A beträgt daher 25 %. Die Beteiligung des B beträgt 75 %.

Eröffnungsbilanz AB-OG

Anlagevermögen	8.500	Eigenkapital A	2.000
Umlaufvermögen	3.500	Eigenkapital B	6.000
		Fremdkapital	4.000
	12.000		12.000

Zieht man zur Bestimmung der Beteiligungsverhältnisse an der AB-OG nicht die Buchwerte der übertragenen Betriebe, sondern deren Verkehrswerte heran, müsste A eine Beteiligung iHv 23,81 % (= 2.500 bezogen auf 10.500) und B eine Beteiligung iHv 76,19 % (= 8.000 bezogen auf 10.500) erhalten. Aufgrund des Kapitalkontenzusammenschlusses erhält A jedoch eine Beteiligung iHv 25 % (= 2.000 bezogen auf 8.000) und B eine Beteiligung iHv 75 % (= 6.000 bezogen auf 8.000). Durch den Kapitalkontenzusammenschluss tritt daher eine Bereicherung des A iHv 1,19 % bzw 125 (= 1,19 % von 10.500) ein. Bei fremdüblicher Gestaltung des Zusammenschlusses hat A die Entreicherung des B daher gesellschaftlich durch einen Gewinn- und/oder Liquidationsvorab auszugleichen.
Dieser gesellschaftlichen Entreicherung des B iHv 125 entspricht ertragsteuerlich eine zusammenschlussbedingte Verschiebung eines Firmenwertes des B auf den A. Dies wird deutlich, wenn man den von A und B übertragenen Firmenwert getrennt betrachtet:
Vor dem Zusammenschluss war dem A ein Firmenwert iHv 500 zuzurechen. Da A an diesem von ihm übertragenen Firmenwert iHv 500 nach dem Zusammenschluss nur mehr zu 25 % (= 125) beteiligt ist, muss ihm – um eine Verschiebung zu vermeiden – der restliche Firmenwert iHv 375 (= 75 % von 500) im Zuge eines Gewinn- und/oder Liquidationsvorabs zukommen. B war vor dem Zusammenschluss ein Firmenwert iHv 2.000 zuzurechnen. Da B an diesem Firmenwert nach dem Zusammenschluss nur mehr zu 75 % (= 1.500) beteiligt ist, muss ihm – um eine Verschiebung zu vermeiden – der restliche Firmenwert iHv 500 (= 25 % von 2.000) im Zuge eines Gewinn- und/oder Liquidationsvorabs zukommen. In saldierter Betrachtungsweise käme es daher ohne Gewinn- und/oder Liquidationsvorab zu einer Verschiebung eines Firmenwertes des B auf den A iHv 125 (= 500 – 375; = Entreicherung des B). A und B könnten daher anstatt eines Gewinn- und/oder Liquidationsvorabs für A iHv 375 und für B iHv 500 ebenso ein Gewinn- und/oder Liquidationsvorab zugunsten des B iHv 125 vereinbaren.
Vereinbaren A und B keinen derartigen Gewinn- und/oder Liquidationsvorab, kommt es zum Zusammenschlussstichtag hinsichtlich beider Betriebe zur Realisierung der darin enthaltenen Firmenwerte.

6. Zusammenschluss zu fixen Kapitalkonten

661a Beim Zusammenschluss zu fixen Kapitalkonten bestimmt sich die Beteiligung der Gesellschafter am Vermögen, einschließlich stiller Reserven und eines Firmenwertes, der Gesellschaft nach der Höhe der gesellschaftsvertraglich festgelegten fixen Kapitalkonten. Die von den Zusammenschlusspartnern über den Betrag ihrer fixen Kapitalkonten hinaus geleisteten Einlagen, werden auf einem variablen Kapitalkonto erfasst und bleiben für das Ausmaß der Vermögensbeteiligungsquote außer Betracht.

Sowohl der Kapitalkontenzusammenschluss als auch der Verkehrswertzusammenschluss können auf fixe Kapitalkonten bezogen werden. Dabei liegt eine endgültige Verschiebung einer Steuerbelastung nicht vor, wenn die im Zuge des Zusammenschlusses eingestellten variablen Kapitalkonten bei der Anwendung der Vorsorgemethoden nicht berücksichtigt werden (siehe *Hirschler/Sulz/Knesl* in *Wiesner/Hirschler/Mayr*, Handbuch Umgründungen § 24 Tz 151, 154). 661b

Durch den Zusammenschluss zu fixen Kapitalkonten werden unter anderem auch Kapitalkontenzusammenschlüsse möglich, bei denen das zu übertragende Vermögen zumindest eines Beteiligten – trotz Vorliegens eines positiven Verkehrswertes – kein positives buchmäßiges Zusammenschlusskapital aufweist und eine Anpassung durch rückbezogene Vermögensänderungen (vgl Tz 608 iVm Tz 410 ff) unterbleiben soll (vgl unten Beispiel 1).

Beispiel 1: 661c
Der Einzelunternehmer B will sich mit A zu einer KG zusammenschließen. Dabei überträgt B seinen Betrieb, der einen Verkehrswert von 100 aufweist. A überträgt Bargeld. A ist bereit, für eine 50%ige Beteiligung an der KG einen Betrag von 30 einzulegen. An der übernehmenden KG soll B als Kommanditist und A als Komplementär beteiligt sein. Die Bilanz des Einzelunternehmens zum Zusammenschlussstichtag ergibt sich wie folgt:

Bilanz des EU-B zum Zusammenschlussstichtag

Aktiva		Passiva	BW	StRes	VW
Vermögen	10	Kapital	– 60	160	100
		Schulden	70		
	10		10		

Um das gewünschte Beteiligungsverhältnis zu erreichen, wird das in der Zusammenschlussbilanz des Einzelunternehmers B von –60 auf ein fixes Kapitalkonto von 30 bezogen und die Differenz von 90 in ein negatives variables Kapitalkonto eingestellt. Die Übernahmebilanz der KG ergibt sich wie folgt:

Übernahmebilanz der AB MU nach dem Zusammenschluss

Aktiva		Passiva			BW	StRes	VW
Vermögen	40	Kapital A	- fix	30			
			- var	0	30	80	110
		Kapital B	- fix	30			
			- var	– 90	– 60	80	20
		Schulden		70			
	40				40	160	130

Um eine endgültige Verschiebung von stillen Reserven zu vermeiden, vereinbaren A und B folgenden Gewinnvorab bzw Schlussausgleich:

Stille Reserven	A	B	Summe
vor dem Zusammenschluss	0	160	160
nach dem Zusammenschluss	80	80	160
Gewinnvorab/Schlussausgleich	– 80	80	0

Probe:
Veräußert die KG an dem dem Zusammenschlussstichtag folgenden Tag ihren Betrieb und wird das Gesellschaftsvermögen zwischen den Gesellschaftern gemäß ihren Abfindungsansprüchen verteilt, ergibt sich unter Berücksichtigung des Schlussausgleiches ein Veräußerungsgewinn, der den stillen Reserven entspricht, die dem jeweiligen Zusammenschlusspartner zum Zusammenschlussstichtag zuzurechnen waren.

Schlussverteilung	A	B	Summe
Liquidationserlös	110	20	130
+ Auffüllung neg var Kap durch B	0	90	90
– Kapitalkonto (nach Auffüllung)	– 30	– 30	– 60
Zwischensumme	80	80	160
+/– Gewinnvorab bzw Schlussausgleich	– 80	80	0
Veräußerungsgewinn	0	160	160
= stille Reserven vor Zusammenschluss			

Beispiel 2:
Die AB Mitunternehmerschaft beabsichtigt, sich mit C zusammenzuschließen. An der AB Mitunternehmerschaft ist A als Komplementär und B als Kommanditist beteiligt. Der Verkehrswert der Mitunternehmerschaft beträgt 140. C möchte mit einer Einlage von 20 zu einem Drittel an der AB Mitunternehmerschaft beteiligt sein. Die Bilanz der AB Mitunternehmerschaft zum Zusammenschlussstichtag ergibt sich wie folgt:

Bilanz der AB MU zum Zusammenschlussstichtag

Aktiva		Passiva		BW	StRes	VW
Vermögen	50	Kapital A - fix	20			
		- var	40	60	45	105
		Kapital B - fix	20			
		- var	– 30	– 10	45	35
	50			50	90	140

Um das gewünschte Beteiligungsausmaß zu erreichen, legt C Bargeld von 20 ein. Die Übernahmebilanz der erweiterten ABC Mitunternehmerschaft ergibt sich wie folgt:

Übernahmebilanz der ABC MU nach dem Zusammenschluss

Aktiva		Passiva			BW	StRes	VW
Vermögen	70	Kapital A	- fix	20			
			- var	40	60	30	90
		Kapital B	- fix	20			
			- var	– 30	– 10	30	20
		Kapital C	- fix	20			
			- var	0	20	30	50
	70				70	90	160

Um eine endgültige Verschiebung von stillen Reserven zu vermeiden, wird folgender Gewinnvorab bzw Schlussausgleich vereinbart:

Stille Reserven	A	B	C	Summe
vor dem Zusammenschluss	45	45	0	90
nach dem Zusammenschluss	30	30	30	90
Gewinnvorab/Schlussausgleich	15	15	– 30	0

Probe:
Veräußert die ABC Mitunternehmerschaft an dem dem Zusammenschlussstichtag folgenden Tag ihren Betrieb und wird das Gesellschaftsvermögen zwischen den Gesellschaftern gemäß ihren Abfindungsansprüchen verteilt, ergibt sich unter Berücksichtigung des Schlussausgleiches ein Veräußerungsgewinn, der den stillen Reserven entspricht, die dem jeweiligen Zusammenschlusspartner zum Zusammenschlussstichtag zuzurechnen waren.

Schlussverteilung	A	B	C	Summe
Liquidationserlös	90	20	50	160
+ Vereinbarte Auffüllung durch B	0	30	0	30
– Kapitalkonto (nach Auffüllung)	– 60	– 20	– 20	– 100
Zwischensumme	30	30	30	90
+/– Gewinnvorab bzw Schlussausgleich	15	15	– 30	0
Veräußerungsgewinn = stille Reserven vor Zusammenschluss	45	45	0	90

I. Sonstige Rechtsfolgen des Zusammenschlusses

I. Äquivalenzverletzungen

Eine Äquivalenzverletzung liegt vor, wenn der Wert des übertragenen Vermögens nicht dem Wert des erhaltenen Anteiles an der übernehmenden Perso- 662 nengesellschaft entspricht (§§ 26 Abs 1 Z 1, 6 Abs 2 UmgrStG). Eine solche Äquivalenzverletzung hindert nicht die Anwendbarkeit des UmgrStG.

663 Die Äquivalenzverletzung lässt sich in **zwei gedankliche Schritte** zerlegen:

- In einem ersten Schritt werden die **fiktiven Beteiligungsquoten** der Gesellschafter an der übernehmenden Personengesellschaft ermittelt, die sich **ohne Äquivalenzverletzung** ergeben würden.
- 664 Im zweiten Schritt erfolgt eine den tatsächlichen Beteiligungsverhältnissen Rechnung tragende **unentgeltliche Anteilszuwendung**. Durch die Anteilszuwendung reduziert sich beim Zuwendenden der Buchwert seines Mitunternehmeranteiles im Ausmaß der unentgeltlichen Zuwendung. Beim Begünstigten erhöht sich dagegen der Buchwert des Mitunternehmeranteiles im selben Ausmaß.

665 Bei einem äquivalenzverletzenden Zusammenschluss unterbleibt eine Vorsorge zur Vermeidung von Steuerlastverschiebungen insoweit, als die stillen Reserven die unentgeltliche Anteilszuwendung betreffen (§ 6 Z 9 lit a EStG).

666 *Beispiel:*
A und B schließen sich zur neu zu errichtenden AB-OG zusammen und übertragen aus diesem Grund je einen Betrieb. Der Verkehrswert des von A übertragenen Betriebes beträgt 2.500. Sein Buchwert beträgt 1.000. Der von B übertragene Betrieb weist ebenfalls einen Verkehrswert von 2.500 auf. Der Buchwert beträgt jedoch 2.000. Gemäß den Verkehrswerten der übertragenen Betriebe müssten A und B an der übernehmenden AB-OG zu je 50 % beteiligt sein. Sie vereinbaren jedoch im Zusammenschlussvertrag, dass A lediglich zu 25 % und B zu 75 % beteiligt sein soll. A wendet dem B daher einen 25%igen Mitunternehmeranteil mit einem Verkehrswert von 1.250 zu (= 25 % des Verkehrswertes der übernehmenden AB-OG).

Bilanz EU-A zum Zusammenschlussstichtag

Anlagevermögen	1.500	Eigenkapital	1.000
Umlaufvermögen	500	Fremdkapital	1.000
	2.000		2.000

Bilanz EU-B zum Zusammenschlussstichtag

Anlagevermögen	3.000	Eigenkapital	2.000
Umlaufvermögen	1.000	Fremdkapital	2.000
	4.000		4.000

Die Zusammenschlussbilanzen weichen von den zum Zusammenschlussstichtag erstellten Bilanzen nur dadurch ab, dass die Bezeichnung Eigenkapital durch die Bezeichnung Zusammenschlusskapital ausgetauscht wird. In einem *ersten Schritt* ergibt sich ohne Äquivalenzverletzung folgende Eröffnungsbilanz und Vorsorgemaßnahme (zum Verkehrswertzusammenschluss mit Quotenverschiebung siehe oben Tz 643 ff):

Eröffnungsbilanz AB-OG

Anlagevermögen	4.500	Eigenkapital A	1.500 (= 1.000 + 500)
Umlaufvermögen	1.500	Eigenkapital B	1.500 (= 2.000 – 500)
		Fremdkapital	3.000
	6.000		6.000

Ergänzungsbilanz A

Minderkapital	500	Minderwert Aktiva	500
	500		500

Ergänzungsbilanz B

Mehrwert Aktiva	500	Ergänzungskapital	500
	500		500

In einem *zweiten Schritt* wird durch die Anteilsschenkung das bei A ausgewiesene Eigen- und Minderkapital im Ausmaß von 50 % (= 25 % bezogen auf den 50%igen Mitunternehmeranteil) auf das Eigen- und Ergänzungskapital des B übertragen. Damit ergeben sich folgende abgeänderte Bilanzen:

Eröffnungsbilanz AB-OG

Anlagevermögen	4.500	Eigenkapital A	750
Umlaufvermögen	1.500	Eigenkapital B	2.250
		Fremdkapital	3.000
	6.000		6.000

Ergänzungsbilanz A

Minderkapital	250	Minderwert Aktiva	250
	250		250

Ergänzungsbilanz B

Mehrwert Aktiva	250	Ergänzungskapital	250
	250		250

Probe: Würden A und B ihre Mitunternehmeranteile am Tag nach dem Zusammenschluss veräußern, dürften bei A nur mehr stille Reserven iHv 750 steuerhängig sein. Diese stillen Reserven ergeben sich aus den stillen Reserven des übertragenen Betriebes iHv 1.500 abzüglich 50 % dieser stillen Reserven (= 25 % bezogen auf den 50-%-Anteil), die aufgrund der Mitunternehmeranteilsschenkung auf B übertragen wurden. Bei B müssen hingegen stille Reserven im Ausmaß von 1.250 steuerhängig sein: Diese setzen sich zum einen aus den stillen Reserven des übertragenen Betriebes iHv 500 und zum anderen aus den von A schenkungsweise erhaltenen stillen Reserven iHv 750 (= 50 % von 1.500) zusammen.

	A	B
Verkehrswert der Mitunternehmeranteile (= Beteiligung bezogen auf den Verkehrswert der OHG iHv 5.000)	1.250	3.750
– Kapitalkonto des Gesellschafters	– 750	– 2.250
+ Auflösung „Minderwert Aktiva"	250	
– Abschreibung „Mehrwert Aktiva"		– 250
Veräußerungsgewinn	**750**	**1.250**

II. Lohnsteuer

667 Die übernehmende Personengesellschaft tritt hinsichtlich der lohnsteuerlichen Verhältnisse in die Rechtsstellung des Übertragenden ein, wenn bei den übernommenen Arbeitnehmern auch arbeitsrechtlich die entsprechenden Folgerungen gezogen werden (§ 41 UmgrStG). Da nach § 3 AVRAG bei einer (Teil-) Betriebsübertragung die übernehmende Personengesellschaft grundsätzlich ex lege in die Rechte und Pflichten der bestehenden Arbeitsverhältnisse eintritt, kommt es durch den Zusammenschluss idR zu keiner Unterbrechung der Kontinuität der Arbeitsverhältnisse (sog „lohnsteuerliche Gesamtrechtsnachfolge").

668 Anders als für die Gewinnermittlung sieht das UmgrStG hinsichtlich der lohnsteuerlichen Rechtsnachfolge **keine Rückwirkung** auf den Zusammenschlussstichtag vor. Die lohnsteuerliche Gesamtrechtsnachfolge tritt daher erst mit dem der Anmeldung des Zusammenschlusses zur Eintragung in das Firmenbuch oder der Meldung an das Finanzamt folgenden Monatsersten ein (UmgrStR RZ 1468).

669 Wandelt sich durch den Zusammenschluss die Stellung eines Arbeitnehmers zu der eines Mitunternehmers, fallen die von der übernehmenden Personengesellschaft bezogenen Vergütungen bis zur Eintragung des Zusammenschlusses in das Firmenbuch bzw bis zur Meldung des Zusammenschlusses beim Finanzamt unter die Einkünfte aus nichtselbständiger Arbeit (§ 26 Abs 2 UmgrStG).

III. Umsatzsteuer

670 Nach § 26 Abs 1 Z 2 UmgrStG gilt der Zusammenschluss hinsichtlich der Übertragung von begünstigtem Vermögen als nicht steuerbarer Umsatz (UmgrStR RZ 1477; siehe dazu Tz 162 ff).

671 Für den Bereich der Umsatzsteuer kennt das UmgrStG **keine Rückwirkung** auf den Zusammenschlussstichtag. Der Übergang der umsatzsteuerlichen Zurechnung kann mit dem der Anmeldung zur Eintragung im Firmenbuch bzw mit dem der Meldung beim zuständigen Finanzamt folgenden Monatsersten

angenommen werden, sofern dem zuständigen Finanzamt kein anderer Stichtag des tatsächlichen Wechsels der Unternehmereigenschaft dargelegt wird (UmgrStR RZ 1474).

IV. Kommunalsteuer

Die Kommunalsteuerpflicht geht erst mit der Eintragung des Zusammenschlusses in das Firmenbuch oder der Meldung beim Finanzamt auf die übernehmende Personengesellschaft über. Dies ergibt sich nicht aus einer ausdrücklichen Bestimmung des UmgrStG, sondern aus einer – durch das gleiche Steuersubjekt bedingten – analogen Anwendung der umsatzsteuerlichen Beurteilung. 672

V. Gebühren

Zusammenschlüsse führen hinsichtlich des übertragenen Vermögens dann zu keiner Belastung Zessionsgebühr (§ 33 TP 21 GebG), wenn das übertragene Vermögen am Tag des Abschlusses des Zusammenschlussvertrages länger als zwei Jahre als Vermögen des Übertragenden besteht (§ 26 Abs 3 UmgrStG; siehe UmgrStR RZ 1482; vgl VwGH 21.2.1996, 95/16/0161, ÖStZB 1996, 501). 673

Weiters sind **Vertragsübernahmen** von den Stempel- und Rechtsgebühren befreit, wenn sie anlässlich eines gebührenbegünstigten Zusammenschlusses erfolgen (§ 42 UmgrStG). 674

VI. Grunderwerbsteuer

Führt der Zusammenschluss zu grunderwerbsteuerpflichtigen Vorgängen, bemisst sich die Grunderwerbsteuer sowohl für Erwerbsvorgänge nach § 1 Abs 1 GrEStG als auch für die Anteilsvereinigung nach § 1 Abs 2a und 3 GrEStG vom **Grundstückswert** (§ 26 Abs 4 UmgrStG iVm § 4 GrEStG). Der Steuersatz beträgt einheitlich **0,5 %** (§ 7 Abs 1 Z 2 lit c GrEStG). 675

Die **grundbücherliche Eintragungsgebühr** iHv 1,1 % bemisst sich vom dreifachen Einheitswert, maximal jedoch von 30 % des Verkehrswertes (§ 26a Abs 1 Z 2 GGG). Die Begünstigung tritt nur ein, wenn sie in der Eingabe unter Hinweis auf die gesetzliche Grundlage in Anspruch genommen wird (§ 26a Abs 2 GGG).

675a **Exkurs: Folgen eines Zusammenschlusses nach Art IV UmgrStG oder einer Realteilung nach Art V UmgrStG bei fortgesetzter Einnahmen-Ausgaben-Rechnung (BMF, AÖF 174/1998, UmgrStR RZ 1399 und RZ 1580)**[1]

1. Liegen die Anwendungsvoraussetzungen des Art IV und des Art V UmgrStG für einen Buchwertzusammenschluss bzw eine Buchwertteilung vor und ermitteln die (Rechts-)Nachfolger nach der Umgründung den Gewinn weiterhin im Wege der Einnahmen-Ausgaben-Rechnung (§ 4 Abs 3 EStG), kommt es nach geltender Verwaltungspraxis zu keinem doppelten Wechsel der Gewinnermittlungsart (nämlich zum Umgründungsstichtag zu einem Wechsel von der Gewinnermittlung nach § 4 Abs 3 EStG zu jener nach § 4 Abs 1 leg cit und im ersten Wirtschaftsjahr des Nachfolgers von § 4 Abs 1 zu § 4 Abs 3 EStG). Das in beiden Umgründungsbereichen nach § 23 Abs 2 bzw § 27 Abs 2 UmgrStG als Anwendungsvoraussetzung erforderliche Aufstellen einer Bilanz zum Umgründungsstichtag nach den Grundsätzen des § 4 Abs 1 EStG hat diesfalls nur die Bedeutung eines Status, der für die Feststellung des Buchwertes des umzugründenden Vermögens und der Höhe der stillen Reserven einschließlich eines allfälligen Firmenwertes Bedeutung hat.

2. Der Verzicht auf einen doppelten Wechsel der Gewinnermittlungsart ändert allerdings nichts daran, dass sich durch die umgründungsbedingte Änderung der Vermögens- und Einkommenszurechnung Steuerwirkungen verschieben können, die bei Vorliegen von Waren, halbfertigen oder fertigen Erzeugnissen (Arbeiten), Forderungen und Verbindlichkeiten aus Lieferungen und Leistungen (ausgenommen Verbindlichkeiten aus der Anschaffung von Anlagevermögen), Rückstellungen und Rechnungsabgrenzungen im Umgründungsstatus nicht unberücksichtigt bleiben können. Bei Zusammenschlüssen hat sich der neue Mitunternehmer in die Aktiva und Passiva des übertragenen (Teil-)Betriebes durch seine Einlage quotenmäßig eingekauft, sodass dieser „Kaufpreis" bei der späteren Vereinnahmung und Verausgabung in der Mitunternehmerschaft berücksichtigt werden muss. Bei Realteilungen kann es zu einer von der Beteiligungsquote des Nachfolgeunternehmers abweichenden Übernahme von Aktiva und Passiva kommen. Es handelt sich dabei weder um die Frage einer Steuerlastverschiebung iSd des § 24 Abs 2 bzw § 29 Abs 1 UmgrStG, die sich auf stille Reserven einschließlich eines allfälligen Firmenwertes bezieht, noch um die Frage einer Äquivalenzverletzung iSd des § 26 Abs 1 Z 1 bzw § 31 Abs 1

[1] Bei fortgesetzter Einnahmen-Ausgaben-Rechnung ist zur objektiv richtigen Gewinnermittlung zum Zusammenschluss- bzw Realteilungsstichtag ein rechnerisch doppelter Wechsel der Gewinnermittlungsart vorzunehmen (VwGH 25.7.2013, 2011/15/0046; siehe dazu ausführlich *Sulz/Oberkleiner*, SWK 2011, 899).

Z 1 UmgrStG, die sich auf eine den übertragenen Werten nicht entsprechende Gegenleistung bezieht. Es liegt daher eine Frage der objektiv richtigen Gewinnermittlung und Gewinnzurechnung nach der Umgründung vor, die von der Abgabenbehörde von Amts wegen zu berücksichtigen ist.

3. Der objektiv richtige Gewinn kann sowohl bei Zusammenschlüssen als auch bei Realteilungen dadurch erfasst werden, dass der doppelte Wechsel der Gewinnermittlungsart zum Umgründungsstichtag simuliert, dh (nur) *rechnerisch* vorgenommen und bei allen Betroffenen zunächst in Evidenz genommen wird. Da die Einlagenleistung bzw die Vermögensabfindung Vereinnahmungs- bzw Verausgabungswirkung hat, sind die festgestellten Beträge bei der Gewinnermittlung des ersten Wirtschaftsjahres nach der Umgründung als Betriebseinnahmen bzw Betriebsausgaben unabhängig von der Vereinnahmung und Verausgabung der betreffenden Aktiva und Passiva laut Umgründungsbilanz zu berücksichtigen. Dabei ist wie folgt zu verfahren:

3.1 Bei Zusammenschlüssen hat (je)der einen (Teil-)Betrieb Übertragende mithilfe der Bilanz (Status) die rechnerischen Wirkungen eines Wechsels zur Gewinnermittlung nach § 4 Abs 1 EStG zu erfassen. Nach dem Zusammenschluss sind die rechnerischen Wirkungen eines Wechsels zur Gewinnermittlungsart nach § 4 Abs 3 EStG bei allen Mitunternehmern quotenmäßig zu erfassen. Hat der den (Teil-)Betrieb Übertragende einen rechnerischen Übergangsgewinn (Übergangsverlust) ermittelt, wird dieser bei allen Mitunternehmern nach dem Zusammenschluss quotenmäßig als Übergangsverlust (Übergangsgewinn) festgehalten. Da kein doppelter Wechsel vorliegt, kommt § 4 Abs 10 EStG nicht zur Anwendung. Es ist vielmehr in diesem Bereich von dem mit Art IV UmgrStG verbundenen Grundsatz auszugehen, wonach bei jedem Zusammenschluss eine neue Mitunternehmerschaft entstanden ist, sodass die rechnerisch ermittelten Übergangsbeträge im ersten Wirtschaftsjahr steuerwirksam werden (dh keine Verteilung rechnerischer Übergangsverluste auf sieben Jahre).

- Bei dem den (Teil-)Betrieb Übertragenden ist daher der Saldo aus dem rechnerisch ermittelten und zunächst in Evidenz genommenen Übergangsgewinn oder -verlust mit dem ihm quotenmäßig zukommenden Übergangsverlust oder -gewinn im ersten Wirtschaftsjahr steuerwirksam anzusetzen, dh dem Gewinn- oder Verlustanteil zuzuschlagen.
- Bei dem kein Vermögen iSd des § 23 Abs 2 UmgrStG Übertragenden ist der ihm quotenmäßig zukommende rechnerische Übergangsverlust oder -gewinn im ersten Wirtschaftsjahr ebenfalls steuerwirksam anzusetzen, dh dem Gewinn- oder Verlustanteil zuzuschlagen.

Beispiel 1:

B tritt dem von A geführten Einzelunternehmen zum 31.12.2001 mit einer Geldeinlage bei. Die von A erstellte Bilanz (Status) zum 31.12.2001 zeigt einen Bestand an voll bezahlten Waren iHv 400, Forderungen iHv 1200 und Verbindlichkeiten aus Warenlieferungen und Leistungen iHv 800 auf. Der rechnerische Übergangsgewinn des A beträgt 800. Dieser rechnerische Übergangsgewinn ist aufgrund der mitunternehmerischen Beteiligung des A mit 75 Prozent und des B mit 25 Prozent bei A mit 600 und bei B mit 200 als rechnerischer Übergangsverlust festzuhalten. Bei der Gewinnermittlung des ersten Wirtschaftsjahres der Mitunternehmerschaft, also 02, hat A seinem Gewinnanteil den Saldo aus dem rechnerischen Übergangsgewinn (800) und quotenmäßigen rechnerischen Übergangsverlust (600) iHv 200 zuzurechnen und B seinen Gewinnanteil um den rechnerischen Übergangsverlust von 200 zu kürzen.

3.2 Bei Realteilungen hat die teilende Mitunternehmerschaft mithilfe der Bilanz (Status) die rechnerischen Wirkungen eines Wechsels zur Gewinnermittlung nach § 4 Abs 1 EStG zu erfassen. Nach der Realteilung sind die rechnerischen Wirkungen eines Wechsels zur Gewinnermittlungsart nach § 4 Abs 3 EStG sowohl bei allen Nachfolgeunternehmern als auch bei der allenfalls bestehen bleibenden teilenden Mitunternehmerschaft zu erfassen. Ergibt sich bei der teilenden Mitunternehmerschaft ein rechnerischer Übergangsgewinn (Übergangsverlust), wird dieser bei allen Mitunternehmern quotenmäßig festgehalten, dh zunächst in Evidenz genommen. Nach der Realteilung kommt es nach Maßgabe des Vermögens laut Teilungsbilanz(en) und dem verbleibenden Vermögen in der allenfalls bestehen bleibenden Mitunternehmerschaft zu einem rechnerischen Übergangsverlust (Übergangsgewinn). Ebenso wie bei Zusammenschlüssen sind die Auswirkungen dieser rechnerischen Vorgänge mangels Geltung des § 4 Abs 10 EStG im ersten Wirtschaftsjahr der Nachfolgeunternehmen und der allenfalls bestehen bleibenden Mitunternehmerschaft steuerwirksam zu berücksichtigen.

- Bei dem (den) Nachfolgeunternehmer(n) ist der Saldo aus dem rechnerisch ermittelten quotenmäßigen Übergangsgewinn oder -verlust mit dem rechnerisch aus der Teilungsbilanz ermittelten Übergangsverlust oder -gewinn im ersten Wirtschaftsjahr steuerwirksam anzusetzen, dh dem Gewinn oder Verlust zuzuschlagen.
- Bei den Mitunternehmern der allenfalls verbleibenden teilenden Mitunternehmerschaft ist der ihnen quotenmäßig zukommende rechnerische Übergangsgewinn oder -verlust
  - bei einem auf den 31. 12. fallenden Teilungsstichtag im folgenden Wirtschaftsjahr und
  - bei einem davon abweichenden Teilungsstichtag (mangels Unterbrechung der Gewinnermittlungsperiode) im gleichen Jahr

  mit dem aus dem Restvermögen abzuleitenden quotenmäßigen Übergangsverlust oder -gewinn zu saldieren und dem Gewinn- oder Verlustanteil des zutreffenden Wirtschaftsjahres zuzuschlagen.

Beispiel 2:
An der teilenden Mitunternehmerschaft sind A, B und C zu je einem Drittel beteiligt. C scheidet a) zum 31.12.2001, b) zum 30.6.2001 aus der Mitunternehmerschaft aus und wird mit einem Teilbetrieb abgefunden. Die von der Mitunternehmerschaft zum Teilungsstichtag aufgestellte Bilanz (Status) zeigt Forderungen von 1.200 und Verbindlichkeiten aus Warenlieferungen und Leistungen von 600 auf. Der rechnerische Übergangsgewinn beträgt insgesamt 600. Dieser rechnerische Übergangsgewinn ist aufgrund der mitunternehmerischen Beteiligungen den drei Gesellschaftern mit je 200 zuzurechnen und festzuhalten. C hat laut Teilungsbilanz zum Teilungsstichtag Forderungen iHv 900 und Verbindlichkeiten iHv 100 übernommen, in der teilenden Mitunternehmerschaft verbleiben daher Restforderungen iHv 300 und Restverbindlichkeiten iHv 500. Für C ergibt sich daher ein rechnerischer Übergangsverlust iHv 800, für die Mitunternehmer A und B je ein Übergangsgewinn iHv 100.
C hat den Saldo aus dem rechnerischen Übergangsgewinn (200) und dem rechnerischen Übergangsverlust (800) iHv 600 im Rahmen der Gewinnermittlung des ersten Wirtschaftsjahres seines Einzelunternehmens, also 02, abzusetzen. A und B haben die Summe aus den beiden rechnerischen Übergangsgewinnen (je 200 + je 100) iHv je 300

- bei Variante a) im Rahmen der Gewinnermittlung des Jahres 02 und
- bei Variante b) im Rahmen der Gewinnermittlung des Jahres 01

dem sich ergebenden Gewinnanteil zuzurechnen.

4. Die in Punkt 3. dargestellten steuerlichen Folgen können im Einzelfall zu Härten in der Besteuerung führen, wenn in der Bilanz (Status) ein erheblicher Forderungsbestand ausgewiesen ist und mit dem Eingang in dem der Umgründung folgenden Wirtschaftsjahr nicht zu rechnen ist. Es bestehen daher keine Bedenken, wenn alle an der Umgründung Beteiligten dahingehend übereinkommen, dass die rechnerischen Ergebnisse des doppelten Wechsels in die dem § 24 Abs 2 UmgrStG entsprechende Vorsorgemethode des Gewinnvorab einschließlich einer Ersatzausgleichsvereinbarung bzw die dem § 29 Abs 1 UmgrStG entsprechende Methode der Ausgleichsposten eingekleidet werden. Da nur die Technik der Vorsorgemethoden angesprochen ist, kann sie unabhängig davon angewendet werden, ob im Rahmen eines Verkehrswert- oder Buchwert- (Kapitalkonten-)Zusammenschlusses eine Vorsorgemethode zur endgültigen Vermeidung einer Steuerlastverschiebung angewendet wird. In diesem Fall ist die gewählte Alternativmethode von allen Beteiligten durchzuführen. Zur Vermeidung von Zweifeln wird die gewählte Alternativmethode in geeigneter Weise der Abgabenbehörde zu dokumentieren sein; sollte sie mit einer zur Vermeidung einer endgültigen Steuerlastverschiebung erforderlichen Methode kombiniert werden, steht der Erfassung in einer Summe nichts im Wege, wenn die Bemessungsgrundlagen der beiden Methoden getrennt dokumentiert werden.

Fortsetzung des Beispiels 1:
Vereinbaren A und B als Alternative zur Berücksichtigung der rechnerischen Ergebnisse des doppelten Wechsels der Gewinnermittlungsart bei der Gewinnermittlung des Jahres 02 zB die Verteilung nach Art eines Gewinnvorab mit 10 Prozent, erhält A ab dem Jahr vor der Gewinnverteilung so lange einen Gewinnvorab iHv 10 Prozent, bis der Betrag von 200 erreicht wird. B kann in diesem Fall den rechnerischen Übergangsverlust von 200 im ersten Wirtschaftsjahr nicht absetzen, die Steuerwirkung ergibt sich durch den Gewinnverzicht zugunsten des A, bis die Endgröße von 200 erreicht wird. Sollte dieser Vorab in der Folge bis zur Beendigung der Mitunternehmerschaft oder dem steuerwirksamen Ausscheiden eines Mitunternehmers nicht erfüllt sein, hat die Ersatzausgleichsregelung auch hier zu gelten.

Fortsetzung des Beispiels 2:
Vereinbaren A, B und C als Alternative zur Berücksichtigung der rechnerischen Ergebnisse des doppelten Wechsels der Gewinnermittlungsart bei der Gewinnermittlung des C im Jahre 02 und der (verbleibenden) Mitunternehmerschaft des A und B bei der Gewinnermittlung im Jahre 02 bzw bei der Variante 2 im Jahre 01 die Berücksichtigung nach Art von Ausgleichsposten, ergibt sich für C ein aktiver Ausgleichsposten iHv 800, der beginnend ab dem Jahre 02 gleichmäßig auf fünfzehn Jahre verteilt abzusetzen ist, und für die Mitunternehmer A und B je ein passiver Ausgleichsposten iHv 100, der beginnend ab dem Jahre 02 bzw bei der Variante 2 im Jahre 01 gleichmäßig auf fünfzehn Jahre verteilt gewinnerhöhend aufzulösen ist.

5. Wird die in Pkt 3. dargestellte Vorgangsweise nicht eingehalten und auch die in Pkt 4. beschriebene Alternativmethode mangels Dokumentation nicht in Anspruch genommen, hat die Abgabenbehörde das erklärte steuerliche Ergebnis des ersten Wirtschaftsjahres nach dem Umgründungsstichtag im Sinne des Pkt 3. zu berichtigen.

6. Wurden die in den Pkt 3. und 4. dargestellten Möglichkeiten in rechtskräftig abgeschlossenen Fällen der Vergangenheit nicht wahrgenommen und erfolgte auch seitens der Abgabenbehörde keine Berichtigung, hat eine solche iSd Pkt 3. nur im Falle einer Wiederaufnahme des Veranlagungsverfahrens aus anderen Gründen zu erfolgen.

6. Abschnitt
Realteilung

A. Realteilung auf einen Blick

Eine Realteilung liegt vor, wenn eine Mitunternehmerschaft Vermögen auf ihre Gesellschafter überträgt und die Gesellschafter (Mitunternehmer) als Gegenleistung ihre Gesellschafterrechte (teilweise) aufgeben. Je nachdem, ob die Mitunternehmerschaft ihr gesamtes Vermögen überträgt und untergeht oder nur einen Teil ihres Vermögens überträgt und weiter bestehen bleibt, wird von einer Aufteilung oder einer Abteilung gesprochen. 676

*Nach **allgemeinem Steuerrecht** stellt eine Realteilung grundsätzlich eine steuerwirksame **Veräußerung** dar (§ 24 Abs 7 EStG). Die Ermittlung eines Veräußerungsgewinns unterbleibt nur dann, wenn das UmgrStG anzuwenden ist.* 677

*Das **UmgrStG** ist anzuwenden, wenn aufgrund eines Teilungsvertrages begünstigtes Vermögen mit positivem Verkehrswert auf den (die) Nachfolgeunternehmer übertragen wird und als Gegenleistung – abgesehen von unwesentlichen Ausgleichszahlungen – ausschließlich Gesellschaftsrechte an der übertragenden Mitunternehmerschaft (teilweise) aufgegeben werden.* 678

*Bei der **teilenden Mitunternehmerschaft** ist das zu übertragende Vermögen grundsätzlich mit den Buchwerten anzusetzen **(Unterbleiben der Gewinnrealisierung)**. Bei einer endgültigen Verschiebung von Steuerlasten (stillen Reserven) sind sämtliche im Betriebsvermögen der teilenden Mitunternehmerschaft enthaltenen stillen Reserven zu realisieren.* 679

*Unabhängig von unternehmensrechtlichen Bewertungswahlrechten hat der **übernehmende Nachfolgeunternehmer** steuerlich das von ihm übernommene Vermögen mit den Buchwerten der übertragenden Mitunternehmerschaft anzusetzen **(Buchwertfortführung)**. Buchgewinne und -verluste sind steuerneutral.* 680

B. Begriff der Realteilung

I. Allgemeines

Unter dem Begriff „Realteilung“ versteht man die Übertragung von Vermögen durch eine Mitunternehmerschaft auf ihre Gesellschafter, bei der die Gesell- 681 schafter als Gegenleistung Gesellschaftsrechte an der übertragenden Mitunternehmerschaft aufgeben und gegebenenfalls der Höhe nach begrenzte Ausgleichszahlungen geleistet werden. Die Realteilung lässt sich in zwei Typen unterteilen:

682 • **Aufteilung:**
Bei der Aufteilung wird das **gesamte Vermögen** der Mitunternehmerschaft auf ihre Gesellschafter übertragen und die Mitunternehmerschaft anschließend **liquidiert**.

683 • **Abteilung:**
Bei der Abteilung überträgt die Mitunternehmerschaft nur einen **Teil ihres Vermögens** und bleibt auch nach der Abteilung **weiter bestehen**.

683a Eine **verhältniswahrende** Realteilung liegt vor, wenn die Gesellschafter der teilenden Mitunternehmerschaft am ab- oder aufgeteilten Vermögen wieder im selben Verhältnis zueinander beteiligt sind wie vor der Realteilung an der teilenden Mitunternehmerschaft; andernfalls wird die Realteilung als **nichtverhältniswahrend** bezeichnet.

684 Unter den Begriff Realteilung fallen daher insbesondere folgende Sachverhalte (zu den Anwendungsvoraussetzungen des UmgrStG siehe unten Tz 696 ff):

- Eine Mitunternehmerschaft überträgt ihre beiden Teilbetriebe auf ihre beiden Gesellschafter und wird anschließend liquidiert (Aufteilung).
- Ein Gesellschafter tritt aus der Mitunternehmerschaft aus und bekommt hierfür als Gegenleistung einen Teilbetrieb der Mitunternehmerschaft übertragen (Abteilung).
- Ein Gesellschafter einer Mitunternehmerschaft gibt seine Gesellschaftsrechte an dieser zum Teil auf und erhält hierfür von der Mitunternehmerschaft einen Teilbetrieb übertragen. Die übertragende Mitunternehmerschaft bleibt mit anderen Beteiligungsverhältnissen weiter bestehen (Abteilung).
- Die Gesellschafter A und B sind zu je 50 % an der Mitunternehmerschaft 1 und der Mitunternehmerschaft 2 beteiligt. A und B kommen überein, die Mitunternehmerschaften zu liquidieren und die Betriebe der Mitunternehmerschaften jeweils alleine als Einzelunternehmen weiterzuführen (nichtverhältniswahrende Aufteilung).
- Gesellschafter A und B sind an der Mitunternehmerschaft 1 und an der Mitunternehmerschaft 2 zu jeweils 50 % beteiligt. A und B beschließen, dass A an der Mitunternehmerschaft 1 zu 70 % bzw an der Mitunternehmerschaft 2 zu 40 % und B an der Mitunternehmerschaft 1 zu 30 % bzw an der Mitunternehmerschaft 2 zu 60 % beteiligt sein soll.

685 Der realteilungsbedingte Vermögensübergang erfolgt im Wege der **Einzelrechtsnachfolge**. Durch die Realteilung ist es demnach nicht möglich, Vertragsverhältnisse ohne Zustimmung der Vertragspartner zu übertragen.

Arbeitsverhältnisse sind von dieser Zustimmungsbedürftigkeit ausgenommen: Geht ein Unternehmen, Betrieb oder Teilbetrieb auf einen anderen über, gehen kraft Gesetzes idR auch sämtliche Arbeitsverhältnisse auf den Erwerber über (vgl § 3 AVRAG). 686

II. Inländische, ausländische und grenzüberschreitende Realteilung

1. Inländische Realteilung

Wird ein inländischer Teilbetrieb oder Mitunternehmeranteil auf einen im Inland unbeschränkt Steuerpflichtigen übertragen und ist auf diese Übertragung ausschließlich inländisches Steuerrecht anzuwenden, so liegt eine inländische Realteilung vor. 686a

Beispiel:
Die inländische AB-OG besteht aus Teilbetrieb 1 und Teilbetrieb 2. An der Gesellschaft sind die im Inland unbeschränkt steuerpflichtigen Gesellschafter A und B zu jeweils 50 % beteiligt. Teilbetrieb 1 soll auf den Gesellschafter A und Teilbetrieb 2 auf den Gesellschafter B im Rahmen einer Realteilung übertragen werden.
Es liegt eine inländische Realteilung vor, da nur inländisches Steuerrecht angewendet werden kann.

2. Ausländische Realteilung

Eine ausländische Realteilung liegt vor, wenn ausschließlich ausländisches Steuerrecht anzuwenden ist. Besteht dabei ein Bezug zum Inland, kann die ausländische Realteilung dem Art V UmgrStG unterliegen. 686b

3. Grenzüberschreitende Realteilung

Bei einer grenzüberschreitenden Realteilung wird begünstigtes Vermögen entweder von einer inländischen Mitunternehmerschaft auf einen ausländischen Nachfolgeunternehmer („Export-Realteilung“) oder von einer ausländischen Mitunternehmerschaft auf einen inländischen Nachfolgeunternehmer („Import-Realteilung“) übertragen. 686c

C. Ertragsteuerliche Folgen nach allgemeinem Steuerrecht

687 Nach allgemeinem Steuerrecht stellt die Realteilung grundsätzlich einen Veräußerungsvorgang dar (§ 24 Abs 7 EStG). Unterliegt die Realteilung jedoch dem Anwendungsbereich des UmgrStG, wird das allgemeine Steuerrecht in seiner Anwendung verdrängt. Eine Gewinnrealisierung hat dann grundsätzlich zu unterbleiben (vgl § 24 Abs 7 EStG).

689 Sind dagegen **nicht alle für die Anwendung des UmgrStG notwendigen Voraussetzungen erfüllt** (siehe dazu unten Tz 696 ff), kommt es zwingend zur **Gewinnrealisierung**. Hinsichtlich des **Umfanges der Gewinnrealisierung** ist zu unterscheiden:

690 • Bei der **Aufteilung** unterliegen sämtliche Gesellschafter der Veräußerungsgewinnbesteuerung (UmgrStR RZ 1641 Punkt 1).

692 • Bei der **Abteilung** ist weiters zu unterscheiden, welches Vermögen dem ausscheidenden Gesellschafter übertragen wird (siehe dazu auch Tz 701 ff):

693 – Wird der ausscheidende Gesellschafter zwar mit einem **Betrieb, Teilbetrieb** oder **Mitunternehmeranteil** abgefunden, ist aber eine andere Anwendungsvoraussetzung des Art V UmgrStG nicht erfüllt, ist für alle Gesellschafter der teilenden Personengesellschaft zum Teilungsstichtag ein Veräußerungsgewinn wie folgt zu ermitteln (UmgrStR RZ 1641 Teilstrich 2): Für den ausscheidenden Gesellschafter erfolgt die Veräußerung seines gesamten Mitunternehmeranteils; Veräußerungserlös ist dabei der gemeine Wert des durch ihn übernommenen Abfindungsvermögens (Betrieb, Teilbetrieb, Mitunternehmeranteil). Zudem realisieren die verbleibenden Gesellschafter ihre anteiligen stillen Reserven am Abfindungsvermögens.

694 – Wird der ausscheidende Gesellschafter mit **Bargeld** oder **anderem Vermögen** abgefunden, **welches keine stillen Reserven enthält**, hat lediglich der ausscheidende Gesellschafter zum Tag des Abschlusses des Teilungsvertrages einen Gewinn aus der Veräußerung seines Mitunternehmeranteiles zu ermitteln (UmgrStR RZ 1641 Teilstrich 1).

695 – Wird der ausscheidende Gesellschafter mit **Vermögen** abgefunden, welches stille Reserven enthält (sog „Sachabfindung“), ist ebenfalls nur für den ausscheidenden Mitunternehmer zum Tag des Abschlusses des Teilungsvertrages ein Gewinn aus der Veräußerung seines Mitunterneh-meranteiles zu ermitteln; bei den verbleibenden Mitunternehmern werden nur die stillen Reserven (anteilig) aufgedeckt, die in dem Wirtschaftsgut gelegen sind, das als Abfindung übertragen wurde (vgl UmgrStR RZ 1642 iVm EStR 2000 RZ 5975).

Scheidet aus einer Mitunternehmerschaft ein nicht vermögensbeteiligter Arbeitsgesellschafter aus, liegt nach Auffassung der Verwaltungspraxis keine Realteilung iSd Art V UmgrStG vor. Da sich zwischen den Gesellschaftern keine stillen Reserven verschieben, erfolgt das Ausscheiden auch nach allgemeinem Steuerrecht ertragsteuerneutral (*Wiesner/Schwarzinger*, UmS 103/10/02, SWK 2002, 417).

Diese Auffassung erscheint als zu eng: Im Zuge einer Realteilung muss nur dem Gesellschafter ein begünstigtes Vermögen übertragen werden, der auch am Vermögen der teilenden Gesellschaft beteiligt war (vgl § 27 Abs 1 UmgrStG, argumentum „... *denen das Vermögen zur Gänze oder teilweise zuzurechnen war.*“). Scheidet daher beispielsweise ein nicht am Vermögen der Personengesellschaft beteiligter Gesellschafter (zB Arbeitsgesellschafter) aus der Gesellschaft aus und wächst das teilungsfähige Vermögen der Personengesellschaft nach § 142 UGB beim verbleibenden Gesellschafter an, liegt grundsätzlich ein Teilungsvorgang vor, der bei Berücksichtigung der übrigen Anwendungsvoraussetzungen dem Art V UmgrStG unterliegt (siehe dazu *Mühlehner*, RdW 2009, 378). Werden die Anwendungsvoraussetzungen des Art V UmgrStG nicht beachtet, kommt es auch nach allgemeinem Steuerrecht zu keiner Gewinnrealisierung. Die Anwendung des UmgrStG kann aber insbesondere im Bereich der Verkehrsteuern vorteilhaft sein.

D. Anwendungsbereich des UmgrStG

Da eine unternehmensrechtliche Definition fehlt, wird der Begriff der „Realteilung“ im UmgrStG selbst umschrieben (§ 27 UmgrStG). Eine Realteilung liegt demnach vor, wenn 696

- aufgrund eines **Teilungsvertrages** (siehe unten Tz 698 ff)
- und einer **Teilungsbilanz** (siehe unten Tz 700a)
- ein **Betrieb, Teilbetrieb oder Mitunternehmeranteil** (sog **„realteilungsfähiges Vermögen“** (siehe unten Tz 701 ff)
- mit **positivem Verkehrswert** (siehe unten Tz 714 ff)
- **tatsächlich** von einer Mitunternehmerschaft **übertragen** wird (siehe unten Tz 722 ff) und
- der **Nachfolgeunternehmer** (siehe unten Tz 726 ff)
- als **Gegenleistung ausschließlich Gesellschaftsrechte** an der übertragenden Mitunternehmerschaft aufgibt und **keine wesentlichen Ausgleichszahlungen** geleistet werden (siehe unten Tz 729 ff).

Erfüllt die Realteilung alle genannten Voraussetzungen, ist das UmgrStG zwingend anzuwenden (§ 27 Abs 5 UmgrStG). Ein Anwendungswahlrecht steht nicht zu. 697

I. Teilungsvertrag

Die rechtsgeschäftliche Grundlage für die Realteilung bildet der Teilungsvertrag (Gesellschaftsvertrag). Im Teilungsvertrag werden insbesondere das von 698 der teilenden Personengesellschaft zu übertragende Vermögen, der Teilungsstichtag, allfällige Ausgleichszahlungen und die zu erbringende Gegenleistung geregelt.

699 Die Anwendbarkeit des UmgrStG setzt einen schriftlichen Teilungsvertrag voraus.

700 Nach der Rechtsprechung des OGH unterliegt eine Kommanditgesellschaft, an der keine natürliche Person als unbeschränkt haftender Gesellschafter beteiligt ist, den **Vorschriften der Kapitalerhaltung** nach § 82 GmbHG bzw § 52 AktG (OGH 29.5.2008, 2 Ob 225/07p). Ein gegen diese Grundsätze verstoßender Teilungsvertrag ist nichtig. Der vom OGH geforderten Beachtung des Kapitalerhaltungsgrundsatzes müsste jedenfalls entsprochen werden, wenn im Zuge einer Realteilung die vom SpaltG zum Gläubigerschutz vorgesehenen Bestimmungen analog angewendet werden. Eine solche analoge Anwendung des SpaltG stellt lediglich eine gesellschaftsrechtliche „Begleitmaßnahme" einer dem Art V UmgrStG unterliegenden Realteilung dar und führt nicht zur Anwendung des Art VI UmgrStG.

Erweist sich die Realteilung und damit der Realteilungsvertrag als zivilrechtlich nichtig, ist zu unterscheiden: Wird bei Firmenbuchzuständigkeit die Realteilung aus dem Firmenbuch ausgetragen, ist die Realteilung steuerlich von Anfang an nicht zustande gekommen („Maßgeblichkeit des Unternehmensrechts", zur Firmenbuchzuständigkeit siehe Tz 740). Das übertragene Vermögen ist auch nach dem Teilungsstichtag ohne Gewinnrealisierung weiterhin der teilenden Gesellschaft zuzurechnen (siehe dazu UmgrStR RZ 660 zur Einbringung). Unterliegt die Realteilung der Zuständigkeit des Finanzamtes (siehe Tz 744), bleibt die Realteilung steuerlich bestehen und das UmgrStG anwendbar (vgl BMF, ecolex 2002, 49 zur Einbringung). Wird die Realteilung zivilrechtlich rückabgewickelt, sprechen die besseren Gründe dafür, dass das realgeteilte Vermögen ohne Gewinnrealisierung rückwirkend der übertragenden Personengesellschaft zuzurechnen ist.

II. Teilungsbilanz

700a Der Realteilung ist eine Teilungsbilanz zu Grunde zu legen (§§ 27 Abs 1, 28, 15 UmgrStG). In der Teilungsbilanz ist insbesondere das übertragene Vermögen mit dem steuerlichen Buchwert darzustellen und der Saldo als Teilungskapital auszuweisen (siehe dazu auch Tz 754 f). Das Erstellen einer Teilungsbilanz kann unterbleiben, wenn der steuerliche Buchwert des übertragenen Vermögens und das Teilungskapital im Teilungsvertrag beschrieben werden (§§ 28, 15 Satz 3 UmgrStG). In allen anderen Fällen führt das Fehlen einer Teilungsbilanz zur Anwendung des allgemeinen Steuerrechts.

Wird die Teilungsbilanz nicht innerhalb der Neunmonatsfrist dem Finanzamt übermittelt, hat das Finanzamt die Vorlage innerhalb einer zweiwöchigen Verbesserungsfrist aufzutragen. Wird dieser Aufforderung fristgerecht nachgekommen, erfolgt die Realteilung zum vereinbarten rückwirkenden Teilungsstichtag (vgl UmgrStR RZ 791 zur Einbringung).

III. Übertragung von realteilungsfähigem Vermögen

Unter den Anwendungsbereich des UmgrStG fällt ausschließlich die Übertragung eines Betriebes, Teilbetriebes oder Mitunternehmeranteiles (sog „realteilungsfähiges Vermögen"). Da das UmgrStG für die Definition auf die Bestimmungen zur Einbringung verweist (§§ 27 Abs 2, 12 Abs 2 UmgrStG), gelten die Ausführungen oben unter Tz 329 ff hier entsprechend. 701

Anders als bei der Einbringung stellen **Kapitalanteile** iS des § 12 Abs 2 Z 3 UmgrStG **kein realteilungsfähiges Vermögen** dar. Sie können jedoch dann begünstigt übertragen werden, wenn sie zum Vermögen eines übertragenen Betriebes oder Teilbetriebes gehören. 702

Zusätzlich zur Teilbetriebsdefinition des allgemeinen Steuerrechts fingiert das UmgrStG zwei eigene Teilbetriebstypen (sog **„fiktive Teilbetriebe"**; § 27 Abs 3 UmgrStG; UmgrStR RZ 1550 ff): 703

- Sollten bei einem **Forstbetrieb** keine Teilbetriebe iS des allgemeinen Steuerrechtes vorliegen, gilt als Teilbetrieb eine Fläche, für die ein gesetzlicher Realteilungsanpruch besteht. Die Teilbetriebsfiktion setzt jedoch voraus, dass der Nachfolgeunternehmer die Fläche für sich als Forstbetrieb fortführen kann. 704
- Sollten bei einem **Betrieb, dessen wesentliche Grundlage der Klienten- oder Kundenstock ist**, keine Teilbetriebe iS des allgemeinen Steuerrechtes vorliegen (zB Betrieb eines Wirtschaftstreuhänders, Notars, Rechtsanwaltes), gilt als Teilbetrieb ein bestimmter Teil des Klienten- oder Kundenstockes. Voraussetzung für die Teilbetriebsfiktion ist jedoch, dass der Klienten- oder Kundenstock vom Nachfolgeunternehmer bereits vor der Realteilung dauerhaft betreut wurde und für sich als Betrieb fortgeführt werden kann. 705

Liegt weder nach allgemeinem Steuerrecht noch nach der Fiktion des § 27 Abs 3 UmgrStG ein Teilbetrieb vor, ist Art V UmgrStG dennoch anzuwenden, wenn die Übertragung in Zusammenhang mit **gesetzlichen Unvereinbarkeitsvorschriften** erfolgt (3. Teil Z 10 UmgrStG idFd AbgÄG 2005, rückwirkend ab 1.1.2005). Dadurch wird eine steuerneutrale „Entflechtung" möglich, wenn gesetzliche Vorschriften die gemeinsame Ausübung bestimmter Tätigkeiten verbieten, die für sich keinen Teilbetrieb darstellen. 705a

Hinsichtlich des **Erfordernisses, realteilungsfähiges Vermögen zu übertragen**, ist zwischen der Aufteilung und der Abteilung zu unterscheiden: 706

- Im Fall der **Aufteilung** muss jedem Nachfolgeunternehmer (siehe dazu unten Tz 726 ff) ausschließlich entweder ein **Betrieb**, ein **Teilbetrieb** oder ein **Mitunternehmeranteil** übertragen werden. Andernfalls kommt für alle an der Realteilung beteiligten Gesellschafter das allgemeine Steuerrecht zur Anwendung (siehe oben Tz 690 f). 707

708 • Im Fall der **Abteilung** muss **bei der abteilenden Personengesellschaft** entweder ein **Betrieb**, ein **Teilbetrieb** oder ein **Mitunternehmeranteil verbleiben** (§ 27 Abs 1 letzter Satz UmgrStG). Andernfalls kommt das UmgrStG nicht zur Anwendung; alle an der abteilenden Gesellschaft beteiligten Gesellschafter hätten dann einen Veräußerungsgewinn zu ermitteln. Verbleibt der abteilenden Personengesellschaft teilungsfähiges Vermögen, ist **zusätzlich noch hinsichtlich der Abfindung des ausscheidenden Gesellschafters zu differenzieren**:

709 – Wird der ausscheidende Gesellschafter mit einem Betrieb, Teilbetrieb oder Mitunternehmeranteil abgefunden, unterliegt die Realteilung – bei Vorliegen auch aller anderen Anwendungsvoraussetzungen – zur Gänze dem UmgrStG.

710 – Wird der ausscheidende Gesellschafter mit Geld oder Sachwerten abgefunden, die keine stillen Reserven enthalten, kommt es nur für den ausscheidenden Gesellschafter außerhalb des Anwendungsbereiches des UmgrStG zur Ermittlung eines Veräußerungsgewinnes (Fall der Mitunternehmeranteilsveräußerung nach § 24 Abs 1 Z 1 TS 3 EStG, siehe dazu schon oben Tz 694).

711 – Wird der ausscheidende Gesellschafter mit Sachwerten abgefunden, die stille Reserven enthalten, liegt eine sog „Sachabfindung“ vor; siehe dazu bereits oben Tz 695.

712 *Beispiel:*

A und B sind an der AB-OG beteiligt. Die AB-OG führt lediglich einen Betrieb. In der Folge kommen A und B am 23.4.02 überein, die AB-OG zu liquidieren. Der Betrieb soll hierbei rückwirkend zum 31.12.01 auf A übertragen werden. B soll als Gegenleistung ebenfalls rückwirkend zum 31.12.01 eine Barabfindung erhalten.

Da im Zuge der Aufteilung nicht alle Gesellschafter realteilungsfähiges Vermögen erhalten, unterliegt der Teilungsvorgang nicht dem Anwendungsbereich des UmgrStG. Vielmehr ist für A zum 31.12.01 und für B zum 23.4.02 ein Veräußerungsgewinn zu ermitteln (zum Zeitpunkt der Veräußerungsgewinnermittlung siehe oben Tz 687 ff).

713 *Beispiel:*

A, B und C sind an der ABC-OG beteiligt. Die ABC-OG führt einen Betrieb. Die Gesellschafter kommen überein, dass C rückwirkend mit 31.12.01 gegen Übertragung einer Liegenschaft aus der ABC-OG ausscheidet. Der Buchwert der Liegenschaft beträgt 100; der Teilwert der Liegenschaft beträgt 150.

Im Zuge der Sachabfindung werden zumindest die im Mitunternehmeranteil des ausscheidenden C gelegenen stillen Reserven und bei A und B die in der Liegenschaft enthaltenen stillen Reserven aufgedeckt.

IV. Positiver Verkehrswert des übertragenen Vermögens

Das UmgrStG ist auf eine Realteilung nur anwendbar, wenn das übertragene 714
realteilungsfähige Vermögen für sich allein einen positiven Verkehrswert aufweist (§ 27 Abs 1 UmgrStG). Demnach muss

- im Fall der **Aufteilung jeder Gesellschafter** einen Betrieb, Teilbetrieb oder 715
  Mitunternehmeranteil mit positivem Verkehrswert erhalten;
- im Fall der **Abteilung** der **ausscheidende Gesellschafter** einen Betrieb, 716
  Teilbetrieb oder Mitunternehmeranteil mit positivem Verkehrswert erhalten. Ob der der **übertragenden Personengesellschaft** verbleibende Betrieb, Teilbetrieb oder Mitunternehmeranteil einen positiven Verkehrswert aufweist, ist dagegen für die Anwendbarkeit des UmgrStG unerheblich (arg „das übertragene Vermögen" in § 27 Abs 1 UmgrStG).

Die Voraussetzung eines positiven Verkehrswertes bezieht sich auf den Wert 717
des Vermögens vor der Umgründung und nicht auf den Wert beim Nachfolgeunternehmer. Etwaige beim Nachfolgeunternehmer eintretende Synergieeffekte bleiben daher außer Betracht (Bewertung „stand alone").

Der positive Verkehrswert muss bereits am Teilungsstichtag, jedenfalls aber 718
am Tag des Abschlusses des Teilungsvertrages vorliegen. Kann dem übertragenen Vermögen zum Teilungsstichtag kein positiver Verkehrswert beigemessen werden, ist die reale Überschuldung bis zum Tag des Abschlusses des Teilungsvertrages zu beseitigen. Dies kann geschehen durch

- eine **Verbesserung der Ertragslage** in der Zeit zwischen dem Teilungs- 719
  stichtag und dem Tag des Abschlusses des Teilungsvertrages oder
- rückwirkendes **Zuführen von Vermögen** oder **Zurückbehalten von Ver-** 720
  bindlichkeiten (sog „rückwirkende Vermögensänderungen" iS des §§ 29 Abs 1, § 16 Abs 5 UmgrStG; siehe unten Tz 410 ff).

Bestehen bei der Abgabenbehörde Zweifel über das Vorliegen eines posi- 721
tiven Verkehrswertes, hat die realteilende Personengesellschaft den positiven Verkehrswert durch ein **Gutachten** zu beweisen.

V. Tatsächliche Übertragung des Teilungsvermögens

Das UmgrStG ist auf eine Realteilung nur anwendbar, wenn das Teilungsver- 722
mögen dem Nachfolgeunternehmer tatsächlich übertragen wird. Dazu muss das Teilungsvermögen im Zeitpunkt des Abschlusses des Teilungsvertrages der teilenden Mitunternehmerschaft (bzw den an dieser beteiligten Mitunternehmern) zugerechnet werden können (zum zusätzlichen Erfordernis der Vermögenszurechnung zum Teilungsstichtag siehe unten Tz 747 ff; zur Realteilung auf einen in der Zukunft liegenden Stichtag siehe unter Tz 355 die Ausführungen zur Einbringung, die hier entsprechend gelten).

723 *Beispiel:*
Die AB-OG veräußert am 11.3.02 einen Teilbetrieb. Um den Veräußerungsgewinn ausschließlich beim Gesellschafter B zu versteuern, beschließen A und B am 15.4.02, den veräußerten Teilbetrieb rückwirkend zum 31.12.01 auf den Gesellschafter B abzuteilen. Als Gegenleistung gibt B einen Teil seiner Gesellschaftsrechte an der AB-OG auf.
Da der Teilbetrieb am 15.4.02 (= Tag des Abschlusses des Teilungsvertrages) nicht mehr der AB-OG (bzw den Mitunternehmern A und B) zuzurechnen ist, kommt das UmgrStG nicht zur Anwendung und damit die rückwirkende Übertragung des Teilbetriebs auf den B nicht zustande. Der Veräußerungsgewinn ist daher dem A und dem B anteilig zuzurechnen.

724 Die Übertragung von realteilungsfähigem Vermögen ist nicht unternehmensrechtlich, sondern **steuerlich zu beurteilen**.

725 *Beispiel:*
A und B sind jeweils zu 50 % an der OG-1 und der OG-2 beteiligt. Beide OGen führen einen Betrieb. In der Folge ändern A und B per 31.12.01 die Beteiligungsverhältnisse: A ist demnach an der OG-1 nur mehr mit 25 %, dafür aber an der OG-2 zu 75 % beteiligt. B ist dagegen an der OG-1 mit 75 %, dafür aber an der OG-2 nur mehr mit 25 % beteiligt.
Da aus unternehmensrechtlicher Sicht weder die OG-1 noch die OG-2 Vermögen überträgt, wäre die Änderung der Beteiligungsverhältnisse kein Anwendungsfall des UmgrStG.
Aus steuerlicher Sicht wird die Änderung der Beteiligungsverhältnisse in zwei Schritte zerlegt: Im ersten Schritt werden die Vermögen der beiden OG fiktiv zusammengefasst. Im zweiten Schritt erfolgt die Teilung entsprechend den neuen Beteiligungsverhältnissen).

VI. Nachfolgeunternehmer

726 Hinsichtlich des Nachfolgeunternehmers enthält das UmgrStG keine Beschränkungen. Als Nachfolgeunternehmer kommen daher sowohl natürliche als auch juristische Personen in Betracht. Ob der Nachfolgeunternehmer Inoder Ausländer ist, ist für die Anwendbarkeit des UmgrStG unerheblich.

727 Nachfolgeunternehmer kann jedoch **nur der** sein, **dem das Vermögen der teilenden Mitunternehmerschaft steuerlich bereits zuzurechnen war**. Aus diesem Grund unterliegt eine Realteilung auch dann dem UmgrStG, wenn das Vermögen zwar nicht zivilrechtlich auf den Gesellschafter der übertragenden Mitunternehmerschaft übertragen wird, sondern auf eine bestehende oder neu gegründete Mitunternehmerschaft, an der der Nachfolgeunternehmer als Gesellschafter beteiligt ist.

728 *Beispiel:*
A, B, C und D sind an der ABCD-OG beteiligt. Die ABCD-OG führt zwei Teilbetriebe. Aufgrund persönlicher Differenzen soll der eine Teilbetrieb auf die von A und

B neu zu gründende AB-OG übertragen werden. Der andere Teilbetrieb soll auf die bereits zwischen C und D bestehende CD-OG übertragen werden. Die CD-OG ist selbst an der teilenden ABCD-OG nicht beteiligt.
Aus unternehmensrechtlicher Sicht wäre das UmgrStG auf den Teilungsvorgang nicht anwendbar, weil sowohl der übernehmenden AB-OG als auch der übernehmenden CD-OG selbst mangels Beteiligung an der ABCD-OG das Vermögen der teilenden ABCD-OG nicht zuzurechnen war.
In ertragsteuerlicher Sicht sind jedoch weder die AB-OG noch die CD-OG Zurechnungssubjekt des übertragenen Vermögens, sondern ausschließlich deren Gesellschafter A, B, C und D. Da diesen das Vermögen der teilenden ABCD-OG zuzurechnen war, ist das UmgrStG auf die Realteilung anzuwenden.

VII. Gegenleistung – Ausgleichszahlungen

729 Das UmgrStG ist auf Realteilungen grundsätzlich nur anwendbar, wenn der Nachfolgerechtsträger als Gegenleistung für die teilungsbedingte Übertragung eines (Teil-)Betriebes oder Mitunternehmeranteiles seine Gesellschaftsrechte (seinen Mitunternehmeranteil) an der teilenden Mitunternehmerschaft zum Teil oder zur Gänze aufgibt (§ 27 Abs 1 UmgrStG). Die gänzliche Aufgabe der Gesellschaftsrechte erfolgt durch das Ausscheiden des Gesellschafters aus der Mitunternehmerschaft; die teilweise Aufgabe der Gesellschaftsrechte erfolgt durch eine Verringerung der Substanzbeteiligung an der Mitunternehmerschaft (idR Verringerung des fixen Kapitalkontos; UmgrStR RZ 1565).

730 Da der Verkehrswert des übertragenen Teilungsvermögens nur in den seltensten Fällen dem Verkehrswert der aufgegebenen Gesellschaftsrechte (des aufgegebenen Mitunternehmeranteiles) entspricht, lässt das UmgrStG zur Vermeidung von Vermögensverschiebungen **Ausgleichszahlungen** zu (§§ 27 Abs 1, 29 Abs 2 UmgrStG). Solche Ausgleichszahlungen sind der Höhe nach **beschränkt**: Sie dürfen nicht größer sein als ein Drittel des Verkehrswertes des Teilungsvermögens, das der Empfänger der Ausgleichszahlung erhält (sog **„Drittelgrenze“**). Wird die Drittelgrenze überschritten, ist auf die Realteilung das UmgrStG insgesamt nicht anzuwenden (zu den Folgen siehe oben Tz 687 ff).

730a **Verdeckte Ausgleichszahlungen** sind Ausgleichszahlungen, die nach außen nicht als solche in Erscheinung treten, jedoch wirtschaftlich einer Ausgleichszahlung gleichzuhalten sind. Verdeckte Ausgleichszahlungen unterliegen gemeinsam mit den offenen Ausgleichszahlungen der Drittelgrenze und können insbesondere sein:

- Einlagen, die der Herstellung einer den gesellschaftsvertraglichen Beteiligungsverhältnissen entsprechenden Teilungsmasse dienen und kurz vor dem Teilungsstichtag (ca sechs Monate) getätigt wurden (UmgrStR RZ 1609);

- rückbezogene bare Einlagen nach §§ 29, 16 Abs 5 Z 1 UmgrStG eines Teilungspartners, wenn sie der Teilungsmasse des anderen Teilungspartners zugeordnet werden (UmgrStR RZ 1610);
- ein durch die teilende Mitunternehmerschaft aufgenommenes Darlehen, das nur dazu dient, dem einen Teilungspartner die Darlehensvaluta und dem anderen Teilungspartner die Darlehensverbindlichkeit zuzuordnen (UmgrStR RZ 1612);
- zwischen dem Teilungsstichtag und dem Abschluss des Teilungsvertrages tatsächlich getätigte Entnahmen, die nicht nach §§ 29, 16 Abs 5 Z 1 UmgrStG auf den Teilungsstichtag rückbezogen werden (UmgrStR RZ 1613);

  Die Qualifikation jeder nicht rückbezogenen baren Entnahme als verdeckte Ausgleichszahlung wäre überschießend. Eine verdeckte Ausgleichszahlung wird daher wohl nur insoweit vorliegen, als die Entnahme die „angemessenen regelmäßigen persönlichen Aufwendungen" des Teilungspartners übersteigt und die anderen Teilungspartner nicht ebenso Entnahmen tätigen, die nicht auf den Teilungsstichtag rückbezogen werden.

- die einem Wirtschaftsgut unmittelbar zuzuordnende Verbindlichkeit, die durch das nach §§ 29, 16 Abs 5 Z 3 UmgrStG zur Anpassung der Teilungsmassen zwischen zwei Teilbetrieben verschoben wird (UmgrStR RZ 1617).

Keine (verdeckten) Ausgleichszahlungen liegen vor, wenn im Zuge der Realteilung die variablen Kapitalkonten der Mitunternehmer den Beteiligungsverhältnissen (fixe Kapitalkonten) buchmäßig angepasst werden und dies im Teilungsvertrag ausdrücklich vereinbart wird (sog **„Kapitalkontenclearing"**; UmgrStR RZ 1625 iVm RZ 1531).

Da das realteilungsbedingte Verschieben von stillen Reserven (Steuerlasten) durch die sog „Ausgleichsposten" vermieden wird (siehe unten Tz 776 ff), verbleibt als Grund für das Leisten von Ausgleichszahlungen nur mehr die Übertragung von Buchwerten der Aktiva. Aus diesem Grund führen die **Ausgleichszahlungen** beim Zahlenden nicht zu **Betriebsausgaben** und beim Empfänger nicht zu **Betriebseinnahmen**. **Bilanziell** werden die zu leistenden Ausgleichszahlungen als **Verbindlichkeit** bzw **Forderung** eingestellt.

Beispiel:

Die AB-OG wird auf ihre beiden Gesellschafter A und B aufgeteilt. A und B sind jeweils zu 50 % an der teilenden OG beteiligt. A erhält im Zuge der Realteilung den Teilbetrieb 1; B erhält den Teilbetrieb 2. Zur Vereinfachung sei angenommen, dass sich in den Teilbetrieben keine stillen Reserven und kein Firmenwert befinden. Das buchmäßige Eigenkapital der Gesellschafter entspricht daher dem Verkehrswert ihrer Mitunternehmeranteile. Die zum Teilungsstichtag erstellte Bilanz der AB-OG hat folgendes Aussehen:

Bilanz AB-OG zum Teilungsstichtag

Teilbetrieb 1	100	Eigenkapital A	125
Teilbetrieb 2	150	Eigenkapital B	125
	150		150

Ohne Ausgleichszahlungen würde die Realteilung bei A zu einer Entreicherung iHv 25 führen: Denn A gibt Gesellschaftsrechte (einen Mitunternehmeranteil) mit einem Verkehrswert iHv 125 auf und erhält hierfür den Teilbetrieb 1 mit einem Verkehrswert iHv lediglich 100. Umgekehrt würde die Realteilung ohne Ausgleichszahlungen bei B zu einer Bereicherung iHv 25 führen: Er gibt einen Mitunternehmeranteil iHv 125 auf und erhält hierfür den Teilbetrieb 2 mit einem Verkehrswert iHv 150.
Damit es zwischen A und B durch die Realteilung zu keinen Vermögensverschiebungen kommt (zu Äquivalenzverletzungen siehe unten Tz 787 ff), leistet B dem A eine Ausgleichszahlung iHv 25. Da der von A übernommene Teilbetrieb 1 einen Verkehrswert iHv 100 aufweist, übersteigt die Augleichszahlung iHv 25 nicht die Drittelgrenze von 33,33. Die von A und B zu erstellenden Eröffnungsbilanzen haben demnach folgendes Aussehen:

Eröffnungsbilanz EU-A

Teilbetrieb 1	100	Eigenkapital	125
Ausgleichsforderung	25		
	125		125

Eröffnungsbilanz EU-B

Teilbetrieb 2	150	Eigenkapital	125
		Ausgleichsverbindlichkeit	25
	150		150

Durch die Ausgleichszahlungen entspricht der Wert der Einzelunternehmen dem Wert der untergegangenen Mitunternehmeranteile.

Beispiel: 734
Die AB-OG wird auf ihre beiden Gesellschafter A und B aufgeteilt. A und B sind jeweils zu 50 % an der teilenden OG beteiligt. A erhält im Zuge der Realteilung den Teilbetrieb 1. B erhält den Teilbetrieb 2. Zur Vereinfachung sei angenommen, dass sich in den Teilbetrieben keine stillen Reserven befinden; Firmenwert liegt ebenfalls keiner vor. Das buchmäßige Eigenkapital der Gesellschafter entspricht daher dem Verkehrswert ihrer Mitunternehmeranteile. Das in der zum Teilungsstichtag erstellten Bilanz der AB-OG ausgewiesene Fremdkapital ist ausschließlich dem Teilbetrieb 1 zuzuordnen:

Bilanz AB-OG zum Teilungsstichtag

Teilbetrieb 1	130	Eigenkapital A	140
Teilbetrieb 2	200	Eigenkapital B	140
		Fremdkapital	50
	330		330

Damit A und B durch die Realteilung keinen Vermögensverlust erleiden, vereinbaren sie, dass das dem Teilbetrieb 1 zuzurechnende Fremdkapital zum Teilbetrieb 2 verschoben wird (§§ 29 Abs 5, 16 Abs 5 Z 4 UmgrStG) und B an A eine Ausgleichszahlung iHv 10 zahlt. Beide Gesellschafter erhalten durch die Realteilung daher Vermögen iHv 140. Da das Fremdkapital ausschließlich dem Teilbetrieb 1 zuzurechnen ist, kommt dem Verschieben des Fremdkapitals zum Teilbetrieb 2 jedoch der Charakter einer verdeckten Ausgleichszahlung iHv 50 zu. Die Ausgleichszahlungen betragen daher in Summe 60. Da die Ausgleichszahlungen die Drittelgrenze von 43,33 (= 1/3 des von A übernommenen Teilbetriebes 1 iHv 130) überschreiten, findet das UmgrStG auf die Realteilung keine Anwendung.
Variante: Um die Anwendung des UmgrStG auf die Realteilung zu bewirken, könnten A und B vereinbaren, dass offene und verdeckte Ausgleichszahlungen lediglich in Höhe der Drittelgrenze erfolgen und der Rest iHv 16,67 (= 60 – 43,33) unentgeltlich zugewendet wird (zur Äquivalenzverletzung siehe unten Tz 787 ff).

E. Teilungsstichtag

I. Begriff – Rückwirkungsfrist – Zuständige Behörde

735 Unter dem Teilungsstichtag versteht man den Tag, mit dessen Ablauf das Vermögen mit steuerlicher Wirkung auf den Nachfolgeunternehmer übergehen soll (§§ 28, 13 Abs 1 UmgrStG). Der Teilungsstichtag ist grundsätzlich frei wählbar. Der Teilungsstichtag kann auch auf einen Zeitpunkt rückbezogen werden, der vor der Unterfertigung des Teilungsvertrages liegt. In diesem Fall muss die Realteilung jedoch innerhalb einer Frist von neun Monaten

- entweder zur Eintragung in das **Firmenbuch angemeldet** werden oder
- dem **Finanzamt gemeldet** werden.

736 **Steuerlich** ist die Neunmonatsfrist eine **verfahrensrechtliche Frist** iS des § 108 BAO (§§ 28, 13 Abs 1 UmgrStG). Da die Tage des Postenlaufes nicht in die Frist eingerechnet werden (§ 108 Abs 4 BAO), ist die Frist gewahrt, wenn die Anmeldung bis zum letzten Tag der Neunmonatsfrist abgesendet wird. **Unternehmensrechtlich** ist die Neunmonatsfrist jedoch eine **materiellrechtliche Frist** (vgl OGH 17.7.1997, 6 Ob 124/97x). Im Zuständigkeitsbereich des Firmenbuchgerichtes (siehe Tz 737) muss daher die Anmeldung der Realteilung zur Eintragung in das Firmenbuch innerhalb der Neunmonatsfrist beim Firmenbuchgericht einlangen. Langt die Anmeldung verspätet ein, ist sie vom Firmenbuchgericht zurückzuweisen.

Zu einer Eintragung der Realteilung in das **Firmenbuch** kommt es, wenn im Zuge der Realteilung 737

- die **teilende Mitunternehmerschaft** im Firmenbuch **gelöscht** wird (Aufteilung) oder
- ein **Gesellschafter** aus der teilenden Mitunternehmerschaft **austritt** und die teilende Mitunternehmerschaft im Firmenbuch eingetragen ist (Abteilung).

Zuständig für die Eintragung ist das Firmenbuchgericht am Sitz der teilenden Mitunternehmerschaft. Außerhalb der Firmenbuchzuständigkeit ist die Realteilung dem für die einheitlich und gesonderte Feststellung der Einkünfte der zu teilenden Mitunternehmerschaft zuständigen Finanzamt zu melden. In den **Zuständigkeitsbereich des Finanzamtes** der Nachfolgeunternehmer bzw der realteilungsbedingt neu entstandenen Nachfolgemitunternehmerschaft fallen daher 738

- die Aufteilung oder Abteilung einer nicht in das Firmenbuch eingetragenen Mitunternehmerschaft (GesBR, stille Mitunternehmerschaft) oder
- die Abteilung einer im Firmenbuch eingetragenen Mitunternehmerschaft, wobei der das Teilungsvermögen übernehmende Mitunternehmer nicht aus der Mitunternehmerschaft ausscheidet.

II. Rechtsfolgen einer verspäteten Anmeldung bzw Meldung

Langt die Anmeldung bzw Meldung bei der zuständigen Behörde nach Ablauf der Neunmonatsfrist ein, ist je nach Zuständigkeit zu unterscheiden: 739

1. Realteilung mit Firmenbuchzuständigkeit

Wird die Anmeldung vom Firmenbuchgericht als verspätet zurückgewiesen (siehe Tz 736), kommt durch das Unterbleiben der Löschung der Gesellschaft bzw des Gesellschafteraustrittes die Realteilung nicht zustande; das Teilungsvermögen ist daher weiterhin der Mitunternehmerschaft zuzurechnen. 740

Wird die Realteilung trotz verspäteter Anmeldung protokolliert, ist zu unterscheiden: 741

- Erfolgt die Anmeldung zwar außerhalb der materiellrechtlichen Frist, jedoch innerhalb der verfahrensrechtlichen Frist, kommt die Realteilung rückwirkend auf den vertraglich vereinbarten Teilungsstichtag unternehmensrechtlich und abgabenrechtlich zustande. 742
- Erfolgt die Anmeldung sowohl außerhalb der materiellrechtlichen Frist als auch außerhalb der verfahrensrechtlichen Frist, ist die Realteilung grundsätzlich „verunglückt" (siehe dazu Tz 687 ff). Es besteht jedoch das Wahlrecht, die Realteilung auf den Tag des Vertragsabschlusses der verunglückten Realteilung (sog „Ersatzstichtag") zu beziehen (§§ 28, 13 Abs 1 UmgrStG).

Zur Ausübung dieses Wahlrechtes muss die Realteilung innerhalb von neun Monaten nach dem Ersatzstichtag dem zuständigen Finanzamt gemeldet werden (verfahrensrechtliche Frist). Weiters müssen für die Wahl des Ersatzstichtages sämtliche Anwendungsvoraussetzungen des UmgrStG vorliegen (zB Bilanz zum Ersatzstichtag).

Beispiel:
A und B sind an der AB-OG zu je 50 % beteiligt. Mit Stichtag 31.12.01 soll die OG derart aufgeteilt werden, dass A und B jeweils einen Teilbetrieb erhalten. Die Anmeldung der Realteilung langt beim zuständigen Firmenbuchgericht am 1.10.02 ein. Das Firmenbuchgericht weist die Löschung der AB-OG als verspätet zurück.
Durch die Zurückweisung des Firmenbuchgerichtes bleibt die AB-OG weiter bestehen. Die zu übertragenden Betriebe sind daher unverändert der AB-OG zuzurechnen.

743 *Beispiel:*
A, B und C sind an der ABC-OG zu je 1/3 beteiligt. Mit Stichtag 31.12.01 soll die OG derart abgeteilt werden, dass A aus der OG ausscheidet und als Gegenleistung einen Teilbetrieb der OG erhält. Der Abschluss des Teilungsvertrages erfolgt am 29.9.02; die Anmeldung beim Firmenbuchgericht erfolgt verspätet am 25.10.02.
Wird die Realteilung auf den Ersatzstichtag 29.9.02 bezogen, unterliegt sie dem UmgrStG. Andernfalls kommt das allgemeine Steuerrecht zur Anwendung (siehe dazu oben Tz 687 ff).

2. Realteilung mit Finanzamtszuständigkeit

744 Langt die Meldung beim zuständigen Finanzamt außerhalb der verfahrensrechtlichen Frist verspätet ein, unterliegt der Zusammenschluss grundsätzlich dem allgemeinen Steuerrecht. Wie im Fall der Zuständigkeit des Firmenbuchgerichtes kann die Anwendbarkeit des UmgrStG durch die Wahl des Ersatzstichtages gesichert werden (siehe dazu Tz 741).

745 *Beispiel:*
A und B sind an der AB-GesBR zu 50 % beteiligt. Die GesBR wird mit Stichtag 31.12.01 derart aufgeteilt, dass A und B je einen Teilbetrieb erhalten. Der Abschluss des Teilungsvertrages erfolgt am 28.9.02; die Meldung beim Finanzamt erfolgt verspätet am 26.10.02.
Wird die Realteilung auf den Ersatzstichtag 28.9.02 bezogen, ist auf sie das UmgrStG anzuwenden. Andernfalls kommt das allgemeine Steuerrecht zur Anwendung (siehe oben Tz 687 ff).

III. Zurechnung des Vermögens am Teilungsstichtag

746 Das Teilungsvermögen muss der teilenden Mitunternehmerschaft nicht nur im Zeitpunkt des Abschlusses des Teilungsvertrages zurechenbar sein (siehe oben Tz 722 f), sondern auch am Teilungsstichtag (§§ 28, 13 Abs 2 Satz 1 UmgrStG).

Dies gilt auch für die Vermögenszurechnung der an der Mitunternehmerschaft beteiligten Mitunternehmer (§§ 28, 13 Abs 2 Satz 2 UmgrStG); die Wahl eines zurückliegenden Teilungsstichtages ist daher nur zulässig, wenn sich im Rückwirkungszeitraum an der teilenden Mitunternehmerschaft keine Änderung der Beteiligungsverhältnisse ergeben hat.

Maßgebend für die Zurechnung des Vermögens und die Zurechnung der Mitunternehmerschaftsbeteiligungen ist das **wirtschaftliche Eigentum**. Die Zurechnung des Vermögens zum Teilungsstichtag kann entweder durch einen vorbereitenden Betriebserwerb, durch eine rückwirkende Vorumgründung oder durch eine mehrfache Umgründung auf den Teilungsstichtag nach § 39 UmgrStG hergestellt werden.

Erfolgt die Realteilung auf einen Stichtag, zu dem das übertragene Vermögen 747
der Mitunternehmerschaft (den Mitunternehmern) nicht zuzurechnen ist, unterliegt die Realteilung grundsätzlich dem allgemeinen Steuerrecht; die Wahl des Ersatzstichtages ist jedoch zulässig (siehe Tz 741).

Ausnahmsweise kann als Teilungsstichtag auch ein Tag gewählt werden, zu 748
dem der Mitunternehmerschaft (dem Mitunternehmer) das Teilungsvermögen noch nicht zuzurechnen war, wenn die Mitunternehmerschaft (der Mitunternehmer) das Vermögen nach dem Teilungsstichtag im **Erbwege** erwirbt und die **Realteilung zu Buchwerten** erfolgt.

Beispiel: 749

A erbt von seinem Vater den Mitunternehmeranteil an der AB-OG. Die Einantwortung erfolgt am 24.5.02. Da B und A miteinander nicht zurande kommen, beschließen sie, mit Stichtag 31.12.01 die OG derart aufzuteilen, dass A und B jeweils einen Teilbetrieb erhalten.

Dem A ist das Betriebsvermögen der teilenden AB-OG zum Teilungsstichtag noch nicht (anteilig) zuzurechnen. Da A den Mitunternehmeranteil jedoch im Erbwege erwirbt und die Realteilung unter Fortführung der Buchwerte erfolgt (siehe unten Tz 759 ff), kann der 31.12.01 trotzdem als Teilungsstichtag gewählt werden.

F. Auswirkungen der Realteilung auf die teilende Mitunternehmerschaft

I. Bilanzierung

1. Unternehmensrecht

Wird im Zuge der Realteilung ein Betrieb oder Teilbetrieb übertragen, ist un- 750
ternehmensrechtlich zum Teilungsstichtag eine Bilanz für den gesamten Betrieb zu erstellen. Die Bilanz ist nach den auf den letzten Jahresabschluss angewandten Bilanzierungs- und Bewertungsmethoden zu erstellen.

751 Bei Übertragung eines **Mitunternehmeranteiles** besteht dagegen unternehmensrechtlich für die Mitunternehmerschaft, an der die übertragene Beteiligung besteht, **kein Bilanzierungserfordernis**.

2. Steuerrecht

752 Bei der Übertragung eines Betriebes oder Teilbetriebes ist auch für Zwecke der steuerlichen Gewinnermittlung jedenfalls zum Teilungsstichtag eine Steuerbilanz für den gesamten Betrieb der teilenden Mitunternehmerschaft aufzustellen („Stichtagsbilanz", §§ 27 Abs 2, 12 Abs 2 Z 1 UmgrStG). Anders als nach Unternehmensrecht ist auch bei der Übertragung eines Mitunternehmeranteiles zum Teilungsstichtag für die Mitunternehmerschaft, an der die übertragene Beteiligung besteht, zwingend eine Stichtagsbilanz aufzustellen. Zum etwaigen Wechsel der Gewinnermittlungsart siehe unten Tz 763.

753 Bei der Erstellung der Stichtagsbilanz ist das Betriebsvermögen mit jenen Werten anzusetzen, „die sich nach den steuerlichen Vorschriften über die Gewinnermittlung ergeben" (§§ 28, 14 Abs 1 UmgrStG). Unter dieser Formulierung werden nur die Regeln für die laufende Gewinnermittlung verstanden; eine darüber hinausgehende Aufdeckung stiller Reserven hat zu unterbleiben (**Ansatz der Buchwerte**, zur Buchwertfortführung beim Nachfolgeunternehmer siehe unten Tz 769 ff). Zum realteilungsbedingten Enden eines Wirtschaftsjahres sei auf die Ausführungen zur Einbringung oben unter Tz 382 verwiesen.

754 Unabhängig vom Erfordernis, für Zwecke der (steuerlichen) Gewinnermittlung zum Teilungsstichtag für den Betrieb oder die Mitunternehmerschaft eine Stichtagsbilanz iS des § 4 Abs 1 bzw § 5 EStG zu erstellen, muss zum Teilungsstichtag zusätzlich eine (steuerliche) **Teilungsbilanz** erstellt werden (§§ 28, 15 UmgrStG). Die Teilungsbilanz dient dem **Zweck, das zu übertragende Vermögen mit den steuerlichen Werten darzustellen**. Die Teilungsbilanz kann von der für Zwecke der Gewinnermittlung aufzustellenden Bilanz aus folgenden Gründen abweichen:

- Bestehen eines Aufwertungszwanges (siehe unten Tz 757 f),
- Ausübung der **Aufwertungsoption** (siehe unten Tz 760 ff) oder
- Vornahme von **rückwirkenden Vermögensänderungen** (siehe oben die unter Tz 410 ff zur Einbringung getätigten Ausführungen, die aufgrund des Verweises in § 29 Abs 1 UmgrStG hier entsprechend gelten).

755 Der sich in der Teilungsbilanz ergebende Saldo aus Aktiva und Passiva wird als **Teilungskapital** bezeichnet.

II. Bewertung von inländischem Teilungsvermögen

1. Ansatz der Buchwerte

Der im Zuge der Realteilung übertragene inländische Betrieb, Teilbetrieb oder Mitunternehmeranteil ist in der Teilungsbilanz zwingend zu Buchwerten zu bewerten (§§ 29 Abs 1 Z 1, 16 Abs 1 UmgrStG). 756

Grund und Boden, der am Realteilungsstichtag ganz oder eingeschränkt der pauschalen Gewinnermittlung nach § 30 Abs 4 EStG unterliegt **(„Altvermögen")**, kann wahlweise steuerwirksam auf den gemeinen Wert aufgewertet werden (§ 29 Abs 1 Z 2a Satz 3 und 4 UmgrStG; siehe dazu ausführlich *Titz/Wild*, RdW 2014, 745). Die eingeschränkte Anwendbarkeit des § 30 Abs 4 EStG ergibt sich entweder aus der Einlage des Grund und Bodens ins Betriebsvermögen oder aus einem Wechsel zur Gewinnermittlung nach § 5 EStG (vor dem 1.4.2012). 756a

Wird das Wahlrecht zur Sofortbesteuerung ausgeübt, ist insoweit keine Vorsorge gegen eine endgültige Verschiebung von Steuerlasten zu treffen und sind somit keine Ausgleichsposten zu bilden (siehe dazu Tz 776 ff). Wird für Grund und Boden der **Buchwert** angesetzt, kommt es zu einer **gespaltenen Betrachtungsweise**:

- Die zum Teilungsstichtag bestehenden stillen Reserven bleiben unter Berücksichtigung der gebildeten (Sonder-)Ausgleichsposten bei dem Teilungspartner weiter zugerechnet und unterliegen der pauschalen Gewinnermittlung nach § 30 Abs 4 EStG (zu den Sonderausgleichsposten samt Beispiel siehe Tz 786a).
- Für nach dem Teilungsstichtag neu entstehende stille Reserven ist die pauschale Gewinnermittlung nach § 30 Abs 4 EStG nur insoweit anwendbar, als dem Teilungspartner das Grundstück schon bis zum Teilungsstichtag (mittelbar) zuzurechnen war; werden durch die teilende Mitunternehmerschaft mehrere Grundstücke übertragen, ist die zum Teilungsstichtag gegebene Zurechnung nicht bezogen auf das konkrete Grundstück sondern verkehrswertmäßig zu betrachten (§ 30 Abs 4 Teilstrich 2 UmgrStG).

2. Aufwertungszwang

a) Steuerlastverschiebung

Die Fortführung der Buchwerte ist nur dann zulässig, wenn es durch die Realteilung zwischen den an der Realteilung beteiligten Personen zu keiner endgültigen Verschiebung von stillen Reserven und damit zur Verschiebung von Steuerlasten kommt (§ 29 Abs 1 Z 2 UmgrStG; zu den diesbezüglichen Vorsorgemaßnahmen siehe unten Tz 776 ff). Werden dagegen durch die Real- 757 teilung Steuerlasten endgültig verschoben, erfolgt innerhalb des Anwendungsbereiches des UmgrStG zwingend eine Gewinnrealisierung, die das gesamte Betriebsvermögen der teilenden Mitunternehmerschaft erfasst.

758 Zur Gewinnrealisierung im Fall der Unanwendbarkeit des UmgrStG siehe oben Tz 687 ff.

b) Wegzug

758a Wird durch eine Export-Realteilung Vermögen auf einen ausländischen Nachfolgeunternehmer übertragen und dadurch das Besteuerungsrecht der Republik Österreich eingeschränkt, ist das wegziehende Vermögen steuerwirksam mit dem höheren „Fremdvergleichswert" anzusetzen (§ 29 Abs 1 Z 3 UmgrStG iVm § 6 Z 6 lit b bis e EStG).

758b Die wegzugsbedingt anfallende ESt oder KSt ist auf Antrag in Raten zu entrichten, wenn der Nachfolgeunternehmer in einem anderen Mitgliedstaat der EU oder in einem Mitgliedstaat des EWR, mit dem eine umfassende Amts- und Vollstreckungshilfe besteht, ansässig ist (**„Ratenzahlungskonzept"**, § 29 Abs 1 Z 3 UmgrStG IVm § 6 Z 6 lit a bis e EStG). Da § 29 Abs 1 Z 3 UmgrStG für den realteilungsbedingten Wegzug von Vermögen auf § 6 Z 6 lit a bis e EStG verweist, gelten im Übrigen die oben in Tz 50a ff zur Verschmelzung getätigten Ausführungen entsprechend.

III. Bewertung von ausländischem Betriebsvermögen

1. Ansatz der Buchwerte

759 Bei Übertragung eines ausländischen Betriebes, Teilbetriebes oder Mitunternehmeranteiles ist das ausländische Vermögen grundsätzlich mit seinen Buchwerten anzusetzen (§§ 29 Abs 1 Z 1, 16 Abs 1 UmgrStG).

2. Aufwertungsoption

760 Eine solche Buchwertfortführung kann jedoch zB dann zu Nachteilen führen, wenn auf einen Steuerinländer ausländisches Vermögen übertragen wird, die Realteilung im Ausland zur Steuerpflicht führt und mit dem betreffenden Staat ein DBA besteht, welches diesbezüglich die Anrechnungsmethode vorsieht. Denn in diesem Fall würde aufgrund der (inländischen) Buchwertfortführung keine inländische Steuer entstehen, auf welche die ausländische Steuer angerechnet werden könnte.

761 Um solche Nachteile zu vermeiden, kann abweichend von der grundsätzlich zwingenden Buchwertfortführung **das ausländische Teilungsvermögen auf den gemeinen Wert aufgewertet werden**, wenn

- die Realteilung im Ausland zur Gewinnrealisierung führt und
- mit dem jeweiligen Staat ein DBA besteht, das dafür die Anrechnungsmethode vorsieht, oder eine vergleichbare innerstaatliche Maßnahme zur Vermeidung der Doppelbesteuerung getroffen wurde (§§ 29 Abs 1 Z 4, 16 Abs 3 UmgrStG; sog **„Aufwertungsoption"**).

Beispiel: 762
Der Steuerinländer A tritt aus der ausländischen Mitunternehmerschaft ABC aus und erhält als Abfindung einen ebenfalls ausländischen Teilbetrieb übertragen. Der ausländische Staat nimmt die Abteilung zum Anlass, die im übertragenen Teilbetrieb enthaltenen stillen Reserven zu versteuern. Mit dem ausländischen Staat besteht ein DBA, welches dem OECD-MA entspricht und zur Vermeidung der Doppelbesteuerung die Anrechnungsmethode vorsieht.
Müsste A die Buchwerte des ausländischen Betriebsvermögens fortführen, könnte er mangels inländischer ESt die im Ausland anfallende Steuer nicht anrechnen. Eine Anrechnung auf einen allfälligen späteren (inländischen) Veräußerungsgewinn wäre ebenfalls ausgeschlossen, weil in dem betreffenden Folgejahr hinsichtlich dieser stillen Reserven keine ausländische Steuer mehr anfallen kann. Im Ergebnis käme es daher zu einer doppelten Besteuerung der im ausländischen Betriebsvermögen steckenden stillen Reserven.
Um diese nachteiligen Folgen zu beseitigen, kann A im Zuge der Realteilung das ausländische Betriebsvermögen steuerwirksam mit dem höheren Teilwert ansetzen und sich auf die hierfür anfallende ESt die ausländische Steuer anrechnen lassen. Durch diese Maßnahme ist sichergestellt, dass die im Teilbetrieb bis zum Teilungsstichtag gelegten stillen Reserven nur einmal besteuert werden.

IV. Wechsel der Gewinnermittlungsart

1. Allgemeines

Ermittelt der Nachfolgeunternehmer den Gewinn nach anderen Grundsätzen als die teilende Mitunternehmerschaft, erfolgt durch die Realteilung ein Wechsel der Gewinnermittlungsart (siehe dazu oben Tz 611 ff). 763

2. Wechsel der Gewinnermittlung von § 4 Abs 3 auf § 4 Abs 1 EStG bzw § 5 EStG

Ermittelt die verbleibende Mitunternehmerschaft den Gewinn auch nach der Realteilung nach § 4 Abs 3 EStG, der Nachfolgeunternehmer dagegen nach § 4 Abs 1 oder § 5 EStG, ist Folgendes zu berücksichtigen (UmgrStR RZ 1582): 764

- Die teilende Mitunternehmerschaft hat zum Teilungsstichtag eine Bilanz nach § 4 Abs 1 EStG zu erstellen. Die erstellte Bilanz hat nur den Charakter eines Status; ein doppelter Wechsel der Gewinnermittlung von § 4 Abs 3

EStG auf § 4 Abs 1 EStG und zurück auf § 4 Abs 3 EStG erfolgt nicht. Es ist jedoch für eine objektiv richtige Gewinnermittlung und Gewinnzurechnung Sorge zu tragen (siehe dazu UmgrStR 1580 f und BMF, AÖF 174/1998, abgedruckt unter Tz 675a).

- Die abzufindenden Nachfolgeunternehmer vollziehen zum Teilungsstichtag einen Wechsel der Gewinnermittlung von § 4 Abs 3 EStG auf § 4 Abs 1 EStG. Ein Übergangsgewinn oder Übergangsverlust ist im Wirtschaftsjahr des Teilungsstichtages zu erfassen.

3. Wechsel der Gewinnermittlung von § 5 EStG bzw § 4 Abs 1 EStG auf § 4 Abs 3 EStG

765 Ermittelt der Nachfolgeunternehmer den Gewinn nach § 4 Abs 3 EStG, erfolgt ein Wechsel der Gewinnermittlung von § 5 EStG bzw § 4 Abs 1 EStG auf § 4 Abs 3 EStG (siehe dazu Tz 254 ff).

766 Ein Übergangsgewinn oder Übergansverlust ist in dem auf den Teilungsstichtag folgenden Wirtschaftsjahr zu erfassen.

G. Auswirkungen der Realteilung auf den Nachfolgeunternehmer

I. Rückwirkungsfiktion – Wertansätze – Buchgewinne und -verluste

767 Unabhängig von der zivilrechtlichen Übertragung des Teilungsvermögens gilt für steuerliche Zwecke das Vermögen mit Beginn des dem Teilungsstichtag folgenden Tages als dem (den) Nachfolgeunternehmer(n) übertragen (sog „Rückwirkungsfiktion", § 30 Abs 2 UmgrStG). Hinsichtlich der Bewertung des übernommenen Vermögens ist zwischen dem unternehmensrechtlichen und dem steuerlichen Wertansatz zu unterscheiden.

1. Unternehmensrecht

768 Unternehmensrechtlich ist der Gesellschafter nicht an die Buchwerte der teilenden Mitunternehmerschaft gebunden. Er hat vielmehr die Wahl, entweder die Buchwerte der teilenden Mitunternehmerschaft zu übernehmen (§ 202 Abs 2 UGB) oder das übertragene Vermögen mit dem beizulegenden Wert anzusetzen (§ 202 Abs 1 UGB).

2. Steuerrecht

a) Buchwertfortführung

Anders als nach dem Unternehmensrecht steht steuerlich dem Nachfolgeunternehmer für die Bewertung des übernommenen Vermögens kein Wahlrecht zu. Der Nachfolgeunternehmer hat vielmehr die von der teilenden Mitunternehmerschaft in der Teilungsbilanz angesetzten Buchwerte zwingend zu übernehmen (sog „Buchwertfortführung", § 30 Abs 1 Z 1 UmgrStG; zur Bewertung von Grund und Boden des „Altvermögens" und zur gespaltenen Betrachtungsweise siehe oben Tz 756a). 769

Erfolgt die Realteilung zu Buchwerten, hat der Nachfolgeunternehmer zusätzlich zu den Buchwerten insbesondere auch die Abschreibungssätze zu übernehmen (sog „steuerliche Gesamtrechtsnachfolge"; § 30 Abs 1 Z 3 UmgrStG, siehe dazu UmgrStR RZ 1619 ff). 770

Da aufgrund der sog **„Spiegelbildtheorie"** der übertragene Betrieb, Teilbetrieb oder Mitunternehmeranteil der Höhe nach dem untergehenden Mitunternehmeranteil entspricht, kann sich beim Nachfolgeunternehmer **grundsätzlich steuerlich kein Buchgewinn oder Buchverlust** ergeben. Buchgewinne bzw Buchverluste sind lediglich dann denkbar, wenn es durch die Übertragung des Teilungsvermögens beim Nachfolgeunternehmer zur Vereinigung von Aktiva und Passiva (sog **„Confusio"**) kommt. Solche durch Confusio entstehende Buchgewinne und Buchverluste sind **steuerwirksam**. 771

b) Aufwertung

Tritt durch eine Import-Realteilung das übertragene ausländische Vermögen in das inländische Besteuerungsrecht ein, ist das Vermögen beim übernehmenden Nachfolgeunternehmer mit dem Teilwert anzusetzen („Aufwertung bei Zuzug", § 30 Abs 1 Z 2 TS 1 UmgrStG). Durch die Aufwertung wird sichergestellt, dass nur die Wertsteigerungen in Österreich besteuert werden, die nach dem Eintritt in das inländische Besteuerungsrecht entstanden sind. 771a

Eine Aufwertung auf den Teilwert hat jedoch zu unterbleiben, wenn das zuziehende Vermögen vor der Realteilung aus dem Besteuerungsrecht Österreichs ausgeschieden ist und dabei beim übernehmenden Nachfolgeunternehmer die Wegzugsbesteuerung nach dem bis zum 31.12.2015 anzuwendenden Nichtfestsetzungskonzept nicht festgesetzt wurde bzw nach § 16 Abs 1a UmgrStG nicht entstanden ist **(„Zuzug nach vorangegangenem Wegzug")**. Ein solches wieder zuziehendes Vermögen ist mit dem fortgeschriebenen Buchwert bzw mit den Anschaffungskosten im Zeitpunkt des vorangegangenen Wegzugs, höchstens aber mit dem gemeinen Wert im Zeitpunkt des Zuzuges, 771b anzusetzen (§ 30 Abs 1 Z 2 TS 2 Satz 1 UmgrStG). Scheidet das Vermögen nach der Realteilung gewinnrealisierend aus dem Vermögen des Nachfolgeunternehmers aus, bleiben nachgewiesene Wertsteigerungen insoweit steuerfrei, als sie im Zeitraum zwischen Wegzug und Zuzug entstanden sind (§ 30 Abs 1 Z 2 TS 2 Satz 3 UmgrStG).

II. Internationale Schachtelbeteiligungen

1. Entstehen und Erweitern einer internationalen Schachtelbeteiligung

772 Wird im Zuge einer Realteilung ein (Teil-)Betrieb oder Mitunternehmeranteil, zu dessen Betriebsvermögen eine Beteiligung an einer ausländischen Körperschaft gehört, übertragen, kann eine internationale Schachtelbeteiligung entstehen oder eine bereits bestehende internationale Schachtelbeteiligung erweitert werden.

773 Dadurch wären die bisher in der Beteiligung steuerhängigen stillen Reserven nicht mehr steuerhängig (vgl § 10 Abs 3 KStG). Um dies zu vermeiden, wird für die bislang steuerpflichtigen Beteiligungsquoten der Unterschiedsbetrag zwischen dem Buchwert und dem höheren Teilwert von der Steuerneutralität nach § 10 Abs 3 Satz 1 KStG ausgenommen (§ 30 Abs 3 UmgrStG). Ein in der Folge entstehender Veräußerungsgewinn bleibt daher in Höhe der bisher steuerhängigen stillen Reserven auch weiterhin steuerhängig (siehe dazu auch die Ausführungen oben unter Tz 95 ff und Tz 102 ff zur Verschmelzung, die aufgrund der gleich lautenden Bestimmungen hier entsprechend gelten).

Da ein realteilungsbedingter Vermögenserwerb keinen Anschaffungsvorgang darstellt, kann für die im Zuge einer Realteilung entstehende internationale Schachtelbeteiligung nicht nach § 10 Abs 3 Z 1 KStG zur Steuerwirksamkeit optiert werden (UmgrStR RZ 1627).

774 *Beispiel:*
Die A-GmbH tritt aus der ABC-OG aus und erhält hierfür einen Teilbetrieb übertragen. Zu diesem Teilbetrieb gehört unter anderem eine 5%ige Beteiligung an der ausländischen Körperschaft D (Buchwert = 1.000, Teilwert = 1.500). Die A-GmbH hält bereits vor der Realteilung unmittelbar weitere 5 % an der ausländischen Körperschaft D (Buchwert = 800, Teilwert = 1.500).
Durch die Abteilung des Teilbetriebes entsteht bei der A-GmbH eine steuerneutrale internationale Schachtelbeteiligung iS des § 10 Abs 2 KStG. Die bis zum Teilungsstichtag in den beiden 5%igen Beteiligungsquoten enthaltenen stillen Reserven wären daher nach der Abteilung steuerlich entstrickt. Um dies zu vermeiden, wird der Unterschiedsbetrag zwischen dem Buchwert und dem Teilwert der 5%igen Beteiligungsquoten von der Steuerneutralität nach § 10 Abs 3 Satz 1 KStG ausgenommen (§ 30 Abs 3 Z 1 UmgrStG). Ein zukünftiger Veräußerungsgewinn bleibt demnach iHv 1.200 körperschaftsteuerpflichtig.

2. Untergang einer internationalen Schachtelbeteiligung

Da auch mittelbare Beteiligungen an ausländischen Körperschaften eine internationale Schachtelbeteiligung darstellen (§ 10 Abs 2 KStG), kann durch eine Realteilung eine internationale Schachtelbeteiligung untergehen. 774a

Durch den Untergang der internationalen Schachtelbeteiligung würden die bislang steuerfreien stillen Reserven der untergehenden Schachtelbeteiligung steuerpflichtig. Um die bis zum Realteilungsstichtag steuerfreien stillen Reserven auch nach der Realteilung weiter steuerfrei zu halten, gilt der höhere Teilwert der Beteiligung als deren Buchwert; der Buchwert vermindert sich um Beträge, die aufgrund einer Umgründung nach dem UmgrStG von der Steuerneutralität nach § 10 Abs 3 Satz 1 KStG ausgenommen sind (§ 30 Abs 3 Z 2 UmgrStG). Die Aufwertung unterbleibt, wenn für die untergehende Schachtelbeteiligung die Option zur Steuerwirksamkeit ausgeübt worden ist (siehe dazu auch oben Tz 153). 774b

Beispiel: 774c
An der AB-GmbH & Co KG sind die A-GmbH und der Gesellschafter B zu je 50 % beteiligt. Die KG wird aufgeteilt. Der auf B übergehende Teilbetrieb enthält unter anderem eine 100%ige Beteiligung an der deutschen C-GmbH (Buchwert = 100, Teilwert = 500).
Durch die Realteilung geht die bislang (mittelbar) von der A-GmbH gehaltene internationale Schachtelbeteiligung bei B unter. Um die bislang steuerfreien stillen Reserven der auf B übergehenden 50%igen Beteiligungsquote auch nach der Realteilung bei B steuerfrei zu halten, gilt der Teilwert der 50%igen Beteiligungsquote von 250 (= 50 % von 500) als deren Buchwert.

III. Verlustabzug

Die teilende Mitunternehmerschaft ist selbst kein Steuersubjekt; allfällige Verlustabzüge sind daher ausschließlich den Mitunternehmern zuzurechnen. Demnach kann durch die Realteilung ein Verlustabzug von vornherein nicht übergehen. Hinsichtlich der zum Teilungsstichtag bestehenden Verlustabzüge der Mitunternehmer tritt daher durch die Realteilung keine Änderung ein. 775

H. Vorsorgemaßnahmen zur Vermeidung von Steuerlastverschiebungen

I. Allgemeines

Das Teilungsvermögen ist nur dann mit den Buchwerten anzusetzen, wenn 776
- es durch die Realteilung **zu keiner Verschiebung von stillen Reserven** und damit zur Verschiebung von Steuerlasten **kommen kann** oder

- anlässlich der Realteilung für die weitere Gewinnermittlung **Vorsorge** gegen eine endgültige Verschiebung von stillen Reserven (Steuerlasten) **getroffen wird** (vgl § 29 Abs 1 Satz 3 UmgrStG).

Beispiel:
A und B sind an der AB-OG zu jeweils 50 % beteiligt. Die AB-OG führt zwei Teilbetriebe. A und B kommen überein, die AB-OG auf zwei OGen derart aufzuteilen, dass auf jede OG je ein Teilbetrieb übertragen wird. An den beiden neuen OGen sind A und B wiederum zu je 50 % beteiligt.
Da A und B sowohl an der aufteilenden AB-OG als auch an den übernehmenden beiden OGen zu jeweils 50 % beteiligt sind, kann es durch die Aufteilung der AB-OG zu keiner Verschiebung von stillen Reserven und damit auch zu keiner Verschiebung von Steuerlasten kommen. Eine Vorsorge zur Vermeidung von Steuerlastverschiebungen ist daher gegenstandslos.

777 Werden durch eine Realteilung stille Reserven (Steuerlasten) verschoben und wird für die weitere Gewinnermittlung dagegen **keine oder eine nur unzureichende Vorsorge** getroffen, hat zwingend eine **Gewinnrealisierung** zu erfolgen (siehe dazu oben Tz 757 f).

II. Ausgleichsposten

778 Stimmen die im Mitunternehmeranteil steckenden stillen Reserven betragsmäßig nicht mit den stillen Reserven des teilungsbedingt erworbenen Vermögens überein, kommt es durch die Realteilung zu einer Verschiebung von stillen Reserven und damit zur Verschiebung von Steuerlasten.

779 Um eine **endgültige Verschiebung von stillen Reserven zu vermeiden**, werden **Ausgleichsposten** eingestellt, und zwar

- im Fall der **Aufteilung** in die Eröffnungsbilanzen der Nachfolgeunternehmer und
- im Fall der **Abteilung** in die Eröffnungsbilanzen der abteilenden Mitunternehmerschaft und des ausscheidenden Nachfolgeunternehmers.

780 Die Ausgleichsposten entsprechen dem Grunde und der Höhe nach jenen stillen Reserven, die durch die Realteilung zwischen den Mitunternehmern der teilenden Mitunternehmerschaft verschoben werden.

Hinsichtlich der Ausgleichsposten sind die **aktiven** und **passiven Ausgleichsposten** zu unterscheiden:

781 • **Aktiver Ausgleichsposten:** Ein aktiver Ausgleichsposten wird bei dem Nachfolgeunternehmer eingestellt, der durch die Übernahme des Teilungsvermögens – gemessen an den in seinem Mitunternehmeranteil steckenden stillen Reserven – **zu viel** an stillen Reserven übernimmt. Der aktive Ausgleichsposten wird in der Folge **gewinnmindernd abgeschrieben** und

gleicht damit jene Steuerlastverschiebung aus, die durch die Übernahme zu vieler stiller Reserven entstünde.

- **Passiver Ausgleichsposten:** Ein passiver Ausgleichsposten wird dagegen bei dem Nachfolgeunternehmer eingestellt, der teilungsbedingt **zu wenig** an stillen Reserven übernimmt. Der passive Ausgleichsposten wird in der Folge **gewinnerhöhend aufgelöst** und gleicht dadurch jene Steuerlastverschiebung aus, die durch die Übernahme zu geringer stiller Reserven entstünde. 782

Das Einstellen von aktiven und passiven Ausgleichsposten gilt im Fall der Abteilung entsprechend für die abteilende Mitunternehmerschaft. 783

Da das Einstellen von Ausgleichsposten das Verschieben von Steuerlasten vermeiden soll, werden aktive Ausgleichsposten gewinnmindernd abgeschrieben und passive Ausgleichsposten gewinnerhöhend aufgelöst. Dies geschieht nach § 29 Abs 1 UmgrStG gleichmäßig in den auf den Teilungsstichtag folgenden 15 Wirtschaftsjahren. Erfolgt vor Ablauf der 15 Jahre die Veräußerung, Aufgabe oder Liquidation des durch die Teilung übernommenen Vermögens, werden die verbleibenden Ausgleichsposten steuerwirksam aufgelöst. 784

Beispiel: 785
A und B sind jeweils zu 50 % an der AB-OG beteiligt. Sie kommen überein, die OG mit Stichtag 31.12.01 derart aufzuspalten, dass A den Teilbetrieb 1 und B den Teilbetrieb 2 übertragen erhält. Die zum Teilungsstichtag erstellte Bilanz der AB-OG ergibt sich wie folgt:

Bilanz AB-OG zum Teilungsstichtag

Teilbetrieb 1	600	Eigenkapital A	500
Teilbetrieb 2	400	Eigenkapital B	500
	1.000		1.000

Im Betriebsvermögen des Teilbetriebes 1 befinden sich stille Reserven iHv 200. Die stillen Reserven des Teilbetriebes 2 betragen dagegen 400. Der Verkehrswert der beiden Teilbetriebe beträgt daher je 800. Der Verkehrswert der AB-OG beträgt somit 1.600. Aus Gründen der einfacheren Darstellung wird unterstellt, dass die AB-OG kein Fremdkapital aufweist. Systematische Änderungen ergeben sich dadurch nicht. Rückwirkende Vermögensänderungen iS der §§ 29 Abs 1, 16 Abs 5 UmgrStG werden nicht getätigt. Die Teilungsbilanz weicht daher nur insoweit von der zum Teilungsstichtag erstellten Bilanz ab, als die Bezeichnung Eigenkapital durch die Bezeichnung Teilungskapital ersetzt wird.

Teilungsbilanz AB-OHG

Teilbetrieb 1	600	Teilungskapital A	500
Teilbetrieb 2	400	Teilungskapital B	500
	1.000		1.000

Ausgleichszahlungen:
Die Mitunternehmeranteile von A und B weisen einen Verkehrswert von jeweils 800 auf (= 50 % von 1.600). Da die aufteilungsbedingt untergehenden Mitunternehmeranteile den Verkehrswerten der übertragenen Teilbetriebe entsprechen, kommt es zu keinerlei Ausgleichszahlungen.

Ausgleichsposten:
A übernimmt durch die Aufteilung den Teilbetrieb 1 und erhält damit stille Reserven iHv 200. Sein untergehender Mitunternehmeranteil an der aufteilenden AB-OG enthielt zum Teilungsstichtag jedoch stille Reserven iHv 300 (= Verkehrswert des Mitunternehmeranteiles iHv 800 abzüglich dem Buchwert des Mitunternehmeranteiles iHv 500). A würde daher durch die Aufteilung iHv 100 zu wenig an stillen Reserven übernehmen. Um eine endgültige Verschiebung von Steuerlasten zu vermeiden, wird daher in die Eröffnungsbilanz des A ein passiver Ausgleichsposten iHv 100 eingestellt.
B übernimmt durch die Aufteilung den Teilbetrieb 2 und erhält damit stille Reserven iHv 400. Sein untergehender Mitunternehmeranteil an der aufteilenden AB-OG enthielt zum Teilungsstichtag jedoch stille Reserven iHv nur 300 (= Verkehrswert des Mitunternehmeranteiles iHv 800 abzüglich dem Buchwert des Mitunternehmeranteiles iHv 500). B würde daher durch die Aufteilung iHv 100 zu viel an stillen Reserven übernehmen. Um eine endgültige Verschiebung von Steuerlasten zu vermeiden, wird daher in die Eröffnungsbilanz des B ein aktiver Ausgleichsposten iHv 100 eingestellt.

Eröffnungsbilanz A

Teilbetrieb 1	600	Eigenkapital	500
		Ausgleichsposten	100
	600		600

Eröffnungsbilanz B

Teilbetrieb 2	400	Eigenkapital	500
Ausgleichsposten	100		
	500		500

Probe: Entsprechen die Verkehrswerte am 1.1.02 denen am Teilungsstichtag, müssen die Veräußerungsgewinne des A und des B genau jenen stillen Reserven entsprechen, die zum Teilungsstichtag in ihren Mitunternehmeranteilen enthalten waren:

	A	B
Veräußerungserlös (= Verkehrswert des Teilbetriebes):	800	800
– Buchwert des Teilbetriebes:	– 600	– 400
– Abschreibung des aktiven Ausgleichspostens:		– 100
+ Auflösung des passiven Ausgleichspostens:	100	
= Veräußerungsgewinn	**300**	**300**
= Stille Reserven der untergegangenen Mitunternehmeranteile	**300**	**300**

Beispiel: 786
Aus der ABC-OG tritt zum 31.12.01 der Gesellschafter A aus und bekommt hierfür den Teilbetrieb 1 übertragen. A, B und C sind jeweils zu einem Drittel an der OG beteiligt. Die zum Teilungsstichtag erstellte Bilanz der abteilenden ABC-OG hat folgendes Aussehen:

Bilanz ABC-OG zum Teilungsstichtag

Teilbetrieb 1	300	Eigenkapital A	400
Teilbetrieb 2	500	Eigenkapital B	400
Teilbetrieb 3	400	Eigenkapital C	400
	1.200		1.200

Die im Betriebsvermögen der abteilenden Mitunternehmerschaft enthaltenen stillen Reserven iHv 600 verteilen sich mit 300 auf den Teilbetrieb 1, mit 100 auf den Teilbetrieb 2 und mit 200 auf den Teilbetrieb 3. Die Verkehrswerte der Teilbetriebe betragen somit einheitlich jeweils 600. Der Verkehrswert der OG beträgt damit 1.800 (= Buchkapital iHv 1.200 zuzüglich der stillen Reserven iHv 600). Aus Gründen der einfacheren Darstellung wird davon ausgegangen, dass die ABC-OG kein Fremdkapital besitzt. Systematische Änderungen ergeben sich durch diese Annahme nicht.
Rückwirkende Vermögensänderungen iS der §§ 29 Abs 1, 16 Abs 5 UmgrStG werden nicht getroffen. Die Teilungsbilanz hat daher folgendes Aussehen:

Teilungsbilanz ABC-OG

Teilbetrieb 1	300	Teilungskapital	300
	300		300

Ausgleichszahlungen:
Da der untergehende Mitunternehmeranteil des A einen Verkehrswert von 600 aufweist (= 1/3 des Verkehrswertes der ABC-OG iHv 1.800) und damit mit dem Verkehrswert des übernommenen Teilbetriebes 1 übereinstimmt, kommt es im Zuge der Abteilung zu keiner Ausgleichszahlung.

Ausgleichsposten:
A übernimmt durch die Abteilung den Teilbetrieb 1 und erhält damit stille Reserven iHv 300. Sein untergehender Mitunternehmeranteil an der abteilenden ABC-OG enthielt zum Teilungsstichtag jedoch stille Reserven iHv lediglich 200 (= Verkehrswert des Mitunternehmeranteiles iHv 600 abzüglich dem Buchwert des Mitunternehmeranteiles iHv 400). A würde daher durch die Aufteilung iHv 100 zu viel an stillen Reserven übernehmen. Um eine endgültige Verschiebung von Steuerlasten zu vermeiden, wird daher in die Eröffnungsbilanz des A ein aktiver Ausgleichsposten iHv 100 eingestellt.
Im Betriebsvermögen der abteilenden Mitunternehmerschaft verbleiben nach der Abteilung die stillen Reserven des Teilbetriebes 2 und Teilbetriebes 3 iHv insgesamt 300. Da die Mitunternehmeranteile des B und des C zum Teilungsstichtag jedoch insgesamt stille Reserven iHv 400 enthalten (= Verkehrswert der Mitunternehmer-

anteile iHv insgesamt 1.200 abzüglich dem Buchwert der Mitunternehmeranteile iHv insgesamt 800), würden den Gesellschaftern B und C nach der Abteilung iHv 100 zu wenig an stillen Reserven verbleiben. Um eine endgültige Verschiebung von Steuerlasten zu vermeiden, wird daher in die Eröffnungsbilanz der abgeteilten Mitunternehmerschaft ein passiver Ausgleichsposten iHv 100 eingestellt.

Eröffnungsbilanz A

Teilbetrieb 1	300	Eigenkapital	400
Ausgleichsposten	100		
	400		400

Eröffnungsbilanz BC-OG

Teilbetrieb 2	500	Eigenkapital B	400
Teilbetrieb 3	400	Eigenkapital C	400
		Ausgleichsposten	100
	900		900

Probe: Entsprechen die Verkehrswerte am 1.1.02 denen am Teilungsstichtag, müssen die Veräußerungsgewinne des A, des B und des C genau jenen stillen Reserven entsprechen, die zum Teilungsstichtag in ihren Mitunternehmeranteilen enthalten waren. Zu beachten ist, dass B und C nach der Abteilung an der verbleibenden BC-OG zu jeweils 50 % beteiligt sind. Der Veräußerungserlös, die Buchwerte und die Ausgleichsposten sind ihnen daher je zur Hälfte zuzurechnen.

	A	BC-OG	B	C
Veräußerungserlös (= Verkehrswert der veräußerten Teilbetriebe):	600	1.200	600	600
– Buchwert der Teilbetriebe:	– 300	– 900	– 450	– 450
– Abschreibung des aktiven Ausgleichspostens:	– 100			
+ Auflösung des passiven Ausgleichpostens:		100	50	50
= Veräußerungsgewinn	**200**	**400**	**200**	**200**
= Stille Reserven der untergegangenen Mitunternehmeranteile	**200**	**400**	**200**	**200**

III. Sonderausgleichsposten

786a Die oben dargestellten allgemeinen Ausgleichsposten dienen der Vermeidung einer endgültigen Verschiebung von stillen Reserven, die dem progressiven Einkommensteuertarif unterliegen. Für das einem Sondersteuersatz unterliegende **Kapitalvermögen** und die dem Sondersteuersatz unterliegenden **Grundstücke** sind gesonderte Ausgleichsposten zu bilden (**„Sonderausgleichsposten“**, § 29 Abs 1 Z 2a UmgrStG iVm § 27a Abs 1 EStG und § 30a Abs 1 EStG; siehe dazu auch ausführlich *Titz/Wild*, RdW 2014, 745). Bei den

Nachfolgeunternehmern sind der aktive und passive Sonderausgleichsposten einheitlich in derselben Höhe zu bilden. Zur Anwendbarkeit der pauschalen Gewinnermittlung nach § 30 Abs 4 EStG für stille Reserven von Grund und Boden des „Altvermögens“ siehe oben Tz 765a.

Passive Sonderausgleichsposten sind über fünfzehn Jahre zum besonderen Steuersatz gewinnerhöhend aufzulösen (Kapitalvermögen = 27,5 %; Grundstücke = 30 %). **Aktive Sonderausgleichsposten** werden über fünfzehn Jahre gewinnmindernd abgeschrieben. Die aus der Abschreibung resultierenden Betriebsausgaben sind vorrangig mit Einkünften zu verrechnen, die dem besonderen Steuersatz unterliegen; ein verbleibender negativer Überhang, kann zu 55 % (Kapitalvermögen) bzw zu 60 % (Grundstücke) mit den zum Tarif zu besteuernden Einkünften ausgeglichen bzw vorgetragen werden (§ 29 Abs 1 Z 2a UmgrStG iVm § 6 Z 2 lit c und d EStG).

Beispiel (vgl RV zum 2. AbgÄG 2014):
Die natürlichen Personen A und B sind zu 50% an der AB-OG beteiligt. Im Betriebsvermögen der AB-OG befindet sich Grund und Boden (Buchwert: 50), der am 31.3.2012 nicht steuerverfangen war (Altvermögen). Zum Stichtag 31.12.2017 wird die AB-OG auf ihre beiden Gesellschafter A und B aufgeteilt, wobei A den Grund und Boden übernimmt (gemeiner Wert zum Teilungsstichtag 100). Hinsichtlich des Grund und Bodens ergeben sich folgende Rechtsfolgen für die Nachfolgeunternehmer A und B:

Da es sich bei dem im Teilungsvermögen befindlichen Grund und Boden um Altvermögen im Sinne des § 30 Abs 4 EStG handelt, werden die stillen Reserven dafür mit 14% des Verkehrswerts, das sind 14, festgesetzt und in der Höhe der verschobenen Reserven (7) im gesonderten Ausgleichsposten gemäß § 29 Abs 1 Z 2a UmgrStG berücksichtigt. Dieser Ausgleichsposten ist bei B über fünfzehn Jahre verteilt zum Sondersteuersatz gewinnerhöhend aufzulösen und beim übernehmenden A auf fünfzehn Jahre unter sinngemäßer Anwendung von § 6 Z 2 lit. c und d EStG 1988 abzusetzen.

Kommt es später zu einer Veräußerung des Grund und Bodens durch A um 200, hat A zunächst für alle Wertsteigerungen bis zum Teilungsstichtag § 30 Abs 4 EStG anzuwenden (gemeiner Wert zum Teilungsstichtag 100 minus Buchwert von 50 = 50). Für alle Wertsteigerungen ab dem Teilungsstichtag, die seiner Beteiligungsquote am Grundstück vor der Realteilung entsprechen (Veräußerungserlös 200 minus gemeiner Wert zum Teilungsstichtag 100 = 100*0,5 = 50), kann A § 30 Abs 4 EStG weiter anwenden. Der Gewinn für diese Wertsteigerungen wird pauschal mit 21 (150*0,14) angesetzt. Für die Wertsteigerungen ab dem Teilungsstichtag, die den Quoten der anderen Mitunternehmer vor dem Teilungsstichtag entsprechen (Veräußerungserlös 100 minus neuem Buchwert 50 = 50) hat A die allgemeinen Gewinnermittlungsgrundsätze anzuwenden. Jedenfalls kann der besondere Steuersatz gemäß § 30a Abs 1 in Verbindung mit Abs 3 EStG 1988 angewendet werden. Die Steuerlast beträgt demnach für A 21,30 [6,30 (21*0,30) + 15 (50*0,30)].

I. Sonstige Rechtsfolgen der Realteilung

1. Äquivalenzverletzungen

787 Eine Äquivalenzverletzung liegt vor, wenn der Wert der durch die Realteilung untergehenden Gesellschaftsrechte nicht dem Wert des teilungsbedingt erhaltenen Vermögens entspricht (§§ 31 Abs 1 Z 1, 6 Abs 2 UmgrStG). Eine solche Äquivalenzverletzung hindert nicht die Anwendbarkeit des UmgrStG.

788 Die Äquivalenzverletzung lässt sich gedanklich in **zwei Schritte** zerlegen:

- In einem ersten Schritt erfolgt eine **fiktive äquivalenzwahrende Realteilung**. Dabei bleibt der Gesellschafter, der im Zuge der Realteilung tatsächlich zu wenig an Vermögen erhält, fiktiv am restlichen Teilungsvermögen quotenmäßig weiter beteiligt. Dies gilt analog für die im Zuge einer Abteilung zu wenig an Vermögen erhaltende abteilende Mitunternehmerschaft.

789 • Im zweiten Schritt wird die **fiktive Vermögensquote** den tatsächlichen Verhältnissen entsprechend **unentgeltlich zugewendet**.

790 Hinsichtlich der steuerlichen Auswirkungen dieser Wertverschiebung ist zu unterscheiden: Erfolgt die Wertverschiebung aus **privaten Gründen**, geht die Vermögensquote zu Buchwerten auf den Empfänger über. Für die in der zu Buchwerten übergehenden Vermögensquote enthaltenen stillen Reserven sind keine Ausgleichsposten zu bilden (UmgrStR RZ 1629). Erfolgt die Wertverschiebung aus **betrieblichen Gründen** (zB im Fall der Abteilung eines lästigen Gesellschafters), erfolgt die Realteilung zu Buchwerten, wenn Vorsorge getroffen wird, dass es hinsichtlich der nicht unentgeltlich übertragenen Quoten zu keiner Verschiebung der stillen Reserven (des Firmenwertes) kommt (UmgrStR RZ 1629).

791 *Beispiel:*

A und B sind jeweils zu 50 % an der AB-OG beteiligt. Aufgrund persönlicher Differenzen teilen sie die OG zum Stichtag 31.12.01 auf. A führt nach der Aufteilung den Teilbetrieb 1 weiter. B übernimmt dagegen den Teilbetrieb 2. Die zum Teilungsstichtag erstellte Bilanz der AB-OG ergibt sich wie folgt. Die Buchwerte, Verkehrswerte und stillen Reserven ergeben sich gemäß der nachstehenden Tabelle.

Bilanz AB-OHG zum Teilungsstichtag

Teilbetrieb 1	1.000	Eigenkapital A	1.250
Teilbetrieb 2	1.500	Eigenkapital B	1.250
	2.500		2.500

	Buchwert	Stille Reserven	Verkehrswert
Teilbetrieb 1 Teilbetrieb 2	1.000 1.500	1.200 1.500	2.200 3.000
AB-OHG	2.500	2.700	5.200
Mitunternehmeranteil	1.250	1.350	2.600

B erhält durch die Aufteilung den Teilbetrieb 2 iHv 3.000 und gibt als Gegenleistung seinen Mitunternehmeranteil iHv 2.600 auf. Durch die Realteilung wird B iHv 400 bereichert. Umgekehrt ist A durch die Hingabe seines Mitunternehmeranteiles iHv 2.600 und die Übernahme des Teilbetriebes 1 iHv 2.200 im Ausmaß von 400 entreichert. Folglich kommt es durch die Realteilung zu einer Verschiebung von Vermögenswerten und damit zu einer Äquivalenzverletzung.
Eine solche Äquivalenzverletzung hindert die Anwendung des UmgrStG jedoch nicht. Allenfalls ist hinsichtlich der Bereicherung iHv 400 eine Schenkungsmeldung nach § 121a BAO zu erstatten. Für ertragsteuerliche Zwecke ist die äquivalenzverletzende Aufteilung in zwei Schritte zu zerlegen:

1. Schritt: *Fiktive äquivalente Aufteilung:*
In einem ersten Schritt erfolgt eine äquivalente Aufteilung: Um durch die Aufteilung nicht entreichert zu werden, behält sich A daher fiktiv Betriebsvermögen des Teilbetriebes 2 iHv 400 zurück (= 13,33 % bezogen auf den Verkehrswert des Teilbetriebes 2). Dies entspricht einem zurückbehaltenen Buchvermögen iHv 200 (= 13,33 % des Buchwertes des Teilbetriebs 2). Auf B gehen daher nur 86,67 % des Teilbetriebes 2 über. Dies entspricht einem Buchwert von 1.300 und einem Verkehrswert von 2.600 (= Verkehrswert des untergehenden Mitunternehmeranteiles).

Ausgleichsposten:
A ist vor der Aufteilung an den stillen Reserven der Mitunternehmerschaft zu 50 % iHv 1.350 beteiligt. Nach der Aufteilung verbleiben A die stillen Reserven des Teilbetriebes 1 iHv 1.200 und 13,33 % der stillen Reserven des Teilbetriebes 2 iHv 200. Insgesamt verbleiben daher nach der Realteilung bei A stille Reserven iHv 1.400. Da A nach der Aufteilung mehr stille Reserven zu versteuern hätte als vor der Aufteilung, ist in seiner Eröffnungsbilanz in Höhe der Differenz von 50 ein aktiver Ausgleichsposten einzustellen. B ist vor der Aufteilung an den stillen Reserven der Mitunternehmerschaft ebenfalls iHv 1.350 beteiligt. Nach der Aufteilung hat B jedoch nur mehr die anteiligen stillen Reserven des Teilbetriebes 2 iHv 1.300 zu versteuern (= 86,67 % der stillen Reserven des Teilbetriebes 2 iHv 1.500). Da B nach der Aufteilung weniger stille Reserven zu versteuern hätte als vor der Aufteilung, ist in seiner Eröffnungsbilanz in Höhe der Differenz von 50 ein passiver Ausgleichsposten einzustellen.

Eröffnungsbilanz A

Teilbetrieb 1	1.000	Eigenkapital	1.250
Quote am Teilbetrieb 2	200		
Ausgleichsposten	50		
	1.250		1.250

Eröffnungsbilanz B

Teilbetrieb 2	1.300	Eigenkapital	1.250
		Ausgleichsposten	50
	1.300		1.300

Probe: Entsprechen die Verkehrswerte am 1.1.02 denen am Teilungsstichtag, müssen die Veräußerungsgewinne des A und des B genau jenen stillen Reserven entsprechen, die zum Teilungsstichtag in ihren Mitunternehmeranteilen enthalten waren (= 1.350).

	A	B
Veräußerungserlös:	2.600*	2.600**
– Buchwert:	– 1.200	– 1.300
– Abschreibung des aktiven Ausgleichspostens:	– 50	
+ Zuzüglich der Auflösung des passiven Ausgleichpostens:		50
= Veräußerungserlös	**1.350**	**1.350**
= Stille Reserven der untergegangenen Mitunternehmeranteile	**1.350**	**1.350**

* = Verkehrswert des Teilbetriebes 1 von 2.200 zuzüglich der 13,33 % des Verkehrswertes des Teilbetriebes 2 von 400.
** = 86,67 % des Verkehrswertes des Teilbetriebes 2.

2. Schritt: *Zuwendung der Vermögensquote:*
Im zweiten Fiktionsschritt schenkt A dem B seine Quote am Vermögen des Teilbetriebes 2: Der bei A ausgewiesene Buchwert des Teilbetriebes 2 iHv 200 wird daher auf den bei B ausgewiesenen Buchwert übertragen. Durch diese Verschiebung der Buchwerte kommt es gleichzeitig in gleicher Höhe zur Verschiebung von stillen Reserven. Da diese schenkungsbedingte Übertragung der Buchwertquote schon nach § 6 Z 9 lit a EStG zu keiner Gewinnrealisierung führt, ist für die Verschiebung der darin enthaltenen stillen Reserven keine Vorsorgemaßnahme zu treffen.

Eröffnungsbilanz A

Teilbetrieb 1	1.000	Eigenkapital	1.050
Ausgleichsposten	50		
	1.050		1.050

Eröffnungsbilanz B

Teilbetrieb 2	1.500	Eigenkapital	1.450
		Ausgleichsposten	50
	1.500		1.500

Probe: Entsprechen die Verkehrswerte am 1.1.02 denen am Teilungsstichtag, muss der Veräußerungsgewinn des B 1.550 betragen (= stille Reserven des Mitunternehmeranteiles iHv 1.350 zuzüglich der durch die geschenkte Buchwertquote erhaltenen stillen Reserven iHv 200). Bei A müsste der Veräußerungsgewinn dagegen 1.150 betragen (= stille Reserven des Mitunternehmeranteiles iHv 1.350 abzüglich der durch die geschenkte Buchwertquote übertragenen stillen Reserven iHv 200).

	A	B
Veräußerungserlös (= Verkehrswert des Teilbetriebes): – Buchwert des Teilbetriebes: – Abschreibung des aktiven Ausgleichspostens: + Auflösung des passiven Ausgleichpostens:	2.200 – 1.000 – 50 	3.000 – 1.500 50
= Veräußerungsgewinn	**1.150**	**1.550**

II. Lohnsteuer

Der Nachfolgeunternehmer tritt hinsichtlich der lohnsteuerlichen Verhältnisse in die Rechtsstellung der teilenden Mitunternehmerschaft ein, wenn bei den übernommenen Arbeitnehmern auch arbeitsrechtlich die entsprechenden Folgerungen gezogen werden (§ 41 UmgrStG). Da nach § 3 AVRAG bei einer (Teil-)Betriebsübertragung der Nachfolgeunternehmer grundsätzlich ex lege in die Rechte und Pflichten der bestehenden Arbeitsverhältnisse eintritt, kommt es durch die Realteilung idR zu keiner Unterbrechung der Kontinuität der Arbeitsverhältnisse (sog „lohnsteuerliche Gesamtrechtsnachfolge"). 792

Anders als für die Gewinnermittlung sieht das UmgrStG für die lohnsteuerliche Rechtsnachfolge **keine Rückwirkung** auf den Teilungsstichtag vor. Die lohnsteuerliche Gesamtrechtsnachfolge tritt daher erst mit dem der Anmeldung der Realteilung zur Eintragung in das Firmenbuch oder der Meldung an das Finanzamt folgenden Monatsersten ein (UmgrStR RZ 1628). 793

III. Umsatzsteuer

Das UmgrStG fingiert den Leistungsaustausch im Zuge der Realteilung als nicht umsatzsteuerbar (§§ 31 Abs 1 Z 2, 22 Abs 2 UmgrStG). 794

Wie bei der Lohnsteuer kennt das UmgrStG für den Bereich der USt **keine Rückwirkung** auf den Teilungsstichtag. Der Nachfolgeunternehmer unterliegt daher hinsichtlich der dem Teilungsvermögen zurechenbaren Umsätze erst ab dem der Anmeldung zur Eintragung in das Firmenbuch oder der Meldung an das Finanzamt folgenden Monatsersten der USt, soweit der Abgabenbehörde kein anderer Stichtag des tatsächlichen Wechsels der Unternehmereigenschaft dargelegt wird (UmgrStR RZ 1631).

IV. Kommunalsteuer

Die Kommunalsteuerpflicht geht erst mit dem Tag der Anmeldung der Realteilung zur Eintragung in das Firmenbuch oder dem Tag der Meldung beim Finanzamt auf den Nachfolgeunternehmer über. Dies ergibt sich nicht aus ei- 795 ner ausdrücklichen Bestimmung des UmgrStG, sondern aus einer – durch das gleiche Steuersubjekt bedingten – analogen Anwendung der umsatzsteuerlichen Beurteilung.

V. Gebühren

796 Die Realteilung führt hinsichtlich des übertragenen Vermögens dann zu keiner Belastung mit Zessionsgebühr (§ 33 TP 21 GebG), wenn das übertragene Vermögen am Tag des Abschlusses des Teilungsvertrages länger als zwei Jahre als Vermögen der teilenden Mitunternehmerschaft besteht (§ 31 Abs 2 UmgrStG).

797 Weiters sind **Vertragsübernahmen** von den Rechtsgebühren befreit, wenn sie anlässlich einer gebührenbegünstigten Realteilung erfolgen (§ 42 UmgrStG).

VI. Grunderwerbsteuer

798 Führt die Realteilung zu grunderwerbsteuerpflichtigen Vorgängen, bemisst sich die Grunderwerbsteuer sowohl für Erwerbsvorgänge nach § 1 Abs 1 GrEStG als auch für die Anteilsvereinigung nach § 1 Abs 2a und 3 GrEStG vom **Grundstückswert** (§ 31 Abs 4 UmgrStG iVm § 4 GrEStG). Der Steuersatz beträgt einheitlich **0,5 %** (§ 7 Abs 1 Z 2 lit c GrEStG).

Die **grundbücherliche Eintragungsgebühr** iHv 1,1 % bemisst vom dreifachen Einheitswert, maximal jedoch von 30 % des Verkehrswertes (§ 26a Abs 1 Z 2 GGG). Die Begünstigung tritt nur ein, wenn sie in der Eingabe unter Hinweis auf die gesetzliche Grundlage in Anspruch genommen wird (§ 26a Abs 2 GGG).

7. Abschnitt
Spaltung

A. Spaltung auf einen Blick

Eine Spaltung liegt vor, wenn eine Körperschaft Vermögen auf eine oder mehrere andere Körperschaften überträgt und die Gesellschafter der spaltenden Körperschaft als Gegenleistung für diese Vermögensübertragung neue Anteile an der übernehmenden Körperschaft erhalten. Je nachdem, ob die spaltende Körperschaft ihr gesamtes Vermögen überträgt und untergeht oder nur einen Teil ihres Vermögens überträgt und weiter bestehen bleibt, liegt eine Aufspaltung oder eine Abspaltung vor. Ob die übernehmende Körperschaft im Zeitpunkt der Spaltung bereits besteht (Spaltung zur Aufnahme) oder durch die Spaltung neu gegründet wird (Spaltung zur Neugründung), ist unerheblich. 800

Nach dem ***allgemeinen Steuerrecht*** *führt die Aufspaltung sowohl auf der Ebene der Körperschaft als auch auf der Ebene der Gesellschafter zur Liquidationsbesteuerung. Bei der Abspaltung liegt hingegen sowohl für das abgespaltene Vermögen auf der Ebene der Körperschaft als auch für die Anteile auf der Ebene der Gesellschafter ein steuerwirksamer Tausch vor. Zur Liquidations- bzw Tauschbesteuerung kommt es jedoch nur dann, wenn das UmgrStG nicht anwendbar ist.* 801

Das ***UmgrStG*** *ist auf eine Spaltung anzuwenden, wenn im Zuge der Spaltung ein Betrieb, Teilbetrieb, Mitunternehmeranteil oder ein qualifizierter Kapitalanteil übertragen wird und für dieses Vermögen das österreichische Besteuerungsrecht bei der übernehmenden Körperschaft nicht eingeschränkt wird.* 802

Die ***spaltende Körperschaft*** *hat zum Spaltungsstichtag eine Schlussbilanz zu erstellen. In der Schlussbilanz ist ihr Vermögen zu Buchwerten anzusetzen* ***(Unterbleiben der Liquidations- bzw Tauschbesteuerung)****.* 803

Unabhängig von unternehmensrechtlichen Bewertungswahlrechten hat die ***übernehmende Körperschaft*** *steuerlich das übernommene Vermögen mit den Werten der spaltenden Körperschaft anzusetzen* ***(Buchwertfortführung)****. Buchgewinne und -verluste wirken sich auf den steuerlichen Gewinn bzw Verlust der übernehmenden Körperschaft nicht aus (Ausnahme: Confusio-Ergebniss).* 804

Die Spaltung führt bei den Gesellschaftern idR zu einem Tausch von Anteilen an der spaltenden Körperschaft gegen Anteile an der übernehmenden Körperschaft. Das UmgrStG stellt diesen Tausch steuerneutral. 805

B. Begriff der Spaltung

I. Allgemeines

806 Unter dem Begriff Spaltung versteht man die nach gesellschaftsrechtlichen Vorschriften erfolgende Übertragung von Vermögen einer Körperschaft auf eine (oder mehrere) andere Körperschaft(en) im Wege der Gesamtrechtsnachfolge. Die Gegenleistungsanteile an der übernehmenden Körperschaft werden den Anteilsinhabern der übertragenden Körperschaft gewährt. Im Hinblick auf den Bezug des gespaltenen Vermögens zum Ausland werden folgende Spaltungen unterschieden:

- **Inlandsspaltungen** nach den Bestimmungen des SpaltG und dem GenossenschaftsspaltungsG
- **Grenzüberschreitende Spaltungen** nach dem EU-UmgrG

  Das EU-UmgrStG regelt grenzüberschreitende Auf- und Abspaltungen zur Neugründung zwischen Kapitalgesellschaften, die in unterschiedlichen Mitgliedstaaten der EU ansässig sind. In Abhängigkeit von der Spaltungsrichtung wird die „Hinaus-Spaltung" (Export-Spaltung) sowie die „Herein-Spaltung" (Import-Spaltung) unterschieden (siehe dazu *Reich-Rohrwig*, SWK 2023, 847 ff).
- **Auslandsspaltungen** aufgrund vergleichbarer Vorschriften

807 Nach dem **Umfang des übertragenen Vermögens** sind zwei Typen von Spaltungen zu unterscheiden:

- **Aufspaltung:**
  Bei der Aufspaltung überträgt die spaltende Körperschaft ihr **gesamtes Vermögen** auf zwei oder mehrere Körperschaften und **wird** gleichzeitig ohne Abwicklung **beendet** (vgl § 1 Abs 2 Z 1 SpaltG).

808 • **Abspaltung:**
  Bei der Abspaltung überträgt die spaltende Körperschaft nur **einen Teil ihres Vermögens** auf eine oder mehrere Körperschaften und **bleibt** nach der Spaltung **weiter bestehen** (vgl § 1 Abs 2 Z 2 SpaltG).

Nach dem **Bestand der übernehmenden Körperschaft(en)** sind weiters zu unterscheiden:

809 • **Spaltung zur Aufnahme:**
  Bei der Spaltung zur Aufnahme wird das Vermögen der spaltenden Körperschaft auf eine (mehrere) bereits bestehende Körperschaft(en) übertragen. Neben den Vorschriften des SpaltG gelten für die Spaltung zur Aufnahme insbesondere die Bestimmungen über die Verschmelzung für Aufnahme (§ 17 Z 5 SpaltG).

810 • **Spaltung zur Neugründung:**
  Bei der Spaltung zur Neugründung wird das Vermögen der übertragenden Körperschaft auf eine (mehrere) im Zuge der Spaltung neu gegründete Körperschaft(en) übertragen.

Demnach sind vom SpaltG folgende Spaltungsvarianten erfasst: 811

	Übertragung des **gesamten Vermögens** und **Beendigung** der spaltenden Kapitalgesellschaft	Übertragung eines **Teiles des Vermögens** und **Fortbestand** der übertragenden Kapitalgesellschaft
Übertragung auf eine **bestehende** Kapitalgesellschaft	**Aufspaltung zur Aufnahme**	**Abspaltung zur Aufnahme**
Übertragung auf eine **neu gegründete** Kapitalgesellschaft	**Aufspaltung zur Neugründung**	**Abspaltung zur Neugründung**

Beispiel – Aufspaltung: 812

Ausgangsstruktur *Zielstruktur*

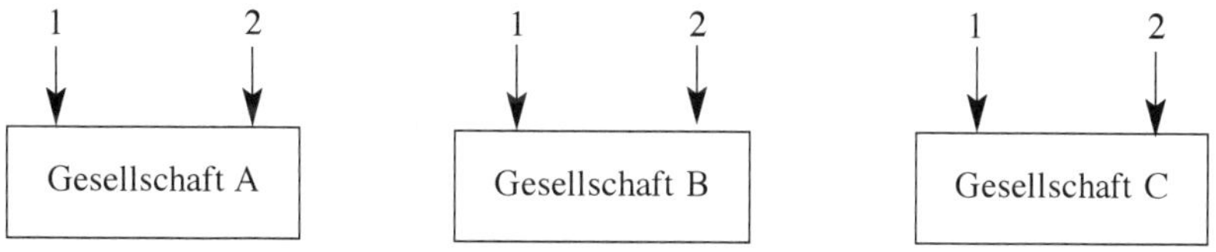

Anmerkung
Je nachdem, ob die übernehmenden Körperschaften B und C vor der Spaltung bereits bestehen oder im Zuge der Spaltung gegründet werden, liegt eine Aufspaltung zur Aufnahme oder eine Aufspaltung zur Neugründung vor.

II. Konzentrationsspaltung

Der Begriff Konzentrationsspaltung bezeichnet Spaltungen zur Aufnahme 813
zwischen Körperschaften, die miteinander beteiligungsmäßig nicht verbunden sind.

Bei der Konzentrationsspaltung gewährt die übernehmende Körperschaft 814
als Gegenleistung für die Vermögensübertragung den Gesellschaftern der spaltenden Körperschaft grundsätzlich neue Anteile (§ 1 Abs 2 SpaltG). Eine Ausnahme hiervon besteht allerdings für den Fall, in dem die Gesellschafter der spaltenden Körperschaft auf die Gewährung von Anteilen an der übernehmenden Körperschaft verzichten, weil sie beispielsweise mit eigenen Anteilen der (Alt-)Gesellschafter der übernehmenden Körperschaft abgefunden werden (§ 17 Z 5 SpaltG iVm § 224 Abs 2 Z 2 AktG).

815 *Beispiel – Konzentrationsabspaltung zur Aufnahme:*

Ausgangsstruktur

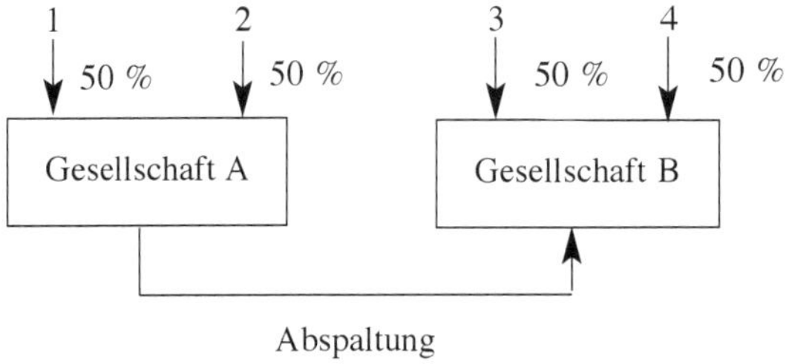

Zielstruktur

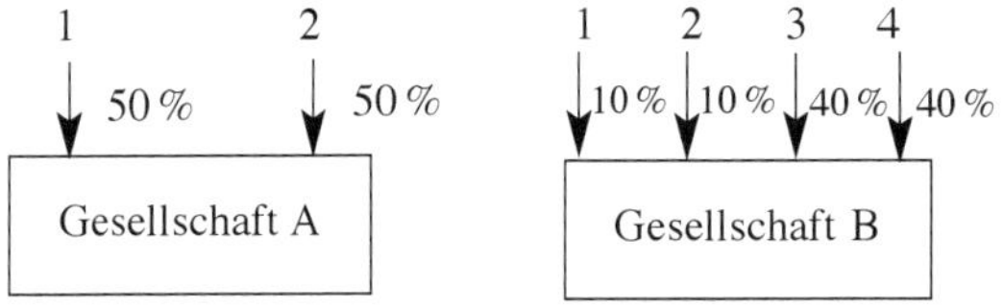

Anmerkung:
Als Gegenleistung für die Vermögensübertragung erhalten die Gesellschafter der Körperschaft A (nicht die Körperschaft A selbst!) Anteile an der übernehmenden Körperschaft B. Ob die gewährten Anteile an der Körperschaft B aus einer Kapitalerhöhung hervorgehen, eigene Anteile der Körperschaft B oder Anteile der Gesellschafter 3 und 4 sind, ist unerheblich.

III. Konzernspaltung

816 Häufig erfolgt die Spaltung zur Aufnahme zwischen Körperschaften, die miteinander beteiligungsmäßig verbunden sind (sog „Konzernspaltung“). Hierbei lassen sich folgende Fälle unterscheiden:

817 • **„Up-stream-Spaltung“:**
Bei der „Up-stream-Spaltung“ überträgt die Körperschaft, an der die Beteiligung besteht (= Tochterkörperschaft), Vermögen auf die beteiligungshaltende Körperschaft (= Mutterkörperschaft). In diesem Fall hat eine Anteilsgewähr durch die Mutterkörperschaft an ihre Gesellschafter in dem Ausmaß zu unterbleiben, in dem sie an der Tochterkörperschaft beteiligt ist und/oder die Tochterkörperschaft eigene Aktien besitzt, welche auf die Mutterkörperschaft übertragen werden (§ 17 Z 5 SpaltG iVm § 224 Abs 1 AktG).

Beispiel – „Up-stream-Abspaltung“: 818

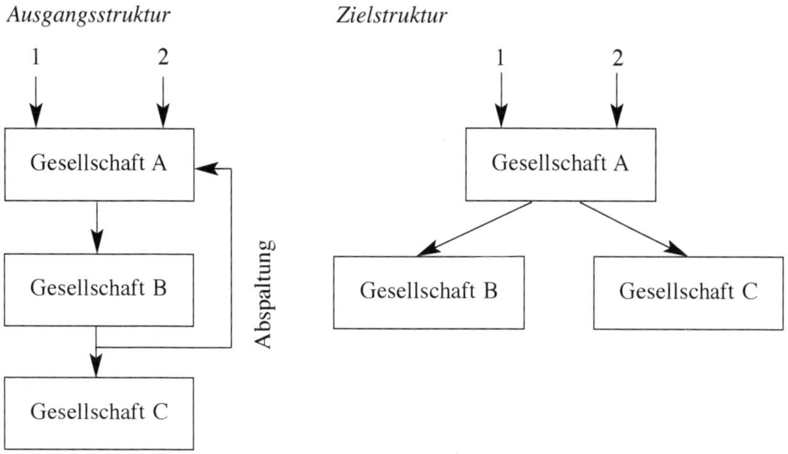

Anmerkung:
Die Körperschaft B spaltet die Beteiligung an der Körperschaft C auf ihre Mutterkörperschaft A ab. Da die Körperschaft A an der Körperschaft B zu 100 % beteiligt ist, darf die Körperschaft A an ihre Gesellschafter 1 und 2 keine (neuen) Anteile gewähren.

819 • **„Down-stream-Spaltung":**

Bei der „Down-stream-Spaltung" überträgt die beteiligungshaltende Körperschaft (= Mutterkörperschaft) Vermögen auf die Körperschaft, an der die Beteiligung besteht (= Tochterkörperschaft). Hinsichtlich der Gewähr neuer Anteile an die Gesellschafter der spaltenden Körperschaft ist zu unterscheiden:

820 – Wird auf die Tochterkörperschaft lediglich die Beteiligung an der Tochterkörperschaft übertragen, hat die Gewährung neuer Anteile zu unterbleiben. Die Beteiligung an der Tochterkörperschaft ist an die Gesellschafter der Mutterkörperschaft auszukehren (§ 17 Z 5 SpaltG iVm § 224 Abs 3 AktG).

821 *Beispiel – „Down-stream-Abspaltung":*

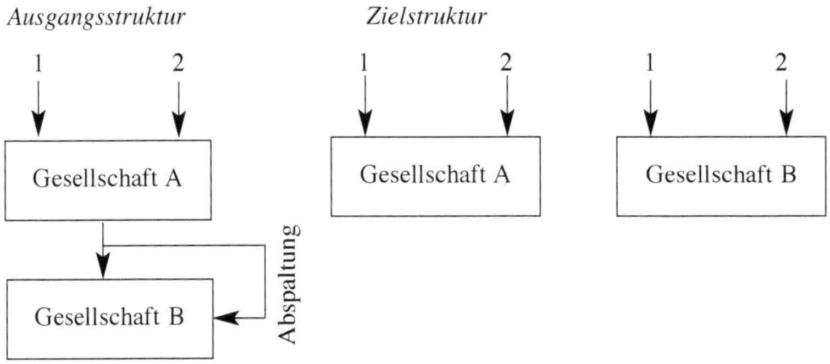

822 – Wird auf die Tochterkörperschaft hingegen (auch) anderes Vermögen übertragen, kann eine Gewährung neuer Anteile an die Gesellschafter der Mutterkörperschaft wahlweise erfolgen oder auch unterbleiben.

823 *Beispiel – „Down-stream-Abspaltung“:*

Ausgangsstruktur

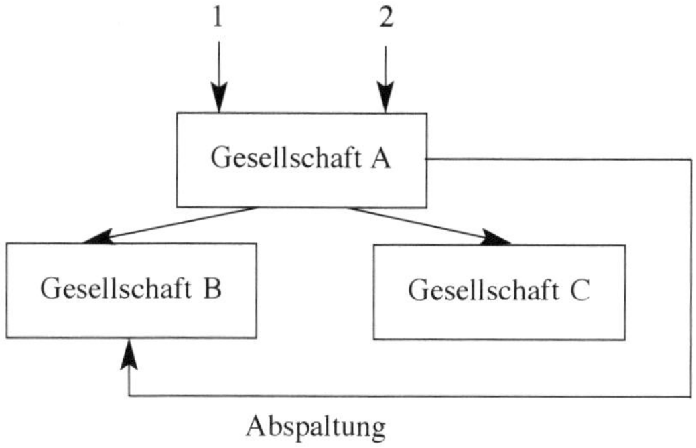

Zielstruktur

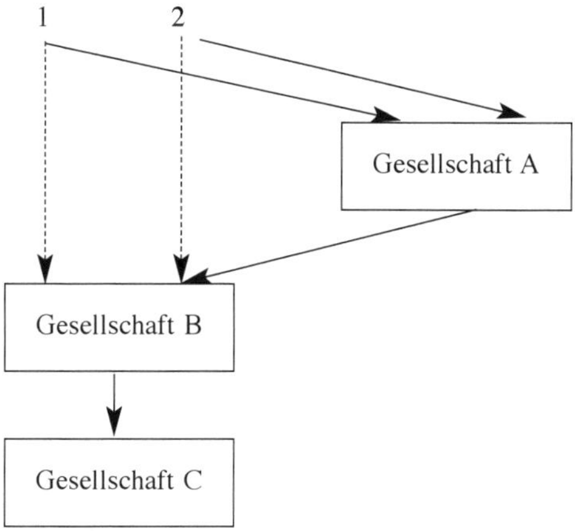

Anmerkung:
Die Körperschaft A spaltet einen Teilbetrieb auf die Körperschaft B ab; im Vermögen des Teilbetriebes befindet sich unter anderem die Beteiligung an der Körperschaft C. Die übernehmende Körperschaft B *kann* als Gegenleistung den Gesellschaftern der abspaltenden Körperschaft A (neue) Anteile gewähren; eine Verpflichtung dazu besteht nicht.

- **„Side-stream-Spaltung“:** 824
  Eine „Side-stream-Spaltung“ liegt zB vor, wenn eine Tochterkörperschaft Vermögen auf eine andere Tochterkörperschaft spaltet. Die übernehmende Tochterkörperschaft darf hierbei von der Gewährung neuer Anteile an die Gesellschafter der spaltenden Körperschaft absehen, wenn die Gesellschafter an der spaltenden und an der übernehmenden Körperschaft im selben Ausmaß beteiligt sind und das Unterbleiben der Anteilsgewährung keine

verbotene Einlagenrückgewähr darstellt (§ 17 Z 5 SpaltG iVm § 224 Abs 2 Z 1 AktG).

825 *Beispiel – „Side-stream-Abspaltung“:*

Ausgangsstruktur

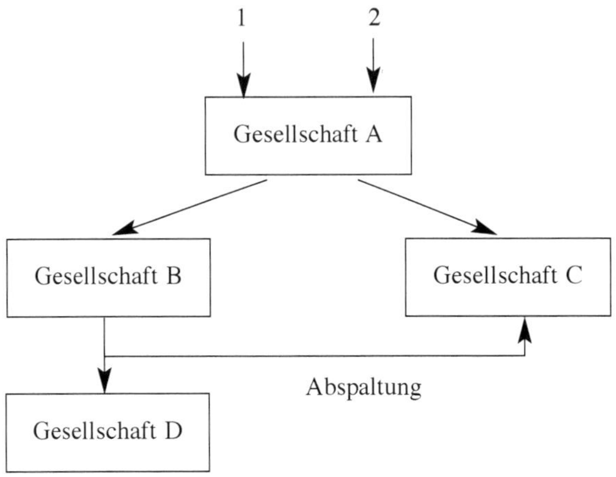

Zielstruktur

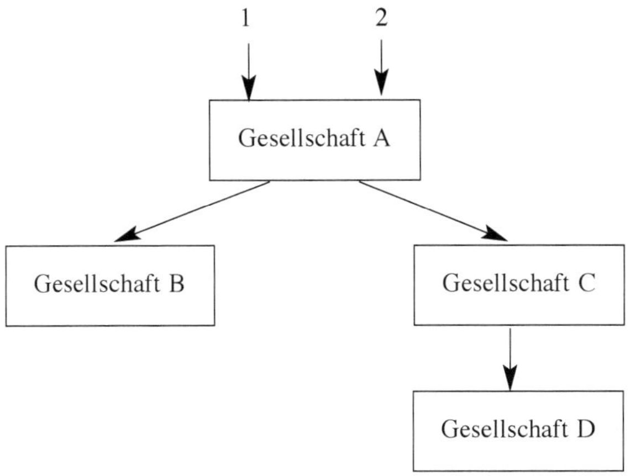

IV. Gläubigerschutz

1. Spaltung zur Neugründung

826 Bei einer Spaltung zur Neugründung soll den Gläubigern der bei der spaltenden Körperschaft aus Nennkapital und gebundenen Rücklagen bestehende Haftungsfonds auch nach der Spaltung erhalten bleiben.

Für den Schutz des Haftungsfonds der spaltenden Körperschaft sieht das SpaltG folgende Maßnahmen vor: 827

- Bei der **Aufspaltung** muss die Summe der Nennkapitalien der übertragenden und der übernehmenden Körperschaft mindestens dem Nennkapital der übertragenden Körperschaft entsprechen; dies gilt ebenso für die gebundenen Rücklagen (sog **„Summengrundsatz“**, § 3 Abs 1 SpaltG). 828
- Bei der **Abspaltung** muss der Verkehrswert des Vermögens, das der abspaltenden Körperschaft nach der Abspaltung verbleibt, ausreichen, um das Nennkapital und die gebundenen Rücklagen der abspaltenden Körperschaft zu decken (§ 3 Abs 4 SpaltG). Andernfalls hat bei der abspaltenden Körperschaft zwingend eine Kapitalherabsetzung zu erfolgen, die bei Einhalten des Summengrundsatzes in einem vereinfachten Verfahren stattfinden kann (§ 3 Abs 2 SpaltG). 829

Ob der durch die Abspaltung bei der spaltenden Körperschaft eintretende Buchverlust in den ausgewiesenen Rücklagen der spaltenden Körperschaft Deckung findet, ist für die Zulässigkeit der Abspaltung nicht relevant (*Hügel*, Wbl 2001, 387; *Strimitzer*, RdW 2001, 514 zur Spaltung zur Aufnahme; anders *Nowotny*, RWZ 2000/32 zur Spaltung zur Aufnahme).

2. Spaltung zur Aufnahme

Anders als bei der Spaltung zur Neugründung gilt für die Spaltung zur Aufnahme der Summengrundsatz nicht. Das Spaltungsgesetz sieht für die Spaltung zur Aufnahme vielmehr ein eigenes Gläubigerschutzkonzept vor (§ 17 Z 3 SpaltG): 830

- Bei der **Aufspaltung** sind die Vorschriften zur Kapitalherabsetzung anzuwenden. 831
- Reicht bei der **Abspaltung** der Verkehrswert des der abspaltenden Körperschaft verbleibenden Vermögens nicht aus, um das Nennkapital und die gebundenen Rücklagen der spaltenden Körperschaft zu decken, darf die Abspaltung erst protokolliert werden, nachdem die Vorschriften über die ordentliche Kapitalherabsetzung eingehalten worden sind. 832

Ob der durch die Abspaltung bei der spaltenden Körperschaft eintretende Buchverlust in den ausgewiesenen Rücklagen der spaltenden Körperschaft Deckung findet, ist für die Zulässigkeit der Abspaltung nicht relevant (*Hügel*, Umgründungsbilanzen 6.57; *Strimitzer*, RdW 2001, 514; anders *Nowotny*, RWZ 2000/32).

C. Auswirkungen der Spaltung nach allgemeinem Steuerrecht

833 Hinsichtlich der Auswirkungen des allgemeinen Steuerrechtes ist zwischen der Aufspaltung und der Abspaltung zu unterscheiden:

834 • Bei der **Aufspaltung** unterliegt die aufspaltende Körperschaft der **Liquidationsbesteuerung** (§§ 20 Abs 1 Z 1, 19 KStG). Durch die Liquidationsbesteuerung kommt es auch bei ihren **Gesellschaftern** zur Gewinnrealisierung in Höhe der Differenz aus dem gemeinen Wert der spaltungsbedingt erlangten Anteile an der übernehmenden Körperschaft und dem Buchwert (den Anschaffungskosten) der Beteiligung an der aufspaltenden Körperschaft (§ 27 Abs 6 Z 2 EStG, Betriebsvermögensvergleich). Die Ausführungen zur Verschmelzung oben unter Tz 42 ff gelten hier entsprechend.

835 • Bei der **Abspaltung** unterliegt das übertragene Vermögen bei der **abspaltenden Körperschaft** der **Tauschbesteuerung** (§§ 20 Abs 1 Z 2 KStG iVm § 6 Z 14 EStG). Beim **Gesellschafter** unterliegt die Differenz aus dem gemeinen Wert der spaltungsbedingt erlangten Anteile an der übernehmenden Körperschaft und dem anteiligen Buchwert der Beteiligung an der abspaltenden Körperschaft dem besonderen Steuersatz von 27,5 % (§ 27a Abs 1 iVm § 27 Abs 3 EStG).

836 Die Folgen des allgemeinen Steuerrechts treten jedoch nur dann ein, wenn auf eine Spaltung das UmgrStG keine Anwendung findet (siehe dazu Tz 837 ff).

D. Anwendungsbereich des UmgrStG

837 Spaltungen unterliegen dem Anwendungsbereich des UmgrStG, wenn folgende Voraussetzungen erfüllt werden (§ 32 UmgrStG):

- Die **inländische** oder **grenzüberschreitende Spaltung** erfolgt aufgrund gesellschaftsrechtlicher Vorschriften (SpaltG, GenSpaltG, EU-UmgrG, siehe dazu oben Tz 806); bei **Auslandsspaltungen** ausländischer Körperschaften muss die Spaltung aufgrund vergleichbarer Vorschriften erfolgen (§ 32 Abs 1 Z 1 und 2 UmgrStG).
- Es wird ausschließlich **spaltungsfähiges Vermögen** übertragen (§ 32 Abs 1, 2 und 3 UmgrStG).
- Das **Besteuerungsrecht Österreichs** wird für das übertragene Vermögen bei der übernehmenden Körperschaft **nicht eingeschränkt** (§ 32 Abs 1a UmgrStG).

838 Eine Spaltung aufgrund gesellschaftsrechtlicher Vorschriften iSd § 32 Abs 1 Z 1 UmgrStG liegt vor, wenn die Spaltung durch das zuständige Firmenbuchgericht in das Firmenbuch eingetragen wird. Wird eine Spaltung in das Fir-

menbuch eingetragen, sind die Finanzbehörden an diese Beurteilung gebunden (UmgrStR RZ 1655 Punkt 1; sog **„Maßgeblichkeit des Unternehmensrechts“**).

Neben der Eintragung der Spaltung in das Firmenbuch muss für die Anwendbarkeit des UmgrStG weiters durch die Spaltung ausschließlich begünstigtes Vermögen übertragen werden; zum begünstigten Vermögen gehören **ein Betrieb, Teilbetrieb, Mitunternehmeranteil** und **ein qualifizierter Kapitalanteil** (§§ 32 Abs 2, 12 Abs 2 UmgrStG; siehe dazu Tz 329 ff). Die für die Realteilung geltenden **Teilbetriebsfiktionen** sind für Spaltungen entsprechend anzuwenden (siehe oben Tz 703 ff, § 32 Abs 3 UmgrStG). Die Teilbetriebsfiktion für „Freiberuflerkörperschaften“ ist dabei auf nicht verhältniswahrende Spaltungen beschränkt (§ 32 Abs 3 Z 2 UmgrStG). 839

Das übertragene Vermögen muss der spaltenden Körperschaft bereits am Spaltungsstichtag zuzurechnen sein und auch am Tag der Eintragung des Spaltungsbeschlusses noch vorhanden sein (UmgrStR Rz 1655 Punkt 3). Die Zurechnung des Vermögens zum Spaltungsstichtag kann durch einen vorbereitenden Erwerb, durch eine rückwirkende Vorumgründung oder durch eine mehrfache Umgründung auf den Spaltungsstichtag nach § 39 UmgrStG hergestellt werden. 840

Liegt weder nach allgemeinem Steuerrecht noch nach der Fiktion des § 32 Abs 3 UmgrStG ein Teilbetrieb vor, ist Art VI UmgrStG dennoch anzuwenden, wenn die Übertragung in Zusammenhang mit **gesetzlichen Unvereinbarkeitsvorschriften** erfolgt (3. Teil Z 10 UmgrStG). Dadurch wird eine steuerneutrale „Entflechtung“ möglich, wenn gesetzliche Vorschriften die gemeinsame Ausübung bestimmter Tätigkeiten verbieten, die für sich keinen Teilbetrieb darstellen (wie bspw aufgrund des GesRÄG 2005 betreffend Wirtschaftsprüfung und Steuerberatung). 840a

Für das Erfordernis, begünstigtes Vermögen zu übertragen, ist zwischen der Aufspaltung und der Abspaltung zu unterscheiden: 841

- bei der **Aufspaltung** muss auf jede übernehmende Körperschaft ausschließlich ein Betrieb, Teilbetrieb, Mitunternehmeranteil oder ein qualifizierter Kapitalanteil übertragen werden;
- bei der **Abspaltung** muss der **übernehmenden Körperschaft** spaltungsfähiges Vermögen übertragen werden; der **abspaltenden Körperschaft** muss dagegen kein spaltungsfähiges Vermögen verbleiben (anders dagegen die Abteilung nach Art V; siehe dazu oben Tz 708). 842

Letztlich erfordert das UmgrStG die **Steuerhängigkeit des übertragenen Vermögens** bei der übernehmenden Körperschaft. Ob die den Gesellschaftern der spaltenden Körperschaft gewährten Anteile dem österreichischen Besteuerungsrecht unterliegen, ist nicht entscheidend (zu Ausnahmen siehe Tz 910). Wird für das gespaltene Vermögen das inländische Besteuerungsrecht eingeschränkt, unterliegt die Spaltung der (partiellen) Tausch- bzw Liquidationsbesteuerung (§ 32 Abs 1a UmgrStG iVm § 20 KStG; siehe dazu oben unter Tz 49 ff 843 die Ausführungen zur Verschmelzung, die hier entsprechend gelten). Dabei sind im Inland und im EU/EWR-Raum ansässige Anteilsinhaber ausgenommen; diese haben für ihre Anteile den steuerlichen Buchwert bzw die steuerlichen Anschaffungskosten fortzuführen (§ 36 Abs 1a UmgrStG, zur Verschmelzung siehe oben Tz 133a).

844 Sind sämtliche Anwendungsvoraussetzungen gegeben, unterliegt die Spaltung zwingend den Bestimmungen des UmgrStG (§ 32 Abs 2 UmgrStG). Ein Anwendungswahlrecht steht nicht zu.

845 *Beispiel:*
A und B sind zu jeweils 50 % an der AB-GmbH beteiligt. Die GmbH führt lediglich einen Betrieb. Per 31.12.01 erfolgt eine Aufspaltung zur Neugründung. Zu diesem Zweck wird der Betrieb auf die A-GmbH und liquide Mittel auf die B-GmbH übertragen.
Es liegt zwar eine Aufspaltung iS des SpaltG vor, doch wird nicht ausschließlich Vermögen iS des § 12 Abs 2 UmgrStG übertragen. Daher verfällt die spaltende AB-GmbH sowohl für das Gesellschaftsvermögen als auch für die an ihr gehaltenen Anteile der Liquidationsbesteuerung (siehe oben Tz 834).

846 *Beispiel:*
A und B sind zu jeweils 50 % an der AB-GmbH beteiligt. Die GmbH führt lediglich einen Betrieb. A und B kommen überein, eine Liegenschaft verhältniswahrend in eine neu zu gründende GmbH abzuspalten.
Es liegt zwar eine Abspaltung iS des SpaltG vor, doch wird kein Vermögen iS des § 12 Abs 2 UmgrStG übertragen. Deshalb kommt es hinsichtlich der abgespaltenen Liegenschaft zur Gewinnrealisierung durch Tausch (siehe dazu oben Tz 835). Der bei der abspaltenden AB-GmbH verbleibende Betrieb unterliegt dagegen keiner Gewinnrealisierung (zur Abteilung nach Art V siehe oben Tz 708). Die Gesellschafter A und B unterliegen mit ihren Anteilen an der AB-GmbH ebenfalls anteilig der Tauschbesteuerung.

E. Auswirkungen der Spaltung auf die spaltende Körperschaft

I. Bilanzierung

1. Unternehmensrecht

847 Die spaltende Körperschaft hat zum Spaltungsstichtag eine unternehmensrechtliche Schlussbilanz aufzustellen. Der Spaltungsstichtag ist grundsätzlich frei wählbar, doch wird der Spaltungsstichtag aus Gründen der Praktikabilität meist mit dem Regelbilanzstichtag zusammenfallen, weil in diesem Fall die Bilanz und der Anhang des Jahresabschlusses die Schlussbilanz ersetzt (zum Umfang der Schlussbilanz siehe OGH 11.11.1999, 6 Ob 4/99b, ecolex 2000/50).

Eine **Einschränkung** in der Wahl des Spaltungsstichtages ergibt sich aber vor allem daraus, dass die Schlussbilanz im Zeitpunkt der Anmeldung der Spaltung zur Eintragung in das Firmenbuch nicht älter als **neun Monate** sein darf (§ 2 Abs 1 Z 12, Abs 2 SpaltG). Die Neunmonatsfrist ist eine materiellrechtliche Frist. Die Rückwirkung der Spaltung ist daher davon abhängig, dass die Anmeldung beim zuständigen Firmenbuchgericht spätestens am letzten Tag der Neunmonatsfrist einlangt. 848

Da die steuerlichen Folgen des UmgrStG nur eintreten können, wenn die Spaltung unternehmensrechtlich zulässig ist (sog „Maßgeblichkeit des Unternehmensrechtes"), ist die **Neunmonatsfrist auch für die steuerliche Rückwirkung maßgeblich**.

Weist das Firmenbuchgericht die Anmeldung der Spaltung als verspätet zurück, kommt die Spaltung unternehmensrechtlich nicht zustande und löst keine abgabenrechtlichen Folgen aus. Wird die Spaltung trotz verspäteter Anmeldung in das Firmenbuch eingetragen, kommt sie unternehmensrechtlich zustande und unterliegt dem Anwendungsbereich des UmgrStG (UmgrStR RZ 1658).

Zusätzlich zur Schlussbilanz (bzw zum Jahresabschluss) muss eine **Zwischenbilanz** erstellt werden, wenn der Stichtag des letzten Jahresabschlusses mehr als sechs Monate vor der Aufstellung des Spaltungsvertragsentwurfes oder der Aufstellung des Spaltungsplans liegt (§ 7 Abs 2 Z 3 und Abs 3 SpaltG, § 17 Abs 7 SpaltG iVm § 221a Abs 2 Z 3 AktG; siehe dazu Tz 54 ff); auf die Erstellung der Zwischenbilanz kann nicht verzichtet werden (anders bei der Verschmelzung, siehe oben Tz 54b).Zum Entfall der Zwischenbilanz der übertragenden Körperschaft bei einer verhältniswahrenden Spaltung zur Neugründung siehe § 16a SpaltG. 849

Im Fall der **Abspaltung** muss zusätzlich zur Schlussbilanz eine Spaltungsbilanz erstellt werden. Die **Spaltungsbilanz** hat den Zweck, das der abspaltenden Körperschaft nach der Spaltung verbleibende Vermögen darzustellen (§ 2 Abs 1 Z 12 SpaltG). 850

2. Steuerrecht

Die spaltende Körperschaft hat für die Gewinnermittlung eine Schlussbilanz zu erstellen und ihr Betriebsvermögen mit jenen Werten anzusetzen, „die sich nach den steuerrechtlichen Vorschriften über die Gewinnermittlung ergeben" (§ 33 Abs 1 UmgrStG). Unter dieser Formulierung werden nur die Regeln für die laufende Gewinnermittlung verstanden. Eine darüber hinausgehende Aufdeckung stiller Reserven hat zu unterbleiben (Ansatz der Buchwerte; zur Ausnahme vom zwingenden Buchwertansatz siehe unten Tz 854 ff; zur Fortführung der Buchwerte durch die übernehmende Körperschaft siehe unten Tz 880 ff). In der Regel wird die unternehmensrechtliche Schlussbilanz durch eine steuerliche Mehr-Weniger-Rechnung ergänzt und der Gewinnermittlung zu Grunde gelegt. 851

852 Zusätzlich zur (steuerlichen) Schlussbilanz hat die spaltende Körperschaft zum Spaltungsstichtag eine steuerliche **Übertragungsbilanz** zu erstellen (§ 33 Abs 6 TS 1 UmgrStG; die Verletzung dieser Ordnungsvorschrift lässt den Anwendungsbereich des UmgrStG unberührt). In der Übertragungsbilanz ist das von der spaltenden Körperschaft **übertragene Vermögen** grundsätzlich mit den steuerlich maßgebenden **Buchwerten** anzusetzen (zur Ausnahme vom Buchwertansatz siehe unten Tz 854 ff). Neben dem übertragenen Vermögen sind in der Übertragungsbilanz auch die sog „rückwirkenden Vermögensänderungen" darzustellen (siehe dazu oben Tz 410 ff). Der Saldo der Übertragungsbilanz ergibt das **Übertragungskapital**, das in einem Posten auszuweisen ist.

853 Im Fall der **Abspaltung** hat die spaltende Körperschaft zusätzlich eine **Restbilanz** zu erstellen (§ 33 Abs 6 TS 2 UmgrStG; die Verletzung dieser Ordnungsvorschrift lässt den Anwendungsbereich des UmgrStG unberührt). Die Restbilanz hat den Zweck, das der abspaltenden Körperschaft verbleibende Vermögen mit den steuerlich maßgebenden Werten anzusetzen.

II. Ausnahme vom Buchwertansatz

854 Ist im Zuge der Spaltung das übertragene Vermögen zwingend mit dem Buchwert zu bewerten, kann dies insbesondere dann zu Nachteilen führen, wenn auf eine inländische Körperschaft ausländisches Vermögen übertragen wird, die Spaltung im Ausland zur Steuerpflicht führt und mit dem betreffenden Staat ein DBA besteht, welches dafür die Anrechnungsmethode vorsieht. Denn in diesem Fall würde aufgrund der (inländischen) Buchwertfortführung keine inländische Steuer entstehen, auf welche die ausländische Steuer angerechnet werden könnte.

855 Um solche Nachteile zu vermeiden, kann abweichend vom grundsätzlich zwingenden Buchwertansatz das **ausländische Vermögen** steuerwirksam **aufgewertet werden**, wenn

- die Spaltung im Ausland zur Gewinnrealisierung führt und
- mit dem jeweiligen Staat ein DBA besteht, das dafür die Anrechnungsmethode vorsieht, oder eine vergleichbare innerstaatliche Maßnahme zur Vermeidung der Doppelbesteuerung getroffen wurde (sog **„Aufwertungsoption"**; § 33 Abs 2 UmgrStG).

856 *Beispiel:*

Die A-GmbH spaltet auf ihre 100%ige Tochterkörperschaft einen Betrieb ab. Zum Vermögen dieses Betriebes gehört unter anderem eine im Ausland gelegene Liegenschaft. Der Staat, in dem die Liegenschaft gelegen ist, nimmt die Spaltung zum Anlass, die in der Liegenschaft enthaltenen stillen Reserven zu versteuern. Mit dem Belegenheitsstaat besteht ein DBA das dem OECD-MA folgt und hinsichtlich der Vermeidung einer Doppelbesteuerung die Anrechnungsmethode vorsieht.

Müsste die spaltende A-GmbH in Österreich den Buchwert der ausländischen Liegenschaft fortführen, könnte sie mangels inländischer KSt die im Ausland anfallende Steuer nicht anrechnen. Eine Anrechnung auf einen allfälligen späteren

(inländischen) Veräußerungsgewinn wäre ebenfalls ausgeschlossen, weil in dem betreffenden Folgejahr für diese stillen Reserven keine ausländische Steuer mehr anfallen kann. Im Ergebnis käme es daher zu einer doppelten Besteuerung der in der ausländischen Liegenschaft steckenden stillen Reserven.
Um diese nachteiligen Folgen zu beseitigen, kann die A-GmbH im Zuge der Abspaltung die ausländische Liegenschaft steuerwirksam mit dem höheren Teilwert ansetzen (§ 20 Abs 2 Z 2 Satz 2 KStG) und sich auf die dafür anfallende KSt die ausländische Steuer anrechnen lassen. Durch diese Maßnahme ist sichergestellt, dass die in der ausländischen Liegenschaft bis zum Spaltungsstichtag gelegten stillen Reserven nur einmal besteuert werden.

III. Rückwirkungsfiktion

Unternehmensrechtlich erfolgt die Vermögensübertragung mit der Eintragung der Spaltung in das Firmenbuch (§§ 14 Abs 2 Z 1, 17 SpaltG). 857

Am zivilrechtlichen Zeitpunkt des Vermögensüberganges ändert auch der Umstand nichts, dass die Spaltung für Verrechnungszwecke im Innenverhältnis schuldrechtlich auf den Spaltungsstichtag bezogen wird (vgl §§ 2 Abs 1 Z 7, 17 SpaltG). 858

Anders als im Unternehmensrecht gilt **steuerlich** die **Vermögensübertragung** bereits **mit Ablauf des Spaltungsstichtages** als eingetreten; nach Ablauf des Spaltungsstichtages erfolgende Vermögensänderungen werden daher bereits der übernehmenden Körperschaft zugerechnet (sog **„Rückwirkungsfiktion“**; vgl § 33 Abs 3 UmgrStG). 859

Um den übertragenen **Betrieb, Teilbetrieb** oder **Mitnternehmeranteil** auch nach dem Spaltungsstichtag rückwirkend verändern zu können, sind von der Rückwirkungsfiktion bestimmte Maßnahmen ausgenommen. Eine solche **Ausnahme von der Rückwirkungsfiktion** besteht 860

- bei der **Aufspaltung** für (§ 33 Abs 4 UmgrStG): 861
  - *Gewinnausschüttungen* der aufspaltenden Körperschaft nach dem Spaltungsstichtag; verdeckte Gewinnausschüttungen sind dagegen von der Rückwirkungsfiktion erfasst (arg „auf Grund von Beschlüssen“); verdeckte Gewinnausschüttungen sind daher bereits der übernehmenden Körperschaft zuzurechnen.

    Durch die Ausnahme von offenen Gewinnausschüttungen aus der Rückwirkungsfiktion sind für diese noch die Verhältnisse bis zur Spaltung maßgeblich. Die KESt-Pflicht und die dafür vorgesehenen Befreiungstatbestände (§ 94 Z 2 EStG) richten sich somit noch nach den alten Beteiligungsverhältnissen.
    Von der Rückwirkungsfiktion ausgenommene offene Gewinnausschüttungen reduzieren den Stand der Innenfinanzierung der übertragenden Körperschaft (§ 4 Abs 12 Z 4 EStG; UmgrStR RZ 1672).

  - *Einlagenrückzahlungen* (§ 4 Abs 12 EStG) der aufspaltenden Körperschaft in der Zeit zwischen dem Spaltungsstichtag und dem Tag des Spaltungsbeschlusses;

– *Einlagen* (§ 8 Abs 1 KStG) in die aufspaltende Körperschaft in der Zeit zwischen dem Spaltungsstichtag und dem Tag des Spaltungsbeschlusses und

Im Rückwirkungszeitraum getätigte Einlagen in die aufspaltenden Körperschaft und Einlagenrückzahlungen der aufspaltenden Körperschaft sind bereits zum Spaltungsstichtag im Einlagen-Evidenzkonto der übertragenden Körperschaft darzustellen (§ 4 Abs 12 Z 3 EStG).

– das zwischen Teilbetrieben erfolgende *Verschieben von Aktiva und Passiva* iS des § 16 Abs 5 Z 4 samt Schlussteil UmgrStG (§ 33 Abs 5 Satz 1 UmgrStG, siehe dazu oben Tz 428 ff).

862 • bei der **Abspaltung** für (§ 33 Abs 5 Satz 2 UmgrStG):
– *Gewinnausschüttungen, Einlagenrückzahlungen* (§ 4 Abs 12 EStG), Einlagen (§ 8 Abs 1 KStG) in der Zeit zwischen dem Spaltungsstichtag und dem Tag des Abschlusses des Spaltungsvertrages, soweit sich diese auf das abgespaltene Vermögen beziehen (§§ 33 Abs 5, 16 Abs 5 Z 5 UmgrStG) und
– das zwischen Teilbetrieben erfolgende *Verschieben von Aktiva und Passiva* iS des § 16 Abs 5 Z 4 samt Schlussteil UmgrStG (siehe dazu oben Tz 428 ff).

862a Wird bei einer dem UmgrStG unterliegenden Spaltung für ein nach §§ 33 Abs 5, 16 Abs 5 Z 4 UmgrStG verschobenes Wirtschaftsgut das inländische Besteuerungsrecht eingeschränkt, führt diese Einschränkung nicht nach § 32 Abs 1a UmgrStG zur Nichtanwendung des Art VI UmgrStG, sondern lediglich zur Entstrickungsbesteuerung für das verschobene Wirtschaftsgut (§ 33 Abs 5 letzter Satz UmgrStG).

Beispiel (ErlRV AbgÄG 2023):
Die inländische A-GmbH verfügt über eine inländische Betriebsstätte sowie eine Betriebsstätte in Deutschland. Die deutsche Betriebsstätte soll nach Art VI UmgrStG von der A-GmbH in eine neu gegründete deutsche GmbH abgespalten werden; es liegt keine Ausgliederung im Sinne des § 47 Z 5 EU-UmgrG vor. Dabei wird nach Maßgabe von § 16 Abs 5 Z 4 ein Wirtschaftsgut der inländischen Betriebsstätte der deutschen abzuspaltenden Betriebsstätte zugeführt. Hinsichtlich des der deutschen Betriebsstätte zugeführten Wirtschaftsgutes kommt es zu einer Einschränkung des Besteuerungsrechtes der Republik Österreich; Art VI und daher auch § 33 Abs 5 in Verbindung mit § 16 Abs 5 Z 4 bleibt insoweit anwendbar und es kommt zur Entstrickungsbesteuerung nach Maßgabe von § 6 Z 6 EStG 1988.

863 Bei der **isolierten Abspaltung eines Kapitalanteiles** steht das Instrumentarium des § 16 Abs 5 UmgrStG nicht zur Verfügung, sodass eine im Rückwirkungszeitraum an die abspaltende Körperschaft erfolgte Ausschüttung aus dem übertragenen Kapitalanteil steuerlich bereits der übernehmenden Körperschaft zuzurechnen ist. Wird eine solche Gewinnausschüttung im Spaltungs- und Übernahmsvertrag zivilrechtlich der übertragenden Körperschaft zugeordnet

(bzw durch diese zurückbehalten), gilt die der übernehmenden Körperschaft zuzurechnende Gewinnausschüttung an den Gesellschafter der übertragenden Körperschaft als (verdeckt) ausgeschüttet und durch diesen in die übertragende Körperschaft als eingelegt. Ob die übernehmende Körperschaft hierfür KESt einzubehalten hat, richtet sich nach den allgemeinen steuerlichen Vorschriften des § 94 Z 2 EStG. Tätigt die übertragende Körperschaft nach dem Spaltungsstichtag in den übertragenen Kapitalanteil eine **Einlage** (§ 8 Abs 1 KStG), kann diese Einlage ebenfalls nicht auf den Spaltungsstichtag rückbezogen werden. Der eingelegte Betrag gilt daher an den Gesellschafter der übertragenden Körperschaft als (verdeckt) ausgeschüttet, durch diesen in die übernehmende Körperschaft und durch die übernehmende Körperschaft in die abgespaltene Körperschaft als eingelegt. Ob die übertragende Körperschaft hierfür KESt einzubehalten hat, richtet sich nach den allgemeinen steuerlichen Vorschriften des § 94 Z 2 EStG.

Die genannten **rückwirkenden Vermögensänderungen** sind aufgrund der Ausnahme von der Rückwirkungsfiktion bereits in der Übertragungsbilanz darzustellen und **wirken sich** demnach **auf die Höhe des Übertragungskapitals** aus: Gewinnausschüttungen und Einlagenrückzahlungen sind als Passivpost in die Übertragungsbilanz einzustellen und vermindern das Übertragungskapital. Einlagen sind dagegen als Aktivpost auszuweisen und erhöhen somit das Übertragungskapital. Das Verschieben von Aktiva und Passiva zwischen zwei Teilbetrieben erfolgt durch die Aufnahme bzw Nichtaufnahme der verschobenen Wirtschaftsgüter in die Übertragungsbilanz.

IV. Buchgewinne und Buchverluste

Spaltet eine Körperschaft Vermögen auf eine andere Körperschaft ab, wird die Gegenleistung nicht der spaltenden Körperschaft gewährt, sondern ihren Gesellschaftern. Dadurch entsteht bei der abspaltenden Körperschaft in Höhe des abgehenden positiven Buchwertes ein Buchverlust; wird dagegen ein Vermögen mit negativem Buchwert übertragen, entsteht ein Buchgewinn. 864

Spaltet eine Mutterkörperschaft Vermögen auf ihre Tochterkörperschaft ab **(Downstream-Abspaltung)**, ist in Höhe des abgehenden Buchwertes die Beteiligung an der Tochterkörperschaft zu erhöhen bzw vermindern (§§ 33 Abs 7 Satz 2, 20 Abs 4 Z 1 UmgrStG). Buchgewinne oder Buchverluste können demnach nicht entstehen. 865

Bei einer **Aufspaltung** geht die spaltende Körperschaft unter. Buchgewinne oder Buchverluste können daher bei der aufspaltenden Körperschaft nicht entstehen. 866

Auftretende Buchgewinne und Buchverluste sind steuerneutral und wirken sich daher auf den steuerlichen Gewinn oder Verlust nicht aus (§ 33 Abs 7 UmgrStG; siehe auch das Bsp unter Tz 879). 867

F. Auswirkungen der Spaltung auf die Nachfolgekörperschaft

I. Rückwirkungsfiktion – Wertansätze – Buchgewinne und -verluste

868 Unabhängig von der zivilrechtlichen Rechtsnachfolge sind ab dem Spaltungsstichtag sämtliche Handlungen der spaltenden Körperschaft bereits im Rechnungswesen der übernehmenden Körperschaft abzubilden (vgl § 2 Abs 1 Z 7 SpaltG). Auch steuerlich wird das übertragene Vermögen der übernehmenden Körperschaft am Beginn des dem Spaltungsstichtag folgenden Tages zugerechnet (sog „Rückwirkungsfiktion", §§ 34 Abs 1, 33 Abs 3 UmgrStG).

869 Hinsichtlich der Bewertung des übernommenen Vermögens ist zwischen dem unternehmensrechtlichen und dem steuerlichen Wertansatz zu unterscheiden.

1. Unternehmensrecht

870 Unternehmensrechtlich besteht für die Bewertung des übernommenen Vermögens ein Wahlrecht: Die Nachfolgekörperschaft kann das Vermögen entweder insgesamt mit dem beizulegenden Wert (§ 202 Abs 1 UGB) oder insgesamt mit den Buchwerten der Schlussbilanz der spaltenden Körperschaft ansetzen (§ 202 Abs 2 UGB). Der Ansatz eines Zwischenwertes ist nicht zulässig. Bei Ansatz des beizulegenden Wertes ist der Aufwertungsgewinn in der Gewinn- und Verlustrechnung in einem Sonderposten auszuweisen und nach § 235 Abs 1 UGB ausschüttungsgesperrt.

871 Im Fall der **Spaltung zur Neugründung** ist für die neu gegründete Nachfolge-körperschaft eine **Eröffnungsbilanz** zu erstellen (§ 2 Abs 1 Z 12 SpaltG). Bei der **Spaltung zur Aufnahme** ist nach hA eine sog. **„Übertragungsbilanz"** zu erstellen, in der das im Zuge der Spaltung übertragene Vermögen darzustellen ist (§§ 17 Z 1 iVm 2 Abs 1 Z 12 SpaltG). Die Darstellung des bei der übernehmenden Körperschaft vereinigten Vermögens im Rahmen einer „Übernahmebilanz" („fiktive Eröffnungsbilanz") ist hingegen nicht zwingend erforderlich, kann jedoch freiwillig erfolgen.

872 Durch die Übertragung des Vermögens auf die Nachfolgekörperschaft ergeben sich bei dieser im Betriebsvermögen **Wertdifferenzen**, die als Buchgewinn oder Buchverlust bezeichnet werden. Hinsichtlich der Ursache der Entstehung von Buchgewinnen oder Buchverlusten lassen sich zwei Typen unterscheiden:

873 • Buchwertdifferenzen aus dem Buchwert der gewährten Anteile und dem Buchwert des übernommenen Vermögens (= Buchgewinne bzw Buchverluste **auf gesellschaftlicher Grundlage**);

- Buchwertdifferenzen aus dem Buchwert der durch die Spaltung untergegangenen Vermögensgegenstände und dem Buchwert des übernommenen Vermögens (= Buchgewinne bzw Buchverluste **auf betrieblicher Grundlage**). 874

Buchgewinn

Entsteht durch die Spaltung bei der Nachfolgekörperschaft ein Buchgewinn, ist zu unterscheiden: Gibt die Nachfolgekörperschaft neue Anteile aus, ist eine Kapitalrücklage iS des § 229 Abs 2 Z 1 UGB zu bilden. Diese Kapitalrücklage ist bei einer AG oder einer großen GmbH gebunden (§ 229 Abs 5 iVm Abs 4 UGB). Kommt es dagegen zu keiner Ausgabe neuer Anteile, ist der Buchgewinn in eine (ungebundene) Kapitalrücklage einzustellen (§ 229 Abs 2 Z 5 UGB; zB Spaltung „down-stream" oder „side-stream"; Abfindung durch Altgesellschafter). Bei einer Spaltung „up-stream" ist der Buchgewinn in der Gewinn- und Verlustrechnung in einem Sonderposten vor dem Posten „Jahresüberschuss/Jahresfehlbetrag" auszuweisen und bei Wesentlichkeit im Anhang zu erläutern. 875

Buchverlust

Übersteigt der Gesamtbetrag der Gegenleistung das zu **Buchwerten** übernommene Vermögen, **darf** der Unterschiedsbetrag (= Buchverlust) **aktiviert werden** oder in der Gewinn- und Verlustrechnung in einem Sonderposten ausgewiesen werden (§ 202 Abs 2 Z 2 UGB). 876

Fällt trotz des Unterbleibens einer Gegenleistung ein Buchverlust an (zB Übernahme eines buchmäßig negativen Übertragungskapitals), ist dieser zwingend in der Gewinn- und Verlustrechnung in einem Sonderposten auszuweisen. 877

Soweit der aktivierte Buchverlust den einzelnen Vermögensgegenständen zugeordnet werden kann, ist er als **Umgründungsmehrwert** anzusetzen und gemäß einer durchschnittlichen Restnutzungsdauer abzuschreiben; soweit darüber hinaus noch ein Buchverlust verbleibt, kann dieser als **Firmenwert** angesetzt werden, der auf längstens die Geschäftsjahre verteilt abzuschreiben ist, in denen er voraussichtlich genutzt wird (vgl § 202 Abs 2 Z 3 UGB). 878

Beispiel: 879

Die AB-GmbH spaltet ihren Teilbetrieb 2 auf die neu zu gründende C-GmbH ab. Der Verkehrswert des ihr verbleibenden Teilbetriebes 1 beträgt 2.500. Das in der Schlussbilanz der AB-GmbH ausgewiesene Fremdkapital ist den Teilbetrieben zu gleichen Teilen zuzurechnen.

Schlussbilanz AB-GmbH

Teilbetrieb 1	1.450	Stammkapital	800
Teilbetrieb 2	2.550	Gebundene KRL	300
		Ungebundene KRL	2.000
		Bilanzgewinn	400
		Fremdkapital	500
	4.000		4.000

Übertragungsbilanz AB-GmbH

Teilbetrieb 2	2.550	Übertragungskapital	2.300
		Fremdkapital	250
	2.550		2.550

Spaltungsbilanz (Restbilanz) AB-GmbH

Teilbetrieb 1	1.450	Stammkapital	800
		Gebundene KRL	300
		Bilanzgewinn	100
		Fremdkapital	250
	1.450		1.450

Eröffnungsbilanz C-GmbH

Teilbetrieb 2	2.550	Stammkapital	500
		Gebundene KRL	1.800
		Fremdkapital	250
	2.550		2.550

1. Buchverlust bei der abspaltenden AB-GmbH:
Durch die Abspaltung des Teilbetriebes 2 entsteht bei der abspaltenden AB-GmbH in Höhe des abgehenden Buchwertes ein Buchverlust iHv 2.300 (= Teilbetriebsaktiva iHv 2.550 abzüglich Teilbetriebspassiva iHv 250). Der Buchverlust wird iHv 2.000 durch die Auflösung der ungebundenen Rücklagen gedeckt und iHv 300 mit dem Bilanzgewinn verrechnet. Da der Teilbetrieb 1 einen Verkehrswert von 2.500 aufweist, sind sowohl das Stammkapital als auch die gebundenen Rücklagen gedeckt; weiters findet der Buchwert des übertragenen Teilbetriebes 2 in den freien Rücklagen der abspaltenden AB-GmbH Deckung.
Der Buchverlust ist steuerneutral (§ 33 Abs 7 UmgrStG). Er wirkt sich daher nicht auf den steuerlichen Gewinn der abspaltenden AB-GmbH aus.

2. Buchgewinn bei der übernehmenden C-GmbH:
Durch die Übernahme des Teilbetriebes 2 iHv 2.300 und die Ausgabe neuer Anteile iHv 500 entsteht bei der übernehmenden C-GmbH ein Buchgewinn (auf gesellschaftlicher Grundlage) iHv 1.800. Der Buchgewinn ist zur Gänze in eine Kapitalrücklage iS des § 229 Abs 2 Z 1 UGB einzustellen.
Der Buchgewinn ist steuerneutral (§ 34 Abs 2 UmgrStG; siehe dazu unten Tz 880 ff). Er wirkt sich daher auf den steuerlichen Gewinn der C-GmbH nicht aus.

2. Steuerrecht

880 Anders als nach Unternehmensrecht besteht steuerlich für die Bewertung des übernommenen Vermögens kein Wahlrecht. Die Nachfolgekörperschaft hat vielmehr die von der spaltenden Körperschaft in der Übertragungsbilanz angesetzten (Buch-)Werte zwingend zu übernehmen (§ 34 Abs 1 UmgrStG).

Tritt durch eine Spaltung das übertragene Vermögen in das inländische Besteuerungsrecht ein, ist dieses mit dem gemeinen Wert anzusetzen (§ 34 Abs 1a UmgrStG; siehe dazu oben unter Tz 90a ff die Ausführungen zur Verschmelzung, die hier entsprechend gelten).

Zusätzlich zu den Wertansätzen hat die Nachfolgekörperschaft insbesondere auch die Abschreibungsdauer und Behaltefristen zu übernehmen. Nach § 19 BAO führt die unternehmensrechtliche partielle Gesamtrechtsnachfolge auch zum Eintritt in sämtliche abgabenverfahrensrechtlichen Positionen der aufspaltenden Körperschaft; im Falle der Abspaltung gilt dies für die dem abgespaltenen Vermögen zuzurechnenden Abgabenangelegenheiten (VwGH 1.9.1999, 98/16/0121; ÖStZB 2000/289). 881

Die durch die Spaltung bei der Nachfolgekörperschaft entstehenden **Buchgewinne und Buchverluste sind grundsätzlich steuerneutral** und wirken sich daher auf den steuerlichen Gewinn oder Verlust nicht aus (§ 34 Abs 2 Z 1 UmgrStG). **Ausgenommen** von dieser Steuerneutralität sind lediglich Buchgewinne bzw Buchverluste, die aus der Vereinigung von Aktiva und Passiva (sog **„Confusio"**) stammen. Solche Confusiogewinne bzw -verluste sind in dem dem Spaltungsstichtag folgenden Wirtschaftsjahr (auch) steuerlich zu berücksichtigen (§ 33 Abs 2 Z 3 UmgrStG). 882

Etwaige aus einer unternehmensrechtlichen Aufwertung auf den beizulegenden Wert resultierende Mehrabschreibungen oder die Abschreibung des aktivierten Umgründungsmehrwertes bzw Firmenwertes sind in der steuerlichen Mehr-Weniger-Rechnung zu korrigieren. 883

Spaltet eine Tochterkörperschaft Vermögen auf ihre Mutterkörperschaft ab **(Up-stream-Abspaltung)**, hat die Mutterkörperschaft die Beteiligung an der Tochterkörperschaft in dem Verhältnis zu vermindern, zu dem sich der Verkehrswert der Tochterkörperschaft durch die Abspaltung verringert (§ 34 Abs 2 Z 2 UmgrStG). Die Differenz aus der Verminderung der Beteiligung und dem übernommenen Vermögen ergibt sodann den steuerneutralen Buchgewinn (Buchverlust). 884

II. Internationale Schachtelbeteiligungen

1. Entstehen oder Erweitern einer internationalen Schachtelbeteiligung

Entsteht durch eine Spaltung bei der Nachfolgekörperschaft eine internationale Schachtelbeteiligung oder wird bei dieser eine bereits bestehende internationale Schachtelbeteiligung erweitert, würden die bis zum Spaltungsstichtag in der Beteiligung steuerhängigen stillen Reserven steuerlich entstrickt. 885

Um die Steuerentstrickung zu vermeiden, ist hinsichtlich der bisher nicht steuerbegünstigten Beteiligungsquoten der Unterschiedsbetrag zwischen dem 886

Buchwert und dem höheren Teilwert von der Steuerneutralität nach § 10 Abs 3 Satz 1 KStG ausgenommen (§ 33 Abs 3 Z 1 UmgrStG). Ein etwaiger Veräußerungsgewinn bleibt daher in Höhe der zum Spaltungsstichtag steuerhängigen stillen Reserven jedenfalls steuerpflichtig.

887 Da die Bestimmung des § 33 Abs 3 Z 1 UmgrStG jener des § 3 Abs 4 UmgrStG entspricht, gelten die Ausführungen zur Verschmelzung oben unter Tz 91 ff hier entsprechend.

2. Untergang einer internationalen Schachtelbeteiligung

888 Geht durch eine Spaltung die Eigenschaft einer Beteiligung als internationale Schachtelbeteiligung unter, wären die bisher nicht steuerverstrickten stillen Reserven der untergehenden Beteiligung nach der Spaltung steuerpflichtig.

889 Um dies zu vermeiden, gilt der zum Spaltungsstichtag bestehende höhere Teilwert der Beteiligung als deren Buchwert (§ 34 Abs 3 Z 2 UmgrStG). Die Aufwertung unterbleibt, wenn für die untergehende Schachtelbeteiligung die Option zur Steuerwirksamkeit ausgeübt worden ist (siehe dazu oben Tz 153).

890 *Beispiel:*

Die A-GmbH besitzt unter anderem eine internationale Schachtelbeteiligung im Ausmaß von 100 %. Der Buchwert der Beteiligung beträgt 1.000. Der Teilwert beträgt 1.500. Mit Stichtag 31.12.01 spaltet die A-GmbH einen Teilbetrieb auf die B-GmbH ab. In diesen Teilbetrieb werden rückwirkend 5 % der internationalen Schachtelbeteiligung verschoben (§ 16 Abs 5 Z 4 UmgrStG).

Durch die Abspaltung geht hinsichtlich der 5-%-Beteiligung die Eigenschaft als internationale Schachtelbeteiligung unter. Um die Steuerhängigkeit der bisher in dieser Beteiligungsquote steckenden stillen Reserven zu vermeiden, gilt der aliquote Teilwert iHv 75 (= 5 % von 1.500) als neuer Buchwert der Beteiligung. Die zum Spaltungsstichtag in der internationalen Schachtelbeteiligung enthaltenen anteiligen stillen Reserven iHv 25 (= 5 % von 500) bleiben daher auch nach der Spaltung steuerfrei.

891 *Beispiel:*

Die A-GmbH ist an der ausländischen Körperschaft B zu 50 % beteiligt. Mit Stichtag 31.12.01 spaltet die A-GmbH 45 % dieser Beteiligung auf die B-GmbH ab. Der Buchwert der 50-%-Beteiligung beträgt 1.000. Der Teilwert beträgt 1.500.

Durch die Abspaltung geht bei der A-GmbH hinsichtlich der ihr verbleibenden 5-%-Beteiligung die Eigenschaft als internationale Schachtelbeteiligung unter. Um die Steuerhängigkeit der bisher in dieser Beteiligungsquote steckenden stillen Reserven zu vermeiden, gilt der aliquote Teilwert iHv 150 als neuer Buchwert der Beteiligung. Die zum Spaltungsstichtag in der internationalen Schachtelbeteiligung enthaltenen anteiligen stillen Reserven iHv 50 bleiben daher auch nach der Spaltung steuerfrei.

III. Rechtsverhältnisse zwischen spaltender und übernehmender Körperschaft

Für die Einkünfteermittlung gilt das Vermögen mit dem Ablauf des Spaltungsstichtages als übertragen (§ 33 Abs 3 UmgrStG). Damit kann die spaltende Körperschaft für das übertragene Vermögen mit der Nachfolgekörperschaft bereits vor dem Abschluss des Spaltungsvertrages steuerlich anzuerkennende Rechtsgeschäfte schließen (§ 34 Abs 1 letzter Satz iVm § 18 Abs 3 erster Satz UmgrStG, siehe dazu oben Tz 517 ff). 892

Beispiel (Titz/Wild, SWK 2023, 809 ff): 893
Die X-GmbH hat zwei Teilbetriebe (TB1 und TB2). Zum 31. 12. X1 soll TB2 auf die neu gegründete Y-GmbH abgespalten werden. Eine Betriebsliegenschaft, die von beiden Teilbetrieben verwendet wird, geht auf die Y-GmbH über und wird dieser ab 1. 1. X2 steuerlich zugerechnet. Der X-GmbH soll – und wird auch unternehmensrechtlich – ab 1. 1. X2 ein fremdüblicher Mietzins in Höhe von 100 verrechnet werden.
Nach § 34 Abs 1 UmgrStG iVm § 18 Abs 3 UmgrStG idF AbgÄG 2023 kann, sofern eine entsprechende Entgeltvereinbarung zwischen spaltender und übernehmender Körperschaft abgeschlossen wurde, auch die der X-GmbH verrechnete Mietzinszahlung für die Betriebsliegenschaft steuerlich bereits der übernehmenden Y-GmbH zugerechnet werden und bei dieser zu Betriebseinnahmen führen; korrespondierend liegen bei der X-GmbH Betriebsausgaben vor.
Nach der bis zum AbgÄG 2023 geltenden Rechtslage konnte der Mietzins steuerlich erst für Zeiträume nach dem Tag des Spaltungsbeschlusses steuerwirksam vereinbart werden (strittig).

IV. Verlustabzug

Für den Verlustabzug der spaltenden Körperschaft und der Nachfolgekörperschaft verweist das UmgrStG auf die Bestimmungen zur Einbringung (§§ 35, 21, 4 UmgrStG). Die Ausführungen zur Einbringung gelten daher hier entsprechend (siehe oben unter Tz 521 ff). 894

Die Beschränkung bei verbundenen Körperschaften (§ 4 Z 1 lit d UmgrStG, siehe oben Tz 117 ff und Tz 124 f) wird jedoch nur dann zur Anwendung kommen, wenn durch die Spaltung eine doppelte Verlustverwertung eintreten würde: Hierfür muss auf die Nachfolgekörperschaft im Fall der Up-stream-Spaltung das verlustbringende Vermögen und im Falle der Down-stream-Spaltung die teilwertberichtigte Beteiligung an der Tochterkörperschaft übertragen werden (UmgrStR RZ 1720 ff). 895

G. Auswirkungen einer verhältniswahrenden Spaltung auf die Gesellschafter

I. Begriff der verhältniswahrenden Spaltung

896 Unter einer verhältniswahrenden Spaltung versteht man eine Spaltung, bei der die Gesellschafter der spaltenden Körperschaft an der Nachfolgekörperschaft im selben Ausmaß beteiligt sind, wie an der spaltenden Körperschaft. Eine Identität der Beteiligungsverhältnisse an der spaltenden Körperschaft und der Nachfolgekörperschaft ist für die verhältniswahrende Spaltung nicht erforderlich. Es genügt vielmehr, wenn die Gesellschafter an der spaltenden Körperschaft und an der Nachfolgekörperschaft *zueinander* im gleichen Verhältnis beteiligt sind.

897 *Beispiel:*
A und B sind zu jeweils 50 % an der AB-GmbH beteiligt. Sie beschließen, einen Betrieb auf eine neu zu gründende GmbH abzuspalten.
Eine verhältniswahrende Spaltung liegt vor, wenn A und B an der neu gegründeten GmbH wiederum zu jeweils 50 % beteiligt sind.

898 *Beispiel:*
A und B sind zu je 50 % an der AB-GmbH beteiligt. Sie beschließen, von der AB-GmbH einen Betrieb (Verkehrswert 1.000) auf die CD-GmbH (Verkehrswert 3.000) abzuspalten. An der CD-GmbH sind C mit 25 % und D mit 75 % beteiligt.
Gemäß dem Verkehrswert des abgespaltenen Vermögens und der CD-GmbH erhalten A und B von der CD-GmbH insgesamt neue Anteile iHv 25 % (= Verkehrswert des übertragenen Betriebes bezogen auf den Verkehrswert der CD-GmbH nach Abspaltung). Eine verhältniswahrende Spaltung liegt vor, wenn die als Gegenleistung gewährten neuen Anteile an der CD-GmbH auf A und B in dem Verhältnis aufgeteilt werden, in dem sie zueinander an der abspaltenden AB-GmbH beteiligt sind. Bei einer verhältniswahrenden Abspaltung sind A und B daher an der CD-GmbH jeweils zu 12,5 % beteiligt (= 50 % von 25 %).
Durch die Gewährung neuer Anteile sinken die Beteiligungen der Altgesellschafter C und D um 25 %. C ist nach der Spaltung daher nur mehr mit 18,75 % und D nur mehr mit 56,25 % an der CD-GmbH beteiligt.

II. Spaltung zur Neugründung

1. Aufspaltung

a) Anteilstausch

899 Bei der Aufspaltung zur Neugründung gehen die Anteile an der aufspaltenden Körperschaft unter; als Gegenleistung erhalten die Gesellschafter der aufspaltenden Körperschaft Anteile an den neu gegründeten Körperschaften. Die An-

teile an der neu gegründeten Körperschaft gelten rückwirkend als mit dem dem Spaltungsstichtag folgenden Tag als erworben (§ 36 Abs 1 Satz 2 UmgrStG). Um eine Realisierung der in den aufgegebenen Anteilen enthaltenen stillen Reserven zu vermeiden, gilt ein solcher Austausch von Anteilen nicht als Tausch; die Anschaffungszeitpunkte der alten Anteile sind für die neuen Anteile fortzuführen („Identitätsfiktion", § 36 Abs 1 UmgrStG). Die Tauschbesteuerung unterbleibt jedoch nur dann, wenn der Austausch der Anteile gemäß dem Spaltungsplan erfolgt.

Der rückwirkende Erwerb der Anteile an der übernehmenden Körperschaft stellt aufgrund der Identitätsfiktion **keinen Anschaffungsvorgang** dar (§ 36 Abs 1 UmgrStG). 900

b) Anteilsbewertung

Da der spaltungsbedingte Anteilstausch nicht als Tausch gilt, haben die Gesellschafter der spaltenden Körperschaft die Anschaffungskosten bzw Buchwerte ihrer untergegangenen Anteile fortzuführen und auf die gewährten neuen Anteile an der übernehmenden Körperschaft zu übertragen: Hierbei sind die Anschaffungskosten bzw Buchwerte auf die Anteile der neuen Körperschaften in dem Verhältnis aufzuteilen, das dem Verhältnis der Verkehrswerte der neuen Körperschaften entspricht (§ 36 Abs 2 Z 1 UmgrStG). 901

Durch die Fortführung der Anschaffungskosten bzw Buchwerte werden die in den Anteilen an der aufspaltenden Körperschaft enthaltenen stillen Reserven verhältnismäßig auf die Anteile an den neuen Körperschaften übertragen. 902

Erhalten die Gesellschafter von der aufspaltenden Körperschaft oder von den neuen Körperschaften **bare Zuzahlungen** iHv bis zu 10 % des Nennbetrages der gewährten Anteile (§ 2 Abs 1 Z 3 SpaltG), sind die fortzuführenden Anschaffungskosten bzw Buchwerte um diese baren Zuzahlungen zu kürzen. Bare Zuzahlungen führen daher nicht sofort, sondern erst im Zeitpunkt der Veräußerung zu einem steuerpflichtigen Veräußerungsgewinn. 903

Beispiel: 904
A und B sind zu jeweils 50 % an der AB-GmbH beteiligt. In der Folge wird die AB-GmbH verhältniswahrend auf die neu zu gründende C-GmbH und die ebenfalls neu zu gründende D-GmbH aufgespalten. Der Verkehrswert der AB-GmbH beträgt 1.000. Der Verkehrswert der C-GmbH beträgt 400. Der Verkehrswert der D-GmbH beläuft sich auf 600. A tätigte auf seine Beteiligung an der AB-GmbH Anschaffungskosten iHv 500. Die Anschaffungskosten des B betragen 400.
Die Anschaffungskosten des A und des B sind zu 40 % auf die neuen Anteile an der C-GmbH und zu 60 % auf die neuen Anteile an der D-GmbH zu übertragen. Bei A betragen daher die Anschaffungskosten der 50%igen C-Beteiligung 200 und die Anschaffungskosten der 50%igen D-Beteiligung 300. Bei B belaufen sich die Anschaffungskosten der 50%igen C-Beteiligung auf 160 und die Anschaffungskosten der 50%igen D-Beteiligung auf 240.

2. Abspaltung

a) Anteilstausch

905 Bei der Abspaltung zur Neugründung geben die Gesellschafter der abspaltenden Körperschaft einen Teil ihrer Anteile an der abspaltenden Körperschaft auf und erhalten dafür als Gegenleistung Anteile an der neu gegründeten Körperschaft. Die Anteile an der neu gegründeten Körperschaft gelten rückwirkend als mit dem dem Spaltungsstichtag folgenden Tag als erworben (§ 36 Abs 1 Satz 2 UmgrStG). Um eine Realisierung der in den aufgegebenen Anteilen enthaltenen stillen Reserven zu vermeiden, gilt ein solcher Anteilstausch nicht als Tausch; die Anschaffungszeitpunkte der alten Anteile sind für die neuen Anteile fortzuführen (§ 36 Abs 1 UmgrStG; zur „Identitätsfiktion" siehe oben Tz 900).

b) Anteilsbewertung

906 Analog zur Aufspaltung sind bei der Abspaltung zur Neugründung die Anschaffungskosten bzw Buchwerte der Anteile an der abspaltenden Körperschaft fortzuführen und anteilig auf die Beteiligung an der abgespaltenen und die Beteiligung an der neu gegründeten Körperschaft zu übertragen: Hierbei sind die Anschaffungskosten bzw Buchwerte in dem Verhältnis zu übertragen, das dem Verhältnis der Verkehrswerte der abgespaltenen und der neuen Körperschaft entspricht (§§ 36 Abs 2 Z 2, 20 Abs 4 Z 3 UmgrStG).

907 Zur Behandlung von baren Zuzahlungen siehe oben Tz 903.

908 *Beispiel:*
A und B sind zu jeweils 50 % an der AB-GmbH beteiligt. In der Folge wird ein Betrieb von der AB-GmbH verhältniswahrend auf die neu zu gründende C-GmbH abgespalten. Der Verkehrswert der AB-GmbH beträgt vor der Spaltung 1.000. Der Verkehrswert des abgespaltenen Betriebes und damit der übernehmenden C-GmbH beträgt 300. Der Verkehrswert der AB-GmbH sinkt durch die Abspaltung um 300 von 1.000 auf 700. A tätigte auf seine Beteiligung an der AB-GmbH Anschaffungskosten iHv 300. Die Anschaffungskosten des B betragen 200.
Die Anschaffungskosten des A und des B sind zu 30 % auf die neuen Anteile an der C-GmbH zu übertragen und zu 70 % als Anschaffungskosten der Anteile an der AB-GmbH fortzuführen. Bei A betragen daher die Anschaffungskosten der 50%igen Beteiligung an der C-GmbH 90 und die Anschaffungskosten der 50%igen Beteiligung an der AB-GmbH 210. Bei B belaufen sich die Anschaffungskosten der 50%igen Beteiligung an der C-GmbH auf 60 und die Anschaffungskosten der 50%igen Beteiligung an der AB-GmbH auf 140.

III. Spaltung zur Aufnahme

1. Anteilstausch

Bei der Spaltung zur Aufnahme geben die Gesellschafter der spaltenden Körperschaft Anteile an der spaltenden Körperschaft auf und erhalten dafür als Gegenleistung Anteile an der aufnehmenden Körperschaft. Die Anteile an der übernehmenden Körperschaft gelten rückwirkend als mit dem dem Spaltungsstichtag folgenden Tag als erworben (§ 36 Abs 1 Satz 2 UmgrStG). Um eine Realisierung der in den aufgegebenen Anteilen enthaltenen stillen Reserven zu vermeiden, gilt ein solcher Austausch von Anteilen nicht als Tausch; die Anschaffungszeitpunkte der alten Anteile sind für die neuen Anteile fortzuführen (§ 36 Abs 1 UmgrStG; zur „Identitätsfiktion" siehe oben Tz 900). Die Tauschbesteuerung unterbleibt jedoch nur dann, wenn der Austausch der Anteile gemäß dem Spaltungsplan erfolgt. 909

Die **Steuerneutralität des Anteilstausch** stellt grundsätzlich nicht darauf ab, ob die Anteile auf Gesellschafterebene in Österreich steuerhängig bleiben. Dazu bestehen drei **Ausnahmen** (§ 36 Abs 3 UmgrStG; zur Verschmelzung siehe Tz 133c ff): 910

- Spaltet die Mutterkörperschaft die Beteiligung an der Tochterkörperschaft „down-stream" auf die Tochterkörperschaft ab und wird dabei das Besteuerungsrecht Österreichs hinsichtlich der Anteile der übertragenden Mutterkörperschaft an der übernehmenden Tochterkörperschaft eingeschränkt, weil die Gesellschafter der übertragenden Mutterkörperschaft, an die die Anteile an der Tochterkörperschaft nach § 17 Abs 5 SpaltG iVm § 224 Abs 3 AktG durchgeschleust werden, im Ausland ansässig sind, unterliegen die wegziehenden Anteile an der Tochterkörperschaft bei dieser der Wegzugsbesteuerung. Soweit Anteile an Gesellschafter ausgekehrt werden, die in einem EU/EWR-Staat ansässig sind, kann die Tochterkörperschaft einen Antrag auf Ratenzahlung stellen (§ 36 Abs 3 Z 1 UmgrStG iVm § 6 Z 6 lit b bis e EStG).
- Wird bei einer Spaltung zur Aufnahme (zum Teil) auf die Gewährung neuer Anteile verzichtet und kehrt die übernehmende Körperschaft dafür von ihr gehaltene eigene Anteile an die ausländischen Gesellschafter der übertragenden Körperschaft aus, scheiden die ausgekehrten eigenen Anteile aus dem inländischen Besteuerungsrecht aus. Die entstrickten eigenen Anteile unterliegen bei der übernehmenden Körperschaft der Wegzugsbesteuerung. Soweit eigene Anteile an Gesellschafter ausgekehrt werden, die in einem EU/EWR-Staat ansässig sind, kann die übernehmende Körperschaft einen Antrag auf Ratenzahlung stellen (§ 36 Abs 3 Z 2 UmgrStG iVm § 6 Z 6 lit b bis e EStG).

- Werden dem Gesellschafter der spaltenden Körperschaft keine Anteile an der übernehmenden Körperschaft gewährt und wird dadurch das Besteuerungsrecht Österreichs hinsichtlich der Anteile an der spaltenden Körperschaft eingeschränkt, so unterliegt der Gesellschafter mit diesen Anteilen insoweit der Tauschbesteuerung, als die im Ausland ansässigen Gesellschafter in weiterer Folge Anteile an der übernehmenden Körperschaft veräußern oder diese Anteile in weiterer Folge sonst aus ihrem Betriebsvermögen ausscheiden (§ 36 Abs 3 Z 3 Satz 1 und 2 UmgrStG; nach dem letzten Satz der Bestimmung sind Spaltungen up-stream ausgenommen). Nach dem Spaltungsstichtag und bis zur Veräußerung eintretende Wertminderungen kürzen den realisierten Gewinn bis auf null, soweit diese Wertminderungen nicht bereits im Ausland berücksichtigt werden.

Beispiel (vgl EB zur RV AbgÄG 2023):
Die im Ausland ansässige Körperschaft X1 ist zu je 100 % an der ebenfalls im Ausland ansässigen Körperschaft X2 sowie an der inländischen Körperschaft AT1-GmbH beteiligt. AT1-GmbH ist wiederum zu 100 % an der inländischen Körperschaft AT2-GmbH beteiligt. Mit Stichtag 31.12. spaltet die AT2-GmbH nach Art VI UmgrStG einen Teilbetrieb auf die von der ausländischen X2 neu gegründete, im Inland ansässige AT3-GmbH ab; auf die Gewährung einer Gegenleistung wird konzernintern verzichtet. Dies führt folglich zu einer Einschränkung des Besteuerungsrechts bei der AT1-GmbH hinsichtlich der Anteile an der AT2-GmbH; die Besteuerung der Anteilsinhaberebene erfolgt künftig bei X2 (Österreich kommt kein Besteuerungsrecht zu).

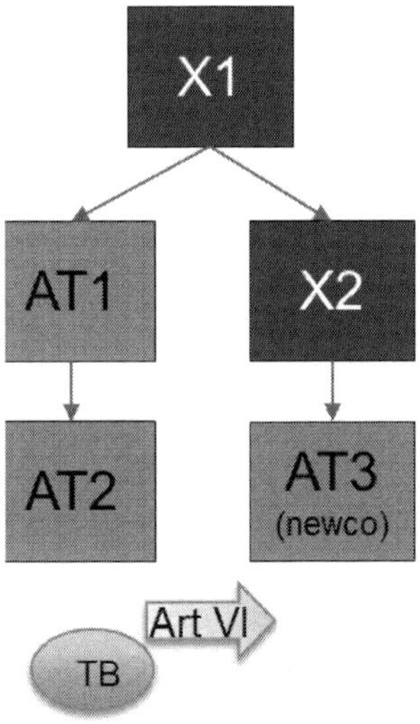

Die Spaltung als solche führt jedoch weder für das Vermögen der spaltenden AT2-GmbH (§ 32 Abs 1a UmgrStG) noch auf Anteilsinhaberebene bei der AT1-GmbH zu einer Entstrickungsbesteuerung. Veräußert jedoch die ausländische X2 in weiterer Folge Anteile an der übernehmenden AT3-GmbH, soll es künftig aufgrund von § 5 Abs 1 Z 6 UmgrStG insoweit zur Entstehung der Steuerschuld zum Spaltungsstichtag bei der AT1-GmbH in Höhe des Unterschiedsbetrages zwischen dem Buchwert und dem Fremdvergleichswert der Anteile an der AT2-GmbH kommen.

2. Anteilsbewertung

911 Bei der Spaltung zur Aufnahme (Aufspaltung und Abspaltung) hat die Bewertung der Anteile an den spaltungsbeteiligten Körperschaften in zwei fiktiven Schritten zu erfolgen (§ 36 Abs 4 UmgrStG):

- Im ersten Schritt wird eine **Spaltung zur Neugründung** einer fiktiven Zwischenkörperschaft fingiert. Für die Anteilsbewertung sei auf die oben unter den Tz 901 ff und Tz 906 ff getätigten Ausführungen zur Spaltung zur Neugründung verwiesen. 912
- Im zweiten Schritt wird die im Zuge der fiktiven Spaltung zur Neugründung entstandene **fiktive Zwischenkörperschaft auf die aufnehmende Körperschaft fiktiv verschmolzen**. Hinsichtlich der im Zuge der Verschmelzung zu erfolgenden Anteilsbewertung siehe die Ausführungen zur Verschmelzung oben unter Tz 133 ff. 913

Beispiel: 914
A und B sind an der AB-GmbH zu je 50 % beteiligt. Die Anschaffungskosten der Beteiligung betragen bei A 500 und bei B 400. Der Verkehrswert der AB-GmbH beträgt 5.000. Mit Stichtag 31.12.01 wird von der AB-GmbH ein Teilbetrieb mit einem Verkehrswert iHv 2.500 verhältniswahrend auf die bestehende C-AG abgespalten (Abspaltung zur Aufnahme). Die Anteile an der C-AG befinden sich im Alleineigentum des C. Durch die Abspaltung sinkt der Verkehrswert der AB-GmbH um 2.500 von 5.000 auf 2.500. Die Anschaffungskosten der Beteiligung belaufen sich bei C auf 1.000. Der Verkehrswert der C-AG beträgt vor der Spaltung 7.500.
Als Gegenleistung erhalten A und B von der C-AG insgesamt neue Anteile iHv 25 % (= Verkehrswert des Teilbetriebes iHv 2.500 bezogen auf den Verkehrswert der C-AG nach Abspaltung iHv 10.000). A und B erhalten daher verhältniswahrend jeweils 12,5 % neue Anteile an der C-AG. Die Beteiligung des Altgesellschafters C sinkt durch die Abspaltung um 25 % auf 75 %.
Für die Anteilsbewertung ist die Abspaltung zur Aufnahme in zwei fiktive Schritte zu zerlegen:

1. Fiktive Abspaltung zur Neugründung
In einem ersten Schritt erfolgt eine fiktive Abspaltung zur Neugründung einer Zwischenkörperschaft. Der Verkehrswert der Zwischenkörperschaft ergibt sich aus dem übertragenen Teilbetrieb und beträgt daher 2.500. Die Anschaffungskosten der 50-%-Beteiligungen des A und des B an der abspaltenden AB-GmbH sind daher um 50 % zu kürzen (= Verkehrswert der Zwischenkörperschaft bezogen auf den Verkehrswert der AB-GmbH vor Abspaltung) und auf die fiktiven 50-%-Beteiligungen an der fiktiven Zwischenkörperschaft zu übertragen. Dadurch ergeben sich folgende Anschaffungskosten:

	A	B
Anschaffungskosten der 50%igen Beteiligung an der AB-GmbH *nach* der Spaltung:	250	200
Anschaffungskosten der 50%igen Beteiligung an der fiktiven Zwischengesellschaft:	*250*	*200*
= Anschaffungskosten der 50%igen Beteiligung an der AB-GmbH *vor* der Spaltung:	500	400

2. Fiktive Verschmelzung
Im zweiten Schritt wird die fiktive Zwischenkörperschaft fiktiv auf die C-AG verschmolzen. Da die fiktive Zwischenkörperschaft (bzw der abgespaltene Teilbetrieb) einen Verkehrswert von 2.500 hat, gewährt die C-AG Anteile im Ausmaß von 25 % (= Verkehrswert des abgespaltenen Teilbetriebes bezogen auf den Verkehrswert der C-AG nach der Abspaltung iHv 10.000). A und B erhalten daher Anteile an der C-AG im Ausmaß von jeweils 12,5 %. Hinsichtlich der Anschaffungskosten dieser Beteiligungen haben A und B die Anschaffungskosten der fiktiven Zwischenkörperschaft auf die neuen Anteile an der C-AG zu übertragen (§ 5 Abs 1 UmgrStG; siehe dazu Tz 135). Daher betragen die Anschaffungskosten der 12,5%igen Beteiligung an der C-AG bei A 250 und bei B 200.
Bei C kommt es durch die Abspaltung zu keiner Änderung seiner Anschaffungskosten: Vom ersten Fiktionsschritt ist er überhaupt nicht erfasst. Und aufgrund des zweiten Fiktionsschrittes hat er die Anschaffungskosten der 100%igen Beteiligung an der C-AG als Anschaffungskosten der auf 75 % gesunkenen Beteiligung fortzuführen (siehe dazu Tz 138).

IV. Internationale Schachtelbeteiligung

918 Durch eine Spaltung können bei den Anteilseignern internationale Schachtelbeteiligungen entstehen, erweitert werden oder auch wegfallen. Um die Steuerverstrickung bislang nicht steuerhängiger stiller Reserven und die Steuerentstrickung bislang steuerhängiger stiller Reserven zu vermeiden, enthält § 36 Abs 5 UmgrStG besondere Bestimmungen. Da diese Bestimmungen jenen zur Verschmelzung entsprechen (§ 5 Abs 7 UmgrStG), sei an dieser Stelle auf die Ausführungen unter Tz 153 ff verwiesen.

H. Auswirkungen einer nicht verhältniswahrenden Spaltung auf die Gesellschafter

I. Begriff der nicht verhältniswahrenden Spaltung

919 Unter einer nicht verhältniswahrenden Spaltung versteht man eine Spaltung, bei der die Gesellschafter der spaltenden Körperschaft an der Nachfolgekörperschaft zueinander nicht im selben Ausmaß beteiligt sind wie an der spaltenden Körperschaft (vgl § 8 Abs 3 SpaltG).

920 Im Extremfall der nicht verhältniswahrenden Spaltung sind die Gesellschafter der spaltenden Körperschaft nur mehr an einer spaltungsbeteiligten Körperschaft beteiligt (sog „entflechtende Spaltung“).

920a Der Beschluss über eine nicht verhältniswahrende Spaltung bedarf der Zustimmung von 90 % des Nennkapitals. Werden Anteile an zumindest einer beteiligten Körperschaft überwiegend oder ausschließlich Minderheitsgesellschaftern mit einer Beteiligung von maximal 10 % zugewiesen, bedarf der Spaltungsbeschluss der Einstimmigkeit. Dies gilt auch dann, wenn zumindest einer beteiligten Körperschaft an der solche Minderheitsgesellschafter beteiligt sind, überwiegend Wertpapiere, liquide Mittel oder andere nicht betrieblich genutzte Vermögensgegenstände zugeordnet werden. Damit können Minderheitsgesellschafter von maximal 10 % des Nennkapitals im Zuge einer nicht verhältniswahrenden Spaltung nicht gegen ihren Willen verdrängt werden (kein spaltungsbedingtes „squeeze out"; siehe dazu § 8 Abs 3 SpaltG).

Beispiel: 921
A und B sind an der AB-GmbH zu jeweils 50 % beteiligt. Aufgrund von Differenzen in der Geschäftsführung beschließen sie, die GmbH auf die neu zu gründende A-GmbH und die ebenfalls neu zu gründende B-GmbH aufzuspalten. Nach der Aufspaltung soll an der A-GmbH ausschließlich A und an der B-GmbH ausschließlich B beteiligt sein.
Da die Beteiligungsverhältnisse der Gesellschafter an der aufspaltenden GmbH nicht den Beteiligungsverhältnissen an den übernehmenden Gesellschaften entsprechen, liegt eine nicht verhältniswahrende (entflechtende) Aufspaltung zur Neugründung vor.

Beispiel: 922
An der AB-GmbH ist A mit 90 % und B mit 10 % beteiligt. Aufgrund von unüberwindbaren Differenzen möchte A Alleingesellschafter der AB-GmbH werden (sog „squeeze out").
Ein „squeeze out" im Rahmen einer nicht verhältniswahrende Spaltung bedarf der Zustimmung aller Gesellschafter. Dadurch ist ein spaltungsbedingter „squeeze out" gegen den Willen des B nicht mehr möglich.
Um die Alleingesellschafterstellung zu erreichen, kann A jedoch nach den Bestimmungen des Gesellschafterausschlussgesetz die Übertragung der 10%igen Beteiligung des B auf ihn beschließen.

II. Anteilstausch

1. Allgemeines

Die nicht verhältniswahrende Spaltung ist auf der Ebene der Gesellschafter in zwei fiktive Schritte zu zerlegen (§ 37 Abs 1 UmgrStG): 923

- Im **ersten Schritt** werden den Gesellschaftern der spaltenden Körperschaft die **Anteile** an der Nachfolgekörperschaft **fiktiv verhältniswahrend zugeteilt** (siehe dazu oben Tz 896 ff). 924
- Im **zweiten Schritt** erfolgt ein den vereinbarten Beteiligungsverhältnissen entsprechender fiktiver **Anteilstausch**. Der Anteilstausch erfolgt rückwirkend mit dem dem Spaltungsstichtag folgenden Tag (§ 37Abs 2 Satz 2 UmgrStG). 925

Der rückwirkende Erwerb der Anteile an der übernehmenden Körperschaft stellt aufgrund der Identitätsfiktion **keinen Anschaffungsvorgang** dar; die Anschaffungs- 925a zeitpunkte der alten Anteile sind für die neuen Anteile fortzuführen („Identitätsfiktion", § 37 Abs 2 UmgrStG).

926 *Beispiel:*
An der AB-GmbH ist A mit 60 % und B mit 40 % beteiligt. Aufgrund von Differenzen in der Geschäftsführung beschließen sie, die GmbH auf die neu zu gründenden A-GmbH und B-GmbH derart aufzuspalten, dass an der A-GmbH ausschließlich A und an der B-GmbH ausschließlich B beteiligt ist (nicht verhältniswahrende Aufspaltung zur Neugründung).
Für steuerliche Zwecke ist die nicht verhältniswahrende Aufspaltung zur Neugründung in zwei fiktive Schritte zu zerlegen:

1. Verhältniswahrende Spaltung
Aus steuerlicher Sicht erfolgt zunächst gedanklich eine verhältniswahrende Aufspaltung zur Neugründung. A ist daher fiktiv sowohl an der A-GmbH, als auch an der B-GmbH mit 60 % beteiligt. B ist dagegen an beiden fiktiven GmbHs mit 40 % beteiligt.

2. Anteilstausch
Um zu den tatsächlich vereinbarten Anteilsverhältnissen zu gelangen, erfolgt im zweiten Fiktionsschritt zwischen A und B ein Anteilstausch: A tauscht seine 60%ige Beteiligung an der B-GmbH gegen die 40%ige Beteiligung des B an der A-GmbH. Spiegelbildlich tauscht B seine 40%ige Beteiligung an der A-GmbH gegen die 60%ige Beteiligung des A an der B-GmbH.

2. Steuerneutralität des fiktiven Anteilstausches

927 Der im zweiten Fiktionsschritt zwischen den Gesellschaftern erfolgende Anteilstausch führt nur dann zu keiner Realisierung der in den Anteilen enthaltenen stillen Reserven, wenn

- der Anteilstausch ausschließlich zwischen den Gesellschaftern der spaltenden Körperschaft erfolgt,
- lediglich Anteile an der spaltenden Körperschaft und an der (den) Nachfolgekörperschaft(en) getauscht werden,
- der Anteilstausch der im Spaltungsplan vereinbarten Anteilsaufteilung entspricht und
- keine wesentlichen Zuzahlungen geleistet werden (siehe dazu unten Tz 933 ff).

928 Tauschen die Gesellschafter der spaltenden Körperschaft Anteile mit unterschiedlichen Verkehrswerten und wird keine oder eine zu geringe Zuzahlung geleistet (zur Zuzahlung siehe unten Tz 933 ff), stellt dies kein Hindernis für die Steuerneutralität des Anteilstausches dar. Eine solche **Äquivalenzverletzung** zieht jedoch die oben unter Tz 156 ff angeführten Folgen nach sich (§§ 38 Abs 4, 6 Abs 2 UmgrStG).

929 *Beispiel (Fortsetzung des Beispiels in Tz 926):*
Da der Anteilstausch ausschließlich zwischen den Gesellschaftern der spaltenden AB-GmbH erfolgt, lediglich Anteile an den Nachfolgekörperschaften (A-GmbH

und B-GmbH) getauscht werden und der Anteilstausch spaltungsplanmäßig erfolgt, kommt es zu keiner Realisierung der in den Beteiligungen steckenden stillen Reserven.

Beispiel: 930
An der AB-GmbH sind die Gesellschafter A und B jeweils zu 50 % beteiligt. Die AB-GmbH spaltet einen Betrieb auf die C-AG ab, deren Anteile sich im Alleineigentum des C befinden. Gemäß einer verhältniswahrenden Spaltung wären an der C-AG A und B zu jeweils 25 % und C zu 50 % beteiligt.
Anstatt einer solchen verhältniswahrenden Abspaltung könnte auch eine nicht verhältniswahrende Abspaltung steuerneutral in der Weise erfolgen, dass A seine Beteiligung an der abspaltenden AB-GmbH gegen die Beteiligung des B an der aufnehmenden C-AG tauscht. In der Folge wäre A nur mehr an der C-AG und B nur mehr an der AB-GmbH beteiligt.
Dagegen liegt kein steuerneutraler Anteilstausch vor, wenn zB A seine Beteiligung an der AB-GmbH gegen die Beteiligung des C an der C-AG tauscht. Ein derartiger Tausch hätte die Realisierung der in den getauschten Anteilen enthaltenen stillen Reserven zur Folge.

3. Anteilsbewertung

Der steuerneutrale Austausch von Anteilen gilt weder als Anschaffung noch als Veräußerung (§ 37 Abs 2 UmgrStG). Daher haben die Gesellschafter die durch den fiktiven Anteilstausch erhaltenen Anteile mit den Anschaffungskosten bzw mit dem Buchwert der hingegebenen Anteile zu bewerten. Die Höhe der Anschaffungskosten bzw Buchwerte ergibt dabei aufgrund der fiktiven verhältniswahrenden Spaltung des ersten Fiktionsschrittes (§ 37 Abs 3 UmgrStG, siehe oben Tz 924). 931

Durch die Fortführung der Anschaffungskosten bzw Buchwerte werden die in den hingegebenen Anteilen enthaltenen stillen Reserven auf die erhaltenen Anteile übertragen (zur „Identitätsfiktion" siehe oben Tz 925a). 932

Die **Steuerhängigkeit** der von den Gesellschaftern gehaltenen **Anteile** ist grundsätzlich keine Voraussetzung für die Steuerneutralität des nicht verhältniswahrenden Anteilstausches. Davon ausgenommen sind lediglich die in § 36 Abs 3 UmgrStG taxativ normierten Ausnahmen (siehe dazu oben unter Tz 910). 932a

4. Zuzahlungen

Erfolgt im Rahmen einer nicht verhältniswahrenden Spaltung ein (fiktiver) Tausch von nicht wertgleichen Anteilen, kann die drohende Vermögensverschiebung durch Zuzahlungen des ansonsten bereicherten Gesellschafters vermieden werden. 933

934 Solche Zuzahlungen **hindern die Steuerneutralität des Anteilstauschens nicht, solange** die Zuzahlung nicht mehr als ein Drittel des gemeinen Wertes der vom Zuzahlungsempfänger erhaltenen Anteile ausmacht (sog **„Drittelgrenze"**, § 37 Abs 4 UmgrStG).

935 Bleibt die Zuzahlung unter dieser Drittelgrenze, erfolgt zwar der Anteilstausch steuerneutral, nicht jedoch die Zuzahlung selbst. Vielmehr gilt die **Zuzahlung** beim **Zuzahlungsempfänger** als **Veräußerungsentgelt**, das unter den Voraussetzungen des allgemeinen Steuerrechtes steuerpflichtig ist (§ 27 Abs 6 Z 2 EStG). Beim **Zuzahlungsleistenden** stellt die Zuzahlung **zusätzliche Anschaffungskosten** der im Tauschwege erhaltenen Anteile dar.

I. Sonstige Rechtsfolgen der Spaltung

I. Barabfindung

937 Widerspricht ein Gesellschafter bei einer nicht verhältniswahrenden oder rechtsformübergreifenden Spaltung (zB Abspaltung einer AG auf eine GmbH oder umgekehrt) dem Spaltungsbeschluss, hat er Anspruch auf die Abfindung seiner Anteile (§§ 9, 11 SpaltG).

938 Nimmt der widersprechende Anteilseigner ein ihm unterbreitetes Barabfindungsangebot an, gilt die Annahme des Barabfindungsangebotes als Veräußerung seiner abzufindenden Anteile (§ 38 Abs 2 UmgrStG). Eine solche Veräußerung unterliegt nach den Bestimmungen des allgemeinen Steuerrechtes der Steuerpflicht.

939 Beim Erwerber der abgefundenen Anteile gilt als Anschaffungszeitpunkt nicht die Annahme des Abfindungsangebotes durch den widersprechenden Gesellschafter, sondern der Spaltungsstichtag (UmgrStR RZ 1779).

II. Lohnsteuer

940 Anders als für den ertragsteuerlichen Übergang des Vermögens enthält das UmgrStG für die Arbeitgebereigenschaft der Nachfolgekörperschaft keine Rückwirkung. Vielmehr bleibt die spaltende Körperschaft bis zu ihrem Erlöschen Arbeitgeber (§ 38 Abs 1 UmgrStG). Die Dienstverhältnisse gehen erst mit der Eintragung der Spaltung in das Firmenbuch auf die Nachfolgekörperschaft über. Nach den UmgrStR bestehen jedoch keine Bedenken, wenn der Übergang der Arbeitgebereigenschaft in Abstimmung mit der Abgabenbehörde mit dem der Anmeldung zur Eintragung im Firmenbuch folgenden Lohnzahlungszeitraum angenommen wird (UmgrStR RZ 1777).

941 Mangels lohnsteuerlicher Rückwirkung bleibt ein Gesellschafter-Geschäftsführer, der zwar nicht an der spaltenden Körperschaft, jedoch nach der

Spaltung an der Nachfolgekörperschaft mit mehr als 25 % beteiligt ist, bis zur Eintragung der Spaltung Dienstnehmer. Ihm stehen daher bis dahin sämtliche den Dienstnehmern zustehende Begünstigungen zu (zB Begünstigung sonstiger Bezüge, bestimmter Zulagen und Zuschläge). Umgekehrt bleibt ein Gesellschafter-Geschäftsführer, der an der spaltenden Körperschaft, nicht aber an der Nachfolgekörperschaft mit mehr als 25 % beteiligt ist, bis zur Eintragung der Spaltung selbständig tätig.

III. Umsatzsteuer

Das UmgrStG fingiert den grundsätzlich im Zuge der Spaltung erfolgenden Leistungsaustausch als nicht umsatzsteuerbar (§ 38 Abs 3 UmgrStG). Durch diese Fiktion setzt die übernehmende Körperschaft (in Bezug auf das übertragene Vermögen) die Unternehmereigenschaft der übertragenden Körperschaft fort (siehe dazu oben Tz 162 f). 942

Das UmgrStG kennt für den Bereich der USt **keine Rückwirkung** auf den Spaltungsstichtag. Aus Vereinfachungsgründen nimmt die Finanzverwaltung den Übergang der Unternehmereigenschaft jedoch schon mit der An-meldung der Spaltung zur Eintragung in das Firmenbuch folgenden Monatsersten an, sofern der zuständigen Abgabenbehörde kein anderer Stichtag des tatsächlichen Wechsels der Unternehmereigenschaft dargelegt wird (vgl UStR 2002 RZ 319 zur Verschmelzung). Ab diesem Tag sind die Umsätze der übertragenden Körperschaft bereits der übernehmenden Körperschaft zuzurechnen. 943

IV. Kommunalsteuer

Die Kommunalsteuerpflicht geht erst mit dem Tag der Anmeldung der Spaltung zur Eintragung in das Firmenbuch auf die Nachfolgekörperschaft über. Dies ergibt sich nicht aus einer ausdrücklichen Bestimmung des UmgrStG, sondern aus einer – durch das gleiche Steuersubjekt bedingten – analogen Anwendung der umsatzsteuerlichen Beurteilung. 944

V. Grunderwerbsteuer

Führt die Spaltung zu grunderwerbsteuerpflichtigen Vorgängen, bemisst sich die Grunderwerbsteuer sowohl für Erwerbsvorgänge nach § 1 Abs 1 GrEStG als auch für die Anteilsvereinigung nach § 1 Abs 2a und 3 GrEStG vom **Grundstückswert** (§ 38 Abs 5 UmgrStG iVm § 4 GrEStG). Der Steuersatz beträgt einheitlich **0,5 %** (§ 7 Abs 1 Z 2 lit c GrEStG). 949

Die GrESt ist bei der Nachfolgekörperschaft nicht auf das Grundstück zu aktivieren, sondern als Betriebsausgabe abzugsfähig (vgl § 11 Abs 1 Z 1 KStG). 950

951 Die **grundbücherliche Eintragungsgebühr** iHv 1,1 % bemisst sich vom dreifachen Einheitswert, maximal jedoch von 30 % des Verkehrswertes (§ 26a Abs 1 Z 2 GGG). Die Begünstigung tritt nur ein, wenn sie in der Eingabe unter Hinweis auf die gesetzliche Grundlage in Anspruch genommen wird (§ 26a Abs 2 GGG).

VI. Einlagenstand nach § 4 Abs 12 EStG

1. Aufspaltung

a) Grundsätze

951a Im Zuge der Aufspaltung ist der Einlagenstand der aufspaltenden Körperschaft verhältnismäßig aufzuteilen und auf die übernehmenden (neu gegründeten oder bestehenden) Körperschaften zu übertragen. Das Verhältnis ergibt sich aus den Verkehrswerten der übertragenen Vermögen zum Verkehrswert der aufspaltenden Körperschaft (UmgrStR RZ 1794 f).

951b Die Einlagen sind bei der übernehmenden Körperschaft wie folgt den indisponiblen oder disponiblen Einlagen-Subkonten zuzuordnen:

- Erfolgt bei der übernehmenden Körperschaft eine Kapitalerhöhung, ist vorrangig das „Indisponible Einlagen-Subkonto" (oder alternativ das „Nennkapital-Subkonto") aufzustocken.
- Soweit durch die Spaltung eine ungebundene Kapitalrücklage dotiert wird, ist der über den Vorpunkt hinausgehende Einlagenstand in das „Disponible Einlagen-Subkonto" (oder alternativ das „Ungebundene Kapitalrücklagen-Subkonto") einzustellen. Ist dieser in der Kapitalrücklage eingestellte Betrag nach § 229 Abs 5 iVm Abs 4 UGB gebunden, erfolgt der Ausweis auf einem „Indisponiblen Einlagen-Subkonto" (oder alternativ einem „Gebundenen Kapitalrücklagen-Subkonto").
- Der nach den Vorpunkten verbleibende Einlagenstand ist in das „Disponible Einlagen-Subkonto" (oder alternativ in das „Bilanzgewinn-Subkonto") einzustellen.

b) Konzernaufspaltung

Aufspaltung „side-stream"

951c Auf die Aufspaltung „side-stream" sind die oben in Tz 951a dargestellten Grundsätze anzuwenden (UmgrStR RZ 1796).

951d *Aufspaltung „down-stream"*

Analog zur Verschmelzung „down-stream" gehen die Einlagenstände der übernehmenden Tochterkörperschaften ersatzlos unter (UmgrStR RZ 1796).

Die Tochterkörperschaften führen den Einlagenstand der Mutterkörperschaft verhältnismäßig fort. Das Verhältnis ergibt sich aus den Verkehrswerten der übernommenen Vermögen zum Verkehrswert der Mutterkörperschaft.

Aufspaltung „up-stream“ 951e
Analog zur Verschmelzung „up-stream“ geht der Einlagenstand der übertragenden Tochterkörperschaft ersatzlos unter (UmgrStR RZ 1796). Die aufnehmenden Mutterkörperschaften führen ihren Einlagenstand unverändert fort.

c) Gemischte Konzern- und Konzentrationsaufspaltung

Sind bei einer Aufspaltung „up-stream“ oder „down-stream“ die Körperschaf- 951f
ten nicht durch eine 100%ige Beteiligung verbunden, liegt eine gemischte Konzern- und Konzentrationsaufspaltung vor. In diesem Fall geht das Einlagen-Evidenzkonto der Tochterkörperschaft(en) im Verhältnis der Konzernbeteiligung unter und wird das Einlagen-Evidenzkonto der übernehmenden Körperschaft(en) im Verhältnis der Fremdbeteiligung erhöht (siehe dazu das Beispiel oben in Tz 175).

2. Abspaltung

a) Grundsätze

Bei der Abspaltung ist der Einlagenstand der abspaltenden Körperschaft ver- 951g
hältnismäßig abzustocken und der Einlagenstand der übernehmenden Körperschaft um den abgestockten Betrag zu erhöhen. Das Verhältnis ergibt sich aus dem Verkehrswert des abgespaltenen Vermögens zum Verkehrswert der abspaltenden Körperschaft vor der Abspaltung (UmgrStR RZ 1797, 1799).

Erfolgt im Zuge der Spaltung eine Kapitalherabsetzung, ist der abzustocken- 951h
de Betrag primär mit dem „Indisponiblen Einlagen-Subkonto“ (alternativ mit dem „Nennkapital-Subkonto“) zu verrechnen. Erfolgt keine Kapitalherabsetzung, wird der Abstockungsbetrag zuerst am „Disponible Einlagen-Subkonto“ (alternativ am „Bilanzgewinn-Subkonto“ bzw am „Ungebundene Kapitalrücklagen-Subkonto“) erfasst; ein übersteigender Betrag ist am „Indisponible Einlagen-Subkonto“ (alternativ am „Gebundenen Kapitalrücklagen-Subkonto“ oder dem „Nennkapital-Subkonto“) zu erfassen (UmgrStR RZ 1797).

Der abgestockte Betrag ist im Einlagen-Evidenzkonto der übernehmenden 951i
Schwesterkörperschaft, wie oben in Tz 951b dargestellt, auszuweisen.

b) Konzernabspaltung

951j *Abspaltung „side-stream"*
Auf die Abspaltung „side-stream" sind die oben in Tz 951g dargestellten Grundsätze anzuwenden (UmgrStR RZ 1799).

951k *Abspaltung „down-stream"*
Erfolgt im Zuge der Abspaltung „down-stream" keine Anteilsgewähr an die Gesellschafter der spaltenden Mutterkörperschaft, ist analog zur Einbringung der Einlagenstand der übernehmenden Tochterkörperschaft um das positive Übertragungskapital zu erhöhen (UmgrStR RZ 1799 Punkt 2 Teilstrich 2); ein negatives Übertragungskapital lässt den Einlagenstand der übernehmenden Tochterkörperschaft unverändert. Der Einlagenstand der abspaltenden Mutterkörperschaft bleibt unverändert bestehen.

951l Werden dagegen im Zuge der Abspaltung „down-stream" zugunsten der Gesellschafter der spaltenden Mutterkörperschaft Anteile an der übernehmenden Tochterkörperschaft gewährt, ist der Einlagenstand der Mutterkörperschaft verhältnismäßig abzustocken und der abgestockte Betrag dem Einlagenstand der übernehmenden Tochterkörperschaft zuzuschreiben (UmgrStR RZ 1799 Punkt 2 Teilstrich 2). Das Verhältnis ergibt sich dabei aus dem Verkehrswert des abgespaltenen Vermögens zum Verkehrswert der spaltenden Mutterkörperschaft vor der Spaltung.

951m *Abspaltung „up-stream"*
Bei der Abspaltung „up-stream" ist wie bei der Einbringung „up-stream" der Einlagenstand der spaltenden Tochterkörperschaft im Verhältnis des Verkehrswertes des abgespaltenen Vermögens zum Gesamtvermögen vor der Abspaltung zu verringern. Die übernehmende Mutterkörperschaft hat ihren Einlagenstand unverändert fortzuführen (UmgrStR RZ 1799 Punkt 2 Teilstrich 1).

c) Gemischte Konzern- und Konzentrationsabspaltung

951n Bei der gemischten Konzern- und Konzentrationsabspaltung sind die oben in Tz 951g dargestellten Grundsätze und die Grundsätze der Abspaltung „up-stream" bzw „down-stream" entsprechend dem Ausmaß der Konzern- bzw Fremdbeteiligung sinngemäß anzuwenden (UmgrStR RZ 1799 Punkt 3).

VII. Innenfinanzierung nach § 4 Abs 12 Z 4 EStG

1. Abspaltung 952

Spaltet eine Körperschaft Vermögen in eine andere Körperschaft ab, ist die Innenfinanzierung der übertragenden Körperschaft anteilig abzustocken und die Innenfinanzierung der übernehmenden Körperschaft um diesen Abstockungsbetrag zu verändern (§ 2 Abs 6 Satz 1 IF-VO). Die Anteile ergeben sich dabei nach dem Verhältnis des Verkehrswertes des übertragenen Vermögens zum Verkehrswert der spaltenden Körperschaft nach der Spaltung.

Beispiel (UmgrStR RZ 1800):
Die A-GmbH spaltet einen Teilbetrieb auf die X-GmbH gemäß Art VI UmgrStG ab (Konzentrationsabspaltung). Die A GmbH hat steuerliche Einlagen von 600 und eine Innenfinanzierung von 300. Die X-GmbH hat Einlagen von 50 und eine Innenfinanzierung von 200. Das Wertverhältnis des Restvermögens zum abgespaltenen Teilbetrieb von der A-GmbH beträgt 1:2 (Restvermögen: Teilbetrieb). Gemäß § 2 Abs 6 IF-VO ist die Innenfinanzierung der A-GmbH im Verkehrswertverhältnis 1:2 abzustocken und ist dieser Abstockungsbetrag der Innenfinanzierung der X-GmbH zuzuschreiben. Die Innenfinanzierung der A-GmbH nach der Abspaltung beträgt folglich 100, die der X-GmbH 400.

Bei der Abspaltung down-stream ist zu unterscheiden:

- Gewährt die aufnehmende Tochterkörperschaft den Gesellschaftern der übertragenden Mutterkörperschaft Anteile, ist die Innenfinanzierung der Mutter-Körperschaft anteilig abzustocken und von der Tochter-Körperschaft zu übernehmen.
- Wird hingegen auf die Anteilsgewährung an die Gesellschafter der spaltenden Mutterkörperschaft verzichtet, bleiben die Innenfinanzierungen der Mutter- und Tochterkörperschaft unverändert bestehen (§ 2 Abs 6 Satz 2 iVm Abs 3 IF-VO).

Beispiel:
Die M-GmbH spaltet einen Teilbetrieb auf ihre 100 %ige Tochterkörperschaft (T-GmbH) ab. Der Verkehrswert des übertragenen Teilbetriebes beträgt 1.000 und beläuft sich auf 50 % des Verkehrswertes der M-GmbH vor der Spaltung. Die Innenfinanzierung der M-GmbH vor der Spaltung beträgt 300, die der T-GmbH 400. Der Verkehrswert der T-GmbH beträgt vor der Spaltung 3.000.

Wird auf die Gewährung neuer Anteile an die Gesellschafter der M-GmbH verzichtet und bleibt die M-GmbH Alleingesellschafterin der T-GmbH, ändern sich durch die Spaltung weder die Innenfinanzierung der M-GmbH noch die Innenfinanzierung der T-GmbH (§ 2 Abs 6 Satz 2 iVm Abs 3 IF-VO).

Erhalten die Gesellschafter der M-GmbH durch die Spaltung an der T-GmbH eine Beteiligung von 25 % (= Verkehrswert des abgespaltenen Teilbetriebes von 1.000 bezogen auf den Verkehrswert der T-GmbH nach der Spaltung von 4.000), ist die Innenfinanzierung der M-GmbH im Umfang der Anteilsgewährung abzustocken (25 %)

und im Umfang der bestehen bleibenden Beteiligung (75 %) durch die M-GmbH fortzuführen. Der Abstockungsbetrag beträgt somit 37,5 (= 25 % von 300*50 %). Die Innenfinanzierung der M-GmbH vermindert sich durch die Spaltung von 300 auf 262,5. Die Innenfinanzierung der T-GmbH wird durch die Spaltung von 400 auf 437,5 erhöht.

952a **2. Aufspaltung**

Sowohl bei der Konzentrationsaufspaltungen als auch bei der Konzernaufspaltungen ist die Innenfinanzierung der aufspaltenden Körperschaft auf die übernehmenden Körperschaften entsprechend dem Wertverhältnis der übernommenen Vermögen aufzuteilen und von diesen fortzuführen (§ 2 Abs 7 IF-VO).

Beispiel (UmgrStR RZ 1800a):
Die X-GmbH wird gemäß Art VI UmgrStG auf die A-GmbH und die B-GmbH aufgespalten (Konzentrationsaufspaltung). Dabei übernimmt die A-GmbH den Teilbetrieb 1 und die B-GmbH den Teilbetrieb 2 der X-GmbH. Die X-GmbH hat steuerliche Einlagen von 300 und eine Innenfinanzierung von 600. Die A-GmbH hat Einlagen von 50 und eine Innenfinanzierung von 200, die B GmbH hat Einlagen von 300 und eine Innenfinanzierung von 150. Das Wertverhältnis der beiden Teilbetriebe der X-GmbH beträgt 1:2 (Teilbetrieb 1: Teilbetrieb 2). Die Innenfinanzierung der A-GmbH (200) erhöht sich um 200 (600/3*1) und beträgt somit nach der Aufspaltung in Summe 400. Die Innenfinanzierung der B-GmbH (150) erhöht sich um 400 (600/3*2) und beträgt somit nach der Aufspaltung in Summe 550.

Bei up- oder down-stream-Aufspaltungen ist eine Mehrfachberücksichtigung negativer Innenfinanzierungsbeträge aufgrund von Abschreibungen in der Beteiligungskette durch sinngemäße Anwendung von § 2 Abs 1 letzter Satz IF-VO zu verhindern (siehe dazu bereits oben Tz 177 zur Verschmelzung).

8. Abschnitt
Steuerspaltung

Der vom Gesetzgeber beabsichtigte Hauptanwendungsfall der Steuerspaltung war die Ermöglichung einer steuerneutralen Spaltung von Erwerbs- und Wirtschaftsgenossenschaften. Mit dem Inkrafttreten des Genossenschaftsspaltungsgesetzes und der Anwendung der allgemeinen Bestimmungen des Art VI UmgrStG (§§ 32 bis 38 UmgrStG) ist dieser Hauptanwendungsfall weggefallen. Der Gesetzgeber hat daher den zeitlichen Anwendungsbereich der Steuerspaltung (§§ 38a ff UmgrStG) auf Steuerspaltungen begrenzt, deren Stichtag vor dem 1.1.2023 liegt (siehe 3. Teil Z 6 lit h UmgrStG idFd JStG 2018). Da diesen Bestimmungen somit nur noch historische Bedeutung zukommt, wird auf ihre Darstellung verzichtet. 953

9. Abschnitt
Ergänzende Vorschriften

Im zweiten Hauptstück des ersten Teiles (§§ 39 ff UmgrStG) enthält das UmgrStG noch ergänzende Vorschriften zu den einzelnen Umgründungstatbeständen. Die ergänzenden Vorschriften betreffen insbesondere mehrfache Umgründungen auf einen Stichtag (§ 39 UmgrStG) und die Anzeige- und Evidenzpflicht (§ 43 UmgrStG). 1033

Auf die ergänzenden Bestimmungen zu den lohnsteuerlichen Verhältnissen (§ 41 UmgrStG) und zur Vertragsübernahme (§ 42 UmgrStG) wurde bereits bei den einzelnen Umgründungstatbeständen eingegangen. Zu den Folgen missbräuchlicher Umgründungen (§ 44) siehe oben unter Tz 19 f. 1034

A. Mehrfachzüge

I. Problemstellung

Bei sämtlichen Umgründungen übernimmt der Rechtsnachfolger das übertragene Vermögen mit dem dem Umgründungsstichtag folgenden Tag (§§ 3 Abs 1 Z 3, 9 Abs 1, 18 Abs 1 Z 5, 25 Abs 2, 30 Abs 2, und 34 Abs 1 iVm § 18 Abs 2 UmgrStG). Der Übernehmer kann daher das übernommene Vermögen frühestens zum Folgetag weiterübertragen. 1035

Beispiel: 1036
Herr A bringt seinen Betrieb zum 31.12.01 in die A-GmbH ein. Die A-GmbH ihrerseits möchte den übernommenen Betrieb ebenfalls zum 31.12.01 in die B-GmbH einbringen. Die B-GmbH möchte sich wiederum unter Übertragung dieses Betriebes zum 31.12.01 mit der C-GmbH zusammenschließen.
Da die A-GmbH erst an dem dem Einbringungsstichtag folgenden Tag in die Rechtsstellung des Herrn A eintritt, kann die Einbringung durch die A-GmbH frühestens zum 1.1.02 erfolgen (vgl vgl § 13 Abs 2 UmgrStG). Da in der Folge die übernehmende B-GmbH den eingebrachten Betrieb erst am 2.1.02 erwirbt, kann sie sich mit der C-GmbH frühestens zum 2.1.02 zusammenschließen (§§ 24 Abs 1 TS 1, 13 Abs 2 UmgrStG).
Herr A, die A-GmbH und die B-GmbH haben unter anderem für Zwecke der Gewinnermittlung zum jeweiligen Umgründungsstichtag eine Bilanz iS des § 4 Abs 1 bzw § 5 EStG zu erstellen und den Gewinn bzw Verlust des (Rumpf-)Wirtschaftsjahres zu ermitteln.

II. Umgründungsplan

1037 Durch einen Umgründungsplan können mehrfache Umgründungen, die ganz oder teilweise dasselbe Vermögen zum Gegenstand haben, auf einen gemeinsamen Stichtag bezogen werden. Ertragsteuerlich gilt dann erst die letzte Vermögensübertragung (Umgründung) als mit dem Beginn des auf den gemeinsamen Umgründungsstichtag folgenden Tages als bewirkt (§ 39 UmgrStG).

1038 Alle der letzten Vermögensübertragung (Umgründung) vorausgehenden Vermögensübertragungen (Vorumgründungen) gelten hingegen noch am gemeinsamen Umgründungsstichtag als bewirkt. Zum Entstehen von mehreren Rumpfwirtschaftsjahren bzw -tagen kommt es demnach nicht.

1039 Die Rechtsfolgen des Umgründungsplanes treten jedoch nur ein, wenn der Umgründungsplan spätestens am Tag der Beschlussfassung der ersten Umgründung gefasst wird und in allen Umgründungsverträgen auf den Umgründungsplan Bezug genommen wird (UmgrStR RZ 1880). Der Umgründungsplan hat weiters folgende **Mindestinhalte** zu umfassen (UmgrStR RZ 1881):

- Bezeichnung aller Umgründungen samt den in Anspruch genommenen Artikeln des UmgrStG,
- Bezeichnung der beteiligten Rechtsträger (Übertragender, Übernehmender),

  Auch eine errichtete, jedoch noch nicht eingetragene Kapitalgesellschaft (Vorgesellschaft) kann ein beteiligter Rechtsträger sein und an einem Mehrfachzug bzw einem Umgründungsplan iS des § 39 UmgrStG teilnehmen (BMF, RdW 2002, 318).

- Reihenfolge der Umgründungen,
- Angabe des mehrmals zu übertragenden Vermögens,
- Angabe des gemeinsamen Umgründungsstichtages und
- Vereinbarung der Rechtsfolge nach § 39 UmgrStG.

Umgründungsmaßnahmen, die nicht Bestandteil eines Mehrfachzuges sind, jedoch mit diesem in einem Zusammenhang stehen, können in den Umgründungsplan aufgenommen werden (UmgrStR RZ 1883 und 1886).

1040 *Beispiel:*

Die A-GmbH als Gesellschafter einer KG will aufgrund von Unstimmigkeiten mit den anderen Gesellschaftern durch Realteilung zum 31.12.01 einen Betrieb übernehmen und den übernommenen Betrieb ebenfalls zum 31.12.01 in die B-GmbH einbringen. Die B-GmbH will sich ihrerseits auf Basis des eingebrachten Vermögens zum 31.12.01 mit der C-OG zur BC GmbH & Co KG zusammenschließen.

Außerhalb des § 39 UmgrStG wäre die Realteilung steuerlich mit 1.1.02 wirksam geworden. Die A-GmbH hätte daher erst zum 1.1.02 einbringen können. Die Einbringung wäre erst zum 2.1.02 wirksam geworden. Der Zusammenschluss zur KG hätte daher erst mit 2.1.02 erfolgen können. Aufgrund des § 39 UmgrStG ist es jedoch im Wege eines Umgründungsplanes möglich, den Zusammenschluss zur BC-KG (= letzte Umgründung) mit 01.01.02 (= der dem gemeinsamen Umgründungsstichtag folgende Tag) wirksam werden zu lassen. Alle Vorumgründungen werden noch zum 31.12.01 (= gemeinsamer Umgründungsstichtag) wirksam.

Beispiel (vgl UmgrStR RZ 1875):
An der AB-GmbH & Co KG sind die Gesellschafter A und B als Kommanditisten und die AB-GmbH als Arbeitsgesellschafterin beteiligt. A und B bringen zum Stichtag 31.12.00 ihre Mitunternehmeranteile in die AB-GmbH ein, wodurch das Vermögen der KG bei der AB-GmbH nach § 142 UGB anwächst. Die AB-GmbH kann den durch die Einbringung übernommenen Betrieb der KG zum 31.12.00 in eine Tochtergesellschaft einbringen, wenn über beide Einbringungsvorgänge ein Umgründungsplan im Sinne des § 39 UmgrStG errichtet wird.

Die Wirkungen des Umgründungsplanes erstrecken sich lediglich auf die er- 1041
tragsteuerlichen Folgen der mehrfachen Umgründungen. Werden daher durch den Mehrfachzug Grundstücke mehrmals übertragen, dann bemisst sich auch die GrESt mehrmals vom Grundstückswert. Ebenso ist für die Befreiung von den Gebühren die in den einzelnen Artikeln verankerte Zweijahresfrist für jede Umgründung getrennt zu prüfen (vgl UmgrStR RZ 1228, wonach die Zweijahresfrist beim Erwerb durch Gesamtrechtsnachfolge nicht neu zu laufen beginnt).

B. Anzeige- und Evidenzpflicht

I. Anzeigepflicht

Eine Anzeigepflicht besteht für Personen, die durch eine Umgründung Vermö- 1042
gen übertragen oder übernehmen und nicht schon nach den Bestimmungen der einzelnen Umgründungsartikel zu einer Meldung verpflichtet sind (§ 43 Abs 1 UmgrStG).

Der Meldepflichtige hat die Anzeige innerhalb von neun Monaten unter 1043
Nachweis der Rechtsgrundlage dem für die Erhebung der Einkommen- oder Körperschaftsteuer zuständigen Finanzamt zu erstatten. Für Anzeigepflichtige mit einer inländischen Steuernummer, hat die Anzeige **elektronisch über die Eingabemaske in FinanzOnline** zu erfolgen (§ 43 Abs 1 Satz 1 UmgrStG idFd AbgÄG 2023 für Umgründungen, die nach dem 31.12.2023 beschlossen oder vertraglich unterfertigt werden; siehe dazu BMF, Handbuch Anzeige einer Umgründung gemäß § 42 Abs 1 UmgrStG, Stand: 3.1.2024; *Ambrosch/Titz*, SWK 2024, 94). Kommt er seiner Meldepflicht vorsätzlich nicht nach, dann begeht er eine Finanzordnungswidrigkeit (§ 51 Abs 1 lit a FinStrG). Auswirkungen auf die Anwendbarkeit des UmgrStG hat das Unterlassen der Meldung jedoch nicht.

II. Evidenzpflicht

1044 Die von einer Umgründung betroffenen Gesellschafter haben die Buchwerte bzw Anschaffungskosten ihrer Anteile aufzuzeichnen und evident zu halten (§ 43 Abs 2 UmgrStG). Die Aufzeichnungs- und Evidenzpflicht trifft im Falle des unentgeltlichen Erwerbes den jeweiligen Rechtsnachfolger.

1045 Wird die Aufzeichnungs- und Evidenzpflicht vorsätzlich nicht erfüllt, dann liegt eine Finanzordnungswidrigkeit vor. Auswirkungen auf die Anwendbarkeit des UmgrStG ergeben sich jedoch nicht.

10. Abschnitt
Umgründung und Gruppenbesteuerung

A. Grundsätze der Gruppenbesteuerung

I. Allgemeines

Grundsätzlich unterliegt nach der Individualbesteuerung jede Körperschaft für sich mit ihrem Einkommen der Körperschaftsteuer. Bilden dagegen zwei oder mehrere Körperschaften eine Unternehmensgruppe im Sinne des § 9 KStG, werden die steuerlich maßgebenden Ergebnisse der finanziell verbundenen Körperschaften („Gruppenmitglieder“) der an der Spitze der Unternehmensgruppe stehenden Körperschaft („Gruppenträger“) zugerechnet und nach den allgemeinen Bestimmungen der Körperschaftsteuer unterworfen. 1046

II. Gruppenträger

Gruppenträger können sein (§ 9 Abs 3 KStG): 1047

- unbeschränkt steuerpflichtige („inländische“) **Kapitalgesellschaften** (AGs und GmbHs), Erwerbs- und Wirtschaftsgenossenschaften iSd § 7 Abs 3 KStG, Versicherungsvereine auf Gegenseitigkeit iSd VAG, Kreditinstitute iSd BWG (TS 1 bis 4);
- beschränkt steuerpflichtige („ausländische“) **EU- bzw EWR-Körperschaften**, hinsichtlich ihrer im Inland ins Firmenbuch eingetragenen Zweigniederlassung oder ihrer Beteiligung an einer inländischen Mitunternehmerschaft (TS 5); 1048
- **Beteiligungsgemeinschaften** (als Personengesellschaften, Beteiligungssyndikate oder im Wege einer gemeinsamen Kontrolle), an denen ausschließlich in- oder ausländische Gruppenträger nach § 9 Abs 3 Teilstrich 1 bis 5 KStG beteiligt sind (TS 6). Ein an einer Beteiligungsgemeinschaft Mitbeteiligter kann selbst Gruppenträger einer anderen Unternehmensgruppe sein („Beteiligungsgemeinschaft auf Gruppenträger-Ebene“). Dagegen kann ein Mitbeteiligter einer Beteiligungsgemeinschaft nicht Gruppenmitglied einer anderen Unternehmensgruppe sein (Ausschluss einer „Beteiligungsgemeinschaft auf Gruppenmitglieds-Ebene“). 1049

III. Gruppenmitglieder

1050 Gruppenmitglieder können folgende Körperschaften sein (§ 9 Abs 2 KStG):

- unbeschränkt steuerpflichtige **(„inländische") Kapitalgesellschaften** (AGs und GmbHs) und Erwerbs- und Wirtschaftsgenossenschaften iSd § 7 Abs 3 KStG (TS 1);

1051
- beschränkt steuerpflichtige **(„ausländische") Körperschaften**, die mit einer inländischen Kapitalgesellschaft vergleichbar sind und die ausschließlich mit inländischen Gruppenmitgliedern bzw dem Gruppenträger finanziell verbunden sind (siehe dazu unten Tz 1052 ff). Finanziell mit ausländischen Gruppenmitgliedern verbundene ausländische Körperschaften können daher nicht Gruppenmitglied sein.

IV. Finanzielle Verbindung

1052 Eine Körperschaft („Beteiligungskörperschaft") kann nur dann als Gruppenmitglied in die Unternehmensgruppe einbezogen werden, wenn sie mit dem übergeordneten Gruppenträger bzw Gruppenmitglied („beteiligte Körperschaft") finanziell verbunden ist. Die finanzielle Verbindung muss dabei während des gesamten Wirtschaftsjahres der Beteiligungskörperschaft bestehen (§ 9 Abs 5 Satz 1 KStG).

Eine finanzielle Verbindung liegt in folgenden Fällen vor (§ 9 Abs 4 KStG):

1. Unmittelbare finanzielle Verbindung

1053 Ist die beteiligte Körperschaft an der Beteiligungskörperschaft zu mehr als 50 % des Nennkapitals und der Stimmrechte beteiligt, liegt zwischen den beiden Körperschaften eine finanzielle Verbindung vor (§ 9 Abs 4 TS 1 KStG).

1054 *Beispiel:*

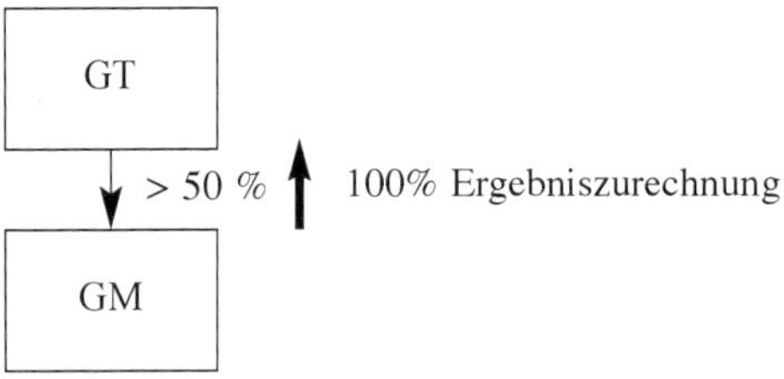

2. Mittelbare finanzielle Verbindungen

Die finanzielle Verbindung kann auch mittelbar über eine Personengesellschaft oder über ein oder mehrere Gruppenmitglieder hergestellt werden:

- Die beteiligte Körperschaft ist mittelbar über eine Personengesellschaft an einer Beteiligungskörperschaft zu mehr als 50 % am Nennkapital und der Stimmrechte beteiligt. Reicht die mittelbare Beteiligung nicht aus, sind daneben noch unmittelbar gehaltene Beteiligungen an der Beteiligungskörperschaft zu berücksichtigen (§ 9 Abs 4 TS 2 KStG). 1055

Damit der an der Personengesellschaft beteiligten Körperschaft die Stimmrechte an der durch die Personengesellschaft gehaltenen Beteiligung zugerechnet werden können, muss die beteiligte Körperschaft an der Personengesellschaft zu mehr als 50 % beteiligt sein (es sei denn, dass der Gesellschaftsvertrag eine von der Beteiligung abweichende Stimmrechtsmehrheit vorsieht). 1056

Beispiel 1: 1057

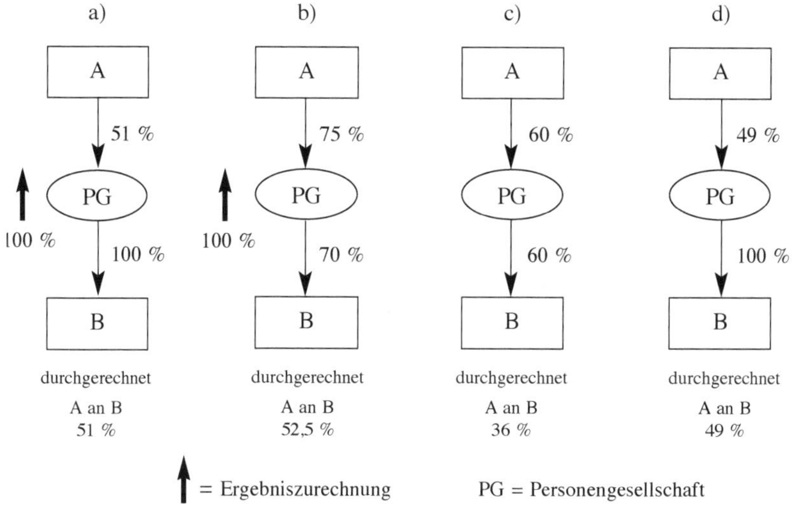

Beispiel 2: 1058

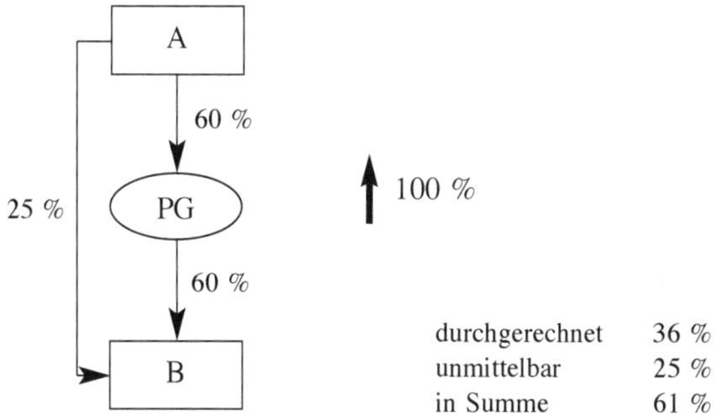

1059 • Die beteiligte Körperschaft ist **mittelbar über ein oder mehrere unmittelbar gehaltene Gruppenmitglieder** an der Beteiligungskörperschaft zu mehr als 50 % des Nennkapitals und der Stimmrechte beteiligt. Reicht die mittelbare Beteiligung nicht aus, sind daneben noch unmittelbar gehaltene Beteiligungen an der Beteiligungskörperschaft zu berücksichtigen (§ 9 Abs 4 TS 3 KStG).

1060 Ist ein unmittelbar gehaltenes Gruppenmitglied selbst im Sinne einer unmittelbaren finanziellen Verbindung an der Beteiligungskörperschaft beteiligt, besteht die finanzielle Verbindung zwischen diesen beiden Körperschaften.

1061 *Beispiel 3:*
Der Gruppenträger ist an vier Gruppenmitgliedern (GM1 bis GM4) zu je 100 % beteiligt, die vier Gruppenmitglieder sind ihrerseits an einer Körperschaft (GM5) zu je 25 % beteiligt. Der Gruppenträger ist an GM5 mittelbar ausreichend finanziell verbunden.

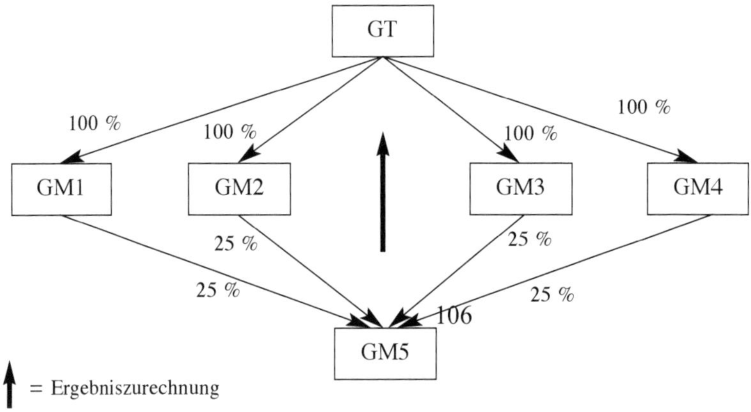

3. Beteiligungsgemeinschaft

Eine Beteiligungsgemeinschaft ist finanziell mit einer Beteiligungskörperschaft verbunden, wenn

1062 • die Beteiligungsgemeinschaft insgesamt unmittelbar und/oder mittelbar über eine Personengesellschaft zu mehr als **50 % des Nennkapitals und der Stimmrechte** an Körperschaften der Beteiligung beteiligt ist
und

1063 • zumindest **ein Mitbeteiligter** der Beteiligungsgemeinschaft eine Beteiligung von **mindestens 40 %** und **jeder weitere Mitbeteiligte** eine Beteiligung von mindestens **15 %** an der Beteiligungskörperschaft hält. Der zumindest zu 40 % Beteiligte wird auch als „Hauptbeteiligter" bezeichnet (§ 9 Abs 4 TS 4 KStG).

V. Ergebniszurechnung

Besteht die finanzielle Verbindung an einem inländischen Gruppenmitglied, wird dem finanziell verbundenen Gruppenträger bzw Gruppenmitglied das gesamte Einkommen (Gewinn oder Verlust) zugerechnet (§ 9 Abs 6 Z 1 und 2 KStG). 1064

Beispiel:

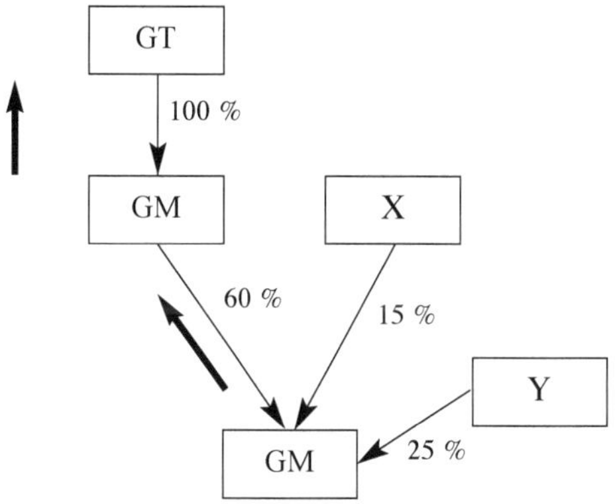

= Ergebniszurechnung zu 100 %

Besteht die finanzielle Verbindung zu einem **ausländischen Gruppenmitglied**, wird dem übergeordneten Gruppenträger bzw (inländischen) Gruppenmitglied lediglich der nach inländischen Gewinnermittlungsvorschriften ermittelte **Verlust** des ausländischen Gruppenmitgliedes im Ausmaß der bestehenden Beteiligung **anteilig** zugerechnet (§ 9 Abs 6 Z 6 KStG). Dabei sind die vom Gruppenträger und allen inländischen Gruppenmitgliedern unmittelbar gehaltenen Beteiligungen zu berücksichtigen. Kann das ausländische Gruppenmitglied den im Inland berücksichtigten Verlust mit künftigen Gewinnen verrechnen, ist im Zeitpunkt und in Höhe der Verrechnung der im Inland berücksichtigte Verlust „nachzuversteuern". Scheidet das ausländische Gruppenmitglied aus der Unternehmensgruppe aus, sind im Jahr des Ausscheidens grundsätzlich sämtliche noch nicht verrechneten Verluste nachzuversteuern. Verliert das ausländische Gruppenmitglied seine wirtschaftliche Vergleichbarkeit im Sinne des § 4 Z 1 lit c UmgrStG, scheidet es ebenfalls aus der steuerlichen Unternehmensgruppe aus. Eine Nachversteuerung der Auslandsverluste unterbleibt nur insoweit, als das Ausscheiden durch eine Liquidation oder Insolvenz eintritt, ein tatsächlicher und endgültiger Vermögensverlust eintritt und während der Gruppenzugehörigkeit eine Teilwertabschreibung steuerwirksam nicht vorgenommen werden konnte. 1065

1066 *Beispiel 1:*

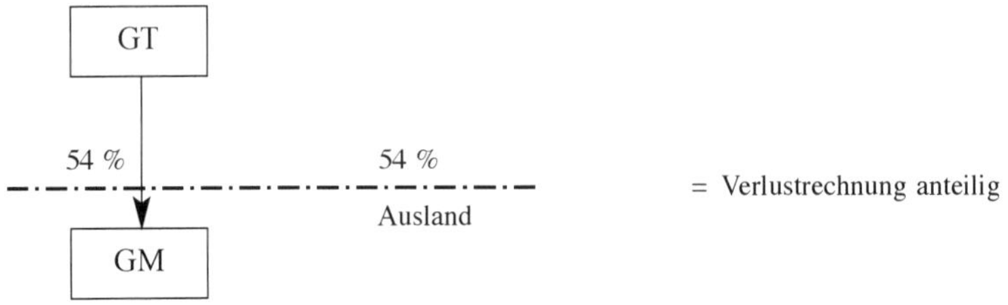

1067 *Beispiel 2:*

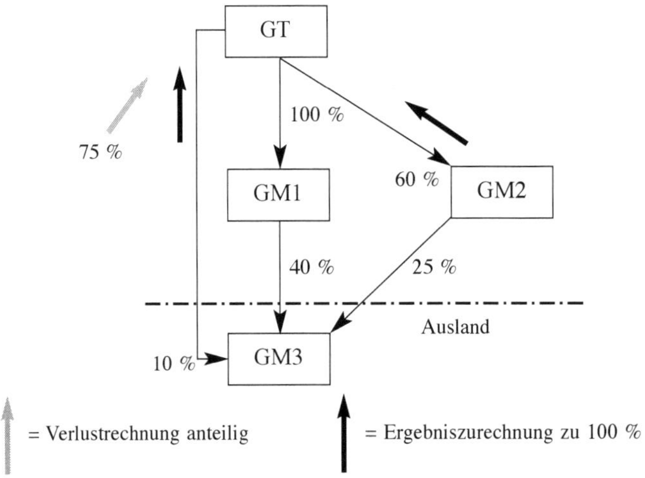

1068 Bei einer finanziell verbundenen **Beteiligungsgemeinschaft** ist das **Einkommen** des untergeordneten Gruppenmitgliedes den Mitgliedern der Beteiligungsgemeinschaft **im Ausmaß ihrer Beteiligungen** zuzurechnen (§ 9 Abs 6 Z 3 KStG).

Beispiel:

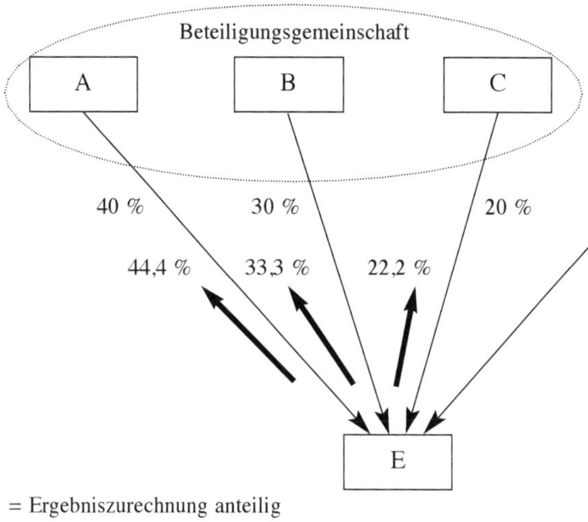

VI. Verlustvorträge

1. Verlustvorträge des Gruppenmitgliedes

Erwirtschaftet das inländische Gruppenmitglied während des Bestandes der Unternehmensgruppe einen Verlust, wird dieser dem finanziell verbundenen Gruppenträger (Gruppenmitglied) zugerechnet. Hat das Gruppenmitglied vor dem Entstehen der Unternehmensgruppe Verluste erwirtschaftet („Vorgruppenverluste“) oder aus der Umgründung eines Gruppenfremden auf das Gruppenmitglied Verlustvorträge übernommen („Außergruppenverluste“), können diese Verluste mit eigenen Gewinnen des Gruppenmitgliedes ohne Berücksichtigung der Verlustvortragsgrenze nach § 8 Abs 4 Z 2 lit a KStG verrechnet werden (§ 9 Abs 6 Z 4 KStG). 1070

2. Verlustvorträge des Gruppenträgers

Für Verlustvorträge des Gruppenträgers bestehen keine besonderen Bestimmungen. Ergibt sich beim Gruppenträger nach Zurechnung der steuerlich maßgebenden Ergebnisse der Gruppenmitglieder insgesamt ein Verlust, ist dieser nach den allgemeinen Bestimmungen vortragsfähig. 1071

VII. Firmenwertabschreibung

1072 Für Beteiligungen an inländischen Gruppenmitgliedern konnte der erwerbende Gruppenträger bzw das erwerbende Gruppenmitglied steuerlich über 15 Jahre eine Firmenwertabschreibung geltend machen, wenn die Beteiligung vor dem 1. März 2014 erworben wurde. Offene Fünfzehntel für Beteiligungen, die vor dem 1. März 2014 angeschafft wurden, sind nur dann weiter zu berücksichtigen, wenn sich der steuerliche Vorteil aus der Firmenwertabschreibung beim Erwerb der Beteiligung auf die Bemessung des Kaufpreises auswirken konnte und die Einbeziehung dieser Körperschaft spätestens für ein Wirtschaftsjahr dieser Körperschaft erfolgt, das im Kalenderjahr 2015 endet (§ 26c Z 47 KStG).

VIII. Sonstiges

Neben den oben genannten Voraussetzungen sind für das Errichten einer Unternehmensgruppe noch folgende Voraussetzungen erforderlich:

1074
- **Gruppenantrag** (§ 9 Abs 8 und 9 KStG): Der Gruppenträger und sämtliche inländische Gruppenmitglieder haben bis zum Ende des Wirtschaftsjahres, für das die Unternehmensgruppe erstmals gelten soll, den Gruppenantrag nachweislich zu unterfertigen. Der Gruppenantrag ist innerhalb eines Monat nach Unterfertigung beim zuständigen Finanzamt zu stellen. Im Gruppenantrag ist unter anderem zu erklären, dass der Gruppenträger mit den inländischen Gruppenmitgliedern eine „Steuerumlagenvereinbarung" abgeschlossen hat.
  Änderungen der Unternehmensgruppe sind innerhalb von einem Monat dem zuständigen Finanzamt anzuzeigen.

1075
- **Mindestbestandsdauer** (§ 9 Abs 10 KStG): Die Unternehmensgruppe muss für drei volle Wirtschaftsjahre bestehen. Die Dreijahresfrist ist für jedes Gruppenmitglied gesondert zu beachten. Geht die Unternehmensgruppe vor Ablauf der Dreijahresfrist unter oder scheidet ein Gruppenmitglied vorher aus, sind die betroffenen Körperschaften rückwirkend gesondert zu veranlagen.

B. Umgründungen und Gruppenbesteuerung

I. Allgemeines

Das UmgrStG selbst enthält keine Bestimmungen, die das Verhältnis zur Gruppenbesteuerung regeln. Demnach sind die allgemeinen körperschaftsteuerlichen Bestimmungen anwendbar:

- § 9 Abs 5 Satz 3 KStG: „Steuerlich wirksame rückwirkende Anteilserwerbe und Anteilsübertragungen im Sinne der Abgabenvorschriften sind auch für die Frage der finanziellen Verbindung maßgebend.“ 1076
- § 9 Abs 5 Satz 4 KStG: „Vermögensübertragungen innerhalb der Unternehmensgruppe gelten nicht als Änderung der Voraussetzungen für Gruppenverhältnisse, sofern die Unternehmensgruppe weiterhin finanziell verbunden bleibt.“ 1077

II. Entstehen bzw Erweitern einer Unternehmensgruppe

Durch eine Umgründung selbst kann zwar keine Unternehmensgruppe entstehen oder erweitert werden. Jedoch kann durch eine Umgründung rückwirkend die erforderliche finanzielle Verbindung hergestellt werden. Hierbei ist zu unterscheiden:

- **Rückwirkung auf Gesellschaftsebene:** Die übernehmende Gesellschaft erwirbt das auf sie übertragene Vermögen rückwirkend mit dem Beginn des dem Umgründungsstichtag folgenden Tages (vgl §§ 3 Abs 1 Z 3, 9 Abs 1, 18 Abs 1 Z 5, 25 Abs 2, 30 Abs 2, 34 Abs 1). 1078
- **Rückwirkung auf Gesellschafterebene:** Die Gesellschafter erwerben ihre umgründungsbedingt erlangten Gegenleistungsanteile an der übernehmenden Gesellschaft ebenfalls rückwirkend mit dem Beginn des Tages, der dem Umgründungsstichtag folgt (§§ 5 Abs 1 Z 1, 9 Abs 1, 20 Abs 1, 25 Abs 2, 30 Abs 2, 36 Abs 1, 37 Abs 2). 1079
  Die finanzielle Verbindung des Gesellschafters der übertragenden Gesellschaft an der übernehmenden Gesellschaft kann jedoch rückwirkend nur zu einem Zeitpunkt begründet werden, zu dem der Gesellschafter an der übertragenden Gesellschaft bereits tatsächlich beteiligt war (in diesem Sinne § 5 Abs 1 Z 1 Satz 2 UmgrStG, UmgrStR RZ 262 und 350). Dies wird jedenfalls für Verschmelzungen und Spaltungen gelten; für Zusammenschlüsse und Realteilungen ergibt sich dies bereits aus dem Erfordernis der Zurechnung des übertragenen Vermögens zum Umgründungsstichtag (siehe § 13 Abs 2 iVm §§ 24 Abs 1 Z 1, 28).

1080 *Beispiel 1 – Entstehen einer Unternehmensgruppe:*

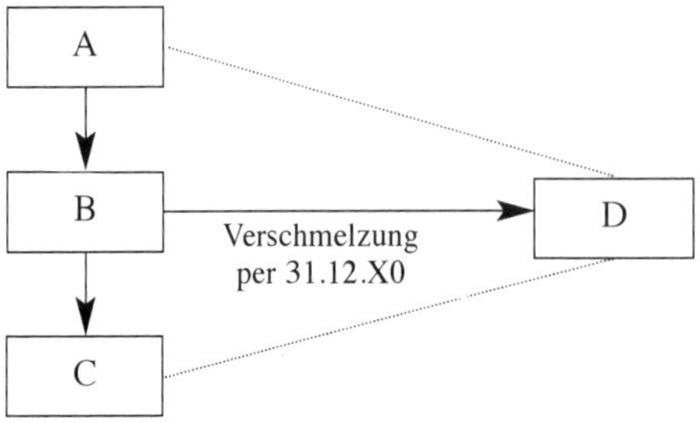

Variante 1: A ist an B bereits zum 31.12.X0 zu 100 % beteiligt. Wird B zum 31.12. X0 auf D verschmolzen, sind A die von D gewährten Gegenleistungsanteile für die finanzielle Verbindung bereits zum 1.1.X1 zuzurechnen. A kann daher im Jahr X1 mit D und C eine Unternehmensgruppe bilden.
Variante 2: A hat ihre 100%ige Beteiligung an B erst am 15.1.X1 erworben. Wird B zum 31.12.X0 auf D verschmolzen, sind A die von D gewährten Gegenleistungsanteile für die finanzielle Verbindung noch nicht zum 1.1.X1 zuzurechnen. A kann daher im Jahr X1 mit D und C keine Unternehmensgruppe bilden.
Variante 3: A ist an B seit dem 15.1.X1 zu 40 % und an D seit dem 1.1.X1 zu 100 % beteiligt. Wird B zum 31.12.X0 auf D verschmolzen, kann A mit D bereits für das Jahr X1 eine Unternehmensgruppe bilden, weil A mit D auch ohne verschmelzungsbedingte Gegenleistungsanteile zum 1.1.X1 bereits finanziell verbunden ist.
Variante 4: A ist an B bereits zum 31.12.X1 zu 100 % beteiligt. B hat die Beteiligung an C am 15.1.X1 erworben. B wird auf D zum 31.12.X1 verschmolzen. Unabhängig davon, ob B an C bereits zum 1.1.X1 bereits beteiligt ist oder die Beteiligung erst im Rückwirkungszeitraum erwirbt, kann C in die Unternehmensgruppe aufgenommen werden, weil A die Beteiligung an D rückwirkend zum 1.1.X1 erwirbt (siehe oben Variante 1) und D die Beteiligung an C rückwirkend zum 1.1.X1 D zuzurechnen ist (§ 3 Abs 1 Z 4 UmgrSt).

Das BMF beabsichtigte wohl insbesondere für Zwecke der Firmenwertabschreibung, die Rückwirkungsfiktion für die umgründungsbedingt angeschafften Gegenleistungsanteile einzuschränken (siehe dazu UmgrStR RZ 262 und 350). Dagegen lässt sich eine Einschränkung der Rückwirkungsfiktion für das durch eine Umgründung auf den übernehmenden Rechtsträger übertragene Vermögen aus dem Wartungserlass 2011 nicht ableiten.

Beispiel 2 – Erweitern einer Unternehmensgruppe: 1081

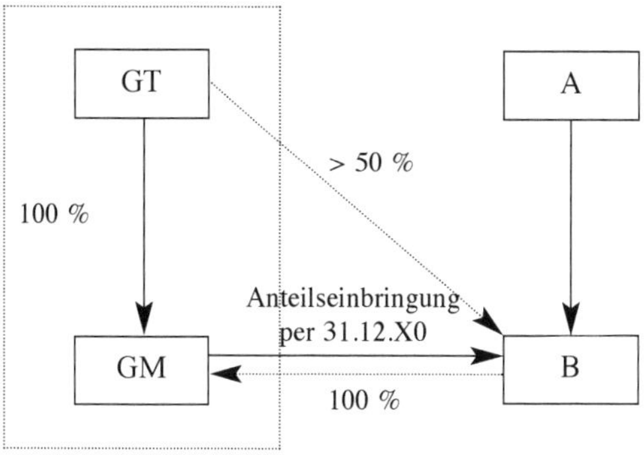

Bringt der Gruppenträger (GT) die Beteiligung am Gruppenmitglied (GM) in B (= gruppenfremde Körperschaft) rückwirkend zum 31.12.X0 ein, besteht ab dem 1.1.X1 zwischen GM und B eine finanzielle Verbindung. Sollte GT für seine Einbringung als Gegenleistung eine Beteiligung an B von mehr als 50 % des Nennkapitals und der Stimmrechte erhalten, besteht auch zwischen B und GT ab dem 1.1.X1 eine finanzielle Verbindung. In diesem Fall kann die zwischen GT und GM bestehende Unternehmensgruppe um die Körperschaft B erweitert werden. Sollte GT eine Beteiligung in Höhe von 40 % bis 50 % erhalten, könnte GT mit A eine Beteiligungsgemeinschaft gründen und auf diese Weise die Unternehmensgruppe fortsetzen bzw erweitern.

III. Umgründungen innerhalb einer Unternehmensgruppe

Werden Körperschaften, die an einer Unternehmensgruppe teilnehmen, umgegründet, bleibt die Unternehmensgruppe unter folgenden Voraussetzungen bestehen: 1082

- Der **Gruppenträger bleibt bestehen** (Ausnahme: Bei der Verschmelzung down-stream auf ein Gruppenmitglied kann auch der Gruppenträger als übertragende Gesellschaft untergehen; siehe Tz 1086).
- Die umgründungsbedingte Änderung der Beteiligungsverhältnisse führt zu **keinem Wegfall der finanziellen Verbindung**.
- Wird eine Körperschaft innerhalb der **Dreijahresfrist** durch eine Umgründung aufgelöst, fällt die Unternehmensgruppe dann nicht rückwirkend weg, wenn ihr Vermögen auf anderes Gruppenmitglied (oder den Gruppenträger) übergeht und das übernehmende Gruppenmitglied die Dreijahresfrist erfüllt (UmgrStR RZ 352). Dies gilt auch bei einer errichtenden Umwandlung eines Gruppenmitgliedes, wenn die Unternehmensgruppe nach der Umwandlung weiter fortbesteht und ausschließlich der Gruppenträger und/oder ein Gruppenmitglied als Nachfolgeunternehmer an der Mitunternehmerschaft beteiligt bleiben (VwGH 31.5.2017, Ro 2016/13/0002 , UmgrStR RZ 620d).

1083 *Beispiel:*

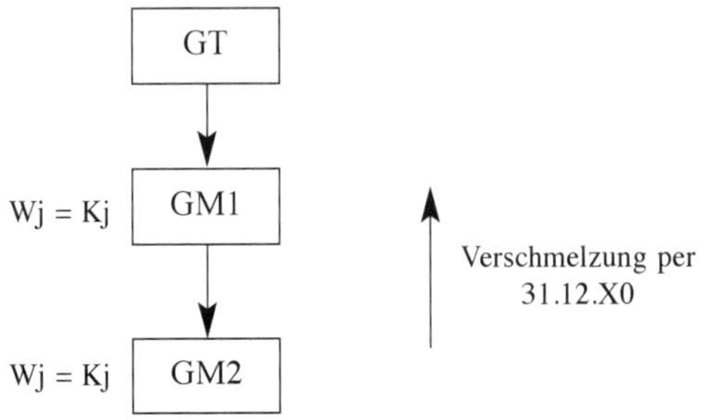

Wird GM2 auf GM1 zum Stichtag 31.12.X0 verschmolzen, bleibt die Unternehmensgruppe zwischen GM1 und GT weiter aufrecht. Die Verschmelzung stellt lediglich eine Vermögensübertragung innerhalb der Unternehmensgruppe iSd § 9 Abs 5 KStG dar, die auch dann zu keinem rückwirkenden Ausscheiden von GM2 führt, wenn zum Verschmelzungsstichtag die dreijährige Mindestbestandsdauer noch nicht abgelaufen ist und GM1 diese noch offene Dreijahresfrist weiterhin erfüllt. Dies gilt auch dann, wenn GM1 erst im Rückwirkungszeitraum der Verschmelzung durch Feststellungsbescheid rückwirkend mit 1.1.X1 in die Steuergruppe aufgenommen wurde (VwGH 19.10.2022, Ro 2022/15/0032).

Variante: Wird GT auf GM1 verschmolzen, gelten die obigen Ausführungen entsprechend, weil GT „nur" down-stream auf GM1 verschmolzen wird und GM1 künftig die Eigenschaft als Gruppenträger fortführt.

1084 *Beispiel – Umgründung innerhalb einer Beteiligungsgemeinschaft:*

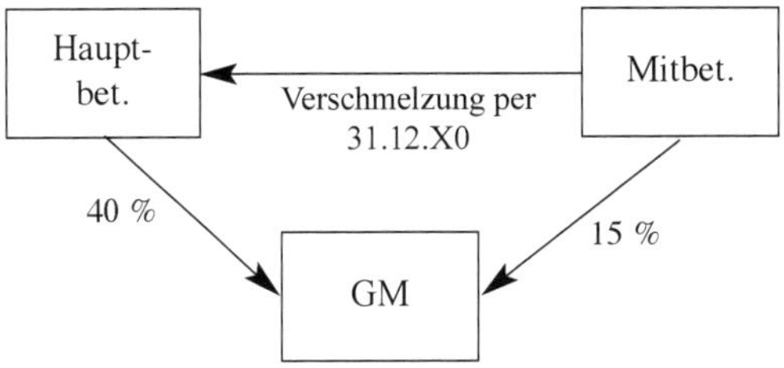

Wird der Mitbeteiligte einer Beteiligungsgemeinschaft auf den Hauptbeteiligten verschmolzen, kann der Hauptbeteiligte zum Gruppenmitglied die Unternehmensgruppe fortführen, weil der Hauptbeteiligte schon vor der Verschmelzung als „Quasi-Gruppenträger" gilt (vgl UmgrStR RZ 351 f).

Variante: Würde der Hauptbeteiligte auf den Mitbeteiligten verschmolzen, erscheint die Fortführung der Unternehmensgruppe nach den UmgrStR als unzulässig.

Beispiel:
Die A-GmbH bildet nur mit ihrer 100 %igen Tochtergesellschaft, der B-GmbH, eine Unternehmensgruppe im Sinne des § 9 KStG 1988. Wird innerhalb der Mindestbestandsdauer von 3 Jahren die B-GmbH unter Hinzutreten eines Arbeitsgesellschaf-

ters gemäß Art II UmgrStG errichtend umgewandelt, liegt keine gruppeninterne Vermögensübertragung und somit ein rückwirkendes Ausscheiden vor.

Beispiel:
Die A-GmbH bildet mit ihren jeweils 100 %igen Tochtergesellschaften, der B-GmbH und der C-GmbH, eine Unternehmensgruppe im Sinne des § 9 KStG 1988. Wird innerhalb der Mindestbestandsdauer von 3 Jahren die B-BmbH unter Hinzutreten eines Arbeitsgesellschafters gemäß Art. II UmgrStG errichtend umgewandelt, liegt eine gruppeninterne Vermögensübertragung und somit kein rückwirkendes Ausscheiden vor.

Beispiel:
Die A-GmbH bildet mit ihrer 70 %igen Tochtergesellschaft, der B-GmbH, und ihrer 100-prozentigen Tochtergesellschaft, der C-GmbH, eine Unternehmensgruppe im Sinne des § 9 KStG 1988. An der B-GmbH ist weiters die gruppenfremde X-GmbH zu 30 % beteiligt. Wird innerhalb der Mindestbestandsdauer von 3 Jahren die B-GmbH gemäß Art. II UmgrStG errichtend umgewandelt (an der übernehmenden KG sind die A-GmbH zu 70 % und die X-GmbH zu 30 % beteiligt), liegt keine gruppeninterne Vermögensübertragung und somit ein rückwirkendes Ausscheiden vor.

IV. Auflösung einer Unternehmensgruppe durch Umgründung

Insbesondere in folgenden Fällen führt eine Umgründung zur Auflösung der 1085
Unternehmensgruppe:

- Die **Verschmelzung des Gruppenträgers** als übertragende Gesellschaft auf eine nicht an der Unternehmensgruppe teilnehmende Körperschaft (UmgrStR RZ 354d und RZ 351e, VwGH 28.6.2016, 2013/13/0066; Ro2014/13/0015). Ebenso wird die Aufspaltung des Gruppenträgers zum Untergang der Unternehmensgruppe führen.

Beispiel: 1086

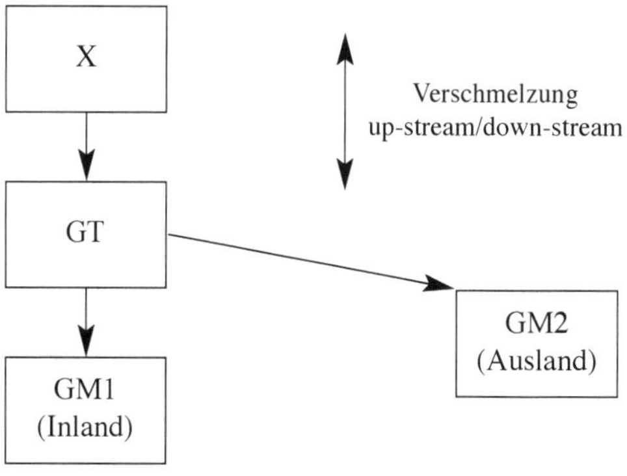

Wird GT auf die nicht-gruppenzugehörige Körperschaft X up-stream verschmolzen, geht die Unternehmensgruppe unter. Selbst wenn X mit GM1 und GM2 rückwirkend zum Verschmelzungsstichtag folgenden Tag eine neue Unternehmensgruppe begründen sollte, sind insbesondere sämtliche noch nicht verrechneten Verluste aus GM2 nachzuversteuern.
Wird GT auf GM1 down-stream verschmolzen, bleibt die Unternehmensgruppe auch nach Ansicht des BMF bestehen. GM1 übernimmt künftig die Stellung des GT.

1087 • Wird eine aus einem Gruppenträger und einem einzigen Gruppenmitglied bestehende Unternehmensgruppe verschmolzen **(„Zweiergruppe")**, geht die Unternehmensgruppe unter, weil die verbleibende Körperschaft mit sich selbst keine Unternehmensgruppe bilden kann. Dies gilt auch, wenn das einzige Gruppenmitglied errichtend in eine Mitunternehmerschaft umgewandelt wird und der Gruppenträger an dieser zu 100 % vermögensbeteiligt ist.

1088 • Wird ein **ausländisches Gruppenmitglied auf ein inländisches Gruppenmitglied (den Gruppenträger) up-stream verschmolzen**, geht das ausländische Gruppenmitglied aus der Unternehmensgruppe unter. Dabei sind sämtliche noch nicht verrechneten Verluste „nachzuversteuern" (§ 9 Abs 6 Z 6 KStG; UmgrStR RZ 352e). Wird ein inländisches Gruppenmitglied auf ein ausländisches Gruppenmitglied down-stream „export-verschmolzen", scheidet das übertragende inländische Gruppenmitglied aus der Unternehmensgruppe aus (UmgrStR RZ 352e). Wird ein ausländisches Gruppenmitglied auf ein anderes ausländisches Gruppenmitglied verschmolzen **(„Schwesternverschmelzung")**, unterbleibt eine Nachversteuerung, wenn die offenen Verluste des untergehenden Gruppenmitgliedes beim übernehmenden Gruppenmitglied nachversteuert werden können (UmgrStR RZ 353a).

1089 *Beispiel 1 – Importverschmelzung eines Gruppenmitgliedes:*

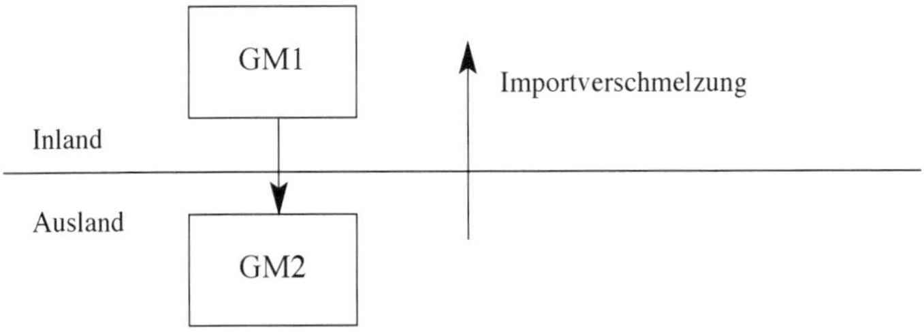

GM2 geht durch die Verschmelzung unter. Sämtliche noch nicht verrechneten Verluste sind nachzuversteuern.

Beispiel 2 – Schwesternverschmelzung im Ausland: 1090

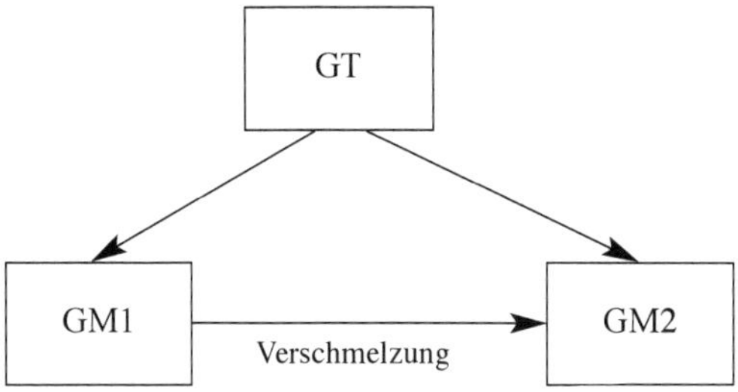

Wird GM1 auf GM2 verschmolzen, dann unterbleibt eine Nachversteuerung der noch nicht verrechneten Verluste aus GM1, wenn eine Nachversteuerung bei GM2 möglich ist. Führt die Verschmelzung nach den ausländischen steuerlichen Bestimmungen zum Untergang der Verlustvorträge von GM1 und kann es daher im Ausland für die von GM1 verrechneten Verluste zu keiner Nachverrechnung kommen, scheinen die UmgrStR RZ 353a von einer Nachversteuerungspflicht auszugehen.

V. Umgründung und Firmenwertabschreibung

Zum Auslaufen der Firmenwertabschreibung siehe oben Tz 1072. Die nachstehenden Ausführungen gelten somit für die noch zu berücksichtigenden offenen Fünfzehntelbeträge.

Wird ein Gruppenmitglied, auf deren Beteiligung im Rahmen der Gruppenbesteuerung eine Firmenwertabschreibung geltend gemacht wurde, umgegründet oder wird die Beteiligung an diesem Gruppenmitglied durch eine Umgründung übertragen, gelten folgende Grundsätze: 1091

- Wird die **Beteiligung** am Gruppenmitglied, auf die die Firmenwertabschreibung vorgenommen wurde, **innerhalb der Unternehmensgruppe übertragen**, läuft die Firmenwertabschreibung beim übernehmenden Gruppenmitglied (Gruppenträger) weiter, wenn der Zusammenhang zwischen der Beteiligung und dem Betrieb des Gruppenmitgliedes aufrecht bleibt. 1092

Beispiel 1 – Übertragung der Beteiligung: 1093

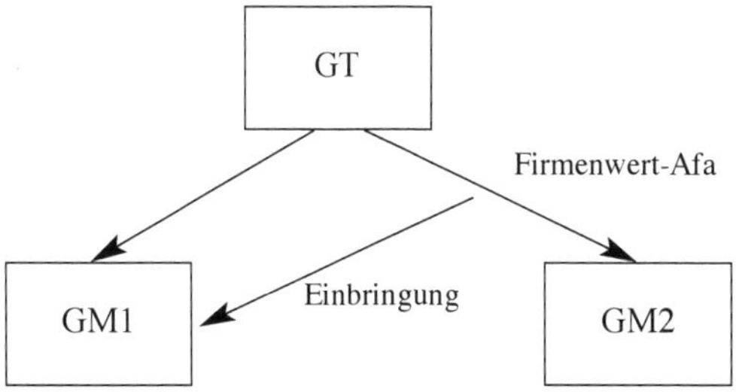

Bringt GT seine Beteiligung am GM2 in das GM1 ein, geht die von GT für die Beteiligung an GM2 begonnene Firmenwertabschreibung auf das GM1 über (UmgrStR RZ 1245c).

Beispiel 2 – Ab- und Zuschreibungen auf Beteiligungen:

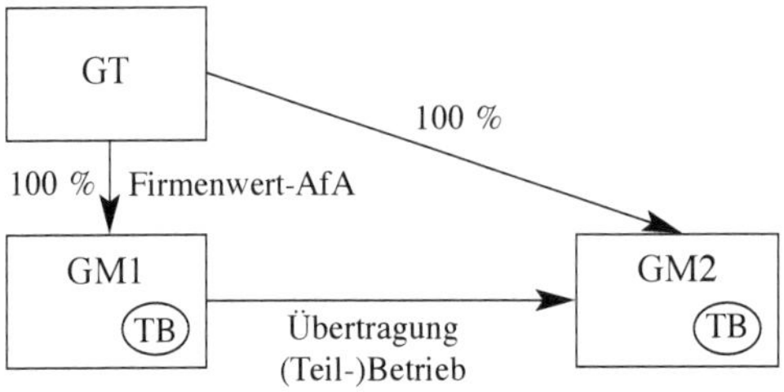

Spaltet GM1 einen Teilbetrieb auf GM2 zur Neugründung ab, bleibt sowohl die Beteiligung an der übernehmenden Körperschaft (GM2) innerhalb der Unternehmensgruppe als auch der Zusammenhang zwischen Beteiligung und Teilbetrieb gewahrt. Demnach setzt GT die auf die Beteiligung an GM1 begonnene Firmenwertabschreibung anteilig für die Beteiligung an GM2 fort (vgl UmgrStR RZ 1786f). Etwas anderes soll nach den UmgrStR gelten, wenn GM1 ihren Teilbetrieb in GM2 einbringt (UmgrStR RZ 1245a letztes Beispiel; die rechtlich unterschiedliche Behandlung zweier wirtschaftlich identer Sachverhalte erscheint bedenklich).

1094 • Wird die **Beteiligung am Gruppenmitglied**, auf die die Firmenwertabschreibung vorgenommen wurde, durch die Ausgabe neuer Anteile im prozentuellen Ausmaß **verwässert**, bleibt die Firmenwertabschreibung unverändert bestehen (UmgrStR RZ 351).

1095 *Beispiel:*
Der Gruppenträger GT hat auf die 100%ige Beteiligung am Gruppenmitglied GM im Jahr X0 eine Firmenwertabschreibung von 1.000 (= 15.000 verteilt über 15 Jahre) geltend gemacht. Im Jahr X1 wird die gruppenfremde Körperschaft X auf GM verschmolzen. GM gibt dabei neue Anteile an den Gesellschafter der übertragenden X im Ausmaß von 30 % aus. Da durch die Verschmelzung die finanzielle Verbindung zwischen GT und GM bestehen bleibt, bleibt auch die Unternehmensgruppe bestehen. GT kann auch nach der Verschmelzung die Firmenwertabschreibung auf GM unverändert mit 1.000 geltend machen.

1096 • Fällt durch eine Umgründung die **Beteiligung weg**, auf die die Firmenwertabschreibung geltend gemacht wurde, fällt auch die Firmenwertabschreibung weg. Weiters sind aus der Firmenwertabschreibung bereits **abgesetzte Fünfzehntelbeträge** zum Umgründungsstichtag steuerwirksam **nachzuerfassen**, soweit der Nacherfassungsbetrag im Unterschiedsbetrag zwischen Buchwert und Verkehrswert der abgeschriebenen Beteiligung Deckung findet. Tritt dagegen an die Stelle der wegfallenden firmenwertabgeschriebenen Beteiligung umgründungsbedingt die Beteiligung an einer übernehmenden Körperschaft, hat die Nacherfassung erst dann zu erfolgen, wenn die Beteiligung an der übernehmenden Körperschaft umgründungsbedingt untergeht (§ 9 Abs 7 letzter Teilstrich KStG).

Die Firmenwertabschreibung führt nach § 9 Abs 7 vorletzter Teilstrich KStG zu einer Verminderung des Buchwertes der abgeschriebenen Beteiligung. Nach dem Sinn und Zweck der Firmenwertabschreibung soll daher bei der beteiligten Körperschaft, die die Firmenwertabschreibung vornimmt, im Falle einer späteren Veräußerung der Beteiligung eine steuerwirksame Nacherfassung der vorgenommenen Firmenwertabschreibung erfolgen. Geht die Beteiligung, auf die die Firmenwertabschreibung geltend gemacht wurde, durch eine Umgründung steuerneutral unter, kommt es durch § 9 Abs 7 letzter Teilstrich KStG zu einer entsprechenden „ausgleichenden" Nachversteuerung (vgl EB zur RV des AbgSiG 2007). 1097

Beispiel: 1098

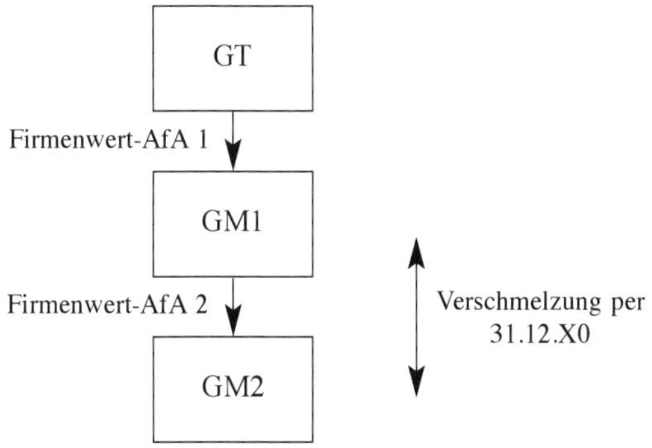

Wird das GM1 auf den GT up-stream verschmolzen, geht die Beteiligung an GM1 unter. GT kann zum einen künftig für die untergehende Beteiligung an GM1 keine Firmenwertabschreibung mehr geltend machen. Darüber hinaus hat GT die bereits abgesetzten Fünfzehntelbeträge insoweit nachzuerfassen, als der Verkehrswert der untergehenden Beteiligung an GM1 den Buchwert der Beteiligung übersteigt. Durch die Verschmelzung geht die Beteiligung an GM2 auf GT über. GT führt die bis zur Verschmelzung von GM1 vorgenommene Firmenwertabschreibung fort.
Wird das GM1 auf das GM2 down-stream verschmolzen, werden die Anteile des GM1 an GM2 an den GT durchgeschleust. Der GT kann nur noch die für die Beteiligung am übertragenden GM1 begonnene Firmenwertabschreibung für die Anteile am übernehmenden GM2 fortführen. Dagegen kann eine vom übertragenden GM1 auf die Beteiligung am übernehmenden GM2 begonnene Firmenwertabschreibung durch den GT nicht fortgeführt werden. Für diese an den GT durchgeschleuste Beteiligung am GM2 ist die bereits geltend gemachte Firmenwertabschreibung im Jahr des Verschmelzungsstichtages durch GM1 nachzuversteuern (siehe dazu UmgrStR RZ 352a).

Beispiel:

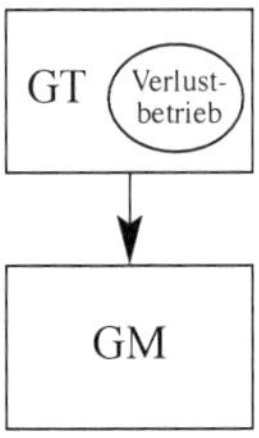

Verlustvorträge: 100

- 40 Vorgruppenverluste
- 60 Gruppenverluste

Einbringung zum
31.12.X0

11. Abschnitt
Die Bilanzierung von Umgründungen nach dem UGB

A. Bilanzierung beim übernehmenden Rechtsträger

I. Vermögens- und Erfolgszuordnung

Vor der Darstellung der Bilanzierung bei den beteiligten Rechtsträgern ist zu klären, zu welchem Zeitpunkt Vermögen und Erfolg nicht mehr dem übertragenden, sondern dem übernehmenden Rechtsträger zuzurechnen sind. 1105

Die Aufnahme der umgründungsbedingt übertragenen **Vermögensgegenstände** im Rechnungswesen des übernehmenden Rechtsträgers erfolgt im **Zeitpunkt des Überganges des wirtschaftlichen Eigentums** und stellt einen laufenden Geschäftsfall dar. Der Übergang des wirtschaftlichen Eigentums ist grundsätzlich mit dem Übergang des zivilrechtlichen Eigentums anzunehmen. 1106

Der zivilrechtliche Vermögensübergang erfolgt bei den gesellschaftsrechtlich determinierten Umgründungsformen (Verschmelzung, Umwandlung und Spaltung) mit der Eintragung im Firmenbuch bzw bei den sonstigen Umgründungsformen mit Abschluss des Umgründungsvertrages (Titel) und Einräumung der Verfügungsmacht (Modus) über das zu übertragende Vermögen. 1107

Unter folgenden kumulativen Voraussetzungen geht das wirtschaftliche Eigentum bereits vor dem zivilrechtlichen Eigentum auf den übernehmenden Rechtsträger über (vgl Stellungnahme KFS/RL 25[1]): 1108

- Bis zum Abschlussstichtag müssen der Umgründungsvertrag formwirksam abgeschlossen und die erforderlichen Gesellschafterbeschlüsse in rechtlich wirksamer Form gefasst sein.
- Es muss durch eine entsprechende Regelung im Umgründungsvertrag oder zumindest faktisch sichergestellt sein, dass der übertragende Rechtsträger bis zum zivilrechtlichen Vermögensübergang nur im Rahmen eines ordnungsgemäßen Geschäftsganges oder mit Einwilligung des übernehmenden Rechtsträgers über die zu übertragenden Vermögensgegenstände verfügen kann.
- Der Umgründungsstichtag muss vor dem betreffenden Abschlussstichtag liegen.

  Sofern die Umgründung durch die Eintragung in das Firmenbuch zustande kommt (jedenfalls Verschmelzung, Umwandlung und Spaltung), muss die

---

[1] Vgl die Stellungnahme des Fachsenats für Unternehmensrecht und Revision der Kammer der Wirtschaftstreuhänder, KFS/RL 25 vom 29.06.2010.

Eintragung der Umgründung bis zum Ablauf der gesetzlichen Frist zur Aufstellung des Jahresabschlusses erfolgt sein. Andernfalls muss mit an Sicherheit grenzender Wahrscheinlichkeit zu erwarten sein, dass die Eintragung der Umgründung erfolgen wird. Es dürfen insbesondere keine Gründe bekannt sein, die einer Eintragung der Umgründung entgegenstehen könnten.

1109 Sofern diese Voraussetzungen erfüllt sind, sind die umgründungsbedingt übertragenen Vermögensgegenstände bereits bei der übernehmenden Gesellschaft und nicht mehr bei der übertragenden Gesellschaft zu bilanzieren. Als Zeitpunkt des Übergangs des wirtschaftlichen Eigentums gilt in diesem Fall der Tag der **Beschlussfassung über die Umgründung**.

1110 Unabhängig vom Übergang des Vermögens werden die mit dem übertragenen Vermögen verbundenen Geschäftsvorfälle und der hieraus resultierende **laufende Erfolg** (Gewinn oder Verlust) dem übernehmenden Rechtsträger bereits **rückwirkend mit dem Beginn des dem Umgründungsstichtag folgenden Tages** zugerechnet (zur schuldrechtlichen Rückwirkung vgl etwa § 220 Abs 2 Z 5 AktG zur Verschmelzung).

1111 Fallen der Zeitpunkt des Überganges des wirtschaftlichen und des zivilrechtlichen Eigentums auseinander, ist zu unterscheiden:

1112 Erfolgt der **Übergang des wirtschaftlichen Eigentums** am zu übertragenden Vermögen **vor dem auf die Umgründung folgenden Bilanzstichtag des übertragenden Rechtsträgers**, der zivilrechtliche Übergang jedoch danach, können die zwischen dem Umgründungsstichtag und dem Zeitpunkt des Übergangs des wirtschaftlichen Eigentums anfallenden Erträge und Aufwendungen bereits als Geschäftsfälle des übernehmenden Rechtsträgers erfasst werden. Die Erfassung des Ergebnisses erfolgt in der Gewinn- und Verlustrechnung grundsätzlich in den einzelnen Aufwands- und Ertragsposten. Ab dem Übergang des wirtschaftlichen Eigentums liegen originäre Erträge und Aufwendungen des übernehmenden Rechtsträgers vor, die nur bei diesem zu erfassen sind.

1113 Erfolgt der **Übergang des wirtschaftlichen Eigentums** am zu übertragenden Vermögen ebenfalls erst **nach dem auf die Umgründung folgenden Bilanzstichtag des übertragenden Rechtsträgers**, ist nicht nur das Vermögen noch beim übertragenden Rechtsträger auszuweisen, sondern auch die seit dem Umgründungsstichtag für Rechnung des übernehmenden Rechtsträgers angefallenen Erträge und Aufwendungen. Der bereits auf Rechnung des übernehmenden Rechtsträgers erwirtschaftete Erfolg ist im Anhang des Jahresabschlusses des übertragenden Rechtsträgers anzugeben bzw zu erläutern und ausschüttungsgesperrt. Der übernehmende Rechtsträger hat das auf seine Rechnung seit dem Umgründungsstichtag erwirtschaftete Ergebnis im Zeitpunkt des Übergangs des wirtschaftlichen Eigentums einzubuchen und im nächstfolgenden Jahresabschluss auszuweisen.

Beispiel 1: Vermögens- und Erfolgszuordnung: 1114
Die A-GmbH spaltet einen Teilbetrieb auf die B-GmbH zur Aufnahme ab. Beide Gesellschaften haben ihren Abschlussstichtag am 31.12., Spaltungsstichtag ist der 31.12.X0. Der Spaltungsbeschluss wird am 31.08.X1 gefasst, die Anmeldung zur Eintragung ins Firmenbuch erfolgt am 30.09.X1. Die Eintragung der Spaltung wird am 30.11.X1 vorgenommen.

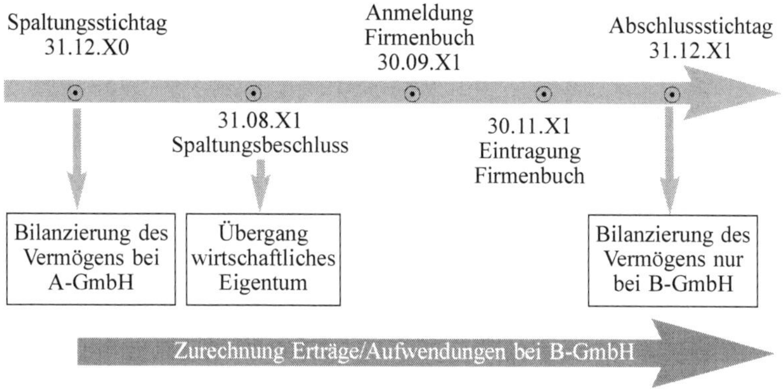

Mit der Beschlussfassung geht das wirtschaftliche Eigentum am abgespaltenen Vermögen am 31.08.X1 auf die B-GmbH über. Das übertragene Vermögen ist zum Bilanzstichtag 31.12.X1 nur mehr im Jahresabschluss der B-GmbH darzustellen. Erträge und Aufwendungen iZm dem übertragenen Teilbetrieb, die zwischen dem Spaltungsstichtag (31.12.X0) und dem Übergang des wirtschaftlichen Eigentums angefallen sind, sind bei der B-GmbH zu erfassen. Ab dem Übergang des wirtschaftlichen Eigentums mit 31.08.X1 liegen originäre Erträge und Aufwendungen des übernehmenden Rechtsträgers vor.

Beispiel 2: Vermögens- und Erfolgszuordnung: 1115
Zum Stichtag 31.8.X1 wird die A-GmbH auf die B-GmbH verschmolzen. Der Abschlussstichtag beider Gesellschaften ist der 31.12. Der Verschmelzungsbeschluss wird am 31.1.X2 gefällt, die Anmeldung zum Firmenbuch erfolgt am 10.2.X2, die Eintragung ins Firmenbuch am 31.3.X2.

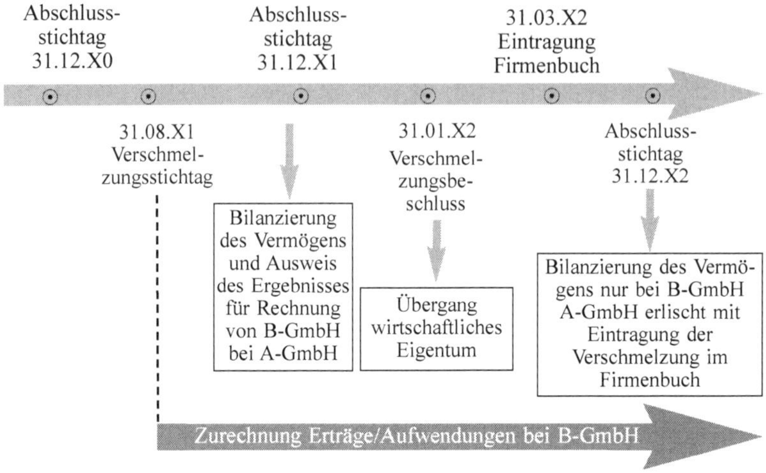

Der Übergang des wirtschaftlichen Eigentums erfolgt mit der Beschlussfassung am 31.1.X2. Die A-GmbH erlischt erst mit der Eintragung ins Firmenbuch zum 31.3.X2 und hat daher zum 31.12.X1 noch einen Jahresabschluss zu erstellen. Da das wirtschaftliche Eigentum noch nicht auf die B-GmbH übergegangen ist, müssen die Vermögensgegenstände und Schulden am 31.12.X1 noch bei der A-GmbH ausgewiesen werden. Die Erfolgszurechnung erfolgt rückwirkend ab dem auf den Verschmelzungsstichtag folgenden Tag. Daher ist das Ergebnis zwischen dem 01.09. X1 und 31.12.X1 bereits für Rechnung der B-GmbH erzielt, wird aber bis zum Übergang der wirtschaftlichen Verfügungsmacht ebenfalls noch bei der A-GmbH im Abschluss ausgewiesen. Für den Zeitraum 01.09.X1 bis 31.12.X1 hat die A-GmbH darüber hinaus die für Rechnung der B-GmbH bewirkten Erträge und Aufwendungen im Anhang anzugeben und zu erläutern. Ein allfällig erwirtschafteter Gewinn darf nicht ausgeschüttet werden.

Die B-GmbH kann am Abschlussstichtag 31.12.X1 mangels Übergangs des wirtschaftlichen Eigentums weder das Vermögen noch die seit dem 01.09.X1 erwirtschafteten Erträge und Aufwendungen in ihrem Jahresabschluss erfassen. Im Zeitpunkt des Übergangs der wirtschaftlichen Verfügungsmacht mit 31.1.X2 sind bei der B-GmbH das übertragene Vermögen sowie die Erträge und Aufwendungen, die seit dem 01.09.X2 erwirtschaftet wurden, zu erfassen. Der erstmalige Ausweis der Vermögensübertragung sowie des übernommenen Ergebnisses erfolgt daher bei der B-GmbH erst im Jahresabschluss zum 31.12.X2.

II. Größenmerkmale im Sinne des § 221 UGB im Zusammenhang mit Umgründungen

1116 Kapitalgesellschaften werden nach § 221 UGB in kleine, mittelgroße und große Kapitalgesellschaften eingeteilt. Diese Unterscheidung ist unter anderem maßgebend für die Kapitalbindung, die Offenlegungs- und Prüfungspflicht der Gesellschaft.

In zeitlicher Hinsicht treten die Rechtsfolgen der Größenmerkmale allgemein ab dem Jahr ein, das auf das zweimalige aufeinanderfolgende Über- oder Unterschreiten der Größenmerkmale folgt (§ 221 Abs 4 Z UGB). Dagegen treten bei **Umgründungen** für die übernehmende Gesellschaft die Rechtsfolgen der Größenmerkmale bereits am ersten Abschlussstichtag nach Beschlussfassung der Umgründung ein, wenn die Größenmerkmale durch die Umgründung vorliegen (§ 221 Abs 4 UGB). 1117

Beispiel: 1118
Die große GmbH X wird zum Stichtag 31.12.X0 auf die kleine GmbH Y verschmolzen. Der Jahresabschlussstichtag ist für beide Kapitalgesellschaften der 31.12. Am 31.12.X1 überschreitet die übernehmende GmbH Y durch die Verschmelzung die Größenmerkmale für eine große GmbH. Da die Größenmerkmale am ersten Abschlussstichtag nach der Beschlussfassung der Umgründung vorliegen, treten bereits ab diesem Geschäftsjahr (1.1.X1 – 31.12.X1) die Rechtsfolgen für große Kapitalgesellschaften ein.

Dies gilt auch für Kapitalgesellschaften, die durch eine Umgründung neu entstehen. Bei solchen **Neugründungen** sind im Jahr der Gründung bereits die Vorschriften für die jeweilige Größenklasse anzuwenden, wenn die neugegründete Gesellschaft zu dem auf die Neugründung folgenden Abschlussstichtag die jeweiligen Größenmerkmale erfüllt. 1119

III. Bewertung des übernommenen Vermögens

Für die unternehmensrechtliche Bewertung des übernommenen Vermögens besteht für den übernehmenden Rechtsträger ein Wahlrecht (§ 202 UGB). Das Vermögen kann entweder mit dem beizulegenden Wert (§ 202 Abs 1 UGB) oder mit den Buchwerten der Schlussbilanz des übertragenden Rechtsträgers (§ 202 Abs 2 UGB) bewertet werden. Der Ansatz von Zwischenwerten ist unzulässig. 1122

Unabhängig von der unternehmensrechtlichen Bewertung des übernommenen Vermögens sind vom übernehmenden Rechtsträger für steuerliche Zwecke nach Maßgabe des UmgrStG die steuerlichen Buchwerte fortzuführen. Entstehen durch die unternehmensrechtlichen Wertansätze Aufwendungen und Erträge, die von den ertragsteuerlichen Ansätzen abweichen, sind diese im Wege der steuerlichen Mehr-Weniger-Rechnung zu bereinigen. 1123

1. Bewertung mit dem beizulegenden Wert

Einlagen und Zuwendungen sind gemäß § 202 Abs 1 UGB mit dem Wert anzusetzen, der ihnen im Zeitpunkt ihrer Leistung beizulegen ist. Wenn sich aus der Nutzungsmöglichkeit im Unternehmen ein geringerer Wert ergibt, so ist 1124 dieser anzusetzen. Der beizulegende Wert ist daher als unternehmensbezogener Verkehrswert zu sehen, der für denselben Vermögensgegenstand von Unternehmen zu Unternehmen unterschiedlich sein kann. Der beizulegende Wert entspricht daher grundsätzlich dem steuerrechtlichen Teilwert.

1125 Für den übernehmenden Rechtsträger stellt der angesetzte beizulegende Wert die Anschaffungskosten der übernommenen Vermögensgegenstände dar, die in der Folge auch Ausgangspunkt für die unternehmensrechtliche Gewinnermittlung sind (zB für die planmäßige und außerplanmäßige Abschreibungen; für die Obergrenze von Zuschreibungen, bei einer Vermögensübertragung im Wege der Einzelrechtsnachfolge).

1126 Wird das Vermögen von **Betrieben** oder **Teilbetrieben** mit dem beizulegenden Wert angesetzt, ist jeder Vermögensgegenstand einzeln zu bewerten und anzusetzen; der kumulierte Ausweis des Aufwertungsbetrages (der stillen Reserven) als „Umgründungsmehrwert“ ist unzulässig.

a) Aktivierung eines Firmenwertes

1127 Werden **Betriebe** oder **Teilbetriebe** übertragen, ist ein Firmenwert zwingend anzusetzen und auf die Dauer, für die er voraussichtlich genutzt wird, planmäßig abzuschreiben (§§ 202 Abs 1 Satz 2, 203 Abs 5 UGB). Dies gilt auch dann, wenn im Zuge der Umgründung keine Gegenleistung gewährt wird. Ein bereits beim übertragenden Rechtsträger ausgewiesener Firmenwert darf vom übernehmenden Rechtsträger nicht übernommen werden. Dieser geht vielmehr im Zuge der Neubewertung im neu ermittelten Firmenwert auf. Bilanzierungshilfen dürfen ebenfalls nicht übernommen werden.

1128 Allgemein ist der Firmenwert der Unterschiedsbetrag, um den die Gegenleistung für die Übernahme des (Teil-)Betriebs das Nettovermögen (Werte der einzelnen Vermögensgegenstände abzüglich der Schulden jeweils zu beizulegenden Werten) im Zeitpunkt der Übernahme übersteigt. Die Gegenleistung ergibt sich bei Umgründungen zwischen unverbundenen Rechtsträgern („Konzentrationsumgründungen“) in der Regel aus dem Nominale der gewährten neuen Anteile und dem übernommenen Agio (bzw dem höheren Gesamtausgabebetrag). Bei Umgründungen zwischen verbundenen Unternehmen („Konzernumgründungen“) wird es regelmäßig an einer Gegenleistung fehlen. Der anzusetzende Firmenwert ermittelt sich dabei im Rahmen einer Unternehmensbewertung aus der Differenz zwischen dem beizulegenden Wert der Sachgesamtheit „(Teil-)Betrieb“ und dem beizulegenden Wert des angesetzten Nettovermögens.

b) Berücksichtigung latenter Steuern

Da für die steuerliche Gewinnermittlung zwingend die steuerlichen Buchwerte fortzuführen sind, führt die unternehmensrechtliche Aufwertung auf den beizulegenden Wert zu einer Differenz zwischen dem steuerlichen Buchwert und dem unternehmensrechtlichen Buchwert. Hierfür ist durch den Ansatz von latenten Steuern vorzusorgen (§ 198 Abs 10 Z 2 UGB). Der Ansatz latenter Steuern unterbleibt für einen angesetzten Firmenwert und idR für Anteile an Tochtergesellschaften (§ 198 Abs 10 Z 1 und 3 UGB). 1129

Zu den Auswirkungen von Umgründungen auf die beim Übernehmenden auszuweisenden latenten Steuern siehe die AFRAC-Stellungnahme 30, Latente Steuern im Jahresabschluss. 1130

c) Beispiel: Bewertung zum beizulegenden Wert

Das Einzelunternehmen A wird in die B-GmbH eingebracht. Die zum Einbringungsstichtag erstellten Bilanzen zeigen folgendes Bild: 1134

Bilanz Einzelunternehmen A

Anlagevermögen	300	Eigenkapital	290
Umlaufvermögen	270	Frmdkapital	280
	570		570

Bilanz B-GmbH

Anlagevermögen	500	Stammkapital	40
Umlaufvermögen	480	Kapitalrücklage	120
		Bilanzgewinn	400
		Eigenkapital	560
		Fremdkapital	420
	980		980

Der Verkehrswert des Einzelunternehmen A beträgt 600. Stille Reserven im Anlagevermögen sind im Ausmaß von 100 vorhanden. Der Firmenwert des Einzelunternehmens A beträgt somit 210. Die B-GmbH hat einen Verkehrswert von 1.200 und erhöht somit im Zuge der Einbringung ihr Stammkapital um 20 auf 60. Die B-GmbH wird durch die Einbringung zu einer großen GmbH.

Bilanz B-GmbH nach Einbringung und Aufwertung nach § 202 Abs 1 UGB

Firmenwert	235	Stammkapital	60
Anlagevermögen	900	Gebundene Kapitalrücklage	700
Umlaufvermögen	750	Bilanzgewinn	400
		Eigenkapital	1.160
		Fremdkapital	700
		Latente Steuern	25
	1.885		1.885

Da eine Bewertung zum beizulegenden Wert erfolgt, ist das Anlagevermögen um die darin enthaltenen stillen Reserven iHv 100 zu erhöhen und ein (vorerst) ein Firmenwert von 210 anzusetzen. Die aktivierten stillen Reserven führen zum Ansatz einer passiven latenten Steuer von 25 (= 100 * 25 %) und erhöhen den aktivierten Firmenwert auf 235 (= 210 + 25). Für den aktivierten Firmenwert selbst wird keine latente Steuer passiviert (§ 198 Abs 10 Z 1 UGB). Der bei der übernehmenden B-GmbH eintretende Buchgewinn von 580 (= 290 + 100 + 210 – 20) wird in einer gebundenen Kapitalrücklage eingestellt (§ 229 Abs 2 Z 1 iVm Abs 4 und 5 UGB).

2. Buchwertfortführung

1135 Anstatt mit dem beizulegenden Wert kann das übernommene Vermögen auch mit den Buchwerten des übertragenden Rechtsträgers angesetzt werden (§ 202 Abs 2 UGB). Die fortzuführenden Buchwerte ergeben sich aus dem letzten Jahresabschluss oder einer Schlussbilanz (Stichtagsbilanz), die nach den auf den letzten Jahresabschluss angewandten Bilanzierungs- und Bewertungsmethoden zu erstellen ist. Der Stichtag der zugrunde gelegten Bilanz darf allerdings höchstens neun Monate vor der Anmeldung zum Firmenbuch liegen. Ist eine Anmeldung zum Firmenbuch nicht vorgesehen, so ist der Tag des Abschlusses des zugrunde liegenden Umgründungsvertrags maßgeblich.

1136 Die sachliche Rechtfertigung der möglichen Fortführung der Buchwerte ergibt sich aus dem Umstand der Fortführung des bisherigen Unternehmens in geänderter Rechtsform. Dieses Wahlrecht stellt aufgrund des einheitlichen Ansatzes in Unternehmens- und Steuerrecht eine erhebliche Vereinfachung dar. Aufgrund der dadurch verursachten Einschränkung des möglichst getreuen Einblicks in Vermögens-, Ertrags- und Finanzlage des Unternehmens werden idR entsprechende Anhangsangaben erforderlich sein.

1137 Wird ein Kapitalanteil oder Mitunternehmeranteil zu einem Stichtag eingebracht, der nicht dem Bilanzstichtag des übertragenden Rechtsträgers entspricht, kann der übernehmende Rechtsträger dennoch den Buchwert des letzten Jahresabschlusses fortführen.

1138 War der Rechtsvorgänger nicht buchführungspflichtig, dürfen hilfsweise auch die steuerlichen Werte übernommen werden (§ 202 Abs 2 Z 1 letzter Satz UGB). Als steuerliche Werte kommen sowohl die steuerlichen Buchwerte als auch die steuerlichen Anschaffungskosten in Betracht. Bei der Fortführung von nach ausländischen Vorschriften ermittelten Buchwerten sind diese durch die übernehmende Gesellschaft in UGB-äquivalente Buchwerte umzurechnen (KFS RL 25 Tz 93).

Von § 202 Abs 2 UGB umfasst sind jedenfalls Umgründungen iSd UmgrStG; die Anwendbarkeit des UmgrStG ist jedoch keine Voraussetzung für die unternehmensrechtliche Buchwertfortführung. Damit unterliegen dem § 202 Abs 2 UGB jedenfalls Verschmelzungen, Umwandlungen und Spaltungen sowie die Übernahme eines begünstigten Vermögens iSd Art III bis V UmgrStG (KFS RL 25 Tz 92). 1139

Scheidet durch eine Umgründung der vorletzte Gesellschafter aus einer Personengesellschaft aus und geht dadurch das Vermögen der Personengesellschaft auf den verbleibenden Gesellschafter über (Anwachsung nach § 142 UGB), kann der verbleibende Gesellschafter hinsichtlich des übernommenen Vermögens die Buchwerte der untergehenden Personengesellschaft nach § 202 Abs 2 UGB fortführen. Dies gilt auch dann, wenn ein Arbeitsgesellschafter (zB Komplementär) – nach Ansicht des BMF – außerhalb des Anwendungsbereiches des Art V UmgrStG aus der Personengesellschaft austritt und das Vermögen auf den verbleibenden Gesellschafter (zB Kommanditisten) anwächst, weil dieser Vorgang zumindest gesellschaftsrechtlich die Tatbestandsmerkmale einer Realteilung erfüllt. 1140

Im Sinne der Bilanzkontinuität werden im Rahmen der Buchwertfortführung vom übernehmenden Rechtsträger nur jene Vermögensgegenstände und Schulden angesetzt, die bereits beim übertragenden Rechtsträger ausgewiesen waren. Ein beim übertragenden Rechtsträger aktivierter, derivativer Firmenwert ist daher vom übernehmenden Rechtsträger fortzuführen (anders beim Ansatz des beizulegenden Wertes nach § 202 Abs 1 UGB, siehe dazu oben Tz 1127). 1141

IV. Ausweis und Behandlung von Buchgewinnen und Buchverlusten

1. Allgemeines

Im Rahmen der **Buchwertfortführung** kommt es beim übernehmenden Rechtsträger regelmäßig zu sogenannten Buchgewinnen (passivischer Unterschiedsbetrag) oder Buchverlusten (aktivischer Unterschiedsbetrag). Wenn die Gegenleistung der übernehmenden Gesellschaft nach § 202 Abs 2 Z 2 UGB die fortgeführten Buchwerte des übernommenen Vermögens übersteigt, entsteht ein umgründungsbedingter Buchverlust. Dagegen liegt ein Buchgewinn vor, wenn die fortgeführten Buchwerte den Wert der Gegenleistung übersteigen. Für den **Ausweis von Buchverlusten** (aktivischen Unterschiedsbeträgen) 1142 sieht § 202 Abs 2 Z 2 UGB die Möglichkeit zur Aufnahme des Unterschiedsbetrages unter die Posten des Anlagevermögens vor. **Buchgewinne** (passivische Unterschiedsbeträge) werden im Eigenkapital entweder als Nennkapital bzw in der Kapitalrücklage (Konzentrationsumgründungen, Konzernumgründungen down-stream und side-stream) oder erfolgswirksam im Bilanzgewinn (Konzernumgründungen up-stream) ausgewiesen.

1143 Wird das übernommene Vermögen mit dem **beizulegenden Wert** angesetzt, kann beim übernehmenden Rechtsträger grundsätzlich kein **Buchverlust** (aktivischer Unterschiedsbetrag) entstehen. Andernfalls hätte der übernehmende Rechtsträger entweder ein real überschuldetes Vermögen übernommen, oder eine Unter-Pari-Emission durchgeführt. **Buchgewinne** (passivische Unterschiedsbeträge) werden wie im Fall der Buchwertfortführung im Eigenkapital des übernehmenden Rechtsträgers entweder als Nennkapital und in der Kapitalrücklage (Konzentrationsumgründungen, Konzernumgründungen down-stream und side-stream) oder erfolgswirksam im Bilanzgewinn (Konzernumgründungen up-stream) ausgewiesen.

2. Bilanzierung von Buchverlusten bei Buchwertfortführung

a) Allgemeines

1144 Führt der übernehmende Rechtsträger die Buchwerte des übertragenden Rechtsträgers fort und entsteht dadurch ein Buchverlust, stehen nach § 202 Abs 2 UGB folgende Wahlrechte offen, deren Ausübung im Anhang zu erläutern ist:

- Der Buchverlust wird erfolgswirksam über die Gewinn- und Verlustrechnung erfasst.
- Gewährt der übernehmende Rechtsträger eine **Gegenleistung** (siehe Tz 1145), können die im übernommenen Vermögen enthaltenen stillen Reserven als **„Umgründungsmehrwert“** aktiviert werden. Ein danach noch verbleibender Buchverlust kann entweder erfolgswirksam erfasst (siehe oben) oder als **„Firmenwert“** aktiviert werden.

b) Begriff der „Gegenleistung“

1145 Die Aktivierung eines Buchverlustes ist nur zulässig, wenn der übernehmende Rechtsträger eine Gegenleistung gewährt. Als Gegenleistung kommen in Betracht der **Gesamtausgabebetrag der neuen Anteile** (Nennbetrag zuzüglich Agio), der **Buchwert eigener oder untergehender Anteile** und **bare Zuzahlungen** (vgl § 202 Abs 2 Z 2 UGB). Von der übernehmenden Gesellschaft **nach § 224 Abs 3 AktG durchgeschleuste Anteile (down-stream merger)** gelten dabei ebenfalls als Gegenleistung. Erbringt der übernehmende Rechtsträger keine Gegenleistung, ist die Aktivierung eines Unterschiedsbetrages nicht möglich. Ob die vom übernehmenden Rechtsträger gewährte Gegenleistung dem übertragenden Rechtsträger (zB bei einer Einbringung) oder dem Gesellschafter des übertragenden Rechtsträgers (zB bei einer Spaltung) gewährt wird, ist unerheblich.

Beispiele 1146

Keine Gegenleistung nach § 202 Abs 2 Z 2 UGB liegt insbesondere in folgenden Fällen vor:

- Der Alleingesellschafter bringt ohne die Gewährung neuer Anteile ein buchmäßig überschuldetes Vermögen in seine GmbH ein (vgl § 19 Abs 2 Z 5 UmgrStG).
- Der Einbringende erhält als Gegenleistung für die Übertragung eines buchmäßig überschuldeten Vermögens keine neuen Anteile, sondern Anteile des Altgesellschafters übertragen (vgl § 19 Abs 2 Z 2 UmgrStG).

In diesen Fällen kann der bei der übernehmenden Gesellschaft eintretende Buchverlust nicht als Umgründungsmehrwert/Firmenwert aktiviert werden. Die übernehmende Gesellschaft kann jedoch unabhängig vom Ausbleiben einer Gegenleistung für das übernommene Vermögen den beizulegenden Wert ansetzen und so den Ausweis eines Buchverlustes vermeiden. 1147

c) Ansatz eines Umgründungsmehrwertes

Der aktivierte Buchverlust kann sowohl stille Reserven als auch einen Firmenwert beinhalten und ist in der Regel eine Zufallsgröße. Der auf die stillen Reserven entfallende Teil ist als Umgründungsmehrwert gesondert im Anlagevermögen auszuweisen. Für den aktivierten Umgründungsmehrwert ist eine passive latente Steuer anzusetzen (§ 198 Abs 10 Z 2 UGB). 1148

Der Ansatz des Umgründungsmehrwertes in der Bilanz erfolgt idR pauschal in einem Posten unter den „Immateriellen Vermögensgegenständen", den „Sachanlagen" oder den „Finanzanlagen"; im Anhang hat eine entsprechende Aufgliederung und Erläuterung zu erfolgen. Für den Ausweis in der Bilanz maßgebend ist die Zuordnung der stillen Reserven. Der Umgründungs-mehrwert ist auf eine durchschnittliche Nutzungsdauer planmäßig abzuschreiben. 1149

Ist der Buchverlust geringer als die insgesamt vorhandenen stillen Reserven, sind die stillen Reserven aliquot den einzelnen Vermögensgegenständen zuzurechnen. 1150

d) Ansatz eines Firmenwertes

1151 Ein nach Ansatz eines Umgründungsmehrwertes noch verbleibender Buchverlust darf als Firmenwert angesetzt werden. Wird auf die Aktivierung eines Umgründungsmehrwertes trotz Vorliegens stiller Reserven im übertragenen Vermögen verzichtet, kann ein Firmenwert nicht aktiviert werden. Sind dagegen im übertragenen Vermögen keine stillen Reserven enthalten und kann daher ein Umgründungsmehrwert bloß faktisch nicht angesetzt werden, ist der Ansatz eines Firmenwertes dennoch zulässig.

1152 Für den aktivierten Firmenwert ist keine passive latente Steuer anzusetzen (§ 198 Abs 10 Z 1 UGB). Der Firmenwert wird auf die Nutzungsdauer planmäßig abgeschrieben, für die er voraussichtlich genutzt wird.

e) Beispiel

1153 Die T-GmbH wird auf ihre Alleingesellschafterin, die M-GmbH, verschmolzen. Der Verkehrswert der T-GmbH beträgt 210. Im Anlagevermögen der T-GmbH befinden sich stille Reserven von 40 und ein Firmenwert von 90.

Bilanz M-GmbH

BetT	210	StK	100
SoAV	250	KRL	200
UV	50	BG	-280
		EK	20
		FK	490
	510		510

Schlussbilanz T-GmbH

AV	100	StK	35
UV	150	BG	45
		EK	80
		FK	170
	250		250

Führt die übernehmende M-GmbH die Buchwerte der T-GmbH fort und wird der bei ihr eintretende Buchverlust aktiviert (sog. „modifizierte Buchwertfortführung“), ergibt sich folgende Übernahmebilanz der M-GmbH:

Übernahmebilanz M-GmbH

FW	100	StK	100
UmgrMW	40	KRL	200
SuAV	350	BG	-280
UV	200	EK	20
		FK	660
		LatSt	10
	510		510

Anmerkungen zur Übernahmebilanz:

Nettovermögen von T =	80
Buchwert Beteiligung T bei M =	210
Buchverlust =	-130
Stille Reserven im AV =	40
Latente Steuern (25 %) =	10
Adaptierter Buchverlust:	
Buchverlust =	-130
+ als UmgrMW aktivierte stille Reserven =	40
– passivierte latente Steuern =	-10
Adaptierter Buchverlust = aktivierter Firmenwert	-100

3. Bilanzierung von Buchgewinnen

a) Ausweis in der Bilanz

Sowohl bei der Fortführung der Buchwerte als auch bei einer Bewertung zum beizulegenden Wert kann beim übernehmenden Rechtsträger ein Buchgewinn (passivischer Unterschiedsbetrag) entstehen. 1154

Für die bilanzielle Erfassung dieses passivischen Unterschiedsbetrages ist zu unterscheiden: 1155

- Stellt das übertragene Vermögen gesellschaftsrechtlich eine **Einlage** dar (Konzentrationsumgründungen bzw Konzernumgründungen down-stream und side-stream), erfolgt der Ausweis im **Nennkapital** und in der **Kapitalrücklage**. 1156
- **Vermögensübertragungen auf den Gesellschafter** des übertragenden Rechtsträgers (Konzernumgründungen up-stream) stellen hingegen einen Realisationsvorgang dar, weshalb der Buchgewinn in der Gewinn- und Verlustrechnung erfolgswirksam in einem Sonderposten in der Gewinn- und Verlustrechnung zu erfassen ist. 1157

Kommt es im Zuge der Umgründung bei der übernehmenden Gesellschaft zu einer **Kapitalerhöhung** – werden also Anteile als Gegenleistung gewährt –, 1158 ist der Betrag, der über den Nennbetrag der ausgegebenen Anteile hinaus erzielt wird **(Agio)**, in eine **Kapitalrücklage** einzustellen (§ 229 Abs 2 Z 1 UGB). Diese Kapitalrücklage ist bei einer **AG** bzw einer **großen GmbH** gebunden (§ 229 Abs 2 Z 1 iVm Abs 4 und 5 UGB) und bei einer **kleinen** bzw **mittelgroßen GmbH** ungebunden.

1159 **Ohne Kapitalerhöhung** wird der durch eine Einlage entstehende Buchgewinn – unabhängig von der Größenklasse der übernehmenden Gesellschaft – in eine **ungebundene Rücklage** eingestellt (§ 229 Abs 2 Z 5 und Abs 5 UGB).

b) Ausschüttungssperre

1160 Zum Zwecke des Gläubigerschutzes sind im Bilanzgewinn enthaltene Gewinnteile ausschüttungsgesperrt, wenn diese im Zuge einer Umgründung durch den **Ansatz des beizulegenden Wertes** entstanden sind und

- aus der Auflösung einer Kapitalrücklage stammen (§ 235 Abs 1 Z 1 UGB, insbesondere bei einer Umgründung „down-stream“ für die übernehmende Gesellschaft),
- nicht als Kapitalrücklage ausgewiesen werden können (§ 235 Abs 1 Z 2 UGB, insbesondere bei einer Umgründung „up-stream“ für die übernehmende Gesellschaft) oder
- der beizulegende Wert für eine Gegenleistung angesetzt wurde (§ 235 Abs 1 Z 3 UGB, insbesondere bei einer Umgründung „up-stream“ oder „side-stream“ für den Gesellschafter der übertragenden Gesellschaft).

1161 Die Ausschüttungssperre gilt sinngemäß für die Anwachsung von Gesellschaftsvermögen nach § 142 UGB.

1162 Werden die mit dem beizulegenden Wert angesetzten Vermögensgegenstände in weiterer Folge planmäßig bzw außerplanmäßig abgeschrieben oder scheiden sie aus dem Vermögen aus, kürzen die Abschreibungsbeträge oder der Buchwertabgang den ausschüttbaren Bilanzgewinn und entfalten somit die Wirkung einer „faktischen Ausschüttungssperre“. Um eine unsystematische doppelte Ausschüttungssperre zu vermeiden, sind die nach § 235 Abs 1 UGB ausschüttungsgesperrten Beträge insoweit zu vermindern, als die mit den beizulegenden Wert angesetzten Vermögensgegenstände insbesondere durch ihre Abschreibung oder ihr Ausscheiden den Bilanzgewinn vermindern; dies gilt unabhängig davon, ob eine zugrunde liegende Kapitalrücklage aufgelöst wurde oder nicht (§ 235 Abs 1 vorletzter und letzter Satz UGB).

B. Bilanzierung beim übertragenden Rechtsträger

§ 202 UGB bezieht sich nur auf die Bewertung von Einlagen, Zuwendungen und Entnahmen beim übernehmenden Rechtsträger. Gesetzliche Bestimmungen für die Bilanzierung und Bewertung beim übertragenden Rechtsträger fehlen. 1163

I. Übertragender Rechtsträger geht durch die Umgründung unter

Beim übertragenden Rechtsträger ist für die Bilanzierung zu unterscheiden, ob 1164
er im Rahmen der Umgründung untergeht oder weiter bestehen bleibt. Geht der übertragende Rechtsträger unter, tritt er bilanziell idR letztmalig mit der Schlussbilanz in Erscheinung.

Die **Schlussbilanz** besteht aus der Bilanz und dem Anhang, soweit dieser 1165
die Bilanz erläutert. Die Schlussbilanz ist nach den allgemeinen Regeln über den Jahresabschluss zum Umgründungsstichtag aufzustellen. Die Bestimmungen über die Prüfung des Jahresabschlusses gelten sinngemäß; eine Veröffentlichung des Jahresabschlusses ist nicht erforderlich.

Liegt zwischen dem Umgründungsstichtag und dem Untergang des übertra- 1166
genden Rechtsträgers noch ein Abschlussstichtag, umfasst der zu erstellende Jahresabschluss grundsätzlich noch das gesamte Geschäftsjahr. Sind hingegen zu dem auf den Stichtag der Schlussbilanz folgenden Abschlussstichtag bereits alle Vermögensgegenstände, Schulden, Aufwendungen und Erträge auf den übernehmenden Rechtsträger dem wirtschaftlichen Eigentum nach übergegangen (siehe dazu oben Tz 1109), endet die Buchführungspflicht bereits im Zeitpunkt des Übergangs des wirtschaftlichen Eigentums; die Erstellung eines weiteren Jahresabschlusses hat zu unterbleiben.

Eine **Zwischenbilanz** ist aufzustellen, wenn sich der letzte Jahresabschluss auf ein 1167
Geschäftsjahr bezieht, das mehr als sechs Monate vor dem Abschluss des Umgründungsvertrages (Verschmelzungsvertrag, Umwandlungsplan, Spaltungsplan bzw Spaltungs- und Übernahmevertrag) bzw der Aufstellung des entsprechenden Entwurfs abgelaufen ist. Der Stichtag der Zwischenbilanz darf nicht vor dem ersten Tag des dritten Monats liegen, welcher dem Monat des Abschlusses der Umgründungsvertrages bzw der Aufstellung des entsprechenden Entwurfs vorausgeht.

Beispiel (Verschmelzung): 1168
Die A-GmbH und die B-GmbH haben als Regelbilanzstichtag den 31.12. Die A-GmbH soll mit Stichtag 31.12.X1 auf die B-GmbH verschmolzen werden. Der Abschluss des Verschmelzungsvertrags findet am 15.7.X2 statt. Sowohl die A-GmbH als auch die B-GmbH haben eine Zwischenbilanz auf einen Stichtag zu erstellen, welcher nicht vor dem 1.4.X2 liegen darf, sofern nicht darauf verzichtet wird (siehe unten).

Die Zwischenbilanz ist nach den Vorschriften aufzustellen, die auch auf die letzte Jahresbilanz angewendet wurden. Die Wertansätze dürfen aus der letzten Jahresbilanz übernommen werden, Abschreibungen, Wertberichtigungen und Rückstellungen sind jedoch bis zum Stichtag der Zwischenbilanz zu berücksichtigen. Eine Prüfung der Zwischenbilanz durch den Abschlussprüfer hat nicht zu erfolgen. Auf die Erstellung einer Zwischenbilanz kann verzichtet werden, wenn dies von den Gesellschaftern einstimmig beschlossen wird (Ausnahme: Bei der Spaltung kann auf die Erstellung der Zwischenbilanz nicht verzichtet werden; zum Entfall der Zwischenbilanz bei einer verhältniswahrenden Spaltung zur Neugründung siehe § 16a SpaltG).

II. Übertragender Rechtsträger bleibt nach der Umgründung bestehen

1169 Bleibt der übertragende Rechtsträger nach der Umgründung bestehen, stellt die Umgründung bilanziell grundsätzlich einen **Tauschvorgang** dar (Übertragung von Vermögen und Übernahme von Gegenleistungsanteilen bzw Wertsteigerung schon bestehender Anteile). In Analogie zu § 202 UGB kann der übertragende Rechtsträger für die ihm gewährten Gegenleistungsanteile wahlweise den **beizulegenden Wert** oder den **Buchwert** des übertragenen Vermögens ansetzen. Der sich aus dem Ansatz des beizulegenden Wertes ergebende Tauschgewinn unterliegt der Ausschüttungssperre nach § 235 Abs 1 UGB. Werden die Gegenleistungsanteile nicht dem übertragenden Rechtsträger, sondern seinem Gesellschafter gewährt (zB Abspaltung), ist der dadurch entstehende Buchverlust (bei Übertragung eines buchmäßig positiven Vermögens) oder Buchgewinn (bei Übertragung eines buchmäßig negativen Vermögens) erfolgswirksam in der Gewinn- und Verlustrechnung zu erfassen.

1170 Das Bewertungswahlrecht des übertragenden Rechtsträgers kann unabhängig von der Bewertung beim übernehmenden Rechtsträger erfolgen.

1171 Sowohl der Vermögensabgang als auch die allenfalls erhaltene Gegenleistung werden im Zeitpunkt des Übergangs des wirtschaftlichen Eigentums am übertragenen Vermögen erfasst (siehe dazu oben Tz 1109).

C. Bilanzierung auf Gesellschafterebene

I. Gesellschafter des übertragenden Rechtsträgers

1172 Bleibt der übertragende Rechtsträger im Zuge der Umgründung bestehen und erhält er die Gegenleistungsanteile am übernehmenden Rechtsträger (zB bei einer Einbringung), bleibt beim Gesellschafter der übertragenden Gesellschaft der Wert der Anteile am übertragenden Rechtsträger unverändert.

Beispiel: 1173
Die M-GmbH bringt einen Teilbetrieb in ihre 100%ige Tochtergesellschaft ein. Der Gesellschafter der einbringenden M-GmbH wird durch diesen Vorgang bilanziell nicht berührt.

Wenn der übertragende Rechtsträger bestehen bleibt, die Gegenleistung jedoch dem Gesellschafter des übertragenden Rechtsträgers zukommt (zB bei einer Abspaltung), hat der Gesellschafter den Buchwert der Beteiligung am übertragenden Rechtsträger grundsätzlich im Verhältnis der Verkehrswerte abzustocken und auf die erhaltenen Gegenleistungsanteile zu übertragen. Wahlweise können die Gegenleistungsanteile auch mit ihrem beizulegenden Wert angesetzt werden; der dabei entstehende Buchgewinn ist erfolgswirksam in der Gewinn- und Verlustrechnung zu erfassen. 1174

Beispiel: 1175
Die M-GmbH ist an der T-GmbH als Alleingesellschafterin beteiligt. Die T-GmbH spaltet einen Teilbetrieb auf eine neu zu gründende Schwestergesellschaft, S-GmbH, ab. Die M-GmbH kann wahlweise (i) den bestehenden Buchwert ihrer Beteiligung an der T-GmbH auf diese und die Gegenleistungsanteile an der S-GmbH im Verhältnis der Verkehrswerte aufteilen oder (ii) den Buchwert ihrer Beteiligung an der T-GmbH im Verhältnis der Verkehrswerte abstocken und die Gegenleistungsanteile an der S-GmbH mit ihrem beizulegenden Wert ansetzen.

Geht der übertragende Rechtsträger durch die Umgründung unter und werden die Gegenleistungsanteile an den Gesellschafter der übertragenden Gesellschaft geleistet (zB bei einer Verschmelzung), sind die Anteile am übertragenden Rechtsträger auszubuchen und die Gegenleistungsanteile einzubuchen. Dabei können die zugehenden Gegenleistungsanteile mit dem Buchwert der abgehenden Anteile bewertet werden. Wahlweise können die Gegenleistungsanteile auch mit dem beizulegenden Wert der abgehenden Anteile am untergehenden Rechtsträger bewertet werden. Ein dabei entstehender Buchgewinn ist erfolgswirksam in der Gewinn- und Verlustrechnung zu erfassen. 1176

Beispiel: 1177
Die M-GmbH ist an der T1-GmbH und der T2-GmbH als Alleingesellschafterin beteiligt. Die T1-GmbH wird auf die T2-GmbH verschmolzen. Die M-GmbH kann wahlweise den Buchwert oder den beizulegenden Wert ihrer abgehenden Beteiligung an der T1-GmbH dem Buchwert ihrer Beteiligung an der übernehmenden T2-GmbH hinzurechnen.

II. Gesellschafter des übernehmenden Rechtsträgers

Für die Gesellschafter des übernehmenden Rechtsträgers haben Umgründungen grundsätzlich keine bilanziellen Auswirkungen. Ist der Gesellschafter jedoch gleichzeitig Gesellschafter des übertragenden Rechtsträgers, gelten die oben dargestellten Ausführungen. 1178